CADERNOS
O DIREITO

9 (2014)

CADERNOS O DIREITO

O DIREITO

Director
Jorge Miranda

Fundadores
António Alves da Fonseca
José Luciano de Castro

Antigos Directores
José Luciano de Castro
António Baptista de Sousa (Visconde de Carnaxide)
Fernando Martins de Carvalho
Marcello Caetano
Inocêncio Galvão Telles

Directores-Adjuntos
António Menezes Cordeiro
Miguel Galvão Teles
Luís Bigotte Chorão

Propriedade de JURIDIREITO – Edições Jurídicas, Lda.
Sede e Redacção: Faculdade de Direito de Lisboa – Alameda da Universidade – 1649-014 Lisboa
Editora: Edições Almedina, SA
　　　　　Rua Fernandes Tomás n.ºs 76-80
　　　　　3000-167 Coimbra – Portugal
　　　　　Telef.: 239 851 904 – Fax: 239 851 901
　　　　　www.almedina.net · editora@almedina.net

Coordenação e revisão: Veloso da Cunha
Execução gráfica: Edições Almedina, SA
Depósito legal: 254088/07

TEMAS DE DIREITO BANCÁRIO II

ÍNDICE

Manuel Januário da Costa Gomes, *O (in)sustentável peso do aval em livrança em branco prestado por sócio de sociedade para garantia de crédito bancário revolving*   13

1. Introdução 13
2. Sobre a fundamentação de direito constante do AUJ 4/2013 16
3. O aval em livrança em branco incorpora já uma vinculação cambiária? ... 20
4. A tipicidade social da livrança em branco com aval incorporado no âmbito da concessão de crédito bancário 26
5. A desvinculação *ad nutum* por denúncia, a desvinculação por resolução e a revogação da autorização de preenchimento 32
6. A tutela do banco-credor 36
7. O paradoxo da solução do AUJ 38

Filipa Cristóvão Ferreira, *O direito de step-in do financiador* 41

I. Introdução 42
II. O direito de *step-in* no contexto do *project finance* 43
III. As garantias de *project finance* no direito continental – desafios na integração do *step-in* no direito português 47
IV. O direito de *step-in* no Código dos Contratos Públicos 51
    1. O artigo 322.º do Código dos Contratos Públicos 51
        a) Dos pressupostos do exercício do direito de *step-in* 52
        b) Relação entre o direito de *step-in* do financiador e os direitos de sequestro e de resolução pelo contraente público 55
V. *Events of default* – Fundamentos gerais para o exercício de direito de *step-in*   60
    i) Não pagamento 62

ii) Cross default 62
iii) Cessação da actividade 63
iv) Alteração da administração da mutuária............. 63
v) Desrespeito dos rácios financeiros 63
vi) Incumprimento de *covenants*/obrigações informativas............. 64
vii) Manutenção das autorizações e legalidade da actuação 64
VI. As modalidades de *step-in*........................... 66
    1. Os *covenants* enquanto intervenção do financiador............... 66
    2. Transmissão da gestão 67
    3. Transmissão dos activos – Cessão da posição contratual 70
    4. Transferência do controlo societário.................. 74
        a) O penhor financeiro........................... 74
        b) O exercício do direito de opção de compra............... 82
        c) A procuração irrevogável enquanto instrumento de concretização do direito de *step-in* 83
VII. O exercício do direito de *step-in* enquanto negócio fiduciário – âmbito e interesse da actuação do financiador 86
VIII. O *step-out* – dever ou direito?........................... 88
    a) Eventuais diferenças de regime dependentes do regime jurídico utilizado para a concretização do *step-in* 89
    b) Pressupostos para a verificação do *step-out*.................. 90
    c) A não verificação dos pressupostos de *step-out* e o vencimento antecipado das obrigações da mutuária 91
IX. Responsabilidade do credor no exercício do direito de *step-in* 93
    a) A responsabilidade pelo incumprimento do dever de *step-out*....... 93
    b) A responsabilidade pelo risco......................... 94
    c) A responsabilidade por uma eventual intervenção danosa.......... 94
X. Níveis de intervenção do financiador 96
XI. Natureza jurídica do *step-in* 97

Francisco Rodrigues Rocha, *Do giro bancário: reflexões à luz do novo regime dos serviços de pagamento* 99

Capítulo I – Introdução. O falso regime comum do Decreto-Lei n.º 317/2009, de 30 de Outubro (LSP).. 99

Capítulo II – A complexa estrutura do giro bancário 103
§ 1. Relação subjacente 104

    1. Eficácia extintiva do pagamento por transferência bancária......... 104
    2. Qualificação da prestação em moeda escritural: *solutio* ou *datio in solutum*? 115
    3. Momento do cumprimento da obrigação subjacente............. 121
    4. Lugar do cumprimento..................................... 123
§ 2. Relação de provisão.. 125
    1. Generalidades... 125
    2. Classificação... 128
    3. Obrigações do ordenante e do banqueiro..................... 136
    4. Ordem de giro: natureza jurídica; revogação 139
    5. Responsabilidade do banqueiro do ordenante 148
    6. Extinção 158
    7. Natureza jurídica do contrato de serviços de pagamento. A questão da eficácia e estrutura do giro bancário 159
§ 3. Relação de execução.. 167
    1. Natureza jurídica; sub-rogação; cumprimento da obrigação de transferir fundos para o beneficiário 167
§ 4. Relação entre beneficiário e respectivo banqueiro 171
§ 5. Relações interbancárias... 172
    1. Natureza jurídica; responsabilidade de banqueiros intermediários 172

Capítulo III – Conclusão 176

Manuel José Resende Cardoso Sequeira, *Depósito* escrow *– um contributo para o seu estudo* 179

Introdução 180

Parte I – Apresentação do depósito *escrow*............................. 182
1. Apresentação: a confiança como pressuposto essencial 182
2. A celebração do contrato. Caracterização do depósito *escrow* 186
    2.1. Forma e estrutura: "coligação de contratos com ligação funcional unilateral" 186
    2.2. A entrega da coisa. Formação do contrato. O objecto do contrato (âmbito objectivo) 189
    2.3. As partes. Contrato tendencialmente trilateral (âmbito subjectivo). Beneficiário da restituição alternativamente determinado 193

8   *Temas de Direito bancário*

  2.4. O depósito *escrow* como um contrato intuitus personae: a confiança como pressuposto essencial 195
3. Negócio indirecto. Depósito com funções de garantia 196

Parte II – Obrigações emergentes do contrato. incumprimento das obrigações decorrentes do depósito *escrow* 206
1. Obrigações emergentes do contrato de depósito *escrow* 206
  1.1. Obrigações do depositante e do terceiro eventual beneficiário 206
    1.1.1. Obrigação de entregar a coisa 206
    1.1.2. Obrigação de pagamento dos *fees* que sejam devidos pelas partes 207
    1.1.3. Obrigação de compensar o depositário pelas despesas que possam advir da guarda da coisa e restituição da coisa 207
  1.2. Obrigações do depositário *escrow* 208
    1.2.1. Obrigação de custódia 208
    1.2.2. Obrigação de restituição 214
    1.2.3. Obrigação de seguir as instruções irrevogáveis. Actuação por conta das partes. Análise da posição jurídica do *escrow holder* 218
      i. Actuação por conta das partes; reflexos das doutrinas do mandato e da *agency* 226
      ii. Sujeitos com poder de dar instruções. A imparcialidade e independência no cumprimento das instruções por parte do *escrow holder* 230
      iii. Verificação do evento desencadeador e os seus efeitos. Falta de autonomia do depositário *escrow* 233
  1.3. Negócio fiduciário. O problema da transmissão da propriedade 238
2. Incumprimento do contrato 241
  2.1. Incumprimento do depositante. Falta de depósito da coisa 241
  2.2. Incumprimento das obrigações do depositário 245
    2.2.1. Impossibilidade do cumprimento dos deveres de guarda e de restituição 245
    2.2.2 Incumprimento das instruções. Atraso no cumprimento do dever de restituição 257
  2.3. Falta de pagamento da contrapartida e das eventuais despesas com a guarda e restituição 257

Conclusões 261

Maria João Rodrigues, *Depósito bancário* 263

1. Nota introdutória. Delimitação do tema 263
2. Operações bancárias. Depósito como operação bancária (passiva) 268
3. Depósito bancário, contrato de abertura de conta bancária e conta-corrente 269
   3.1. Contrato de abertura de conta 270
   3.2. Contrato de conta-corrente 272
   3.3. Depositante vs. titular da conta 274
4. Depósito bancário em sentido amplo 276
   4.1. Contrato de depósito em cofre forte 277
   4.2. Contrato de depósito de títulos 278
5. Depósito de disponibilidades monetárias/Depósito em sentido estrito 279
   5.1. Resenha histórica 279
   5.2. Modalidades de depósitos 282
      5.2.1. Depósitos à ordem 284
      5.2.2. Depósitos com pré-aviso 284
      5.2.3. Depósitos a prazo e depósitos a prazo não mobilizáveis anteci-
             padamente 285
      5.2.4. Depósitos bancários em regime especial 286
   5.3. Depósitos simples e produtos financeiros complexos 287
6. Depósito bancário e compensação 291
   6.1. Compensação nos depósitos à ordem 294
   6.2. Compensação em conta-corrente 294
   6.3. Compensação nos depósitos a prazo 294
   6.4. Compensação em contas diferentes do mesmo titular abertas no mesmo
        banco 295
   6.5. Compensação nos depósitos bancários coletivos 296
7. Natureza jurídica do depósito bancário. Orientações doutrinárias 299
   7.1. Tese do depósito irregular 300
   7.2. Tese do mútuo 302
   7.3. Tese do contrato misto 304
   7.4. Tese de figura *sui generis* 305
   7.5. Teses mistas/pluralistas (mútuo ou depósito irregular) 306
   7.6. Posição adotada 307
8. Depósito bancário vs. gestão de carteiras 307
9. Garantia de depósitos 311
   9.1. Fundo de Garantia de Depósitos 312
   9.2. Entidades participantes 316
   9.3. Financiamento do Fundo de Garantia de Depósitos 317

9.4. Forma de acionamento da garantia de depósitos 318
10. Conclusões 319

RICARDO ALEXANDRE DE CARVALHO, *Da locação financeira em geral. Da resolução do contrato de locação financeira em especial* 323

1. Introdução e delimitação do tema 323
2. Origem, evolução histórica e normativa 325
3. Generalidades 329
    3.1. A operação económica de locação financeira 329
    3.2. Vantagens e desvantagens 331
    3.3. O contrato de locação financeira 332
    3.4. Classificação 333
4. Modalidades do contrato 334
    4.1. O *leasing* mobiliário e o *leasing* imobiliário 334
    4.2. A locação financeira restitutiva 336
5. Formação do contrato 339
    5.1. Contratos pré-elaborados: o uso de cláusulas contratuais gerais 339
    5.2. Os bens objeto do contrato 341
    5.3. A forma do contrato 341
    5.4. Publicidade 343
6. O locador financeiro 343
    6.1. Direitos do locador 344
    6.2. Obrigações do locador 346
7. O locatário financeiro 348
    7.1. Direitos do locatário 349
    7.2. Obrigações do locatário 353
8. O fornecedor do bem 355
9. A propriedade como garantia 356
10. O prazo e o período de vigência do contrato 359
    10.1. Prazo 359
    10.2. Período de vigência 361
11. Vicissitudes contratuais 361
    11.1. Transmissão do direito de propriedade sobre o bem 361
    11.2. Transmissão da posição de locatário financeiro 362
12. Cessação do contrato 363
    12.1. Caducidade 364

    12.2. Revogação. 365
    12.3. Resolução 365
        12.3.1. Resolução pelo locador financeiro. 369
        12.3.2. Resolução pelo locatário financeiro. 375
13. Distinção entre locação financeira e figuras afins 376
    13.1. Locação simples 376
    13.2. Compra e venda a prestações com reserva de propriedade. 378
    13.3. Locação-venda. 382
    13.4. Mútuo de escopo. 382
    13.5. Aluguer de longa duração. 383
    13.6. Locação operacional e *renting* 386
14. Natureza jurídica da locação financeira. 387
15. Conclusões 391
Índice de jurisprudência 392

O (in)sustentável peso do aval em livrança em branco prestado por sócio de sociedade para garantia de crédito bancário revolving*

PROF. DOUTOR MANUEL JANUÁRIO DA COSTA GOMES

SUMÁRIO: 1. Introdução. 2. Sobre a fundamentação de direito constante do AUJ 4/2013. 3. O aval em livrança em branco incorpora já uma vinculação cambiária? 4. A tipicidade social da livrança em branco com aval incorporado no âmbito da concessão de crédito bancário. 5. A desvinculação ad nutum por denúncia, a desvinculação por resolução e a revogação da autorização de preenchimento. 6. A tutela do banco-credor. 7. O paradoxo da solução do AUJ.

1. Introdução**

I. O STJ, através do AUJ 4/2013[1], decidiu fixar jurisprudência no seguinte sentido:

> Tendo o aval sido prestado de forma irrestrita e ilimitada, não é admissível a sua denúncia por parte do avalista, sócio de uma sociedade a favor de quem aquele foi prestado, em contrato em que a mesma é interessada, ainda que, entretanto, venha a ceder a sua participação social na sociedade avalizada.

---

* Estudo publicado na revista "Cadernos de Direito Privado", n.º 43 (2013).
** Abreviaturas mais utilizadas: Ac.=Acórdão; AUJ=Acórdão de Uniformização de Jurisprudência; BancaBTC=Banca, Borsa e Titoli di Credito; CC=Código Civil; DBMF=Diritto della Banca e del Mercato Finanziario; DJ=Direito e Justiça; DSR=Direito das Sociedades em Revista; ED=Enciclopedia del Diritto; LUC=Lei Uniforme relativa ao Cheque; LULL=Lei Uniforme em matéria de Letras e Livranças; RC=Relação de Coimbra; RDCom=Rivista di Diritto Commerciale e di Diritto Generale delle Obbligazioni; RL=Relação de Lisboa; RLJ=Revista de Legislação e de Jurisprudência; RP=Relação do Porto; RS=Rivista delle Società; RTDPC=Rivista Trimestrale di Diritto e Procedura Civile; STJ=Supremo Tribunal de Justiça.
[1] Publicado no D.R., 1.ª Série, n.º 14, de 21.01.2013. O AUJ, tirado em 11.12.2012, tem como relator Gabriel Catarino.

Pensamos que o não fez bem.

Em "confronto" estavam acórdãos do STJ relativamente aos quais o plenário das seções cíveis entendeu estarem verificados os pressupostos da uniformização de jurisprudência, ainda que com um voto de vencido, neste particular[2].

Parece-nos importante, antes de nos debruçarmos sobre a bondade do AUJ, vermos sumariamente os acórdãos que estavam em (mais) direto confronto, concretamente o Ac. STJ 02.12.2008[3], como acórdão-fundamento, e o Ac. STJ 10.05.2011, como acórdão recorrido[4].

No Ac. STJ 02.12.2008 estava presente a seguinte factualidade: uma sociedade recorrera ao crédito bancário, mais concretamente a uma abertura de crédito *revolving*, tendo o contrato de crédito sido celebrado por seis meses, automaticamente renovado por iguais períodos de tempo, salvo denúncia por qualquer das partes com a antecedência mínima de trinta dias relativamente ao fim do prazo inicial ou de alguma das suas prorrogações. Por ocasião da celebração do contrato de crédito, em 1996, a sociedade subscrevera uma livrança em branco, avalizada pelos sócios da sociedade. Em 2001, um dos sócios que subscrevera a livrança em branco como avalista cedeu a quota que tinha na sociedade e renunciou à gerência da mesma, tendo, nesse mesmo ano, remetido ao banco carta registada com aviso de receção, solicitando que "(...) o meu aval, bem como o da minha esposa, sejam retirados nas livranças da firma (...)". Quatro anos volvidos (em 2005), o banco comunica ao ex-sócio e ex-gerente da sociedade que resolvera o contrato de crédito celebrado com a sociedade, mais comunicando o preenchimento da livrança com os montantes da responsabilidade da sociedade e dos avalistas.

O Ac. STJ 02.12.2008, proferido, a final, na sequência de oposição à execução por parte do ex-sócio e ex-gerente da sociedade, após várias considerações sobre as figuras do aval e da denúncia, decidiu, sustentado, em particular, no ensino de Oliveira Ascensão, que a letra em branco não tem efeito como letra, tendo aceitado como válida "a denúncia do aval até ao momento do preenchimento do título".

---

[2] Referimo-nos ao voto de vencido de Paulo Sá, para quem não existe "um quadro factual idêntico" entre o acórdão recorrido e o acórdão-fundamento, sustentando que a questão não é a mesma "apenas porque em ambos os casos se pretendeu justificar a validade e eficácia de denúncia, com a comunicação ao tomador do facto de se ter deixado de ser sócio da firma avalizada".

[3] Processo n.º 08A3600, in *www.dgsi.pt*, em que foi relator Paulo Sá, sendo adjuntos Mário Cruz e Garcia Calejo.

[4] Processo 5903/09.34TVLSB.L1.S1, in *www.dgsi.pt*, em que foi relator Gabriel Catarino, sendo adjuntos Sebastião Póvoas e Moreira Alves.

Para esta decisão, o STJ apoiou-se, em termos jurisprudenciais, no Ac. RP 02.04.1998[5] e no Ac. STJ 08.07.2003[6], destacando-se o ponto I do sumário do Ac. RP: "Tendo o avalista remetido uma carta à entidade bancária na qual declara que se desvincula, a partir dessa data, de qualquer aval ou responsabilidade pelo pagamento de remessas, exportações e transações comerciais efetuadas pela subscritora da livrança, esse ato unilateral tem plena eficácia".

Ponderou ainda o STJ o entendimento, entre outros, do Ac. RL 07.02.2008[7] que, invocando também outros arestos, decidiu que "o aval só se consolida no mundo dos negócios após o completo preenchimento do título em branco, momento em que se constitui como dívida cambiária perfeitamente determinada".

II. O acórdão recorrido é, como se disse *supra*, em I, o Ac. STJ 10.05.2011.

Para garantia de um empréstimo bancário concedido a uma sociedade, em 2006, esta entregou ao banco duas livranças em branco subscritas pela sociedade e com a assinatura de aval de sócios.

Um ano volvido (2007), um dos sócios cedeu as quotas correspondentes a 35% do capital social a um terceiro, tendo, nessa sequência, escrito ao banco (Janeiro de 2008) solicitando que retirasse o seu aval das operações financeiras consubstanciadas pelas linhas de crédito que estavam em renovação[8].

O banco não considerou a carta do ex-sócio e preencheu as livranças em 2009, sendo que os contratos de crédito terão sido objeto de renovação no período de tempo que mediou entre a data da carta de desvinculação do ex-sócio e a do preenchimento das livranças por parte do banco[9], por não ter

---

[5] Processo 830121, in *www.dgsi.pt*, em que foi relator Oliveira Barros, não contendo a página a indicação dos adjuntos.
[6] Processo 03B2060, in *www.dgsi.pt*, em que foi relator Oliveira Barros, sendo adjuntos Salvador da Costa e Ferreira de Sousa.
[7] Processo 10143/2007-2, in *www.dgsi.pt*, em que foi relator Esagüy Martins, sendo adjuntos Maria José Mouro e Neto Neves.
[8] Outros aspetos relevantes, em termos de factualidade, podem ser vistos em consulta ao texto do Ac. STJ 10.05.2011 e ao texto do Ac. RL 30.11.2010 (Processo 5903/09.4TVLSB.L1-1, in *www.dgsi.pt*, em que foi relator Manuel Marques e adjuntos Pedro Brighton e Anabela Calafate), revogado por aquele.
[9] É uma conclusão que retiramos do texto do Ac. RL 30.11.2010, que não do texto do Ac. STJ 10.05.2011, quando é referido que o prazo de reembolso convencionado para os créditos fora de 180 e de 90 dias. Ora, como a carta de desvinculação (na qual o sócio refere que as linhas de crédito estavam a ser renovadas) é de Janeiro de 2008 e a data de vencimento aposta nas livranças é 28.08.2009, infere-se – indiretamente, é certo – que as linhas de crédito terão sido efetivamente renovadas.

havido denúncia por qualquer das partes nesses contratos, conforme admitia a cláusula 5.ª das condições gerais.

Estando em discussão a eficácia liberatória – relativamente aos avales prestados – a título de denúncia, da carta do ex-sócio, dirigida à sociedade, o STJ, depois de se ter pronunciado sobre o aval e a sua natureza, designadamente na sua delimitação face à fiança, decidiu que, em função das específicas características cambiárias do aval, o mesmo não pode ser objeto de denúncia.

A decisão afastou-se claramente do Ac. RL de 30.11.2010, revogado, não só no sentido da decisão mas também – se bem vemos – na captação da, digamos, realidade subjacente: enquanto o STJ resolve a questão da denúncia de modo algo olímpico, baseado na especificidade do aval cambiário, como se, à data da pretendida denúncia, o título já estivesse preenchido, a RL ponderou o facto de a assinatura ou declaração para aval ter sido prestada em livrança em branco, razão pela qual se centra na denúncia do acordo no âmbito das relações imediatas: "Na linha deste entendimento, conclui-se ser legalmente admissível, em sede de relações imediatas, a denúncia do aval".

2. Sobre a fundamentação de direito constante do AUJ 4/2013

I. No ponto I (Relatório), o AUJ identifica os argumentos do recorrente e do banco recorrido, reproduzindo, no que teve por essencial, as respetivas alegações e contra-alegações.

Basicamente, o recorrente fez seus os argumentos do Ac. RL 30.11.2010 e dos Acs. STJ de 29.10.2002 e de 02.12.2008[10], enquanto o banco recorrido fez seus, no essencial, os argumentos do acórdão recorrido – o Ac. STJ 10.05.2011[11] – cujo relator coincide com o do AUJ 4/2013.

Na fundamentação de facto (ponto II.A), o AUJ reproduz, conforme é, *in casu*, lógico, a factualidade do Ac. STJ 10.05.2011. Mas na fundamentação de direito (ponto II.B) encontramos a singularidade – cuja explicação estará na coincidência de relator com o acórdão recorrido – de o AUJ seguir, no ponto II.B.1 ("Natureza, função e finalidade do aval"), quase *ipsis verbis*, as considerações que encontramos no ponto II.B1 ("Natureza, função e finalidade do aval") do Ac. STJ 10.05.2011. A mesma singularidade repete-se quanto ao ponto II.B.3 ("Denúncia da relação de avalista"), que segue, também de muito perto, o ponto II.B.2, com o mesmo título, do Ac. STJ 10.05.2011.

[10] Cf. *supra*, ponto 1/I.
[11] Cf. *supra*, ponto 1/II.

Novo no AUJ, face ao texto do acórdão recorrido, é o ponto II.B.2 – "Indeterminabilidade do negócio jurídico (aval)".

II. Na fundamentação de direito do AUJ 4/2013, na parte em que, na prática, reproduz o Ac. STJ 10.05.2011 – pontos II.B.1 ("Natureza, função e finalidade do aval") e II.B.3 ("Denúncia da relação de avalista") – não encontramos referências estruturadas à circunstância, que não é de somenos, e que resultava da factualidade ou das factualidades dos acórdãos em confronto, de os avales cuja denunciabilidade era equacionada terem sido apostos em livranças em branco por parte de sócios das sociedades financiadas e de terem em vista a garantia de aberturas de crédito em conta corrente.

As alusões a essas "particularidades" constam, é certo, do "novo" (face ao texto do Ac. STJ 10.05.2011) ponto II.B.2 "Indeterminabilidade do negócio jurídico (aval)", mas a verdade é que no respetivo texto, não obstante uma pertinente citação do pensamento de Carolina Cunha – que sustenta uma certa faculdade de desvinculação unilateral por parte do sócio garante que cede a sua quota – é, no nosso entender, algo misturada a denúncia do aval cambiário de título completo com a denúncia do acordo tendente ao preenchimento do título.

Não deixa de ser curioso, se não mesmo sintomático, o facto de não encontrarmos no AUJ 4/2013 uma única referência ao artigo 10.º da LULL, dispositivo que, podemos dizê-lo, "avaliza" – mas não em branco – a validade da letra em branco e, por remissão do artigo 77.º do mesmo diploma, também da livrança em branco[12].

De resto, as referências que, no ponto II.B.2 do AUJ surgem ao título em branco e ao acordo de preenchimento não têm continuação no ponto II.B.3, que, como se disse, reproduz o ponto II.B.2 do Ac. STJ 10.05.2011, sendo que não tinham já suporte no ponto II.B.1, também reproduzido do Ac. STJ 10.05.2011.

Fica mesmo o intérprete com a sensação – que já tivera ao ler o Ac. STJ 10.05.2011, mas agora minorada, atento o "novo" ponto II.B.2 – de que o AUJ 4/2013 não se terá fixado plenamente no assunto que seria consequente com as factualidades subjacentes quer ao acórdão recorrido quer ao acórdão-fundamento.

Se não vejamos:

---

[12] Cf., v. g., FERRER CORREIA, *Lições de direito comercial*, III – *Letra de câmbio*, Universidade de Coimbra, 1975, 131 ss. e OLIVEIRA ASCENSÃO, *Direito comercial*, III. *Títulos de crédito*, Lisboa, 1992, 112 ss..

(*i*) No ponto II.B.1 ("Natureza, função e finalidade do aval"), o AUJ discorre sobre o aval cambiário, as suas características, os princípios que enformam os títulos de crédito e os negócios cambiários, bem como sobre a delimitação face à fiança.

Contudo, como se disse, relativamente às situações particulares de avales prestados por sócios, *maxime* de sociedades por quotas, em livranças em branco, no âmbito e para garantia de operações de crédito *revolving* ou em conta-corrente, não encontramos alusões.

(*ii*) No II.B.2 "Indeterminabilidade do negócio jurídico (aval)", o AUJ "trabalha" com o AUJ 4/2011[13], relativo à questão da determinação/determinabilidade na fiança, questionando a sua aplicabilidade ao aval.

O AUJ cita e reproduz Carolina Cunha, autora que, como se disse, sustenta a atribuição ao sócio subscritor de livrança em branco, em determinadas circunstâncias, da faculdade de desvinculação unilateral do acordo de preenchimento.

É certo que o AUJ faz algumas referências ao título em branco mas nunca se demarca claramente daquela que, se bem vemos, constitui uma perspetiva inquinada: a de que o título em branco já incorpora vinculações cambiárias e a de que o chamado avalista em branco é já – antes do preenchimento do título – um obrigado cambiário e o dito aval uma vinculação cambiária. Ora, como bem refere Cassiano dos Santos[14], a distinção entre aval e vinculação para aval em título em branco "é fundamental e não pode ser desvalorizada".

Isso mesmo é demonstrado por várias passagens do aresto, destacando-se o primeiro parágrafo do ponto II.B.2 imediatamente subsequente à citação do pensamento de Carolina Cunha. Depois de transcrever uma passagem em que a autora defende que, em determinadas situações de financiamento bancário, a cessação da qualidade de sócio pode implicar a inexigibilidade em permanecer vinculado como garante no quadro de um aval prestado em título em branco, o AUJ avança logo com a afirmação de que a "razoabilidade ou plausibilidade" de tal solução "pode conflituar, em primeiro lugar, com a própria natureza do aval, incondicional e irrestrito".

Se bem lemos e vemos, o STJ diz-nos, paradoxalmente, algo como o seguinte: *a admissibilidade de desvinculação por parte de sócio avalista de título em branco conflitua com a natureza do aval em título completo*. Se esta crua interpretação

---

[13] Cf., em comentário a este Acórdão, o nosso *O mandamento da determinabilidade na fiança omnibus e o AUJ n.º 4/2001*, in "Estudos de Direito das Garantias", I, Almedina, Coimbra, 2004, 109 ss..
[14] Cf. Cassiano dos Santos, *Aval, livrança em branco e denúncia ou resolução de vinculação – anotação ao Acórdão de Uniformização de Jurisprudência do STJ de 11.012.2012*, in RLJ ano 142 (2013), 318 (2.ª coluna).

da posição do STJ estiver correta (sendo que admitimos, humildemente, que o não esteja), o menos que se pode dizer é que o AUJ funda a negação da desvinculação ou desvinculabilidade por parte do ex-sócio na pressuposição duma situação jurídica – aval cambiário em título completo – que não era aquela que estava *sub judice*.

É certo que, como já dissemos, no ponto II.B.2 o STJ parece descer à especificidade do aval prestado em título de crédito incompleto para apresentar argumentos contra a suscetibilidade de desvinculação do ex-sócio, argumentos esses cuja análise fazemos *infra*[15].

(*iii*) No ponto II.B.3. – que, como se disse já, reproduz o ponto II.B.2 do Ac. STJ 10.05.2011 – o AUJ, baseado em douta doutrina relativa à figura da denúncia, dedica-se à demonstração de que esta figura – típica das relações contratuais duradouras – não pode ser aplicada no quadro de uma figura unilateral como é o aval cambiário.

Isto significa que, no ponto II.B.3, o AUJ volta a esquecer-se da matéria que, de algum modo, "enxertara", com manifesta instabilidade, no ponto II.B.2: a de que as factualidades subjacentes respeitam não a um aval aposto em título completo mas, antes, a um aval aposto em título em branco e ao facto de estar em causa a "denunciabilidade" ou a faculdade de desvinculação unilateral face ao acordo de preenchimento.

Ou seja: a questão é colocada pelas factualidades do acórdão-fundamento e do acórdão recorrido relativamente a uma realidade contratual pré-preenchimento do título – *pré-cambiária* – mas o STJ resolve-a como se o título estivesse completo e o aval fosse já cambiário[16]. Ilustra-se com a seguinte passagem retirada de II.B.3[17]:

"Em nosso juízo, e salvo o devido respeito, não se constituindo o aval como um contrato, ou seja, um acordo entre o avalista e o avalizado, ou o tomador do título cambiário, não poderá desligar-se do vínculo que constituiu mediante uma declaração de vontade (receptícia) devendo responder como obrigado cambiário".

E ainda, no mesmo ponto II.B.3:

---

[15] Cf. *infra*, ponto 5.
[16] Cf. CAROLINA CUNHA, *Cessão de quotas e aval: equívocos de uma uniformização de jurisprudência*, in DSR, ano 5, vol. 9 (2013), 91 ss., com alusão aos "equívocos" do AUJ; também CASSIANO DOS SANTOS, *Aval, livrança em branco e denúncia ou resolução de vinculação*, cit., 313 (2.ª coluna) se refere ao facto de o STJ ter "deixado na sombra" a verdadeira questão.
[17] Esta passagem reproduz, praticamente *ipsis verbis*, uma outra que encontramos no ponto II.B.2 do acórdão recorrido.

"O asserido arranca da funcionalidade do aval e repercute-se na estrutura ôntica deste modelo de garantia, que revestindo as características que lhe são apontadas supra, não são passíveis de ser redutíveis a relações contratuais ou de concertação de vontades. O aval constituindo-se como uma figura jurídico-comercial distinta de outras garantias pessoais, *maxime* da fiança, não pode ser reconvertível a um contrato consensuado entre o avalista e qualquer dos demais obrigados cambiários e que, *et pour cause*, possa ser objeto de denúncia".

As mores questões a enfrentar resultam identificadas: (*i*) a de saber se o aval em livrança em branco constitui uma vinculação cambiária; e (*ii*) a de saber se, a nível da relação entre o avalista em branco e o banco tomador há uma relação jurídica passível de denúncia ou de outro modo de desvinculação unilateral.

3. O aval em livrança em branco incorpora já uma vinculação cambiária?

I. Importará, preliminarmente, enfrentar a firme convicção que percorre o AUJ 4/2013, de que o aval aposto em livrança em branco é um aval cambiário, no sentido de que incorpora uma vinculação cambiária.

O aval em branco não é um aval cambiário conquanto se destine, mas não fatalmente, a sê-lo. E não é um aval cambiário, desde logo porque a chamada livrança em branco *não vale como livrança*, sujeita ao regime da LULL antes do preenchimento regular do título, conforme decorre claramente do artigo 76.º/I da LULL.

Cite-se, a título de exemplo, Ferrer Correia e Oliveira Ascensão, dois nomes clássicos da doutrina portuguesa, conquanto com alusão à letra em branco.

Escreve o primeiro o seguinte, com referência às disposições da LULL[18]: "Não há qualquer contradição entre os preceitos dos artigos 1.º e 2.º e o do artigo 10.º. De acordo com os artigos 1.º e 2.º, não pode produzir efeitos como letra o escrito a que falte qualquer dos requisitos apontados na lei como essenciais. Simplesmente, nenhum destes textos determina o momento em que a letra deve apresentar-se integrada por todos os seus elementos essenciais. Esta questão é resolvida pelo artigo 10.º; por ele ficamos a saber que, para tal efeito, o momento decisivo não é o da emissão da letra, mas sim o do vencimento". E ainda: "Pode, deste modo, uma letra ser emitida em branco; é óbvio, porém, que a obrigação que incorpora só poderá efetivar-se desde que no momento do preenchimento o título se encontre preenchido. Se o preenchimento se não

---

[18] Cf. Ferrer Correia, *Lições de direito comercial*, III, cit., 134.

fizer antes do vencimento, então o escrito não produzirá efeito como letra, de harmonia com os artigos 1.º e 2.º".

Também Oliveira Ascensão, depois de se debruçar sobre os requisitos mínimos da letra em branco, adverte que "a letra em branco continua a não produzir efeitos como letra", mais precisando que a letra "só surge como título cambiário com o preenchimento"[19].

II. Existe já obrigação cambiária antes do preenchimento? A questão é polémica, conforme dá nota Ferrer Correia[20], advertindo, mas sem tomar partido, haver quem considere a obrigação cambiária existente, não obstante o direito correlativo ser insuscetível de efetivação, pelo simples facto de o título ser emitido, o que seria ilustrado com o facto de o título, ainda que incompleto, poder circular por endosso.

Parece-nos mais judiciosa a posição daqueles para quem o subscritor do título fica vinculado a partir do momento em que o entregou assinado, no sentido de que a pessoa a quem o entregou fica com o direito de o preencher, "cambiarizando" – então e só então – o vínculo. Estamos, portanto, com Oliveira Ascensão quando escreve que alguns aspetos "como a relevância da circulação à semelhança da circulação cambiária não bastam para transformar o documento em letra antes do vencimento"[21].

Diríamos, assim, que, com a entrega da livrança em branco ao banco-credor, o subscritor fica sujeito a que este preencha o documento, o qual passará então a ser título de crédito, ganhando, também então, a vinculação do subscritor – e do avalista – a natureza de vinculação cambiária ou cartular[22]. Antes desta fase, as situações jurídicas envolvidas não são ainda cambiárias e pode acontecer

---

[19] Cf. OLIVEIRA ASCENSÃO, *Direito comercial*, III. *Títulos de crédito*, Lisboa, 1992, 115 e 117. Veja-se, na literatura alemã, o clássico HUECK, *Recht der Wertpapiere*, 6.ª ed., Verlag Franz Vahlen, 1954, 40: "Solange die Vervollständigung nicht vorgenommen ist, liegt allerdings noch kein gultiger Wechsel vor".
[20] Cf. FERRER CORREIA, *Lições de direito comercial*, III, cit., 135-136. Entre nós, sustenta PEREIRA DE ALMEIDA, *Direito comercial*, III. *Títulos de crédito*, AAFDL, Lisboa, 152, que a letra em branco "é um verdadeiro título de crédito"; contudo, o autor tempera significativamente o alcance desta posição com a afirmação de que os respectivos direitos de crédito não poderão ser exercidos sem que se verifiquem todos os requisitos do artigo 2.º da LULL.
[21] Cf. OLIVEIRA ASCENSÃO, *Direito comercial*, III, cit., 117.
[22] Sobre a responsabilidade do avalista, cf., por todos, FERRER CORREIA, *Lições de direito comercial*, III, cit., 214 ss., OLIVEIRA ASCENSÃO, *Direito comercial*, III, cit., 169 ss. e SOVERAL MARTINS, *Títulos de crédito e valores mobiliários*, I. *Títulos de crédito*, vol. I, Almedina, Coimbra, 2008, 76 ss.; na doutrina estrangeira, cf., v. g., CAMPOBASSO, *Solidarietà cambiaria (con particolare riferimento all'avallo)*, in "I titoli di credito", coord. de Giovanni L. Pellizzi, Giuffrè, Milão, 1980, 87 ss..

que nunca o venham a ser, como no caso em que o título seja devolvido ao subscritor por cumprimento do contrato. Como explica J. G. Pinto Coelho[23], "a emissão ou a assinatura do título em branco determinam, pois, para o signatário um vínculo jurídico, mas não propriamente a constituição desde logo da obrigação cambiária". Refere, por sua vez, Carolina Cunha[24] que a subscrição e entrega do título em branco "representam, metaforicamente, o 'embrião' da vinculação cambiária, isto é, constituem a primeira etapa de uma *fattispecie* complexa que, uma vez reunidos todos os elementos, desembocará na constituição da obrigação cambiária".

Lê-se também em Paulo Sendin[25]: "A letra em branco, porque é incompleta, está *em formação* para vir, sendo preenchida, a tornar-se letra"; e ainda[26]: "A admissibilidade da letra em branco, exigida pela vida real, traz a consequência de que a forma completa do título e correspondentes obrigações possam ficar adiadas para um momento ulterior ao da criação ou emissão (unilateral ou contratual) da letra".

Estas ideias eram assim resumidas por Brunetti[27], no início do século passado: "è piu corretto invece enunciare che l'emittente è debitore puro e semplice verso il prenditore, quanto al credito ordinario, ed è debitore in potenza quanto alla forma cambiaria del credito stesso".

Alguma doutrina refere-se a um efeito retroativo associado ao preenchimento do título[28]: se, aquando da subscrição da livrança pelo devedor, foi preenchida a data em que a livrança é passada, o efeito retroactivo fixar-se-ia nessa data.

A ideia de um efeito retroativo não pode, porém, ser abraçada sem reservas, estando limitada ao domínio estritamente cambiário[29]; assim, na situação hipotizada, o efeito retroativo não permite, *qua tale*, desconsiderar as manifestações

---

[23] Cf. J. G. Pinto Coelho, *Das letras*, I (Apontamentos coligidos por João António de Oliveira Reborêdo), Livraria Portugália, Lisboa, 1939, 121; a pp. 120, o autor qualifica como "anómala e absurda concepção" a ideia de que, antes do preenchimento, já exista "uma verdadeira letra, se bem que por preencher".
[24] Cf. Carolina Cunha, *Letras e livranças. Paradigmas actuais e recompreensão de um regime*, Almedina, Coimbra, 2012, 637.
[25] Cf. Paulo Sendin, *Letra de câmbio. L. U. de Genebra*, I. *Circulação cambiária*, Universidade Católica Portuguesa, Almedina, Coimbra, 1976, 234.
[26] Cf. Paulo Sendin, *Letra de câmbio*, I, cit., 234.
[27] Cf. Brunetti, *La cambiale in bianco. Contributo allo sudio del diritto cambiario*, Fratelli Bocca, Milão, 1908, 78-79.
[28] Cf. Oliveira Ascensão, *Direito comercial*, III, cit., 117 e Paulo Sendin, *Letra de câmbio*, I, cit., 161, nota 77 e 162-163.
[29] Cf. também Brunetti, *La cambiale in bianco*, cit., 79.

de vontade dos sujeitos (v. g. do avalista em branco) feitas antes do preenchimento, no sentido de lhes retirar a validade ou eficácia extracambiárias que às mesmas assista. Esse "fenómeno" retroativo não acontece já se tal data for, conforme é frequente na *praxis* bancária em que há utilização de livranças em branco no âmbito de operações de concessão de crédito, um dos elementos em branco, sendo completado à data do preenchimento do título.

Estamos perante situações cuja abordagem não depende, pelo menos em pleno, da posição que se tome relativamente às teorias, em confronto, da criação e da emissão[30], polémica essa que só nascerá com e a partir do preenchimento regular do título. Não obstante, a questão da criação *versus* emissão não está ausente do *título em branco*, designadamente quando colocado em confronto com o *título incompleto*[31].

III. Perguntar-se-á se é decisivo para a matéria em análise e que foi objeto de atenção por parte do AUJ 4/2013, que a vinculação do avalista não seja ainda cambiária. Ou seja: as coisas mudam relevantemente em função de a vinculação pré-preenchimento – no título em branco, portanto – ser tida por cambiária ou não cambiária?

Parece-nos que não, olhando para as factualidades do acórdão recorrido e do acórdão-fundamento: é que as relações entre o avalista e o banco credor são – para usarmos uma expressão que, em rigor, é duvidoso que possa ser aqui convocada (situados que estamos antes do preenchimento), uma vez que pressupõe o universo de aplicação do artigo 17.º da LULL[32] – *relações imediatas* e não mediatas, o que significa que, ainda que de vinculação cambiária se tratasse, o avalista poderia opor ao banco excepções resultantes da sua relação com o

---

[30] Cf., sobre esta, por todos, Fernando Olavo, *Direito comercial*, II – 2.ª Parte, Fascículo I – *Títulos de crédito em geral*, Coimbra Editora, Coimbra, 1977, 88 ss., Oliveira Ascensão, *Direito comercial*, III, cit., 130 ss., Pais de Vasconcelos, *Direito comercial*, I, Almedina, Coimbra, 2011, 317 ss. e Engrácia Antunes, *Os títulos de crédito. Uma introdução*, Coimbra Editora, Coimbra, 2009, 38-39.
[31] Cf., sobre esta diferença, Pavone La Rosa, *Cambiale. Diritto sostanziale*, in ED V, 1959, 859. Entre nós, cf. Paulo Sendin, *Letra de câmbio*, I, 184 ss. e 193 ss., lendo-se a pp. 187-188: "Não há letra passada em branco sem que o seu sacador, para que venha a ser completada, não transfira *efetivamente* o exercício da sua legitimidade, através da transmissão da letra ainda incompleta pelo seu endosso, ou do seu saque ainda incompleto para o tomador. É inerente ao crédito incompleto, efetivamente assim *querido* pelo seu sacador e assim por ele *posto na circulação* cambiária, o exercício da sua legitimidade para ser ulteriormente completado por seu adquirente; daqui a *distinção* da letra *meramente incompleta*". Sobre este ponto, cf. também, por último, Carolina Cunha, *Letras e livranças*, cit., 531 ss.
[32] Cf. Carolina Cunha, *Letras e livranças*, cit., 593.

mesmo, as quais se centram nos termos do pacto de preenchimento e, logo, da (então futura e eventual) vinculação cambiária.

Se bem vemos, o pacto de preenchimento aqui relevante não é celebrado entre o avalista e a sociedade subscritora da livrança mas entre aquele e o banco-credor, ainda que o respetivo conteúdo seja determinado *per relationem* pelo pacto celebrado entre a sociedade subscritora da livrança e o banco-credor. Do mesmo modo, nas situações em que não seja visível um pacto mas uma autorização unilateral de preenchimento[33], o autorizado é o banco-credor e não a sociedade subscritora.

Admite-se que nem sempre será fácil identificar um pacto de preenchimento específico entre o sócio e o banco, já que a situação tende a ser absorvida pelo pacto de preenchimento que tem como protagonistas a sociedade e o banco. À partida, tanto podemos ter um *contrato de preenchimento plurilateral*[34] quanto tantos pactos de preenchimento quanto os (futuros) obrigados cambiários. Pode ocorrer também uma *adesão ao contrato* de preenchimento celebrado entre a sociedade e o banco, sendo o avalista em branco aderente[35].

Estas conclusões não parece que possam ser postas em causa pela circunstância de, amiúde, os avalistas em branco não terem, *qua tale*, contacto com o banco-credor, contactos esses que são protagonizados pela sociedade a favor de quem é aberto o crédito ou é concedido o empréstimo. A legitimação para preenchimento é dada ao banco pelo avalista e não pela sociedade subscritora da livrança agindo por conta e em nome do avalista. Ou seja, a sociedade não atua, tipicamente, como mandatária do sócio avalista, sendo, de resto, este – e não a sociedade em sua representação – que assina o documento potenciado como futura (e eventual) livrança.

Não cabe aqui tratar de algumas interessantes mas nem por isso sossegantes dúvidas associadas ao pacto de preenchimento[36] e à autorização para preenchi-

---

[33] Cf., desde logo, OLIVEIRA ASCENSÃO, *Direito comercial*, III, cit., 114: "A lei só prevê um pacto. Há que indagar se o consentimento pode ser dado também por acto unilateral, o que seria consentâneo com a unilateralidade dos títulos de crédito".

[34] Cf. CAROLINA CUNHA, *Letras e livranças*, cit., 587.

[35] Sobre a *adesão ao contrato*, cf., por todos, ANTUNES VARELA, *Das obrigações em geral*, II, 7.ª ed., Almedina, Coimbra, 1997, 392, GALVÃO TELLES, *Manual dos contratos em geral*, 4.ª ed., Coimbra Editora, Coimbra, 2002, 459-560 e MENEZES CORDEIRO, *Tratado de direito civil português*, II. Direito das obrigações, tomo IV. *Cumprimento e não cumprimento. Transmissão. Modificação e extinção. Garantias*, Almedina, Coimbra, 2010, 250.

[36] Entre nós, enfatizando a necessidade de um pacto de preenchimento, cf. PAIS DE VASCONCELOS, *Direito comercial*, I, cit., 329, PEREIRA DE ALMEIDA, *Direito comercial*, III, cit., 147 e, em especial, por último, CASSIANO DOS SANTOS, *Aval, livrança em branco e denúncia ou resolução de vinculação*, cit., 333 ss..

mento – incluindo o pacto de preenchimento em branco e a própria questão da necessidade de um pacto ou de uma autorização – remetendo-se, neste particular, para os escritos de Paulo Sendin[37], Carolina Cunha[38] e, em sentido não coincidente, Cassiano dos Santos[39].

Trata-se de pontos que, não estando presentes na factualidade do acórdão-fundamento e do acórdão recorrido, nos limitamos a deixar assinalados.

IV. Importa acertar uma questão terminológica: por *aval aposto em livrança (ou letra) em branco* ou *aval em branco* entendemos a assinatura aposta no título em branco e que se destina a valer como aval cambiário uma vez preenchido o título. A figura não será, assim, plenamente coincidente com a do "aval em branco", contraposto ao "aval completo", enquanto expressão utilizada para designar o aval que se exprime, sem qualquer outra indicação, pela simples assinatura do avalista[40].

Em função da ideia generalizada, mas não plenamente certeira, de que o artigo 10.º da LULL regula a letra em branco, bem como considerando que a lei resolve no artigo 31.º/III da LULL a dúvida por quem, na falta de indicação, é dado o aval[41], é usual encontrarmos a expressão "aval em branco" para aludir à situação em que alguém avaliza, como nos termos do artigo 31.º da LULL, uma letra ou uma livrança em branco.

Claro que, não havendo, antes do preenchimento regular, propriamente uma livrança e não havendo vinculação cambiária, não há também, *summo rigore*, um vínculo de *aval* (cambiário)[42]: a inexistência do título de crédito

---

[37] Cf. PAULO SENDIN, *Letra de câmbio*, I, 190 ss., com referência à possibilidade de o pacto de preenchimento não existir ou ser em branco.
[38] Para CAROLINA CUNHA, *Letras e livranças*, 539, "nem a existência de um acordo de preenchimento *ad hoc*, nem a intenção de cometer o completamento a outrem se revelam, afinal, imprescindíveis *de per se*"; contudo, considera que "permanece inarredável, como pedra de toque, a vontade do subscritor, tal como foi manifestada ou hermeticamente reconstituída". E complementa, ob. cit., 541, com a consideração de que a perspectiva que adota "não exacerba a importância do acordo de preenchimento"; e justifica: "Não é dele, mas sim da emissão voluntária de um título incompleto que se retira o critério da identificação da *fattispecie* contemplada pelo art. 10.º LU".
[39] Cf. CASSIANO DOS SANTOS, *Aval, livrança em branco e denúncia ou resolução de vinculação*, cit., 333 ss..
[40] Cf. MARNOCO E SOUSA, *Das letras, livranças e cheques*, I, 2.ª ed., Lumen, Lisboa, Porto, Coimbra, 1921, 476-477.
[41] Cf. OLIVEIRA ASCENSÃO, *Direito comercial*, III, cit., 165 ss..
[42] Cf. CASSIANO DOS SANTOS, *Aval, livrança em branco e denúncia ou resolução de vinculação*, cit., 313 (2.ª coluna) e 314 (1.ª coluna): "o subscritor assume por ela [subscrição de aval] um vínculo a que a subscrição se venha a tornar um aval aquando do completamento do título"; cf. ainda 317 (1.ª e 2.ª colunas): "só há verdadeiro aval enquanto garantia cartular se houver título".

livrança e a correlativa inexistência de vinculação cambiária significam que não há, propriamente, (ainda) *aval cambiário*. Há, antes, e tão só, uma *vinculação para aval cambiário*, na prognose de que o título em branco possa ser completado e, assim e então, "evoluir" para título de crédito.

4. A tipicidade social da livrança em branco com aval incorporado no âmbito da concessão de crédito bancário

I. Se bem vemos, o "desencontro" do AUJ 4/2013 com as factualidades do acórdão recorrido e do acórdão-fundamento é, em primeiro lugar e talvez sobretudo, um desencontro com a realidade dos negócios bancários de crédito e com a *tipicidade social* na utilização de livranças em branco, normalmente com avales incorporados, figura amiúde designada por *livrança-caução*[43]. O desencontro até será, *summo rigore*, mais amplo, já que haveria que convocar ainda o "quadro de referência" do direito societário, conforme propõe Evaristo Mendes[44], abordagem esta que, tendo sido ignorada pelo AUJ, deixamos, de momento, na penumbra.

---

[43] Cf., v. g., J. G. PINTO COELHO, *Das letras*, I, cit., 115-116, a propósito da utilização da letra em branco, designadamente em aberturas de crédito em conta corrente, e também CAROLINA CUNHA, *Letras e livranças*, cit., 553 ss., sobre a utilização da letra em branco na *praxis* bancária, designadamente como garantia de dívidas emergentes de contratos de abertura de crédito bancário, referindo-se, a propósito, a uma "utilização socialmente típica". Cf. ainda EVARISTO MENDES, *Aval e fiança gerais*, in DJ XIV (2000), Tomo 1, 155 ss., aludindo aos *tipos sociais* do "aval e fiança gerais", lendo-se a pp. 156: "O título comummente utilizado no contexto em apreço é a livrança, emitida pelo devedor principal e avalizada em branco, a favor do credor que se quer garantir, o qual fica portador da mesma". E ainda: "Mais propriamente, trata-se em regra de uma livrança-caução, isto é, concebida tão-só para fortalecer a posição extracartular, causal ou fundamental do credor". Lê-se também a pp. 161: "Os tipos sociais mais frequentes e significativos correspondem a garantias prestadas pelos sócios, garantes e/ou administradores das sociedades de capitais a favor de bancos financiadores da actividade das respectivas sociedades". Sobre o tema, cf. ainda MENEZES LEITÃO, *Garantias das obrigações*, 2.ª ed., Almedina, Coimbra, 2008, 135, PESTANA DE VASCONCELOS, *Direito das garantias*, Almedina, Coimbra, 2010, 116 ss. e CASSIANO DOS SANTOS, *Aval, livrança em branco e denúncia ou resolução de vinculação*, cit., 315 (2.ª coluna): "é uma prática quase sem excepção no financiamento bancário a sociedades". Cf. ainda ROMANO MARTINEZ/FUZETA DA PONTE, *Garantias de cumprimento*, 5.ª ed., Almedina, Coimbra, 2006, 123: "As vantagens e inconvenientes do aval são, essencialmente, os mesmos da fiança (…)". Na literatura italiana, cf., v. g., MOLLE, *I contratti bancari*, 4.ª ed., Giuffrè, Milão, 1981, 242 ss..

[44] Cf. EVARISTO MENDES, *Aval e fiança gerais*, cit., 167 ss..

Nas operações de concessão de crédito por bancos a sociedades comerciais de responsabilidade limitada, é frequente a prestação de garantias pessoais por parte de terceiros, normalmente sócios da sociedade.

A prestação de garantias por parte dos sócios constitui, amiúde, a única via de viabilização do recurso ao crédito bancário, substitutivo das vias de financiamento interno assegurado pelos próprios sócios[45], como sejam as prestações suplementares ou os suprimentos, sem esquecer os aumentos de capital.

A situação dos garantes pessoais é, como é sabido, sensível e perigosa[46], *maxime* quando o sócio prestador de garantia não tem controlo sobre o nível de endividamento da empresa e, logo, sobre a dimensão da sua responsabilidade.

Esse perigo é menor nos casos de mútuos, nos quais está plena e totalmente balizado o risco do garante, quer seja – para nos referirmos às situações mais comuns – fiador (risco fidejussório) quer seja avalista de livrança entregue ao credor.

A situação muda substancialmente quando estamos perante aberturas de crédito renováveis, *maxime* em conta corrente (*revolving credit*)[47], nas quais os garantes, sejam eles fiadores ou avalistas de livrança em branco, sabendo, embora, *grosso modo*, o montante possível máximo da sua vinculação, não dominam a dimensão temporal da mesma, uma vez que, tipicamente, a renovação das operações de crédito está nas mãos das partes no contrato, mais concretamente o banco e a sociedade[48].

Daí ser usual quer a prestação de fiança quer a utilização de um mecanismo, aparentemente mais ágil, mas perfeitamente *fungível* com a garantia fidejussória[49], que é a via das livranças em branco subscritas pela sociedade e avalizadas pelos sócios.

---

[45] Cf., por todos, MENEZES CORDEIRO, *Manual de Direito das Sociedades*, II. *Das sociedades em especial*, 2.ª ed., Almedina, Coimbra, 2007, 285 ss. e 293 ss., COUTINHO DE ABREU, *Curso de Direito Comercial*, II, 4.ª ed., 2011, 328 ss. e PAULO OLAVO CUNHA, *Direito das sociedades comerciais*, 5.ª ed., Almedina, Coimbra, 2012, 294 ss. e 814 ss. e 842 ss.. Refere-se, a propósito, CASSIANO DOS SANTOS, *Aval, livrança em branco e denúncia ou resolução de vinculação*, cit., 316 (1.ª coluna) à "subversão de facto, a favor de alguns credores, do sistema de responsabilidade limitada".
[46] Sobre a fiança como negócio de risco ou de perigo, cf. o nosso *Assunção fidejussória de dívida*. *Sobre o sentido e o âmbito da vinculação como fiador*, Almedina, Coimbra, 2000, 116 ss. e 842 ss..
[47] Cf. o nosso *Contratos comerciais*, Almedina, Coimbra, 2012, 327 ss..
[48] Reportamo-nos às situações em que, por interpretação do pacto de preenchimento sem prazo fixado, quer em si quer conexionado com o contrato de crédito *revolving*, não seja possível estender àquele o prazo convencionado para este; cf. *infra*, ponto 5/I.
[49] Essa fungibilidade passou a ser mais clara quando a legislação processual civil passou a aceitar, mais amplamente, como títulos executivos os contratos de crédito assinados pelo devedor; cf., sobre este ponto, conquanto com referência ao regime específico do artigo 22.º do DL

Na tipicidade social destas operações – nas quais é também identificável o interesse dos sócios garantes[50] – o recurso a livranças em branco com avales surge como via sucedânea ou alternativa às fianças de sócios, ocorrendo até que numa determinada praça, para operações similares a sociedades com nível de risco equivalente, um banco privilegie o recurso a fianças dos sócios e outro possa preferir o recurso a livranças em branco com avales, não estando também afastadas as situações de cumulação, das quais resulte que o avalista cambiário é também fiador do contrato de empréstimo bancário[51].

Ora, num quadro destes, nenhum sócio esclarecido que aceite dar crédito à sociedade através da prestação de garantias – *crédito de assinatura*[52], naturalmente – aceitará, razoavelmente, que a sua posição seja mais gravosa ou menos gravosa em função da utilização – muitas vezes, como se disse, sem critérios objetivos e definidos – da, digamos, "via da fiança" ou da "via da livrança em branco".

Por outro lado, não faz, pelo menos, *a priori*, pleno sentido que, tratando-se, como se trata, de vias plenamente *fungíveis*, o banco possa ter – antes do preenchimento do título – um nível de segurança mais forte no caso de avales apostos por sócios em livranças em branco do que no caso de fianças de sócios, apenas porque no primeiro caso as vinculações seriam (pretensamente, já o vimos) cambiárias[53] e no segundo não.

133/2009, de 2 de Junho, Isabel Menéres Campos, *Notas breves sobre os mecanismos de garantia do cumprimento no crédito ao consumo*, in "*Liber Amicorum* Mário Frota. A causa dos direitos dos consumidores", Almedina, Coimbra, 2012, 301.

[50] Cf., v. g., Carolina Cunha, *Letras e livranças*, cit., 610 ss.. Temos presentes os casos comuns em que os sócios, em função do seu "envolvimento" com a sociedade, têm interesse em que a mesma singre com êxito, do que poderão resultar benefícios para os mesmos através da distribuição de lucros. Não consideramos os casos dos sócios minoritários alheados da vida da sociedade que, não obstante, se deixam "capturar" na rede da prestação de garantias a pedido da sociedade, tendo em vista a viabilização de concessão de crédito bancário.

[51] Cf. o nosso *Assunção fidejussória de dívida*, cit., 82 e 472, nota 350. Sobre a questão da "disparation de l'aval et la résurgence du cautionnement fondamental", cf. M. Cabrillac/C. Mouly/S. Cabrillac/P. Pétel, *Droit des sûretés*, 8.ª ed., Litec, Paris, 2007, 252-253.

[52] Cf. o nosso *Contratos comerciais*, cit., 283 ss..

[53] Veja-se o seguinte trecho do ponto II.B.2 do AUJ, que ilustra o modo como o STJ trata o aval aposto em título em branco como se aval aposto em título completo fosse: "Ao prestar uma garantia bancária, os sócios devem ter a noção clara de que se estão a responsabilizar, pessoal e cambiariamente, pelo pagamento do direito de crédito que se comprometeram a satisfazer no caso de o avalizado o não fazer. Daí que não lhes seja lícito, e seja suscetível de frustrarem uma das funções axiais da garantia pessoal que se constitui pelo aval, que se possam desvincular, unilateralmente, da obrigação cambiária que assumiram". Presumimos, naturalmente, que a expressão "garantia bancária", que encontramos no trecho transcrito, constitui um lapso, devendo ser substituída, na linha do raciocínio do AUJ, por "garantia cambiária".

II. Como se disse, a via da livrança em branco revela-se bem mais gravosa para o garante[54], sujeito que está ao risco de preenchimento abusivo por parte do banco-credor, risco esse que se torna mais intenso no caso de circulação do título a favor de terceiro de boa fé contra o qual o avalista em branco não poderá invocar o abuso no preenchimento[55]. Essa é, como diz Carolina Cunha[56], a "discrepância essencial" associada ao título em branco.

Ora, conforme resulta do exposto, enquanto o título não é preenchido não há livrança, não há vinculação cambiária. Mas se, diversamente do que pensamos, se entender que a vinculação do avalista em branco já é cambiária, então as relações que temos em presença são inequivocamente relações imediatas, no âmbito das quais podem ser feitas valer as exceções derivadas da relação subjacente.

E aqui entramos num ponto essencial: há alguma razão *atendível* para que um sócio que presta garantia de fiança no âmbito de uma conta-corrente renovável automaticamente se possa desvincular da fiança prestada, em determinados termos, e o avalista de título em branco, porventura para a mesma operação, o não possa fazer?

Não vemos razão alguma para sacrificar o garante através de aval em branco no altar dos princípios aplicáveis aos títulos de crédito em geral, já que, para além de o título de crédito relevante – a livrança – não existir, (pelo menos) ainda, *qua tale*, dá-se a circunstância, que corresponde, de resto, à normalidade ou tipicidade das situações, de a livrança em branco não sair da posse do banco-credor[57], não havendo o "concurso" de um terceiro portador.

---

[54] Como bem refere Carolina Cunha, *Letras e livranças*, cit., 585 ss., com alusão aos "melindres gerados pela *dupla subscrição em branco*", o limiar do risco do avalista em branco é "muitíssimo mais elevado"; e explica: "o avalista não suporta apenas os riscos provenientes das vicissitudes da relação fundamental entre avalizado e credor (como seja o risco de ter de cumprir cambiariamente sem se poder prevalecer de uma vicissitude que ao avalizado fosse dado invocar directamente contra o credor; o risco de ter de cumprir cambiariamente para "cobrir" um incumprimento do avalizado); suporta, outrossim, o risco específico de qualquer subscritor em branco: a verificação de uma *discrepância* entre a vontade que manifestou e o conteúdo que veio a ser inserido no título". Cf. ainda, entre outros, J. G. Pinto Coelho, *Das letras*, I, cit., 116 ("não é difícil concluir que a admissibilidade destes títulos tem também desvantagens e oferece o maior perigo e inconvenientes"), Cassiano dos Santos, *Aval, livrança em branco e denúncia ou resolução de vinculação*, cit., 229 ss. e Pestana de Vasconcelos, *Direito das garantias*, cit., 117-118, referindo-se, justamente, a um negócio de confiança ou fiduciário em sentido amplo.

[55] Cf., por todos, Oliveira Ascensão, *Direito comercial*, III, cit., 115 ss..

[56] Cf. Carolina Cunha, *Letras e livranças*, cit., 532.

[57] Essa manutenção na posse do banco-credor não resulta de uma imposição legal, correspondendo à normalidade das situações, podendo até questionar-se se não fará parte da tipicidade social da operação. Diversamente, no regime do crédito aos consumidores, é a própria lei (artigo

Assim, neste tempo de "pré-livrança", temos por desajustado invocar o "arsenal cambiário" para resolver uma questão na qual está ausente qualquer vinculação de natureza cartular.

Entendemos, assim, que, nas situações socialmente típicas a que correspondem as factualidades do acórdão recorrido e do acórdão-fundamento, para efeitos de desvinculação unilateral, faz, à partida, pleno sentido que o sócio de sociedade garante pela via da livrança em branco deva ser tratado de modo equivalente face ao sócio de sociedade garante fidejussório[58].

III. Outra abordagem que não pode deixar de ser aqui convocada é a do *crédito de assinatura*[59]. Parece evidente que nas situações típicas que estavam presentes, quer no acórdão-fundamento quer no acórdão recorrido, o banco só terá aceitado financiar as sociedades após ter aval dos sócios. O crédito de assinatura é, digamos, o requisito da concessão de crédito por parte do banco.

A assinatura do sócio tem um valor patrimonial[60] conforme demonstra o facto de o banco a exigir como requisito para a concessão de crédito e conforme é também demonstrado pela resistência dos bancos em aceitarem a libertação de sócios "bons" em termos patrimoniais.

22.º do DL 133/2009) que estabelece a obrigatoriedade de aposição da expressão "Não à ordem" ou equivalente; cf., sobre este regime, por todos, GRAVATO MORAIS, *Crédito aos consumidores*, Almedina, Coimbra, 2009, 104 ss. e ISABEL MENÉRES CAMPOS, *Notas breves sobre os mecanismos de garantia*, cit., 301-302.

[58] Assim, concordamos e discordamos da seguinte passagem do ponto II.B.2 do AUJ: "Pensamos, como já adiantámos *supra*, que o aval, como garantia que se destina a garantir o pagamento do valor patrimonial inserto no título de crédito não pode ter o mesmo tratamento que a garantia fidejussória ou a fiança. Na verdade, o avalista, contrariamente ao que acontece ao obrigado fidejussório, não responde perante o credor nos mesmos termos que este mas sim, e tão só, cria um direito de regresso perante o sacado correspondente ao que haja pago ao tomador do título pelo incumprimento pelo sacado da obrigação inserta no título". Discordamos na medida em que a referência ao aval, que aí se lê, seja tida como feita ao *aval em branco*, mas já concordamos na medida em que seja lida como aplicada ao *aval cambiário*, aposto, portanto, em título completo. Pode, então, dizer-se que as figuras do aval e da fiança são muito diferentes, ponto que não é, de resto, polémico. Citemos HUECK, *Recht der Wertpapiere*[6], cit., 79: "In ihrer Wirkung ist die Wechselbürgshaft von der Bürgschaft des BGB scharf zu unterscheiden"; cf. também, BROX, *Handelsrecht und Wertpapierrecht*, 14.ª ed., Beck, Munique, 1999, 305. Na nossa doutrina, cf., por todos, PAULO CUNHA, *Da garantia nas obrigações*, II, Lisboa, 1938-1939, 89 ss., encontrando-se, porém, a pp. 99, o reconhecimento de uma certa similitude com a fiança: "embora com uma natureza que não coincide em absoluto com a da fiança, todavia, não se pode dizer que se afaste por completo dela".

[59] Cf. o nosso *Contratos comerciais*, cit., 283 ss..

[60] Cf., v. g., SIMONETTO, *Società a "garanzia" limitata e società a "garanzia" illimitata (di capitali e di persone)*, in RS, ano 33 (1988), 278 ss..

Na prática, o banco pretende que o ex-sócio se mantenha com um vínculo, como se, para efeitos de segurança de novas concessões de crédito, ainda mantivesse a qualidade de sócio. Por sua vez, a sociedade, por ação ou omissão, colabora frequentemente na manutenção da situação, nem sempre enfrentando com lisura a situação gerada pela saída do sócio e furtando-se, consequentemente, a equacionar com o banco um novo quadro de garantias, porventura encarecedor do crédito.

O aval em branco do sócio não será equivalente, na maioria dos casos, a um *aval de favor* (em branco), o qual consubstancia também crédito de assinatura[61], sendo tipicamente partes na "convenção de favor" o subscritor de favor e a entidade beneficiada com o crédito. É certo que podemos conceber um aval de favor em branco, aposto em livrança em branco, por exemplo se prestado por um terceiro que não seja sócio ou administrador da sociedade e que presta o aval para a favorecer, por exemplo uma sociedade unipessoal por quotas, cujo sócio seja um parente próximo. Nestes casos, haverá que considerar o pacto de preenchimento e o pacto de favor: enquanto que o primeiro liga, tipicamente, o avalista ao banco, o segundo liga tipicamente o avalista à sociedade.

IV. Refira-se, ainda, que no nosso entender, não se pode afastar, sem mais e em termos absolutos, do campo do aval em branco a doutrina do AUJ 4/2001, afastamento esse que, conforme bem identifica Carolina Cunha[62], parte de uma "asserção circular": a de que o problema da indeterminação não se colocaria uma vez que o aval só existe depois de o título estar preenchido e, nessa altura não há indeterminação. Ora, como bem refere a autora, "o que está em causa é a função de garantia desempenhada pela própria subscrição em branco mesmo antes de o título vir a ser preenchido e, concomitantemente, a *ausência de limites à incerteza do contexto* em que semelhante garantia é prestada".

Diremos até que a atribuição ao avalista em branco que garante uma operação sem prazo do poder de se desvincular relativamente às dívidas posteriores à eficácia da declaração de desvinculação constitui um requisito essencial da validade deste tipo de garantias e da sua absorção pelo sistema em termos de tipicidade social[63].

---

[61] Cf. Pavone La Rosa, *La cambiale di favore*, in BancaBTC, ano XLIV (1981), 316 ss..
[62] Cf. Carolina Cunha, *Letras e livranças*, cit., 599-600.
[63] Cf. Evaristo Mendes, *Aval e fiança gerais*, cit., 158, 161 e 163 ss., referindo-se mesmo, a pp. 168, a um "direito potestativo irrenunciável de auto-desvinculação".

A partir daqui, a questão está em saber se a desvinculação se processa em termos de denúncia ou de resolução e quais os efeitos – *ex nunc* ou *ex tunc* – da mesma.

5. A desvinculação *ad nutum* por denúncia, a desvinculação por resolução e a revogação da autorização de preenchimento

I. Como é sabido, a *denúncia* é o modo típico de desvinculação nas relações contratuais duradouras celebradas por tempo indeterminado[64].

O efeito da denúncia é, também conforme é sabido, *ex nunc* e não *ex tunc*. Isto significa que, admitindo-se que o sócio avalista de livrança-caução em branco se possa desvincular em termos de denúncia, o efeito da sua desvinculação vale apenas para futuro, não abrangendo, assim, as situações de dívida já constituídas à data da eficácia da denúncia[65].

A admissibilidade da aplicação, ao caso, da figura da denúncia pressupõe que seja resolvida a questão prévia – *hic et nunc* essencial – da natureza contratual da relação entre o sócio avalista em branco e o banco.

O problema coloca-se com bem menor intensidade na fiança, admitido que está que esta corporiza um contrato entre o fiador e o credor[66]. Já quanto ao aval em branco em livrança-caução, a questão da contratualidade da relação tem sido centrada no pacto de preenchimento, no quadro da interpretação da "norma porosa"[67] que é o artigo 10.º da LULL.

---

[64] Cf., por todos, BAPTISTA MACHADO, *Parecer sobre denúncia e direito de resolução de contrato de locação de estabelecimento*, in "João Baptista Machado. Obra dispersa", I, Scientia Iuridica, Braga, 1991, 649 ss., PINTO MONTEIRO, *Contrato de agência*, 7.ª ed., Almedina, Coimbra, 2010, 126 ss., o nosso *Sobre a (vera e própria) denúncia do contrato de arrendamento. Considerações gerais*, in "O Direito", ano 143 (2011), 9 ss. e VIDEIRA HENRIQUES, *A desvinculação unilateral ad nutum nos contratos civis de sociedade e de mandato*, Coimbra Editora, Coimbra, 2001, 27 ss. e 193 ss.. Numa perspetiva não inteiramente coincidente, cf. ROMANO MARTINEZ, *Da cessação do contrato*, 2.ª ed., Almedina, Coimbra, 2006, 58 ss.. Na manualística, remete-se, por todos, para MOTA PINTO/PINTO MONTEIRO/P. MOTA PINTO, *Teoria geral do direito civil*, 4.ª ed., Coimbra Editora, Coimbra, 2005, 631-632, MENEZES CORDEIRO, *Tratado de direito civil português*, II/IV, cit., 341-342 e MENEZES LEITÃO, *Direito das obrigações*, II. *Transmissão e extinção das obrigações. Não cumprimento e garantias do crédito*, 8.ª ed., Almedina, Coimbra, 2011, 107-108.

[65] Cf., para a denúncia da fiança, o nosso *Assunção fidejussória de dívida*, cit., 823 ss.; Id., *O mandamento da determinabilidade na fiança omnibus*, cit., 121 ss.. Na doutrina italiana, cf., v. g., SPARANO, *Il recesso notificato dal fideiussore*, in DBMF 2001, n.º 4, 440 ss..

[66] Cf., por todos, o nosso *Assunção fidejussória de dívida*, cit., 376 ss., Id., *A questão da estrutura negocial da fiança revisitada*, in "Estudos de Direito das Garantias", II, Almedina, Coimbra, 2010, 7 ss..

[67] A expressão é de CAROLINA CUNHA, *Letras e livranças*, cit., 531.

Contudo, conforme já se referiu, a legitimidade para preencher o título pode, pelo menos *ictu oculi*, resultar de uma autorização unilateral do avalista, que não propriamente de um pacto de preenchimento. Nesta lógica, é legítimo perguntar se é possível equacionar a denúncia numa situação deste jaez.

No nosso entendimento, *atendo-nos exclusivamente às situações socialmente típicas na base do acórdão-fundamento e do acórdão recorrido*, faz sentido equacionar a desvinculação unilateral ad *nutum* por parte do avalista, mesmo nos casos em que só se logrem ver sinais exteriores de uma autorização unilateral e não de um pacto de preenchimento, já que, em qualquer dos casos existe, a nível, digamos, superior, um contrato de garantia entre o avalista em branco e o banco, contrato esse que integra, no que ao preenchimento respeita, um pacto – que com aquele contrato pode até confundir-se – ou uma simples autorização.

Naturalmente que o acordo de vontades pode não ser claro, *maxime* nos casos em que o sócio avalista não chega a ter, ele próprio, contacto direto com o banco. Contudo, mesmo nestes casos, não deixa de ser identificável um acordo negocial de garantia, já que, tendo o banco erigido a prestação de aval em branco como requisito para a concessão de crédito, a própria concessão de crédito efetivada funciona como manifestação de vontade da parte do banco no que ao contrato de garantia respeita, com dispensa de declaração de aceitação, conforme previsão genérica do artigo 234.º do CC[68].

Por outro lado, nem o pacto de preenchimento nem a simples autorização de preenchimento esgotam o contrato de garantia de que falamos, conquanto o integrem, enquanto contrato de garantia socialmente típico através do qual o sócio avalista aceita "cobrir", em solidariedade cambiária, uma vez preenchido o título, a responsabilidade da sociedade, disciplinando o pacto de preenchimento ou a simples autorização os termos do preenchimento e, logo, a definição da dimensão da responsabilidade do avalista.

O negócio de garantia de que falamos engloba, complexivamente, o acordo ou autorização de preenchimento e o documento em branco assinado pelo avalista.

Ora, o que é passível de denúncia, na medida em que tenha sido celebrado por tempo indeterminado, é esse contrato de garantia pessoal atípica. Para efeitos de "denunciabilidade", é equivalente à situação em que o contrato de

---

[68] Cf., em termos similares, no que respeita à prestação de fiança subscrita apenas pelo fiador, o nosso *A estrutura negocial da fiança e a jurisprudência recente*, in "Estudos de Direito das Garantias", I, Almedina, Coimbra, 2004, 80 ss. e 99 ss.; no que respeita ao aval, encontramos referências a um "contrato de aval" por exemplo em FERNÁNDEZ-ALBOR BALTAR, *El aval cambiario*, Civitas, Madrid, 1992, 250 ss. e em CARRASCO PERERA/CORDERO LOBATO/MARÍN LÓPEZ, *Tratado de los derechos de garantía*, Aranzadi, Cizur Menor, 2002, 377 ss..

crédito entre a sociedade e o banco tenha sido celebrado por tempo indeterminado aquela em que o mesmo tenha sido celebrado por tempo determinado mas sendo automaticamente renovável e dependendo a *não renovação* exclusivamente das partes no contrato de crédito – ou seja o banco e a sociedade – com a consequente impotência do avalista em branco em conseguir evitar a continuação do contrato. Admite-se, no entanto, que, por interpretação do "conjunto" formado pelo contrato de crédito e pelo contrato de garantia seja possível concluir no sentido de que a este último são também aplicáveis os prazos clausulados para o contrato de crédito[69].

Uma das várias questões[70] que, neste último caso, importará precisar, mas cuja análise não cabe nestas páginas, é a de saber se a denúncia do sócio-avalista que ceda as suas quotas na sociedade e, assim, se alheia da atividade da mesma, deve ter efeito imediato ou se só deverá ser eficaz no final do período de renovação da operação de crédito que esteja em curso, tratando-se de crédito *revolving*. É uma questão que, conquanto se não confunda, tem conexões com estoutra de saber se, nestas situações de denúncia, faz sentido e no caso afirmativo em que termos, exigir um *pré-aviso* – que teria de ser razoável, conforme é da dogmática da denúncia[71]. Relevante será também, nessa análise, o concreto clausulado do contrato de crédito, *maxime* no que respeita à margem de autonomia do banco relativamente a novas libertações de crédito.

II. Mas a circunstância de não estarem ou poderem não estar preenchidos os requisitos da denúncia – *maxime* quando não se trate de uma relação duradoura por tempo indeterminado – não impede a convocação e a aplicação da

---

[69] Vai um pouco mais longe Cassiano dos Santos, *Aval, livrança em branco e denúncia ou resolução de vinculação*, cit., 315 (1.ª coluna) e 345 (1.ª coluna): "Mesmo que o prazo não se aplique formalmente ao pacto de preenchimento, ele estará normalmente implícito nele, conclusão a que se chegará pela ponderação da relação de interdependência que contrato e pacto apresentam, a qual permitirá a sua qualificação como contratos coligados e levará a que o prazo do contrato principal se estenda ao outro".

[70] Destaque-se também, ainda ilustrativamente, a questão de saber se a simples comunicação ao banco da cessão de quotas, sem uma coeva declaração de desvinculação, é idónea a produzir o efeito desvinculativo ou se, ao invés, deve ser tratada como uma simples informação à contraparte sem eficácia resolutiva direta. Supomos que não será possível dar uma resposta que valha para todas as situações, sem prejuízo de ser natural vermos nessa comunicação não só ou não tanto a informação da saída da sociedade mas, como refere Carolina Cunha, *Letras e livranças*, cit., 615, o "facto concludente de uma declaração tácita de desvinculação".

[71] Cf., por todos, Pinto Monteiro, *Contrato de agência*[7], cit. 130 ss..

figura da *resolução*, aqui também, necessariamente, com efeitos *ex nunc*[72], já que, *a priori*, poderá ser *inexigível* a continuação da vinculação como garante relativamente a novas situações de dívida, quando o avalista deixa de ter interesses na sociedade enquanto sócio, tendo sido este – o de sócio – o *status* determinante do aval em branco[73].

De resto, a equacionação da *denúncia* vera e própria não carece sequer do "pretexto" da saída do sócio da sociedade, na medida em que, claro está, a vinculação tenha sido assumida por tempo indeterminado. Isto significa, conforme bem observa Cassiano dos Santos[74], que deve ponderar-se a convolação da denúncia para resolução quando se equaciona a desvinculação por denúncia por parte do sujeito que prestou aval, figurando como causa a circunstância de ter saído da sociedade.

Trata-se da aplicação à situação em estudo da doutrina da *inexigibilidade* enquanto legitimadora do rompimento resolutivo da relação contratual duradoura[75].

O problema – que também não tem de ser aqui estudado, em sede que estamos de notas ao AUJ 4/2013 – está em saber se os efeitos *ex nunc* são imediatos, se devem ser, antes, postergados para o final do período de renovação da operação de crédito *revolving* em curso ou se a resposta deverá ficar dependente da análise das situações concretas, considerando, designadamente, o conteúdo do contrato de crédito, tal como conhecido pelo avalista em branco.

Nada do exposto inibe a intervenção corretiva do instituto do *abuso do direito*, o qual, estando sempre presente, pode ser atuado relativamente ao exercício da faculdade de desvinculação unilateral subsequente à cessão de quotas.

---

[72] Sobre as situações em que, afastando-se da regra geral, a resolução tem efeitos *ex nunc*, cf. MENEZES CORDEIRO, *Tratado de direito civil português*, II/IV, cit., 340-341, ROMANO MARTINEZ, *Da cessação do contrato*², cit., 189 ss. e BRANDÃO PROENÇA *A resolução do contrato no direito civil. Do enquadramento e do regime*, Coimbra, 1982, 173 ss.

[73] Em sentido não coincidente, cf. CASSIANO DOS SANTOS, *Aval, livrança em branco e denúncia ou resolução de vinculação*, cit., 314 (1.ª coluna), para quem, em princípio, a perda da qualidade de sócio não constitui justa causa de resolução; cf., quanto à fiança, o nosso *Assunção fidejussória de dívida*, cit., 376 ss..

[74] Cf. CASSIANO DOS SANTOS, *Aval, livrança em branco e denúncia ou resolução de vinculação*, cit., 314.

[75] Cf., por todos, BAPTISTA MACHADO, *"Denúncia-modificação" de um contrato de agência*, in RLJ 120 (1987-1988), 185, nota 4, PINTO MONTEIRO, *Contrato de agência*⁷, cit. 135-136 e DAVID MAGALHÃES, *A resolução do contrato de arrendamento urbano*, Coimbra Editora, Coimbra, 2009, 56 ss.. Na doutrina alemã, cf., por todos, HAARMANN, *Wegfall der Geschäftsgrundlage bei Dauerschuldverhältnissen*, Dunckler & Humblot, Berlim, 1979, 124 ss. e OETKER, *Das Dauerschuldverhältnis und seine Beendigung. Bestandsaufnahme und kritische Würdigund einer tradierten Figur der Schuldrechtsdogmatik*, J. C. B. (Paul Siebeck), Tubinga, 1994, 264 ss..

A ser o caso, a consequência será, como refere Carolina Cunha[76], "permanecerem os ex-sócios vinculados como garantes de dívidas posteriores à sua saída da sociedade".

III. Mas admitamos que se não aceita a construção de um contrato de garantia, conforme acima referido, e que apenas podemos "lidar", em alternativa, com um pacto de preenchimento ou com uma simples autorização unilateral de preenchimento.

Num quadro deste jaez, feneceriam as hipóteses de denúncia e de resolução nas situações de simples autorização[77].

Não obstante, entendemos que, nestes casos – *sempre no quadro das situações socialmente típicas que estão na base do acórdão-fundamento e do acórdão recorrido* – mantém-se a hipótese de desvinculação unilateral por parte do avalista autorizante quando deixe de ter a qualidade de sócio que constituiu a razão da sua vinculação, através da *revogação com justa causa*[78]. Tendo, embora, a autorização sido dada também no interesse do banco autorizado, a saída da sociedade por parte do sócio pode constituir uma situação que, à semelhança do que ocorre na resolução, torne inexigível a continuação da situação de sujeição ao preenchimento nos termos da autorização.

6. A tutela do banco-credor

I. Uma preocupação que perpassa pelo AUJ é a da proteção dos interesses do banco-credor, cuja posição ficaria prejudicada pela admissão de uma desvinculação unilateral do avalista em branco. Falamos em desvinculação unilateral na linha de admitirmos, com Cassiano dos Santos[79], a convolação da denúncia

---

[76] Cf. CAROLINA CUNHA, *Cessão de quotas e aval*, cit., 111.
[77] Sobre a autonomia do negócio jurídico *autorização*, cf., v. g., NATTINI, *Il negozio autorizzativo*, in RDCom X (1912), 485-491, CARRARO, *Contributo alla dottrina dell'autorizzazione*, in RTDPC I (1947), 282-314, BETTI, *Teoria geral do negócio jurídico*, III, Coimbra Editora, Coimbra, 1970, 217 ss. e, entre nós, por último, PEDRO LEITÃO P. VASCONCELOS, *A autorização*, Coimbra Editora, Coimbra, 2012, 151 ss..
[78] Sobre a revogação da autorização, cf., entre nós, por último, PEDRO LEITÃO P. VASCONCELOS, *A autorização*, cit., 261 ss.. Para a revogação do mandato no interesse comum, cf. o nosso *Em tema de revogação do mandato civil*, Almedina, Coimbra, 1989, 169 ss. e VIDEIRA HENRIQUES, *A desvinculação unilateral*, cit., 150 ss..
[79] Cf. CASSIANO DOS SANTOS, *Aval, livrança em branco e denúncia ou resolução de vinculação*, cit., 314 (1.ª e 2.ª colunas).

de que fala o STJ para resolução, atenta a razão, já mencionada, de a denúncia não carecer de fundamento.

Essa preocupação é ilustrada (no ponto II.B.2 do AUJ) com a apresentação da hipótese extrema de todos os sócios de uma sociedade se responsabilizarem, através de avales apostos em livrança em branco, pelo pagamento da dívida da sociedade ao banco, mas em que ocorre a situação singular de todos os sócios cederem as respetivas quotas, pretendendo depois, todos eles, desvincular-se dos avales prestados. Para o STJ, uma tal situação "dessoraria totalmente a garantia prestada e deixaria o tomador do título de crédito sem qualquer garantia de que o crédito concedido viesse a ser pago".

Não acompanhamos a análise do STJ neste particular: na situação hipotizada não haverá, em princípio, qualquer prejuízo sério do banco, já que, tendo as desvinculações eficácia *ex nunc* e não *ex tunc*, o banco mantém as garantias relativamente ao crédito já concedido à sociedade. O caso é já bem diferente se o banco desprezar as desvinculações manifestadas e conceder novos créditos à sociedade com renovação das contas-correntes. É que se o fizer, sem ter o cuidado de exigir novas garantias, o banco só se pode queixar de si próprio que não dos ex-sócios e ex-garantes.

A conclusão não muda pelo facto de as cessões de quotas poderem ser feitas a quem não tenha "património capaz e bastante para suportar a execução do título de crédito avalizado"[80]. A conclusão não muda, efetivamente, pela razão, já referida, de as cessões de quotas seguidas de declarações de desvinculação unilateral não terem o "condão" de isentar tais avalistas da responsabilidade pelo crédito já concedido, estando normalmente nas mãos do banco (*i*) não prescindir daquelas garantias e "cristalizar" o crédito nos quantitativos já concedidos, (*ii*) prescindir daquelas garantias e conceder novos créditos ou (*iii*) forçar a sociedade à apresentação de novas garantias como requisito para novas concessões[81].

O que o banco não pode razoavelmente pretender é manter vinculados os ex-sócios já alheados da sociedade para lhe dar segurança relativamente a novo crédito. Não pode também a sociedade creditada pretender continuar a beneficiar de crédito – de assinatura – da parte dos sócios que, entretanto, deixam a sociedade para efeitos de "alavancar" a concessão de crédito por parte do banco.

---

[80] Ponto II.B.2 do AUJ.
[81] Tal como na fiança, de resto; cf. o nosso *Assunção fidejussória de dívida*, cit., 828-829. Cf., quanto ao aval em branco, CAROLINA CUNHA, *Letras e livranças*, cit., 616.

II. A conclusão continua a ser a mesma numa outra hipótese suscitada pelo AUJ: a de um dos sócios ceder simuladamente a sua participação na sociedade apenas para poder denunciar um aval prestado. Independentemente da questão de saber se a invocação do fantasma da simulação não será excessiva, até porque o mesmo pode "aparecer" em quase todos (se não mesmo todos) os negócios, uma tal hipótese é resolvida com base no regime dos negócios simulados. Como refere Carolina Cunha[82], "de duas uma: *ou o banco tomava (mais cedo ou mais tarde) conhecimento da simulação* (...) e podia invocar a nulidade do negócio simulado, i.e., da cessão de quotas (...); *ou não tomava conhecimento da situação*, e por conseguinte trata a situação *como se* tivesse ocorrido uma cessão de quotas".

As consequências, a partir daqui, são evidentes[83]: no primeiro caso, a nulidade da cessão de quotas acarretaria a ineficácia da declaração de desvinculação; no segundo caso, estaríamos perante uma situação comum, em que o banco que pretenda manter as garantias constituídas pode resguardar a sua posição fazendo depender a concessão de novo crédito à sociedade da prestação de novas garantias.

7. O paradoxo da solução do AUJ

Aqui chegados, é difícil discordar de Scaccia[84]: *Materia cambiorum difficilis abstrusissima, intricatissima est et periculosa*.

Se bem vemos, a jurisprudência fixada através do AUJ não está certa quando interpretada e aplicada em função das factualidades do acórdão recorrido e do acórdão-fundamento mas está certa se a lermos, nos estritos dizeres da sua parte decisória, tal como acima transcritos[85], aplicada a um universo de situações que, ao fim e ao cabo, não estava em discussão: a dos avales apostos em livranças completas[86].

Chegamos, assim, à paradoxal conclusão de que a solução do AUJ não está certa estando certa e está certa não o estando, o que tudo resulta, se bem vemos, da existência de um desencontro entre o AUJ – com destaque para a sua parte

---

[82] Cf. CAROLINA CUNHA, *Cessão de quotas e aval*, cit., 112.
[83] Cf. também CAROLINA CUNHA, *Cessão de quotas e aval*, cit., 112.
[84] Citado por PAULO SENDIN, *Letra de câmbio*, I, cit, 263.
[85] Cf. *supra*, ponto 1/I.
[86] Daí ter razão CASSIANO DOS SANTOS, *Aval, livrança em branco e denúncia ou resolução de vinculação*, cit., 313 (1.ª coluna), quando refere que a afirmação do AUJ na sua parte decisória "é indiscutida, quase tautológica".

decisória – e a factualidade subjacente ao acórdão-fundamento e ao acórdão recorrido.

Enquanto não houver nova intervenção do STJ, parece-nos que a jurisprudência fixada no AUJ deverá ser lida considerando a sua parte decisória, no sentido – que, não obstante, não tem suscitado dúvidas relevantes – de que o sócio de uma sociedade que presta aval em *livrança (completa)* para garantia de financiamento a favor da sociedade não pode *denunciar* o aval cambiário pela circunstância de, entretanto, ter cedido a sua participação social na sociedade avalizada, tal como o não pode fazer por outra qualquer circunstância.

Naturalmente que a *resolução* também não será possível, já que a desvinculação do avalista cambiário (em livrança completa) não pode ter lugar na lógica contratual – que preside à denúncia e à resolução – mas apenas na cartular[87]. Do mesmo modo, não pode haver uma *revogação da autorização* unilateral de preenchimento na medida em que, estando a livrança preenchida, qualquer desvinculação cartular só pode ter lugar na lógica cambiária, nos termos da LULL.

Por esta via, dir-se-á, a solução do AUJ – ao assimilar o aval em branco ao aval aposto em título completo – não uniformiza efetivamente a jurisprudência contraditória com base nas factualidades do acórdão recorrido e do acórdão-fundamento. É verdade. Não uniformiza efetivamente.

Esta via interpretativa do AUJ – que destaca e, de algum modo, isola a sua parte decisória – é aquela que, no quadro de situações de crédito bancário *revolving* a sociedade, torna sustentável o aval aposto em livrança em branco por parte de sócio da sociedade creditada e que, entretanto, se pretenda desvincular de tal aval antes do preenchimento do título, com efeitos *ex nunc*, invocando como causa o ter cedido a sua participação social na sociedade.

Se, ao invés, o AUJ for interpretado como sendo aplicável (também) ao aval aposto em livrança em branco e antes mesmo do preenchimento do título, teremos, então, um aval em branco insustentável, se não mesmo insuportável.

Faculdade de Direito da Universidade de Lisboa, agosto de 2013.

---

[87] Cf. também CASSIANO DOS SANTOS, *Aval, livrança em branco e denúncia ou resolução de vinculação*, cit., 314 (2.ª coluna): "o aval, dada a sua natureza como obrigação cartular, não é susceptível de resolução, com este ou outro qualquer fundamento"; cf. também p. 321 (1.ª coluna). CAROLINA CUNHA, *Cessão de quotas e aval*, cit., 113, questionando o alcance prático da uniformização de jurisprudência, refere que o AUJ impede a denúncia mas não impede a resolução. A questão está, no nosso entender, a montante: pura e simplesmente o AUJ não fixa jurisprudência em sede de desvinculação de pacto de preenchimento dobrado por aval aposto em livrança em branco, pelo que não cura da denúncia ou da resolução nesse cenário.

O direito de step-in do financiador[*]

DR.ª FILIPA CRISTÓVÃO FERREIRA[**]

SUMÁRIO: *I. Introdução. II. O direito de step-in no contexto do project finance. III. As garantias de project finance no direito continental – desafios na integração do step-in no direito português. IV. O direito de step-in no Código dos Contratos Públicos: 1. O artigo 322.º do Código dos Contratos Públicos: a) Dos pressupostos do exercício do direito de step-in; b) Relação entre o direito de step-in do financiador e os direitos de sequestro e de resolução pelo contraente público. V. Events of default – Fundamentos gerais para o exercício de direito de step-in: a) Não pagamento; b) Cross default; c) Cessação da actividade; d) Alteração da administração da mutuária; e) Desrespeito dos rácios financeiros; f) Incumprimento de covenants/obrigações informativas; g) Manutenção das autorizações e legalidade da actuação. VI. As modalidades de step-in: 1. Os covenants enquanto intervenção do financiador; 2. Transmissão da gestão; 3. Transmissão dos activos – Cessão da posição contratual; 4. Transferência do controlo societário: a) O penhor financeiro; b) O exercício do direito de opção de compra; c) A procuração irrevogável enquanto instrumento de concretização do direito de step-in. VII. O exercício do direito de step-in enquanto negócio fiduciário – âmbito e interesse da actuação do financiador. VIII. O step-out – dever ou direito?: a) Eventuais diferenças de regime dependentes do regime jurídico utilizado para a concretização do step-in; b) Pressupostos para a verificação do step-out; c) A não verificação dos pressupostos de step-out e o vencimento antecipado das obrigações da mutuária. IX. Responsabilidade do credor no exercício do direito de step-in: a) A responsabilidade pelo incumprimento do dever de step-out; b) A responsabilidade pelo risco; c) A responsabilidade por uma eventual intervenção danosa. X. Níveis de intervenção do financiador. XI. Natureza jurídica do step-in.*

---

[*] O presente estudo corresponde, com adaptações, ao relatório apresentado na disciplina de Direito Bancário do Mestrado em Direito da Faculdade de Direito da Universidade de Lisboa, leccionada pelo Professor Doutor Manuel Januário da Costa Gomes, no ano lectivo de 2012/2013.
[**] Advogada-estagiária.

I. Introdução

O direito de *step-in* pode ser definido, em termos muito breves, como a faculdade que as entidades financiadoras têm de intervir na gestão da actividade das respectivas mutuárias, mediante a sucessão na posição contratual destas nas relações contratuais estabelecidas no âmbito das respectivas actividades ou mediante a alteração da titularidade das acções representativas do capital da sociedade financiada, a favor da entidade financiadora ou de entidade por esta indicada, e a consequente alteração na gestão das actividades da mutuária, tendo em vista a continuidade do cumprimento das prestações assumidas por esta última, e, consequentemente, a capacidade de continuar a gerar rendimento, com o qual o financiador pretende ser ressarcido.

Este direito pode ser considerado um mecanismo de garantia das obrigações, ainda que não corresponda a nenhum dos institutos de garantia tradicionais, sem prejuízo de as partes se poderem servir deles para a sua concretização.

Para compreender este mecanismo e a sua função, interessa esclarecer em que âmbito e contexto começou o direito de *step-in* a ser consagrado e utilizado.

Podem ser ponderadas duas possíveis origens do direito de *step-in*, embora a maior parte da doutrina aponte claramente na direcção de uma delas. Com efeito, as primeiras cláusulas contratuais que consagram o direito do financiador a intervir na entidade financiada encontram-se no ambiente anglo-saxónico, nos acordos directos (*direct agreements*) celebrados entre a entidade financiadora e as contrapartes das mutuárias cuja actividade operacional se mostrasse essencial ao funcionamento do projecto (paradigmaticamente, mas apenas a título de exemplo, empreiteiros), celebrados no âmbito dos contratos de *acquisiton finance, asset finance e project finance*[1], estes últimos celebrados entre o financiador e a respectiva mutuária ou contando também com a intervenção de entidades públicas, sobretudo no âmbito das parcerias público-privadas[2], onde a figura do *step-in* conheceu importantes desenvolvimentos.

Por outro lado, é possível encontrar-se na figura administrativa do sequestro – com origem no direito administrativo francês – as bases de configuração do direito de *step-in*, uma vez que esta figura, consagrada na ordem jurídica portu-

---

[1] Financiamento de projectos, financiamento para aquisição de sociedades e financiamento para aquisição de activos.
[2] Sobre a importância do *project finance* na satisfação das necessidades públicas, vide RUGGIERO DIPACE, Partenariato Pubblico Privato e Contratti Atipici, Pubblicazioni della Facoltà di Giurisprudenza, Nuova Serie, 24, Multa Paucis AG, 2006, p. 145.

guesa no artigo 421.º do Código dos Contratos Públicos[3] (CCP), permite, no âmbito dos contratos de concessão de serviços públicos, à autoridade pública concedente tomar a seu cargo a prossecução da actividade concessionada, quando verificadas determinadas situações relacionadas com o incumprimento do contrato de concessão por parte do concessionário.

No entanto, à semelhança funcional e estrutural entre a figura do sequestro e do direito de *step-in*, podemos contrapor que o facto de o sequestro criar uma faculdade de intervenção na esfera jurídica da uma autoridade pública e de o direito de *step-in* o fazer em relação a uma entidade financiadora privada não constitui uma mera diferença subjectiva, mas antes uma diferença de finalidade.

Assim, enquanto o direito de sequestro dota a administração pública do poder de intervir rapidamente e de se substituir ao concessionário em incumprimento, de forma a assegurar a continuidade da prestação de determinado serviço público, o direito de *step-in*, ao servir igualmente para garantir a continuidade do projecto, tem como fim último garantir a satisfação do crédito da entidade financiadora[4].

II. O direito de *step-in* no contexto do *project finance*

O direito de *step-in* conheceu desenvolvimentos no âmbito dos contratos de *project finance*, dentro dos quais se incluem também as parcerias público-privadas[5].

---

[3] Aprovado pelo Decreto-Lei n.º 18/2008, de 29 de Janeiro e rectificado pela Declaração de Rectificação n.º 18-A/2008, de 28 de Março.

[4] Partilhando deste ponto de vista, defendendo que esta prerrogativa constitui, essencialmente, uma ruptura excepcional dos princípios da igualdade e da propriedade, pelo que os credores não podem reivindicar, em nome de um objectivo exclusivamente privado, uma prerrogativa relacionada com a autoridade pública, vide LUC-MARIE AUGAGNEUR, MICHAËL KARPENSCHIF, *Eurotunnel et la question de la validité des clauses de substitution : step-in rights versus droit des faillites*, in La semaine juridique. Paris, ano 80, n.º4 (25 Jan. 2006),pp.106 e ss., também disponível *on-line* em http://credo-multimedia.com/Bib_num/Art_new/AM/Droit%20priv%C3%A9/Droit%20priv%C3%A9%20fondamental/Droit%20international%20priv%C3%A9/Eurotunnel_et_la_question_de_la_validit%C3%A9_des.pdf, p.5.

[5] Nos termos do n.º 1 do artigo 2.º do Decreto-Lei n.º 86/2003, de 26 de Abril, os contratos de parcerias público-privadas consistem em "um contrato ou união de contratos, por via dos quais entidades privadas, designadas por parceiros privados, se obrigam, de forma duradoura, perante um parceiro público, a assegurar o desenvolvimento de uma actividade tendente à satisfação de uma necessidade colectiva, e em que o financiamento e a responsabilidade pelo investimento e pela exploração incumbem, no todo ou em parte, ao parceiro privado".

O *project finance*[6] consiste "no financiamento do desenvolvimento ou exploração de um direito, recurso natural ou outro activo, em que a maior parte do financiamento não se baseia em financiamento accionista, mas antes em financiamento bancário,que deverá ser pago principalmente pelas receitas do projecto em questão"[7].

Na doutrina portuguesa, Gabriela Figueiredo Dias afirma que "o *project finance* constitui uma modalidade de engenharia ou colaboração financeira, contratualmente sustentada e garantida pelo fluxo de caixa gerado pelo projecto empresarial financiado"[8].

John D. Finnerty frisa a diferença que existe entre o *project finance* e o financiamento tradicional às empresas, afirmando que enquanto no financiamento convencional, os financiadores olham para o conjunto dos activos da entidade financiada, que gerarão o fluxo de caixa necessário ao cumprimento dos seus créditos, no *project finance*, o projecto, por meio da criação de uma sociedade de projecto[9], é uma entidade legal distinta, estando os activos do projecto, os contratos relacionados com o projecto e o fluxo de caixa do projecto segregados assim dos promotores[10]. Assim, normalmente os activos do projecto são empenhados, mas nenhum dos activos estranhos ao projecto serve para o garantir[11].

Também Bruno Ferreira frisa que esta forma de financiamento se "distingue do *corporate finance,* entendido este como o conjunto de mecanismos tradicionais de financiamento da actividade das sociedades e dos respectivos investimentos, quer mediante capitais próprios obtidos no desenvolvimento da respectiva actividade, quer através de financiamento de terceiros a curto prazo,

---

[6] A breve definição que se fará aqui do *project finance*, não se pretendendo aprofundar os múltiplos aspectos jurídicos da sua estrutura, servirá para realçar as características que servem para justificar o recurso ao direito de *step-in* e que interferem com o modo de concretização do mesmo.

[7] GRAHAM D. VINTER, Project Finace, Third Edition, Thomson, Sweet & Maxwell, 2006, p. 1.

[8] GABRIELA FIGUEIREDO DIAS, *Project Finance (Primeiras Notas)*, in Instituto de Direito das Empresas e do Trabalho – Miscelâneas n.° 3, Almedina, Coimbra, 2004, p. 435.

[9] Cf. RUGGIERO DIPACE, Partenariato..., *op. cit.*, p. 136, explicando que "A sociedade de projecto é um centro autónomo de imputação de situações jurídicas e de concentração do financiamento: é a entidade propositadamente constituída (com personalidade jurídica e autonomia económica e patrimonial) que tem como objecto social a realização e a gestão da intervenção." (tradução nossa).

[10] Estas entidades são, usualmente, as accionistas da sócia detentora da entidade responsável pelo projecto que é, simultaneamente, a mutuária.

[11] JOHN D. FINNERTY, Project Finance Asset-Base Financial Engineering, Second Edition, John Willey & Sons, 2007, pp. 1-2.

cujo reembolso é garantido pelo desenvolvimento em geral da sua actividade e não apenas da actividade cujo desenvolvimento é financiado"[12].

Com efeito, Krishnamurthy Subramanian e Frederik Tung explicam que no *project finance* uma sociedade de projecto, legalmente independente, é criada para ser proprietária e investir no projecto, e a dívida do projecto é estruturada sem recurso aos promotores. Com esta estrutura, o fluxo de caixa dos projectos torna-se o meio essencial para satisfazer os financiadores, pelo que a verificação do mesmo se torna crucial". A verificação do fluxo de caixa é assegurada através (i) dos constrangimentos contratuais ao fluxo de caixa, que apenas são possíveis tendo em conta a especial estrutura dos contratos de *project finance*; e (ii) da execução privada (*private enforcement*) destes contratos através de um intercruzamento das contas do projecto que estão sobre o controlo dos financiadores e nas quais o fluxo de caixa do projecto deve ser depositado. Frisam os autores, que as restrições contratuais nos fluxos de caixa são possíveis porque a sociedade de projecto apenas detém aquele único projecto, para o qual foi criada; e é legalmente separada dos promotores[13-14].

Assim, é importante registar que o *project finance* se caracteriza pela existência de uma sociedade de projecto criada propositada e exclusivamente para o efeito, cujos accionistas tratam de organizar os meios necessários ao desenvolvimento do projecto, mas não respondem ou respondem limitadamente em caso de verificação de incumprimento por parte da sociedade.

No outro lado do contrato de financiamento encontram-se as entidades financiadoras, normalmente entidades bancárias, sendo que os montantes emprestados constituem grande parte do valor investido. Desta forma, será legítimo concluir que o investimento e envolvimento no projecto por parte dos bancos será de tão grande ou até de maior relevância do que o dos próprios promotores do projecto[15].

---

[12] BRUNO FERREIRA, *Mecanismos de Garantia em Project Finance*, in Temas de Direito Comercial – Cadernos O Direito, n.º 4, 2009, pp. 105-182, p. 112.

[13] Pelo contrário, no *Corporate Debt Finance*, ou financiamento às empresas, a fungibilidade dos fluxos de caixa, oriundos de múltiplos projectos torna difícil segregar os valores correspondentes àquele projecto. A monitorização por parte do financiador do projecto é, por isso, difícil. Para além disso, os constrangimentos de fluxo de caixa verificados no *project finance* acarretariam um impedimento na discricionariedade de gestão do *Corporate Debt Finance*, que envolve não só múltiplos projectos mas também capitais internos próprios da sociedade.

[14] KRISHNAMURTHY SUBRAMANIAN, FREDERICK TUNG, Law and Project Finance, Maio 2012, disponível on-line em http://ssrn.com/abstract=972415, p. 1.

[15] "De um modo geral, as soluções de financiamento [no âmbito das parcerias público-privadas] envolvem diversos intervenientes e requerem montagens jurídico-financeiras complexas, sendo o financiamento privado estruturado em termos de uma combinação de capitais próprios, subs-

Adicionalmente, importa salientar que como no *project finance* estão normalmente envolvidos projectos de construção de infra-estruturas de considerável custo e dimensão, os activos da sociedade de projecto ao longo da fase de construção do mesmo serão tendencialmente inferiores ao montante financiado pelos bancos, para além de que, mesmo depois de construídos, será à partida difícil encontrar interessados na sua aquisição, tendo em conta a sua especificidade e dimensão.

Assim, tendo em conta a natureza dos bens e do projecto, os tradicionais mecanismos de garantia afiguram-se desadequados e insuficientes para garantir a posição do financiador que, frisa-se mais uma vez, se encontra muito mais envolvido nesta modalidade de financiamento do que no tradicional financiamento às empresas[16].

É precisamente nesta diferença que reside a necessidade de se providenciarem outros tipos de garantia que não as tradicionais no âmbito do *project finance*.

Como afirma Michel Lubuono, "[n]a operação de *project finance* os interesses do financiador são abstractamente tuteláveis com o uso de garantias reais. O recurso à faculdade de ser pago prioritariamente (*privilegio*), ao penhor e à hipoteca acaba todavia por levantar uma multiplicidade de problemas, ligados, por um lado, à já tradicional dificuldade de adaptação de tais garantias às exigências do tráfego jurídico, e por outro à peculiaridade do *project finance*, sobretudo a circunstância de a sociedade titular do projecto estar normalmente munida de um património muito inferior à importância obtida pelo financiamento"[17].

Por esta razão têm-se assistido a novidades na área das garantias, sobretudo através do labor da autonomia privada que, no âmbito da regulação contratual vai recorrendo a institutos jurídicos típicos e legalmente previstos, mas atribuindo-lhes funções de garantia[18].

De facto, e porque a sociedade apenas tem como escopo de actividade o específico projecto em causa e o seu património estará na íntegra associado ao

---

crito pelos promotores, e de capitais alheios, resultantes de financiamentos bancários contraídos, por norma, na modalidade de "project finance"(...)."; cf. MARIA EDUARDA AZEVEDO, as Parcerias Público-Privadas: Instrumento de uma Nova Governação Pública, Almedina, 2009, p. 371.

[16] Assim também BRUNO FERREIRA, *Mecanismos...*, *op. cit.*, segundo o qual "[n]o Project Finance existe uma maior exposição das entidades financiadoras, estando o reembolso do crédito e o pagamento dos juros mais proximamente relacionados com o sucesso do projecto, sucesso este que há que tentar assegurar".

[17] MICHELE LUBUONO, *Le garanzie nel projet finance*, in Rivista di diritto civile, Padova, ano 51, n.º 2 (Marzo-Aprile2005), Parte seconda, pp.127-157, p.129 (tradução nossa).

[18] Sobre garantias indirectas vide, entre outros, o elenco definido por PEDRO ROMANO MARTINEZ e PEDRO FUZETA DA PONTE, Garantias de Cumprimento, Almedina, 2006, pp. 235-269.

mesmo, as partes, no domínio da autonomia privada, desenham um esquema contratual que permite um apertado controlo por parte da entidade financiadora ao longo do regular desenvolvimento do projecto. Para além disso, essa intervenção pode tornar-se mais forte, numa eventual situação de incumprimento ou incumprimento iminente dos compromissos da mutuária (não necessariamente em relação ao banco, mas também perante qualquer outra contraparte envolvida no projecto), que possa pôr em causa a viabilidade do mesmo, e o subsequente fluxo de caixa de projecto, única fonte de reembolso do capital mutuado e dos correspondentes juros remuneratórios. É, então, neste contexto que se enquadra o direito de *step-in*[19].

Fora das fronteiras do *project finance*, o direito de *step-in* poderá também ser concebido para o caso de financiamentos de tal forma relevantes face ao valor ou volume de negócios da entidade financiada, que o nível de dependência da entidade financiadora e das várias actividades por esta desenvolvida possa legitimar um grau de controlo da respectiva gestão por parte dos bancos semelhante à que é tipicamente encontrada nas relações contratuais no âmbito do *project finance*.

III. As garantias de *Project Finance* no direito continental – desafios na integração do *step-in* no direito português

O direito de *step-in* nos contratos de financiamento surgiu no contexto anglo-saxónico e a sua base poderá estar em duas figuras desta tradição jurídica: a *floating charge* e o *receivership*[20].

Em termos muito breves, a *floating charge* é uma garantia que abrange activos presentes ou futuros que estejam na posse da sociedade devedora, mantendo-se na posse da mesma na vigência da garantia. Em caso de incumprimento, no

---

[19] Neste sentido, MICHELE LUBUONO, *Le garanzie...*, op. cit. p. 133-134, afirma que "[a] *possibilidade de os credores estarem desprotegidos da ocorrência de algum evento prejudicial que impeça a sociedade gestora do projecto de dar cumprimento à sua obrigação não encontra, portanto, realização, pelo menos de modo pleno e exclusivo, na venda forçada dos bens dados em garantia. Tal objectivo vem a ser perseguido de outro modo, a saber, através de técnicas e mecanismos e negociais que colocam o financiador na condição de ter um controlo constante sobre a gestão da iniciativa económica, até ao ponto de legitimá-lo a ficar sub-rogado, por via directa ou mediata, na titularidade da iniciativa económica*" (tradução nossa).

[20] Para mais desenvolvimentos sobre este assunto, vide LAWRENCE COLLINS, *Floating Charges, Receivers and Managers in* The International and Comparative Law Quarterly, Vol. 27, No. 4 (Oct., 1978), pp. 691-710.

momento da execução, a *floating charge* transforma-se numa *fixed charge*, através do processo de *crystallisation*.

A *floating charge* é um mecanismo de garantia normalmente utilizado pelos credores mais importantes, nomeadamente, instituições financeiras, que podem, em caso de incumprimento e executando essa garantia, iniciar um processo próximo da insolvência, mas dirigido exclusivamente pelos credores, que tem em vista a continuação da empresa e, apenas caso esta não seja bem lograda, a liquidação do seu património.

Foi então inspirado nestes mecanismos de garantia flexíveis, incompatíveis com os princípios imanentes ao direito continental dos direitos reais e derivadamente, das garantias, e no carácter privatístico do processo de liquidação que surgiram as cláusulas de *step-in* no contexto especial do *project finance*.

A questão que cabe agora colocar é se, na falta de tais institutos inspiradores e basilares, pode o direito de *step-in* ser admitido à luz do ordenamento português e, se sim, com fundamento em que institutos.

Ora, o direito português das obrigações assenta no princípio de que pela dívida do credor responde todo o seu património[21]. A massa de bens do credor pode, no entanto, não ser suficiente para proteger a posição do credor, uma vez que os próprios meios de conservação do património do devedor (acção de nulidade, acção sub-rogatória, impugnação pauliana ou o arresto)[22] não se afiguram totalmente eficazes para garantir que o mesmo não fique em perigo. Adicionalmente, nos casos de grande envolvimento do financiador, como é o caso de que se vem falando, o próprio modo de desenvolvimento da actividade do credor é essencial para assegurar o ressarcimento do crédito, pelo que o credor pretenderá, como medida preventiva, proceder a uma monitorização constante da mesma.

Na terminologia utilizada por Manuel Januário da Costa Gomes, o credor tenderá a socorrer-se quer de *soluções internas*, quer de *soluções externas* ao vínculo obrigacional[23]. No caso das soluções internas, também apelidadas de *reforço qualitativo*[24]-[25] da garantia das obrigações, as partes, ao abrigo da sua autonomia contratual, estabelecem determinados acontecimentos que, a verificarem-se,

---

[21] Cf. Luís Manuel Teles de Menezes Leitão, Direito das Obrigações, Vol. II, Almedina, 2010, pp. 301-302.
[22] De acordo com o elenco apresentado por António Menezes Cordeiro, Tratado de Direito Civil, Vol. IX, 2014, pp. 509-352.
[23] Manuel Januário da Costa Gomes, Assunção Fidejussória de Dívida, Almedina, 2000, p. 38.
[24] Cf. L. Miguel Pestana de Vasconcelos, Direito das Garantias, Almedina, 2013, p. 63 ss.
[25] Por oposição aos instrumentos que possibilitam um reforço quantitativo da garantia das obrigações, ao aumentar o património afecto ao cumprimento das mesmas.

permitirão ao credor actuar de certa forma com vista a reforçar as possibilidades de ver o seu crédito satisfeito. Podem ser apontadas como soluções internas as cláusulas de *cross-default* ou cláusulas de vencimento antecipado. Estes instrumentos acordados pelas partes servirão, no entanto, mais para permitir ao credor uma actuação preventiva e de pressão sobre o devedor, não sendo aptos a assegurar por si, de forma eficaz, a realização da prestação. Mais eficazes serão os instrumentos dotados de eficácia real ou que permitam ao credor uma rápida modificação da situação real dos bens do devedor a seu favor, como será o caso das garantias reais constituídas pelo devedor, a alienação fiduciária em garantia ou a procuração irrevogável.

Conforme veremos de seguida, a consagração do direito de *step-in* nos contratos de financiamento assenta precisamente na combinação destes dois tipos de instrumentos, que poderão ser classificados como instrumentos de prevenção ou pressão, por um lado, e instrumentos de execução, por outro.

Ora, de facto, o que os credores procuram é um maior controlo sobre o processo através do qual poderão ver o seu crédito satisfeito, de forma a assegurar uma tutela eficaz do mesmo. Desta forma, os credores tenderão a negociar com o devedor uma ampla margem de actuação, poderemos dizer, no sentido da auto-tutela, de forma a evitar o recurso aos tribunais e aos expedientes tradicionais de tutela do crédito que colocam em causa uma protecção eficaz do mesmo. Como forma de assegurar essa autonomia na tutela do seu crédito, as partes têm de encontrar os instrumentos aceites pela ordem jurídica e adequados ao aumento dessa protecção.

Entre estes, encontrar-se-ão o recurso às cláusulas de garantia e segurança[26] e a utilização de outros institutos, preferencialmente com efeitos reais, para fins de garantia, como sejam a alienação fiduciária em garantia, e todos os instrumentos através dos quais o financiador possa fazer operar a transmissão da propriedade se essa não ocorrer por altura da concessão do financiamento (e.g. penhor financeiro, opção de compra, procuração irrevogável).

No entanto, e conforme se começou por dizer, é necessário ter em conta as limitações dos princípios jurídicos presentes na ordem jurídica portuguesa, que tem adjacente, no que respeita ao direito das obrigações, uma preocupação com a situação do devedor, com o intuito de impedir que a sua situação de debilidade coloque o credor numa posição de supremacia injustificada e sem limitações.

---

[26] JOANA FORTE PEREIRA DIAS, *Contributo para o estudo dos actuais paradigmas das cláusulas de garantia e/ou segurança: a Pari Passu, a Negative Pledge e o Cross Default* in Estudos de Homenagem ao Prof. Doutor Inocêncio Galvão Telles, Vol. IV, 2003, pp. 879-1030, p. 889.

Desta forma, apesar de, como veremos mais à frente, estes instrumentos se afigurarem aptos a permitir a concretização do direito de *step-in* na ordem jurídica portuguesa, a sua previsão e execução contratual não se poderão alhear dos princípios que a enformam.

Assim, as partes, ao preverem esta faculdade do credor, e o credor, por altura do seu exercício, não poderão deixar de ter em conta o princípio da proporcionalidade[27]. Nestes termos, esta faculdade deverá apenas ser exercida quando tal se mostre adequado e necessário ao fim para que foi prevista, e de acordo com o princípio do mínimo de sacrifício ou proporcionalidade *stricto sensu*. Não podemos, no entanto, deixar de reconhecer a eventual dificuldade que poderá existir na aplicação deste princípio ao caso concreto. Imaginamos que neste juízo possa haver tendência para atribuir preponderância à necessidade de protecção da situação do devedor, principalmente no que diz respeito ao balanço a efectuar no âmbito do princípio da proporcionalidade *stricto sensu*, já que poderá considerar-se que o benefício que advirá para o financiador, no quadro geral da sua actividade, dificilmente será superior aos danos causados à mutuária. No entanto, haverá que atender à situação isolada do projecto em questão e daí verificar-se o envolvimento do financiador no projecto financiado, atendendo ao que daí resultar em termos de partilha de risco.

Igualmente, importará que o exercício deste direito seja feito em conformidade com o princípio geral da boa fé, evitando-se o exercício abusivo do mesmo, para finalidades que não sejam aquelas para que foram pensadas, por exemplo, através da instrumentalização das garantias do respectivo crédito para a apropriação de bens do devedor fora desse escopo, tendo em conta a posição de controlo material que tem sobre a entidade financiada.

Por fim, importa referir que a consagração desta faculdade em situações que vão para além dos financiamentos em que existe um grande envolvimento do financiador pelo risco por si incorrido – em virtude do montante do financiamento face ao valor do património especialmente afecto ao seu cumprimento – poderá ser posta em causa, na medida em que venha a consubstanciar uma situação de sobregarantia, colocando o devedor numa situação de sujeição e limitação excessivas face aos riscos incorridos pelo credor. Esta situação pode ser ainda lesiva para os restantes credores, na medida em que também eles ficam numa situação de desvantagem perante um credor cuja situação de vantagem pode não ter justificação.

De todo o modo, esta apreciação terá de ser feita tendo em conta a necessidade de conciliação entre a autonomia das partes e os princípios éticos pre-

---

[27] Idem.

sentes na nossa ordem jurídica[28], não podendo o direito focar-se na fragilidade típica de uma das partes para impedir que esta possa voluntariamente, e a troco de uma vantagem, colocar-se numa situação de maior debilidade do que aquela que seja considerada normal.

IV. O direito de *step-in* no Código dos Contratos Públicos

1. *O artigo 322.º do Código dos Contratos Públicos*

O artigo 322.º do Código dos Contratos Públicos[29] alberga a consagração legal no ordenamento jurídico português, e ainda que restrita ao âmbito das concessões públicas, dos direitos de *step in* e *step out*, conforme resulta da epígrafe da norma[30].

De acordo com o preâmbulo do diploma que aprovou este código[31], um dos seus objectivos foi "a criação de regulamentação adequada de alguns aspectos das técnicas de Project Finance, *acquisition finance* e *asset finance*, que se cruzam com a actividade de contratação pública". O legislador referia-se, sobretudo,

---

[28] JOANA FORTE PEREIRA DIAS, Contributo,,,, *op. cit*, p. 897.
[29] A redacção deste artigo é a seguinte:
Artigo 322.º (Direitos de *step in* e *step out*)
1 – Quando haja estipulação contratual nesse sentido, as entidades financiadoras podem, mediante autorização do contraente público e nos termos contratualmente estabelecidos, intervir no contrato, com o objectivo de assegurar a continuidade das prestações objecto do mesmo, devendo assegurar o respeito pelas normas legais reguladoras da actividade subjacente às prestações em causa.
2 – O disposto no número anterior só é aplicável em caso de incumprimento grave pelo co-contratante de obrigações contratuais perante o contraente público ou perante terceiros com quem o co-contratante tenha celebrado subcontratos essenciais para a prossecução do objecto do contrato desde que o incumprimento esteja iminente ou se verifiquem os pressupostos para a resolução do contrato pelo contraente público ou dos subcontratos por terceiros.
3 – A intervenção das entidades financiadoras pode revestir as seguintes modalidades:
a) Transferência do controlo societário do co-contratante para as entidades financiadoras ou para a entidade indicada pelas entidades financiadoras;
b) Cessão da posição contratual do co-contratante para as entidades financiadoras ou para a entidade indicada pelas entidades financiadoras.
4 – No caso previsto na alínea b) do número anterior, a posição contratual do co-contratante nos subcontratos celebrados transmitir-se-á automaticamente para as entidades financiadoras ou para a entidade por esta indicada, transmitindo-se novamente para o co-contratante no termo do período de intervenção, se aplicável.
[30] Esta formulação não nos parece, contudo, correcta, uma vez que achamos que não se pode falar da existência de um direito de *step out*, conforme adiante se explicará.
[31] Relembramos que falamos do Decreto-Lei n.º 18/2008, de 29 de Janeiro.

aos casos das parcerias público-privadas, isto é, concessões públicas que envolvem o desenvolvimento de projectos por entidades privadas e financiados por entidades bancárias. Ainda de acordo com o legislador, "[o] novo CCP veio, assim, pôr um termo à divisão entre a prática e a legislação no que respeita a alguns fenómenos generalizados com o *project finance* e combinou a necessária rigidez das normas destinadas à salvaguarda da concorrência (...) com as recorrentes garantias exigidas pelas entidades financiadoras do projecto que, no sucesso deste vêem a fonte quase exclusiva de retribuição do investimento suportado"[32-33].

Ora, conforme acima ficou dito, o *project finance* é, precisamente, o tipo contratual a que tipicamente pertencem as cláusulas que consagram direitos de *step-in* ao financiador, pelo que o legislador considerou ter relevância a sua consagração legal, adoptando, conforme se verá, as características usualmente atribuídas a esta figura pela autonomia privada.

a) *Dos pressupostos do exercício do direito de* step-in

Nos termos do n.º 1 do artigo ora em análise, para que as entidades financiadoras possam exercer o direito de *step-in*, ou seja, intervir no contrato de concessão, fazendo-se substituir ao concessionário original (*i.e.*, à entidade financiada), essa possibilidade tem de estar prevista no contrato, e o modo e condições do seu exercício deverão estar mais ou menos detalhados, conforme resulta da expressão "nos termos contratualmente estabelecidos".

Para além disso, este direito não poderá ser exercido pelos bancos sem que haja autorização da entidade concedente. Não resulta, contudo, claro da lei em que ponto da relação contratual deverá ser concedida esta autorização.

---

[32] Confirmando esta intenção do legislador, PEDRO GONÇALVES, *A relação jurídica fundada em contrato administrativo*, in Cadernos de Justiça Administrativa, n.º 64, pp. 36-46, p. 45.

[33] Por seu lado, Pedro Siza Vieira, *Regime das concessões de obras públicas e de serviços públicos*, in Cadernos de Justiça Administrativa, n.º 64, pp. 47-54, pp. 53-54, reconhecendo que este foi o objectivo do legislador, afirma que o Código não contém grandes inovações relativamente ao conteúdo habitual dos contratos de concessão celebrados entre nós e às características que lhes eram apontadas pela doutrina a partir da análise dos regimes jurídicos avulsos que resultavam dos vários contratos – alguns celebrados ao abrigo de regra legal específica e outros com base apenas na autonomia contratual. Do ponto de vista do autor, o que Código faz, indo longe de mais, é, de alguma maneira, acolher, em diploma legal, soluções que foram sendo construídas pela prática contratual, e enquadrá-las de forma que, provavelmente, vai provocar rigidez e pode ser interpretada como limitação, para futuro, da autonomia contratual.

Por um lado, pareceria acarretar um considerável grau de risco para o financiador ficar dependente da autorização da autoridade pública para poder exercer o direito de *step-in,* cuja consagração fez questão de assegurar durante a negociação do financiamento. Por outro lado, considerar que a autorização é concedida logo aquando da negociação retira alguns dos potenciais efeitos da mesma, já que a concessão da autorização não acrescentaria grande utilidade à mera previsão da possibilidade de exercício do *step-in* e à determinação das condições em que o mesmo se processará. Assim, sob pena da autorização legalmente prevista perder os seus efeitos relevantes, consideramos que a mesma é dada na altura em que a entidade financiadora decide efectivar o seu direito a substituir-se à concessionária original, de forma a que a entidade pública possa confirmar, nomeadamente, se se encontram verificadas as condições acordadas entre as partes para o exercício do direito de *step-in.* Naturalmente, que as partes, ao abrigo da autonomia contratual que a própria norma lhes concede, deverão acordar em que situações, mais ou menos determinadas, ficará a concedente obrigada a dar a sua autorização[34], mas parece-nos que tal avaliação só pode ser feita no momento da intervenção.

É que não podemos ignorar que estamos no âmbito da contratação pública e, portanto, parece-nos que o objectivo primeiro desta disposição é o de assegurar a continuação da actividade, que revestirá interesse público, sendo, no entanto, dada a oportunidade à entidade financiadora de usar, se assim optar, das faculdades com escopo de garantia contratualmente previstas, por forma a assegurar, para além do desenvolvimento ou da manutenção da actividade do projecto, o fluxo de caixa necessário à satisfação do seu crédito.

Continuando a análise dos restantes pressupostos que permitem a aplicação do artigo 322.º, prevê o n.º 2 que este direito só pode ser exercido em caso de *incumprimento grave* pelo concessionário original das obrigações contratuais perante o contraente público ou perante terceiros que sejam contra-parte de contratos essenciais para a prossecução do objecto do contrato.

O legislador indica que o direito de *step-in* poderá ser exercido *desde que o incumprimento esteja iminente ou se verifiquem os pressupostos para a resolução do contrato.*

---

[34] Neste sentido, PEDRO GONÇALVES, *A Relação...*, op. cit. p. 46, afirmando, ainda tendo por referência o projecto que daria origem ao CCP, que "[e]mbora o Projecto não o exija, supõe-se que haveria toda a vantagem em determinar expressamente a aplicação, neste caso, dos critérios que orientam a outorga da autorização para a cessão da posição contratual". Assim, ainda que no texto definitivo do CCP não tenha sido adoptada esta sugestão, consideramos que as partes deverão acordar ao abrigo da autonomia contratual os critérios a que o contratante público deverá estar vinculado na decisão de conceder ou não tal autorização.

Parece-nos que a indicação destes requisitos, não obstante a pouco clara construção da norma, serve para preencher o conceito de incumprimento grave[35].

Desta forma, haverá lugar ao exercício do direito de *step-in,* sempre que, e sem grande margem de liberdade no preenchimento do conceito indeterminado, se verifique, ou esteja iminente a verificação de qualquer pressuposto de que dependa a resolução do contrato por parte da entidade pública ou das contrapartes dos contratos cujo objecto se mostre essencial à prossecução do projecto de concessão.

Conforme foi dito, esta norma é a concretização legal das práticas contratuais seguidas no âmbito do *project finance,* sendo que nesses contratos cláusulas típicas de *step-in* têm como pressuposto do seu exercício o incumprimento por parte da mutuária de obrigações perante partes subcontratadas relativas a contratos de construção ou operação, cuja verificação coloque em causa a continuidade do projecto. Porém, poderão as partes acordar que este direito de intervenção na gestão do projecto também poderá acontecer na eventualidade de ocorrer uma situação de incumprimento das obrigações contratuais perante o financiador, antes de se verificar uma situação de incumprimento perante o contraente público ou entidades subcontratadas. Esta situação não está, aparentemente, coberta pelo artigo 322.° do CCP, uma vez que nos termos do n.° 2, tal intervenção só será admissível no caso de incumprimento da Mutuária perante o contraente público ou perante entidades subcontratadas cujos serviços sejam essenciais para a prossecução do objecto do contrato. Posto isto, cabe questionar se à luz desta norma serão admissíveis cláusulas que prevejam a intervenção da entidade financiadora na gestão do projecto nos casos em que o incumprimento se verifique apenas em relação às obrigações da mutuária perante aquela.

Ora, os contratos de financiamento são essenciais na prossecução da actividade da entidade responsável pelo projecto concessionado, pois ainda que não revistam carácter operacional, do cumprimento dos mesmos depende quer a libertação de financiamento, nos casos em que o capital ainda não tenha sido totalmente disponibilizado, quer a não execução de garantias prestadas ao financiador, que implicariam eventualmente a interrupção de todo o projecto.

Desta forma, o legislador, ao basear-se nas cláusulas contratuais mais frequentemente utilizadas, apenas previu o incumprimento perante o contraente público e entidades subcontratadas como pressuposto do exercício do direito de *step-in,* mas, tendo em conta a finalidade de tal disposição, i.e., a de permitir a intervenção da entidade financiadora com o objectivo de assegurar a

---

[35] No mesmo sentido, GONÇALO GUERRA TAVARES e NUNO MONTEIRO DENTE, Código dos Contratos Públicos Volume II – Comentado (Artigos 278° a 473°), Almedina, 2011, p. 111.

prossecução da actividade concessionada, não se vê por que não a admitir nos casos em que financiador e mutuária tenham previsto tal pressuposto para o exercício do direito de *step-in*. Deste modo, parece-nos que será possível fazer uma interpretação analógica do n.º 2 do artigo 322.º do CCP, de forma a que nos contratos de financiamento envolvendo entidades públicas, seja admissível o exercício do direito de *step-in* por incumprimento das obrigações para com a entidade financiadora, sob pena de se estar perante uma limitação pelo regime legal da prática contratual, sem que se encontre justificação para a mesma, e sem que pareça que o legislador tenha querido obstar a essa possibilidade.

O n.º 3 prevê que o exercício do direito de *step-in*, no âmbito da contratação pública, pode ser feito através de dois mecanismos jurídicos alternativos: (i) transferência do controlo societário do co-contratante para a entidade financiadora ou para entidade por ela indicada; ou (ii) cessão da posição contratual do co-contratante a favor da entidade financiadora ou da entidade por ela indicada.

De acrescentar que o n.º 4 especifica que no caso do direito de *step-in* operar através da cessão da posição contratual, a cessão que se verifica primeiramente em relação à contraparte cujo contrato não foi cumprido, produz igualmente efeitos em relação a outras partes contratantes. Assim, se o incumprimento ocorrer em relação à autoridade pública, a cessão da posição contratual da concessionária para a entidade financiadora não apenas produzirá efeitos em relação àquela, mas verificar-se-á igualmente a cessão nos contratos cujo objecto é essencial à prossecução do projecto e *vice-versa*. Com efeito, não poderia deixar de ser assim, dada a intensa relação existente entre os vários contratos em questão.

Do n.º 4 do artigo 322.º retira-se ainda que o direito de *step-in* poderá ter carácter temporário ou definitivo.

b) *Relação entre o direito de* step-in *do financiador e os direitos de sequestro e de resolução pelo contraente público*

O sequestro pode ser definido como *a intervenção do concedente na exploração do serviço concedido, para assegurar a sua regularidade e continuidade em caso de deficiência do concessionário, mas por conta deste*[36].

De acordo com o n.º 1 do artigo 421.º do CCP o sequestro pode ter lugar quando (i) *esteja iminente a suspensão ou cessação, parcial ou total das actividades con-*

---

[36] MARCELLO CAETANO, Manual de Direito Administrativo, Vol. II, Almedina, Coimbra, 1984-1986, p. 1130.

cedidas ou (ii) *quando se verifiquem perturbações ou deficiências graves na organização e regular desenvolvimento das actividades concedidas ou no estado geral das instalações e equipamentos que comprometam a continuidade ou a regularidade daquelas actividades ou a integridade e segurança de pessoas e bens.*

Daqui resulta que o sequestro se assemelha ao direito de *step-in*, mas desta feita levado a cabo por uma autoridade pública, com o objectivo de assegurar a continuidade da exploração do serviço público.

Porém, nos termos do CCP, o sequestro terá obrigatoriamente duração temporária, não podendo ultrapassar o período de um ano, conforme resulta do n.º 6 do artigo 421.º.

Para resolver a articulação entre o regime do sequestro e do direito de *step-in* deverá recorrer-se ao n.º 4 desta mesma norma, segundo o qual quando esteja estabelecido, por acordo que vincule o cedente, a possibilidade de intervenção da entidade financiadora em situações de iminência de sequestro, esta apenas pode ter lugar depois de o concedente notificar a sua intenção às entidades financiadoras, podendo estas optar por se fazer substituir ao concessionário na gestão do projecto. Gonçalo Guerra Tavares e Nuno Monteiro Dente adiantam que essa substituição se fará através da cessão temporária da posição contratual[37].

Importa, por isso, distinguir entre as intervenções previstas no artigo 322.º e no artigo 421.º do CCP. Com efeito, é questionável se esta última deverá ser feita nos moldes do sequestro, devendo assim ser temporária e não podendo ultrapassar o limite de um ano, conforme os mencionados autores parecem entender, ou se a iminência do exercício do direito de sequestro pelo contraente público será apto a provocar o exercício do direito de *step-in* previsto no artigo 322.º.

Como argumentos a favor da segregação entre os regimes dos artigos 322.º e 421.º do CCP, podemos apontar o facto de os pressupostos de exercício do direito de sequestro e do direito de *step-in* serem aparentemente diferentes. Com efeito, a entidade financiadora pode intervir, por sua iniciativa, na gestão da sociedade de projecto financiada apenas no caso de iminência de incumprimento grave, parecendo este exigir a verificação dos pressupostos da resolução dos contratos com a entidade pública ou com os sub-contratantes, ou analogicamente, de acordo com a solução proposta, com a entidade financiadora.

Olhando para o elenco do artigo 333.º do CCP, encontramos causas de resolução ao abrigo das quais pode o concedente resolver o contrato, encontrando-se entre elas os casos de (i) *incumprimento definitivo;* (ii) *incumprimento de*

---

[37] GONÇALO GUERRA TAVARES e NUNO MONTEIRO DENTE, Código..., *op. cit.*, p. 277.

ordens, directivas ou instruções transmitidas no exercício do poder de direcção sobre matéria relativa à execução das prestações contratuais; (iii) *oposição reiterada do co-contratante ao exercício dos poderes de fiscalização do contraente público;* entre outras. Relembrando, estas situações constituem casos de incumprimento grave à luz do n.º 1 do artigo 322.º.

Ora, na medida em que os pressupostos que permitem o exercício do direito de sequestro consubstanciam situações de incumprimento grave do contrato[38], parece-nos que poderemos estar perante uma situação de incumprimento suficiente para preencher os requisitos do exercício do direito de *step-in* previstos no artigo 322.º.

Deste modo, parece-nos que o n.º 4 do artigo 421.º, numa tentativa de consideração e conjugação de todos os interesses em questão, deve ser interpretado no sentido de permitir o exercício do direito de *step-in*, nos termos previstos no artigo 322.º e não o de permitir à entidade financiadora o exercício do direito de sequestro, em substituição do concedente público. Assim, no caso de estarem verificados os pressupostos que permitem o accionamento do direito de sequestro por parte da autoridade pública concedente, esta deve, nos termos do n.º 4 do artigo 421.º, notificar a entidade financiadora a fim de verificar se esta estará interessada em intervir no projecto, em substituição da concessionária, e nos termos acordados entre as partes – entidade financiadora, concedente, concessionária e restantes contratantes –, ao abrigo do instituto previsto no artigo 322.º.

O n.º 4 do artigo 421.º estabelece que para que a intervenção da entidade financiadora possa substituir-se ao sequestro da entidade pública, tal possibilidade deve estar estabelecida em *acordo entre o concedente e as entidades financiadoras que preveja o direito destas de intervir na concessão nas situações de eminência de sequestro*. Parece-nos que esta condição pode ser satisfeita pela existência de um acordo nos termos do artigo 322.º, que se refira expressamente à situação de sequestro[39]. De qualquer modo, parece-nos que esta situação sempre caberia na cláusula geral das situações de incumprimento grave indicadas no artigo 322.º.

Assim, numa situação de eventual exercício do direito de sequestro, a autoridade pública está obrigada a notificar a entidade financiadora a favor de quem exista uma cláusula de *step-in*, e decidindo-se esta última pela intervenção, deverá pedir a autorização do contraente público para que a mesma se realize. Sendo recebida essa autorização, entra em acção o regime previsto no

---

[38] *Idem*, p. 276.
[39] Que será a situação mais provável, tendo em conta o habitual cuidado e detalhe com que as partes deverão definir os pressupostos de uma possível intervenção.

artigo 322.º, sendo o accionamento do direito de sequestro interrompido pela intervenção da entidade financiadora.

Deste modo, não concordamos com Gonçalo Guerra Tavares e Nuno Monteiro Dente quando afirmam que a intervenção do banco possa apenas ser feita temporariamente, através da cessão da posição contratual, uma vez que com o exercício do direito de *step-in* a entidade financiadora toma o lugar do concessionário original e não da autoridade pública concedente, não tendo por isso aplicação o regime do direito do sequestro no que diz respeito às condições de desenvolvimento do seu exercício, que, com efeito, não se chega a realizar.

Assim, as razões que levam à necessidade de estabelecer o prazo máximo de um ano para a intervenção (cf. n.º 6 do artigo 421.º) não se aplicam, não tendo igualmente aplicação o n.º 5 do mesmo artigo, segundo o qual, é ao concessionário que cabe suportar todos os encargos e despesas levadas a cabo pelo concedente, uma vez que o banco toma a posição contratual antes ocupada pelo cessionário – seja por transmissão do capital social seja por cessão da posição contratual – havendo então coincidência entre a esfera daquele que actua e a esfera na qual se verificam os efeitos jurídicos dessa actuação, ao contrário do que acontece no caso do sequestro, em que a gestão é então feita pela entidade concessionária, agindo enquanto tal, mas por conta do concessionário.

Jorge Andrade da Silva considera, no entanto, que o n.º 4 do artigo 421.º do CCP, assim como o n.º 2 do artigo 423.º (*resolução pelo concedente*) previnem uma situação idêntica à regulada no artigo 322.º, de protecção às entidades financiadoras, "permitindo-se-lhes que substituam o concessionário financiado para garantir a continuidade da concessão"[40]. Parece-nos que, apesar de ser precisamente este o resultado, não estamos, contudo, perante situações idênticas ao direito de *step-in*, mas antes de mecanismos ao serviço do direito *de step-in* do financiador, conforme previsto no artigo 322.º (ainda que, eventualmente, para que tais normas tenham aplicação, as partes tenham de prever como pressupostos de exercício do direito de *step-in* a iminência de sequestro ou de resolução do contrato), obrigando o contraente público ao cumprimento do dever de notificação, com o objectivo de proteger a posição do financiador e de não frustrar tal direito de intervenção.

Esta distinção, *i.e*, saber se estamos perante um regime específico para o direito de sequestro ou de resolução do contrato pelo concedente ou se o mesmo remete para o regime do artigo 322.º tem ainda relevância para aferir da necessidade ou não de autorização do contraente público para a intervenção da entidade financiadora. De facto, uma vez que a lei, no caso do sequestro e da

---

[40] JORGE ANDRADE DA SILVA, Código dos Contratos Públicos, Almedina, 4.ª Edição, 2014, p. 851.

resolução do contrato, nada prevê nesse sentido, se a possibilidade de intervenção nos termos do n.º 4 do artigo 421.º e n.º 2 do artigo 423.º fossem autónomos do artigo 322.º, as partes poderiam dispensar a autorização do contraente público para tal intervenção, ficando este apenas vinculado a notificar a instituição financeira de que iria exercer o seu direito de sequestro ou de resolução do contrato, não podendo o contraente público opor-se, mediante a recusa de autorização, a uma eventual intervenção da entidade financiadora nesse âmbito.

Ora, a única diferença que encontramos entre as duas situações é a iniciativa da intervenção, que no caso do artigo 322.º parte da entidade financiadora e no caso dos artigos 421.º e 423.º cabe ao concedente. Tal diferença não é suficiente para justificar que num caso seja conferida às partes maior margem de autonomia na determinação do quadro contratual pelo qual a intervenção se deve reger (uma vez que a forma de intervenção da entidade financiadora apenas se encontra prevista no artigo 322.º e não nos artigos 421.º e 423.º) e seja dispensada a necessidade de autorização do concedente público. Com efeito, nos casos de exercício de direito de sequestro e, por maioria de razão, de resolução do contrato, estaremos até em situações mais urgentes do que no caso do exercício do direito de *step-in*, não fazendo por isso sentido retirar ao concedente a possibilidade de avaliar se a intervenção da entidade financiadora será ou não adequada à prossecução do interesse público naquele momento.

Deste modo, consideramos que os deveres de notificação previstos nos artigos 421.º e 423.º existem quando tenha sido previsto o direito de *step-in* a favor da entidade financiadora, estando, de resto, como acima ficou dito, os pressupostos dos mesmos consumidos nos pressupostos do artigo 322.º, porquanto mais graves. Ainda que assim não se entendesse, a iminência do sequestro ou da resolução do contrato poderão ser elas próprias pressupostos, previstos expressamente pelas partes, da intervenção do financiador nos termos do artigo 322.º. Assim, entendemos que por consagrar o direito de *step-in* do financiador, o legislador entendeu não frustrar a execução do mesmo no caso de iminência de sequestro ou resolução do contrato de concessão pelo contraente público.

O recurso ao direito de *step-in* em tais situações apresenta, de resto, vantagens tanto para a entidade financiadora como para o contratante público.

No que diz respeito aos bancos, estes podem intervir na gestão do projecto, evitando perder o controlo sobre a mesma, que seria eventualmente menor a partir do momento em que a gestão ficasse a cargo do contratante público do que aquele que existiria nas circunstâncias iniciais.

Para além disso, caso no final do período máximo de duração do sequestro não estejam reunidas as condições para que o concessionário original possa voltar à gestão do projecto, o contrato de concessão é resolvido, ficando o banco sem meios para satisfazer a integralidade da sua dívida, já que a sociedade de projecto fica sem a exploração do mesmo, passando este para a esfera de uma entidade com a qual a entidade financiadora não detém os direitos que lhe permitam manter semelhante situação contratual[41].

Quanto à entidade pública terá vantagens em ver o serviço público a continuar a ser desenvolvido sem a necessidade da sua intervenção. No caso de considerar que a entidade financiadora não reúne as condições necessárias para a gestão do projecto, poderá sempre recusar a autorização para o exercício da cláusula de *step-in*. Se autorizar a intervenção, mantém, daí em diante, para com a entidade financiadora, os mesmos mecanismos contratuais que tinha na relação com o concessionário original, nomeadamente o direito de sequestro.

Já quanto à sociedade de projecto, a concessionária original tem a vantagem de, eventualmente, ver limitada a responsabilidade pelos encargos provenientes da gestão posterior ao exercício do direito de *step-in*, o que não acontece no caso do exercício de direito de sequestro.

V. *Events of default* – Fundamentos gerais para o exercício de direito de *step-in*

No âmbito do CCP, vimos que o legislador estabelece como pressuposto geral do direito de intervenção do financiador uma situação de incumprimento grave dos contratos por parte da concessionária, remetendo a concretização desse pressuposto para as causas da resolução do contrato de concessão.

Vamos agora ver as condições normalmente previstas pelas partes no âmbito da autonomia privada para que possa haver lugar ao exercício do direito de *step-in*[42].

De facto, as partes tenderão a basear-se na experiência e prática negociais para determinar as situações cuja ocorrência deverá justificar a sua intervenção na gestão do projecto financiado. Como se verá, estas situações serão semelhantes àquelas a que as partes tendem a associar o direito de resolução do contrato por incumprimento do financiado, ao abrigo de autonomia contratual e de acordo com uma ideia de auto-regulação de interesses[43].

---

[41] A possibilidade de accionamento das garantias reais poderá levar à manutenção da participação do banco na nova concessão.
[42] Estes fundamentos parecem poder ser também aplicáveis no âmbito dos contratos de concessões públicas, na medida em que concretizem, sem contrariar, o conceito de *incumprimento grave*.
[43] Joana Forte Pereira Dias, *Contributo...*, op. cit., p. 893.

Ao definirem este conjunto de situações, as partes acordam que aqueles eventos constituem patologias ou desvios face ao programa contratual previamente estabelecido, que devem ser entendidas como situações de perigo ou potencial perigo para o cumprimento das obrigações garantidas[44]. No âmbito do financiamento de projectos e igualmente no âmbito dos financiamentos *corporate* ou para aquisição de participações sociais de controlo, as partes negoceiam largamente, entre outros aspectos, as situações que podem fundamentar uma situação de exigibilidade antecipada da obrigação, isto é, o vencimento da obrigação de restituir o capital mutuado e os juros correspondentes[45].

Ora, sendo acordado entre as partes a existência de um direito de *step-in* a favor do financiador, torna-se necessário determinar as condições que permitem o seu exercício, isto é, em que circunstâncias poderá o financiador intervir na gestão do projecto. De qualquer modo, os efectivos termos e condições da intervenção são muitas vezes definidos apenas na altura em que o direito se torna exequível, e não aquando da concessão do financiamento, uma vez que a modalidade e a duração da intervenção tenderão a depender das circunstâncias concretas em que ocorreu a situação de incumprimento.

Desta forma, à semelhança do que acontece com uma situação de vencimento ou exigibilidade antecipada da obrigação de restituição do capital, para efeitos de protecção da mutuária, é também necessário determinar previamente as condições que devem estar reunidas para que seja possível a concretização da intervenção do financiador.

Na realidade, uma vez que a maioria das cláusulas de exigibilidade antecipada não constituem cláusulas de vencimento antecipado, isto é, a verificação dos factos por estas previstos não tornam a obrigação imediatamente exigível, mas antes conferem ao banco o poder de declarar ou não o vencimento da obrigação[46], as próprias cláusulas de exigibilidade antecipada podem constituir, alternativamente e sob a discricionariedade do financiador, condições para o exercício de direito de *step-in*, e isto porque, como veremos, o *step-in* é uma faculdade ou direito potestaivo, que pode ser exercida ou não, e não uma adstrição a que o financiador se encontra vinculado.

---

[44] Sérgio Saraiva Direito, *O close-out netting nos acordos de penhor financeiro*, Revista da Banca, Lisboa, n.º 75, Janeiro/Junho 2013, p. 51-99, p. 91.
[45] Sobre a questão da exigibilidade dos juros em caso de vencimento antecipado *vide* Acórdão de Uniformização de Jurisprudência 4/2008 do STJ, de 4 de Abril de 2008 disponível em http://dre.pt/pdf1s/2008/04/06700/0205802081.pdf
[46] Sobre a diferença entre estas duas figuras *vide* Bruno Ferreira, Contratos de crédito bancário e exigibilidade antecipada, Almedina, 2011.

De entre as cláusulas de exigibilidade antecipada mais usuais[47], consideramos que as que se adequam a constituir condições ao exercício de direito de *step-in* são:

i) *Não pagamento*

Normalmente, o não pagamento da dívida tenderá a assumir importância se se prolongar por um determinado período de tempo, normalmente curto. Se a situação não ficar resolvida, e se a razão, ou uma das razões, pela qual o pagamento se encontra em falta, estiver relacionada com a gestão do projecto, poderá fazer sentido *accionar* a cláusula de *step-in*. O incumprimento da obrigação de pagamento no âmbito de outros contratos essenciais à prossecução da actividade da mutuária (como contratos de empreitada, por exemplo), é causa típica que leva a entidade financiadora a substituir-se à mutuária.

ii) *Cross default*

A cláusula de *cross default*[48] ou *"incumprimento cruzado"* é uma cláusula de exigibilidade antecipada baseada na verificação de uma situação de incumprimento por parte da mutuária em relação a outros contratos, celebrados com a mutuante ou com quaisquer outras partes.

Tendo em conta a finalidade do direito de *step-in*, parece-nos que só será razoável que esta cláusula constitua um fundamento deste direito na medida em que a obrigação em falta se relacione com o projecto ou com a actividade que assegura o reembolso do financiamento em causa, pondo em causa o desenvolvimento dos mesmos.

Com efeito, o *cross default* é utilizado como cláusula de exigibilidade antecipada inclusivamente por constituir um indício de que a mutuária se encontra em dificuldades financeiras, podendo também vir a faltar ao cumprimento do contrato em causa. Neste sentido, na medida em que o incumprimento ponha em causa o desenvolvimento da actividade ou constitua um indício de que o mesmo não está a correr de molde a ser suficiente para garantir o cumpri-

---

[47] Seguimos neste ponto o elenco de cláusulas de exigibilidade antecipada sugeridas por BRUNO FERREIRA, Contratos..., *cit.* pp. 216-242.
[48] Sobre esta figura, na doutrina portuguesa, *vide* JOANA FORTE PEREIRA DIAS, *Contributo...*, *op. cit.*, p. 969.

mento do contrato de financiamento, poderá dar lugar ao exercício do direito de *step-in*.

iii) *Cessação da actividade*

O facto de a mutuária cessar ou ameaçar cessar total ou parcialmente a sua actividade servirá normalmente de fundamento ao exercício do direito de *step-in*, na medida em que a actividade da mutuária seja necessária a assegurar o reembolso do capital mutuado. A intervenção do financiador tenderá a ser útil para evitar a interrupção da mesma, pelo menos até a mutuária estar em condições de a prosseguir ou de ser encontrada outra entidade que suceda nessa posição. Numa cláusula desta natureza, poderão ainda ser incluídas situações intermédias, como o desenvolvimento da actividade com falhas relevantes, nomeadamente no que diz respeito à execução dos contratos do projecto, isso é, contratos relevantes para a construção e operação do projecto financiado.

iv) *Alteração da administração da mutuária*

Um dos factores que a análise de risco do crédito tem em conta é a capacidade técnica, operacional e de gestão da mutuária. Neste contexto, uma eventual alteração dos membros do órgão de administração da mutuária pode ser relevante[49]. Assim, a intervenção pode justificar-se se a nova administração não der garantias de uma boa gestão da actividade.

v) *Desrespeito dos rácios financeiros*

Os fluxos financeiros associados a um determinado projecto constituem um índice fundamental da capacidade da mutuária para proceder ao reembolso do capital. Para assegurar essa capacidade ao longo de todo o período do financiamento, são normalmente estabelecidos rácios financeiros que a mutuária está obrigada a cumprir, de forma a que se mantenham as condições de risco no âmbito das quais o financiador assentiu conceder o capital.

Ora, o incumprimento destes rácios, pelo menos numa fase inicial, mais até do que justificar o vencimento antecipado da obrigação (já que a situação

---

[49] Neste sentido, BRUNO FERREIRA, O contrato..., *op. cit.* p. 226.

poderá ser apenas temporária), é uma das situações que melhor se adequa ao exercício do direito de *step-in*. Com efeito, parece que o financiador poderá reunir condições técnicas para a reposição dos rácios financeiros adequados ao desenvolvimento da actividade e ao cumprimento das obrigações de financiamento, ao substituir-se às mutuárias na gestão do projecto e dependendo das circunstâncias concretas e da gravidade do desvio aos rácios previstos.

vi) *Incumprimento de covenants/obrigações informativas*

Como veremos de seguida, os *covenants* e o estabelecimento de obrigações informativas[50], que são já instrumentos de intervenção, pela via da monitorização da actividade da mutuária pelo financiador, consistem em deveres específicos, de carácter obrigacional e eventualmente acessório, assumidos pela mutuária, visando assegurar que a actividade desta última irá decorrer sem pôr em causa o reembolso do capital e o pagamento dos juros, limitando de certa forma a sua liberdade de gestão da actividade.

Aos *covenants*, ou partilhando da sua natureza, juntam-se ainda obrigações informativas, sobretudo de conteúdo operacional e financeiro que contribuem para a referida monitorização da actividade da mutuária.

O incumprimento das obrigações desta natureza pode constituir fundamentos de exigibilidade antecipada, devendo o financiador ter em conta a gravidade da situação para decretar ou não o vencimento antecipado. Uma solução intermédia poderá passar pelo exercício do direito de *step-in*, de forma a que o financiador possa ter acesso, por exemplo, às informações não fornecidas, evitar o agravamento do incumprimento de *covenants* ou tentar reverter as situações de incumprimento verificadas.

vii) *Manutenção das autorizações e legalidade da actuação*

No âmbito de um projecto, serão necessárias eventuais licenças e autorizações para o funcionamento do mesmo. No caso das parcerias público-privadas e outras concessões, é ainda necessário manter o cumprimento dos contratos de concessão celebrados com autoridades públicas.

O incumprimento ou risco de incumprimento de tais requisitos pode justificar que a entidade financiadora se substitua à mutuária na gestão da actividade,

---

[50] Sobre estas figuras *vide*, por exemplo, AGASHA MUGASHA, The Law of Multi-Bank Financing, Oxford, New York, 2007, p. 236 ss.

de forma a repor as necessárias condições ao desenvolvimento da actividade financiada e da qual se esperam os rendimentos para assegurar o cumprimento do contrato de financiamento.

Em suma, a propósito do que ficou dito e como fundamentação do mesmo, importa sublinhar as características e finalidades do direito de *step-in*: esta faculdade visa sobretudo assegurar a continuidade da actividade financiada de forma a que esta gira os rendimentos necessários à restituição do capital e pagamento dos juros.

Por outro lado, o próprio exercício (continuado) do direito de *step-in* constitui uma garantia para o credor do ressarcimento do seu crédito, já que, mediante a intervenção do financiador na gestão da actividade financiada, este actua de forma a assegurar os rendimentos provenientes da mesma.

Assim, a execução desta garantia, mesmo que implique a transmissão de activos para a esfera do financiador, como a prática contratual prevê, nunca acarreta qualquer *animus donandi*, *vendendi* ou *soluti,* uma vez que a execução desta garantia *sui generis* não tem por efeito a extinção da obrigação decorrente do contrato de financiamento.

Nisto, aliás, reside justamente a diferença entre o exercício do *step-in* e a declaração de vencimento antecipado com consequente execução de garantias que visam a apropriação dos activos dados em garantia. É que, neste caso, a obrigação não se extingue, tendo o *step-in* por efeito apenas a intervenção do financiador de forma a assegurar a normal gestão da actividade, em termos próprios do direito de propriedade ou de outra posição jurídica capaz de conceder poderes de administração. Por esta mesma razão, consideramos que as situações *supra* elencadas são, de entre as habitualmente previstas como pressupostos de exigibilidade antecipada em contratos de financiamento, as mais adequadas a propiciar o exercício de *step-in*, pois são aquelas em que pode estar em causa a adequada gestão da actividade.

Com efeito, situações de penhora de bens da mutuária, surgimento de litígios, alteração da estrutura accionista da mutuária, verificação de uma alteração adversa relevante, incorrecções de declarações e garantias prestadas, desrespeito das obrigações provenientes de cláusulas de *negative pledge,* não parecem tão propícias ao exercício desta faculdade, uma vez que ou apresentam um carácter mais definitivo, consubstanciando violação de obrigações assumidas perante o financiador e por isso podendo originar situações de vencimento antecipado, ou não dependem directamente da mutuária. De qualquer forma, do ponto de vista do financiador, será obviamente favorável deixar um âmbito tão amplo quanto possível para o exercício de *step-in*, sendo concebíveis situações adicionais em que a intervenção do financiador possa ter resultados diferentes da condução desses assuntos levada a cabo pela mutuária.

No entanto, e como veremos mais à frente, atendendo à necessidade de determinar os limites e responsabilidades do financiador no exercício do direito de *step-in*, poderá ser arriscado para este intervir em situações de difícil gestão, podendo ser mais seguro, dependendo das circunstâncias concretas, provocar o vencimento antecipado das obrigações ou renegociação das condições de financiamento.

VI. As modalidades de *step-in*

1. *Os* covenants *enquanto intervenção do financiador*

Conforme vimos acima, os *covenants*[51] constituem vínculos obrigacionais, normalmente desenhados como imposições específicas *funcionalmente* ligadas à obrigação de restituição do montante financiado e ao pagamento dos juros, no âmbito de um contrato de financiamento.

Através destas estipulações contratuais, são estabelecidas obrigações e proibições ao devedor, nomeadamente fornecimento de informação financeira (prestação de contas, previsão de fluxos de caixa), informação operacional informação sobre factos que coloquem em causa o cumprimento do contrato de financiamento; cláusulas com vista a assegurar a solvência da sociedade, nomeadamente o fluxo de caixa e o serviço de dívida; cláusulas que proíbem a disposição de bens sociais; cláusulas que proíbem alteração da propriedade da sociedade ou do projecto; cláusulas que determinem modificação ou não modificação dos membros dos órgãos de administração; cláusulas de *negative pledge;* restrições ao pagamento de dividendos; restrições ao investimento; etc. Eilis Ferran afirma que os *covenants* consubstanciam "num sentido lato, o equivalente (…) ao controlo que os accionistas têm através dos votos associados às respectivas acções"[52].

---

[51] Para mais desenvolvimentos sobre esta figura e as razões para a sua existência, nomeadamente a influência da teoria da agência e o conflito de interesses entre accionistas e credores obrigacionistas *vide,* entre outros, RAGHURAM RAJAN e ANDREW WINTON, *Covenants and Collateral as Incentives to Monitor* in Journal of Finance, 50 (4), pp. 1113-46 e FLAVIO BAZZANA e ELEONORA BROCCARDO, *The role of covenants in public and private debt, disponível em https://editorialexpress.com/cgi-bin/conference/download.cgi?db_name=finanzas2009&paper_id=106.*

[52] EILIS FERRAN, Principles of Corporate Finance Law, Oxford University Press, 2008, p. 57.

Como se verifica, os *covenants* atribuem desde logo aos credores, sem que seja necessário verificar-se qualquer incumprimento, um considerável poder de controlo da gestão da entidade financiada. Assim, ainda que não estejamos perante o exercício do direito de *step-in*, isto é, a gestão da mutuária não é integralmente substituída pela gestão do financiador, não deixamos de estar perante uma situação em que o credor tem já, e desde o início, *um pé dentro da entidade financiada*, através da monitorização da actividade, limitação de alguns poderes de gestão e necessidade de autorização para a prática de determinados actos.

O resultado desta monitorização é tornar mais fácil a identificação das situações que justifiquem a execução de garantias, sejam elas o exercício de *step-in* ou a execução de garantias *stricto sensu*, para execução da dívida.

Assim, os *covenants*, ao facultarem aos financiadores prerrogativas típicas dos accionistas, apresentam em si mesmos a finalidade de assegurar a manutenção das condições iniciais em que o financiador se baseou para a concessão do crédito. Ao mesmo tempo, os *covenants* são instrumentais a uma eventual assunção da gestão ou da propriedade dos activos, baseada no incumprimento do devedor, transformando os credores em gestores ou detentores dos activos, a título fiduciário e vinculados à continuação do desenvolvimento do projecto, no âmbito do exercício do direito de *step-in*, ou ao decretamento do vencimento antecipado e consequente execução das garantias, consoante seja adequado.

2. Transmissão da gestão

A meio caminho entre a monitorização da gestão e a aquisição das participações sociais, seria útil tentar encontrar um mecanismo que permitisse ao financiador ter o controlo da gestão da mutuária, sem que tivesse de se tornar accionista da mesma, o que de facto se parece adequar à finalidade do direito de *step-in*, já que haverá situações em que aquilo que o credor pretende, e eventualmente lhe bastaria, é aceder de forma imediata à gestão da sociedade, acabando por utilizar os instrumentos que lhe facultam a titularidade do capital social da sociedade apenas para ser capaz de, de forma indirecta, dominar a sua gestão.

Um dos mecanismos que podemos considerar para o efeito será o contrato de subordinação[53].

---

[53] Para mais desenvolvimentos sobre esta figura vide JOSÉ A. ENGRÁCIA ANTUNES, Os Grupos de Sociedades, Almedina, 2002, pp. 611-841.

Os artigos 493.º e seguintes do Código das Sociedades Comerciais (CSC) estabelecem o regime do contrato de subordinação. Com efeito, seria possível prever que ocorridos determinados factos relacionados com a obrigação de restituição do capital mutuado e respectivos juros, os accionistas da sociedade financiada ficariam obrigados a deliberar a celebração com a sociedade financiadora ou com outra que esta indicasse um contrato de subordinação, nos termos da qual a administração da primeira ficaria vinculada às instruções emitidas pela segunda (cf. artigo 503.º do CSC), assumindo esta, por esta via, a gestão da mutuária.

Este mecanismo poderia parecer, à primeira vista, adequado a uma intervenção temporária, ao permitir a assunção da gestão sem a tomada de participações sociais.

No entanto, temos algumas dúvidas em que esta seja uma solução particularmente exequível, por duas ordens de razões: por um lado, a complexidade dos procedimentos societários[54], por outro, as responsabilidades que a lei prevê, de forma injuntiva, para a sociedade directora e a obrigação de garantia de lucros aos sócios livres[55], que não parecem compatibilizar-se com o modo de exercício e finalidades associadas ao direito de *step-in*.

Adicionalmente, se a sociedade mutuária for detida apenas por uma accionista única, esta terá, nos termos do artigo 488.º do CSC, o domínio total da sociedade, o que é incompatível com a existência de um contrato de subordinação.

---

[54] De facto, do ponto de vista procedimental, para além da aprovação pelos sócios, que à partida poderia ser ultrapassável face a toda a relação contratual estabelecida com o financiador, a lei prevê a necessidade de fiscalização do projecto do contrato de subordinação pelo órgão de fiscalização (cf. artigo 99.º ex vi 496.º, n.º 1 do CSC), actividade que ainda que consista sobretudo na verificação dos requisitos previstos no artigo 495.º e na avaliação sobre a justeza das compensações atribuídas aos sócios livres, poderá ser mais um factor de incerteza.

[55] Os artigos 501.º e 502.º atribuem especiais encargos à *sociedade directora* que não nos parece que um credor queira assumir. Com efeito, o artigo 501.º prevê que a sociedade directora é responsável pelas obrigações da sociedade subordinada constituídas antes ou depois da celebração do contrato de subordinação, até ao termo deste (vide José A. ENGRÁCIA ANTUNES, Os Grupos..., *op. cit.*, pp. 896-899, e ANA PERESTRELO DE OLIVEIRA, Código das Sociedades Comerciais Anotado, coord. António Menezes Cordeiro, 2.ª edição, Almedina, 2011, pp. 1293-1297). Já o artigo 502.º prevê que a sociedade directora responderá pelas perdas da sociedade subordinada (vide José A. ENGRÁCIA ANTUNES, Os Grupos, *op. cit.*, pp. 820-842 e ANA PERESTRELO DE OLIVEIRA, Código..., *op. cit.*, pp. 1293-1302) e o artigo 500.º estabelece uma obrigação de garantia de lucros para os sócios livres, isto é, de forma geral, os sócios não relacionados com a sociedade directora (cf. artigo 494.º, n.º 2 CSC) (vide José A. ENGRÁCIA ANTUNES, Os Grupos..., *op. cit.* pp. 773-787 e ANA PERESTRELO DE OLIVEIRA, Código..., *op. cit.*, pp. 1290-1293).

De facto, em termos gerais, esta solução está obviamente pensada para os casos em que a sociedade subordinada é utilizada como um instrumento ao serviço das finalidades da sociedade directora e de outras sociedades de um mesmo grupo, devendo assim ser compensada.

Com efeito, Ana Perestrelo de Oliveira afirma que "*[a] sociedade-mãe assume totalmente o risco empresarial da sociedade-filha, ficando obrigada a compensar também aquelas perdas que continuariam a verificar-se mesmo na ausência de relação de grupo*"[56]. Ora, no caso do exercício do *step-in*, o financiador não toma a gestão da sociedade com o objectivo de utilizar essa mesma gestão enquanto instrumento de investimento[57], ou de gestão num contexto de envolvimento de outras sociedades, mas enquanto instrumento de garantia de satisfação do seu crédito, pelo que não terá qualquer interesse em ter de assegurar os resultados positivos da sociedade, a não ser na medida em que tal contribua para a satisfação do seu crédito.

Com efeito, de acordo com Engrácia Antunes, "por via de regra, o poder de direcção detido pela sociedade directora sobre a sociedade subordinada não resultará "ex nihilo" da celebração do contrato de subordinação entre ambas, mas será já preexistente a este, em virtude do domínio que aquela sociedade está em condições de exercer sobre esta, graças, por exemplo, à titularidade de uma participação maioritária de capital ou votos"[58].

De facto, tal é que o que resulta da normalidade do tráfego jurídico. Contudo, não pode deixar de ser dito que esse não é um pressuposto legal do contrato de subordinação e que se, de facto, em termos práticos, é necessário encontrar uma justificação pela qual a maioria dos accionistas da sociedade subordinada delibere a favor da celebração de tal contrato, a situação de iminente incumprimento de um contrato de financiamento poderia ser uma delas.

No entanto, conforme já ficou dito, a assunção de responsabilidades por perdas pela sociedade directora, assim como a obrigação de garantia de lucros aos sócios livres, que poderão ter por referência os lucros da sociedade directora parecem trazer algumas dificuldades a adopção desta solução pelo financiador.

Tem-se assistido, particularmente no âmbito do *project finance*, à utilização de figuras jurídicas com finalidades próprias com funções de garantias.

---

[56] Ana Perestrelo de Oliveira, Código..., *op. cit.*, p.1300.
[57] Como veremos mais à frente, é nossa opinião de que se o fizesse estaria a exercer abusivamente o seu poder de intervenção, ficando inclusivamente em situação de incumprimento de uma obrigação.
[58] José A. Engrácia Antunes, Os Grupos..., *op. cit*,, p. 619.

No entanto, parece que a utilização dos mecanismos societários, como é o caso do contrato de subordinação, apresenta algumas dificuldades, não só de ordem prática e formal, como sobretudo de ordem dogmática.

Com efeito, não é fácil utilizar-se regras jurídicas marcadamente estruturais para finalidades *dinâmicas*, pelo que, ainda que eventualmente seja possível, em última instância, utilizar o contrato de subordinação como instrumento de concretização do direito de *step-in*, este não nos parece constituir um meio adequado para o efeito.

Não obstante, e como veremos mais à frente, as regras de direito societário poderão ter aplicação na definição do regime de responsabilidade do financiador perante a sociedade intervencionada e os demais credores desta durante o período de *step-in* e no caso de um eventual exercício patológico deste direito.

3. *Transmissão dos activos – Cessão da posição contratual*

A cessão da posição contratual, prevista no artigo 424.º e ss. do Código Civil, constitui o negócio jurídico através do qual opera a transmissão de um complexo de direitos e obrigações emergentes de determinado contrato, acarretando assim a mudança de esfera da posição de co-contratante.

No regime civil, não haverá necessidade de se prever a faculdade de ceder a posição contratual de qualquer das partes, pois tal é o que resulta supletivamente da lei. No âmbito da contratação pública, o artigo 316.º do CCP determina igualmente essa liberdade, caso não haja estipulação em contrário.

A cessação da posição contratual opera, então, por contrato entre o cedente e o cessionário, cuja forma depende do negócio que serve de base à transmissão (cf. artigo 425.º do Código Civil), sendo necessário o acordo do outro contraente, que pode ocorrer antes ou depois da transmissão, conforme dita a última parte do n.º 1 do artigo 424.º. O mesmo determina o artigo 319.º do CCP.

Ora, as cláusulas que consagram o direito de *step-in,* servem precisamente para, no caso de a modalidade escolhida para o exercício do mesmo ser a da cessão da posição contratual, os co-contratantes do cedente, *i.e.* da mutuária expressarem o seu acordo no momento da celebração do contrato, isto é, em momento prévio ao da eventual cessão da posição contratual.

Assim, no que diz respeito à generalidade dos co-contratantes, estão estes vinculados à aceitação da cessão, não obstante esta só produzir efeitos após serem notificados da mesma ou tomarem dela conhecimento (cf. n.º 2 do artigo 424.º do Código Civil).

Já quando falamos de co-contratantes públicos, importa recordar a regra estabelecida no n.º 1 do artigo 322.º do CCP. Da interpretação sistemática deste código[59] resulta que o reconhecimento do direito de *step-in* das entidades financiadoras é um instrumento alternativo ou específico em relação à prévia autorização da cessão da posição contratual, prevista no artigo 318.º do mesmo código. Assim, é essencial que no contrato fique acordada a possibilidade de intervenção do banco financiador para que esta possa dar-se. No entanto, esta é uma condição necessária mas não suficiente ao exercício do direito de *step-in*, pois recordado o que acima ficou dito, é necessária a autorização da autoridade pública, equivalente à necessidade de um segundo acordo na altura da produção de efeitos da cessão. A concessão dessa autorização não é, no entanto, discricionária, encontrando-se o contraente público vinculado à concessão de autorização uma vez verificados os pressupostos respeitantes à situação de incumprimento previstos no artigo 322.º e, mais especificamente, no contrato.

A previsão das condições em que ocorrerá a cessão da posição contratual integram normalmente cláusulas acessórias do contrato de financiamento. Já a autorização das contrapartes consta normalmente de acordos directos entre os bancos e as restantes contrapartes das mutuárias.

Quanto aos efeitos da cessão da posição contratual, importa recordar o funcionamento genérico deste instituto e as possíveis adaptações do mesmo à função de intervenção do financiador.

Por efeito da cessão da posição contratual, o complexo de direitos e obrigações objecto da posição transmitida é transferido para a esfera do financiador no estádio de desenvolvimento em que aqueles se encontram no momento da produção de efeitos do negócio de cessão[60].

Deste modo, no que diz respeito às relações entre cessionário e cedido, o acervo de créditos e dívidas integrados na posição contratual transmitida não coincide necessariamente com a totalidade do contrato-base[61], uma vez que no decorrer da vigência do contrato foram sendo cumpridas algumas das obrigações que tiveram nele a sua origem, encontrando-se, por isso, extintas.

Para além disso, nas relações duradouras, não se poderão, à partida, considerar transmitidas para o cessionário as obrigações já vencidas no momento da cessão, salvo no caso de as partes convencionarem em sentido contrário. Com efeito, não será correspondente ao normal intuito das partes abranger, na

---

[59] Os direitos de *step in* e *step out* da entidade financiadora estão previstos no mesmo capítulo da cessão da posição contratual – capítulo VI, do Título I da Parte III.
[60] CARLOS ALBERTO DA MOTA PINTO, Cessão da Posição Contratual, Almedina, 2003, p. 450.
[61] *Idem*, pp. 486-487.

transmissão da posição contratual, créditos já vencidos, que não se encontrem extintos por incumprimento do cedente, pelo que, regra geral, o ingresso das posições jurídicas na esfera do cessionário será, supletivamente, feito *ex nunc*[62].

No entanto, caso, tendo em vista a prossecução das actividades da sociedade de projecto, seja acordado entre todos os intervenientes, por altura da cessão, nomeadamente entre os financiadores e os co-contratantes, enquanto contra-partida para a autorização da cessão, que a entidade financiadora, neste caso, cessionária, deverá responder pelas obrigações já vencidas à data da cessão, nada se encontra na lei que obste a essa possibilidade. De todo o modo, este será um dos mais importantes pontos de negociação, e deve ser uma situação a acautelar por parte do financiador interveniente uma vez que, nos termos do artigo 427.° do Código Civil, lhe podem, em certos termos, ser opostos os meios de defesa que o cedido tinha para com o cedente.

No que diz respeito aos efeitos da cessão da posição contratual na esfera do cedente, podemos afirmar que, supletivamente, este negócio extingue a sua posição na relação contratual, que se mantém idêntica, mas na esfera do cessionário. Por isso, em princípio, este negócio produz a exoneração dos vínculos anteriormente existentes entre o cedente e o cedido. No entanto, é possível que as partes estabeleçam uma cláusula contratual nos termos da qual não se verifica uma completa liberação do cedente[63], continuando este a responder por certas obrigações, normalmente formadas antes da cessão.

De qualquer modo, importa frisar que na esfera do cedente, pelo menos em relação a obrigações vindouras cujos contratos passaram para a esfera da entidade financiadora, se extingue a qualidade de devedor, pelo que a sua responsabilidade deverá ter origem num novo vínculo, que o coloque, por exemplo, na qualidade de garante face aos créditos vencidos ou obrigações formadas em data anterior à da cessação[64]. Todas estas questões serão amplamente discutidas pelas partes, sobretudo se negociadas já por altura da intervenção e não aquando da formação do contrato.

Importa também referir que no caso de terem sido prestadas garantias pelo cedente no cumprimento das obrigações cedidas, estas à partida se manterão. O mesmo não acontecerá com as obrigações prestadas por terceiro, em benefí-

---

[62] *Ibidem*, pp. 486-487.
[63] Neste sentido, CARLOS ALBERTO DA MOTA PINTO, Cessão..., *op. cit.*, p. 480 e INOCÊNCIO GALVÃO TELLES, Manual dos Contratos em Geral, Coimbra Editora, 2002, p. 454.
[64] No sentido de que na falta de expressa concretização, o cedente deverá responder a título subsidiário, cf. CARLOS ALBERTO DA MOTA PINTO, Cessão..., *op. cit.*, pp. 485-486 e PIRES DE LIMA e ANTUNES VARELA, Código Civil Anotado, Coimbra Editora, 1987, p. 402 (anotação artigo 424.°).

cio do cedente, que terá de se pronunciar pela manutenção das mesmas, agora em favor do cessionário[65].

Por fim, cabe analisar a possibilidade de apresentação de meios de defesa provenientes da *relação anterior* por parte do cedido, assim como analisar quais os poderes potestativos e deveres secundários e acessórios que se transmitem para o cessionário.

Relativamente ao primeiro ponto, às partes contratuais caberão os meios de defesa fundados em pressupostos ocorridos antes da transferência da posição contratual, pelo menos se estes forem factos duradouros que ainda se mantenham no momento da cessão, e mantenham o seu relevo. Essa avaliação deverá ser feita atendendo ao fundamento do meio de defesa em causa, disso dependendo a tempestividade ou não do seu exercício após a cessão. Com efeito, no que diz respeito ao cessionário, este torna-se titular dos direitos de resolução, modificação, actualização, desistência ou denúncia do contrato, se bem que deve ser tido em conta que, por exemplo, o direito de resolução só deverá poder ser exercido com base em factos ocorridos antes da cessão, se as consequências dos mesmo ainda se repercutirem na esfera do cessionário[66].

De salientar que a cláusula de *step-in* que serve de acordo à cessão da posição contratual, se for essa a modalidade eleita para a intervenção, deverá ser acompanhada, preferencialmente a título inicial ou aquando do seu exercício, de uma cláusula de *step-out*, que poderá, de qualquer forma, decorrer já da estrutura do direito de *step-in*, uma vez que a entidade financiadora, ainda que esteja vinculada ao exercício do *step-out*, deverá precaver-se de uma eventual oposição dos subcontratados em nova cessão da posição contratual, para uma nova entidade ou para a sociedade de projecto original[67].

De acrescentar que, no âmbito dos contratos públicos, deve ter-se em atenção a decisão do Tribunal de Justiça da União Europeia de 19 de Junho de 2008 (Processo C-464/06), na qual o Tribunal, no âmbito da restruturação de uma empresa que era contraparte do Estado austríaco, no âmbito de um contrato público, determinou que "[e]m geral, deve considerar-se que a substituição do co-contratante ao qual a entidade adjudicante tinha inicialmente adjudicado o contrato por um novo co-contratante constitui uma alteração de um dos termos essenciais do contrato público em causa, a menos que essa substitui-

---

[65] CARLOS ALBERTO DA MOTA PINTO, Cessão…, *op. cit.*, p. 181.
[66] *Idem*, pp. 493-494.
[67] A questão do exercício do direito de *step-out* irá ser analisada com mais detalhe seguidamente.

ção estivesse prevista nos termos do contrato inicial, por exemplo a título da subcontratação"[68].

O Tribunal referia-se aos contratos públicos celebrados no âmbito da Directiva 2004/18/CE de 31 de Março de 2004[69] e apesar de esta ter sido a primeira e única vez que o TJUE se pronunciou sobre a possibilidade de cessão da posição contratual no âmbito da contratação pública[70], há que ponderar os eventuais efeitos desta decisão no exercício do direito de *step-in*. Com efeito, parece que desta posição pode resultar uma eventual limitação, não necessariamente ao exercício do *step-in*, mas do prolongamento da manutenção da entidade financiadora na posição de concessionário, já que tal poderá corresponder a um desrespeito, ainda que colateral, das regras de concorrência e contratação públicas. No entanto, nos termos do acórdão, estando tal possibilidade prevista nas condições apresentadas ao contraente público no âmbito do concurso para a contratação, parece que tal não contrariará as regras de direito comunitário aqui em causa[71].

4. Transferência do controlo societário

Tradicionalmente apontam-se dois mecanismos através dos quais poderá operar a transmissão das acções da sociedade de projecto para a entidade financiadora ou para uma entidade por ela designada. São eles o penhor financeiro e o pacto de opção[72].

a) O penhor financeiro

O penhor financeiro está previsto na legislação portuguesa no Decreto-Lei n.º 105/2004, de 8 de Maio (alterado e republicado pelo Decreto-Lei n.º

---

[68] Ponto 40 do Acórdão.
[69] Relativa à coordenação dos processos de adjudicação dos contratos de empreitada de obras públicas, dos contratos públicos de fornecimento e dos contratos públicos de serviços.
[70] PAUL LIGNIÈRES, Assignment of contracts signed with French Administrative authorities: what does the ECJ 19 June 2008 judgement change?, Linklaters LLP, November 2008, p. 4, disponível *on-line* em http://www.linklaters.com/pdfs/publications/france/Projects_081112EN.pdf.
[71] Idem.
[72] MARIA ATAÍDE CORDEIRO, *Banks' Step-In Rights under the Portuguese Public Contract Code: Exercise by Means of Transfer of Shares*, in European Public Private Partnership Law Review, Lexxion, Berlim, Vol. 6, N. 3, ano 2011, p. 168.

85/2011, de 29 de Junho) que procedeu à transposição da Directiva n.º 2002/47/CE do Parlamento Europeu e do Conselho, de 6 de Junho de 2002, sobre garantias financeiras, para a nossa ordem jurídica.

Antes da consagração desta figura, existia já no nosso ordenamento o penhor de acções, previsto no artigo 81.º do Código dos Valores Mobiliários, bem como no n.º 3 do artigo 24.º do CSC[73].

Ora, o penhor financeiro pode ter como objecto participações sociais, conforme decorre da alínea b) do n.º 1 do artigo 5.º do Decreto-Lei n.º 105/2004, que se refere à figura mais ampla dos instrumentos financeiros. Assim, a diferença entre o penhor de acções ou o penhor financeiro de acções prende-se com o regime aplicável a cada um, dependendo a conclusão de que se estará perante um penhor financeiro da previsão ou não pelas partes de certas características só admitidas ao abrigo do regime do penhor financeiro[74].

Não cabendo no âmbito deste trabalho desenvolver e problematizar as várias questões suscitadas pela figura do penhor de financeiro[75], cumpre, no entanto, avaliar de que forma certas características deste regime se colocam ao serviço da intervenção do financiador.

De facto, desde a publicação da Directiva n.º 2002/47/CE sobre garantias financeiras tem-se genericamente assumido que o penhor financeiro se adequa exactamente ao exercício do direito de *step-in*.[76]

As características marcantes do penhor financeiro, que não coincidem ou melhor, contrariam, as regras do penhor civilístico, estão patentes nos artigos 9.º e 11.º do Decreto-Lei n.º 105/2004.

De acordo com os n.º 1 e 2 do artigo 9.º, o beneficiário do penhor financeiro, isto é, o credor pignoratício poderá, caso as partes assim o determinem, gozar do direito de disposição sobre o objecto da garantia. Este direito confere-lhe o poder de o alienar ou onerar como se fosse seu proprietário.

O artigo 11.º deste diploma trouxe, então, uma novidade à nossa ordem jurídica, ao consagrar a admissibilidade do *pacto marciano*, isto é, a possibilidade que o credor pignoratício tem de, em caso de incumprimento do devedor, fazer sua a coisa dada em penhor, ficando obrigado à restituição do montante correspondente à diferença entre o valor do objecto da garantia e o montante

---

[73] Sobre a discussão acerca da natureza do penhor sobre acções, *vide* TIAGO SOARES DA FONSECA, O Penhor de Acções, Almedina, 2007, pp. 49-50.
[74] L. MIGUEL PESTANA DE VASCONCELOS, Direito..., *op. cit.*, p. 293.
[75] Para tal vide, entre outros, RUI OLIVEIRA NEVES, O penhor financeiro de acções: aspectos particulares de uma garantia pignoratícia com perfil inovador, 2008, Lisboa, policopiado.
[76] Cf. MARIA ATAÍDE CORDEIRO, Banks' Step-In..., *op. cit.*, p. 168, ainda que não concordando com tal constatação.

da obrigação garantida (*cf.* n.º 2 do artigo 11.º). No entanto, para que essa faculdade exista, é necessário que (*i*) as partes acordem nesse sentido, (*ii*) haja acordo das partes relativamente à avaliação dos instrumentos financeiros dados em garantia.

Com efeito, estas normas vieram trazer novidades ao direito das garantias vigente na ordem jurídica portuguesa. Por um lado, a faculdade de disposição de um bem de terceiro, em nome próprio e com a produção de efeitos na esfera jurídica de quem vende, que não coincide com a esfera jurídica da titularidade do bem é uma solução estranha às regras de transmissão de direitos reais. Por outro, assiste-se à consagração do pacto marciano associado à figura do penhor, permitindo-se ao credor fazer sua a coisa dada em garantia como forma de se ressarcir do seu crédito, em caso de incumprimento pelo devedor, com a devida entrega do montante correspondente à diferença entre o valor do bem e o valor do crédito.

Para além do eventual carácter instrumental que estas duas figuras venham a ter na concretização do direito de *step-in* do financiador, importa antes de mais realçar que a sua consagração no ordenamento português veio emprestar ao regime das garantias – que possam caber dentro do escopo do Decreto-lei n.º 105/2004 – um carácter tendencialmente *pro creditoris*, ainda que sem permitir o injusto locupletamento do credor à custa do devedor[77].

Desta forma, estaremos perante o reconhecimento do legislador da possibilidade de as partes preverem garantias que concedam ao credor uma maior flexibilidade na execução das mesmas, ultrapassando assim as limitações inerentes à necessidade de execução judicial típicas das garantias tradicionais e de poder dispor dos bens dados em garantia antes mesmo da sua execução.

Ora, parece-nos que as motivações inerentes a tais medidas legislativas contribuirão para a legitimação da intervenção do financiador na gestão de um projecto que não se encontra inicialmente na sua titularidade, como mecanismo de tutela do património afecto à satisfação do seu crédito, conferindo-lhes, de resto, relevantes meios para a concretização de tal faculdade.

No âmbito do direito de *step-in*, as partes poderiam estabelecer no contrato de financiamento que em caso de incumprimento, ou melhor, nas circunstâncias específicas que permitem o exercício do direito de *step-in*, o financiador ficaria autorizado a executar a sua garantia sobre as acções da sociedade.

---

[77] MARGARIDA COSTA ANDRADE, *O Penhor Financeiro com Direito de Disposição de Valores Mobiliários*, disponível em https://estudogeral.sib.uc.pt/bitstream/10316/13012/1/penhor%20financeiro%20final.pdf, p.15, publicado também na Revista da Ordem dos Advogados, Lisboa, Ano 70 (Janeiro/Dezembro 2010), p. 351-393.

Com efeito, este tipo de execução apresenta amplas vantagens para o credor pignoratício face ao sistema de execução judicial, uma vez que o financiador não terá de interpor acção executiva, ficando sujeito ao concurso de credores e ao resultado da venda processual, muitas vezes inferior ao necessário para satisfação da dívida.

Já fora do exclusivo âmbito do penhor financeiro, porque também comum ao penhor de acções, coloca-se o problema de saber a quem cabe o exercício dos direitos de voto durante a vigência da garantia, se ao accionista devedor se ao financiador credor pignoratício[78].

Encontramos como vantagens da atribuição do direito de voto ao credor pignoratício a possibilidade que este tem de poder contribuir para a determinação do rumo dos negócios da sociedade[79]. Como desvantagem, o possível conflito de interesses entre a posição de credor e de accionista, que o poderão levar a tomar decisões mais benéficas para si no curto prazo, mas desadequadas às políticas de gestão da sociedade, numa situação em que a intervenção da entidade financiadora ainda não encontra justificação no incumprimento da mutuária[80].

Tendo em conta que o penhor constituído a favor do financiador, para ser eficaz no momento da execução e tendo em conta a especial natureza e funcionalidade da sociedade de projecto, tem como objecto a totalidade das acções representativas do capital daquela sociedade, acreditamos que as partes

---

[78] Nos termos do n.º 1 do artigo 21.º do CSC, o direito aos lucros (al. *a)*), o direito de voto (*direito a participar nas deliberações de sócios*, na letra da lei) (al. *b)*) e o direito à obtenção de informações (al. *c)*) pertencem ao titular das acções. O n.º 4 do artigo 23.º do CSC estipula que estes direitos, inerentes à situação de acionista, podem ser exercidos pelo credor pignoratício, mas apenas no caso em que as partes ou tenham convencionado. O mesma regime consta do n.º 4 do artigo 81.º do Código dos Valores Mobiliários.

[79] MICHAEL LUBUONO, *Le Garanzie...*, *op. cit.*, referindo-se simultaneamente à apropriação das acções e ao exercício de direitos de voto pelo credor pignoratício, de resto, regra que resulta supletivamente da lei italiana, considera que *tais disposições parecem capazes de colocar o credor na condição de desempenhar um papel activo na gestão da operação económica*.

[80] Esta é aliás a razão por que não consideramos que a alienação fiduciária em garantia seja um instrumento adequado à execução do direito de *step-in*, uma vez que, pelo menos se constituída *ab initio*, fará do financiador o titular das participações sociais desde o início do projecto, o que não parecerá ser compatível com a intenção das partes nos contratos de que temos vindo a falar. Com efeito, uma vez que a titularidade das participações sociais será a fonte da legitimidade para a gestão da actividade, estas não têm a natureza de bem que possa ser dado em garantia quando tal garantia implicar a sua imobilização. Não podendo ser esse o caso, acabaríamos por estar numa situação simultânea de *fiducia cum creditore* e de *fiducia cum amico*, já que o financiador teria de desempenhar um papel activo na gestão da sociedade, o que, reitera-se, não parece ser a intenção das partes antes de se verificarem os pressupostos para a intervenção do financiador.

tendam a não determinar que o exercício dos direitos de voto pertence ao credor pignoratício, pelo menos na totalidade das deliberações[81], uma vez que de outra forma seria a própria entidade financiadora a gerir o projecto, o que, presume-se, não será intenção de qualquer das partes[82].

Cabe então analisar o escopo garantístico do penhor financeiro, de modo a apreciar de forma crítica à sua adequação à intervenção do financiador.

Assim, como principais pontos, realçamos o facto de o penhor financeiro constituir um meio de autotutela da pretensão creditícia do beneficiário da garantia[83], neste caso instrumental a outro instrumento *autotutelar* que é o direito de *step-in*. Por outro lado, dispondo esta figura de um regime de oponibilidade reforçada, uma vez que não se extingue no âmbito do processo de insolvência, podendo ser assim opostos aos credores do devedor falido (cf. artigos 17.º, 18.º e 19.º do Decreto-Lei n.º 105/2004)[84].

De facto, é muito possível que as accionistas da mutuária, enquanto sociedades com objectos sociais mais alargados, tenham outros credores que, em caso de incumprimento do primeiro, não poderão recorrer ao património constituído pelas acções da sociedade de projecto, nem, na hipótese mais remota de declaração de insolvência dessas mesmas sociedades, poderão, à partida, pôr em causa o contrato de garantia, ficando, deste modo, a entidade financiadora acautelada quanto à possibilidade de exercício do seu poder de intervenção[85]-[86].

---

[81] TIAGO SOARES DA FONSECA, O Penhor..., *op. cit.*, p. 93, equaciona a hipótese de as partes poderem convencionar a atribuição do direito de voto ao credor pignoratício para certas matérias – como lucros, designação e estatuição de membros dos órgãos de administração – e não para outras, como a alteração dos estatutos ou a dissolução da sociedade, por exemplo.

[82] Dificilmente, os accionistas da sociedade de projecto pretenderiam ser afastados do controlo da mesma sem a verificação de qualquer situação de incumprimento. Na eventualidade de se tratar de uma parceria-público privada tal situação poderia não ser aceite pela entidade pública contratante.

[83] RUI OLIVEIRA NEVES, O penhor..., *op. cit.*, p. 14.

[84] Para maiores desenvolvimentos, cf. L. MIGUEL PESTANA DE VASCONCELOS, Direito..., *op. cit.*, p. 279 ss.

[85] Conforme dito *supra*, uma das razões pelas quais a entidade financiadora se acautela com a estipulação de uma cláusula de *step-in* é precisamente a tendencial ausência de património suficiente na sociedade para a satisfação do seu crédito. No entanto, dependendo da fase de evolução do projecto e do montante do crédito de outros credores, poderão estes ter interesse na execução das acções da sociedade.

[86] O penhor financeiro funciona, assim, também como uma forma de acautelar a entrada de estranhos ao projecto na gestão da respectiva sociedade. Ainda que essa limitação possa estar prevista no contrato, a aplicação de regras injuntivas em sede de execução de dívidas ou insolvência pode fazê-la cair. Pelo contrário, integrando o próprio regime do penhor dispositivos legais que prevêem a oponibilidade do mesmo nestas situações, esta garantia manter-se-á.

Assim, a figura do penhor financeiro parece adequada ao exercício do direito de *step-in*, sobretudo pela facilidade e rapidez de execução desta garantia. No entanto, encontramos dificuldades na compatibilização da execução desta garantia – à qual estará normalmente associada a declaração de vencimento antecipado da obrigação –, com a manutenção da vigência do contrato de financiamento, e no caso, de haver lugar ao *step-out*, com a própria continuação da existência de um penhor financeiro a garantir a obrigação.

Assim, a execução do penhor financeiro será um instrumento adequado nas situações em que o *step-in* tenha lugar a título definitivo, a ser isso admissível, no sentido em que o financiador, ao invés de executar a garantia para se ver ressarcido com o produto da sua venda, pretende executar a garantia para continuar a executar o projecto, com vista a ressarcir-se com as receitas do mesmo. Neste caso, teremos de estar perante um penhor financeiro com pacto marciano, nos termos do artigo 11.º do referido Decreto-Lei n.º 105/2004.

Por outro lado, quando a intenção do financiador seja exercer o direito de *step-in* a título temporário, a execução do penhor financeiro não permitirá a que, pelo menos de forma automática, ou melhor, por efeito da lei, as participações sociais voltem a estar empenhadas no momento em que a sua titularidade seja restituída aos accionistas originais. Porém, as partes poderão recorrer a várias soluções que protejam a posição do financiador em caso de restituição das acções empenhadas à mutuária, como sejam, a título de exemplo, a promessa de constituição de penhor sobre as acções em caso de verificação do *step-out*, acompanhada de procuração irrevogável a favor do financiador.

No entanto, tendo em conta esta possível limitação, questionamos se o penhor financeiro com faculdade de disposição, previsto no artigo 9.º do Decreto-Lei n.º 105/2004, não poderá ser apto a contribuir para a resolução desta questão relativa à necessidade de execução definitiva da garantia. De acordo com o n.º 2 deste artigo, o direito de disposição confere ao beneficiário da garantia financeira os poderes de alienar ou onerar o objecto da garantia prestada, nos termos previstos no contrato, como se fosse seu proprietário. O exercício desta disposição em momento algum opera a transmissão da titularidade das participações sociais da mutuária para o financiador, mas sim da primeira para o adquirente, por intervenção do financiador[87]. A alienação das participações oneradas criará na esfera do beneficiário da garantia o dever de (i) restituir ao prestador objecto equivalente ao objecto da garantia financeira

---

[87] Esta solução não pode deixar de parecer estranha ao conteúdo e princípios dos direitos reais, ainda mais porque o financiador aliena as participações sociais em seu próprio nome, em interesse próprio e por conta própria – cf. MARGARIDA COSTA ANDRADE, *O penhor...*, op.cit., p. 26.

original, em caso de cumprimento das obrigações financeiras garantidas por parte deste; ou (ii) quando o contrato o preveja, entregar-lhe a quantia em dinheiro correspondente; ou (iii) livrar-se da sua obrigação por meio de compensação. Haverá ainda que ter em conta que caso não se verifique o cumprimento da obrigação garantida, o procedimento a adoptar pelo credor será diferente consoante as partes hajam ou não convencionado a aplicação do pacto marciano[88].

O que importa agora aferir é se, ao abrigo do mecanismo de transmissão da propriedade dos instrumentos financeiros pelo beneficiário da garantia, será possível utilizar este instrumento como forma de concretização do direito de *step-in* e eventual *step-out*, com manutenção da garantia sobre as participações sociais inicialmente emprenhadas.

Tendo em conta o n.º 3 do artigo 10.º do mencionado diploma, caso o beneficiário da garantia substitua os instrumentos financeiros dados em garantia por outros equivalentes, considera-se que o novo objecto da garantia substitui, para todos os efeitos, o original e a garantia se considera constituída sobre os mesmos desde o momento da constituição do penhor financeiro.

De facto, esta modalidade de penhor financeiro assenta numa estrutura nos termos da qual o titular dos instrumentos financeiros de proprietário pleno e desonerado passa a proprietário não detentor onerado com um penhor, para depois passar (eventualmente, embora) a titular de um direito de crédito, junto do seu próprio credor e (ainda eventualmente) terminará como proprietário pleno dos instrumentos equivalentes como se do seu património nada nunca tivesse saído[89].

Assim, à primeira vista, este aspecto do regime parecerá não ter muita relevância porque as participações sociais da mutuária não serão, desta perspectiva, *fungíveis*, e portanto a sua substituição por instrumentos equivalentes após a sua eventual alienação durante o regular decurso do financiamento obstaria ao eventual exercício do direito de *step-in*.

Porém, tal poderá ser diferente se a alienação das acções só ocorrer precisamente no momento e como instrumento do exercício do direito de *step-in*. Desta forma, poderíamos configurar um direito de *step-in* cuja concretização fosse baseada num penhor financeiro sobre as acções da sociedade financiada, com atribuição ao credor da faculdade de disposição das mesmas.

No entanto, para aferir da adequação desta figura à intervenção temporária do financiador, será ainda necessário aferir da margem que o legislador confere

---

[88] Para mais desenvolvimentos, MARGARIDA COSTA ANDRADE, *O penhor...*, op. cit., p. 23 ss.
[89] Idem, p. 22.

às partes na configuração deste direito do credor. É que, antes de mais, importa recordar que, de acordo com o legislador, o direito de disposição é atribuído ao credor com o objectivo de aumentar a liquidez dos mercados[90], no sentido de permitir ao financiador aumentar o rendimento dos instrumentos financeiros que são colocados ao seu dispor a título de garantia. Estamos, assim, perante uma preocupação do legislador em incentivar ou não obstar aos investimentos financeiros, em que o objecto do investimento valerá pela sua liquidez no mercado e não pela relação do mesmo com a actividade económica que lhe está subjacente.

Deste modo, tendo em conta que no contexto do exercício do direito de *step-in*, o objecto da garantia não tem carácter fungível, já que as participações sociais empenhadas valem no seu conjunto e pelo controlo que propiciam sobre a actividade desenvolvida pela sociedade a cujo capital social respeitam, este instrumento só poderia ser utilizado com a introdução de um conjunto relevante de restrições pelas partes, cuja compatibilidade com o regime legal das garantias financeiras terá de ser aferido.

Assim, de forma a adequar esta figura ao exercício do *step-in*, as partes condicionariam a faculdade de disposição do financiador à verificação dos pressupostos para o exercício do mesmo.

Adicionalmente, e esta parece-nos a parte mais controversa, as partes restringiriam a possibilidade de o financiador poder restituir um bem equivalente àquele que se encontrava inicialmente empenhado, já que a *fungibilidade* pensada no âmbito do penhor financeiro conforme desenhado pelo legislador, não se adequaria à situação que configuramos.

Tendo em conta que as participações sociais seriam transmitidas para uma terceira entidade, entre esta e o financiador surgiria uma relação fiduciária, na modalidade *fiducia cum amico*, de forma a que esta terceira entidade ficasse constituída na obrigação de gerir e de retransmitir tais bens, quando solicitada para o efeito[91]. Esta entidade terceira desempenharia, assim, uma dupla utilidade: por um lado, seria a entidade encarregada da gestão da actividade da mutuária, nomeadamente por razões de maior aptidão e como poderia acontecer fosse qual fosse o instrumento utilizado para a execução do direito de *step-in*; e, por outro, permitiria a não extinção do penhor financeiro constituindo originaria-

---

[90] Preâmbulo do Decreto-Lei n.º 105/2009.
[91] Embora à primeira vista possa ser uma fonte de riscos, parece-nos que esta intervenção de uma terceira entidade não será problemática, tendo em conta que o próprio CCP admite que a entidade financiadora a quem é conferido o direito de *step-in* effective a sua intervenção mediante a intervenção de uma entidade terceira por si indicada, normalmente relacionada.

mente, podendo este a vir a ser executado posteriormente no caso de insucesso do *step-in* ou numa outra ocasião de incumprimento posterior à verificação do *step-out*.

Em síntese, a utilização do penhor financeiro com faculdade de transmissão pelo financiador seria conveniente ao exercício do direito de *step-in* na medida em que não implicaria a extinção da garantia financeira, que se consideraria constituída desde o momento da constituição do penhor financeiro enquanto garantia acessória do financiamento, facilitando, por isso, o *step-out* do financiador, que após a sua intervenção na gestão do projecto e a cessação da mesma, regressaria à situação jurídica inicial, confirmando que o recurso ao penhor financeiro para o exercício do direito de *step-in* não coincide com o recurso a esta figura para a satisfação da dívida e consequente extinção da obrigação de pagamento, devendo antes servir simultaneamente os dois propósitos, em fases distintas.

Admitimos, no entanto, que o diploma sobre as garantias financeiras estará pensado para as situações em que os instrumentos financeiros são passíveis de substituição por objecto equivalente. De todo o modo, parece-nos que o reconhecimento da possibilidade de a entidade garantida poder transmitir a titularidade dos bens empenhados para um terceiro, mantendo-se a garantia – ainda que sobre objecto equivalente – acordada inicialmente será um instrumento útil para a efectivação do direito de *step-in* enquanto direito de intervenção temporária na gestão da actividade da mutuária.

b) *O exercício do direito de opção de compra*

Outra das possibilidades que as partes podem prever é que o exercício do direito de *step-in* seja feito por meio do exercício de uma opção de compra[92], estabelecido por altura da celebração do negócio. As partes, nomeadamente os accionistas da mutuária e a entidade financiadora, estipularão que, em caso de verificação de uma das condições acordadas para a possibilidade de exercício do direito de *step-in*, os bancos poderão comprar todas as acções da sociedade de projecto, por um preço previamente estabelecido, normalmente simbólico.

A vantagem do pacto de opção consiste no facto de a entidade financiadora pode exercer, sem especial regulação contratual para o efeito, o seu direito de aquisição sem declarar a exigibilidade antecipada do contrato de financiamento, uma vez que não está em causa a execução de uma garantia. Basta, assim, que a

---

[92] Sobre o pacto de opção de compra, *vide* Tiago Soares da Fonseca, Do contrato de opção: esboço de uma teoria geral, Lex, Lisboa, 2001.

entidade que exerce o poder potestativo de compra não seja a mesma a favor de quem existiam outras garantias tradicionais, para que não ocorra qualquer vicissitude passível de provocar a sua extinção. Nestas condições, o pacto de opção permitirá, supletivamente, a manutenção de um eventual penhor ou qualquer outra garantia, o que é conveniente caso venha a verificar-se o *step-out*, e, caso tal não aconteça, permite a sua execução com fins de cumprimento do contrato de mútuo.

Uma desvantagem em relação a mecanismos de garantias tradicionais com efeitos reais é a sua não oponibilidade a terceiros.

No que diz respeito às modalidades de *step-in* baseadas na transmissão de activos, torna-se particularmente importante frisar – de resto, à semelhança com o que fizemos acerca da figura da cessão da posição contratual – que o direito de *step-in* é uma faculdade concedida ao banco em caso de incumprimento para poder gerir o projecto, mas não é um meio de cumprimento das obrigações; caso contrário quaisquer garantias envolvidas extinguir-se-iam por extinção da obrigação.

c) *A procuração irrevogável enquanto instrumento de concretização do direito de step-in*

Poderão configurar-se situações em que o financiador pretenda exercer o seu direito de *step-in*, seja por via da transmissão dos poderes de gestão, seja por via da transmissão da titularidade das participações sociais, em que poderá necessitar de um ou vários actos jurídicos do devedor que provoquem a transmissão de tais posições jurídicas. Ora, o objectivo do financiador será sempre obter *ab initio* o maior grau de autonomia possível, evitando-se, sempre que possível, a necessidade de colaboração do devedor, já que tal poderia levar a que, independentemente dos mecanismos mais ou menos criativos que as partes acordassem inicialmente, o credor se visse afinal obrigado a recorrer aos meios judiciais para a concretização dos mesmos.

Nestes termos, parece adequado o recurso à figura da procuração irrevogável. A procuração irrevogável é, com efeito, largamente utilizada como instrumento de efectivação de garantias nos contratos de financiamento, na medida em que, sendo concedida habitualmente aquando da celebração do contrato, permite ao financiador actuar em nome do devedor, substituindo-se a este na prática dos actos por si devidos, mediante a verificação de determinados pressupostos relativos à obrigação subjacente, como será o caso da verificação dos pressupostos que conferem ao financiador o exercício do direito de *step-in* e que requeiram qualquer cooperação da mutuária. Por ser conferida no interesse do procurador, não poderá ser revogada unilateralmente.

Assim, podemos conceber a utilização da procuração irrevogável (i) de forma acessória para a execução de outras "garantias" concebidas pelas partes, como seja a concretização dos actos necessários ao exercício da opção de compra; (ii) de forma complementar, num caso de execução de penhor financeiro para exercício de *step-in*, seguido de *step-out*, como instrumento através do qual e em representação da mutuária, esta última voltasse a adquirir as participações sociais em causa e a constituir novo penhor financeiro sobre as mesmas a favor da entidade financiadora, assegurando o cumprimento de todas as formalidades necessárias; (iii) a título principal, em substituição de um eventual execução de penhor financeiro ou outra garantia, como meio de transmissão das participações sociais, da posição contratual da mutuária e quaisquer outros negócios necessários à efectivação do direito de *step-in*.

A admissibilidade desta figura reveste, no entanto, alguma controvérsia, uma vez que a mesma não se encontra expressamente prevista no artigo 265.º do Código Civil, pelo que, tratando-se de um negócio jurídico unilateral poderia estar abrangido pela proibição do artigo 457.º do Código Civil. Ora, este artigo parece no entanto ser apenas aplicável às situações em que o declarante se compromete a realizar uma prestação positiva, o que não é o caso da procuração irrevogável, prevalecendo, por isso, o princípio da autonomia privada[93].

De resto, este tipo de procurações terá sempre conexão a uma relação negocial subjacente, pelo que a sua emissão, numa visão de conjunto, não resultará de uma vontade de vinculação unilateral, mas antes a de uma "prestação" exigida pela contraparte como contrapartida da prestação desta última, sendo a justificação desta última não exactamente semelhante à justificação da prestação de outras garantias de carácter qualitativo[94], como sejam as garantias reais, uma vez que neste caso ao credor é concedida *ab initio* pelo devedor uma possibilidade de autotutela do crédito, ao ser-lhe permitido que proceda por si à execução das garantias acordadas pelas partes. Pelo menos na perspectiva mais restrita do direito das garantias, parece que é de facto neste ponto que podem surgir

---

[93] PEDRO LEITÃO PAIS DE VASCONCELOS, A Procuração irrevogável, Almedina, 2012, pp. 96-97.
[94] Ainda que não se trate de uma verdadeira garantia, uma vez que não onera imediatamente o património do devedor a favor do credor; cf. MANUEL JANUÁRIO DA COSTA GOMES, Assunção..., *op. cit.*, p. 100.

dúvidas quanto à admissibilidade desta figura, já que poderá questionar-se se a mesma não colidirá com a proibição do pacto comissório ou da usura[95-96].

Adicionalmente, também se deverá questionar a compatibilidade da procuração irrevogável com os fins da representação[97]. Com efeito, "um mandato por conta de outrem que não mandante não será verdadeiro mandato; assim resulta (...) da função do mandato enquanto negócio através do qual se visa a gestão de interesses do mandante, o que torna inconciliável com este contrato uma actuação por conta do mandatário"[98].

De facto, através do mandato ou da procuração, o mandatário ou procurador fica, à partida encarregado de actuar por conta do mandante, logo, de actuar no seu interesse, como o próprio o faria, podendo assim o mandato ser revogado a todo o tempo. No entanto, a lei estabelece que assim não seja no caso em que o mandato ou a procuração tenham sido também conferidos no interesse do mandatário ou de terceiro (cf. artigo 1170, n.º 2 e 265.º, n.º 3 do Código Civil).

Ora, este interesse do mandatário ou procurador terá de ser encontrado numa relação subjacente à relação de representação, no âmbito da qual seja reconhecido ao representante um direito subjectivo ou um interesse jurídico. Assim sendo, para se concluir pelo interesse do mandatário ou procurador, é forçoso descortinar um direito subjectivo de que este seja titular, direito que é exercido através do mandato (ou da procuração) e, mais especificamente, através do cumprimento do acto gestório, pelo que o instrumento de representação se tornará irrevogável na medida em que tenha sido valorado pelas partes em termos de o mandante ter acedido a que o contrato fosse também um instrumento de tutela da posição do mandatário[99].

Nestes termos, a utilização da procuração irrevogável enquanto instrumento *acessório* ou *complementar*, nos termos acima descritos (execução do penhor financeiro, execução de promessa de constituição de penhor financeiro, execução de venda no âmbito do exercício de direito de opção de compra), parecer-nos-á admissível, uma vez que será outorgada a favor do procurador

---

[95] Cf. MANUEL JANUÁRIO DA COSTA GOMES, Assunção... *op. cit.* p.100.
[96] Aceitando a existência de uma procuração no interesse exclusivo do procurador, *vide* MARIA HELENA BRITO, A Representação nos Contratos Internacionais, Almedina, Coimbra, 1999, p. 94; PEDRO LEITÃO PAIS DE VASCONCELOS, A Procuração..., *op. cit.*, p. 99. Contra, LUÍS CARVALHO FERNANDES, Teoria Geral do Direito Civil, Universidade Católica, Lisboa, 2001, Vol. II, pp. 202-203.
[97] Cf. MANUEL JANUÁRIO DA COSTA GOMES, Assunção... *op. cit.* p.100.
[98] Cf. MANUEL JANUÁRIO DA COSTA GOMES, Em tema de revogação do mandato civil, Almedina, 1989, p. 147.
[99] Idem, pp. 148-150.

para que este concretize direitos que lhe foram concedidos pelo devedor e que são reconhecidos pela ordem jurídica.

Já a possibilidade de a procuração irrevogável ser utilizada como instrumento autónomo na concretização do direito de *step-in*, no fundo em substituição das figuras supra mencionadas, levanta algumas dúvidas, na medida em que apesar de não se poder negar a existência de uma relação material subjacente – a do contrato de financiamento – não nos parece que seja legítimo o uso de um mecanismo de representação, permitindo às partes ultrapassar limites e condições impostas pela ordem jurídica na regulação dos direitos de garantia, por exemplo, já que teriam uma autonomia maior na regulação da sua situação jurídica, por recorrerem, podemos dizê-lo, a um negócio indirecto, tentando assim, eventualmente, ignorar os limites impostos pelas regras e princípios jurídicos da nossa ordem jurídica aplicáveis à constituição de garantias. Pretende-se com isto dizer que a procuração irrevogável poderá estar ao serviço de direitos subjectivos reconhecidos pela ordem jurídica, nomeadamente ao abrigo de outros institutos, mas não poderá ser utilizada para, por si, criar direitos na esfera do representante que não seriam alcançáveis se as partes recorressem a uma qualquer outra figura típica na estruturação da sua relação contratual.

VII. O exercício do direito de *step-in* enquanto negócio fiduciário – âmbito e interesse da actuação do financiador

A propriedade dos activos adquirida por via do exercício do direito de *step-in* deve ser exercida tendo em conta a finalidade desse mesmo direito. Conforme vem sendo exposto, o *step-in* é conferido ao financiador para que este assegure a continuidade da actividade e, dessa forma, o reembolso do capital mutuado.

Ora, atendendo a esta finalidade, podemos afirmar que a transmissão da propriedade ocorre sob um escopo de garantia. Parece-nos, por isso, que a transmissão da propriedade por via do exercício do direito de *step-in* deverá ser classificada enquanto negócio fiduciário[100].

---

[100] Sobre o negócio fiduciário, vide, entre outros, CATARINA MONTEIRO PIRES, Alienação em garantia, Almedina, Coimbra, 2010 e ANDRÉ FIGUEIREDO, O negócio fiduciário perante terceiros com aplicação especial na gestão de valores mobiliários, Almedina, Coimbra, 2012.

De facto, ao contrário do direito inglês, em que na figura do *trust*[101] é possível encontrar sobrepostas duas propriedades sobre um mesmo bem, no direito continental, a propriedade é indivisível, podendo ser onerada com outros direitos e garantias reais. No que diz respeito à propriedade fiduciária, a mesma fica apenas limitada por deveres obrigacionais, à partida, não oponíveis *erga omnes*, mas capazes de condicionar o exercício do direito de propriedade entre as partes[102].

O condicionamento do exercício do direito de propriedade em causa deverá ter em conta o escopo e o fundamento que justificaram a transmissão dos bens para a esfera do fiduciário. Ora, no caso do direito de *step-in*, parece-nos que o financiador, durante o período de intervenção, poderá tomar todas as providências no sentido de aumentar o fluxo de caixa, assegurando um nível suficiente para a restituição do montante mutuado, não tendo de ponderar fortemente os interesses dos antigos e possivelmente futuros accionistas, isto é, podendo orientar a sua gestão mais na direcção dos seus próprios interesses enquanto credor, isto porque o fundamento da sua intervenção é precisamente o de assegurar a satisfação do seu crédito, na medida em que o mutuário se tenha mostrado incapaz de o fazer seguindo os seus próprios critérios de gestão.

Entendemos assim estar perante a modalidade da *fiducia cum creditore*, uma vez que o interesse predominante é o do financiador, em ver o seu crédito assegurado. No entanto, tendo em conta a natureza dos activos transmitidos e a necessidade de os gerir, entendemos que estão igualmente presentes algumas características da *fiducia cum amico*, já que o financiador assume voluntariamente a gestão activa dos activos por efeito da transmissão, e, apesar da preponderância dos seus interesses, deverão existir limitações e obrigações de diligência a condicionar os critérios de gestão por si adoptados.

Com efeito, o financiador detém a propriedade dos imóveis, mas esta está condicionada, ou melhor, dirigida a um determinado fim, sendo este o de assegurar o reembolso do capital e o pagamento dos juros, conforme deveria ser feito pela mutuária. Isto significa que o financiador está vinculado àquilo que, aquando da concessão do financiamento, previu vir a ser a conduta da mutuária.

As opções de gestão do financiador não poderão, assim, ultrapassar aquelas que seriam as normais, expectáveis e diligentes opções de gestão da mutuária, nem poderão ir no sentido de favorecer especialmente o financiador, pelo

---

[101] Sobre a figura do *trust* na *Common Law* vide MARIA JOÃO ROMÃO CARREIRO VAZ TOMÉ e DIOGO LEITE DE CAMPOS, A Propriedade Fiduciária (Trust) – Estudo para a sua consagração no direito português, Almedina, 1999, pp. 19-167.
[102] PEDRO PAIS DE VASCONCELOS, Contratos Atípicos, Almedina, 2009, pp. 263-264.

menos enquanto a viabilidade da sociedade ainda for possível. Em síntese, o financiador não poderá ficar numa situação mais vantajosa ou até, diferente, dentro dos limites da discricionariedade atinente a uma gestão racional e orientada para a sustentabilidade, do que aquela que estaria numa situação de correcto desenvolvimento da relação contratual no âmbito do financiamento. Desta forma, o financiador poderá ser responsabilizado pelas consequências que eventuais decisões suas, que ultrapassem o escopo da sua propriedade, tenham sobre os activos da sociedade.

VIII. O *step-out* – dever ou direito?

Não é claro saber se o *step-out* constitui um dever ou um direito do financiador, ou melhor, uma faculdade ou uma adstrição, ou até mesmo um poder--dever.

Mais uma vez, atendendo à liberdade de estipulação exercida nesta matéria, a resposta a esta questão dependerá largamente da interpretação da vontade das partes, sendo apenas possível tentar encontrar uma solução a partir da finalidade normalmente perseguida através desta figura.

Nestes termos, ao longo do presente trabalho fomos sempre afirmando que é importante ter em conta que o objectivo do exercício do *step-in* é a intervenção do credor na gestão e desenvolvimento do projecto, seja pela via da aquisição dos activos e sucessão da posição contratual desta, ou pela via da aquisição de acções representativas do capital social da mutuária, conforme previsto no artigo 322.º do CCP, ou até mesmo pela via da substituição na gestão sem ter por base qualquer direito de propriedade.

O direito de *step-in* não constitui assim, directamente, um instrumento de apropriação de activos por parte da entidade financiadora, nem uma garantia cuja execução tenha em vista a satisfação do crédito, pelo que, como primeira conclusão, de natureza geral, diremos que à finalidade do *step-in* corresponderá, em princípio, uma natureza temporária.

Afirmamos assim que, regra geral, atendendo à sua finalidade e sem ter ainda em conta as figuras jurídicas de concretização do mesmo, o *step-in* do financiador terá em vista evitar o vencimento antecipado da obrigação, na perspectiva de que esta possa ainda vir a ser cumprida, permitindo apenas ao financiador caso entenda necessário, intervir na gestão do projecto quando a satisfação do seu crédito estiver em risco, por alteração das condições financeiras da sociedade ou problemas no desenvolvimento da sua actividade.

No entanto, pode não ser indiferente o mecanismo utilizado para a concretização do direito de *step-in*.

a) *Eventuais diferenças de regime dependentes do regime jurídico utilizado para a concretização do* step-in

Como já referimos *supra,* o CCP não parece regular da mesma maneira o direito *step-in* exercido por via da cessão da posição contratual e aquele outro que implica a transferência do controlo societário, pois só no caso do primeiro prevê expressamente que ocorra a (re)transmissão da posição contratual de todos os contratos envolvidos na actividade para o contratante original.

Poderá parecer então que, neste diploma, o legislador considera que a transmissão da posição contratual reveste uma natureza mais flexível, podendo nesse caso ser expectável um intervenção temporária, mais difícil de acontecer no caso de uma transmissão de participações sociais.

No entanto, não cremos que esta ideia encontre fundamento já que a cessão da posição contratual implica também, na prática, a transmissão de activos, numa operação que pode até revestir as características da transmissão de um negócio, sendo possível, em qualquer dos casos, que uma eventual reversão da titularidade dos bens aí envolvidos revista tanta ou maior complexidade do que a transmissão da própria sociedade.

Assim, parece-nos que a interpretação correcta a fazer do artigo 322.º do CCP se baseia no facto de a transmissão da posição no contrato de concessão não implicar, automaticamente, a sucessão da posição contratual em todos os contratos relacionados com o projecto, o que, de forma a assegurar a unicidade da actividade, o CCP assegurou ao determinar esse efeito total. Da mesma forma, entendeu o legislador ser necessário determinar a extensão de efeitos no caso do regresso dos activos (*maxime* vínculos contratuais) à titularidade do co-contratante original, evitando eventuais recusas de outros partes envolvidas, que poderiam preferir ficar vinculadas ao financiador e não à mutuária.

Tais cuidados não são já necessários no caso da transmissão de participações sociais em que, naturalmente, as posições contratuais da titularidade da sociedade acompanham-na em caso de transmissão das respectivas participações sociais, não ocorrendo qualquer alteração nas partes dos contratos a que se encontra vinculada a mutuária.

Assim, concluímos que o *step-out* ocorrerá indiferentemente no caso de transmissão da posição contratual ou transmissão do controlo societário. No caso de assunção da gestão sem transmissão de activos o vínculo do financiador à sociedade ou projecto em cuja gestão intervém será meramente obrigacional, pelo que menos questões se levantarão. No entanto, não deixa de ser necessário aferir, também neste caso, o momento em que o *step-out* poderá ou deverá ocorrer.

b) *Pressupostos para a verificação do* step-out

Conforme afirmámos primeiramente, consideramos que, atenta a sua finalidade, o *step-in* revestirá, à partida, carácter temporário, estando por isso o financiador vinculado a sair da gestão da sociedade ou do projecto em questão.

Resta agora responder como se opera o dever de *step-out*, quais as circunstâncias em que o financiador fica constituído neste dever e ainda verificar como deverá o financiador agir quando não se chegarem a verificar tais circunstâncias.

Ora, atendendo à finalidade do *step-in*, a intervenção do financiador não poderá perdurar para além do tempo que a gestão da actividade da sociedade, desde que continuada de forma diligente e previsível, está apta a assegurar o cumprimento das obrigações da mutuária para com todos os participantes do projecto, entre os quais se encontrará, naturalmente, o financiador.

Como forma de concretizar as circunstâncias em que o financiador deverá restituir a gestão da actividade à mutuária, as partes poderão estabelecer vários acontecimentos como seja o alcance de determinados rácios financeiros, a recuperação da actividade do projecto, a geração de *cash flow* conforme prevista inicialmente, etc. Em síntese, o *step-out* tenderá a ser exigível quando as circunstâncias que determinaram o exercício do direito de *step-in*, com a devida estabilidade, deixarem de se verificar, isto porque tal significará que a actividade da mutuária terá voltado aos níveis inicialmente admitidos pelo financiador como condição para a concessão do crédito, pelo que estará vinculado a, *a posteriori*, os reconhecer como suficientes, já que se encontrará na situação inicialmente acordada com o devedor.

Nestes termos, no caso de uma eventual intervenção na gestão do projecto sem transmissão da titularidade de quaisquer activos, verificadas as circunstâncias que determinem o *step-out* do financiador, a gestão poderá ser novamente assumida pela mutuária, cabendo recurso aos mecanismos gerais em caso de incumprimento por parte do financiador.

No caso de transmissão da posição contratual e eventualmente da titularidade de outros activos, bem como da transmissão de participações sociais, as partes deverão comprometer-se a que, verificadas as circunstâncias já enunciadas, a titularidade dos mesmos reverta para a mutuária. Desta forma, a atendendo a que, conforme já dissemos, entendemos ser também do interesse do financiador a alienação, poderão as partes celebrar um contrato-promessa, ou, no caso de se entender que apenas haverá o risco do financiador não pretender "devolver" o activo que instrumentalmente recebeu por via do exercício de *step-in* apenas uma promessa unilateral por parte do banco, ou um pacto de opção de compra a favor da mutuária ou de outra entidade designada por esta e aceite pelo financiador. As partes podem ainda acordar que a reversão da titularidade dos bens deverá operar mediante a verificação de uma condição resolutiva.

Como regra geral, não parece que deva haver lugar a qualquer pagamento que não simbólico, uma vez que se assiste à restituição de activos que apenas a título instrumental, por meio de um negócio indirecto e fiduciário, foram cedidos.

Parece-nos, de resto, que qualquer valorização dos activos que decorra da gestão do financiador não deverá ser, em princípio, relevante para efeitos de se apurar um eventual valor a entregar ao financiador em virtude da valorização dos activos, já que esse consubstancia precisamente o escopo da sua intervenção. Com isto quer dizer-se que, no decorrer de uma normal execução do contrato, os riscos, quer de valorização, quer de depreciação, correm por conta da mutuária, conforme veremos seguidamente.

c) *A não verificação dos pressupostos de* step-out *e o vencimento antecipado das obrigações da mutuária*

Por fim, cumpre analisar o que deverá suceder caso as circunstâncias que consubstanciam o dever de *step-out* não se verifiquem. Com efeito, caso os problemas que levaram à intervenção do financiador não encontrem solução, os fins da intervenção não serão alcançados, o mesmo é dizer, não ficará assegurada a capacidade da sociedade em proceder ao reembolso do capital mutuado e ao pagamento dos juros.

Nesta situação, não sendo à partida possível o cumprimento do contrato de financiamento, interessará ao financiador decretar o vencimento antecipado da obrigação, procedendo à execução das garantias, em sentido próprio.

Antes de mais, cumpre questionar se o financiador terá total discricionariedade para determinar que não se encontram reunidas as condições para o exercício de *step-out*, entendendo assim declarar o vencimento antecipado das obrigações e proceder ao accionamento das garantias. Ora, parece-nos que, fora dos casos em que as partes estabeleçam um determinado prazo para a intervenção do financiador, não lhe será exigível prolongar a sua intervenção até que seja possível comprovar a impossibilidade do sucesso da sua intervenção.

Com efeito, não se poderá ignorar que o *step-in* é uma faculdade do credor, pelo que este, em altura alguma, se encontrará vinculado ao exercício do mesmo. De resto, as circunstâncias que tipicamente permitem ao financiador a intervenção na sociedade financiada permitiriam, em alternativa, a declaração do vencimento antecipado das obrigações.

No entanto, cumpre questionar se, uma vez consumado o *step-in*, se poderá considerar que o financiador fica, de certa forma, limitado na sua liberdade de actuação, como que assumindo um compromisso e criando expectativas na contraparte que não poderá quebrar sem justificação.

Parece-nos que genericamente, para responder a estas questões, se deve atender à finalidade de intervenção do financiador – assegurar a satisfação do crédito – e à ideia de que o *step-in* é de exercício livre, pelo que, regra geral, o financiador não poderá ficar vinculado ao seu exercício quando tal prática deixa de ser do seu interesse.

No entanto, como qualquer direito, ainda mais integrado num complexo obrigacional onde existem vários deveres acessórios, o direito de *step-in* deve ser exercido de boa fé, atendendo ao cumprimento de deveres de lealdade e de confiança e até mesmo a outros valores da ordem jurídica como a protecção do investimento e das unidades produtivas.

Nestes termos, parecerá razoável exigir a um financiador que tenha optado por intervir na gestão de uma actividade que não a abandone se tal decisão trouxer um prejuízo, grave e desproporcional, para a mutuária e para outros interessados na actividade desta.

Como veremos, ao financiador, enquanto credor preponderante, e ainda mais na gestão da administração, assistem poderes quase tão relevantes quanto aos accionistas e aos administradores por si nomeados, pelo que, decidida uma intervenção, os deveres destes, nomeadamente no que diz respeito à protecção dos interesses da sociedade e daqueles com quem esta se relaciona (os chamados *stakeholders*, desde accionistas, a fornecedores, funcionários, clientes e credores) aproximam-se.

Caso e quando o financiador, depois de uma análise e actuação tendo em conta os parâmetros acima descritos, conclua, razoavelmente, que o melhor para a sua posição será a declaração do vencimento antecipado das obrigações, partindo assim, para a execução das garantias, haverá que adequar os procedimentos ao tipo de garantias de que o credor beneficia.

Assim, nos casos em que não tenha ocorrido a transmissão de qualquer bem para a esfera do financiador, as garantias serão executadas como se não se tivesse verificado o exercício do direito de *step-in*.

Pelo contrário, nos casos em que tenha havido transmissão das acções para a esfera do credor ao abrigo de um contrato de penhor financeiro, tendo sido estabelecido entre as partes um pacto marciano, o credor poderá fazer suas as acções (que já o são, mas mediante declaração de vencimento antecipado) e compensar a mutuária pelo eventual, mas pouco provável, valor remanescente das mesmas face ao montante da dívida (cf. artigo 11.º do Decreto-Lei n.º 105/2004).

Se tal não for o caso, parece-nos que as acções terão que ser retransmitidas para a esfera da mutuária, para que o devedor proceda à venda extrajudicial das mesmas. Neste caso, haverá o problema de o penhor financeiro se poder ter extinto por altura do exercício do direito se *step-in*, conforme descrito *supra*.

Ainda no caso de constituição de penhor sem pacto marciano, caso os bens tenham sido transmitidos para a entidade indicada pela entidade financiadora (nos termos supra descritos no âmbito da análise do contributo da figura do penhor financeiro para a execução do direito de *step-in*), estes deverão ser retransmitidos para a esfera do devedor – relembramos que a alienação das acções para a entidade financiadora se processaria em termos fiduciários – para poderem ser posteriormente executados[103].

IX. Responsabilidade do credor no exercício do direito de *step-in*

a) *A responsabilidade pelo incumprimento do dever de* step-out

Tendo em conta o que já ficou dito, o financiador poderá ser responsabilizado pelo incumprimento do seu dever de *step-out*, dever esse que reveste natureza obrigacional, e que surge quando a finalidade da intervenção do financiador é atingida. Neste caso, a mutuária poderá ver-se restituída da titularidade dos activos mediante recurso à execução específica, nos termos do artigo 827.º do Código Civil. O financiador responde pelo incumprimento da sua obrigação, nos termos gerais da responsabilidade contratual, sendo responsável por todos

---

[103] Daqui se conclui que a garantia mais adequada ao exercício do direito de *step-in*, atendendo a todas as vicissitudes que a relação contratual pode conhecer, será, de facto, o penhor financeiro com pacto marciano.

os danos causados, que poderão consistir, por exemplo, em eventuais perdas de valor ligadas directamente à gestão da actividade.

b) *A responsabilidade pelo risco*

De acordo com as regras gerais, o risco deve correr na mesma esfera em que se situam as vantagens, Normalmente, às vantagens da propriedade estão também associados os riscos sobre a coisa objecto desse direito.

No entanto, no caso do exercício do direito de *step-in*, é necessário atender à natureza da eventual propriedade a favor do financiador e, perante esta, o regime do risco não será linear. Com efeito, a regra geral é a de que na esfera em que corre o benefício corre igualmente o risco. Ora, o que nos parece, atendendo ao enquadramento geral da relação contratual no âmbito da qual os activos passam para a titularidade do financiador, é que é o interesse em causa é ainda o da mutuária, não se sobrepondo a este o interesse do financiador. Com efeito, os bens estão, inicialmente, na titularidade da mutuária, para que esta possa com eles prosseguir determinada actividade e, por intermédio desta, o lucro.

É neste contexto que os bens integram a esfera do financiador: apesar de o interesse imediato do *step-in* ser do financiador, uma vez que este utiliza este instrumento como forma de assegurar o seu crédito, o interesse mediato é claramente da mutuária, já que o interesse do financiamento pertence a esta última. Desta forma, e conforme já aflorámos anteriormente, entendemos que tanto os ganhos como as perdas, decorrentes de uma normal administração, terão repercussão nos activos, sendo as perdas suportadas por estes e os ganhos imputados à sua esfera enquanto universalidade. É por esta razão que, conforme dissemos supra, findo o exercício do direito de *step-in*, os bens deverão retornar à mutuária no exacto estado e com o exacto valor que têm no momento do *step-out*. No entanto, esta regra estará limitada a uma gestão sã e prudente por parte do financiador.

c) *A responsabilidade por uma eventual intervenção danosa*

Enquanto os administradores de sociedades individuais têm como guia de actuação os fins e objecto da sociedade, e os administradores de sociedades coligadas os fins do grupo, um financiador no exercício do direito de *step-in* terá como guia de actuação assegurar a satisfação do seu crédito.

No entanto, tal não poderá querer dizer que o seu guia de actuação não será semelhante às linhas de actuação pelas quais um qualquer administrador da sociedade intervencionada, em circunstâncias normais, se deveria guiar.

No fim de contas, o *step-in* é uma autorização para administrar a sociedade conforme esta deveria ser administrada pelos seus próprios administradores. Com efeito, o pontual cumprimento das obrigações, designadamente dos financiamentos essenciais para a prossecução da actividade da sociedade, constituirá sempre um dos objectivos de uma gestão criteriosa e diligente.

Naturalmente que havendo uma situação de risco de incumprimento e estando o financiador legitimado a intervir na sociedade para assegurar a satisfação do seu crédito, essa deverá e poderá ser uma prioridade, sendo vista como um interesse do credor, mas não podendo, de facto, deixar de ser compreendida também como um interesse da sociedade. Já não cremos que os interesses dos accionistas mereçam uma protecção semelhante àquela que receberiam numa situação de gestão regular da sociedade, já que, de facto, se assiste a uma alteração do vector da gestão da sociedade, passando do fim último de obtenção de lucros pelos accionistas para o fim imediato de geração de riqueza suficiente para cumprimento das obrigações da sociedade.

Com isto não se quer dizer que será admissível a destruição da sociedade enquanto unidade produtiva com vista à satisfação imediata dos fins do credor. Sem prejuízo de tal solução não ser realista – uma vez que, como vimos, face à insuficiência do valor dos bens dados em garantia, o meio de satisfação dos credores passará sempre pela continuação da actividade da sociedade – a verdade é que os interesses dos accionistas passarão para segundo plano e a protecção dos mesmos não poderá deixar de depender de uma avaliação casuística (montante da dívida, perspectivas de evolução da actividade da sociedade, etc.).

Por outro lado, entendemos que o financiador deve manter-se vinculado aos interesses de fornecedores, trabalhadores, clientes e outras entidades indirectamente beneficiárias da actividade da sociedade, ainda que numa posição secundária. Em síntese, a ponderação dos vários interesses envolvidos terá de ser feita tendo em conta, mais uma vez, o princípio da proporcionalidade, uma vez que, através do direito de *step-in*, não deverá o financiador prosseguir vantagens que de outra forma não obteria, isto é, o financiador não deverá tentar posicionar-se numa situação melhor do que aquela que decorreria do regular cumprimento do contrato nos termos acordados.

Em síntese, a conduta do financiador no exercício do direito de *step-in* está sujeita aos deveres de cuidado e lealdade de um membro do órgão de administração da sociedade e limitada pelas finalidades da intervenção, que impedem que o financiador se comporte de forma mais favorável para si do que para a sociedade, de forma a comprometer a sua sustentabilidade a longo prazo, quanto esta seja possível. Assim, o financiador poderá responder pelos danos causados à sociedade em resultado da violação dos deveres de cuidado, nomeadamente a inobservância da diligência de um gestor criterioso, e de lealdade, de forma irresponsável que comprometa, injustificadamente e para além dos limites do escopo da sua intervenção, a sustentabilidade da sociedade e os interesses merecedores de protecção das demais entidades envolvidas[104].

X. Níveis de intervenção do financiador

Face ao que foi dito, entendemos que podemos dividir a intervenção de uma entidade financiadora em três graus: fraco, médio e forte.

A intervenção em sentido fraco assenta na existência de *covenants* e obrigações de disponibilização de informação sobre a vida interna da empresa que permite aos credores, normalmente detentores de créditos muito relevantes, de cuja concessão a entidade financiada depende, controlar a vida interna da empresa, sendo a sua intervenção obrigatória na tomada das mais importantes decisões de gestão. Também garantias como o *negative pledge* permitem aos credores preponderantes controlar a actividade das sociedades financiadas.

A intervenção em sentido médio ocorrerá nas situações em que apenas a gestão ou parte desta da sociedade ou do projecto financiado passam para a esfera do credor. Esta modalidade não implica a transmissão de activos nem produz efeitos nas relações jurídicas entabuladas com terceiros.

Por fim, as modalidades que implicam transmissão de activos, seja por via da cessão da posição contratual, seja por via de alterações na estrutura accionista consubstanciará o direito de *step-in stricto sensu*, implicando já a execução de garantias ainda que sem declaração de vencimento antecipado da obrigação, provocando alterações patrimoniais na esfera da mutuária e tendo efeitos para com terceiros. Existe aqui, de facto, uma total ingerência na esfera da mutuária que deixa de ter poder sobre a sua antiga esfera patrimonial a não ser o de controlo da actuação da entidade financiadora. Dentro deste grau de interven-

---

[104] Sobre os deveres de lealdade dos credores controladores, vide ANA PERESTRELO DE OLIVEIRA, Os credores e o governo societário: deveres de lealdade para os credores controladores?, Almedina, Lisboa, 2009, Sep. de: Revista de Direito das Sociedades, Ano 1, n.º 1 (2009), pp. 103-104, segundo a qual *não será sequer necessário verificar-se uma efectiva intervenção, nos termos mais típicos do step-in para que os gestores estejam numa posição de especial responsabilidade. Bastará a existência de covenants e a eventuais autorizações necessárias destes, um eventual step-in em sentido fraco, para os colocar numa situação de dever de lealdade.*

ção, podemos ainda distinguir entre as situações de intervenção temporalmente limitada *ab initio* e aquelas outras cuja cessação, ainda que condicionada pelo escopo do direito de *step-in*, fique dependente da apreciação que o credor fizer das possibilidades de continuação sustentável da actividade do projecto ou sociedades financiadas.

XI. Natureza jurídica do *step-in*

Atendendo à sua finalidade, o direito de *step-in* consubstancia uma garantia indirecta, uma vez que pretende assegurar a satisfação do direito de crédito do financiador.

Quanto à natureza jurídica desta figura, consideramos, conforme fomos afirmando ao longo do presente trabalho, que a mesma constitui um direito subjectivo na modalidade de poder potestativo, isto é, o poder de produzir efeitos na esfera de outrem, sem que este o possa impedir[105].

Assim, consideramos estar perante um poder atribuído ao financiador que lhe permite, mediante a verificação de certos pressupostos e com recurso a diversos instrumentos, produzir efeitos jurídicos que se projectam na esfera do devedor, ficando assim este numa posição de sujeição face à opção do mutuante. Consideramos ainda que este direito é autónomo do mero direito do crédito, uma vez que o mesmo confere ao seu titular uma vantagem específica, que vai para além do normal conteúdo de um direito de crédito, ainda que, em última análise, se dirija à sua satisfação.

Afastamos igualmente qualquer concepção que possa ir no sentido de qualificar esta figura como um poder-dever, uma vez que, conforme dissemos, nunca recairá sobre o credor a obrigação de intervir na gestão da mutuária, mesmo que esteja em posição adequada para o fazer. Tal não significa, contudo, que este direito, como qualquer outro, uma vez exercido, não tenha o efeito de submeter o seu titular ao princípio da boa fé.

---

[105] Luís A. Carvalho Fernandes, Teoria Geral do Direito Civil, Vol. II, Universidade Católica Editora, 2010, pp. 584-585.

Do giro bancário: reflexões à luz do novo regime dos serviços de pagamento

DR. FRANCISCO B. F. RODRIGUES ROCHA*

SUMÁRIO: *Capítulo I – Introdução. O falso regime comum do Decreto-Lei n.º 317/2009, de 30 de Outubro (LSP). Capítulo II – A complexa estrutura do giro bancário: § 1. Relação subjacente: 1. Eficácia extintiva do pagamento por transferência bancária; 2. Qualificação da prestação em moeda escritural:* solutio *ou* datio in solutum*?; 3. Momento do cumprimento da obrigação subjacente; 4. Lugar do cumprimento; § 2. Relação de provisão: 1. Generalidades; 2 Classificação; 3. Obrigações do ordenante e do banqueiro; 4. Ordem de giro: natureza jurídica; revogação; 5. Responsabilidade do banqueiro do ordenante; 6. Extinção; 7. Natureza jurídica do contrato de serviços de pagamento. A questão da eficácia e estrutura do giro bancário. § 3. Relação de execução: 1. Natureza jurídica; sub-rogação; cumprimento da obrigação de transferir fundos para o beneficiário; § 4. Relação entre beneficiário e respectivo banqueiro; § 5. Relações interbancárias: 1. Natureza jurídica; responsabilidade de banqueiros intermediários. Capítulo III – Conclusão.*

Capítulo I – **Introdução. O falso regime comum do Decreto-Lei n.º 317/2009, de 30 de Outubro****

A revolução copernicana dos meios de pagamento[1], por influxo das novas tecnologias, deu origem ao regime dos serviços de pagamento constante do

---

* Mestre em Direito. Assistente-convidado da Faculdade de Direito de Lisboa.
Ao Senhor Prof. Doutor Manuel Januário da Costa Gomes gostaríamos de deixar expresso o nosso agradecimento pelo incentivo dado à publicação do presente estudo.
** Abreviaturas mais utilizadas: CC = Código Civil; CCom = Código Comercial; LSP = Lei dos Serviços de Pagamento; DSP = Directriz dos Serviços de Pagamento; LCCG = Lei das Cláusulas Contratuais Gerais; LCS = Lei do Contrato de Seguro; LDC = Lei de Defesa do Consumidor; LGT = Lei Geral Tributária; CPC = Código de Processo Civil; CIRE = Código da Insol-

Anexo ao Decreto-Lei n.º 317/2009, de 30 de Outubro (LSP), que transpôs a Directriz n.º 2007/64/CE (DSP), com as alterações constantes do Decreto-Lei n.º 242/2012, de 7 de Novembro, também, por sua vez, em transposição da Directriz n.º 2009/110/CE[2]. Através da LSP, foi introduzido, entre nós, o novo tipo do "*contrato de serviços de pagamento*".

O *contrato de serviços de pagamento*[3] compreende três meios de pagamento escritural: por transferência de créditos[4], por "transferência de débitos" e por cartões bancários [regulando ainda aspectos atinentes aos contratos de depósito e de conta-corrente bancários (cf., *e. g.*, o artigo 82.º da LSP)].

De facto, ao contrário do Decreto-Lei n.º 41/2000, de 17 de Março – revogado pelo artigo 9.º, *c*), do Decreto-Lei n.º 317/2009 –, a LSP não restringe a sua aplicação a *transferências de créditos*, regulando também as *transferências* ditas *a débito*, *v. g.* o débito directo, e os *cartões de pagamento*. Essa circunstância coloca problemas de não fácil resolução quando se procura na lei um regime comum para figuras contratuais a que correspondem, na *praxis* e na doutrina, tipos marcadamente diversos.

---

vência e da Recuperação de Empresas; BGB = *Bürgerliches Gesetzbuch*; CCAnot = Código Civil Anotado; RGICSF = Regime Geral das Instituições de Créditos e Sociedades Financeiras.

[1] Sobre a evolução histórica do giro bancário, de "mãos dadas" com a da conta-corrente bancária, *vd.* MOLLE, *Conto corrente bancario*, no *Novissimo Digesto Italiano* IV, 414 ss., VITTORIO SALANDRA, *Conti correnti bancari e contratto di conto corrente*, na *Rivista di Diritto Commerciale* XXIX (1931), 1, 707-737, ALFREDO TIDU, *La clausola di esecuzione in «tempo reale» e pagamenti elettronici interbancari*, em *Il Contrato. Silloge in onore di Giorgio Oppo*, vol. II – *Iniziativa economica e contratto*, CEDAM, 1992, 341, ROBERTO D'ORAZIO, *Profili di tutela dei consumatori nel trasferimento elettronico di fondi*, em *Il Diritto dell'Informazione e dell'Informatica* IV (1988), 2, 375-398, ou, entre nós, MENEZES CORDEIRO, *Direito Bancário*, 5.ª ed., Almedina, Coimbra, 2014, 552 ss e 564 ss, GENTIL ANASTÁCIO, *A transferência bancária*, 32, BAPTISTA BRANCO, *Conta corrente bancária: da sua estrutura, natureza e regime jurídico*, na *Revista da Banca* 39 (1996), 38-39.

[2] Directriz n.º 2009/110/CE do Parlamento Europeu e do Conselho, de 16 de Setembro de 2009, relativa ao acesso à actividade das instituições de moeda electrónica, ao seu exercício e à sua supervisão prudencial, que altera as Directrizes n.º 2005/60/CE e 2006/48/CE e revoga a Directriz n.º 2000/46/CE.

[3] A LSP refere-se expressamente a "*contrato de prestação de serviços de pagamento*" ou a "*contrato de serviço de pagamento*": cf., além do preâmbulo, os artigos 2.º, *o*), *w*), *aa*), e 47.º, n.º 3, da LSP.

[4] Também se fala em "transferências a crédito": neste sentido, cf. JOSÉ ANTÓNIO VELOSO, *A desinstitucionalização dos pagamentos cashless nas redes electrónicas: questões legislativas do presente e do futuro imediato*, dactil., resumo da intervenção no colóquio "Direito Bancário Europeu" organizado pelo Instituto de Direito Bancário, com o patrocínio do Banco de Portugal, Lisboa, 15 de outubro de 1998, 2[(3)], e, recentemente, RITA VERA-CRUZ PINTO BAIRROS, *A transferência a crédito – Notas caracterizadoras no contexto da SEPA e do Regime Jurídico dos Serviços de Pagamento*, em *Temas de Direito Bancário*, I – *Cadernos O Direito*, n.º 8 (2014), 221-333.

Assim, além das especificidades dos pagamentos com recurso a cartões bancários, devem, desde logo, notar-se as diferenças estruturais entre transferências de créditos e de débitos. Com efeito, nas transferências de créditos (*credit transfers*), é sempre o ordenante quem emite a ordem de pagamento ao seu banqueiro. Nas transferências de débitos (*debit transfers*), pelo contrário, a iniciativa cabe ao beneficiário, que faz de "ordenante" duma ordem não já de pagamento, mas de débito; esta ordem, uma vez que se refere ao movimento de fundos da conta de terceiros, carece de autorização prévia do próprio titular da conta[5]. Nem a DSP, nem a LSP distinguem entre ordem de pagamento e ordem de débito, inserindo o segundo no primeiro conceito [artigo 4.º, n.º 16, da DSP, e artigo 2.º, *s*), da LSP][6].

Outra circunstância que exemplifica quanto acaba de se afirmar respeita ao regime da irrevogabilidade da ordem de pagamento. De facto, se, à primeira vista, perante o teor do artigo 77.º, n.º 1, da LSP, é o intérprete levado a crer estar diante duma disciplina geral, esta constatação é, de imediato, desmentida quando se apercebe que a regra do n.º 1 afinal não vale nem para os pagamentos iniciados pelo beneficiário nem para os pagamentos por débito directo: na verdade, a regra geral contida no artigo 77.º, n.º 1, respeita apenas às transferências de créditos, e não já às de débitos, reguladas pelos n.ºs 2 e 3 do referido preceito[7]. Também, nesse esforço de regulação unitária, o artigo 77.º, n.º 5, tenta firmar a regra geral de que, decorridos os prazos dos n.ºs 1 a 4, a ordem de pagamento só pode ser revogada se tal tiver sido acordado entre o utilizador e o respectivo prestador de serviços, quando, em rigor, fixa uma regra aplicável apenas às transferências de créditos. De facto, para as transferências de débitos, a regra é a do n.º 6, conjugada com o n.º 5: para ser revogada uma ordem fora

---

[5] ONOFRIO TROIANO, *La nuova disciplina privatistica comunitaria dei servizi di pagamento: realizzazioni e problemi della Single Euro Payments Area (SEPA)*, em Quaderni di Ricerca Giuridica della Consulenza Legale – *Il nuovo quadro normativo comunitario dei servizi di pagamento. Prime riflessioni*, n.º 63 (Dez.2008), 48.

[6] ONOFRIO TROIANO, *La nuova disciplina...*, 48. Também não as distinguem o artigo 1.º do Anexo II da Orientação do BCE de 26 de abril de 2007, nem a Decisão do BCE de 24 de julho de 2007.

[7] O artigo 77.º, n.º 2, refere-se a operação de pagamento iniciada pelo beneficiário, e o artigo 77.º, n.º 3, a débito directo, pressupondo uma distinção entre as duas figuras. Todavia, o legislador comunitário, que se detém em profusas definições, só define o que sejam débitos directos (artigo 4.º, n.º 28), e bem assim também o legislador português [artigo 2.º, *ae*), da LSP]: serviço de pagamento consistente em debitar a conta de pagamento dum ordenante, sendo a operação de pagamento iniciada pelo beneficiário com base no consentimento dado pelo ordenante ao beneficiário, ao prestador de serviços de pagamento deste ou ao prestador de serviços do próprio ordenante.

do prazo previsto, é necessário o acordo do utilizador, do respectivo prestador de serviços e do beneficiário[8]. Outra incongruência surge, ainda: a revogação da ordem de pagamento de que fala o artigo 77.º, n.º 1, é a efectuada pelo utilizador dos serviços de pagamento, ao passo que a de que falam os n.ºs 2 e 3 é a do ordenante[9]. Também o regime da *dedução de despesas* não contratualmente previstas apresenta uma dualidade de regimes: o artigo 78.º, n.º 4, al. *a*), da LSP, aplica-se às transferências de créditos, ao passo que a al. *b*) tem aplicação nas transferências de débitos.

Além desta circunstância, a DSP e, na sua esteira, a LSP promoveram um "falso" regime comum, na medida em que distinguem, ainda, entre *"consumer transactions"* e *"payment transactions"*.

Por fim, a expressão contrato de serviços de pagamento aponta no sentido de só ser abrangida a *circulação de dinheiro com função de solver créditos*. A ser assim, este novo (super)tipo contratual, à partida, não substitui o "antigo" *contrato de giro bancário* em sentido amplo, que agregava em si quaisquer deslocações pecuniárias entre contas, tivessem função de pagamento (*solvendi causa*), de liberalidade (*donandi causa*), ou de concessão de crédito (*credendi causa*)[10], entre contas do mesmo titular ou de titulares diferentes, no mesmo banco ou em bancos diferentes[11]. Não obstante, malgrado a qualificação do contrato em causa como "de pagamento", entendemos que o artigo 2.º da LSP, ao definir *"operação de pagamento"* como "*o acto, praticado pelo ordenante ou pelo beneficiário, de depositar, transferir ou levantar fundos, independentemente de quaisquer obrigações subjacentes entre o ordenante e o beneficiário*", permite concluir que o referido regime

---

[8] ONOFRIO TROIANO, *La nuova disciplina...*, 47-48.

[9] ONOFRIO TROIANO, *La nuova disciplina...*, 48, que considera o regime "*fantasioso*", neste particular. Esta dualidade de regimes da LSP (e da DSP) – para consumidores e microempresas, por um lado, e para entidades que não sejam consumidores e microempresas, por outro – tem sido alvo de críticas. BENJAMIN GEVA, *The harmonization of the payment services law in Europe and Uniform and Federal Funds Transfer Legislation in the USA: which is a better model for reform?*, em Euredia – Revue Européenne de Droit Bancaire et Financier/European Banking and Financial Law Journal 2009, 4, 730, fala dum "infeliz casamento".

[10] No mesmo sentido, cf. CAMPOBASSO, *Il Bancogiro. Profili Strutturali*, em *Le Operazioni Bancarie*, vol. II, 635.

[11] Em sentido divergente, entre nós, GENTIL ANASTÁCIO, *A transferência bancária*, 140, afasta-as das transferências bancárias, por considerar que a função contrato é a de servir como meio de pagamento através da transmissão de moeda escritural, o que não se verifica nas transferências entre contas do mesmo titular no mesmo banco: cai a Autora, depois, com o devido respeito, na incongruência de considerar as que se verifiquem entre contas do mesmo titular em diferentes bancos: também aqui não parece haver uma eminente função de pagamento. Em termos próximos dos que adoptamos, CAMPOBASSO, *Il bancogiro...*, 635.

se aplica também a operações de pagamento que não sejam, propriamente, de pagamento, passe a expressão, *i. e.*, a operações que traduzam, nas respectivas relações subjacentes, liberalidades ou concessões de crédito. Por esse motivo, é devida uma advertência: utilizaremos em sinonímia *giro bancário*, *transferência bancária* e *serviços de pagamento*, assim como *ordem de giro*, *ordem de transferência* e *ordem de pagamento*: as expressões doutrinárias tinham e têm do seu lado a sua maior coerência, a "tosca" expressão legal tem do seu lado a força do "político"... na dúvida, naturalmente, preferimos as primeiras.

Capítulo II – A complexa estrutura do giro bancário

Na transferência bancária, divisam-se, tipicamente, quatro relações[12]: a *relação de valuta* ou de atribuição entre o ordenante/devedor e o beneficiário[13]/

---

[12] Estrutura trilateral que não é estranha ao Direito Privado, encontrando-se, p. e., no contrato a favor de terceiro, cessão de créditos, cessão da posição contratual, assunção de dívidas, delegação, fiança, penhor ou hipoteca de coisa de terceiro. Aliás a nomenclatura relação de cobertura ou de provisão, relação de valuta e relação de execução é importada da figura da delegação de pagamento (assim, FERREIRA DE ALMEIDA, *As pessoas no conteúdo do contrato*, em *Estudos jurídicos e económicos em Homenagem ao Prof. Doutor António de Sousa Franco*, Coimbra, 2006, 536-537, e IDEM, *Contratos*, II, – *conteúdo, contrato de troca*, Almedina, 2007, 51, LIMA REGO, *Contrato de seguro e terceiros*, Coimbra Ed./Wolters Kluwer, 2010, 501; para o contrato a favor de terceiro, MENEZES CORDEIRO, *Obrigações*, vol. I, 541, LEITE DE CAMPOS, *Contrato a favor de terceiro*, 27-28 e 79-81, MENEZES LEITÃO, *Direito das Obrigações*, vol. I[11], Almedina, Coimbra, 2014, 236 ss, para a fiança, COSTA GOMES, *Assunção fidejussória de dívida. Sobre o sentido e o âmbito da vinculação como fiador*, Almedina Coimbra, 2000, 376 ss., EIUSDEM, *A estrutura negocial da fiança e a jurisprudência recente*, em *Estudos de Direito das Garantias*, vol. I, Almedina, Coimbra, 2004, 74 ss., EIUSDEM, *A fiança no quadro das garantias pessoais. Aspectos de regime*, em *Estudos de Direito das Garantias*, vol. I, 32 ss., e EIUSDEM, *A questão da estrutura negocial da fiança revisitada*, na separata dos *Estudos em Homenagem ao Prof. Doutor Manuel Henrique Mesquita*, vol. I, 875-897).

[13] As expressões *ordenante* e *beneficiário* são utilizadas na DSP e na LSP (cf. artigo 4.º, n.ºs 7, 8, 9, 10, da DSP; artigo 2.º, als. *g*), *i*), *j*), e *m*), da LSP): todavia, os diplomas usam frequentemente a expressão *utilizador de serviços de pagamento* para significar uma pessoa singular ou colectiva que utiliza um serviço de pagamento a título de ordenante, beneficiário ou em ambas as qualidades [artigo 4.º, n.º 10, da DSP; artigo 2.º, *m*), da LSP], bem como *prestador de serviços de pagamento* para se referir às entidades que podem prestá-los em exclusividade [artigo 4.º, n.º 9, da DSP; artigo 2.º, al. *k*), da LSP]: compreendemos a adopção de ambas as expressões, cuja amplitude é de forma a poder abarcar, no primeiro caso, transferências de débito e débitos directos, bem como o próprio beneficiário, assim como, no segundo caso, o universo de instituições que podem realizar serviços de pagamento. Todavia, a primeira expressão é pobre, uma vez que, ao dizer tudo, diz pouco, motivo pelo qual adoptaremos, por norma, as expressões *ordenante e beneficiário*; a segunda expressão será, por nós, em jeito de sinédoque, substituída por *banqueiro*.

credor, a *relação de cobertura* ou de provisão (a relação de giro bancário *tout court*) entre o ordenante e o seu banqueiro, a *relação de execução* entre o banqueiro do ordenante e o beneficiário e o seu banqueiro[14] e a *relação entre o beneficiário e o seu banqueiro*. Caso estejam envolvidos banqueiros intermediários, a estrutura passa a quadrilateral, pentalateral, hexalateral, & *cætera*: fala-se aqui de *relações interbancárias*[15]. A análise subsequente far-se-á pelo excurso a cada uma das referidas relações típicas nas transferências bancárias.

§ 1. *Relação subjacente*

A relação subjacente pode assumir qualquer natureza: pode consistir num contrato oneroso de troca em que uma das prestações seja pecuniária (compra e venda, prestação de serviços, empreitada, contrato de trabalho, mandato, mútuo, locação, depósito, *e. g.*), pode nem sequer preexistir à transferência bancária (inexistente, nula), pode assentar num negócio gratuito (*e. g.* doação), assim como ter por base qualquer fonte de obrigações pecuniárias (enriquecimento sem causa, responsabilidade civil ou gestão de negócios). Basta, portanto, que o objecto duma das prestações consista em dinheiro. Todas as obrigações pecuniárias, trate-se de negócios gratuitos ou onerosos, que sejam prestações fungíveis[16] — e sê-lo-ão, em regra (artigo 767.º, n.º 1, do CC) —, podem ser objecto de transferência bancária.

1. *Eficácia extintiva do pagamento por transferência bancária*

Quæstio væxata no Direito bancário respeita a saber se o pagamento por meio de transferência bancária tem eficácia solutória, na falta de acordo entre as partes nesse sentido.

A resposta tradicional tem sido negativa, em face do teor literal do disposto no artigo 550.º do CC, cuja redacção é a seguinte: "*[o] cumprimento das obrigações*

---

[14] WALTHER HADDING,, *Drittschadensliquidation und "Schutzwirkungen für Dritte" im bargeldlosen Zahlungsverkehr*, em *Festschrift für Winfried Werner — Handelsrecht und Wirtschaftsrecht in der Bankpraxis*, Walter de Gruyter, 1984, 166-168, CASPER, *Münchener Kommentar zum Bürgerlichen Gesetzbuch*, IV-II, §§ 611-704, Beck, Munique, 2004, *sub* § 676 a BGB, 2677, e SPRAU, *Bürgerliches Gesetzbuch Palandt*[69], Beck, 2010, *sub* § 675f BGB, 1097.
[15] CASPER, *Münchener...*, *sub* § 676 a, 2677.
[16] *Prestações fungíveis* porque podem ser cumpridas por terceiro, além do devedor, e *prestações de coisa fungível* porque incidem sobre dinheiro, coisa hiperfungível.

pecuniárias faz-se em moeda que tenha curso legal no País à data em que for efectuado (...), salvo estipulação em contrário"[17]. Em face desta norma, os pagamentos em moeda sem curso legal em Portugal apenas liberam o devedor na medida em que as partes tenham convencionado nesse sentido. Esta asserção surge ainda reforçada pelo facto de o cumprimento de obrigações pecuniárias fazer-se no domicílio do credor (artigo 774.º do CC), o que impede seja o pagamento realizado por transferência bancária, na medida em que a sede do seu banqueiro não é a mesma que o domicílio do credor, excepto, claro está, convenção em contrário. Por outro lado, argumenta-se, pode o credor não querer justificadamente que certa quantia seja creditada, à sua revelia, numa sua conta bancária – por apresentar saldo devedor, por razões fiscais, por penhora, cativo ou penhor bancário, para evitar compensação, & cætera –, ou, ainda, porque pode a transferência bancária acarretar riscos informáticos, e, por último, pode mesmo suceder que o credor não seja titular de qualquer conta ou, sendo-o, a não dê a conhecer.

Este entendimento tem, contudo, sido objecto de contestação, com argumentos de variada ordem: (*i*) desde logo, porque o dinheiro escritural, atendendo a um critério funcional, é também dinheiro[18]; (*ii*) por costume, são

---

[17] Neste sentido, *colorandi causa*, TONDO/VIRGILIO, *Pagamenti per giro-conto*, na *Enciclopedia della Banca e della Borsa*, vol. II, 296-297, ETTORE GIANNANTONIO, *Trasferimenti elettronici di fondi e autonomia privata*, Giuffrè, Milão, 1986, 60-61, TIDU, *La clausola di esecuzione...*, 375[(141)], EINSELE, *Haftung der Kreditinstitute bei nationalen und grenzüberschreitenden Banküberweisungen*, em *Archiv für civilistisches Praxis* 198 (1998), 145, CANARIS, *Bankvertragsrecht*[3], Walter & Gruyter, Berlim, 1988, 202-203, e 310-311, WOLFGANG SCHÖN, *Prinzipien des Bargeldlosen Zahlungsverkehrs*, em *Archiv für civilistisches Praxis* 198 (1998), 452-455, MEDICUS/LORENZ, *Schuldrecht, I – Allgemeiner Teil*[18], 2008, n. 182, 91, FIKENTSCHER/HEINEMANN, *Schuldrecht*[10], Walter de Gruyter, 2006, 139, BROX/WALKER, *Allgemeines Schuldrecht*[35], Verlag C.H. Beck, § 9, I, 2c, 87, HÄUSER, *Überweisungsverkehr*, no *Münchener Kommentar zum Handelsgesetzbuch*, V[2], Karsten Schmidt (org.), Munique, Beck, 2009, 696, DIRK LOOSCHELDERS, *Schuldrecht Allgemeiner Teil*[9], Verlag Franz Vahlen, Munique, 2011, 109, SCHMIDT-KESSEL, *Prüting/Wegen/Weinreich BGB Kommentar*[4], Luchterhand, 2009, § 245, 1, 369, IDEM, *Handelsrecht*[5], Carl Heymans Verlag, Munique, 1999, § 35 III, 1010-1011, GARRIGUES, *El dinero como objecto de la actividad bancaria*, na *Revista de Derecho Mercantil* XXV, 67 (1958), 34-42, MOTOS GUIRAO, *Sobre si el ingreso en la cuenta corriente bancaria del acreedor libera al deudor*, na *Revista de Derecho Mercantil* 68 (1958), vol. XXV, 288, VAZ SERRA, *Do cumprimento como modo de extinção das obrigações*, no *Boletim do Ministério da Justiça* 34 (1953), 32, MENEZES CORDEIRO, *Direito Bancário*[5], 564 ss, GENTIL ANASTÁCIO, *A transferência...*, passim, BRANDÃO PROENÇA, *Lições de cumprimento e não cumprimento das obrigações*, Coimbra Ed., Coimbra, 2011, 125-128.

[18] Neste sentido, *vd.* SPIROS SIMITIS, *Bemerkungen zur rechtlichen Sonderstellung des Geldes*, no *Archiv für civilistisches Praxis* 159 (1960), *passim*, GRUNDMANN, *Münchener...*, II, sub § 245, 242-243, ADOLFO DI MAJO, *Adempimento e rischio nei pagamenti pecuniari*, em *Quaderni della Consuleza Legale della Banca d'Italia* 29 (1993), *passim*, EIUSDEM, *Le obbligazioni pecuniarie*, CEDAM, 1996, *passim*, MARCO PROSPERETTI, *Il pagamento intermediato*, em *Europa e Diritto Privato* 3 (2006), 1101-1102,

aceites pagamentos por transferência bancária[19]; (*iii*) o artigo 550.º do CC, atendendo à sua *ratio* de protecção da soberania estatal da moeda, hoje inexistente, deve ser objecto de redução teleológica; (*iv*) o artigo 550.º não regula os instrumentos (extrínsecos) de pagamento, mas atém-se, antes, ao dinheiro como valor ideal e abstracto[20]; (*v*) há ainda quem considere liberatórios apenas os pagamentos com moeda escritural através de intermediários financeiros, *v. g.* banqueiros[21]; (*vi*) outros, embora apontem a equiparação como regra, colocam limites à eficácia solutória dos pagamentos com moeda escritural na medida em que prejudiquem o *accipiens*[22].

Antes de entrarmos no problema, importa ressalvar que ele só se coloca, em rigor, perante obrigações pecuniárias, pois nos casos em que o ordenante esteja apenas obrigado a realizar uma atribuição patrimonial pecuniária constitutiva do contrato, *scilicet* nos negócios reais *quoad constitutionem* (mútuo real, depósito irregular, penhor irregular, doação de coisa fungível: cf. os artigos 669.º, 947.º, n.º 2, 1142.º, 1185.º e 1205.º do CC), o problema da eficácia solutória não se coloca[23].

O principal obstáculo à eficácia liberatória das transferências bancárias é o teor do disposto no artigo 550.º do CC, onde o legislador, a par do nomi-

---

Beatriz Segorbe, *A transferência bancária, a moeda escritural e a figura da delegação*, na Revista da Banca 52 (Jul./Dez.2001), 80-109.
[19] Assim, Vázquez Pena, *La transferencia bancaria de crédito*, 259 ss., e Beatriz Segorbe, *A transferência...*, 93.
[20] Neste sentido, Bruno Inzitari, *L'adempimento dell'obbligazione pecuniaria nella società contemporanea: tramonto della carta moneta e attribuzione pecuniária per trasferimento della moneta scritturale*, na Banca, Borsa e Titoli di Credito 60 (2007), II, 152 ss., Idem, *La Moneta*, em Trattato di Diritto Commerciale e Diritto Pubblico dell'Economia, dir. Galgano, 1983, 6 ss., Vittorio Santoro, *L'euro quale moneta scritturale*, na Banca, Borsa e Titoli di Credito LIV (2001), I, 439-454, Salvatore Patto/Letizia Vacca, *Trattato delle Obbligazioni*, vol.V – *Le figure speciali*, CEDAM, 2010, 162-174, Ferreira de Almeida, *Contratos*, II, 3.ª ed., Almedina, Coimbra, 2012, 61-62, 102 ss e 179-180.
[21] Assim, Perassi, *I trasferimenti elettronici di fondi (estinzione dele obbligazioni pecuniarie e legge n.197/1991)*, em Quaderni di Ricerca Giuridica della Consulenza Legale, Il Sistema dei Pagamenti – Atti del Convegno Giuridico, Perúsia, 23-24 Outubro 1992, n.º 23 (1993), 178-179.
[22] Pietro Nuvolone, *La trasmissione elettronica dei fondi e la tutela dell'utente*, em Il Diritto dell'Informazione e dell'Informatica 2 (Mai./Ag.1985), 599.
[23] Quando muito encontrar-nos-emos diante duma promessa de contrato (real) insusceptível de execução específica (artigo 830.º, n.º 1, *in fine*, do CC).

nalismo monetário[24], consagrou a regra supletiva[25] da eficácia liberatória da moeda com curso legal[26]. Em termos históricos, o artigo 550.º do CC assenta na soberania monetária do Estado[27]. Todavia, entre nós, a soberania monetária

---

[24] Sobre este princípio, remetemos para BAPTISTA MACHADO, *Nominalismo e indexação*, em *Obra Dispersa*, vol. I, 427-433, PINTO MONTEIRO, *Inflação e Direito civil*, na separata do *Boletim da Faculdade de Direito de Coimbra – Estudos em Homenagem ao Prof. Doutor António de Arruda Ferrer Correia*, Coimbra, 1984, 5-41, MENEZES LEITÃO, *Direito...*, I[11], 137 ss, ALMEIDA COSTA, *Direito das Obrigações*[12], Almedina, Coimbra, 2013, 740-743.

[25] Supletividade confirmada também pelo disposto nos artigos 837.º e 839.º do CC. Em sentido contrário, BAPTISTA MACHADO, *Nominalismo...*, 427 e 432.

[26] O dever aceitar-se o pagamento em moeda com curso legal não é, *summo rigore*, um dever, mas um ónus, que pode surgir reforçado *ex bona fide*. Só em certos casos está o credor obrigado a colaborar no cumprimento: nos casos em que a prestação seja também no interesse do devedor; no contrato de trabalho, com o dever de ocupação efectiva a cargo do empregador [artigo 129, b), CT]; e, no contrato de mandato, com a obrigação de provisão para despesas [artigo 1167.º, a)]. De resto, a colaboração do credor pode sempre impor-se como dever acessório, resultante do princípio da boa fé (artigo 767.º, n.º 2). GALVÃO TELLES, *Obrigações*[7], 14 e 314-315, ANTUNES VARELA, *Das Obrigações em geral*, vol. II[7], Almedina, Coimbra, 2007, 162[(1)], PESSOA JORGE, *Obrigações*, 1.º, 349 ss., RIBEIRO DE FARIA, *Obrigações*, II, 478 e 479[(1)], CALVÃO DA SILVA, *Cumprimento e sanção pecuniária compulsória*, 116 ss. e 132 ss., ALMEIDA COSTA, *Direito das Obrigações*[12], 111-113 e 1080, MENEZES LEITÃO, *Direito das Obrigações*, vol. II, 5.ª ed., Almedina, Coimbra, 2007, 246, ROMANO MARTÍNEZ, *Direito das Obrigações – Apontamentos*, 3.ª ed., AAFDL, Lisboa, 2011, 192 ss, LURDES PEREIRA, *Conceito da prestação e destino da contraprestação*, 303, e NUNO AURELIANO, *O risco nos contratos de alienação*, 466-470. Em sentido contrário, vd. CUNHA DE SÁ, *Direito ao cumprimento e direito a cumprir*, separata da *Revista de Direito e Estudos Sociais* XX (Abr./Dez. 1973), n.ºs 2/3/4, 31 ss., e MENEZES CORDEIRO, *Direito...*, 2.º vol., 208 e 455-456, que, todavia, não reconhece ao devedor um direito a cumprir, mas considera atuar ilicitamente o credor que não colabore no cumprimento, e IDEM, *Da boa fé no Direito civil*, 593-594, acrescentando à sua posição o acolhimento da aplicação analógica do artigo 808.º, n.º 1, propugnada por CUNHA DE SÁ (contra, colmatando a lacuna deferindo a fixação dum prazo ao tribunal e recorrendo ao artigo 777.º, n.ºs 2 e 3, vd. CALVÃO DA SILVA, *Cumprimento...*, 124-132). A doutrina é, de igual modo, unânime quanto à desnecessidade dum juízo de culpa para a mora creditória, com excepção de MENEZES CORDEIRO, *Direito das Obrigações*, 2.º vol., 455 (cf., sobre o tema, MARIA DE LURDES PEREIRA, *Conceito de prestação e destino da contraprestação*, Almedina, Coimbra, 2001, 141 ss., BRANDÃO PROENÇA, *Lições de cumprimento e não cumprimento das obrigações*, 195 ss., LIMA REGO, *No right to perform a contract?*, em *Themis* (2006), *passim*, D'AMICO, *Mancata cooperazione del creditore e violazione contrattuale*, *Rivista di Diritto Commerciale* (2004), 1, 77 ss., ROBIN, *La mora creditoris*, em *Revue Trimestrielle de Droit Civile* (1998), 3, 607 ss., GIACOBBE, *Mora del creditore (diritto civile)*, na *Enciclopedia del Diritto* XXVI (1976), 947 ss.).

[27] Para o ordenamento italiano, vd. INZITARI, *La Moneta*, em *Trattato di Diritto Commerciale e Diritto Pubblico dell'Economia*, dir. Galgano, 1983, 6 ss., VITTORIO SANTORO, *L'euro...*, 440, 445 e 451. Não só a legislação pretérita recebeu esse entendimento (cf. os artigos 1531.º e 724.º do Código de Seabra), como também o advogou a doutrina. Cf. ASCARELLI, *Obbligazioni pecuniarie*, em *Commentario al Codice Civile*, org. Scialoja e Branca, 1971, 26 ss., CARBONNIER, *Droit Civil*, III – *Les Biens*[9], Paris, 1978, 16-17, MANN, *The Legal Aspect f Money – with special reference to comparative public and*

deixou, na prática, de existir com a entrada em vigor do euro. Além desta circunstância, o artigo 550.º é uma norma com uma marcada génese histórica, anterior à generalização dos pagamentos electrónicos: também esse estado de coisas mudou radicalmente desde 1967 e, sobretudo, desde a data dos trabalhos preparatórios[28]. A perda dos seus pressupostos base faz que a norma perca, hoje, sentido.

Relativamente à parificação do pagamento com moeda legal e com moeda escritural por via do costume e dos usos, a verdade é que, se não afastamos o argumento que funda o carácter solutório da transferência bancária no *costume*, pelo menos quando estejam em causa transferências ou de grandes importâncias ou entre locais distantes[29], pelo contrário, não cremos viável alegar-se a existência de *usos*[30] em favor da eficácia solutória da transferência bancária, na medida em que não se encontra qualquer norma "habilitante" que os juridifique[31]-[32]. É certo que, no cerne do Direito Bancário, se encontra uma "norma

---

private international law[5], Oxford, 1992, 14 ss., SMITS, *The European Central Bank – institutional aspects*, Kluwer Law International, 2000, 194, nota.Cf. também, com idêntico teor, os artigos 1895 do *Code civil* francês, 1170 e 1754 do *Código civil* espanhol, e 1277 do *Codice civile* italiano.

[28] Cf. também, FERREIRA DE ALMEIDA, *Contratos*, II[3], 61-62 e 102 ss.

[29] VÁZQUEZ PENA, *La transferencia bancaria de crédito*, 259 ss.

[30] Usos que, aqui, não são bancários: estamos a discutir esta questão no âmbito das relações subjacentes ao contrato de serviços de pagamento, *i.e.*, no que concerne ao ordenante e beneficiário. A existência destes usos apenas poderia alegar-se no seio da relação de cobertura, no âmbito do próprio contrato de serviços de pagamento – que, uma vez que se reconduz ao mandato, traz à colação não poucas normas remissivas para os usos: artigos 232.º, § 1.º, 238.º, 248.º e 269.º do CCom –, que não é do que se trata, note-se.

[31] Na verdade, os usos, em geral, podem ser juridificados: ou pela autonomia privada, ou pela lei, ou pela convicção da sua obrigatoriedade. Pela autonomia privada, quando as partes remetam para eles (prática frequente nas relações interbancárias): embora aqui não valham, *summo rigore*, como usos, mas, ao invés, como cláusulas negociais. Pela lei: cf., no Direito mercantil geral, os artigos 232.º, § 1.º, 238.º, 248.º, 269.º, 373.º, 382.º, 399.º, 404.º, 407.º do CCom e artigo 25.º, n.º 6, do Decreto-Lei n.º 231/81; no Direito bancário, os artigos 407.º CCom e 560.º, n.º 3, do CC. Pela convicção de obrigatoriedade, os usos adquirem juridicidade porque se tornam em costume: então, já não são tanto os usos *a se* que estão em causa, mas o Direito consuetudinário; e, em boa verdade, não é pouca a dificuldade em encontrar costumes bancários, embora esta via esteja sempre aberta. Sobre os usos enquanto fonte mediata do Direito, cf. OLIVEIRA ASCENSÃO, *O Direito – Introdução e Teoria Geral*[13], 265 e 278-283; sobre os usos comerciais e bancária, MENEZES CORDEIRO, *Direito Comercial*, 3.ª ed., Almedina, Coimbra, 2012, 238 ss, e IDEM, *Direito Bancário*[5], 215 ss.

[32] Não obstante a importância e (comparativa) frequência dos usos bancários (jurificados) neste

juridificadora" dos usos – o artigo 407.º do CCom[33] –, passível de interpretação extensiva para outras "latitudes" que não as do mero contrato de depósito bancário[34]; é, também, verdade, que, ao tempo da elaboração do CCom, ainda não se pensava em transferências bancárias nos moldes em que hoje as concebemos, o que permite ponderar a extensão do artigo 407.º do CCom ao contrato de serviços de pagamento; também o mandato comercial representativo e não representativo são regidos, amiúde, por usos *ex lege* (artigos 232.º, § 1.º, 238.º, 248.º e 269.º do CCom); é, por fim, verdade que a LSP não regulou as relações subjacentes, não topando, frontalmente, com uma juridificação *ex usu* destas. Contudo, semelhante raciocínio só poderia valer para o próprio contrato de serviços de pagamento, que não para a relação subjacente. E do regime da relação de cobertura não cremos metodologicamente correcto inferir, sem mais, conclusões para o contrato que lhe subjaza.

Quanto ao obstáculo colocado pelos perigos advenientes da utilização de sistemas electrónicos[35], está fora de dúvida que os pagamentos em dinheiro metálico ou de papel acarretam muito superiores inconvenientes económicos, de segurança e de falta de celeridade, sem que deixem, por isso, de ter as moedas e notas com curso legal em Portugal eficácia solutória. Também o facto de nem todos os credores terem contas bancárias e o facto de, tendo-as, não as divulgarem são argumentos incontornáveis, mas não decisivos, pois nesses casos de inexistência ou desconhecimento de conta do credor, então muito simplesmente não pode efectuar-se o pagamento por transferência bancária. Mas, mal abra conta ou seja a mesma conhecida do devedor, pode este efectuar o pagamento pelo referido meio.

---

ramo do Direito: *e. g.* no caso do anatocismo (artigo 560.º, n.º 3, do CC) e no âmbito dos depósitos bancários (407.º do CCom).

[33] O artigo 407.º reporta-se a "*estatutos*", mas é entendimento jurisprudencial e doutrinário maioritário que se refere, na realidade, aos usos. Cf., na doutrina, CUNHA GONÇALVES, *Commentario ao Codigo Commercial Portuguez*, vol. II, 383-384, AURELIANO STRECHT RIBEIRO, *Código Comercial Português actualizado e anotado*, vol. II, 303, MENEZES CORDEIRO, *Direito Bancário*⁵, 129, e, na jurisprudência, *v. g.*, o Ac. STJ 17-XII-2009 (RAÚL BORGES), proc. n.º 09P0612, Ac. STJ 3-III-2005 (ARAÚJO BARROS), proc. n.º 04B4249, e o Ac. STJ 8-I-2001 (QUIRINO SOARES), proc. n.º 01B2884.

[34] A regulação do contrato de depósito bancário pelos usos tem sido exportada para outros contratos bancários correlatos àquele, como sejam a abertura de conta, a convenção de cheque, a concessão de determinados créditos e, ainda, a prestação de certos serviços: MENEZES CORDEIRO, *Direito Bancário*⁵, 215 ss e 601 ss, e, na jurisprudência, o Ac. TRL 3-VI-2003 (PIMENTEL MARCOS), *Colectânea de Jurisprudência* XXVIII (2003), III, 101-105.

[35] Em moldes que veremos *infra*.

Por outro lado, vários argumentos militam, a nosso ver, em favor da eficácia liberatória supletiva dos pagamentos em moeda escritural. Desde logo, fora de portas, o artigo 7:707 dos PECL[36] e o artigo 2:108 dos DCFR consagraram a regra da eficácia solutória supletiva dos pagamentos por transferência bancária. Por outro lado, a circunstância de o euro, no período que mediou entre 1 de Janeiro de 1999 e 31 de Dezembro de 2001, ter existido apenas em forma escritural, com valor liberatório (artigos 2.º, 8.º e 10.º do Regulamento n.º 974/98/CE)[37]. Não faria sentido que tivesse perdido eficácia liberatória apenas porque passou a concorrer com as notas e as moedas posteriormente emitidas e postas em circulação; muito menos quando a sua eficácia liberatória, cremos, passou a pertencer ao *acquis communautaire*, no âmbito da liberdade de circulação de capitais[38].

Mas a tendência para admitir o pagamento com moeda escritural regista-se também no Direito interno. Desde logo, a orientação já presente nos artigos 6.º, n.º 2, 8.º, n.º 2, e 11.º, n.º 2, *a)*, do Decreto-Lei n.º 41/2000 no sentido de se aplicar às transferências bancárias o regime das obrigações pecuniárias, *v. g.* o artigo 806.º, n.º 1, do CC: a LSP, embora não tenha regulado directamente este problema, enveredou pelo mesmo caminho (artigo 71.º, n.º 2).

Por outro lado, além de, não raras vezes, a *boa fé objectiva* (artigo 762.º, n.º 2, do CC) impor ao credor a aceitação de pagamentos em moeda escritural, ainda que não previstos pelas partes a *natureza das coisas* postula que, em várias situações – *e g.*, no caso de pagamentos de montantes de grande importância, designadamente fora de fronteiras ou mesmo dentro do mesmo País entre locais afastados –, o pagamento seja feito através de transferência bancária[39], não se justificando que o credor pudesse recusá-lo sem incorrer em mora.

No campo do Direito dos Seguros, o artigo 54.º, n.º 1, da Lei do Contrato de Seguro (LCS)[40], prevê, expressamente, que o pagamento do prémio aos seguradores seja feito por numerário, cheque bancário, transferência ban-

---

[36] Cujo texto é o seguinte: "*payment of money due may be made in any form used in the ordinary course of business*".

[37] Assim, Vittorio Santoro, *L'euro...*, 439-454, e, entre nós, Ferreira de Almeida, *Contratos*, II³, 61-62 e 102 ss.

[38] Sobre este princípio, *vd.*, entre nós, Fausto de Quadros, *Direito da União Europeia³*, Almedina, Coimbra, 2013.

[39] Inzitari, *L'adempimento...*, 133, e Perassi, *I sistemi di pagamento internazionali*, na *Banca, Borsa e Titoli di Credito* LIII (2000), I, 514.

[40] Aprovada pelo Decreto-Lei n.º 72/2008, de 16 de Abril, rectificado pela Declaração de Rectificação n.º 32-A/2008, de 12 de Junho.

cária, vale postal, cartão de crédito ou débito ou outro meio electrónico de pagamento[41].

Também nas relações com o Estado se generalizou o pagamento por transferência bancária: (*i*) o artigo 30.º, n.ºˢ 1 e 2, do Decreto-Lei n.º 135/99, de 22 de Abril, que implementou medidas de modernização administrativa, consagrou a regra segundo a qual "*[o]s pagamentos devidos à Administração Pública devem poder ser efectuados através da rede pública de caixas automáticas ou de terminais dedicados a pagamentos (...)*", devendo os serviços públicos "*fomentar a utilização progressiva de meios automáticos e electrónicos de pagamentos devidos à Administração Pública, com vista à substituição da exigência do cheque visado*"; (*ii*) além desta norma de previsão geral, outras impõem regimes especiais de pagamento ao Estado por via electrónica, a começar com o de constituição *online* de sociedades comerciais e civis sob forma comercial do tipo por quotas e anónima[42], em que se prevê que os interessados, ao formular o seu pedido *online*, efectuem "*o pagamento, através de meios electrónicos, dos encargos que se mostrem devidos*" (artigo 6.º, n.º 1, *f*), do Decreto-Lei n.º 125/2006, e 3.º, n.º 1, *f*), da Portaria n.º 657-C/2006, que o regulamenta); (*iii*) o mesmo vale para o regime da promoção electrónica de actos de registo comercial (artigos 3.º, *f*), e 13.º-B da Portaria n.º 1416-A/2006, de 19 de Dezembro[43]), (*iv*) assim como para a promoção *online* de actos de

---

[41] Cf., sobre a interpretação deste preceito, PEREIRA MORGADO, *Lei do Contrato de Seguro anotada*², *sub* art. 54.º, 270-272, ou FRANCISCO RODRIGUES ROCHA, *Da sub-rogação no contrato de seguro*, FDUL, Lisboa, 2011 (também em www.isp.pt), 40-41. Quanto ao pagamento por cheque (artigo 54.º, n.º 2, da LCS) e por débito em conta (artigo 54.º, n.º 3, da LCS), existem especificidades: quanto ao primeiro, o seu pagamento fica subordinado à condição suspensiva da sua boa cobrança, nos termos da *datio pro solvendo* (artigo 840.º do CC); quanto ao segundo, o titular da conta tem o direito de retractação da autorização, caso em que, a ser exercido, tudo se passará como se o pagamento nunca fora feito, nos termos duma condição resolutiva imprópria (o exercício deste direito de retractação do titular da conta debitada era de 30 dias, nos termos do artigo 2.º, n.º 2, Aviso do Banco de Portugal n.º 10/2005, de 8 de Junho. Hoje é de 8 semanas, nos termos do artigo 74.º, n.º 1, da LSP). No Direito mais antigo, era permitido o pagamento não pecuniário do prémio: *sic*, DIONYSIUS GODEFRIDUS VAN DER KEESSEL, *Select Thesis on the Laws of Holland and Zeeland: being a Commentary of Hugo Grotius' Introduction to Dutch Jurisprudence*, trad. do latim por Charles Ambrose Lorenz, nota biográfica de J. de Wal, 2.ª ed., Stevens & Haynes, Cidade do Cabo, Londres, 1868, liv. III, cap. XXIV, p. 255.

[42] Aplicável desde que não haja entradas em espécie e não se trate de sociedade anónima europeia [cf. artigos 1.º e 2.º, *a*) e *b*), do Decreto-Lei n.º 125/2006].

[43] Alterada pela Portaria n.º 286/2012, de 20 de Setembro. O artigo 13.º-B foi aditado pela Portaria n.º 562/2007. Quanto ao registo comercial *online*, após a submissão da informação empresarial simplificada, por via electrónica, através do envio da respectiva informação ao Ministério das Finanças (artigos 13.º-A e 13.º-B da Portaria n.º 1416-A/2006, e artigo 4.º, n.º 1, do Decreto-Lei n.º 8/2007), é gerada automaticamente uma referência para pagamento da taxa

registo de veículos (artigos 2.º, n.º 2, f), e 9.º da Portaria n.º 99/2008, de 31 de Janeiro[44]); (v) também o artigo 18.º, n.º 4, a) e b), do Decreto-Lei n.º 48/2011, sobre o regime de exercício de actividades económicas no âmbito da iniciativa «Licenciamento zero»[45], prevê que a liquidação das taxas seja efectuada automaticamente no «Balcão do empreendedor»[46]; (vi) os pagamentos de actos de registo predial *online* devem fazer-se electronicamente (artigos 3.º, h), 12.º, n.º 1, 12.º-B, n.ºˢ 1 e 2, 12.º-C, n.º 3, 22.º, n.ºˢ 1, 2 e 3, 23.º, n.º 2, e 24.º, n.º 1, c), da Portaria n.º 1535/2008, de 30 de Dezembro, com as alterações constantes da Portaria n.º 286/2012, de 20 de Setembro); (vii) os pagamentos de actos de registo de marcas (Decreto-Lei n.º 111/2005, de 8 de Julho, com as alterações constantes, em especial, do Decreto-Lei n.º 125/2006, de 29 de Julho, pelo Decreto-Lei n.º 318/2007, de 26 de Setembro, e com a regulamentação constante da Portaria n.º 1359/2007, de 15 de Outubro); (viii) os pagamentos

---

devida pelo registo da prestação de contas (artigo 13.º-B, n.º 1, Portaria n.º 1416-A/2006). O pagamento da taxa deve ser efectuado no prazo de cinco dias úteis após a emissão da referência para pagamento (artigo 13.º-B, n.º 2, Portaria n.º 1416-A/2006). Nos termos do artigo 4.º, n.º 4, da referida Portaria, na redacção dada pela Portaria n.º 1256/2009, a "existência" do pedido de actos de registo comercial *online* depende da confirmação do pagamento dos encargos devidos. De resto, a data do pedido de registo da prestação de contas é a do respectivo pagamento por via electrónica (artigo 55.º, n.º 6, do Código de Registo Comercial, na redacção dada pelo Decreto-Lei n.º 8/2007; cf. também artigo 23.º Portaria n.º 1416-A/2006 que manda aplicar subsidiariamente aquele diploma).

[44] Sucessivamente alterado pela Portaria n.º 1536/2008, de 30 de Dezembro, pela Portaria n.º 426/2010, de 29 de Junho e pela Portaria n.º 283/2013, de 30 de Agosto. Quanto ao registo automóvel *online*, prevê a Portaria n.º 99/2008 que, após a submissão electrónica do pedido, seja automaticamente gerada uma referência para pagamento dos encargos devidos pelo registo (artigo 9.º, n.º 1), devendo este ser efectuado no prazo de cinco dias após a emissão da referência para pagamento, sob pena de cancelamento do pedido de registo (artigo 9.º, n.º 2).

[45] O Decreto-Lei n.º 48/2011 destina-se a, quanto ao exercício de actividades económicas no âmbito da iniciativa «Licenciamento zero», reduzir encargos administrativos sobre os cidadãos e as empresas, mediante a eliminação de licenças, autorizações, validações, autenticações, certificações, actos emitidos na sequência de comunicações prévias com prazo, registos e outros actos permissivos, substituindo-os por um reforço sobre essas actividades (artigo 1.º, n.º 1, do Decreto-Lei n.º 48/2011), adoptando-se para o efeito uma série de medidas elencadas das als. a) a g) do n.º 2 do artigo 1.º do diploma, que vão desde a aprovação do novo regime de instalação e modificação de estabelecimentos de restauração ou de bebidas, comércio de bens, prestação de serviços ou armazenagem, baseado em mero comunicação prévia efectuada em balcão único electrónico, à simplificação do procedimento de inscrição no cadastro dos estabelecimentos comerciais, & cætera.

[46] Metáfora para balcão único electrónico, acessível através do Portal da Empresa, também acessível nas Lojas da Empresa e nos municípios que o pretendam disponibilizar, bem como em balcões públicos ou privados, a definir por protocolo (artigo 3.º, n.ºˢ 1 e 2, do Decreto-Lei n.º 48/2011).

de taxas de justiça e, em geral, todos os pagamentos de custas judiciais devem ser feitos electronicamente por referência inserida em documento único de cobrança, designadamente os actos processuais hajam de ser praticados electronicamente (artigo 145.°, n.ºˢ 4 e 6, 552.°, n.ºˢ 3 e 4, 570.°, n.ºˢ 1 a 7, 642.°, n.ºˢ 1 a 3, do Código de Processo Civil, e artigos 6.°, n.° 1, *b*), 9.°, n.ºˢ 1 a 3, da Portaria n.° 280/2013, de 26 de Agosto)[47].

Decisivas são, ainda, as imposições fiscais que, mais do que a parificação da moeda escritural à moeda metálica e em papel, chegam mesmo a impor a utilização de moeda escritural: assim, nos termos do artigo 63.°-C, n.ºˢ 1, 2 e 3, da LGT[48], os sujeitos passivos de IRC (pessoas colectivas) (cf. também o artigo 123.° CIRC[49]), bem como os sujeitos passivos de IRS que disponham de contabilidade organizada – profissionais liberais e empresários em nome individual que tenham um montante anual ilíquido de rendimentos superior a 200.000 € ou os profissionais e empresários que, não ultrapassando este montante, escolham o regime de contabilidade organizada (cf. o artigo 28.° CIRS) –, além de estar *"obrigados a possuir, pelo menos, uma conta bancária através da qual devem ser, exclusivamente, movimentados os pagamentos e recebimentos respeitantes à actividade empresarial desenvolvida"*, têm ainda de efectuar *"através de meio de pagamento que permita a identificação do respectivo destinatário, designadamente transferência bancária, cheque nominativo ou débito directo"* todos *"os pagamentos respeitantes a facturas ou documentos equivalentes de valor igual ou superior a € 1.000"*. O incumprimento destas regras fica sujeito à aplicação de contra-ordenação fiscal, nos termos do artigo 121.°, n.° 1, do Regime Geral das Infracções Tributárias.

Chegados a este ponto, podemos formular as seguintes conclusões. Sem menoscabo do teor do artigo 550.° do CC: (*i*) no Direito dos Seguros, no tocante ao pagamento do prémio, vale a regra da eficácia solutória supletiva do pagamento por transferência bancária, sem necessidade de acordo nesse sentido (artigo 54.°, n.° 1, da LCS); (*ii*) no âmbito dos pagamentos ao Estado, também o pagamento por transferência bancária apresenta eficácia solutória supletiva;

---

[47] Sobre o pagamento da taxa de justiça inicial e subsequentes e o documento único de cobrança como condições de aceitação dos articulados em processo declarativo, vd. TIMÓTEO RAMOS PEREIRA, *Prontuário de Formulários e Trâmites*, vol. I – *Processo Civil Declarativo*[8], QJ, Lisboa, 2010, 301-318.

[48] Com as últimas alterações constantes do Decreto-Lei n.° 20/2012, de 14 de Maio, e da Lei n.° 83.°-C/2013, de 31 de Dezembro.

[49] Portanto, *"[a]s sociedades comerciais ou civis sob forma comercial, cooperativas, empresas públicas e as demais entidades que exerçam, a título principal, uma actividade comercial, industrial ou agrícola com sede ou direcção efectiva em território português (...) são obrigadas a dispor de contabilidade organizada nos termos da lei comercial e fiscal"* (artigo 123.°, n.° 1, do CIRC).

(*iii*) nas transferências de quantias de valor elevado e nas transferências entre locais distantes, decorre da *boa fé,* da natureza das coisas e do costume a eficácia solutória do pagamento por transferência bancária; (*iv*) em geral, os créditos de que seja titular qualquer sujeito e cujo devedor seja uma sociedade comercial ou civil sob forma comercial, cooperativa, empresa pública e entidade que exerça, a título principal, uma actividade comercial, industrial ou agrícola com sede em Portugal, bem como qualquer profissional liberal ou empresário em nome individual que tenha um montante anual ilíquido de rendimentos superior a 200.000 € ou os profissionais e empresários que, não ultrapassando este montante, escolham o regime de contabilidade organizada (artigo 63.º-C, n.ºs 1, 2 e 3, da LGT), obrigados a ser titulares, pelo menos, de uma conta bancária, têm de ser obrigatoriamente realizados por meios escriturais de pagamento (*v. g.,* cheque nominativo, transferência bancária ou débito directo), desde que de montante igual ou superior a 1.000 € (nestes casos, tem o credor o dever acessório de providenciar ao devedor o NIB da sua conta para que este efectue o pagamento); (*v*) julgamos que o artigo 63.º-C da LGT permite concluir que os motivos de transparência são determinantes neste particular, razão pela qual é de entender que, sendo as empresas aí enunciadas credoras de quaisquer montantes, pode o respectivo devedor fazer o pagamento através de pagamento escritural da mesma maneira que o pode fazer através de moeda com curso legal, devendo, para o efeito, a referida empresa providenciar o respectivo NIB; (*vi*) nos demais casos, julgamos, valerá o disposto no artigo 550.º do CC, sem prejuízo da não despicienda "amputação" que sofreu com a entrada em vigor do euro: não obstante, não é possível, atentas as especificidades e a variedade de meios de pagamento escritural, afastar *sic et simpliciter* a referida norma. Duas últimas precisões são necessárias: as conclusões a que chegámos valem apenas para o pagamento por transferência bancária ou de créditos; por outro lado, à excepção dos pagamentos de valor superior a 1.000 € às entidades referidas no artigo 63.º-C da LGT, em todos os outros casos em que é parificada a eficácia liberatória da moeda legal e da moeda escritural, é possível às partes, de forma expressa ou tácita[50], determinarem o pagamento através de apenas um destes meios de pagamento.

---

[50] Por exemplo, pela natureza das coisas e por força da interpretação das declarações negociais (artigo 236.º do CC), em pagamentos de muito pequenos montantes, é natural que fique arredada a possibilidade de pagamento por transferência bancária. Por outro lado, se o credor não fornecer o seu NIB, pode ser interpretado, dependendo das circunstâncias, como querendo apenas contratar se efectuado o pagamento através de moeda legal.

2. Qualificação da prestação em moeda escritural: solutio ou datio in solutum?

Questão necessariamente imbricada à anterior é a de saber se, perante um pagamento em moeda escritural pelo devedor, estamos perante verdadeiro cumprimento, se perante um caso de dação em cumprimento[51].

Para o entendimento tradicional[52], a parte final do artigo 550.º do CC (*"salvo estipulação em contrário"*) remete precisamente para os artigos 837.º e ss. do CC, pelo que todo o pagamento feito sem ser através de moeda com curso legal (metálica e em papel) constituiria necessariamente prestação diversa da devida.

Antagónica a este entendimento é a *tese do pagamento*[53], susceptível de dividir-se entre quem defende tratar-se de cumprimento de obrigações pecuniárias[54], e, por outro lado, quem entende tratar-se do cumprimento duma prestação de *facere*.

---

[51] O único motivo pelo qual distinguimos este tema do anterior prende-se com o facto de muitos Autores, não obstante o (quase) incontornável "Cabo das Tormentas" do artigo 550.º do CC, considerarem que a moeda não legal é, apesar de não ter curso legal, objecto de obrigações pecuniárias, dando-se, por isso, verdadeiro cumprimento, e não mera dação em cumprimento. Assim, entre nós, BAPTISTA BRANCO, *Conta corrente...*, 65-68, e GENTIL ANASTÁCIO, *A transferência...*, 237-264.

[52] No Direito alemão, vd., e. g., WÖRLEN/METZLER-MÜLLER, *Schuldrecht Allgemeiner Teil*[10], Verlag Fanz Vahlen, Munique, 2011, 90, 58, HÄUSER, *HGB Münchener...*, V², 6976-697, FIKENTSCHER/HEINEMANN, *Schuldrecht*[10], 139, ESSER/SCHMIDT, *Schuldrecht, I – Allgemeiner Teil*, I⁶, 1984, § 29, I, 1, 159, CANARIS, *Bankvertragsrecht*³, I, 1, 202-203; no Direito italiano, vd., e. g., TIDU, *La clausola di esecuzione...*, 375⁽¹⁴¹⁾; no Direito português, VÍTOR NEVES, *A protecção do proprietário desapossado de dinheiro*, em *Transmissão da propriedade e contrato*, Coimbra, 2001, 141 ss.

[53] No Direito alemão, vd. KARSTEN SCHMIDT, *Geld und Gelschuld im Privatrecht*, em *Juristische Schulung* 24 (1984), 10, 743, SPIROS SIMITIS, *Bemerkungen...*, 418 ss.; no Direito italiano, DI MAJO, *Adempimento...*, 113-123, SALVATORE PATTO/LETIZIA VACCA, *Trattato...*, V, 162-174, CHIEPPA MAGGI, *Problemi della pratica: i mezzi anormali di pagamento nella giurisprudenza*, em *Banca, Borsa e Titoli di Credito* LV (1992), I, 117, GIANNANTONIO, *I trasferimenti elettronici di fondi e autonomia privata*, Giuffrè, Milão, 1986, 57-59, CAMPOBASSO, *Il bancogiro...*, 665-687, SALVATORE MACCARONE, *I trasferimenti elettronici di fondi nel Diritto italiano*, em *Il Diritto dell'Informazione e dell'Informatica* 2 (1985), 613-614; no Direito português, ANTUNES VARELA, *Das Obrigações em geral*, vol. I¹⁰, Almedina, Coimbra, 2012 (reimpr.), 853 (embora contraditório: cf. *Obrigações*, II⁷, 174¹); OSÓRIO DE CASTRO, *Os efeitos da patente sobre o contrato de licença da invenção patenteada*, UCP, Porto, 182-196, VIEIRA GOMES, *O conceito de enriquecimento, o enriquecimento forçado e os vários paradigmas do enriquecimento sem causa*, UCP, Porto, 1998, 617 ss., GENTIL ANASTÁCIO, *A transferência...*, 247-251, BEATRIZ SEGORBE, *A transferência...*, 80 ss., FERREIRA DE ALMEIDA, *Contratos*, II³, 61-62 e 102 ss, ou BAPTISTA BRANCO, *Conta corrente...*, 65-68.

[54] No sentido de que são prestações de coisa as obrigações pecuniárias, vd. ANTUNES VARELA, *Das Obrigações...*, I¹⁰, 835 e 851 ss., e MENEZES LEITÃO, *Direito...*, I¹¹, 137 ss. LARENZ, *Lehrbuch des Schuldrechts* I¹⁴, § 12, 162, desconsidera-as como prestações de coisa, uma vez que a entrega de coisas – moedas e notas – é apenas um meio, não o único, de proporcionar ao credor um deter-

Assente que, para estarmos perante uma *datio in solutum*, a prestação tem de ser diferente da devida[55], o "nó górdio" da questão reside em saber se o dinheiro escritural é objecto de obrigações pecuniárias. Podemos individualizar a este respeito duas construções: a *tese real* e a *tese obrigacional*.

Segundo a primeira construção, o dinheiro é necessariamente uma coisa corpórea, portanto, passível de ser objecto de direito de propriedade e de direitos reais menores (artigo 1465.º do CC)[56]. Consequentemente, se é uma coisa corpórea, objecto de direitos reais, é susceptível de reivindicação (artigos 1311.º, n.º 1, e 1315.º do CC), bem como de acções de prevenção, manutenção ou restituição da posse (artigos 1276.º e 1278.º do CC). Enquanto coisa

---

minado valor pecuniário, que é o seu vero interesse. MENEZES LEITÃO, *Direito…*, I[11], 137 ss, tenta rebater este argumento dizendo que, ainda assim, o dinheiro é uma coisa em sentido jurídico, consistindo, consequentemente, na prestação de que seja objecto uma prestação de coisa.

[55] ANTUNES VARELA, *Das Obrigações…*, II[7], 173, diz que, verificados os seus requisitos, "*a datio in solutum terá todo o cabimento, seja qual for a natureza da prestação debitória inicial e seja qual for o objecto da prestação diferente levada a cabo, quer pelo devedor, quer por terceiro*". Sobre a datio in solutum ou dação em cumprimento, *vd.*, ainda, VAZ SERRA, *Dação em função do cumprimento e dação em cumprimento*, no Boletim do Ministério da Justiça 39 (1953), 25-37, IDEM, *Algumas questões sobre dação em cumprimento*, na *Revista de Legislação e Jurisprudência* 99 (1966), 81-82, 97-100, 129-131, 161-163, 177-180, 193-195, 209-212, 225-227 e 241-243, PESSOA JORGE, *Obrigações*, 1.º vol., 421 ss., PIRES DE LIMA/ANTUNES VARELA, *Código Civil anotado*, vol. II, 4.ª ed. (reimpr.), Coimbra Ed., Coimbra, 2010, sub art. 837.º, 1-3, 119-120, CUNHA DE SÁ, *Modos de extinção das obrigações*, nos *Estudos em homenagem ao Professor Doutor Inocêncio Galvão Telles*, vol. I – Direito Privado e vária, Almedina, Coimbra, 2002, 195 ss., CALVÃO DA SILVA, *Cumprimento…*, 67-68[(129)], GALVÃO TELLES, *Obrigações*[7], 222, MENEZES LEITÃO, *Direito…*, II[5], 181-190, ALMEIDA COSTA, *Direito das Obrigações*[12], 1092-1095, MENEZES CORDEIRO, *Obrigações*, 2.º vol., 209 ss., IDEM, *Tratado de Direito Civil, II – Direito das Obrigações*, t. IV – Cumprimento e não cumprimento. Transmissão. Modificação e Extinção. Garantias, Almedina, Coimbra, 2010, 345-349, PESTANA DE VASCONCELOS, *A cessão de créditos em garantia e a insolvência, em particular da posição do cessionário na insolvência do cedente*, Coimbra, 2007, 554 ss., ROMANO MARTÍNEZ, *Direito das Obrigações – Apontamentos*[3], 259, GENTIL ANASTÁCIO, *A transferência…*, 247 ss., BRANDÃO PROENÇA, *Lições de cumprimento e não cumprimento das obrigações*, Coimbra Ed./Wolters Kluwer, 2011, 25-28, e, na doutrina estrangeira, HIEZ, *La nature juridique de la dation en paiement. Une modification de l'obligation aux fins du paiement*, em Revue Trimestrielle de Droit Civile (2004), 199 ss., SICCHIERO, *La prestazione in luogo dell'adempimento*, em Contratto e impresa 3 (2002), 1380 ss., IEVA, *Appunti sulla dazione in pagamento*, Rivista di Diritto Commerciale (2007), 2, 237 ss., CARLOS FERNANDEZ RODRIGUEZ, *Naturaleza jurídica de la dación en pago*, no Anuario de Derecho Civil 10 (1957), 753-797, AMBROSETTI, *Datio in solutum*, em Digesto Italiano IX, parte I, 122-142, GRASSETTI, *Datio in solutum (diritto civile)*, no Novissimo Digesto Italiano, 1960, 172-175, GERNHUBER, *Die Erfüllung und ihre Surrogate*, RODOTÀ, *Dazione in pagamento (diritto civile)*, na Enciclopedia del Diritto, 734-739.

[56] Entre nós, FERREIRA DE ALMEIDA, *Contratos*, II[3], 61-62, e VÍTOR NEVES, *A protecção do proprietário…*, 141 ss.

corpórea, é também uma coisa móvel[57], fungível[58], consumível[59] e produtiva[60]. Como coisa fungível objecto de obrigações pecuniárias, resulta inserirem-se estas dentro das obrigações genéricas, com a especificidade de o o dinheiro ser um *genus* ilimitado (cf. os artigos 539.º a 542.º do CC)[61].

Do lado oposto, entende a *tese obrigacional* que, sendo o dinheiro "função", e não "forma", o facto de cumprir todas as funções que cumpre o dinheiro "legal" (a saber: (*i*) de instrumento geral de trocas, (*ii*) de padrão de valor e (*iii*) de reserva de valor[62]) permite concluir que também este é dinheiro. De facto, a sua função há-de procurar-se no conceito comum de dinheiro, e não no produto da valoração jurídica do dinheiro: o Direito pressupõe o conceito socioeconómico[63]. Por outro lado, recusa a classificação do dinheiro como

---

[57] No sentido da mobilidade do dinheiro, expressamente, GARRIGUES, *El dinero...*, 16, FIKENTSCHER/HEINEMANN, *Schuldrecht*[10], 138. De resto, esta é uma característica implícita do dinheiro, quase apriorística, e que é reforçada pelo facto de muitos Autores considerarem apenas as coisas móveis poderem ser fungíveis: cf. ENNECCERUS/KIPP/WOLFF, *Tratado de Derecho Civil*, vol. I – *Parte General*, t. I[2], § 115 II, 541.

[58] No sentido da fungibilidade do dinheiro, *colorandi causa*, vd. ENNECCERUS/KIPP/WOLFF, *Tratado...*, I – I[2], § 115 II, 541, GARRIGUES, *El dinero...*, 17, DIAS MARQUES, *Direitos Reais*, vol. I, 47, e IDEM, *Noções elementares de Direito Civil*[2], 48 e 180, PIRES DE LIMA/ANTUNES VARELA, *Código Civil anotado*, vol. I, 4.ª ed. (reimpr.), Coimbra Ed., Coimbra, 2010, *sub* art. 207.º, 1-3, 201, MANUEL DE ANDRADE, *Teoria Geral da Relação Jurídica*, vol. I, Almedina, Coimbra, reimp. 2003, 253; CASTRO MENDES, *Teoria Geral do Direito Civil*, vol. I, de harmonia com as lições de 1978-1979, AAFDL, 1995, 609-611; PAIS DE VASCONCELOS, *Teoria Geral do Direito Civil*[7], Almedina, Coimbra, 2012, 199-200, SANTOS JUSTO, *Direitos Reais*, Coimbra Ed., Coimbra, 2007, 132-134.

[59] GARRIGUES, *El dinero...*, 17, integrando-o nos casos de consumo jurídico, ou CASTRO MENDES, *Teoria...*, I, 611.

[60] Coisa móvel produtiva por poder gerar frutos civis, juros (cf. artigo 212.º, n.ºs 1 e 2). Todavia, estes frutos civis não são produzidos pelo dinheiro por si próprio, antes pressupõem um contrato, *v. g.* de mútuo (BONET CORREA, *El dinero como bien jurídico*, em *Estudios de Derecho Civil en honor del Profesor Castan Tobeñas*, IV, 140), ou então dependem de mora.

[61] No sentido de que as obrigações pecuniárias são uma espécie de obrigações genéricas, vd. FIKENTSCHER/HEINEMANN, *Schuldrecht*[10], 138, MANUEL DE ANDRADE, *Obrigações pecuniárias*, na *Revista de Legislação e Jurisprudência* LXXVII, n.º 2771, 17, PIRES DE LIMA/ANTUNES VARELA, *CCAnot*, I[4], *sub* art. 550.º, 1-3, 557-558, ANTUNES VARELA, *Das Obrigações...*, I[10], 845, ALMEIDA COSTA, *Direito das Obrigações*[12], 735; MENEZES CORDEIRO, *Direito Bancário*[5], 501[(1257)], MENEZES LEITÃO, *Direito...*, I[11], 137 ss, PAIS DE VASCONCELOS, *Teoria...*, 199-200.

[62] Sobre as funções da moeda, do ponto de vista económico, *vd.*, *colorandi causa*, entre tantos, PAUL SAMUELSON, *Economia Política*, vol. I[4], 415 ss. (434 ss.), e FERNANDO ARAÚJO, *Introdução à Economia*[3], 824-825. Cf. também BONET CORREA, *El dinero...*, 137.

[63] Por todos, SIMITIS e KARSTEN SCHMIDT. Diz o primeiro que, na procura dum conceito de dinheiro, não interessam definições abstractas, antes ela deve ser procurada nas suas características empíricas, apriorísticas, que nos induzem à identificar a questão da natureza do dinheiro com a da sua função (SIMITIS, *Bemerkungen...*, 409).

coisa corpórea móvel e fungível: o dinheiro é um direito a uma quantia, a um valor abstracto, aferido em relação a uma unidade ideal de valor (*ideal unit*), que se demarca do seu suporte físico material. Com efeito, a história do dinheiro demonstra claramente o seu processo de desmaterialização[64]: primeiro a troca de bens, depois as moedas cujo valor metálico era equivalente ao monetário, depois as notas de papel, depois os títulos de crédito, as contas bancárias e as operações de giro com moeda bancária, os cartões de crédito e de débito, e hoje o dinheiro electrónico[65]. Por isso, dinheiro não é uma coisa corpórea, mas um valor patrimonial abstracto, que não pode ser objecto de direitos reais. E se não é coisa corpórea, também não pode ser coisa fungível, consumível ou móvel[66]. Depois, o princípio da especialidade obsta a que possa falar-se de direitos reais maiores ou menores sobre dinheiro: o dinheiro não é, portanto, objecto de direito de propriedade (cf. o artigo 1302.º do CC)[67]. Em último lugar, a tese obrigacional refuta, ainda, que as obrigações pecuniárias possam considerar-se uma espécie das obrigações genéricas: com efeito, o regime destas não vale para as obrigações pecuniárias, nomeadamente o regime da determinação ou concentração do género fora dos casos de concentração da prestação (artigos 539.º, 541.º e 542.º do CC)[68].

Aderimos a este segundo entendimento: o dinheiro, embora tenha como suporte material uma coisa corpórea, não é uma coisa corpórea. Que o dinheiro escritural não o é está fora de questão: trata-se de *prestações*, objecto de *direitos de crédito*, em regra do titular duma conta (com saldo a seu favor) contra o próprio banqueiro[69]. O problema é diferente no que toca ao dinheiro

---

[64] Sobre a desmaterialização histórica do dinheiro, *vd*. Louis Bamberger, *Le metal-argent à la fin du XIXe siècle*, trad. Raphael-Georges-Lévy, Guillaumin et Cie Éditeurs, Paris, 1894, pp. 1 e ss., Simitis, *Bemerkungen...*, 432 ss., Karsten Schmidt, *Geld und Geldschuld...*, 732, Tidu, *La clausola di esecuzione...*, 341, Roberto d'Orazio, *Profili di tutela dei consumatori nel trasferimento elettronico di fondi*, em *Il Diritto dell'Informazione e dell'Informatica* IV (1988), 375 ss., e, entre nós, Menezes Cordeiro, *Direito Bancário*[5], 155-157, e Gentil Anastácio, *A transferência...*, 65-82 e 268-273.
[65] Assim, Ferreira de Almeida, *Contratos*, II[3], 61-62, e Osório de Castro, *Os efeitos da patente...*, 182-196.
[66] Schmidt-Kessel, *Prüting/Wegen/Weinreich BGB Kommentar*[4], § 245, 1/8/9, 369-370, Vieira Gomes, *O conceito de enriquecimento...*, 1998, 617-625.
[67] Cf. Simitis, *Bemerkungen...*, passim, e Osório de Castro, *Os efeitos da patente...*, 186-194.
[68] Neste sentido, Grundmann, *Münchener...*, II[5], *sub* § 245, 23, 245, Dirk Looschelders, *Schuldrecht Allgemeiner Teil*[9], 109, Michael Ernst/Kölbl, *Schuldrecht Allgemeiner Teil*[2], Niederle Media, 2011, 32, e, entre nós, Nuno Aureliano, *O risco nos contratos de alienação*, Almedina, 2009, 48[(80)], e também 314[(924)].
[69] *Vd*. Kurt Schellhammer, *Schuldrecht nach Anspruchsgrundlagen samt BGB Allgemeiner Teil*[8], C. F. Müller, Recht in der Praxis, 2011, 1234, 646, Schwintowski/Schäfer, *Bankrecht: Commercial*

a contado ou legal: não resulta da lei o que seja o dinheiro legal, nem a sua regulamentação esclarece a sua natureza. Se a lei não no-lo define, e o regime parece pouco claro, há que procurá-lo noutras latitudes. Com efeito, o conceito de dinheiro traz à colação um problema interdisciplinar jurídico e socioeconómico[70]: o conceito económico de dinheiro reporta o conceito social do mesmo, a utilidade que do dinheiro advém para as pessoas e o interesse que daí provém na utilização do mesmo. O Direito recebe o conceito socioeconómico de dinheiro, e pressupõe-no ao mesmo tempo que o valora juridicamente em termos que não são substancialmente diversos do seu substracto socioeconómico.

O dinheiro é, por isso, uma *realidade diversa do material que lhe serve de suporte*[71], e traduz uma *unidade ideal de medida*, cujas funções são de instrumento geral de trocas, de padrão de valor, e de reserva de valor. Corolários da sua fun-

---

*Banking – Investment Banking*², Carl Heymans Verlag, 2004, 34, 166. Afastadas terminantemente estão as teorias de que haveria uma "propriedade económica" sobre as quantias monetárias.
[70] SIMITIS, *Bemerkungen...*, 418 ss., KARSTEN SCHMIDT, *Geld und Geldschuld...*, 732, e GRUNDMANN, *Münchener...*, II⁵, *sub* § 245, 245. A este propósito, *vd.* OLIVEIRA ASCENSÃO, *Direito Civil – Teoria Geral*, vol. I², Coimbra Ed., 2000, 36 e também 341 ss.: "*[o] Direito é pois indissociável da sociedade a que respeita. Só por abstracção logramos isolar, na ordem total da sociedade, a ordem jurídica. A relação social que é objecto de disciplina jurídica não é criação do direito. É-lhe prévia: está na sociedade. Os elementos fundamentais com que o Direito trabalha preexistem à intervenção do legislador, como realidade social. São jurídicos, uma vez que estão integrados na ordem jurídica, mas são pré-legais*". Em sentido idêntico, KARSTEN SCHMIDT, *Geld und Geldschuld...*, 732: "*Wissenschaftliche Begriffe sind Abbreviaturen für sachliche Aussagen, sind also einer Sachdisziplin nicht unveränderbar vorgegeben, sondern Teil ihres Inhalts. Weil das so ist, kann der Geldbegriff im Privatrecht nur ein Rechtsbegriff sein, und dieser Rechtsbegriff kann – muß aber nicht – identisch sein mit der in der wirtschaftswissenschaftlichen Literatur vorgefundenen Begrifflichkeit*". Cf., neste sentido, SIMITIS, *Bemerkungen...*, 418. Para o Autor, o dinheiro é uma necessária consequência de determinado sistema socioeconómico, uma categoria social, e não criado por normas ("*Das Geld wird aber nicht durch die Rechtsnormen geschaffen*"), pelo que o seu conceito jurídico não pode ser dissociado do seu conceito económico pré-legal. Contraria assim o pensamento positivista da teoria estadual do dinheiro (*staatliche Theorie des* Geldes) de que o dinheiro é o que o Estado diz ser e pode fazer com ele o que quiser, pois o Direito não deve tomar para si a criação do dinheiro, nem pode, pelo que a qualificação legal dum determinado objecto como dinheiro não é, portanto, elemento integrador do conceito de dinheiro (SIMITIS, *Bemerkungen...*, 418-427). Prova de que o monopólio da criação de dinheiro não é do Estado (*Geschöpfungsmonopol*) é o dinheiro escritural (*Buchgeld*), constituído pelos saldos em contas bancárias, que comunga das funções do dinheiro a contado em espécies monetárias. Através do *Buchgeld* os bancos, além de simplificarem o tráfego de pagamentos, criam crédito e moeda (SIMITIS, *Bemerkungen...*, 423-427). *Vd.*, também, BONET CORREA, *El dinero...*, 104 ss., ou, entre nós, MENEZES CORDEIRO, *Direito das Obrigações*, 1.º vol., 350, IDEM, *Direito Bancário*⁵, 502, e IDEM, *Tratado...*, V², 691 ss. Em sentido diverso, GARRIGUES, *El dinero...*, 11 e 41, e, no seu encalço, BONET CORREA, *El dinero...*, dizendo que o dinheiro é conceito jurídico, não económico, pois só é dinheiro o que o Estado diz ser.
[71] GENTIL ANASTÁCIO, *A transferência...*, 65 ss e 71.

ção de equivalente podem encontrar-se, desde logo, na *indemnização em espécie* (artigo 566.º, n.º 1, do CC), na *sub-rogação real* (artigos 692.º, 823.º, 1479.º, n.º 1, 1480.º, n.º 1 e 1481.º, n.º 1, 1539.º, do CC), e na *compensação* (artigo 847.º do CC).

Nestes termos, podemos afirmar que o dinheiro é um *bem jurídico*, mas não uma coisa corpórea (cf. os artigos 203.º[72] e 1302.º do CC), *nem tão-pouco imaterial*, dado que, enquanto abstracção valorativa humana, não é tangível. Se o dinheiro não é uma coisa corpórea, não é, de igual modo, *nem uma coisa móvel*[73], *nem consumível*[74], *nem divisível*[75], *nem genérica*[76] ou *fungível*[77]. Também pelo mesmo motivo, o dinheiro *não é objecto de direitos reais*: a isso obsta, *prima facie*, o *princípio da especialidade*, pois, que não pode haver direitos reais sobre coisas indeterminadas ou futuras demonstra-no-lo a procrastinação da eficácia translativa real dos contratos alienatórios nesses casos (cf. artigos 408.º, n.º 2, 880.º, n.º 1, e 893.º do CC)[78], e o regime da constituição dos vários direitos reais (cf., p. e., os artigos 656.º, n.º 1, 666.º, n.º 1, 686.º, n.º 1, artigo 690.º, 749.º

---

[72] Sobre a ausência, porém, de conteúdo preceptivo deste preceito, OLIVEIRA ASCENSÃO, *Teoria...*, I², 351.

[73] Lido à letra o artigo 205.º, n.º 1, é-se induzido à conclusão contrária, mas não cremos seja assim: antes julgamos concernir a dicotomia móveis/imóveis às coisas corpóreas, que não às incorpóreas.

[74] O facto de o dinheiro poder ser alienado, portanto objecto de "consumo jurídico" (artigo 208.º) não altera esse facto, em nossa opinião, uma vez que não se extingue, antes "muda de mãos", transmite-se. Cf. BONET CORREA, *El dinero...*, 130-132.

[75] No mesmo sentido, BONET CORREA, *El dinero...*, 132-134.

[76] E, por isso mesmo, o dinheiro não é objecto de obrigações genéricas, nem as obrigações pecuniárias podem ser reduzidas às genéricas, cujo regime se lhes não aplica.

[77] De facto enquanto *poder patrimonial abstracto* (*abstraktes Vermögensmacht*), na expressão savignyana, e na medida em que não se subsume ao conceito de coisas corpóreas, o dinheiro não pode ser considerado *a se* uma coisa fungível. Poderia ser caracterizado como *bem incorpóreo (hiper) fungível*, mas, ainda que o artigo 207.º em termos literais não se restrinja às coisas corpóreas, a corrente tradicional, que, neste tocante, acompanhamos, tem ido nesse sentido (PIRES DE LIMA/ ANTUNES VARELA, *CCAnot*, I⁴, *sub* art. 207.º, 1-3, 201, assim como, antes do CC, MANUEL DE ANDRADE, *Teoria...*, I, 252⁽³⁾; *contra*, CASTRO MENDES, *Teoria...*, I, 610⁽⁰⁹⁷³⁾).

[78] Sobre a especialidade dos direitos reais, *vd*. OLIVEIRA ASCENSÃO, *Direito Civil – Reais*, 5.ª ed., Coimbra Ed., Coimbra, 2005, 38 ss., EIUSDEM, *Teoria...*, I², 210, I, 366, MENEZES CORDEIRO, *Direitos reais*, COELHO VIEIRA, *Direitos reais*, Coimbra Ed., 2008, 216 ss., e 186, MENEZES LEITÃO, *Direitos Reais*⁴, Almedina, Coimbra, 2013, pp. 25-26, JOSÉ ALBERTO GONZÁLEZ, *Direitos Reais e Direito registal imobiliário*⁴, QJ, Lisboa, 2009, 26-29, 333 ss., 345 ss., CALVÃO DA SILVA, *Cumprimento...*, SANTOS JUSTO, *Direitos Reais*, 26-27, CARVALHO FERNANDES, *Lições de Direitos Reais*⁴, QJ, Lisboa, 2007, 56-57, BONIFÁCIO RAMOS, *Direitos Reais – Relatório*, AAFDL, Lisboa, 2014, 135 ss., NUNO AURELIANO, *O risco...*, 82-91 e 305-315, RAMOS ALVES, *Do penhor*, 68-69, MENÉRES CAMPOS, *Da hipoteca...*, 48, e FRANCISCO RODRIGUES ROCHA, *Da retenção...*, 585-588.

a 751.º, 754.º, 1302.º, e 1484.º, n.º 1, do CC). Logo, não pode ser nem objecto de *reivindicação* (artigos 1311.º e 1315.º do CC), nem de *acções possessórias* (1276.º e 1278.º do CC), constituindo-se, antes, na esfera do lesado um *crédito à restituição do dinheiro* subtraído: não faz sentido uma "reivindicação do valor" (*Geldwertvindikation*) com base na sub-rogação real, porque, desde logo, não estamos aqui perante direitos reais[79]. Fora deste âmbito, a única hipótese seria a de o esbulhado ter individualizado e, nessa medida, reivindicado, precisamente, cada uma das espécies metálicas ou em papel de que constava o dinheiro: mas, nesse caso, ele já não reivindica o dinheiro propriamente dito, mas sim as coisas que o titulam.

Em suma: também o dinheiro escritural é dinheiro e, por esse motivo, seja ou não supletivamente liberatório o pagamento escritural, é sempre verdadeiro cumprimento, que não dação em cumprimento de coisa diversa da devida.

3. Momento do cumprimento da obrigação subjacente

De particular melindre se reveste a individualização do momento em que se perfaz a atribuição pecuniária do ordenante ao beneficiário[80]-[81]. Para

---

[79] Esta tese foi defendida, na Alemanha, por SIMITIS, e, entre nós, por OSÓRIO DE CASTRO. Para VIEIRA GOMES, a tese de OSÓRIO DE CASTRO leva, absurdamente, a que, no caso de esbulho, duma nota de 5, tendo o esbulhador colocado esta na sua carteira com outras notas de 5, não podendo individualizar-se qual das notas a furtada, que o esbulhado possa reivindicar uma das notas de 5; todavia, também, paradoxalmente, aquele Autor não admite que, no caso de a nota ter sido alienada a terceiro, o esbulhado a persiga. VIEIRA GOMES, *O conceito de enriquecimento...*, 633, considera ainda que quem advogue que o dinheiro é um direito ao valor, não deve considerar aplicável o regime da confusão (artigos 868.º ss. do CC) só porque uma nota de 1 foi colocada com outras de 1 no mesmo cofre, pois "*decisivo é o valor e este pode ser separado (...) sem qualquer prejuízo*".

[80] O problema que ora nos concerne, de divisar o momento em que se perfaz a atribuição patrimonial do devedor/ordenante ao credor/beneficiário, aparece amiúde confundido – mal, embora – com o do tempo do cumprimento. Os problemas são diferentes, contudo.

[81] A determinação deste momento pode ser determinante para saber se houve ou não mora do devedor ou mesmo para efeitos de penhora do crédito, oponibilidade aos credores do ordenante ou do beneficiário, exercício de direitos de preferência, resolução de contratos, insolvência, morte duma das partes ou estabelecimento da taxa de câmbio a aplicar: cf. SCIARRONE ALIBRANDI, *Il pagamento a mezzo bancogiro (ricordo di Gian Franco Campobasso)*, em *Banca, Borsa e Titoli di Credito* LVIII (2005), I, 577, MASSIMO DONADI,, *Problemi giuridici del trasferimento elettronico dei fondi*, em *Contrato e Impresa* IV (1988), 2, Francesco Galgano (dir.), 562-563, e GENTIL ANASTÁCIO, *A transferência...*, 258. Para o problema da transferência bancária no Direito falimentar, vd. GINO CAVALLI, *Considerazioni sulla revocatoria delle rimesse in conto corrente bancario dopo la riforma dell'artigo 67, legge fallimentare*, em *Banca, Borsa e Titoli di Credito* (2006), I, 1-15. Mais ainda o momento em

um primeiro entendimento, a obrigação subjacente (à transferência bancária) extingue-se no momento da creditação na conta do beneficiário, o que é assim por analogia com o pagamento em moeda legal (moeda ou papel) e por o pagamento só se perfazer quando o credor dispõe materialmente do dinheiro[82]. Outros consideram que a obrigação subjacente se extingue logo no momento da creditação da conta do banqueiro do beneficiário com base nas regras do cumprimento a terceiro [cf., entre nós, o artigo 770.º, *a*), do CC], bem como em considerações económicas de segurança e solvabilidade dos intermediários necessariamente envolvidos na operação, os bancos[83]. Por fim, outros entendem que a obrigação subjacente é cumprida no momento da recepção da ordem pelo banqueiro do beneficiário[84].

Julgamos que importa, desde logo, frisar que nem sempre se coloca o problema de saber em que momento o pagamento por giro bancário libera o devedor, uma vez que, amiúde, ao giro bancário não subjaz qualquer obrigação do ordenante. De realçar também que o regime da LSP, na esteira da DSP, apenas se atém à relação de valuta, quer dizer, ao contrato de serviços de pagamento, pelo que dificilmente, à primeira vista, nos poderá oferecer argumentos nesta matéria, sem prejuízo de, sob um olhar mais atento, ser possível, ainda que indirectamente, inferir da LSP algumas conclusões[85].

Feita esta advertência, cremos que, quanto às *transferências externas*, o momento da extinção da relação subjectiva é o da *creditação na conta do ban-*

---

que se entenda estar cumprida a obrigação subjacente (à transferência) influi também no regime da revogabilidade da ordem de pagamento, nos termos do artigo 77.º, n.º 1, da LSP.

[82] SIMITIS, *Bemerkungen...*, 459 e 466, GERNHUBER, *Die Erfüllung und ihre Surrogate: sowie das Erlöschen der Schuldverhältnisse aus anderen Gründen*, Mohr, Tübingen, 1983, § 11, 4, 199, CAMPOBASSO, *Bancogiro e moneta scritturale*, 131[(1)], SCIARRONE ALIBRANDI, *Il pagamento...*, 577-578, INZITARI, *L'adempimento...*, 150, DEKEUWER-DÉFOSSEZ, *Droit Bancaire*[5], Dalloz, 1995, 57. Na jurisprudência italiana, a sentença da *Pretura di Bari* de 5.IV.1990 (LUCAFÒ), BBTC LV (1992), II, 623.

[83] MENEZES LEITÃO, *Direito...*, II[5], 154-155, OECHSLER, *Überweisungsverkehr*, no *Handbuch zum deutschen und europäischen Bankrecht*, (org.) Peter Derleder, Kai-Oliver Knops, Heinz Georg, Berlim, 2004, § 37, III, 934-935, DI MAJO, *Adempimento...*, 122 ss., SCIARRONE ALIBRANDI, *L'adempimento dell'obbligazione pecuniaria tra diritto vigente e portata regolatoria indirectta della Payment Services Directive 2007/64/CE*, em *Quaderni d Ricerca Giuridica della Consulenza Legale – Il nuovo quadro normativo comunitario dei servizi di pagamento. Prime riflessioni (Banca d'Italia)*, (dir.) Marco Mancini e Marino Perassi, n.º 63 (Dez. 2008), 59-73, CHIEPPA MAGGI, *Problemi della pratica: i mezzi anormali di pagamento nella giurisprudenza*, na *Banca, Borsa e Titoli di Credito* LV (1992), I, 117, GAVALDA/STOUFLET, *Droit Bancaire : institutions, comptes, opérations, services*[8], Lexisnexis, 2010, 665.

[84] Neste sentido, além de DI MAJO (em parte), também SALVATORE PATTO/LETIZIA VACCA, *Trattato...*, V, 161-162.

[85] Cf. também, além de SCIARRONE ALIBRANDI, *L'adempimento...*, 59-73, JOHANNES KÖNDGEN, *Das neue Recht des Zahlungsverkehrs*, em *Juristische Schulung* 51 (2011), 6, 481.

queiro do beneficiário (artigo 770.º, *a*), do CC), isto porque o artigo 78.º, n.º 2, da LSP, ao permitir que beneficiário e respectivo prestador de serviços acordem em que este último deduza os seus próprios encargos do montante objecto de transferência antes de o creditar ao beneficiário, induz à conclusão de que a obrigação subjacente se encontra cumprida desde que as quantias transferidas sejam recebidas na conta do prestador de serviços do beneficiário; a não se entender assim, estaríamos a permitir que o devedor ordenante não cumprisse integralmente a prestação a que se encontra adstrito, o que contrariaria os princípios gerais do cumprimento das obrigações, e a *ratio* do próprio artigo 78.º, n.º 1, de salvaguarda do próprio credor quando a transferência seja funcionalmente dirigida à extinção das obrigações subjacentes. Mais: cremos que, contra quanto acaba de se expor, não há que "acenar" com o artigo 840.º, n.º 2, do CC, relativo à *datio pro solvendo*, pois também esta pressupõe uma prestação diferente da devida, o que não acontece neste caso. E isto não obstante o paralelismo com os títulos de créditos: é que a comparação começa e acaba no facto de serem formas (abstractas e autónomas) de circulação de moeda; ademais, na verdade, a inscrição do crédito na conta do banqueiro receptor confere muito mais segurança (e garantia de solvabilidade) do que propriamente a dação de um título a alguém para que outrem lho pague. Por último, cremos que o facto de o pagamento por moeda escritural e o pagamento por moeda ou papel deverem ser equiparados em regra, porque funcionalmente iguais não significa que não deixem de ser, estruturalmente, diferentes: no primeiro há, sempre, a presença de (pelo menos) um intermediário, e daí que não possamos descurar a intervenção deste na recepção dos referidos fundos.

Quanto às *transferências internas*, cremos, a obrigação subjacente extingue-se quando *creditada na conta do próprio beneficiário* a quantia transferenda[86].

4. Lugar do cumprimento

O lugar do cumprimento das obrigações pecuniárias é o do *domicílio do credor* ao tempo do cumprimento (artigo 774.º do CC), em excepção à regra "geral"[87] constante do artigo 772.º do CC. As regras relativas ao local do cum-

---

[86] Em moldes que se aprofundarão *infra* a propósito da revogabilidade da ordem de pagamento e do momento do cumprimento da obrigação do banqueiro do ordenante.
[87] Com efeito, na prática, a quantidade de situações subsumível no artigo 774.º é francamente superior às que se enquadram no artigo 772.º, n.º 1.

primento são supletivas[88]: não obstante o teor do artigo 774.º. Po risso, durante o transporte e até à entrega ao credor, o risco da perda do dinheiro corre sempre por conta do devedor[89]: as obrigações pecuniárias correspondem, por isso, a *obrigações de entrega*[90].

Mas qual o lugar do cumprimento das obrigações pecuniárias escriturais?

Entre nós, Menezes Cordeiro e Gentil Anastácio pronunciaram-se no sentido de os usos bancários e os princípios gerais levarem à conclusão de que uma transferência se tem por efectuada no local de destino dos fundos, *i. e.*, o do domicílio do banco do beneficiário, seja ou não também o banco do ordenante[91]. Em Itália, perante o artigo 1182, 3.º, 1.ª parte, do *Codice civile*, a opinião maioritária defende não comportar a cláusula de pagamento por transferência modificação do lugar do cumprimento e, subsequentemente, não determina a eleição dum foro facultativo competente no lugar para que a transferência foi executada[92]. Já Ettore Giannantonio e Spinelli/Gentile consideram que a norma supletiva do artigo 1182, 3.º, 1.ª parte, do *Codice*, não se aplica às relações bancárias, porque "*exclusivamente civil*", e porque os pagamentos escriturais são sempre cumpridos na sede do banqueiro do destinatário (artigos 1834, 2.º co., e 1843, 2.º co., do *Codice*)[93].

Em primeiro lugar, julgamos, a questão só se coloca se as partes nada tiverem previsto nesse sentido. Quando nada tenha sido previsto no contrato, a resposta à questão de saber se o artigo 774.º do CC obsta a que o pagamento seja efectuado por transferência bancária impõe que, antes, procuremos a *ratio* do preceito. O regime enunciado encontra justificação em duas circunstâncias: o de a solução oposta poder ser particularmente onerosa para o credor, que se veria obrigado a ir buscar o dinheiro ao domicílio do devedor; e, passando a palavra a Antunes Varela, "*[n]a facilidade com que hoje se fazem transmissões ou remessas de dinheiro (por vale, cheque, etc.), podendo assim o devedor evitar, sem nenhum embaraço ou incómodo de maior, que o credor se desloque ao seu domicílio para reclamar*

---

[88] Assim, MENEZES LEITÃO, *Direito...*, II[5], 166.
[89] ANTUNES VARELA, *Das Obrigações...*, II[7], 39, ALMEIDA COSTA, *Direito das Obrigações*[12], 1006, MENEZES LEITÃO, *Direito...*, II[5], 166.
[90] MENEZES LEITÃO, *Direito...*, II[5], 166.
[91] MENEZES CORDEIRO, *Direito Bancário*[5], 434, e GENTIL ANASTÁCIO, *A transferência...*, 257. Cf., também SCHÖNLE, *Ort und Zeit bargeldloser Zahlung*, em *Festschrift für Winfried Werner zum 65. Geburtstag*, Berlim, Nova Iorque, 1984, 817-839, VON CAEMMERER, *Zahlungsort*, em *International Law and Economic Order*, 3-19, VROEGOP, *The time of payment in paper-based and electronic funds transfer systems*, em *Lloyd's Maritime and Commercial Law Quarterly* (1990), 64-87.
[92] CAMPOBASSO, *Bancogiro e moneta scritturale*, 263[(1)], SCIARRONE ALIBRANDI, *Il pagamento...*, 578-579.
[93] SPINELLI/GENTILE, *Diritto Bancario*[2], 418, e ETTORE GIANNANTONIO, *Trasferimenti elettronici...*, 61.

a entrega"[94]. Significa isto que a regra do artigo 774.º do CC foi pensada tendo em vista a diminuta onerosidade que há para o devedor em remeter as quantias devidas em virtude dos meios de transferência de moeda escritural. Esta consideração facilita sobejamente a análise do que deva considerar-se o domicílio do credor para efeitos do local do cumprimento da transferência bancária: lugar do cumprimento é o do destino dos bens, entendido como o local onde está domiciliado o banco do beneficiário[95], que a lei equipara ao domicílio do credor. Esta solução é, de resto, concorde com o regime do artigo 770.º, *a*), do CC.

Com uma ressalva: quanto acaba de dizer-se vale para efeitos de determinação do local do cumprimento, que não para determinação do foro competente. De facto, quanto à competência judicial *ratione loci*, nos casos em que possa seja proposta acção de cumprimento (de obrigação pecuniária) no local onde a obrigação deveria ter sido cumprida, *i. e.*, no local do domicílio do credor (artigo 774.º do CC e 71.º, n.º 1, do CPC), porque a regra processual tem como propósito "facilitar" a vida ao credor (evitando custos desnecessários em deslocações a tribunal distante, *e. g.*), cremos dever ser o domicílio do credor interpretado como o seu efectivo domicílio, e não o do seu banqueiro.

§ 2. *Relação de provisão*

1. *Generalidades*

Antes da LSP, a doutrina autonomizava o *contrato de giro* ou *de transferência bancária* dos restantes contratos bancários[96]. O giro bancário designava o

---

[94] ANTUNES VARELA, *Das Obrigações...*, II⁷, 37⁽²⁾. A solução do artigo 774.º era antes prevista no Código de Seabra para a restituição das quantias emprestadas no contrato de mútuo (artigo 1529.º).
[95] GENTIL ANASTÁCIO, *A transferência...*, 258.
[96] No sentido da autonomia do contrato de giro, CANARIS, *Bankvertragsrecht*³, I, 3, 207, GUGGENHEIM, *Les contrats de la pratique bancaire suisse*², Genebra, 1981, 256, MENEZES CORDEIRO, *Direito Bancário*⁵, 564 ss, GENTIL ANASTÁCIO, *A transferência...*, 139-143, OLAVO CUNHA, *Cheque e convenção de cheque*, 412, ENGRÁCIA ANTUNES, *Direito dos Contratos Comerciais*, 550-552. Em sentido contrário, GIACOMO MOLLE, *Consideraziozni sul conto corrente bancario*, em *Banca, Borsa e Titoli di Credito* XIII (1950), I, 97-117, IDEM, *I contratti bancari*³, SPINELLI/GENTILE, *Diritto bancario*², 416 ss., CAMPOBASSO, *Il bancogiro...*, 631 ss., CALTABIANO, *L'accreditamento bancario*, em *Le Operazioni Bancarie*, II, Giuseppe Portale (org.), 727 ss., CONCETTO COSTA, *Bancogiro «internazionale» e Diritto italiano*, em *Banca, Borsa e Titoli di Credito* LV (1992), I, 346 ss., FRANCESCO GALGANO, *Conto corrente bancario*, no *Dizionario Enciclopedico del Diritto*, vol. I, CEDAM, Milão, 1996, 421 ss., SILVIO MARTUCCELLI, *Obbligazioni pecuniarie e pagamento virtuale*, Studi di Diritto Civile, Università di Roma,

conjunto de operações escriturais de transferência de fundos, realizadas por um banqueiro, a pedido do seu cliente ou a favor dele[97]. Tratava-se dum tipo contratual distinto do contrato de abertura de conta[98], do contrato de conta-corrente bancária[99] (sem prejuízo de se encontrarem coligados[100]), do

---

Giuffrè, Milão, 1998, 134-143, DEKEUWER-DÉFOSSEZ, *Droit Bancaire*[5], 45 ss., CALVÃO DA SILVA, *Direito Bancário,* 342, PUPO CORREIA, *Direito Comercial – Direito da Empresa*[10], Ediforum, Lisboa, 2007, 543-544, BAPTISTA BRANCO, *Conta corrente...*, 35-38, 39-50, 52 e 59-68.

[97] MENEZES CORDEIRO, *Direito Bancário*, na 3.ª e 4.ª eds., 429. Cf. tb. a definição avançada por ENGRÁCIA ANTUNES, *Direito dos Contratos Comerciais*, 550, e FERREIRA DE ALMEIDA, *Contratos*, II[5], 179.

[98] Divisam-se, no que toca à natureza jurídica da relação bancária, várias teses. A primeira é a da *relação corrente de negócios*, que é seguida por um importante sector doutrinário, assentando na premissa de que a relação entre o banqueiro e o seu cliente não tem origem contratual, mas antes assenta numa relação obrigacional complexa e duradoura, assente na boa fé, que funda deveres de protecção do cliente (no sentido de que a relação jurídico bancária assenta numa relação corrente de negócios, *vd.* SINDE MONTEIRO, *Responsabilidade por conselhos, recomendações ou informações*, Almedina, Coimbra, 1989, 514, CALVÃO DA SILVA, *Direito Bancário*, Almedina, Coimbra, 2001, 334-336, PAULO MOTA PINTO, *Declaração tácita e comportamento concludente no negócio jurídico*, Almedina, Coimbra, 1995, 661-662, CARNEIRO DA FRADA, *Contrato e deveres de protecção*, na separata do *Boletim da Faculdade de Direito* XXXVIII, 1994, 107, ALMENO DE SÁ, *Responsabilidade bancária*, Coimbra Ed., Coimbra, 1998, 65, e IDEM, *Responsabilidade bancária: dever pré-contratual de informação e corte de crédito – Anotação ao Acórdão do Supremo Tribunal de Justiça, de 14 de Novembro de 1991*, na *Revista de Direito e Economia* XVI a XIX (1990-1993), 641[(40)], PAIS DE VASCONCELOS, *Mandato bancário*, nos *Estudos em Homenagem ao Senhor Professor Doutor Inocêncio Galvão Telles*, vol II – *Direito Bancário*, Almedina, 2002, 134 e 138-142, MENEZES LEITÃO, *Direito...*, I[11], 328-329, e ENGRÁCIA ANTUNES, *Direito dos Contratos Comerciais*, 484). Outra tese é da *relação obrigacional* propugnada por CANARIS. A última tese, e que tem entre nós ganho adeptos, é a *tese contratual*: neste sentido, MENEZES CORDEIRO, *Direito Bancário*[5], 552 ss e passim.

[99] É discutida a natureza jurídica da conta-corrente bancária. Para quem advoga a contratualidade da relação bancária geral, é opinião corrente a conta-corrente bancária tratar-se dum contrato autónomo do de abertura de conta: neste sentido, *vd.*, entre nós, MENEZES CORDEIRO, *Direito Bancário*[5], 552 ss, IDEM, *Da compensação no Direito civil e no Direito bancário*, 229-240 (acentuando a ligação umbilical quer com o contrato de abertura de conta, que postula necessariamente a conta-corrente bancária, quer com o contrato de giro bancário e o serviço de caixa, que a pressupõem de igual modo), e GENTIL ANASTÁCIO, *A transferência...*, 129-131, considerando esta conta-corrente em união ou coligação com o contrato de conta e com outros contratos, como o depósito bancário ou a abertura de crédito e o giro bancário. Outra é a posição daqueles que advogam a não contratualidade da relação entre o banqueiro e o seu cliente, fundando-a antes na relação permanente de negócios, os quais soem divisar no contrato de conta-corrente um autónomo contrato – que, todavia, não funda a relação bancária geral – com uma considerável extensão, qualificável como um mandato geral: neste sentido, entre nós, CALVÃO DA SILVA, *Direito bancário*, 342-344.

[100] CANARIS, *Bankvertragsrecht*[3], I, 3, 207.

depósito bancário[101], e dos contratos de utilização de cartões bancários. Na figura do giro bancário *lato sensu* reuniam-se quer as transferências de créditos, quer as de débitos, quer as efectuadas entre contas dum mesmo titular[102], o que dificultava a consideração de construções unitárias. Subjacente estava sempre a circulação de dinheiro. Além de autónomo, o contrato de giro reconduzia-se a um contrato-quadro e a um mandato geral, sendo as chamadas ordens de giro concretizadoras do mesmo[103].

À luz da LSP, cremos ter sido o anterior contrato de giro substituído pelo novo contrato de serviços de pagamento, que, como o anterior, é uma figura contratual *a se* perante os demais contratos bancários. Embora, à letra, o novo tipo contratual, por um lado e a um tempo, não esgote o âmbito tradicional do giro bancário (uma vez que a LSP aparentemente regula apenas os serviços *de pagamento*, que não todas as outras deslocações patrimoniais com finalidade

---

[101] Neste sentido, *vd., e. g.*, MENEZES CORDEIRO, *Direito Bancário*⁵, *passim*. A doutrina mais antiga confundia frequentemente depósito e abertura de conta. Sobre o depósito bancário, *vd., e. g.*, além de MENEZES CORDEIRO, *Direito Bancário*⁵, 601 ss, IDEM, *Depósito bancário e compensação*, nos *Estudos em Homenagem ao Professor Doutor Inocêncio Galvão Telles*, vol. II – *Direito Bancário*, Almedina, Coimbra, 2002, 89-102, CALVÃO DA SILVA, *Direito Bancário*, PAULA PONCES CAMANHO, *Do contrato de depósito bancário: natureza jurídica e alguns problemas de regime*, Almedina, Coimbra, 2005 (reimpr.), 69 ss., IDEM, *Contrato de depósito bancário: descoberto em conta, direito do Banco que paga o cheque, conta solidária (comentário ao Acórdão do Tribunal da Relação de Coimbra de 12 de Maio de 1998)*, nos *Estudos em Homenagem ao Professor Doutor Inocêncio Galvão Telles*, vol. II – *Direito Bancário*, Almedina, Coimbra, 2002, 103-130, FERNANDO CONCEIÇÃO NUNES, *Depósito e conta*, nos *Estudos em Homenagem ao Professor Doutor Inocêncio Galvão Telles*, vol. II – *Direito Bancário*, Almedina, Coimbra, 2002, 67-88, CARLOS LACERDA BARATA, *Ensaio sobre a natureza jurídica do contrato de depósito bancário*, Tese de Mestrado, FDUL, 1993, 15 ss., IDEM, *Contrato de depósito bancário*, nos *Estudos em Homenagem ao Professor Doutor Inocêncio Galvão Telles*, vol. II, Almedina, Coimbra, 2002, 7-64, RAMOS ALVES, *Do Penhor*, Almedina, Coimbra, 2010, 239-248, GIUSEPPE FERRI, *Deposito bancario*, na *Enciclopedia del Diritto* XXI, 1964, 278-285, JOSÉ IBRAIMO ABUDO, *Do contrato de depósito bancário*, Almedina, Coimbra, 2004, 99 ss., SIQUICE MATCHOCO, *O depósito bancário*, FDUL, Lisboa, 2001, EVA COUTINHO, *Depósitos bancários e admissibilidade da compensação*, em www.verbojuridico.com, 2 ss., NICCOLÒ SALANITRO, *Problemi in tema di depositi bancari*, em *Le Operazioni Bancarie*, t. I, a cura di Giuseppe Portale, Giuffrè Ed., Milão, 1978, 353-383, PIETRO ABBADESSA, *Gli obblighi di amministrazione nel deposito di titoli*, em *Le Operazioni Bancarie*, t. I, Giuffrè Ed., Milão, 1978, 455-475, GIORGIANNI/TARDIVO, *Manuale di diritto bancario*², Giuffrè Ed., 2009, 361 ss., ARCANGELI, *Note sul deposito irregolare*, em *Scritti di diritto commerciale e agrario*, vol. II, Pádua, 1936, 204, ADRIANO FIORENTINO, *Del deposito*, em *Commentario del Codice Civile*, a cura di Antonio Scialoja e Giuseppe Branca, Nicola Zanichelli Ed., 1962, 54-136.

[102] MENEZES CORDEIRO, *Direito Bancário*⁵, 564 ss.

[103] *Vd.* GENTIL ANASTÁCIO, *A transferência...*, 169, e, noutros ordenamentos, SEQUEIRA MARTÍN, *La transferencia bancaria de credito*, em *Estudios de Derecho Bancario y Bursatil. Homenage a Evelio Verdera y Tuellis*, t. I, 2531 ss. No sentido contrário, *vd.* FRANÇOIS GRUA, *Contrats bancaires*, t. 1 – *Contrats de service*, Economica, Paris, 1990, 158-159.

não solutória[104]), e, por outro, o exceda (é o caso da utilização de cartões bancários), ele abrange naturalmente todas as deslocações patrimoniais de dinheiro por mediação de bancos. Assim, sem prejuízo do reparo que acaba de fazer-se, adoptamos a terminologia legal.

2. Classificação

I. O contrato de serviços de pagamento é também, em regra, um "*contrato de adesão*" (artigo 1.º, n.º 1 e 2, da LCCG[105]) e, não raras vezes, também *de consumo* (artigo 2.º, n.º 1, da LDC[106]), sendo-lhe, por conseguinte, aplicáveis os correspondentes regimes. Nada exclui, no entanto, e o regime da LSP atesta-no-lo, que possa não ser nem de adesão, nem de consumo: nesse caso, queda afastada a aplicação da LCCG e da LDC.

O contrato de serviços de pagamento é, necessariamente, *oneroso*[107], *comutativo* e *sinalagmático*[108]. Que é oneroso indica-no-lo o facto de se reconduzir à comissão mercantil[109]. Por seu turno, o sinalagma estabelece-se aqui entre a obrigação de o banqueiro transferir os fundos e a obrigação de o ordenante pagar a retribuição devida ou comissão: esta circunstância traz à colação o regime da *exceptio non adimpleti contractus* (artigo 428.º, n.º 1, do CC)[110], embora nada impeça o banqueiro de, na prática, executar uma ordem de giro com o saldo negativo, caso em que ao contrato de giro surgirá acoplado um contrato

---

[104] Cf., em termos símiles, ONOFRIO TROIANO, *Contratti di pagamento e disciplina privatistica comunitaria (proposte ricostruttive con particolare riferimento al linguaggio ed alle generalizzazioni legislative)*, Banca, Borsa e Titoli di Credito (2009), 5, 520-552.

[105] Aprovado pelo Decreto-Lei n.º 446/85, de 25 de Outubro, com as alterações constantes do Decreto-Lei n.º 220/95, de 31 de Agosto, da Rectificação n.º 114-B/95, de 31 de Agosto, do Decreto-Lei n.º 249/99, de 7 de Julho, e do Decreto-Lei n.º 323/2011, de 17 de Dezembro.

[106] Aprovada pela Lei n.º 24/96, de 31 de Julho, com as alterações constantes da Rectificação n.º 16(96, de 13 de Novembro, da Lei n.º 85/98, de 16 de Dezembro, do Decreto-Lei n.º 67/2003, de 8 de Abril, e da Lei n.º 10/2013, de 28 de Janeiro.

[107] Considerando a onerosidade elemento essencial do mandato comercial (e da comissão), cf. COSTA GOMES, *Contrato de mandato comercial...*, in *Operações...*, 499-503, IDEM, *Contrato de mandato*, 89, e MENEZES LEITÃO, *Direito das Obrigações*, vol. III, 9.ª ed., Almedina, Coimbra, 2014, 418-422. Em contrário, tomando-a como presunção ilidível, PIRES DE LIMA/ANTUNES VARELA, *CCAnot*, II⁴, *sub* art. 1158.º, 1-4, 789-790, MENEZES CORDEIRO, *Direito Comercial*³, 653 ss, e GENTIL ANASTÁCIO, *A transferência...*, 157-158[(404)].

[108] No sentido da sinalagmaticidade deste contrato, *vd.* CANARIS, *Bankvertragsrecht*³, 206, e, entre nós, GENTIL ANASTÁCIO, *A transferência...*, 164.

[109] COSTA GOMES, *Contrato de mandato comercial...*, in *Operações...*, 499-503.

[110] MENEZES CORDEIRO, *Direito Bancário*⁵, 564 ss.

de crédito, tacitamente concluído[111]. A propósito do pagamento da comissão, deve ainda ser tomado em consideração o chamado *float*, *i. e.*, a diferença temporal entre o débito na conta do ordenante e a creditação na conta do beneficiário que, *interim*, rende juros: trata-se dum "efeito lateral" da deslocação de fundos[112], que, na falta de acordo nesse sentido ou de usos que, neste tocante, integrem o contrato, cabe ao ordenante.

A *comissão* ou os *encargos* com a expedição ou recepção da transferência – além de deverem corresponder e adequar-se aos seus custos efectivos (artigo 63.º, n.º 5, da LSP) – apenas podem ser cobrados pelo respectivo banqueiro (artigos 406.º, n.º 2, do CC, 52.º da DSP e 63.º, n.º 1, da LSP). A lei permite, no entanto, nos casos em que a operação de pagamento envolva a realização de operações de conversão monetária, que o ordenante e o beneficiário acordem numa diferente repartição de encargos (artigo 63.º, n.º 2, da LSP). Também o banqueiro não pode cobrar ao cliente os encargos inerentes ao cumprimento das suas obrigações de informação ou das medidas correctivas e preventivas previstas no Capítulo II do Título III da LSP (artigo 63.º da DSP, artigo 63.º, n.º 3, da LSP): a *regra* é *imperativa* tratando-se de consumidor (artigo 62.º, n.º 2, da LSP, *a contrario*). Não obstante o n.º 3 do artigo 63.º da LSP, o n.º 4, als. *a)* a *c)*, do mesmo preceito dispõe que o banqueiro e o cliente podem acordar na cobrança de encargos nos casos de notificação de recusa justificada de execução duma ordem de pagamento, revogação duma ordem de pagamento (cf. artigo 77.º, n.º 5) e recuperação de fundos (cf. artigo 85.º, n.º 3, da LSP).

A maiores dúvidas se presta a determinação do âmbito de aplicação da regra segundo a qual o banqueiro não deve impedir o beneficiário de, relativamente à utilização dum instrumento de pagamento, oferecer ao ordenante uma redução pela sua utilização ou exigir um encargo pela sua utilização (artigo 52.º, n.º 3, *in principio*, da DSP, e artigo 63.º, n.º 6, da LSP)[113], malgrado o artigo 2.º do Decreto-Lei n.º 3/2010 tenha vindo proibir o beneficiário de cobrar encargos ao ordenante. O artigo 63.º, n.º 6, da LSP, deveria ser mais explícito quanto ao sujeito a quem é oferecida a redução ou exigido encargo, que é, como refere

---

[111] CANARIS, *Bankvertragsrecht*³, I, 3, 207.
[112] Assim, CANARIS, *Bankvertragsrecht*³, I, 3, 206, que do *float* distingue a figura do "*Wertstellungsgewinn*".
[113] Sobre o tema, RITA VERA-CRUZ PINTO BAIRROS, *A transferência...*, 282-284. O problema colocou-se no Caso C-616/11 (2012/C, 73/26), a propósito da aplicação da norma à relação contratual dum operador de telefonia móvel na qualidade de beneficiário dum pagamento e o seu cliente na qualidade de ordenante, no âmbito de questão prejudicial suscitada pelo *Oberster Gerichtshof* (Áustria), no Caso de 30-XI-2011 da *T-Mobile Austria GmbH* vs. *Verein für Konsumenteninformation*, publicado em JOUE 10-III-2012, C73/14.

o artigo 52.º, n.º 3, da DSP, ao ordenante. Ora, surgiu recentemente a questão de saber se o artigo 53.º, n.º 3, da DSP, correspondente ao artigo 62.º, n.º 6, da LSP, poderia ser interpretado no sentido de também ser aplicável à relação contratual entre um operador de telefonia móvel na qualidade de beneficiário de um pagamento e o seu cliente privado (consumidor) na qualidade de ordenante. Por nossa parte, a resposta tem de ser positiva, embora deva distinguir-se: o preceito não se aplica à relação contratual entre cliente/ordenante e operador de telefonia móvel, mas antes aplica-se à relação de cobertura e à relação de execução, seja qual for a relação subjacente, de telefonia móvel, de compra e venda, de empreitada, de aluguer, de arrendamento, de doação, de mútuo, & cætera.

Outra questão: devem ser considerados instrumentos de pagamento na acepção dos artigos 4.º, n.º 23, e 52.º, n.º 3, da DSP, um formulário de pagamento assinado pelo ordenante ou o preenchimento de autorização de transferências baseado num formulário de pagamento assinado, bem como o procedimento de autorização de transferências acordado *online* (*telebanking*)[114]? Por nossa parte, o instrumento de pagamento tem como elemento característico ser funcionalizado à emissão duma ordem de pagamento, daí que, em qualquer um destes casos, caiamos no regime da DSP e da LSP.

Uma terceira questão surgiu ainda a propósito de saber se a DSP se opõe à aplicação de disposições legais nacionais que prevejam uma proibição genérica de cobrança de encargos por parte do beneficiário do pagamento e que, em particular, não façam qualquer distinção entre os instrumentos de pagamento[115]. A resposta a dar a esta questão tem particular acuidade perante o regime instituído pelo artigo 2.º do Decreto-Lei n.º 31/2010, que proibiu, em geral, a exigência de cobrança de encargos pelo beneficiário ao ordenante. À luz da *ratio* protectora do contratante débil que enforma a DSP, a proibição da exigência de cobrança de encargos pelo beneficiário ao ordenante parece lícita.

II. Para haver um contrato de serviços de pagamento é necessário que parte no contrato seja um banco – *um* pelo menos[116] –, na qualidade de intermediário[117], uma vez que as transferências dar-se-ão entre duas ou mais contas. Trata-se, por isso, dum *acto subjectivamente comercial* (artigo 13.º, n.º 2.º, do

---

[114] Caso de 30-XI-2011 da *T-Mobile Austria GmbH* vs. *Verein für Konsumenteninformation*, publicado em JOUE 10-III-2012, C73/14.
[115] Caso de 30-XI-2011 da *T-Mobile Austria GmbH* vs. *Verein für Konsumenteninformation*, publicado em JOUE 10-III-2012, C73/14.
[116] CAMPOBASSO, *Il bancogiro...*, 634.
[117] SEQUEIRA MARTÍN, *La transferencia...*, 2532-2533.

CCom) da parte do banqueiro, na medida em que são estes necessariamente comerciantes[118]. Porém, perante a omissão da transferência bancária do elenco do artigo 362.º do CCom, e tendo em conta que abarca sobretudo contratos cujo escopo é conceder crédito, não é possível, por essa via, considerá-lo objectivamente comercial[119]. Também, de resto, não parece possam os artigos 403.º e 407.º do CCom, a propósito, respectivamente, do depósito mercantil e bancário, fazer chegar a conclusão diversa, nem cremos razoável uma interpretação actualista do artigo 362.º do CCom integrado pelo artigo 4.º, n.º 1, al. c), do Decreto-Lei n.º 298/92, na redacção dada pelo Decreto-Lei n.º 317/2009. Julgamos que a questão se resolve nos termos do regime do tipo a que se reconduz o giro bancário: o mandato[120]. Constituindo o giro bancário subtipo do mandato sem representação mercantil, é, por conseguinte, também, um *acto de comércio por conexão*[121] doutro acto acto de comércio – o que sempre se imporia pelos artigos 266.º e 231.º do CCom –, que não precisa de ser autónomo, bastando que seja comercial ou também por conexão ou em termos subjectivos para o mandante[122]. Por esse motivo, o contrato de serviços de pagamento será comercial, quando o acto para o banqueiro tiver sido mandatado também o for, e será civil nas hipóteses contrárias.

III. É comum qualificar-se o contrato em causa como *de pagamento* ("*Zahlungsvertrag*"), atento o facto de servir para cumprimento de obrigações pecu-

---

[118] Na medida em que devem adoptar a forma de sociedades anónimas: cf. o artigo 14.º, n.º 1, b), do Regime Geral das Instituição de Crédito e Sociedades Financeiras, aprovado pelo Decreto-Lei n.º 298/92, de 31 de Dezembro, e sucessivamente alterado até ao Decreto-Lei n.º 18/2013, de 6 de Fevereiro, e ao Decreto-Lei n.º 63-A/2013, de 10 de Maio.
[119] Em contrário, segundo parece, considerando sempre a transferência bancária como acto de comércio, Gentil Anastácio, *A transferência...*, 153.
[120] A obrigação de o mandatário praticar actos jurídicos não coarcta a prática por si de actos materiais, desde que necessários à realização daquele acto jurídico "num plano de dependência ou acessoriedade" (Costa Gomes, *Contrato de mandato comercial – questões de tipologia e regime*, em *Operações Comerciais*, Oliveira Ascensão (org.), Almedina, Coimbra, 1988, 495).
[121] Assim também, para o mandato e comissão, Fernando Olavo, *Direito Comercial*, I², 108-109, Oliveira Ascensão, *Direito Comercial*, vol. I, AAFDL, Lisboa, 1999, 67 e 251, Costa Gomes, *Contrato de mandato comercial...*, in *Operações...*, 527 ss, Coutinho de Abreu, *Curso de Direito Comercial*, I⁶, 78.
[122] Costa Gomes, *Contrato de mandato comercial...*, in *Operações...*, 495, Coutinho de Abreu, *Curso...*, I⁸, 89. Repare-se: subjectivamente comerciais relativamente ao mandante, não ao mandatário, pois, caso contrário, o pagamento bancário traduziria sempre acto de comércio pois o banqueiro pratica sempre actos comerciais em sentido subjectivo (artigo 13.º, n.º 2, do CCom).

niárias[123]. Cremos não ser inteiramente correcto. Em regra, sê-lo-á, por ser a situação mais comum, todavia, malgrado a restritiva expressão legal ("*contrato de serviços de pagamento*"), nada impede que sirva também para doações, concessões de crédito, & *cætera*, ou seja, nada exclui que função do giro bancário possa ser outra que não a de pagamento. Por esse motivo, talvez e de forma mais exacta, o legislador devesse ter mantido a expressão tradicional contrato de giro bancário em vez de contrato de serviços de pagamento... O regime da LSP, embora dirigido, *prima facie,* ao giro bancário com função de pagamento, é também aplicável a transferências com outras funções que não exclusivamente esta, conforme temos vindo a frisar.

IV. O contrato de serviços de pagamento funciona, na maioria dos casos, como um *contrato-quadro*[124], esquema de contratação mitigada que, dando lugar a uma *relação contratual duradoura,* traduz um acordo pelo qual, em negociações tendentes a originar múltiplos contratos, as partes assentam num núcleo comum a todos eles[125]. Dentro deste quadro, as ordens de transferência funcionam como meras instruções concretizadoras do conteúdo do contrato, e não como contratos *a se*[126]. Esta característica sai reforçada pela LSP, que, *expressis verbis*, regula e qualifica o contrato de serviços de pagamento como um contrato-quadro (artigos 51.º a 59.º). Isto não significa, porém, que tenha sempre de o ser: de facto, a LSP, a par dum regime específico para as operações de pagamento isoladas (artigos 46.º a 50.º), prevê um regime comum que induz à conclusão de que, também no caso em que o giro bancário surja dessarreigado dum contrato-quadro, estamos perante um contrato de serviços de pagamento[127].

V. Ao contrário do que sucedia no regime anterior, em que valia a liberdade de forma (artigo 219.º do CC) – o que era também corroborado pelo lugar paralelo do mandato civil e mercantil –, o contrato de serviços de pagamento é hoje, quer traduza um contrato-quadro quer não, um *contrato formal*. Com

---

[123] Entre nós, ENGRÁCIA ANTUNES, *Direito dos Contratos Comerciais*, 546 ss., e, ainda, RITA VERA-CRUZ PINTO BAIRROS, *A transferência...*, 319 e passim.
[124] Acentua-no-lo, entre nós, para o contrato de giro bancário, MENEZES CORDEIRO *Bancário*[3], 429.
[125] Assim, MENEZES CORDEIRO, *Tratado...*, I/I[3], 534, ou também OLIVEIRA ASCENSÃO, *Direito Civil – Teoria Geral*, vol. II, 2.ª ed., Coimbra Ed., Coimbra, 2003, 450-452, ALMEIDA COSTA, *Obrigações*[12], 276-277, e MENEZES LEITÃO, *Direito...*, I[11], 191-193. Para este âmbito específico, COSTA GOMES, *Contratos comerciais*, 238.
[126] CANARIS, *Bankvertragsrecht*[3], I, 3, 206.
[127] Contra, qualificando essa hipótese de mandato *tout court*, CAMPOBASSO, *Il bancogiro...*, passim. No sentido do texto, CANARIS, *Bankvertragsrecht*[3], I, 3, 205 ss.

efeito, o artigo 42.º da LSP dispõe que todas as informações a prestar, traduza um contrato-quadro, traduza uma operação isolada, pelo banqueiro ao ordenante devem ser transmitidas em língua portuguesa, excepto quando acordada a utilização doutro idioma [artigo 42.º, *a)*], ser enunciadas em termos facilmente compreensíveis e de forma clara e inteligível [artigo 42.º, *b)*], e permitir a leitura fácil por um leitor de acuidade visual média, nos casos em que sejam prestadas através de suporte de papel ou de outro suporte duradouro [artigo 42.º, *c)*]. Também no decurso do contrato, o ordenante/utilizador tem o direito de receber, a seu pedido e *omne tempore*, os termos do contrato-quadro, bem como as informações e condições especificadas no artigo 53.º (que esgotam, na prática, o que o que o artigo 54.º chama de "termos do contrato"), em suporte de papel ou em qualquer outro suporte duradouro (artigo 54.º da LSP). No mesmo sentido, para operações de pagamento individuais, dispõe o artigo 58.º, n.º 3 para o ordenante, e o artigo 59.º, n.º 3 para o beneficiário (cf. também o artigo 58.º, n.º 4, da LSP). Cabe, ainda, ao banqueiro provar que cumpriu as obrigações de informações que lhe são impostas (artigo 44.º da LSP; cf. também artigos 799.º, n.º 1, do CC, e 5.º, n.º 3, da LCCG). A acrescer a estas regras gerais, o artigo 52.º, n.º 2, da LSP, predispõe deverem as informações pre-contratuais ser efectuadas em suporte de papel ou em qualquer outro suporte duradouro, podendo também ser cumpridas mediante a entrega duma cópia do projecto de contrato-quadro (artigo 52.º, n.º 4, da LSP). Ora, o extenso rol de informações a prestar, no qual constam informações relativas ao prestador de serviços, ao serviço de pagamento, aos encargos, taxas de juro e de câmbio, à comunicação, às medidas preventivas e rectificativas, às alterações e à denúncia do contrato-quadro e à reparação [artigo 53.º, *a)* a *h)*, da LSP], mais do que satisfazem os requisitos de compleição e firmeza das propostas contratuais[128]. Estas propostas são formais e formal é também o contrato: se bem que deva deduzir-se da formalidade especial do contrato a forma da proposta (e da aceitação), a verdade é que aqui a lei enfatiza sobretudo a solenidade da proposta negocial. Embora não queiramos cair numa inversão metodológica ou inferir, ilogicamente, do menos o mais, pensamos que o legislador (comunitário) quis

---

[128] Cf. Oliveira Ascensão, *Teoria...*, II², 453-472, Menezes Cordeiro, *Tratado de Direito Civil Português*, I/I³, 551-563, Pais de Vasconcelos, *Teoria...*, 390 ss. Quanto às obrigações acessórias no contrato de serviços de pagamento, *vd.* Johannes Köndgen, *Das neue Recht...*, 487-488, relevando as obrigações acessórias em sede de cartões bancários, *sc.* por parte do titular do cartão (*Karteninhaber*) em caso de roubo ou desvio fraudulento de fundos: cf. os artigos 67.º, 68.º e 72.º da LSP. Köndgen aponta ainda que o § 675 u do BGB, correspondente ao nosso artigo 72.º da LSP, positiva uma norma funcionalmente de enriquecimento sem causa (*condictio indebiti*), *lex specialis* ante os §§ 812 ss. do BGB.

efectivamente formalizar o contrato, que não só a proposta ou o convite a contratar do banqueiro.

VI. Questão especialmente debatida respeita a saber se o contrato de serviços de pagamento abstrai ou não do negócio subjacente entre ordenante e beneficiário[129].

A qualificação deste negócio como abstracto encontra, logo à partida, um obstáculo de monta: o princípio de que os negócios jurídicos são tendencialmente causais. Nessa medida, a abstracção tem de vir consagrada em lei ou em costume[130]. Não obstante, entre nós, pronunciaram-se, no sentido da abstracção da transferência bancária, Menezes Cordeiro, Ferreira de Almeida, Gentil Anastácio e Beatriz Segorbe[131].

---

[129] No sentido da abstracção, vd., colorandi causa, CANARIS, Bankvertragsrecht³, 201 ss., LARENZ, Lehrbuch des Schuldrechts¹⁴, § 18 II, 245, OECHSLER, Überweisungsverkehr, em Handbuch zum deutschen und europäischen Bankrecht, 930 ss., FRANÇOIS GRUA, Contrats..., I, 160, DEKEUWER-DÉFOSSEZ, Droit Bancaire⁵, 57, ETTORE GIANNANTONIO, Trasferimenti elettronici..., 55-57, SPINELLI/GENTILE, Diritto bancario², 309-310 e 415-416, MENEZES CORDEIRO, Direito Bancário⁵, 564 ss, GENTIL ANASTÁCIO, A transferência..., 88-91, BEATRIZ SEGORBE, A transferência..., 118, FERREIRA DE ALMEIDA, Contratos, II³, 91 ss e 102 ss. Em sentido contrário, FERNANDO CONCEIÇÃO NUNES, Depósito..., in Estudos..., II, 83. Note-se: se se admite que determinado negócio possa, in abstracto, ser causal e autónomo – como sucede na garantia autónoma –, já não parece possível qualificar certo negócio de abstracto e acessório (assim, CLÁUDIA MADALENO, A acessoriedade nas garantias das obrigações, vol. I, FDUL, Tese, 2010, passim).

[130] FERREIRA DE ALMEIDA, Contratos, II³, 61-62 e 102 ss.

[131] MENEZES CORDEIRO, Direito Bancário⁵, 564 ss (não obstante a postura anticausalista em Tratado..., I/I³, 469-471, e IDEM, Tratado de Direito Civil, II – Direito das Obrigações, t. II, Almedina, Coimbra, 2010, 601-627), para quem: "[o] regime jurídico de cada operação, nas relações com o banqueiro, é marcado pela abstracção: não releva a fonte ou causa da operação", pelo que não é a transferência afectada por contrato nulo na relação que lhe subjaz, ressalvando o Autor os casos em que o banqueiro, por qualquer motivo, conheça directamente o problema, hipótese em que deve avisar ex bona fide o cliente. FERREIRA DE ALMEIDA, Contratos, II³, 61-62 e 102 ss, com base nos artigos 2.º, al. a), 5.º e 6.º a 8.º do revogado Decreto-Lei n.º 41/2000, com ressalva do regime de prevenção e branqueamento de capitais constante da Lei n.º 11/2004; GENTIL ANASTÁCIO, A transferência..., 88-91 com base no princípio de Direito bancário de não ingerência dos banqueiros nas relações subjacentes dos seus clientes, com base no facto de ser a única solução compatível com uma célere eficácia do giro bancário, e, por último, através do paralelismo com o cheque cuja principal função (de pagamento) é igual à do giro bancário; BEATRIZ SEGORBE, A transferência..., pp. 99 e 105, com base na omissão da causa na transmissão, por analogia com o que se passa na procuração, e ainda, indirectamente, com base na qualificação como delegação de pagamento. Na jurisprudência recente, ainda que a propósito da compensação e do contrato de depósito, vd. o Ac. STJ 24.X.2013 (GRANJA DA FONSECA), proc. n.º 2/11.1TVPRTP1.S1.

Cremos avisado fazer, neste particular, o escolástico *distinguo*. O contrato-quadro de serviços de pagamento não é abstracto, nem tem de abstrair-se de causa alguma: ele prevê a vinculação do banqueiro a operações de circulação escritural, sem que tenha de haver para isso qualquer relação que lhe subjaza. Coisa diferente se passa com o contrato isolado de serviços de pagamento e com as ordens de giro no âmbito do contrato-quadro: esses sim devem ser qualificados de *abstractos*. À margem da questão de saber se a transferência bancária constitui uma verdadeira "delegação de pagamento" – figura, de resto, sem consagração expressa entre nós[132] –, e ainda à margem de saber se é possível a aplicação analógica do regime do artigo 598.º do CC a uma "delegação de pagamento"[133], parece-nos que a abstracção resulta do disposto no artigo 2.º, *g*), da LSP, definição legal[134] com suporte no regime, designadamente nos artigos 76.º, n.º 1 e 2, 78.º, n.º 1, 2 e 4, 85.º, n.º 1, 2 e 4, 86.º, 87.º e 89.º da LSP. Todavia, como a abstracção e a causalidade não são regimes jurídicos dicotómicos[135], as transferências serão "menos abstractas" quando esteja aplicável o regime jurídico do branqueamento de capitais constante da Lei 11/2004[136]; por outro lado, também, essas manifestações de causalidade (ainda que marginais) afloram nalguns preceitos da LSP, *e. g.* nos artigos 69.º, 85.º, n.º 3, 86.º, n.º 5 e 87.º, n.º 7, da LSP, e bem assim naqueles casos em que, por força da boa fé, o banqueiro tenha directo conhecimento das vicissitudes que afectam a relação subjacente: o conhecimento da situação subjacente impõe-se, portanto, como limite da abstracção[137]. Fora este caso, o banqueiro executará o contrato de giro, ainda que o contrato subjacente se encontre, dalguma forma, inquinado.

---

[132] Embora a figura não venha consagrada no CC, a assunção de dívidas absorveu, em certa medida, o que seria o regime da delegação passiva cumulativa e liberatória, mas não a chamada delegação de pagamento, ao contrário do que previa o Anteprojecto de Vaz Serra (que pode ser confrontado em *Novação, expromissão, promessa de liberação e contrato a favor do credor, assunção de dívida*, 182-183 e 252).

[133] Em rigor, pode argumentar-se não haver lacuna, dado que o legislador decidiu afastar a figura da delegação, e porque, não se dando, na transferência bancária, tipicamente, a assunção duma dívida por parte do banqueira, não deixa de ser altamente questionável, à luz do nosso Direito, advogar a extensão do regime 598.º a estes casos (*vd.*, porém, os artigos 2.º e 6.º do Anteprojecto de Vaz Serra).

[134] Sobre o valor das definições legais, *vd.* Pais de Vasconcelos, *Contratos...*, 168-179.

[135] Pais de Vasconcelos, *Teoria...*, *passim*.

[136] Sobre este regime, recentemente, Menezes Cordeiro, *Sigilo bancário: fica a saudade?*, em *Temas de Direito Bancário*, I – Cadernos O Direito, n.º 8 (2014), 43 ss.

[137] No mesmo sentido, Menezes Cordeiro, *Direito Bancário*[5], 564 ss. De resto, também no regime dos títulos de crédito, se verificam excepções à abstracção advenientes da boa fé (cf. artigo 17.º LULL). Sobre a oponibilidade de excepções ao portador de má fé, *vd.*, além de Pais de Vasconcelos, *Direito Comercial – Títulos de crédito*, AAFDL, Lisboa, 1989, *passim*, Alexandre Soveral

3. Obrigações do ordenante e do banqueiro

São três os elementos essenciais do contrato de serviços de pagamento (artigo 1157.º do CC): (*i*) a actuação do banqueiro por conta do ordenante; (*ii*) a obrigação de o banqueiro transferir moeda escritural entre duas contas em cumprimento de obrigações pecuniárias, (*iii*) e a obrigação de o ordenante pagar a retribuição devida pela actividade gestória do banqueiro.

A *actuação por conta* é elemento essencial do mandato por força do artigo 1157.º do CC, a que se reconduz o contrato de serviços de pagamento. Agir por conta[138] significa, correntemente, actuar à custa de alguém, com a intenção de fazer repercutir, directa ou indirectamente, os efeitos dos actos praticados na esfera do mandante. Mas este entendimento corresponde a uma visão parcial do fenómeno, como assinala Costa Gomes, que crê residir não só neste "*mero aspecto consequencial*", mas a montante, na relação "*entre a obrigação de cumprir o negócio gestório, a exigência da sua conformidade às indicações do mandante e a vinculatividade de todas as relações jurídicas dirigidas à realização de um programa gestório, funcionalizado à realização de um interesse alheio*", o agir por conta reside precisamente na funcionalização dum negócio gestório que visa realizar precisamente um interesse alheio: agir por conta é, pois, agir no interesse doutrem (alienidade do interesse)[139].

Por outro lado, o ordenante está obrigado a pagar a retribuição devida ao banqueiro. Com efeito, o mandato comercial, e, dentre este, o bancário, tem como elemento essencial a onerosidade (artigo 232.º do CCom): o banqueiro, enquanto profissional, é remunerado pela sua actividade. Decorrente da necessária onerosidade e sinalagmaticidade do contrato (cf. artigo 232.º do CCom), esta é a obrigação principal do ordenante. O ordenante está ainda obrigado a ter a conta bancária devidamente provisionada [artigos 1167.º, *a*), e 1068.º do CC], sem o qual pode o banqueiro recusar a execução da ordem[140]. A obrigação de reembolsar o banqueiro das despesas feitas só existirá onde houver,

---

Martins, *Títulos de crédito e valores mobiliários*, parte I – *Títulos de crédito*, Almedina, Coimbra, 2008, *passim*, Oliveira Ascensão, *Direito Comercial*, vol. III – *Títulos de Crédito*, AAFDL, Lisboa, 1992, 37 e 145-154, Mário de Figueiredo, *Títulos de crédito*, 47 ss., ou Paulo Quintas/Hélder Quintas, *Regime jurídico dos títulos de crédito – compilação anotada*, Almedina, Coimbra, 2000, *sub* artigo 17.º, 19-24.

[138] Sobre a génese bancária do termo, Costa Gomes, *Contrato de mandato comercial*, in *Operações...*, 497, Idem, *Em tema de revogação...*, 92, Idem, *Contrato de mandato*, 16.

[139] Costa Gomes, *Em tema de revogação...*, 93-95, Idem, *Contrato de mandato*, 16-17.

[140] François Grua, *Contrats...*, I, 159, Dekeuwer-Défossez, *Droit Bancaire*[5], 57, Gavalda/Stoufflet, *Droit Bancaire*[8], 660.

efectivamente, despesas: se as não houver, o mandatário banqueiro não será reembolsado (artigo 1167.º, c), do CC). A obrigação de o ordenante indemnizar o banqueiro do prejuízo sofrido (artigo 1167.º, d), do CC), e que traduz uma imputação objectiva ao mandante por prejuízos do mandatário em execução do mandato, singra aqui aplicação no âmbito da revogação da ordem de giro.

Quanto às *obrigações do banqueiro*, a primeira é a de cumprir o mandato, especificado nas ordens do ordenante[141], de forma diligente, segundo a bitola do *bonus pater familias* (artigos 799.º, n.º 2, e 487.º, n.º 2, do CC)[142]. Este critério tem uma intensidade graduável, especialmente no que toca a certas áreas profissionais[143]: é o caso dos banqueiros (cf. artigos 86.º e 87.º da LSP).

O banqueiro está também obrigado a *prestar contas* ao ordenante [artigo 1161.º, d), do CC], na medida em que, por mor da conta-corrente bancária, existam débitos e créditos recíprocos das partes[144]. A forma através da qual no giro bancário se dá a prestação de contas é através da conta-corrente, aplicando-se subsidiária e supletivamente o regime correspondente (artigos 344.º a 350.º do CCom): emerge aqui outra manifestação da coligação (que não consumpção) entre o giro e a conta-corrente bancária.

Por outro lado, o banqueiro está obrigado à *prestação de informação* [artigo 1161.º, b), do CC] *e de comunicação* [artigos 1161.º, c), do CC, e 240.º do CCom]. Pela obrigação de informação, o banqueiro é obrigado a prestar as informações que o mandante lhe peça, relativas ao estado da gestão, e, *sponte sua*, aquelas que objectivamente sejam do interesse do mandante[145]. Pela obrigação de comunicação, o banqueiro deve, *motu proprio*, com prontidão, informar o mandante da execução do mandato ou, se não o tiver executado, da razão por que assim procedeu[146]. Este regime geral do mandato civil e comercial é concretizado

---

[141] FRANÇOIS GRUA, *Contrats...*, I, 161-162.
[142] COSTA GOMES, *Contrato de mandato*, 69-72, MENEZES LEITÃO, *Direito...*, III⁹, 399 ss.
[143] Cf. MENEZES LEITÃO, *Direito...*, III⁹, 399 ss, SANTOS JÚNIOR, *Direito das Obrigações – sinopse explicativa e ilustrativa*, 3.ª ed., AAFDL, Lisboa, 2014, 328-330.
[144] FRANÇOIS GRUA, *Contrats...*, I, 162. Neste sentido, quanto ao sentido da obrigação de prestar contas, no mandato, de forma a evitar uma duplicação desnecessária ante as obrigações de prestação de informação e de comunicação, ANTUNES VARELA/PIRES DE LIMA, *CCAnot*, II⁴, sub art. 1161.º, 1-6, 795-796, COSTA GOMES, *Contrato de mandato*, 76-78, MENEZES CORDEIRO, *Tratado...*, I/IV, 67, MENEZES LEITÃO, *Direito...*, III⁹, 399 ss.
[145] Assim, COSTA GOMES, *Contrato de mandato*, 73, MENEZES LEITÃO, *Direito...*, III⁹, 399 ss (embora com diversa fundamentação). Cf. também GALVÃO TELLES, BMJ 83, 260.
[146] Problemático é, neste tocante, o artigo 1163.º, ao estabelecer, atribuindo valor negocial ao silêncio (artigo 218.º do CC) que, comunicada a execução ou inexecução do mandato, o silêncio do mandante por tempo superior àquele em que teria de pronunciar-se, segundo os usos ou, na falta destes, de acordo com a natureza do assunto, vale como aprovação da conduta do mandatá-

pelo extenso rol de informações a prestar pelo banqueiro ao ordenante, na pendência da relação contratual, relativas a cada ordem de pagamento, quer estejamos perante operações de giro isoladas, quer no âmbito dum contrato quadro (artigo 58.º da LSP)[147]. Assim, depois de o montante duma operação de pagamento ter sido debitado na conta do ordenante, ou, se o ordenante não utilizar uma conta, após a recepção da ordem de pagamento, o prestador de serviços de pagamento deste presta-lhe imediatamente, salvo atraso justificado: (*a*) uma referência que lhe permita identificar cada operação de pagamento e, se for caso disso, informações respeitantes ao beneficiário, (*b*) o montante da operação de pagamento na moeda em que é debitado na conta do ordenante ou na moeda utilizada na ordem de pagamento, (*c*) o montante de eventuais encargos da operação de pagamento e, se for caso disso, a respectiva discriminação, ou os juros que o ordenante deva pagar (*d*), se for caso disso, a taxa cambial aplicada à operação de pagamento pelo prestador de serviços do ordenante, bem como o montante da operação após essa conversão monetária (*e*), a data-valor do débito ou a data de recepção da ordem de pagamento [artigo 58.º, n.º 1, *a*) a *e*), da LSP]. O contrato-quadro de giro bancário pode conter cláusula derrogatória do n.º 1 do artigo 58.º, no sentido de aquelas informações serem prestadas ou disponibilizadas periodicamente, pelo menos uma vez por mês, e segundo uma forma acordada que permita ao ordenante armazenar e reproduzir informações inalteradas (artigo 58.º, n.º 2, da LSP)[148]. Estas informações são prestadas gratuitamente, por solicitação do ordenante, em suporte de papel, uma vez por mês, devendo o contrato-quadro de giro bancário conter uma cláusula neste

---

rio, ainda que este haja excedido os limites do mandato ou desrespeitado as instruções do mandante, salvo estipulação em contrário. A aprovação importa a renúncia a qualquer indemnização por danos devidos a culpa do mandatário e vale como reconhecimento da exactidão das contas e dos créditos por este reclamados (MENEZES CORDEIRO, *Tratado...*, I/IV, 68, e MENEZES LEITÃO, *Direito...*, III[9], 399 ss). A aprovação do mandante releva apenas nas relações internas, não implicando que os actos do representante sem poderes tenham sido tacitamente ratificados (neste sentido, LACERDA BARATA, *Sobre o contrato de agência*, Almedina, Coimbra, 1991, 53[(123)], PAULO MOTA PINTO, *Declaração tácita e comportamento concludente no negócio jurídico*, Almedina, Coimbra, 1995, 1273[(1436)], PEDRO DE ALBUQUERQUE, *A representação voluntária em Direito civil (ensaio de reconstrução dogmática)*, Almedina, Coimbra, 2004, 1273[(1436)]. No sentido de o artigo 1163.º restringir o artigo 268.º do CC, *vd.* PIRES DE LIMA/ANTUNES VARELA, *CCAnot*, II[4], *sub* art. 1163.º, 1-4, 798-799, e COSTA GOMES, *Contrato de mandato*, 351-352). Já quanto ao mandato comercial, o regime parece ser o de que se dá uma ratificação tácita dos actos, ainda que o mandatário tenha excedido os poderes do mandato (artigo 240.º, § 2.º, do CCom) (COSTA GOMES, *Contrato de mandato*, 76).

[147] Cf. GAVALDA/STOUFFLET, *Droit Bancaire*[8], 662, e FRANÇOIS GRUA, *Contrats...*, I, 162.
[148] Cf. GAVALDA/STOUFFLET, *Droit Bancaire*[8], 662.

sentido (artigo 58.º, n.º 3, LSP). Releva aqui o intento da DSP em distinguir dois modos de fornecimento de informações por parte do banqueiro (cf. considerando 27): nuns casos, é este quem deve fornecê-las *motu proprio* (como no artigo 58.º, n.º 1), noutros, deve ser o ordenante/utilizador dos serviços de pagamento a pedir, *sponte sua*, as informações (como no artigo 58.º, n.º 3, da LSP). Este regime é o mesmo que decorre para o mandato civil, como vimos, devendo os elementos objectivamente relevantes ser transmitidos pelo mandatário ao mandante, sem que este tenha de lhos pedir. Por último, refira-se, no âmbito do giro bancário, parece aplicar-se a regra mercantil da ratificação tácita, por motivos de segurança do tráfego jurídico (artigo 240.º, § 2.º, do CCom; e também artigo do 1163.º do CC), mas cremos que a aprovação *ex silentio* não implica renúncia a indemnização por danos causados por culpa do banqueiro, nem reconhecimento da exactidão das contas e créditos reclamados, em vista da especialidade do regime deste contrato que integra elementos de garantia, assim como por motivos de protecção da parte mais débil na contratação, o cliente.

Outras obrigações relativas aos instrumentos de pagamento, aplicáveis sobretudo no âmbito dos cartões bancários de débito e de crédito, são previstas nos artigos 67.º e 68.º da LSP.

4. Ordem de giro: natureza jurídica; revogação

I. A ordem de giro, de transferência ou "de pagamento"[149] traduz um *negócio jurídico unilateral*[150], quer estejamos perante um contrato-quadro, quer perante operações isoladas[151-152].

---

[149] *Vd. supra* a advertência que fizemos à impropriedade da expressão legal.
[150] A ordem de pagamento é abstracta em relação ao negócio jurídico base (a relação entre beneficiário e ordenante), mas não abstrai, ao contrário do que amiúde se lê, do contrato de serviços de pagamento, no âmbito do qual ela é emitida. Sobre a questão, *vd.* FERREIRA DE ALMEIDA, *Contratos*, II³, 102 ss, MENEZES CORDEIRO, *Direito Bancário*⁵, 564 ss, GENTIL ANASTÁCIO, *A transferência...*, 171-175, BEATRIZ SEGORBE, *A transferência...*, 99, CANARIS, *Bankvertragsrecht*³, I, 3, 209, OECHSLER, *Überweisungsverkehr...*, 931, PEDRO DE ALBUQUERQUE, *A representação...*, 584[(195)].
[151] Assim, MENEZES CORDEIRO, *Direito Bancário*⁵, 564 ss e 570 ss, IDEM, *Tratado de Direito Civil Português*, II – *Direito das Obrigações*, t. II – *Contratos. Negócios unilaterais*, 688, FERREIRA DE ALMEIDA, *Contratos*, I, 5.ª ed., Almedina, Coimbra, 2013, 25, IDEM, *Contratos*, II³, 102 ss e 179 ss, e GENTIL ANASTÁCIO, *A transferência...*, 169-175.
[152] Este é, de resto, também o entendimento maioritário quanto à natureza da ordem de pagamento do cheque. *Vd., e. g.*, MENEZES CORDEIRO, *Direito Bancário*⁵, 615 ss. Da mesma forma, são as ordens de bolsa consideradas, unanimemente, negócios jurídicos unilaterais: *vd.* AMADEU FERREIRA, *Ordem de bolsa*, na *Revista da Ordem dos Advogados* 52 (1992), II, 502, MENEZES CORDEIRO,

Podemos distinguir entre *ordem-instrução* e *ordem-autorização*: aquela especifica o conteúdo geral do contrato e concretiza a obrigação do banco em executá-la, ao passo que esta atribui ao mandatário um poder de agir por conta, ao legitimar a actuação do banco do ordenante, permitindo-lhe executar a transferência e debitar o montante correspondente na conta do ordenante[153]. Uma e outra encontram-se juntas: a distinção só releva se estivermos perante uma autorização *stricto sensu*, enquanto poder potestativo de agir por conta doutrem[154].

Quando estejamos perante ordens emitidas no âmbito dum contrato de serviços de pagamentos, elas não devem ser autonomizadas do próprio contrato base, antes entendidas como especificação da obrigação de o banqueiro executar o mandato[155]. Pelo contrário, quando emitidas fora de um contrato-quadro, valem como convite a contratar ou proposta de contrato (se formalmente suficiente e se coincidir com o clausulado adoptado pelo banqueiro, o que não é a regra, malgrado o teor do artigo 234.° do CC[156]).

As ordens de pagamento, quer no âmbito dum contrato-quadro, quer de operações isoladas[157], não estão sujeitas a forma especial (artigo 219.° do CC), sem prejuízo de as partes adoptarem uma forma convencional (artigo 65.°, n.° 3, da LSP)[158]. Em teoria, a ordem pode ser dada por caixas multibanco, papel (em impressos próprios), por telefone, correio electrónico, telecópia ou presen-

---

Transmissão em bolsa de acções depositadas, em *Banca, Bolsa e Crédito – Estudos de Direito Comercial e de Direito da Economia*, vol. I, 155, FERREIRA DE ALMEIDA, *As transacções de conta alheia no âmbito da intermediação no Mercado de Valores Mobiliários*, em *Direito dos Valores Mobiliários*, 296, IDEM, *Contratos*, I³, 25, e IDEM, *Contratos*, II, 122 e 125. Contra a natureza negocial da ordem, VINCENZO PANUCCIO, *Ordine (diritto privato)*, na *Enciclopedia del Diritto* XXX, 1980, 987.

[153] GENTIL ANASTÁCIO, *A transferência...*, 174.
[154] PESSOA JORGE, *Mandato sem representação*, 381 ss. Cf. também sobre a autorização, além de PEDRO LEITÃO PAIS DE VASCONCELOS, *A procuração...*, 69-73, GALVÃO TELLES, *Manual dos Contratos em geral*⁵, Lex, Lisboa, 1995 (reimpr.), 308, PEDRO DE ALBUQUERQUE, *A representação...*, passim.
[155] Neste sentido, KARSTEN SCHMIDT, *Handelsrecht*³, § 34 III, 914, CANARIS, *Bankvertragsrecht*³, I, 3, 209, JOCHEN WILKENS, *Das Überweisungsgesetz*, em *Monatsschrift für deutsches Recht* (1999), 1237, GUGGENHEIM, *Les contrats...*, 257, MENEZES CORDEIRO, *Direito Bancário*⁵, 564 ss, GENTIL ANASTÁCIO, *A transferência...*, 172-173, BEATRIZ SEGORBE, *A transferência...*, 99-100. Em sentido não totalmente convergente, PAIS DE VASCONCELOS, *Mandato...*, 132-142.
[156] GENTIL ANASTÁCIO, *A transferência...*, 169-171, e COSTA GOMES, *Contratos comerciais*, 253.
[157] Se separadas, neste último caso, do momento da constituição do contrato.
[158] Em termos não coincidentes, RITA VERA-CRUZ PINTO BAIRROS, *A transferência...*, 285-286.

cialmente[159]. Com a ordem de giro, que pode ser condicional[160], o banqueiro fica obrigado à sua execução.

II. A revogação da ordem de transferência é um problema de não fácil resolução, desde logo pela dificuldade em determinar, em concreto, o momento até quando pode o ordenante revogá-la. A revogação unilateral é, neste caso, livre e sem necessidade do consentimento do beneficiário nem dos banqueiros envolvidos na transferência, uma vez que não estamos perante situações que se subsumam no mandato conferido no interesse do banqueiro ou de terceiro[161].

O entendimento tradicional é o de que a revogação é possível até ao momento em que o destinatário adquira o direito, *i. e.*, até à inscrição do crédito na sua conta[162]; outros entendem tornar-se irrevogável desde que o ban-

---

[159] FRANÇOIS GRUA, *Contrats...*, I, 159, DEKEUWER-DÉFOSSEZ, *Droit Bancaire*[5], 57, CONCETTO COSTA, *Bancogiro «internazionale»...*, 354, MENEZES CORDEIRO, *Direito Bancário*[5], 564 ss, GENTIL ANASTÁCIO, *A transferência...*, 168.

[160] P. e., sob condição de o crédito a favor do ordenante se tornar exigível ou de o beneficiário cumprir uma obrigação a que se adstringira. Neste sentido, GUGGENHEIM, *Les contrats...*, 268, apontando dever ser expressa; aparentemente contra, GENTIL ANASTÁCIO, *A transferência...*, 165. Temos francas dúvidas acerca da condicionabilidade irrestrita das ordens de pagamento: se não parece haver óbice a que a se encontre sujeita a condição suspensiva (cf. artigo 75.º, n.º 4, da LSP), o mesmo não sucede quanto a uma eventual condicionalidade resolutiva da mesma, uma vez que, dessa forma, afectar-se-ia a definitividade do giro e a aquisição do direito pelo beneficiário, em oposição frontal às regras de revogação do mandato. A única hipótese em que seria possível subordinar a ordem a uma condição resolutiva seria no caso de o facto futuro e incerto acontecer antes de conclusa a transferência, não afectando, portanto, o direito de crédito que o beneficiário eventualmente viria a adquirir. As mesmas considerações valem para o termo inicial – permitido – e para o termo final – proibido.

[161] Contra, defendendo que a revogação não é possível nos casos em que o giro seja também no interesse do beneficiário, GUGGENHEIM, *Les contrats...*, 263.

[162] Assim, em geral, para o mandato, GALVÃO TELLES, *Manual dos Contratos em geral*[5], 351; para o mandato, COSTA GOMES, *Em tema de revogação...*, 152 ss.; para o giro bancário, GERNHUBER, *Die Erfüllung und ihre Surrogate*, § 11, 4, 199, MENEZES CORDEIRO, *Direito Bancário*[5], 564 ss, GENTIL ANASTÁCIO, *A transferência...*, 337-341, BENJAMIN GEVA, *The harmonization...*, 722-723 (à luz do artigo 4A do UCC). Para a delegação (que tem o mandato como figura central), VAZ SERRA, *Novação...*, defendeu poder o delegante revogar a delegação, em relação ao delegado, enquanto este se não tiver obrigado (na *delegatio promittendi*) ou pago (na *delegatio solvendi*), depois deste(s) momento(s) não seria já possível, *"visto que então o delegatário obteve um crédito contra o delegado e não é razoável que possa ser privado dele por acto do delegante, que, tendo autorizado o delegatário a receber o objecto da delegação, quis naturalmente que a aceitação do delegado (...) tivesse esse efeito"*, e antes desse momento é eficaz a revogação, *"pois não se opõe a isso um direito do delegatário susceptível de vencer o interesse do delegante ou do delegado em ver findar, pela revogação, os efeitos da delegação"*. Com variantes, mas substancialmente neste sentido, GUGGENHEIM, *Les contrats...*, 262-263, dizendo expressamente: *"Un ordre de paiement peut être révoqué jusqu'au moment de l'acceptation par la banque. L'ordre*

queiro recebe a ordem de transferência[163]; e, por fim, não falta quem entenda ser irrevogável desde o momento em que é debitada a conta do ordenante[164].

Importa, desde logo, frisar tratar-se de *revogação da ordem de giro*, que não do contrato de serviços de pagamento[165], até porque não é de individualizar

---

de paiement peut donc être révoqué aussi longtemps qu'aucune bonification a eu lieu. (...) C'est seulement à partir dum moment où la bonification a été passé (...) que la révocation n'est plus possible" ; em Itália, ALBERTO GIAMPIERI, *Operazioni telematiche ed irrevocabilità dell'ordine di pagamento*, em Diritto dell'Informazione e dell'Informatica (1991), 114

[163] MASSIMO DONADI, *Problemi giuridici*..., em Contrato... IV, 563, defende esta construção para o giro bancário electrónico *online* ou em tempo real, dizendo dar-se, neste caso, um "*pagamento elettronico istantaneo*", mal a ordem entra no sistema, sem possibilidade de revogação da mesma; DI MAJO, *Adempimento...*, 118 ss.; PATTI SALVATORE/VACCA LETIZIA, *Trattato...*, V, 161. Em tempos mais recentes, já à luz da Directiva 2007/64/CE, SALVATORE/LETIZIA pronunciaram-se no sentido de que, no giro bancário electrónico *online*, em que o terminal em que é feita a operação é ligado directamente àquele em que a operação é executada, é reduzida ao mínimo, se não mesmo anulada, a *distantia temporis* entre a emissão da ordem e a sua execução: daí advém a consequência de "*[l]'annullamento, seppure in senso relativo e non assoluto, dello spazio temporale, rende di fatto irrealizzabile una revoca dell'ordine di pagamento, differenziando nettamente questa ipotesi da quella dell'ordinario giroconto ed avvicinandola a quella del pagamento com pezzi monetari, condividendo con quest'ultima l'aspetto della 'dazione' di valori monetari, con il solo elemento differenziale dal fatto che nell'un caso la dazione ha per oggetto moneta legale nell'altro caso moneta elettronica*". Esta "*fattuale irrevocabilità*" da ordem, que leva à impossibilidade prática de o banqueiro poder opor eventuais excepções relativas à sua relação com o beneficiário antes da creditação na sua conta, importa também a sua irrevogabilidade jurídica, de princípio: foi o que sucedeu na Directiva 2007/64/CE. Na tentativa de minorar os irremediáveis efeitos que esta irrevogabilidade teria no caso de o ordenante se enganar (tendo *ex post* de accionar o beneficiário nos termos do enriquecimento sem causa), SALVATORE/LETIZIA advogam que, em regra, os sistemas de confirmação da ordem atenuam em muito a possibilidade de erro. Esta solução leva, notam os Autores, a uma diferenciação temporal entre o momento em que o credor se libera e o momento em que o devedor adquire o seu direito, tal como, já reparara DI MAJO, e também SALVATORE/LETIZIA, sucedia no caso da *legge* 197/1991 contra o branqueamento de capitais (PATTO SALVATORE/LETIZIA VACCA, *Trattato...*, V, 161-162); GAVALDA/STOUFFLET, *Droit Bancaire*[8], 659, afirmam a revogabilidade da ordem a partir do momento da sua recepção pelo banqueiro, nos termos do artigo 133/8 do *Code Monétaire et Financier*, que transpôs a Directiva 2007/64/CE.

[164] DEKEUWER-DÉFOSSEZ, *Droit Bancaire*[5], 57.

[165] GENTIL ANASTÁCIO, *A transferência...*, 337. A revogação do contrato de giro, enquanto reconduzível ao mandato, pode ainda revestir duas modalidades: pode tratar-se duma revogação *proprio sensu* operada através de contrato, ou pode traduzir-se numa revogação *improprio sensu* unilateral através do qual uma das partes opera, unilateral e discricionariamente, a cessação da relação contratual (cf. artigo 1170.°, n.° 1, do CC). Sobre a revogação unilateral e a revogação do mandato civil, *vd.* COSTA GOMES, *Em tema de revogação...*, 16 ss. e 73-77, e ADELAIDE MENEZES LEITÃO, *Da revogação unilateral do mandato*, Relatório de Mestrado, FDL, Lisboa, 1994, 25-28.

em cada ordem de pagamento um novo contrato[166]. A revogação da ordem de pagamento é *unilateral* e *discricionária*[167], excepcional perante o disposto na parte final do n.º 1 do artigo 406.º, do CC[168], e com mera eficácia *ex nunc*[169]–[170].

Passemos aos dados que nos chegam do panorama legislativo, começando pelo estado da questão antes da LSP.

Antes do Decreto-Lei n.º 41/2000, a situação regia-se nos termos do contrato de mandato, a cujo tipo era reconduzido o giro bancário. No âmbito do *mandato*, existem *dois pressupostos* para a *revogabilidade* pelo mandante: o da não concorrência de interesses do mandatário ou terceiro com os do mandante e o da não realização do acto gestório[171]. No caso do giro bancário, importava, pois, saber se era também no interesse do mandatário ou de terceiro (*scilicet*, beneficiário), ou seja, se o mandatário ou o terceiro eram titulares dum direito subjectivo, cuja génese se situe fora da própria relação gestória[172]. A conclusão

---

[166] CANARIS, *Bankvertragsrecht*, I, 3, 206, 207 e 209, MENEZES CORDEIRO, *Direito Bancário*⁵, 564 ss e 570 ss, RITA VERA-CRUZ PINTO BAIRROS, *A transferência...*, 323.

[167] Também discricionária é a revogação do mandato – do contrato em si, e não já da ordem de pagamento –, em que a eventual ocorrência de justa causa é indiferente para efeitos de eficácia da cessação, salvo nos casos de mandato *in rem propriam* ou também no interesse do mandatário. Sobre o tema, COSTA GOMES, *Em tema de revogação...*, 219-223. O carácter discricionário da revogação unilateral do mandato é discutido: enquanto certos Autores consideram haver sempre resolução quando a lei haja exigido um fundamento, ainda que tenha empregue o termo revogação; outros admitem poder a revogação unilateral ser discricionária, como no artigo 1170.º, n.º 1, ou vinculada a um específico fundamento, como no artigo 1170.º, n.º 2, *in fine* (no primeiro sentido, que perfilhamos, COSTA GOMES, *Em tema de revogação...*, 73 ss. ADELAIDE MENEZES LEITÃO, *Da revogação...*, 24; no segundo, ANTUNES VARELA, *Das Obrigações...*, II⁷, 279 ss.).

[168] COSTA GOMES, *Em tema de revogação...*, 75, e, na sua esteira, ADELAIDE MENEZES LEITÃO, *Da revogação...*, 24. Assim se distingue revogação unilateral de denúncia: aquela é "condicionada", porquanto tem de estar prevista na lei; estoutra, sendo uma forma de extinção típica das relações contratuais duradouras, não depende de previsão legal.

[169] Aqui se aproxima da denúncia. ADELAIDE MENEZES LEITÃO, *Da revogação...*, 24, reconduzindo-o dogmaticamente à figura da ineficácia superveniente. Com efeito, a revogação unilateral respeita os direitos adquiridos *medio tempore* por terceiros em resultado da execução do mandato pelo mandatário, ressalvando todos os efeitos produzidos até ao momento da sua ocorrência.

[170] A revogação unilateral apresenta ainda características comuns aos outros modos de extinção dos negócios, *v. g.* o facto de surgir como modo de supressão da situação jurídica derivada da autorização, o operar *ex voluntate* e o facto de actuar em termos de eficácia jurídica negativa sobre um negócio autorizativo. Assim, ADELAIDE MENEZES LEITÃO, *Da revogação...*, 23.

[171] COSTA GOMES, *Em tema de revogação...*, 145 ss.

[172] Cf. COSTA GOMES, *Contrato de mandato*, 18-20, e IDEM, *Em tema de revogação...*, 145-152 e 280-282, ADELAIDE MENEZES LEITÃO, «Revogação unilateral» do mandato, pós-eficácia e responsabilidade pela confiança, em *Estudos em Homenagem ao Professor Doutor Inocêncio Galvão Telles*, vol. I – *Direito Privado e Vária*, Almedina, Coimbra, 2002, 325-327, e, em Itália, BAVETTA, *Mandato (diritto privato)*, na *Enciclopedia del Diritto* XXV, 1975, 371 ss. Para a revogação da procuração pelo *dominus*,

de que seria necessário o acordo do mandatário para a revogação do mandato comercial – ao contrário do mandato civil – poderia, *ictu oculi*, resultar da leitura artigo 245.º do CCom, quando diz que a revogação e a renúncia do mandato, não justificadas, dão causa, na falta de pena convencional, à indemnização de perdas e danos, assim como duma inserção conceptual deste no mandato de interesse comum[173]. Não nos parece, no entanto, que a onerosidade do mandato – civil ou mercantil – seja índice inexorável de que é conferido também no interesse do mandatário[174]. Parece-nos que o mandatário não tem qualquer *interesse*, rejeitado que é que esse possa fundar-se na retribuição que lhe caiba[175]: o banqueiro não tem qualquer interesse ou direito subjectivo externo ao próprio contrato de giro. O problema está no beneficiário: este tem um direito, o qual se encontra fora do contrato de giro, na relação de valuta. Mas a verdade é que o contrato de giro e a ordem de transferência, no âmbito deste, não consubstanciam um contrato a favor de terceiro[176], e, por isso, por este prisma, não se antolha qualquer óbice à revogabilidade do mandato. Quanto à *não realização do acto gestório*, à partida, este constitui não só pressuposto da livre revogabilidade, mas também o limite até onde a revogação pode ser eficaz[177]: este pressuposto e limite, enunciado, em sede geral, para o mandato, permitia a revogação enquanto o negócio jurídico ainda não tivesse criado uma situação positiva para um terceiro, *i. e.*, enquanto o acto gestório não tivesse ainda sido realizado, ainda que já iniciada a sua execução[178]. Transpondo o regime da revogabilidade do mandato para o contrato de giro bancário, chegava-se a soluções coerentes. Fora dos casos de irrevogabilidade convencional, portanto, regia o princípio segundo o qual a ordem de transferência só podia ser revogada enquanto não

---

vd. Leitão Pais de Vasconcelos, *A procuração...*, 79-85, 97 ss., 111 ss., distinguindo entre interesse primário e interesse secundário, e rejeitando que o interesse se possa confundir com a remuneração devida ao procurador. Adelaide Menezes Leitão, «*Revogação unilateral*»..., 325-327.

[173] No sentido de que o mandato mercantil é, via de regra, conferido no interesse comum do mandante e do mandatário, *vd.* Engrácia Antunes, *Direito dos Contratos Comerciais*, 366.

[174] Assim também Costa Gomes, *Contrato de mandato comercial...*, in *Operações...*, 527 ss., e Eiusdem, *Em tema de revogação...*, 146-147, para o mandato civil, e 280-282, para o mandato mercantil, e ainda Pedro de Albuquerque, *A representação...*, 969 ss., e Leitão Pais de Vasconcelos, *A procuração...*, 79-85.

[175] Costa Gomes, *Em tema de revogação...*, 146-152, afastando o critério que reconduz o interesse do mandatário à existência duma retribuição. Cf. também Idem, *Contrato de mandato*, 19.

[176] Costa Gomes, *Em tema de revogação...*, 152.

[177] Costa Gomes, *Em tema de revogação...*, 152.

[178] Galvão Telles, *Manual dos Contratos em geral*, 351, e Costa Gomes, *Em tema de revogação...*, 152 ss.

fosse executada (enquanto não se creditasse a conta do beneficiário nas contas internas ou a do banco do beneficiário nas externas)[179].

A situação normativa não se alterou com a entrada em vigor do Decreto-Lei n.º 41/2000. A Directriz n.º 97/5/CE, e, no seu encalço, o Decreto-Lei n.º 41/2000 não regulavam expressamente o momento até quando podia dar-se a revogação da ordem de pagamento, pelo que a questão devia ser solucionada pelas regras gerais do mandato. Destarte, a ordem de pagamento, mesmo após a entrada em vigor do Decreto-Lei n.º 41/2000, continuava a poder ser revogada até ao momento em que o acto gestório não tivesse sido realizado, ainda que, entretanto, iniciado[180].

A Directriz n.º 2007/64/CE, pelo contrário, veio firmar a regra da *inderrogabilidade das ordens de pagamento* (artigo 66.º, n.º 1). Na sua esteira, a LSP veio, de igual modo, determinar não poderem as ordens de pagamento ser revogadas pelo utilizador de serviços de pagamento após a sua recepção pelo respectivo prestador de serviços de pagamento (artigo 77.º, n.º 1, da LSP): utilizador do serviço de pagamento pode ser tanto o ordenante, como o beneficiário [artigo 2.º, *j*), da LSP]. A recepção das ordens de pagamento é regulada pelo artigo 75.º, cujo n.º 1 dispõe coincidir o momento da recepção da ordem de pagamento com o momento em que a ordem de pagamento, transmitida directamente pelo ordenante ou indirectamente pelo beneficiário ou através deste, é recebida pelo prestador de serviços do ordenante; se o momento da recepção não for um *dia útil* para o prestador de serviços de pagamento do ordenante, considera-se a ordem recebida no dia útil seguinte (artigo 75.º, n.º 2)[181]. Na prática, portanto, se a ordem de pagamento for dada até ao final do dia útil, será irrevogável; caso contrário, e designadamente no lapso de tempo que medeie entre uma ordem

---

[179] GENTIL ANASTÁCIO, *A transferência...*, 338.

[180] Em contrário, GENTIL ANASTÁCIO, *A transferência...*, 338 e 341, para quem a Directiva n.º 97/5/CE apenas permitia a revogação da ordem depois de decorrido o prazo para a sua execução sem que esta tivesse ocorrido, e ainda assim apenas enquanto tal execução não ocorresse (cf. artigo 8.º, n.º 1, 3.º parágrafo), *i.e.*, enquanto a conta do beneficiário não fosse creditada, tomando assim uma posição, no entender da Autora, de princípio contrária à revogabilidade da ordem, em benefício da definitividade e certeza da aquisição do direito pelo beneficiário. Com a devida vénia, julgamos que não pelas razões aduzidas: não coube nem no escopo da Directiva, nem no do Decreto-Lei n.º 41/2000 regular a revogabilidade das ordens de pagamento, pelo que a questão, a ser resolvida, sê-lo-ia pelas regras do mandato.

[181] O prestador de serviços de pagamento pode estabelecer, ainda um momento final do dia útil para além do qual as ordens de pagamento recebidas são consideradas como tendo sido recebidas no dia útil seguinte (artigo 75.º, n.º 3, da LSP). Dia útil é aquele em que o prestador do serviço de pagamento do ordenante ou do beneficiário envolvido na execução duma operação de pagamento se encontra aberto para a execução dessa mesma operação [artigo 2.º, *ad*), da LSP].

dada num dia não útil e num dia útil[182], a ordem será, por esse curto período, revogável. O preceito dispõe ainda de regulação específica para as transferências de débitos (artigo 77.º, n.º 2) e débitos directos (artigo 77.º, n.º 3)[183].

O artigo 72.º é *supletivo*, quando não se trate de consumidores ou microempresas, podendo, segundo o disposto no artigo 62.º, n.º 2, da LSP, ser suprimido[184], encurtado ou alargado o prazo de revogação da ordem [cf. também artigo 1172.º, *b*), do CC][185]. Temos, todavia, dúvidas quanto à extensão do artigo 62.º, n.º 2, da LSP, dado que, lido à letra, permite a revogação mesmo depois da inscrição do crédito na conta do beneficiário: parece-nos, antes, que o *limite máximo* para revogação da ordem será sempre o do momento em que o beneficiário adquira o crédito em conta.

A LSP permite, ainda, que o banqueiro *cobre encargos pela revogação*, desde que previstos mediante cláusula expressa no contrato-quadro [artigos 63.º, n.º 4, *b*), e 77.º, n.º 7, da LSP]. A responsabilidade civil por factos lícitos[186] não é estranha nem ao mandato civil, nem ao mandato comercial: no primeiro, esta situação quadra no artigo 1172.º, *a*), do CC (malgrado o teor da al. *c*) do mesmo preceito); quanto ao mandato mercantil, o artigo 245.º do CCom aponta no sentido de a revogação injustificada implicar a indemnização de perdas e danos, o que não significa que não possa ser livremente revogado, sem que dê azo a indemnização, se no exclusivo interesse do mandante, como é o caso do giro bancário (artigo 1172.º, *a*), do CC, *ex vi* artigo 3.º do CCom)[187].

---

[182] Durante o fim-de-semana, feriados, ao final da tarde, de noite e de madrugada.

[183] Sobre o novo regime no que concerne às transferências de débitos, *vd.* ONOFRIO TROIANO, *Contratti di pagamento...*, pp. 520 e ss.

[184] No sentido da invalidade das cláusulas de exclusão da revogação, DANIEL GUGGENHEIM, *Les contrats...*, 263.

[185] Já SALVATORE MACCARONE, *I trasferimenti elettronici...*, 615, ao tratar da revogação das ordens nos sistemas de pagamento *online*, dizia, perante a incerteza e os vários critérios que os diferentes ordenamentos jurídicos adiantam em matéria de revogação da ordem de pagamento (o que, hoje, foi suprido, pelo menos na Europa, com a Directiva n.º 2007/64/CE), que "*quando nel nostro Paese la tecnica consentirà trasferimenti elettronici di fondi in tempo reale, le banche dovranno necessariamente disciplinare convenzionalmente il problema della definitività delle operazioni e da questa disciplina deriverà la soluzione*".

[186] COSTA GOMES, *Em tema de revogação...*, 271. Em sentido divergente, fundando as obrigações de indemnizar do artigo 1172.º do CC na responsabilidade pela confiança, *vd.* ADELAIDE MENEZES LEITÃO, «*Revogação unilateral*»..., 306-346.

[187] Na situação do artigo 245.º do CCom e do artigo 1172.º, *c*), do CC, COSTA GOMES, *Em tema de revogação...*, 272-273 e 282-283, entende que, no mandato comercial, porque oneroso, a tutela do mandatário é mais forte, pelo que a indemnização por revogação *ad nutum* do mandante daria azo não só à indemnização dos lucros cessantes, como também dos danos emergentes, não se justificando uma excepção ao regime do artigo 564.º, n.º 1, do CC [limita-a aos lucros cessantes

Feito o necessário excurso pela disciplina legal, a questão que se coloca é a seguinte: não obstante a peremptória inderrogabilidade da ordem de giro depois de recebida, não haverá outras formas de o ordenante obviar a um possível resultado nefando? Benjamin Geva critica o regime do artigo 66 da DSP, tomando como bitola argumentativa o artigo 4A do *Uniform Commercial Code*, segundo o qual a revogação é permitida até à aceitação do banqueiro do ordenante, mas, se este já a tiver executada antes de receber a ordem de revogação, pode, todavia, assistir o cliente retransmitindo a ordem de revogação, para que chegue ao banqueiro do beneficiário antes da creditação na conta deste último[188]. Embora acompanhemos o Autor, compreendemos a *ratio* do preceito: quer dotar-se as transferências bancárias duma forte certeza[189]. Com o advento dos meios informáticos e electrónicos coadjuvantes das operações bancárias, nomeadamente com o sistema *online* de serviços de pagamento (*e. g.* caixas Multibanco), vaticinava-se já, em meados dos anos 1980, o fim dos problemas de eventual revogação da ordem de pagamento, que existiam nos sistemas *offline*[190]. A previsão foi acertada. Os instrumentos jurídicos mais recentes, com efeito, têm limitado a possibilidade de o ordenante revogar a ordem de pagamento, nomeadamente naqueles casos em que a atribuição pecuniária se encontra já realizada. Todavia, consequências particularmente desastrosas podem surgir duma ordem que não se conseguiu revogar a tempo e que, noutras circunstâncias, poderia, razoavelmente, ter sido revogada. Nessas hipóteses, parece, restará apenas ao ordenante recorrer ao regime do enriquecimento sem

para o mandato civil, no caso do artigo 1172.º, *c*), do CC]. ADELAIDE MENEZES LEITÃO, «*Revogação unilateral*»..., 346, considera que a indemnização a fazer será pelo interesse contratual negativo, embora não exclua a possibilidade duma indemnização que cubra o interesse positivo de cumprimento.

[188] BENJAMIN GEVA, *The harmonization*..., 722-723, e IDEM, *Payment transactions under the EU Payment Services Directive: A U.S. Comparative Perspective*, na *Penn State International Law Review* 27, 3;4, 741-742.

[189] Cf. o considerando (38) da Directiva 2007/64/CE. Nas palavras de GIAMPIERI, *Operazioni telematiche ed irrevocabilità dell'ordine di pagamento*, em *Il Diritto dell'Informazione e dell'Informatica* VII (1991), 1, 104: "[l]a soluzione del problema (...) non è di poco momento attesa la necessità di garantire una adeguata tutela al cliente-consumatore, senza per questo annullare l'utilità del sistema di pagamento, privandolo di una qualsiasi certezza laddove fosse riconosciuto un potere di revoca illimitato". Antes da LSP, em sentido idêntico, GENTIL ANASTÁCIO, *A transferência*..., 341-342: "[c]om a evolução das técnicas electrónicas de pagamento, passam a ser cada vez mais raras as possibilidades reais de revogação de uma ordem de transferência, que ficarão limitadas às transferências realizadas com suporte em papel". À luz do novo regime, COSTA GOMES, *Contratos comerciais*, 249-250, e RITA VERA-CRUZ PINTO BAIRROS, *A transferência*..., 297-305.

[190] *Sic*, JOÃO NABAIS, *Transferências electrónicas de fundos: problemas jurídicos*, na *Revista da Banca* 2 (1987), 76.

causa, eventualmente com recurso a acção em juízo, ou, então, pedir ao seu banqueiro envide os melhores esforços no recobro da quantia. Ainda assim, cremos não ser o regime tão inflexível: o legislador só teve em conta o giro bancário electrónico *online* – trate-se de ordens de pagamento em sentido estrito, trata-se de ordens que, na relação subjacente, traduzem atribuições patrimoniais que não solutórias, repare-se –, pelo que existe uma lacuna *legis*[191] para as *ordens em papel, telefone, telecópia* e *presenciais*, a ser integrada de acordo o princípio da *livre revogabilidade do mandato*[192], possível até ao momento em que a ordem tenha sido cumprida pelo banqueiro.

5. Responsabilidade do banqueiro do ordenante

I. Os problemas que surjam nas transferências bancárias, parafraseando João Nabais, "*serão, em boa verdade, mais académicos do que reais*"[193]: ainda assim, porque não raras vezes adquirem particular complexidade e envolvem valores de montante não despiciendo, importa versá-los.

O banqueiro está, desde logo, vinculado a uma *obrigação de resultado*[194] (artigo 86.° da LSP), pautada pela bitola do *bonus pater familias* (artigo 487.°, n.°

---

[191] Sem esquecer as críticas à distinção entre analogia *legis* e *iuris*, tecidas, *v. g.*, por CASTANHEIRA NEVES, *Metodologia jurídica. Problemas fundamentais*, Coimbra, 1993, 263, e FERNANDO JOSÉ BRONZE, *O problema da analogia iuris*, em *Analogias*, Coimbra Ed., Coimbra, 2012, 265-280.

[192] Para o mandato, COSTA GOMES, *Em tema de revogação...*, 152 ss., EIUSDEM, *Contratos comerciais*, 249, para a procuração, PEDRO DE ALBUQUERQUE, *A representação...*, 969 ss.

[193] JOÃO NABAIS, *Transferências electrónicas...*, 74, que aponta, à data em que escreve, realizarem-se mais de 400 000 operações financeiras diárias através da rede SWIFT, sem que se verifique qualquer queixa ou litígio, "*e, contudo, não deixam de verificar-se erros e falhas*". Vaticinou o Autor que as situações litigiosas correriam o risco de se multiplicar a partir do momento em que a informática fosse colocada à disposição do grande público, como no caso da utilização das máquinas ATM para levantamento de fundos ou das máquinas EFTPOS instaladas nos estabelecimentos comerciais para realizar a transferência automática da conta do consumidor para a conta do comerciante, mas, em boa verdade, esse aumento da litigiosidade foi francamente inferior ao que se pensava, sobretudo por causa do avanço das técnicas informáticas ao serviço dos bancos.

[194] Sem prejuízo das críticas à distinção: cf. GOMES DA SILVA, *O dever de prestar e o dever de indemnizar*, Lisboa, 1944, 206 e 238 ss., MENEZES LEITÃO, *Direito...*, I[11], 123-124. No sentido tradicional, VAZ SERRA, *Impossibilidade superveniente, desaparecimento do interesse do credor, casos de não-cumprimento da obrigação*, na separata do *Boletim do Ministério da Justiça* 46/47/48, Lisboa, 1955, 20-21. Em sentido não convergente, FERREIRA MÚRIAS/LURDES PEREIRA, *Obrigações de meios, obrigações de resultado e custos da prestação*, nos *Estudos em memória do Professor Doutor Paulo Cunha*, 999 ss. No sentido do texto, FRANÇOIS GRUA, *Contrats...*, I, 161-162, e GENTIL ANASTÁCIO, *A transferência...*, 310.

2, do CC). Ele deve cumprir o resultado para que é emitida a ordem: a transferência do exacto montante de fundos para a conta do beneficiário, conforme ordenado. A este respeito, o Decreto-Lei n.º 41/2000 dispunha não poderem ser efectuadas deduções ao montante ordenado transferir, salvo indicação em contrário (artigo 9.º, n.º 1, do Decreto-Lei n.º 41/2000) – facto a ser comunicado ao cliente (artigo 4.º da Directiva e artigo 4.º, n.º 2 do Decreto-Lei n.º 41/2000) –, sem prejuízo da possibilidade de a instituição de crédito do beneficiário debitar despesas relativas à gestão da sua conta, afectando, assim, indirectamente, o montante da transferência (artigo 9.º, n.º 2, do Decreto-Lei n.º 41/2000). Dispunha ainda que, no caso de deduções ilícitas, sem prejuízo doutra indemnização, quando o banco do ordenante ou intermediário o houvessem feito, era responsável a instituição do ordenante, devendo transferir, sem qualquer dedução e à sua custa, o montante deduzido ao beneficiário (artigo 10.º, n.º 1, do Decreto-Lei n.º 41/2000): previa-se, assim, uma *responsabilidade objectiva* do devedor por actos de auxiliares (artigo 800.º, n.º 1, do CC). No caso de ser responsável pela dedução o banco intermediário, o banco do ordenante tinha o direito a que o montante por que respondeu lhe fosse devolvido (*direito de regresso*); podia, no entanto, preferir que esse montante fosse directamente transferido para o beneficiário da transferência (artigo 10.º, n.º 2, do Decreto-Lei n.º 41/2000). No caso de o banco do beneficiário proceder a deduções ilícitas, sem embargo doutra indemnização, estava obrigado a creditar ou entregar ao beneficiário esses montantes (artigo 10.º, n.º 3, do Decreto-Lei n.º 41/2000). O banco do ordenante cumpria no momento em que os fundos fossem creditados na conta do banco do beneficiário, e não na do beneficiário, sendo relegado para o plano das relações internas tudo o que se passasse entre o beneficiário e o seu banco[195].

No novo regime da LSP, consequência do *princípio da pontualidade* das obrigações continua a ser a obrigação de os prestadores de serviço do ordenante, do beneficiário e eventuais intermediários *transferirem o montante integral* da operação, com a consequência de deverem *abster-se de deduzir* quaisquer encargos do montante transferido (artigo 78.º da LSP; cf., ainda, o artigo 9.º do Decreto-Lei n.º 41/2000, e o considerando 40 e os artigos 67.º da DSP)[196]. Salvaguarda-se,

---

[195] Calvão da Silva, *Responsabilidade bancária por transferências de créditos*, nos Estudos em Homenagem à Professora Doutora Isabel de Magalhães Collaço, 14-15.
[196] No tocante ao Título III da LSP, referente a informações precontratuais, encontramos uma norma consímile no artigo 43.º, n.º 1, ao proibir ao prestador do serviço de pagamento que cobre ao utilizador os encargos com a prestação de informações precontratuais. A *ratio* do artigo 43.º e do artigo 78.º da LSP não é, no entanto, coincidente, assim como o não são os respectivos âmbito de aplicação.

assim, a posição do beneficiário, bem como a competitividade dos serviços de pagamento perante outros modos alternativos de transferência de dinheiro[197].

Excepção a tal regra é a possibilidade de acordo entre beneficiário e prestador de serviços respectivo que consinta a este último deduzir encargos sobre o montante transferido antes de creditá-lo na conta do beneficiário (artigo 78.°, n.° 2), desde que o montante integral da operação de pagamento e os encargos sejam indicados separadamente nas informações a dar ao beneficiário (artigo 78.°, n.° 3). Trata-se aqui não duma compensação em sentido próprio, mas duma dedução ou desconto[198]. Se forem deduzidas despesas diversas das previstas contratualmente nos termos do artigo 78.°, n.° 2, o prestador de serviços do ordenante, no caso de transferências de créditos, deverá assegurar que o beneficiário recebe o montante integral da operação de pagamento iniciada pelo ordenante, *i. e.*, deverá tão-somente devolver os montantes correspondentes as despesas, uma vez que já terá transferido o remanescente da quantia recebida [artigo 78.°, n.° 4, *a*), da LSP], assim como, se se tratar duma transferência de débitos, deverá o prestador de serviços do beneficiário assegurar que este recebe o montante integral da operação [artigo 78.°, n.° 4, *b*), da LSP].

Por seu turno, o Decreto-Lei n.° 3/2010, de 5 de Janeiro, veio completar o regime da LSP, proibindo aos bancos a cobrança de quaisquer encargos directos pela realização de operações bancárias em caixas automáticas, *v. g.* de levantamento, de depósito ou de pagamento de serviços (artigo 2.° do Decreto-Lei n.° 3/2010), ao mesmo tempo que proibiu ao beneficiário do serviço de pagamento exigir qualquer encargo pela utilização dum determinado instrumento de pagamento (artigo 3.° do Decreto-Lei n.° 3/2010), para efeitos do artigo 63.°, n.° 6, *b*), *in fine*.

II. Quanto à *responsabilidade do banqueiro do ordenante por inexecução* ou *má execução de ordens de pagamento*, regem, hoje, a matéria os artigos 85.° a 90.° da LSP. Ponto crucial para a determinação da responsabilidade do banqueiro é o

---

[197] Assim também ONOFRIO TROIANO, *La nuova disciplina...*, 48[(21)].

[198] A *dedução* de valores é uma *compensação imprópria* (*Anrechnung*). As diferenças entre esta e a compensação (*Aufrechnung*) são as que se seguem: (*i*) a compensação postula créditos autónomos de sinal contrário, ao passo que a dedução visa apenas delimitar um único crédito, dispensando factos constitutivos atinentes a direitos diferentes; (*ii*) a compensação é potestativa, a dedução automática; (*iii*) a compensação é retroactiva, a dedução é eficaz quando o crédito por si delimitado se torne eficaz; (*iv*) a compensação conhece causas legais de exclusão, o que não sucede com a dedução. Dadas estas diferenças, deve ser prudente a aplicação do regime próprio da compensação à dedução de valores. Cf. ANTUNES VARELA, *Das Obrigações...*, II[7], 199, e MENEZES CORDEIRO, *Da compensação...*, 155-156.

relativo à correcção dos identificadores únicos: combinação de letras, números ou símbolos, que o ordenante deve fornecer para identificar inequivocamente o beneficiário e a respectiva conta [artigo 2.º, v), da LSP][199]. Com efeito, se uma ordem de pagamento for executada em conformidade com o identificador único, presume-se *iuris tantum* tê-lo sido correctamente no que concerne ao beneficiário aí especificado (artigo 85.º, n.º 1, da LSP; cf. artigo 74.º da DSP). Assim, se o identificador único fornecido pelo ordenante for incorrecto, o banqueiro não é responsável pelo incumprimento ou cumprimento defeituoso da operação de pagamento (artigo 85.º, n.º 2, da LSP), devendo, neste caso, todavia, envidar esforços razoáveis para recuperar os fundos envolvidos na operação de pagamento, cujos encargos podem ser cobrados ao ordenante, se previstos no contrato (artigo 85.º, n.º 3, da LSP). O banqueiro, portanto, apenas é responsável – por *mora, cumprimento defeituoso* e *incumprimento definitivo* – pela execução de operações de pagamento desconformes ao identificador único fornecido pelo ordenante (artigo 85.º, n.º 4, da LSP). No caso de o banqueiro executar a ordem em conformidade com o identificador único fornecido pelo ordenante, o problema não é já de *responsabilidade*, mas sim de *enriquecimento sem causa*: a regra, neste tocante, será a de que as restituições a que haja lugar processar-se-ão entre ordenante e beneficiário, à margem do banqueiro portanto, uma vez que a ordem de pagamento é abstracta do negócio que lhe subjaza[200].

Nas hipóteses de *mora, incumprimento definitivo* ou *cumprimento defeituoso* – portanto, inexecução ou execução má ou deficiente, na terminologia comunitária –, podem compreender-se, tipicamente: (*i*) os casos de inércia do banqueiro do ordenante, que pode converter-se em incumprimento definitivo após interpelação admonitória ou havendo perda objectiva de interesse (artigo 808.º, n.º 1, do CC); (*ii*) "transferências perdidas no sistema", que podem nos mesmos termos converter-se em incumprimento definitivo; (*iii*) de insolvên-

---

[199] Sobre a questão, Costa Gomes, *Contratos comerciais*, 251-252.
[200] Assim também Menezes Cordeiro, *Direito Bancário*⁵, 569, que, seguindo Claus Wilhelm-Canaris, *Die Bereicherungsausgleich im bargeldlosen Zahlungsverkehr*, em *Wertpapier Mitteilungen Zeitschrift* (1980), 345-371, escreve: "*[a] restituição a que, porventura, haja lugar, irá processar-se nas relações entre o cliente e o terceiro beneficiário e à margem do banqueiro*". Para uma descrição das tipologias e especificidades do enriquecimento sem causa em relações plurilaterais, *vd.* Menezes Leitão, *Enriquecimento sem causa: estudo dogmático sobre a viabilidade da configuração unitário do instituto, face à contraposição entre as diferentes categorias de enriquecimento sem causa*, Cadernos CTF, 1996, 565 e ss. Na jurisprudência, Ac. STJ 10-XI-2011 (Gabriel Catarino), proc. n.º 1182 /09.TVLSB.S1.L1, Ac. STJ 2-VII-2009 (Serra Baptista), proc. n.º 123/07.5STJVNF.S1, e Ac. STJ 12-XI-2009 (Hélder Roque), proc. n.º 08A3714, Ac. STJ 14-X-2003 (Moreira Camilo), proc. n.º 03A2745.

cia de banqueiros[201] intermediários, caso se verifiquem os requisitos do artigo 808.º, n.º 1, do CC; (*iv*) os casos de "sobretransferência" (*overpayment*); (*v*) de "subtransferência" (*underpayment*); (*vi*) e de pagamento a beneficiário errado[202]. A responsabilidade por execução deficiente – que é contratual – presume-se da culpa do banqueiro (artigo 799.º, n.º 1, do CC), salvo prova do identificador único incorrecto pelo ordenante (artigo 85.º, n.º 2, da LSP) e de força maior, na qual não se engloba a insolvência do banqueiro (artigo 90.º da LSP)[203]: a sua responsabilidade cessa no momento em que prove ao ordenante e, se for caso disso, ao banqueiro do beneficiário que este último recebeu o montante em tempo devido, caso em que passa a caber a responsabilidade a este último banqueiro (artigo 86.º, n.º 2, da LSP). Caso a responsabilidade caiba ao banqueiro do ordenante, este deve reembolsá-lo, sem demora, do montante da operação não executada ou incorrectamente executada e, se for caso disso, repor a conta debitada na situação em que estaria se não tivesse ocorrido a execução incorrecta (artigo 86.º, n.º 3, da LSP, e 566.º, n.º 2, do CC). O artigo 86.º, n.º 6, regula a *mora no reembolso* (e os encargos cuja responsabilidade caiba ao banqueiro), mas não o seu *quantum*: será de lhe aplicar, analogicamente, o artigo 71.º, n.º 2, ou o artigo 806.º, n.º 1, do CC? O artigo 71.º, n.º 2, está pensado exclusivamente para as operações de pagamento *não autorizadas*, tendo *finalidades punitivas*, o que não sucede no artigo 86.º, n.º 6, da LSP, que abrange os outros tipos de *incumprimento lato sensu*: é, por isso de aplicar o artigo 806.º do CC, mas com possibilidade de indemnização suplementar, desde logo, por analogia com o artigo 88.º da LSP e por aplicação analógica do artigo 806.º,

---

[201] Sobre a nacionalização de bancos e a compensação, RUY DE ALBUQUERQUE, *Da compensabilidade dos créditos e débitos civis e comerciais dos bancos nacionalizados*, em *Estudos em Memória do Professor Doutor Paulo Cunha*, Lisboa, 1989, *per totum*, e, recentemente, sobre a insolvência dos mesmos, ANA SOFIA SILVA, *Da oponibilidade da compensação legal em caso de insolvência das instituições de crédito*, em *Temas de Direito Bancário*, I – Cadernos O Direito, n.º 8 (2014), 59-219.
[202] À luz do Decreto-Lei n.º 41/2000, CALVÃO DA SILVA, *Responsabilidade bancária...*, 19. Cf., para este problema, BENJAMIN GEVA, *Payment transactions...*, 748-749. As hipóteses sob (*iv*) a (*vi*) costumam ser inseridas na categoria do cumprimento defeituoso: sufragamos essa posição, na medida em que julgamos o princípio da integralidade da prestação valer quer em termos qualitativos, quer, analogicamente, quantitativos (artigo 763.º, n.º 1, do CC). Assim também, para o cumprimento defeituoso na empreitada, PEDRO DE ALBUQUERQUE/MIGUEL ASSIS RAIMUNDO, *Direito das Obrigações*, II, 2.ª ed., Almedina, Coimbra, 2014, 410-411. À luz da nova lei, COSTA GOMES, *Contratos comerciais*, 251-252, RITA VERA-CRUZ PINTO BAIRROS, *A transferência...*, 305-312.
[203] Já assim neste sentido GENTIL ANASTÁCIO, *A transferência...*, 353[(909)]. Cf. também COSTA GOMES, *Contratos comerciais*, 251-252.

n.º 3, à mora obrigacional[204], posição que surge reforçada com o argumento sistemático retirado do artigo 71.º, n.º 2, *in fine*, da LSP, e com o artigo 7.º do Decreto-Lei 62/2013, de 10 de Maio. Seja ou não responsável o banqueiro do ordenante, ele, a solicitação do ordenante, deve envidar imediatamente esforços para rastrear a operação de pagamento e notificar o ordenante dos resultados obtidos (artigo 86.º, n.º 5, da LSP).

O legislador consagrou no artigo 86.º aquilo a que costuma chamar-se *money back guarantee*, na terminologia anglo-saxónica, adveniente do UCC e EFTA e da lei modelo UNCITRAL, recebida já na Directiva 97/5/CE, donde passou para o Decreto-Lei n.º 41/2000 (artigo 8.º, n.º 1)[205]. À luz do artigo

---

[204] Neste sentido, criticando a disparidade de regime da mora nas obrigações pecuniárias e nas obrigações *ex delicto* e fundadas no risco, GALVÃO TELLES, *Obrigações*[7], 306. A questão todavia é, no mínimo, controversa: cf. ALMEIDA COSTA, *Direito das Obrigações*[12], 739, e MENEZES LEITÃO, *Direito...*, II[5], 239-240.

[205] Também o Decreto-Lei n.º 41/2000 tinha consagrado no artigo 11.º, na esteira do artigo 8.º da Directiva, a chamada *money back guarantee*. Assim, quando o montante da transferência não fosse creditado na conta do banco do beneficiário, e sem embargo doutra indemnização, a instituição do ordenante era obrigada a creditar-lhe, dentro de 14 dias úteis a contar da ordem de transferência, o montante desta, até ao limite de 12 500€, acrescidos de juros legais sobre o montante, entre a data da ordem e a do crédito, e ainda acrescidos do montante das despesas pagas pelo ordenante relativas à transferência (artigo 8.º, n.º 1, Directiva, artigo 11.º, n.º 1 e 2, do Decreto-Lei n.º 41/2000): estamos aqui, ao contrário nos artigos 6.º a 8.º, perante casos de incumprimento definitivo ou impossibilidade imputável, e não já de simples mora. Tratava-se, portanto, de saber por quem corre o risco duma transferência perdida no sistema. O direito de o ordenante pedir o reembolso do montante não transferido só surgia após o decurso do prazo – convencional ou legal – para a execução da ordem ou quando, antes desse prazo, se se tornasse inequívoco que a transferência não seria cumprida (artigo 8.º, n.º 1, 1.ª parte, Directiva, e artigo 11.º, n.º 3, do Decreto-Lei n.º 41/2000): feito o pedido, o banco tinha 14 dias para creditar na conta as quantias – prazo que se contava a partir do pedido de reembolso, e não a partir da ordem ou pedido de transferência, como, de forma pouco feliz, dizia o artigo 11.º, n.º 1, do Decreto-Lei n.º 41/2000 (assim, CALVÃO DA SILVA, *Responsabilidade bancária...*, 20) -, salvo se entretanto os fundos correspondentes à ordem do beneficiário tivessem sido creditados na conta do banco do beneficiário (artigo 8.º, n.º 1, 2.ª parte, Directiva), hipótese subsumível à de mora no cumprimento da transferência (CALVÃO DA SILVA, *Responsabilidade bancária...*, 20). Consagrou, assim, o legislador comunitário a chamada *money-back guarantee* do Direito norte-americano, inspirando-se também no instituto previsto no artigo 14.º UNCITRAL sob o nome de *refund*. Contudo, a Directiva fez adaptações àquela figura, recebendo-a com um regime mitigado, em comparação com o americano, senão vejamos: a garantia de reembolso tinha um teto máximo de 12 500€ (que se explica em virtude de se querer evitar o risco sistémico bancário: cf. o considerando 11 da Directiva), o que não se passava com a *money-back guarantee* (GENTIL ANASTÁCIO, *A transferência...*, 308, CALVÃO DA SILVA, *Responsabilidade bancária...*, 20); contrariamente ao sucedâneo norte-americano, não funcionava o reembolso quando a transferência não fosse realizada por causa de erro ou omissão nas instruções do ordenante ao seu banco, ou quando se tratasse de

8.º do Decreto-Lei n.º 41/2000, a *opinio communis* qualificava esta "garantia" como uma hipótese de *responsabilidade objectiva*[206], posição que cremos ter, hoje, também, arrimo na lei (artigo 483.º, n.º 2, do CC, e artigos 86.º, n.º 1, e 87.º, n.º 1, da LSP).

Outra questão prende-se com o limite indemnizatório. A *money back guarantee* atribuída aos utilizadores dos serviços de pagamento pela DSP e pela LSP não tem, como tinha a Directiva 97/5/CE e o Decreto-Lei n.º 41/2000, um "tecto" máximo. Tipicamente, a responsabilidade pelo risco está sujeita a limites indemnizatórios[207]: acima desses montantes, a cobertura integral dos danos

---

intermediário escolhido expressamente pelo ordenante, caso em que a garantia de reembolso se transformava em mera obrigação de meios de todas as instituições intervenientes na operação – eram obrigadas a "esforçar-se", na medida do possível, por reembolsar o montante da transferência –, correndo o risco pelo ordenante (cf. artigo 264.º, n.º 3, *ex vi* artigo 1165.º do CC) (CALVÃO DA SILVA, *Responsabilidade bancária*..., 20). Se a isto juntarmos ser a garantia de reembolso excluída quando os bancos aleguem e provem casos de força maior (artigo 9.º Directiva, e artigo 14.º, n.º 1, do Decreto-Lei n.º 41/2000), concluía-se não se tratar de verdadeira obrigação de garantia: o que foi consagrado, sim, foi uma responsabilidade civil objectiva (GENTIL ANASTÁCIO, *A transferência*..., 310-312, e CALVÃO DA SILVA, *Responsabilidade bancária*..., 21), estando o banco adstrito a uma obrigação de resultado (neste sentido, GENTIL ANASTÁCIO, *A transferência*..., 310; contra a qualificação como obrigação de resultado, CALVÃO DA SILVA, *Responsabilidade bancária*..., 21). E nos casos em que o incumprimento definitivo fosse imputável ao banco do ordenante (*e. g.* porque pura e simplesmente não transferiu os montantes)? Restaria ao ordenante intentar uma acção de responsabilidade civil obrigacional (artigo 798.º) contra o seu banqueiro, no caso de o incumprimento culposo (culpa que se presume: artigo 799.º, n.º 1) da ordem lhe ter causado danos. A responsabilidade do banco do ordenante por cumprimento intempestivo era exclusa no caso de força maior (artigo 9.º da Directiva e 14.º do Decreto-Lei n.º 41/2000). No mais, o banco do ordenante era obrigado a cumprir tempestivamente a transferência, com o prazo a servir de bitola concretizadora do *bonus paterfamilias* (CALVÃO DA SILVA, *Responsabilidade bancária*..., 17).

[206] CALVÃO DA SILVA, *Responsabilidade bancária*..., 21 (excluindo tratar-se de obrigação de garantia), GENTIL ANASTÁCIO, *A transferência*..., 310-311, JOSÉ ANTÓNIO VELOSO, *Regulamentação dos sistemas de pagamento: aspectos gerais*, em O Futuro dos Sistemas de Pagamentos, Associação Portuguesa de Bancos/Banco de Portugal/SIBS, Lisboa, 1997, 152-153[(17)] (embora considerasse não ser objectiva, mas responsabilidade *ad hoc*). Na Alemanha, *vd.* JOHANNES KÖNDGEN, *Das neue Recht*..., 481. À luz da nova lei, COSTA GOMES, *Contratos comerciais*, 251-252, e RITA VERA-CRUZ PINTO BAIRROS, *A transferência*..., 305-312.

[207] Por exemplo, na responsabilidade por danos causados por veículos, cujo tecto máximo surge indexado aos montantes dos capitais mínimos dos correspondentes seguros obrigatórios de responsabilidade civil (artigo 508.º do CC, Decreto-Lei n.º 522/86, e artigo 12.º do Decreto-Lei n.º 291/2007, de 21 de Agosto). Fugia, por assim dizer, à regra a responsabilidade objectiva do produtor, para os casos de morte e lesão corporal (artigo 9.º do Decreto-Lei n.º 383/89, na redacção do Decreto-Lei n.º 131/2001) (cf., em crítica à solução legal, MENEZES LEITÃO, *Direito*..., I[11], 359[(895)]). Cf. também MENEZES CORDEIRO, *Tratado*..., II/III, 729-730, NUNO AURE-

só se justifica, se enquadrada na responsabilidade por culpa (artigo 483.º, n.º 1, do CC). No âmbito específico dos serviços de pagamento, Benjamin Geva critica a solução da DSP, dado que a *occasio legis* da *money back guarantee* foi a de mitigar a não indemnização de *consequential losses*: ora, na DSP a indemnização suplementar é deixada ao critério dos Estados membros, permitindo vir cumular-se a *money back guarantee* ilimitada com eventuais indemnizações complementares (o que, adiantamos, não sucede entre nós, porque o artigo 88.º não abrange o artigo 86.º da LSP): "*[t]his balance, that is, entitlement to unlimited damages for consequential losses caused by fault, and yet only to a limited amount under a "non-fault" "money back-guarantee" rule, is to be upset by the Directive, which provides for a "money back-guarantee" for the entire amount and yet does not affect remedies for consequential losses*"[208]. Julgamos que a solução legal não deixa grande margem para dúvidas, neste tocante, e, sem prejuízo das "colagens" e inovações que fez perante o regime norte-americano, não a julgamos criticável[209].

Por último, o artigo 87.º prevê um regime específico para a responsabilidade nas transferências de débitos e débitos directos, parcialmente simétrico ao explanado para a responsabilidade do banqueiro do ordenante, mas cujas especificidades não serão aqui tratadas.

III. Os *prazos de execução* da obrigação do banqueiro do ordenante[210] são também regulados pelos artigos 80.º e 83.º, que os encurtaram, evitando abusos e tutelando os utilizadores dos serviços de pagamento[211], ao mesmo tempo em que se pretendeu aumentar a eficiência dos pagamentos em toda a Comuni-

---

LIANO, *O risco...*, 57-58, e RICARDO BERNARDES, *A conduta do transportador impeditiva da limitação de responsabilidade no Direito marítimo*, em *Temas de Direito dos Transportes*, vol. II, Almedina, Coimbra, 2013, pp. 444-453.
[208] BENJAMIN GEVA, *Payment transactions under the EU Payment Services Directive: A U.S. Comparative Perspective*, na *Penn State International Law Review* 27, 3;4, 750-752, e IDEM, *TARGET2 Transfer of Funds and Harmonization of EU Payment Law*, no *Uniform Commercial Code Law Journal* 41 (2008), 2, 134-137.
[209] Assim também RITA VERA-CRUZ PINTO BAIRROS, *A transferência...*, 305-312.
[210] Cf. COSTA GOMES, *Contratos comerciais*, 250-251, e RITA VERA-CRUZ PINTO BAIRROS, *A transferência...*, 297 ss.
[211] Assim, o texto adoptado pelo Parlamento Europeu (2005/0245(COD) – 24/04/2007. *Text adopted by Parliament, 1st Reading/single reading*), que depois de manifestar o intento de tutelar todo o tipo de utilizadores dos serviços de pagamento, vem dizer, em concretização desde postulado fundamental da (futura) Directriz, que: "*payments should arrive at the latest the next working day, where these are made in euro, or are domestic payments in the national currency of a Member State not in the euro area, or payments involving a single conversion between the euro and the national currency of a Member State not in the euro area*".

dade[212]. Repare-se que a Subsecção II ("*Prazos de execução e data valor*"), que vai do artigo 79.º ao 84.º, se aplica às operações de pagamento em euros (artigo 79.º, n.º 1, da LSP), e é ainda aplicável às operações de pagamento realizadas nas moedas dos Estados membros não pertencentes à zona euro, salvo convenção em contrário (artigo 79.º, n.º 2), o qual não pode estipular um prazo superior a 4 dias úteis a contar do momento da recepção (artigo 79.º, n.º, da LSP).

O artigo 80.º regula os prazos de execução das ordens de pagamento nas operações de pagamento para uma *conta de pagamento*: esta é uma conta detida em nome de um ou mais utilizadores de serviços de pagamento, que seja utilizada para a execução de operações de pagamento [artigo 2.º, *q*), da LSP], sendo operação de pagamento todo e qualquer acto, praticado pelo ordenante ou pelo beneficiário, de depositar, transferir ou levantar fundos, independentemente de quaisquer obrigações subjacentes entre o ordenante e o beneficiário [artigo 2.º, *g*), da LSP]. Assim, o banqueiro deve garantir que, após o momento da recepção da ordem de pagamento (cf. artigo 75.º), o montante objecto da operação seja creditado na conta do banqueiro do beneficiário até ao final do 1.º dia útil seguinte (artigo 80.º, n.º 1, da LSP). No caso das operações de pagamento transfronteiriças, até 1 de Janeiro de 2012, o ordenante e o respectivo prestador de serviços de pagamento podem convencionar um prazo mais longo, que não pode exceder 3 dias úteis (artigo 80.º, n.º 2, da LSP): depois dessa data, vale o prazo do final do dia útil seguinte. No entanto, este prazo geral pode ser prorrogado por mais um dia útil no caso das operações de pagamento emitidas em suporte de papel (artigo 80.º, n.º 3, da LSP).

Quanto às *operações de pagamento nacionais*, nas *transferências internas*, e na ausência de estipulação em contrário, as quantias em dinheiro devem ser creditadas na conta do beneficiário no próprio dia, se a transferência se efectuar entre contas sediadas no mesmo banqueiro, sendo a data valor e a data de disponibilização a do momento do crédito (artigo 83.º da LSP; cf. o artigo 72.º da DSP que se limita a dizer que os Estados membros podem prever prazos de execução mais reduzidos do que os intracomunitários: foi o que, entre nós, para as transferências internas entre contas no mesmo banco, foi feito[213]). Mas, quando se trate de operações de pagamento nacionais entre contas de pagamento sediadas em diferentes banqueiros, o artigo 83.º, n.º 2, limita-se a dizer

---

[212] Cf. considerando (43) da DSP.

[213] Esta faculdade deixada aos Estados-membros é explicada pelo considerando (43) da DSP, ao dizer que "*[a]tendendo ao facto de as infra-estruturas de pagamento nacionais serem frequentemente muito eficientes e a fim de evitar qualquer deterioração ao nível dos atuais serviços prestados, os Estados-Membros deverão ter a possibilidade de manter ou definir regras que fixem um prazo de execução inferior a um dia útil, se for caso disso*".

que não é aplicável o disposto no artigo 80.°, n.° 2, da LSP: ou seja, não pode ser convencionado um prazo mais longo do que o 1.° dia útil seguinte; quer isto dizer que as transferências nacionais entre contas sediadas em banqueiros diferentes devem ser efectuadas até ao final do 1.° dia útil seguinte, sem possibilidade de prorrogação do prazo. De resto, uma vez que já nos encontramos em 2014, o n.° 2 do artigo 80.° já não seria aplicável.

O regime positivo, não obstante alguma confusão – uma vez que, lendo-se os artigos 80.° a 83.° da LSP, sem antes ler o artigo 79.°, fica-se sem saber qual o âmbito dos dois preceitos –, tenta, assim, reduzir e aproximar tendencialmente o regime dos prazos para execução das ordens de transferência nacionais e comunitárias[214].

IV. De referir que, caso a responsabilidade dum dos banqueiros do ordenante ou do beneficiário seja imputável a outro destes banqueiros ou a um banqueiro intermediário, o responsável perante o utilizador terá depois *direito de regresso* contra o responsável nas relações internass (artigo 89.°, n.° 1, da LSP), com a possibilidade de fixação duma indemnização suplementar (artigo 89.°, n.° 2, da LSP): trata-se dum caso de *responsabilidade objectiva* por facto doutrem (artigo 800.°, n.° 1, do CC), na base de um regime da solidariedade passiva (com diferentes títulos de imputação).

Questão diferente prende-se com o chamado *estorno*, i. e., saber se o banqueiro que haja creditado incorrectamente um montante na conta do cliente pode depois vir unilateralmente debitá-lo na correspondente medida do excesso. Julgamos que o problema se reconduz a saber se o banqueiro pode efectuar uma compensação na conta do cliente quando tenha um crédito contra este: essa compensação é possível nas transferências internas, mas não é, naturalmente, possível nas externas[215].

---

[214] Elucidativo a propósito dos intentos da Directriz 2007/64/CE é o sumário da apresentação e debate da proposta no Parlamento Europeu (2005/0245(COD)) – 24/04/2007. *Text adopted by Parliament, 1ˢᵗ Reading/single reading*, em que é escrito: "*[t]he Directive establishes the legal basis for the Single European Payment Area (SEPA) and will allow non-cash payments, such as direct debits, bank transfers and card payments, across EU borders to be made as quickly, easily and cheaply as those within a single Member State*". No que se refere aos prazos de execução das transferências, este propósito é patente.

[215] Assim também GENTIL ANASTÁCIO, *A transferência...*, 357-359.

6. Extinção

O contrato de serviços de pagamento está sujeito aos modos de extinção comuns, designadamente por denúncia, resolução, oposição à renovação, caducidade, revogação. Em primeiro lugar, o contrato pode extinguir-se por *denúncia do cliente*[216], que pode ser feita *a todo o tempo*, sem prejuízo da possibilidade de acordo dum aviso prévio, não superior a um mês (artigo 56.º, n.º 1, da LSP)[217]. A *ratio* deste preceito reside na facilitação da mobilidade dos clientes (considerando 29 da DSP; preâmbulo do Decreto-Lei n.º 317/2009). A denúncia é sempre *livre de encargos* para o utilizador, quando consumidor ou microempresa (artigo 56.º, n.º 2, da LSP; cf. também o artigo 55.º, n.º 3). Embora a regra pareça, *ictu oculi*, impedir que o banqueiro demande o cliente por eventuais danos causados com a violação do aviso prévio, cremos não ser esse o melhor entendimento: ela visa impedir que o banqueiro debite despesas de gestão de encerramento da conta, e não impedir a indemnizabilidade de danos pelo banqueiro com a comunicação extemporânea[218]. Fora dos casos de contrato com consumidores ou micro-empresas, a denúncia do contrato de duração indeterminada ou de período fixo superior a 12 meses ou anterior ao período de tempo estipulado é isenta de encargos; não se estando perante consumidores ou micro-empresas, poderão ser previstos no contrato encargos com a denúncia, que têm de ser adequados e corresponder aos custos suportados (artigo 56.º, n.º 3, da LSP). A regra aplica-se também aos casos em que o contrato seja por tempo determinado: estaremos, então, já não perante denúncia em sentido próprio, mas perante *revogação unilateral ex lege*[219].

Ao contrário do que sucede com a denúncia pelo cliente, a *denúncia pelo banqueiro* não é inteiramente livre, uma vez que tem de ser acordada no contrato, e antecedida dum *aviso prévio de, pelo menos, dois meses*, bem como preenchidos todos os requisitos de comunicação das cláusulas do artigo 52.º da LSP

---

[216] Sobre o fundamento da denúncia ad nutum dos contratos de duração indeterminada, *vd.* Pessoa Jorge, *Lições de Direito das Obrigações*, 212, Vaz Serra, "*Anotação ao Acórdão do Supremo Tribunal de Justiça de 7-3-69*, na *Revista de Legislação e Jurisprudência* 103, n.º 3319, 233, Antunes Varela, *Das Obrigações...*, II[7], 280-281, Menezes Cordeiro, *Direito...*, 2.º vol., 166, Mota Pinto, *Teoria Geral do Direito Civil*[4], 631, Costa Gomes, *Em tema de revogação...*, 75, Idem, *Contrato de mandato*, 118, Menezes Leitão, *Direito...*, I[11], 120-123, Oliveira Ascensão, *Teoria...*, III, 334-335, e Pinto Duarte, *A denunciabilidade das obrigações contratuais duradouras propter rem*, na *Revista da Ordem dos Advogados* 70 (2010), I/IV, 284-297, Ferreira Pinto, *Contratos de distribuição – da tutela do distribuidor integrado em face da cessação do vínculo*, UCP, Lisboa, 2013, 338 ss.

[217] No mesmo sentido, Gughenheim, *Les contrats de la pratique bancaire suisse*[2], 269.

[218] Pensamos ir também neste sentido Costa Gomes, *Contratos comerciais*, 238.

[219] Vd. também Costa Gomes, *Contratos comerciais*, 238.

(artigo 56.º)[220]. A este propósito, importa também referir que o artigo 56.º, n.º 6, da LSP, na medida em que prevê serem os encargos regularmente facturados pela prestação de serviços de pagamento apenas devidos na parte proporcional ao período decorrido até à data de denúncia do contrato, funda também uma hipótese de denúncia, que não de resolução do contrato[221].

Quanto à extinção do contrato por *resolução*, ela dar-se-á nos termos gerais (cf. artigo 432.º do CC). No caso de *modificação do contrato*, tem o cliente o direito de denunciar o contrato imediatamente e sem encargos antes da data proposta para a aplicação das alterações (artigos 53.º, 55.º e 56.º, n.º 5, da LSP): parece-nos, *summo rigore*, estar aqui em causa uma *resolução do contrato*, que não denúncia na medida em que não se trata duma faculdade discricionária[222].

Dá-se a *caducidade do contrato*, com a execução da própria ordem, no caso de operações isoladas, ou com o termo do prazo no caso do contrato-quadro de serviços de pagamento por tempo determinado.

7. *Natureza jurídica do contrato de serviços de pagamento. A questão da eficácia e estrutura do giro bancário*

I. Várias teses se dividem no tocante à natureza jurídica do contrato de serviços de pagamento: mandato[223], empreitada, contrato misto de man-

---

[220] Em sentido contrário, entendendo não dever o preceito ser lido à letra, por atentar contra o artigo 280.º, n.º 1, do CC, e defendendo que, caso não tenha sido acordada a denúncia, o pré-aviso deve ser razoavelmente superior ao legal, COSTA GOMES, *Contratos comerciais*, 238-239. O fenómeno do condicionamento da denúncia nos contratos de duração indeterminada com interesse social não é estranho: pense-se no contrato de arrendamento, no contrato de trabalho, no contrato de seguro e nas obrigações contratuais duradouras *propter rem* (e. g. no contrato entre organizador de centro comercial e lojista e nos acordos parassociais). *Vd.*, recentemente, questionando o entendimento em termos absolutos do princípio da denunciabilidade de relações contratuais duradouras, PINTO DUARTE, *Denunciabilidade...*, 273-297.

[221] Esta deficiência técnica do artigo 56.º, n.º 6, é um resquício da deficiente tradução da Directiva 2007/64/CE, cujo artigo 45.º (transposto para o artigo 56.º da LSP) e considerando 29 falam, reiteradamente, de "resolução". De igual mal padece o preâmbulo do Decreto-Lei n.º 317/2009, *Diário da República*, 1.ªsérie, n.º 211, 30 de outubro de 2009, 8272, 1.ªcol., que fala também, expressamente, de "resolução": "*[a] fim de facilitar a mobilidade dos clientes, os utilizadores do serviço de pagamento têm a possibilidade de resolver um contrato-quadro, decorrido um ano, sem incorrer em encargos de resolução*".

[222] Assim também RITA VERA-CRUZ PINTO BAIRROS, *A transferência...*, 280-281.

[223] Neste sentido, cf., *colorandi, causa*, entre nós, PAULO CÂMARA, *A transferência...*, 39-41, MENEZES CORDEIRO, *Direito Bancário*[5], 436 (para o giro bancário, em geral, que não para os serviços de pagamento), GENTIL ANASTÁCIO, *A transferência...*, 151-165, CALVÃO DA SILVA, *Responsabilidade*

dato e empreitada[224], prestação de serviços[225], contrato de garantia, contrato atípico[226].

Por nossa parte, julgamos que o contrato de serviços de pagamento é um *subtipo do mandato comercial não representativo* (comissão) [227], com a especificidade de ser um contrato bancário (artigo 362.º do CCom). Afastado está que se trate duma empreitada, na medida em que, além de não estar em causa uma "obra" como resultado, não tem como objecto coisas corpóreas[228]. Por seu turno, contra a qualificação como contrato de prestação de serviços depõe o facto de, no giro bancário, se ter em vista, sobretudo, *actos jurídicos*, não tendo os *actos materiais*, neste tocante, senão um papel instrumental ou acessório. Todavia, há que acrescentar que a tese da prestação de serviços ganhou um novo e forte alento com a LSP: este diploma qualifica o contrato de giro bancário, *rectius*, o contrato de prestação de serviços de pagamento e, dentre ele, o contrato de giro bancário (e o contrato de utilização de cartões bancários e os débitos directos), precisamente como contrato de prestação de serviços, passe a expressão [cf. o preâmbulo do Decreto-Lei n.º 317/2009, artigos 2.º, *m*), *aa*), *ac*) e 47.º, n.º 4, da LSP]. Todavia, as *qualificações legais* valem... o que valerem: o legislador deve regular, não qualificar; essa é tarefa do intérprete. Ora, uma "prestação

---

bancária..., 13 ss., PAIS DE VASCONCELOS, *Mandato*..., 138-142, JANUÁRIO PEDRO CORREIA, *O giro bancário: caso particular da ordem de transferência bancária de fundos: aspectos fundamentais do regime, incidentes e natureza jurídica*, Tese, FDL, 2010, 274-278, RITA VERA-CRUZ PINTO BAIRROS, *A transferência...*, 320-326, VITTORIO SALANDRA, *Ordine di giro e conto corrente bancario*, no Foro Italiano LIV (1929), I, 481-485, MOLLE, *I contratti bancari*[3], Milão, 1978, 420, CAMPOBASSO, *Il bancogiro...*, 631 ss., TONDO/VIRGILIO, *Pagamenti...*, 293, SPINELLI/GENTILE, *Diritto Bancario*[2], 309 ss., ALIBRANDI SCIARRONE, *Il pagamento...*, 562-582, CONCETTO COSTA, *Bancogiro «internazionale»...*, 353 ss., FRANÇOIS GRÚA, *Contrats...*, I, 158 ss., E. P. ELLINGER/EVA LOMNICKA/RICHARD HOOLEY, *Ellinger's Modern Banking Law*[4], Oxford University Press, 2006, 549-556, MOTOS GUIRAO, *Sobre si el ingreso...*, 245 ss., SEQUEIRA MARTÍN, *La tranferencia...*, 2544, GUGGENHEIM, *Les contrats...*, 256-257, KARSTEN SCHMIDT, *Handelsrecht*[5], 1987, § 34 III, 914.

[224] CANARIS, *Bankvertragsrecht*[3], I, 3, 205-206, OECHSLER, *Überweisungsverkehr*, em *Handbuch...*, § 31, II, 1, 827, HARTWIG SPRAU, *Otto Palandt Bürgerliches Gesetzbuch – Beck'sche Kurz Kommentare*[69], Beck, Munique, 2010, § 675f BGB, 1092, CASPER, *Münchener...*, 2693, JOCHEN WILKENS, *Das Überweisungsgesetz*, em *Monatsschrift für deutsches Recht* (1999), 1237.

[225] FERREIRA DE ALMEIDA, *Contratos*, II[3], 139, 179-181, MENEZES CORDEIRO, *Direito Bancário*[5], 583 ("prestação de serviço, de teor financeiro").

[226] MARINO PERASSI, *I trasferimenti elettronici...*, 176-177.

[227] Que é, por sua vez, um subtipo do mandato "comum" ou civil. Neste sentido, vd. COSTA GOMES, *Contrato de mandato comercial...*, in *Operações...*, 503-504.

[228] Restringindo o objecto da empreitada a coisas corpóreas, *vd.*, sumariamente, ROMANO MARTÍNEZ, *Direito das Obrigações (Parte Especial) – Contratos*[2], Almedina, Coimbra, 2005 (reimpr.), III, § 7, 386-393, MENEZES LEITÃO, *Direito...*, III[9], 462-464. Contra, PEDRO DE ALBUQUERQUE/MIGUEL ASSIS RAIMUNDO, *Direito...*, II[2], 149 ss.

de serviços de *pagamento*" traduz um acto jurídico, precisamente o pagamento ou, noutros termos, o cumprimento de obrigações pecuniárias. Se o contrato cujo objecto é a prática de actos jurídicos é o mandato, então o chamado contrato de "prestação de serviços de pagamento" é, *summo rigore*, um contrato de mandato[229]. A referência a "prestação de serviços" deve ser, por isso mesmo, entendida como remetendo para a prestação de serviços enquanto "sobretipo" contratual, no qual se insere o próprio mandato (artigos 1154.° e 1155.° do CC). Este "erro de qualificação" é mais um que se soma à vasta lista dos que se verificam na LSP: desde logo, a ingente dimensão deste contrato, por um lado, ao pretender abranger o contrato de transferência de créditos, o contrato de transferências de débitos, e os contratos de utilização e pagamento por cartões, e, por outro, a sua exiguidade no que concerne à exclusão (aparente) do seu âmbito das transferências *donandi causa* e das *credendi causa* (a referência a "pagamento" assim o dita).

Em suma, o contrato de serviços de pagamento reconduz-se ao *mandato* (artigos 1157.° e ss.) – figura particularmente presente nas relações jurídicas bancárias[230] –, porque o banqueiro, ao transmitir moeda escritural, realiza actos jurídicos, de pagamento ou de outras atribuições patrimoniais por conta do ordenante, legitimado no âmbito dum contrato gestório prévio.

O contrato de mandato comercial sem representação ou comissão tem como elementos essenciais a obrigação do mandatário de praticar um ou mais actos jurídicos de comércio, a actuação do mandatário por conta do mandante, e o direito do mandatário a uma retribuição (cf. artigos 231.°, 232.° e 266.° do CCom)[231]. Quanto à actuação do mandatário por conta do mandante, resulta claro da fisiologia da operação de pagamento que o banqueiro age no interesse do mandante[232], até porque se trata da gestão dum acto alheio, requisito prévio

---

[229] Embora não caiba no escopo do trabalho aquilatar da natureza doutros tipos contratuais, também parece ser opinião assente que o contrato de utilização de cartões bancários e o contrato de débitos directos – abarcados, como o giro, sob a égide deste aparente (super)contrato de prestação de serviços de pagamento, que obvia à clareza da delimitação destes tipos contratuais – são mandatos. Para o primeiro, *vd*. Maria Raquel Guimarães, *O contrato-quadro...*, 422-427.

[230] P. e., na convenção de cheque, na cláusula "salvo boa cobrança", na fiança bancária, nos negócios fiduciários bancários ou, mesmo, nos créditos documentários. Sobre a larga extensão do mandato enquanto tipo contratual, *vd*. Costa Gomes, *Contrato de mandato comercial...*, in *Operações...*, 513-514, e, recentemente, Eiusdem, *Contratos comerciais*, 252-258.

[231] Costa Gomes, *Contrato de mandato comercial...*, in *Operações...*, 493-503. Gentil Anastácio, *A transferência...*, 157-158[404].

[232] Aliás, a expressão agir por conta teve origem histórica nas relações comerciais, especificamente na conta aberta pelo comerciante que agia para outrem e onde anotava os créditos e os débitos. Costa Gomes, *Contrato de mandato comercial...*, in *Operações...*, 497.

do mandato enquanto relação de colaboração e gestória[233]. Quanto ao direito do mandatário à retribuição, elemento essencial do mandato mercantil[234] – que, porque se trata dum *profissional*, seria sempre oneroso (artigo 1158.º, n.º 1, 2.ª parte, do CC) –, o banco tem direito a comissões sobre os actos que pratica no interesse do cliente, com a particularidade de não poderem ser deduzidas do montante a transferir para o beneficiário nem pelo banco do ordenante, nem pelo do beneficiário (artigo 78.º da LSP), assim como o facto de ser proibida aos bancos a cobrança de quaisquer encargos directos pela realização de operações bancárias em caixas automáticas, *v. g.* de levantamento, de depósito ou de pagamento de serviços (artigo 2.º do Decreto-Lei n.º 3/2010). Este regime retirará a onerosidade do contrato de giro bancário? Parece-nos que não: efectivamente, não podem ser cobrados encargos directos nas operações de pagamento, mas isso não obsta à cobrança de encargos indirectos em razão das operações de pagamentos, mormente relativos à gestão da conta. Quanto à obrigação de praticar um ou mais actos jurídicos de comércio por parte do

---

[233] COSTA GOMES, *Contrato de mandato comercial...*, in *Operações...*, 497-498.

[234] No sentido da onerosidade do mandato mercantil como elemento essencial, COSTA GOMES, *Contrato de mandato comercial...*, in *Operações...*, 499-503, IDEM, *Em tema de revogação...*, 83[(247)] e 281[(767)], IDEM, *Contratos comerciais*, 257, e MENEZES LEITÃO, *Direito...*, III[9], 418-422. No sentido de tratar-se de mera presunção de onerosidade, em contrário ao regime do mandato civil, PIRES DE LIMA/ANTUNES VARELA, *CCAnot*, II[4], *sub* art. 1158.º, 1-4, 789-790, e GENTIL ANASTÁCIO, *A transferência...*, 157-158[(404)], que refere o mandato comercial ser presumidamente oneroso, citando COSTA GOMES, o que não nos parece correcto: o Autor, com efeito, vai mais longe e defende a onerosidade do mandato mercantil como elemento essencial. Nas palavras do Autor, "*ao estabelecer que todo o mandatário comercial tem direito a uma remuneração pelo seu trabalho, [o] artigo 232.º superou claramente a correspondente disposição do Codice di Commercio estabelecendo um regime de onerosidade para o contrato de mandato mercantil, regime esse que (...) já tinha consagração na nossa lei civil para os casos em que o objecto do mandato fosse daqueles que o «mandatário trata por ofício ou profissão lucrativa» (artigo 1331.º, 2.ª parte, do C. C. 1867)*", e também ao referir que "*a afirmação de que o mandato mercantil é oneroso – e não apenas presuntivamente oneroso – não é prejudicada pelo advento do novo código civil*". Com efeito, o artigo 232.º do CCom divide-se em duas partes: a primeira diz que o mandato comercial não é gratuito, a segunda que todo o mandatário tem direito a uma remuneração pelo seu trabalho. Ora, a 1.ª parte do artigo 232.º mais não reflecte do que a preocupação do legislador em demarcar o mandato comercial do mandato civil, cujo regime presume gratuito; a 2.ª parte reflecte, pelo contrário, que mais do que presuntivamente oneroso todo o mandato comercial é oneroso. Como refere COSTA GOMES, *Em tema de revogação...*, 281[(767)]: "*A ser assim, qual a necessidade da primeira parte referida? Em rigor, existindo a segunda parte, a primeira é inútil só fazendo parte do artigo por uma (talvez) excessiva preocupação em vincar que o regime do mandato comercial era diferente do civil*".

mandatário, a transferência bancária executa, *summo rigore*, um acto jurídico não negocial[235], o cumprimento[236].

II. Se é pacífica, entre nós, a recondução do contrato de serviços de pagamento ao mandato, o problema da estrutura e eficácia do esquema de giro bancário permanecem particularmente nebulosas. A primeira tentativa de compreensão foi fornecida pela *cessão de créditos*, que cedo a doutrina afastou: (*i*) ao contrário da cessão de créditos, cuja eficácia depende de notificação ao devedor (cf. artigo 583.º, n.ᵒˢ 1 e 2, do CC)[237], e que surge negociada entre cedente e cessionário, a transferência bancária postula um acordo entre cedente e devedor, motivo pelo qual o papel do devedor (o banco) não é meramente passivo, não se limitando a receber a notificação de cessão, mas a executar uma ordem de "cessão"[238]; (*ii*) em segundo lugar, caso se tratasse duma cessão de créditos, o beneficiário veria serem-lhe opostas excepções que o banqueiro pudesse opor ao cedente (artigo 585.º do CC), o que contrariaria os contornos social e legalmente típicos da figura[239]. Outros aproximaram-na da *novação subjectiva* de créditos por substituição do credor (artigo 858.º, 1.ª parte)[240], tese

---

[235] A par doutros actos materiais, como a inscrição a débito na conta ou a crédito, o que contudo não inviabiliza a qualificação do contrato como de mandato, com a sua subsequente recondução à prestação de serviços: na transferência bancária, os actos materiais são acessórios do acto principal que é jurídico, o cumprimento duma obrigação pecuniária com a transmissão de moeda escritural. Cf. COSTA GOMES, *Contrato de mandato comercial...*, in *Operações...*, 495 ss e *passim*, IDEM, *Contrato de mandato*, 13-16, IDEM, *Contratos comerciais*, 254, e MENEZES LEITÃO, *Direito...*, III⁹, 399 ss.

[236] ANTUNES VARELA, *Das Obrigações...*, II⁷, 7 ss., GALVÃO TELLES, *Obrigações*⁷, 220 ss., ALMEIDA COSTA, *Direito das Obrigações*¹², 993 ss., CALVÃO DA SILVA, *Cumprimento...*, 93 ss., COSTA GOMES, *Contrato de mandato comercial...*, in *Operações...*, 495, MENEZES LEITÃO, *Direito...*, II⁵, 179-180, CARNEIRO DA FRADA, *Contrato e deveres de protecção*, separata do *Boletim da Faculdade de Direito de Coimbra*, 38 (1994), 35.

[237] *Vd*., sobre a eficácia da cessão de créditos, ANTUNES VARELA, *Das Obrigações...*, II⁷, 310-315, MENEZES CORDEIRO, *Direito...*, 2.º vol., 96-97, MENEZES LEITÃO, *Direito...*, II⁵, 23-24, e IDEM, *Cessão de créditos*, per totum.

[238] PAULO CÂMARA, *A transferência...*, 37, GENTIL ANASTÁCIO, *A transferência...*, 58, MENEZES LEITÃO, *Cessão de créditos*, pp. 19-20[(13)].

[239] PAULO CÂMARA, *A transferência...*, 37, BAPTISTA BRANCO, *Conta corrente...*, 61[(60)], GENTIL ANASTÁCIO, *A transferência...*, 58. Fala-se ainda noutro argumento contra a recondução à cessão de créditos: o facto de a transferência raramente abranger todos os fundos em conta: o argumento é, contudo, improcedente, como nota PAULO CÂMARA, *A transferência...*, 37, na medida em que é permitida a cessão parcial de créditos.

[240] Neste sentido, BAPTISTA BRANCO, *Conta corrente*, 62[(60)], influenciado pela posição de MOTOS GUIRAO, *Sobre si el ingreso...*, 245 ss.; consímile, FERNANDO CONCEIÇÃO NUNES, *Depósito...*, in *Estudos...*, II, 87[(42)]. Aparentemente, também E. P. ELLINGER/EVA LOMNICKA/RICHARD HOOLEY,

também improcedente: se bem que, deste modo, a posição do beneficiário seja tutelada, dado o novo crédito não estar sujeito aos meios de defesa oponíveis à obrigação antiga (artigo 862.º), a verdade é que não existe, na formação do contrato, uma exteriorização manifesta do *animus novandi* pelas partes[241], bem como da transferência não resulta, em regra, a atribuição dum direito de crédito ao beneficiário[242]. Também a recondução ao *contrato a favor de terceiro* não procede: (*i*) em virtude da aplicação da disciplina do contrato a favor de terceiro, a promessa seria revogável enquanto este não manifestasse a sua adesão (artigo 448.º, n.º 1, 1.ª parte)[243], quando, na *praxis* bancária, após a anotação em conta a favor do beneficiário, nem ordenante, nem o seu banqueiro, separadamente ou em conjunto, podem revogá-la (cf. artigo 448.º, n.º 2)[244]; (*ii*) por outro lado, o beneficiário não adquire um direito de crédito sobre o banqueiro por mero efeito do contrato ou da execução do contrato de serviços de pagamento, mantendo-se este alheio à relação subjacente entre ordenante e beneficiário: na verdade, o beneficiário só verá constituir-se um direito de crédito *ex post*, em virtude da inscrição do montante transferido na sua conta, o qual pode ser tanto contra o banqueiro do ordenante, como contra o seu próprio banqueiro (no caso de contas em bancos diferentes), pelo que antes desse momento, apenas o ordenante pode exigir do banqueiro o cumprimento da obrigação por este assumida (artigo 406.º, n.º 2, do CC)[245]; (*iii*) por último, o beneficiário pode nem sequer ser um terceiro, mas o próprio ordenante. Não obstante a configuração típica, conforme acaba de mostrar-se, não corresponda ao contrato a favor de terceiro, isso não significa, no nosso entender, não poderem as partes configurar a operação nesse sentido: a qualificação dependerá dum juízo *in concreto*, tendo em conta a vontade das partes, apurada, se necessário,

---

Ellinger's..., 513-514 ("'transfer' may be a somewhat misleading word, since the obligation is not assigned (...)) a new obligation by a new debtor is created").

[241] PAULO CÂMARA, *A transferência...*, 38. Cf., todavia, a crítica ao *animus novandi* de ENRICO CARBONE, *L'intenzione di novare*, na Rivista del Diritto Commerciale e del Diritto Generale delle Obbligazioni CVIII (2010), 313-330.

[242] PAULO CÂMARA, *A transferência...*, 38. Também não nos parece que seja pacífico, ao contrário do que advoga BAPTISTA BRANCO, *Conta corrente...*, 62(60), que a novação subjetiva justificar-se-ia na medida em que o beneficiário estaria disposto a ver extintas as garantias que eventualmente acompanhassem o seu crédito sobre o ordenante, em virtude da adjunção de novo devedor: se é verdade que a solvência do banqueiro permite tranquilizar o credor, nada nos induz a concluir que ele queira ver extinta quer a obrigação do devedor ordenante nos termos da relação de valuta, nem as garantias que daí advenham, que podem ser de não somenos importância.

[243] O artigo 448.º, n.º 1, é supletivo: LIMA REGO, *Contrato de seguro e terceiros*, 529-531.

[244] PAULO CÂMARA, *A transferência...*, 36-37, BAPTISTA BRANCO, *Conta corrente...*, 61(60).

[245] PAULO CÂMARA, *A transferência...*, 37.

com recurso às regras de interpretação e integração das declarações negociais (artigos 236.º a 239.º do CC). Outras teses têm sido avançadas: a recondução à *expromissão*, ao "*accollo*"[246], a uma mera *operação económica*[247], à união interna de contratos[248], à indicação ativa[249]; maiores sequazes têm reunido as teses da *delegatio promittendi* ou obrigacional[250] e da *delegatio soluendi* ou de cumprimento[251], com proeminência, hoje, para a segunda.

A tese da *delegatio promittendi* não procede, sobretudo na sua formulação à luz do *Codice* de delegação passiva cumulativa: não é vontade das partes vincular o banqueiro (muito menos cumulativamente) a uma prestação a terceiro, atribuindo um direito a este nesse sentido.

Preferível parece ser a opção pela delegação de pagamento, na medida em que a transferência de moeda escritural equivale à *datio* material de moedas ou notas[252], porém ela improcede não só por não explicar como uma creditação (obrigacional) numa conta produz efeitos liberatórios[253], por não existir um regime próprio para a delegação de pagamento no Direito português[254], ou

---

[246] CARLO DI NANNI, *Pagamento e sostituzione nella carta di credito*, Nápoles, 1983, 335-380.
[247] Cf. ADOLFO SEQUEIRA MARTÍN, *La transferencia*..., 2541-2542, GENTIL ANASTÁCIO, *A transferência*..., 63-85 e 99, DEKEUWER-DÉFOSSEZ, *Droit bancaire*⁵, 57, e RITA VERA-CRUZ PINTO BAIRROS, *A transferência*..., 318-319.
[248] Assim, PAULO CÂMARA, *A transferência*..., 39-42.
[249] Encabeça esta tese VITALE, em *Il Foto Italiano* LXII (1937), I, 683-684, acompanhado de MOLLE, *I contratti bancari*³, 416-417, TONDO/VIRGILIO, *Pagamenti*..., 294 ss., SPINELLI/GENTILE, *Diritto bancario*², 309-310.
[250] Assim, TONDO/VIRGILIO, *Pagamenti*..., 295 ss.
[251] Neste sentido, GIUSEPPE FERRI, *Bancogiro*, na *Enciclopedia del Diritto* V, Giuffrè Ed., 1959, 34, EIUSDEM, *Accreditamento*, na *Enciclopedia del Diritto* I, Giuffrè Ed., 1958, 305-306, CAMPOBASSO, *Il bancogiro*..., 639 ss., CONCETTO COSTA, *Bancogiro «internazionale»*..., 352-353.
[252] Perfilha esta construção também, entre nós, MARIA RAQUEL GUIMARÃES, *O contrato-quadro*..., 383-427.
[253] Argumento, contudo, tornávle, se considerarmos que para a delegação basta um *iussum soluendi* e que o cumprimento é feito nos termos da relação de conta bancária entre beneficiário e banqueiro.
[254] Argumento que também vale o que vale, passe a expressão. É verdade que foi opção do legislador, nas revisões ministeriais, suprimir a figura que vinha expressamente prevista e regulada no Anteprojecto de VAZ SERRA, integrando-a na novação e na assunção de dívidas, todavia o Direito é um produto cultural e não é possível apagar uma figura que influenciou de forma determinante o nosso Direito (e os congéneres) sem que dela fiquem, pelo menos, vestígios da sua existência (e logo positivação): é o que acontece no artigo 770.º, *a*), do CC. Ademais, há uma *recepção* pelo *sistema externo* – a doutrina – e que influencia claramente o *sistema interno*: pense-se, desde logo, no recurso à delegação para explicação das relações plurilaterais que se formam nos pagamentos através de títulos de créditos ou do crédito documentário, já para não falar da sua valia explicativa em casos de enriquecimento sem causa em relações pluriangulares. Apontava a eminente impor-

por nem sempre a transferência operar *soluendi causa*[255], mas sobretudo por não explicar o giro bancário entre contas do mesmo titular no mesmo banqueiro ou em banqueiros diferentes, pois, neste caso, não existe um beneficiário ao qual há-de ser feita a atribuição patrimonial, não se constitui uma relação triangular. Iguais considerações podemos também tecer a propósito da figura do *adiectus solutionis causa*, na *indicação activa*, segundo o qual as partes estipulam que o devedor tem o poder de pagar a um terceiro que, embora não possa exigir a prestação, está legitimado a recebê-la, extinguindo a dívida[256]. Todavia, pese embora seja particularmente mais compreensiva do fenómeno em causa, contra ela depõem os mesmos argumentos e, sobretudo, o de que, na medida em que pressupõe uma relação triangular, deixa de fora as transferências entre contas do mesmo titular.

Parece, por isso, que nenhuma das teses explica, de forma omnicompreensiva, a estrutura de todos os tipos de transferências de créditos. Por esse motivo, embora julguemos que o *id quod plerumque accidit* corresponderá ou a um esquema *delegatório* ou a um esquema de *indicação activa* com base num *mandato com prestação a terceiro*[257] (com a relevante consequência de trazer à colação, em ambos os casos, o regime do artigo 770.°, *a*), do CC), em termos dogmáticos

---

tância da delegação no mundo moderno Philipp Heck, *Grundiss des Schuldrechts*, § 130.°, 5, cit. apud Vaz Serra, *Delegação*, em *Boletim do Ministério da Justiça* 72 (1958), 104-105.

[255] Argumento também refutável na medida em que a delegação de pagamento é, mais correctamente, uma delegação de cumprimento ou, melhor, uma delegação de "atribuição patrimonial", podendo, portanto, ter como base qualquer tipo de causa (de pagamento, de doação, de empréstimo ou outra qualquer). Assim também expressamente, Vaz Serra, *Delegação*, no *Boletim...*, 114-115.

[256] Di Majo, *Adempimento...*, passim, Vitale, em *Il Foro Italiano* LXII (1937), I, 683, Vaz Serra, *Do cumprimento como modo de extinção das obrigações*, no *Boletim do Ministério da Justiça* 34 (1953), 65-69. Com efeito, a chamada *indicação activa* é consímile à delegação de pagamento, diferenciando-se na medida em que a delegação pressupõe duas autorizações e dois negócios (entre delegante e delegado e delegante e delegatário), ao passo que a indicação se basta com um negócio entre indicante e indicado, atribuindo-se ao indicatário uma mera "*facoltizzazione*". Betti, *Teoria generale del negozio giuridico*[3], UTET, Turim, 1960, 581, refere a delegação de pagamento em sinonímia com a indicação activa (artigo 1269 do *Codice civile* italiano), com a qual uma pessoa (A) que tem uma prestação contra outra (B) autoriza esta a fazê-la a uma terceira (C): importa, portanto, a concessão ao autorizado do poder de extinguir, de devedor, o crédito do autorizante pagando ao terceiro, e correlativamente confere ao terceiro indicado legitimação para receber a prestação (mas não o direito a recebê-la: artigo 1188 do *Codice civile*); cf. também recentemente Chiara Abatangelo, *Intermediazione nel pagamento e ripetizione dell'indebito*, Wolters Kluwer, Milão, 2009, 213 ss.

[257] Repare-se, por haver um contrato de mandato, não há mera autorização (poder potestativo) para pagamento, pois a haver mandato o banqueiro está obrigado a pagar ao beneficiário (ao contrário da autorização, em que tem o poder de o fazer, e não a obrigação). Sobre a figura da

necessário se torna a análise "atomística", por assim dizer, de cada um dos lados ou das relações em que se desdobra a transferência bancária.

§ 3. *Relação de execução*

A relação de execução exprime uma das três (ou mais) vestes da relação complexa de giro, designadamente o cumprimento da obrigação do banqueiro do ordenante de transferir os fundos para o beneficiário nas transferências internas, ou para o banqueiro deste nas transferências externas. Quando medeiem a operação banqueiros intermediários, a relação de execução exprimirá o cumprimento por este do mandato conferido pelo banqueiro do ordenante.

1. *Natureza jurídica; sub-rogação; cumprimento da obrigação de transferir fundos para o beneficiário*

I. Não é de considerar que se constitui um novo contrato *ad hoc* entre o banqueiro do ordenante e o beneficiário quando tenham conta no mesmo banco, ou entre o banqueiro do ordenante e banqueiros intermediários ou do beneficiário: com efeito, no primeiro caso, a relação de execução é mera expressão da execução do giro bancário concretizado na ordem e, ainda, do contrato de giro bancário e do contrato de conta-corrente entre o banqueiro e o beneficiário; na segunda situação, trata-se também da execução dum mandato a mandatar pelo banqueiro do ordenante aos banqueiros intermediários ou, então, da execução do giro bancário, no caso do giro entre o banqueiro do ordenante e do beneficiário, funcionando este como mandatário para a recepção dos fundos transferidos *ex* artigo 770.º, *a*), do CC.

II. O banqueiro *não se sub-roga pelo artigo 592.º, n.º 1, do CC, no lugar do beneficiário contra o ordenante*: isto é assim mesmo que, em teoria, haja nisso interesse, *maxime* por o crédito do beneficiário estar provido de garantias e outros acessórios que com este se transmitam *ope legis*. Com efeito, além de o artigo 592.º, n.º 1, do CC, só abranger garantes acessórios pessoais ou reais (cf. os artigos 644.º e 653.º para a fiança, 657.º, n.º 2, 667.º, n.º 2 e 717.º, n.º 1, para a anticrese, o penhor e a hipoteca constituídos por terceiro), e além de não ser um terceiro que esteja por outra causa directamente interessado na satisfação

---

autorização, *vd.*, por último, entre nós, PEDRO LEITÃO PAIS DE VASCONCELOS, *A autorização*, Coimbra Ed., Coimbra, 2013, *per totum*.

do crédito (até porque o incumprimento da obrigação não acarreta o risco de ser executado[258]), a verdade é que "atropelaria" manifestamente a abstracção e a autonomia da ordem de giro e a regra bancária da não ingerência. Por esse motivo, a pretensão que tenha contra o ordenante deriva do próprio contrato de giro (ou dum contrato de crédito) e é, em regra, liquidada através da compensação bancária em conta com o pagamento de comissões.

III. Quanto ao momento do cumprimento da obrigação de o banqueiro transferir os fundos para o beneficiário, nas *transferências internas*, certo sector da doutrina defende dar-se no momento em que a quantia tiver sido debitada da conta do ordenante, e outro sector no momento da creditação das quantias na conta do beneficiário[259]. Também no que concerne às *transferências externas*, segundo uma primeira orientação, o momento em que o banqueiro se libera da obrigação de cumprir a ordem de transferência é aquele em que é creditada a conta do banqueiro do beneficiário, o que é corroborado pelo teor do disposto no artigo 770.º, a), do CC[260], ao passo que outros advogam dar-se com a creditação da própria conta do beneficiário[261].

Julgamos que, nas *transferências internas*, o banqueiro do ordenante se libera não quando debita as quantias transferendas da conta deste, mas quando inscreve o crédito na conta do beneficiário. Já nas *transferências externas*, o banqueiro cumpre a sua obrigação quando credita as quantias na conta do banqueiro do beneficiário ex artigo 770.º, a), do CC.

Avaliemos da justeza da primeira posição, pois a segunda resulta, inequivocamente, dos dados legais. Alternativa a considerar – como consideramos – que o banqueiro só cumpre a obrigação de transferir os fundos quando, nas transferências internas, os inscreve na conta do beneficiário seria defender que

---

[258] Antunes Varela, *Das Obrigações...*, II[7], 314, e, por todos, Costa Gomes, *Assunção fidejussória...*, 897-898.

[259] *Vd.*, além dos Autores que já citámos para as teses quanto ao momento do cumprimento da obrigação subjacente, Campobasso, *Il bancogiro...*, 674-678, explicando que do facto de o banqueiro, nestes casos, assumir uma dupla "veste jurídica", enquanto mandatário do ordenante e do beneficiário, deve entender-se que a ordem de pagamento do ordenante deva ter-se como pontualmente cumprida com o acto de creditação na conta do beneficiário, e Ettore Giannatonio, *Trasferimenti elettronici...*, 62, identificando o momento do cumprimento com o da possibilidade de o credor retirar os fundos.

[260] *Vd.*, além da bibliografia já citada para a determinação do momento do cumprimento da obrigação subjacente, Baptista Branco, *Conta corrente...*, 68, Menezes Leitão, *Direito...*, II[5], 154-155, Calvão da Silva, *Responsabilidade bancária...*, 21, e Gentil Anastácio, *A transferência...*, 257 ss.

[261] Neste sentido, *vd.*, *e. g.*, Ettore Giannatonio, *Trasferimenti elettronici...*, 62.

ele cumpre mal retira os fundos da conta do ordenante com o *animus* de os creditar na conta do beneficiário. Óbice a esta construção alternativa poderia encontrar-se, *ictu oculi*, na proibição do negócio consigo mesmo (artigo 261.º do CC): segundo o artigo 261.º, n.º 1, do CC, é anulável o negócio celebrado pelo representante consigo mesmo, seja *nomine proprio*, seja *nomine alieno*[262], a não ser que o representado tenha especificamente consentido na celebração, ou que o negócio exclua por sua natureza a possibilidade de um conflito de interesses. Ora, a considerarmos o giro entre contas no mesmo banqueiro (o mesmo sujeito como mandatário de duas partes) como integrado na previsão do artigo 261.º do CC (o que é duvidoso, uma vez que aí o mandante não celebra um negócio, mas antes executa-o: cf., porém, o artigo 295.º do CC[263]), a questão coloca-se nos seguintes termos: a lei permite tal situação, ou o

---

[262] O instituto regula a representação voluntária, mas parece também ser aplicável analogicamente à legal (DUARTE PINHEIRO, *O negócio consigo mesmo*, nos *Estudos em Homenagem ao Professor Doutor Inocêncio Galvão Telles*, vol. IV – *Novos Estudos de Direito Privado*, Almedina, 2003, 144). *Vd.*, ainda, PIRES DE LIMA/ANTUNES VARELA, *CCAnot*, I⁴, *sub* art. 261.º, 1-3, 243-244, OLIVEIRA ASCENSÃO, *Teoria...*, II², 277-280, PAIS DE VASCONCELOS, *Teoria...*, 290 ss, MENEZES CORDEIRO, *A representação no Código Civil: sistema e perspectivas de reforma*, nas *Comemorações dos 35 anos do Código Civil e dos 25 anos da Reforma de 1977*, vol. II – *A Parte Geral do Código e a Teoria Geral do Direito Civil*, Coimbra Ed., 2006, 401-402.

[263] É, ainda, controverso na doutrina se se aplica a disciplina do *negotium a semet ipso* também nos casos de mandato sem representação imprópria. BALBI e ALEXANDRE CAMPELO admitem a extensão desse regime ao mandato sem representação, uma vez que em ambos os casos o agente único está a dispor sozinho de dois patrimónios (BALBI, *La stipulazione del contrato ad opera di una sola persona*, Pádua, 1935, 18-21, e ALEXANDRE CAMPELO, *Contrato consigo mesmo*, na *Revista da Ordem dos Advogados* 7 (1947), 248-250). Destarte, o artigo 274.º do CCom regularia uma situação de negócio consigo mesmo *stricto sensu*. Contra este entendimento pronunciaram-se MESSINEO, GALVÃO TELLES e DUARTE PINHEIRO, para os quais o negócio consigo mesmo é um instituto próprio da representação directa ou *proprio sensu* (MESSINEO, *Doctrina general del contracto*, Buenos Aires, 1957, 273-274, GALVÃO TELLES, *Manual dos Contratos em geral*², 318 ss.). Para GALVÃO TELLES o artigo 274.º do CCom não é exemplo de contrato consigo mesmo, uma vez que o comissário age *nomine proprio*, tornando-se destinatário de todos os efeitos jurídicos do contrato: "*[n]ão se pode ser credor ou devedor de si próprio, ou a si mesmo transmitir um direito... O comissário não pode comprar o que já lhe pertencia, nem vender aquilo de que continua a ser dono*" (GALVÃO TELLES, *Dos Contratos em geral*², 322). DUARTE PINHEIRO, *O negócio...*, in *Estudos...*, IV, 149-150, adere, de igual modo, à concepção mais restrita de negócio consigo mesmo, com exclusão do mandato não representativo, pois "*os efeitos jurídicos do acto praticado por um único agente repercutem-se de imediato e integralmente numa só esfera – a do comissário ou mandatário (cf. artigos 1180.º do CC e 268.º do CCom)*. Com efeito, cremos também que o negócio consigo mesmo implica a existência de um fenómeno de representação, tendo o agente único de assumir a qualidade de representante (DUARTE PINHEIRO, *O negócio...*, in *Estudos...*, IV, 142).

representado especificadamente consentiu na celebração, ou o negócio por sua natureza exclui a possibilidade de um conflito de interesses?

Campobasso, pronunciando-se sobre esta questão, entendia que, no caso de se considerar esta situação coberta pelo artigo 1395 do *Codice*, traduziria sempre um dos casos em que o negócio consigo mesmo é reconhecidamente válido, uma vez que o conteúdo da actividade gestória exclui a possibilidade de conflito de interesses[264].

Pensamos não ser a actuação do banqueiro como mandatário dos dois correntistas proibida pelo artigo 261.º, n.º 1, do CC, pois o instituto não se aplica quando o agente único não revista a qualidade de representante duma das partes: o artigo 261.º do CC não vale extensiva ou analogicamente para os casos de mandato sem representação. Porém, ainda que o entendêssemos analogicamente aplicável, o negócio seria sempre válido na medida em que o próprio negócio gestório exclui, *hoc casu*, a possibilidade de um conflito de interesses[265], pois o banqueiro está condicionado a transmitir o montante nos exactos termos que foi ordenado. A própria lei para o caso de dedução de valores prevê não a invalidade do negócio, mas um reembolso (artigo 78.º, n.º 4, da LSP)[266]-[267]: não existe, pois, aqui o risco de perigo (concreto) de conflito de interesses que imponha a invalidade do acto em causa.

O problema é, aqui – como bem acentua Costa Gomes, para o mandato –, o de identificação do negócio gestório[268]: o mandatário, quando debita os

---

[264] Campobasso, *Il bancogiro...*, 674.
[265] Um exemplo ilustrativo de proibição típica de negócio consigo mesmo é dado por Oliveira Ascensão, *Teoria...*, II², 277: é o caso de o representante, encarregue da venda dum prédio, o adquirir para si, com liberdade de determinação do preço. *Vd.*, também, outros exemplos, na jurisprudência: Ac. STJ 7-VI-2011 (Hélder Roque), proc. n.º 346/08, Ac. STJ 17-XII-2009 (Fonseca Ramos), proc. n.º 365/06, Ac. STJ 9-XII-2008 (Moreira Alves), proc. n.º 08A3298, Ac. STJ 14-X-2004 (Araújo Barros), proc. n.º 04B2212, Ac. STJ 26-III-2003 (Ferreira de Almeida), proc. n.º 03B1826.
[266] Oliveira Ascensão, *Teoria...*, II², 279, dá como exemplo de negócio que exclui por sua natureza a possibilidade de conflito de interesses, um intermediário que recebeu uma ordem de venda e outra de comprar pela cotação do dia. Exemplo de negócio consigo mesmo especificamente consentido pelo representado é, para o Autor, em *op. cit.*, 278, o caso dum negócio também no interesse do representante.
[267] A violação das regras sobre encargos do artigo 78.º, n.º 1 e 2, da LSP, bem como o incumprimento da obrigação de reembolso do montante deduzido ao beneficiário prevista no artigo 78.º, n.º 4, da LSP, constituem infracções especialmente graves puníveis com coima de 10.000€ a 5.000.000€, se aplicada a pessoa colectiva [artigo 95.º, *c*) e *h*), da LSP].
[268] Que, embora refira não bastar uma mera conformidade objectiva com o negócio gestório, entende verificar-se uma presunção *hominis* nesse sentido: cf. Costa Gomes, *Em tema de revogação...*, 155-164.

fundos da conta do ordenante para creditar na do beneficiário, está a fazê-lo em cumprimento da obrigação assumida perante o ordenante ou perante o beneficiário? Parece-nos que, nestes casos, pelo contrário, estamos perante obrigações de conteúdo oposto, o que faz com que a questão não se coloque[269]: o banqueiro, por um lado, transfere fundos por conta do ordenante, mas, por outro lado, recebe fundos por conta do beneficiário.

§ 4. *Relação entre beneficiário e respectivo banqueiro*

Falar de relação entre o beneficiário e o respectivo banqueiro pressupõe a existência de contas de diferentes titulares no mesmo banco ou em bancos diferentes. Porque não estamos perante um contrato a favor de terceiro (artigo 443.º, n.º 1, do CC), o beneficiário não adquire um direito em virtude da ordem de giro: trata-se, regra geral, dum *mandato com prestação a terceiro*. O beneficiário apenas adquire o direito por força da inscrição em conta do crédito escritural transmitido pelo ordenante, que é abstracto da relação subjacente[270]. Eventuais restrições ao direito de crédito do beneficiário podem decorrer da existência de saldo passivo em conta. Nessa hipótese, o seu banqueiro poderá proceder à compensação legal ou convencional.

Que o banco do beneficiário é responsável perante o seu cliente pelo incumprimento do contrato de giro bancário parece claro. As dúvidas avultam quando se aquilata duma eventual responsabilidade do banco do beneficiário perante o ordenante. Sobre a responsabilidade do banqueiro do beneficiário, dispõe o artigo 86.º, n.º 2 e 4, da LSP, para as transferências de créditos, e o artigo 87.º da LSP para as transferências de débitos e débitos directos.

Quanto à natureza jurídica desta relação, também aqui encontramos um contrato de serviços de pagamento, celebrado entre o beneficiário e o seu banqueiro: o contrato de serviços de pagamento não se cinge à transmissão de fundos, mas também à sua recepção: também nesta hipótese faz o banqueiro circular dinheiro, recebendo-o e creditando-o na conta do seu cliente[271].

---

[269] Ao contrário do que sucederia se estivéssemos perante uma situação de pluralidade de mandantes para cumprir obrigações de conteúdo idêntico: sobre o problema, Costa Gomes, *Em tema de revogação*, 155 ss.
[270] *Sic*, Guggenheim, *Les contrats...*, 261.
[271] Confirma-no-lo Canaris, *Bankvertragsrecht*³, I, 3, 205-206. Aparentemente em sentido divergente, *vd.* E. P. Ellinger/Eva Lomnicka/Richard Hooley, *Ellinger's...*, 558-564, que, quanto à posição do banqueiro do beneficiário, tendem para considerer não haver mandato, mas antes a recepção de fundos dá-se escrituralmente nos termos da conta-corrente bancária e do contrato

§ 5. Relações interbancárias

1. Natureza jurídica; responsabilidade de banqueiros intermediários

A natureza jurídica da relação entre o banqueiro do ordenante e os banqueiros intermediários é de *submandato*[272]. Embora as construções jurídicas não devam despegar-se dos resultados a que conduzem (sinépica[273]), não é necessário recorrer à figura do auxiliar. O artigo 264.º, n.º 3, do CC, só está pensado para casos de procuração cuja relação subjacente se baseie num mandato gratuito, pelo que há uma lacuna para o mandato oneroso, a integrar pelo artigo 800.º, n.º 1, do CC.

Mais problemática é a qualificação da responsabilidade dos banqueiros intermediários. Já se recorreu, entre nós, à *responsabilidade objectiva por factos doutrem* (artigo 800.º, n.º 1, do CC), designadamente para aqueles que procedem a uma redução teleológica do disposto no artigo 264.º, aplicável ao mandato por força do artigo 1165.º do CC[274]; esta posição teria também a vantagem de o banqueiro do ordenante se juntar ao banqueiro intermediário, garantindo a responsabilidade

---

bancário geral, aduzindo neste sentido a opinião de R. KING, *The Receiving Bank's role in Credit Transfer Transactions*, na *The Modern Law Review* 45 (1982), 369.

[272] GENTIL ANASTÁCIO, *A transferência...*, 214-217, e, em Itália, MINERVINI, *Il mandato, la commissione, la spedizione*, em *Trattato di Diritto Civile*, Vassali (dir.), Turim, 1954, 64, CLARIZIA, *Sostituzione e submandato*, na *Banca, Borsa e Titoli di Credito* (1973), II, 67, BENTIVOGLIO, *I crediti documentari nel diritto internazionale privato*, na *Banca, Borsa e Titoli di Credito* (1958), I, 141. A tese da substituição necessária na execução é também perfilhada por importante sector doutrinário italiano: BUONOCORE, *Sull'artigo 1856 cpv. c.c.: sostituzione nel mandato o submandato?*, na *Banca, Borsa e Titoli di Credito* (1969), II, 486 ss., RUOPPOLO, *In tema di credito confermato sostituzione e submandato*, na *Banca, Borsa e Titoli di Credito* (1967), II, 372 ss., TONDO, *Dei contratti bancari*, no *Commentario teorico-pratico al codice civile*, a cura di De Martino, Roma, 1970, 493 ss., MINERVINI, *Mandato, sub-mandato e sostituzione del mandatario nella prassi bancaria e nella giurisprudenza*, na *Rivista di Diritto Commerciale* (1976), I, 482 ss., MOLLE, *I Contratti bancari*³, 416 ss., LUMINOSO, *Mandato, commissione, spedizione*, no *Trattato di Diritto Civile*, Cicu e Messineo (dir.), Giuffrè Ed., Milão, 1984, 410 ss., IDEM, *Responsabilità verso il cliente delle banche incaricate dell'incasso di assegni e omesso aviso ex artigo 47 l.ass.*, na *Banca, Borsa e Titoli di Credito* (1988), II, 31, Cf. ainda, entre nós, sobre o tema, GENTIL ANASTÁCIO, *A transferência...*, 214 e ss, e, em Itália, com numerosa jurisprudência, FABRIZIO MAIMERI/ALESSANDRO NIGRO/VITTORIO SANTORO, *Contratti bancari, 1. Le Operazioni bancarie in conto corrente*, Giuffrè Ed., Milão, 1991, 249 ss.

[273] MENEZES CORDEIRO, *Da boa fé no Direito civil*, 39.

[274] Neste sentido, GENTIL ANASTÁCIO, *A transferência...*, 228-230, ou DOROTHEE EINSELE, *Haftung der Kreditinstitute bei nationalen und grenzüberschreitenden Banküberweisungen*, em *Archiv für civilistisches Praxis* 198 (1998), 145-189. No sentido da inserção do submandato na figura ampla da substituição no mandato, RUI DE ALARCÃO, *Breve motivação do Anteprojecto sobre o negócio jurídico na parte relativa ao erro, dolo, coação, representação, condição e objecto negocial*, no Boletim do Ministério da

deste (*Garantiehaftung*). Outras construções são também possíveis: desde a chamada *tese do contrato de rede* (*Netzvertrag*) ou da *rede de transferências* (*Gironetz*)[275], passando pelo *contrato com eficácia de protecção perante terceiros*[276], à liquidação do dano de terceiro[277], até à acção directa[278].

Justiça 138 (1964), 71-122, ou GALVÃO TELLES, *Manual dos Contratos em geral*³, Lex, Lisboa, 1995 (reimpr.1965), 308 ss.

[275] WERNHARD MÖSCHEL, *Dogmatische Strukturen des bargeldlosenhandlungsverkehrs*, em *Archiv für civilistisches Praxis* 186 (1986), 187-236, para quem, perante as insuficiências do contrato com eficácia de protecção de terceiros e da liquidação do dano de terceiro, era necessário resolver o problema considerando todos os contratos ligados entre si e, portanto, todas as situações de danos como indemnizáveis por parte dum dos participantes na cadeia. *Vd.* também STEFAN GRUNDMANN, *Die Dogmatik der Vertragsnetze*, em *Archiv für civilistisches Praxis* 207 (2007), 6, 719-767.

[276] Teoria que serviu para suprir as insuficiências da responsabilidade delitual no Direito alemão, verifica-se nos casos em que o terceiro – não adquirindo um crédito à prestação (primária), contudo – apresenta uma relação de proximidade com o credor que justifica estender-lhe o círculo de protecção do contrato, ampliando-se o âmbito subjectivo da responsabilidade contratual na sua vertente activa, por força dos deveres de protecção. Sobre o contrato com eficácia de protecção perante terceiros, LARENZ, *Lehrbuch des Schuldrechts* I – *Allgemeiner Teil*, 139 ss.; na doutrina nacional, *vd.*, *e. g.*, MOTA PINTO, *Cessão da posição contratual*, 419 ss., MENEZES CORDEIRO, *Da boa fé no Direito civil*, 619-625 e 1145[(107)], IDEM, *Tratado...*, II/II, CALVÃO DA SILVA, *Responsabilidade civil do produtor*, 302-309, SINDE MONTEIRO, *Responsabilidade por conselhos, recomendações e informações*, 518 ss., CARNEIRO DA FRADA, *Contrato e deveres de protecção*, na separata do *Boletim da Faculdade de Direito – suplemento* 38 (1994), 43-44 e 71-72 e nota[(143)], IDEM, *Uma "terceira via" no Direito da responsabilidade civil? O problema da imputação dos danos causados a terceiros por auditores de sociedade*, 88 ss., e IDEM, *Teoria da confiança e responsabilidade civil*, 135[(108)] ss., SANTOS JÚNIOR, *Responsabilidade civil de terceiro por lesão do direito de crédito*, Almedina, Coimbra, 2003, 166 ss., LIMA REGO, *Contrato de seguro e terceiros,*, 623 ss., ANTUNES VARELA, *Das Obrigações...*, I[10], 411-413, ALMEIDA COSTA, *Direito das Obrigações*[12], 75-76[(1)], MENEZES LEITÃO, *Direito...*, I[11], 327-328; cf. também ANTONIO CABANILLAS SÁNCHEZ, *El contrato con efectos protectores para terceros en el Derecho alemán*, em *Estudios Jurídicos en Homenaje al Profesor Luis Díez-Picazo*, t. II – *Derecho Civil – Derecho de Obligaciones*, Thomson-Civitas, 2003, 1491-1523.

[277] Construção que constitui uma alternativa ao contrato com eficácia de protecção de terceiros, permitindo ao credor pedir e liquidar a indemnização do dano sofrido por terceiro com quem tenha uma especial relação. Sumariamente sobre a liquidação do dano de terceiro, defendendo-a no campo interbancário, WALTHER HADDING, *Drittschadensliquidation...*, 165-199; em geral, na doutrina portuguesa, JORGE MATTAMOUROS, *A liquidação do dano de terceiro no Direito Civil português*, *Revista da Faculdade de Direito da Universidade do Porto* III (2006), 303-332, FERNANDO OLIVEIRA E SÁ, *Contrato e liquidação do dano de terceiro – análise de uma hipótese*, em *Novas tendências da responsabilidade civil*, Almedina, Coimbra, 2007, 207 ss, CALVÃO DA SILVA, *Responsabilidade civil do produtor*, 311-312, e SANTOS JÚNIOR, *Da responsabilidade civil de terceiro...*, 162 ss. Por esta via – a par do contrato com eficácia de protecção de terceiros – é ensaiada mais uma via de superação da *summa divisio* entre responsabilidade aquiliana e contratual. Sobre a divisão, *vd.*, no sentido tradicional dualista, *v. g.*, ANTUNES VARELA, *Das Obrigações...*, I[10], 518 ss., IDEM, *Das Obrigações...*, II[7], 91 ss., CALVÃO DA SILVA, *Cumprimento...*, 140 ss., *maxime* 146 ss., MENEZES CORDEIRO, *Da responsabilidade*

Central para a resolução do problema é a interpretação que se faça do artigo 264.º do CC[279]. Com efeito, refere este preceito poder o mandatário, na execução do mandato, fazer-se substituir por outrem ou servir-se de auxiliares, nos mesmos termos em que o pode o procurador. Ora, o procurador só pode fazer-se substituir por outrem se o representado o permitir ou se a faculdade de substituição resultar do conteúdo da procuração ou da relação jurídica que a determina (artigo 264.º, n.º 1). Sendo autorizada a substituição, o procurador só é responsável para com o representado se tiver agido com culpa na escolha do substituto ou nas instruções que lhe deu: (só) é responsável, pois, por *culpa in elegendo, in instruendo* (artigo 264.º, n.º 3), e *in vigilando*. O problema reside, portanto, na circunstância de o artigo 264.º, n.º 3, à letra, só permitir responsabilizar o banqueiro do ordenante por *culpa in elegendo, in instruendo* ou *in vigilando*, o que implica uma atenuação da sua responsabilidade por facto de auxiliar ou substituto, que, doutra forma, resultaria da regra geral do artigo

---

civil dos administradores das sociedades comerciais, Lex, Lisboa, 1997, 399 ss., *maxime* 485-492, e IDEM, *Tratado de Direito Civil Português*, II – *Direito das Obrigações*, t. III – *Gestão de negócios, enriquecimento sem causa, responsabilidade civil*, Almedina, Coimbra, 2010, 285 ss., *maxime* 387-399 (embora o Autor tenha já defendido a tese monista em *Direito das Obrigações*, 2.º vol., AAFDL, Lisboa, 1980, 273-276, e IDEM, *Da boa fé no Direito Civil*, Almedina, Coimbra, *passim*), e SANTOS JÚNIOR, *Da responsabilidade civil de terceiro...*, 178-214, e IDEM, *Direito...*, I[3], 277 ss.; no sentido da unidade da responsabilidade civil, GOMES DA SILVA, *Dever de prestar, dever de indemnizar*, 189-211, PESSOA JORGE, *Ensaio sobre os pressupostos da responsabilidade civil*, Almedina, Coimbra, 1995 (reimpr.), 37 ss., ROMANO MARTÍNEZ, *Cumprimento defeituoso em especial na compra e venda e na empreitada*, Almedina, Coimbra, 1994, 260-264, e IDEM, *Direito das Obrigações – Apontamentos*[3], 93-97, MENEZES LEITÃO, *Direito...*, I[11], *passim*, PEDRO FERREIRA MÚRIAS, *A responsabilidade por actos de auxiliares e o entendimento dualista da responsabilidade civil*, na *Revista da Faculdade de Direito da Universidade de Lisboa* XXXVII (1996), I, 171-215, MARIA DE LURDES PEREIRA/FERREIRA MÚRIAS, *Obrigação primária e obrigação de indemnizar*, nos *Estudos em homenagem ao Prof. Carlos Ferreira de Almeida*, vol. II, 605 ss, PEDRO DE ALBUQUERQUE, *A aplicabilidade do prazo prescricional do n.º 1 do artigo 498.º do Código Civil à responsabilidade civil contratual*, na *Revista da Ordem dos Advogados* 49 (1989), III, 793-832.

[278] Sobre a acção directa, ROMANO MARTÍNEZ, *O subcontrato*, Almedina, Coimbra, 1989, 161 ss., e LIMA REGO, *Contrato de seguro e terceiros*, *passim*.

[279] Em Itália, coloca-se também o mesmo problema perante o teor do artigo 1717 do *Codice civile* (símile ao 264.º do CC), conquanto, em sede bancária, haja norma expressa que permite ao banqueiro delegar a outro banco a transferência, se não tiver filial na praça da recepção dos fundos (artigo 1856 do *Codice civile*). É sobretudo, por isso, que se discute (assim como, entre nós) se se trata de substituição necessária se de submandato: cf., sobre a responsabilidade do banqueiro em virtude da substituição (necessária), FRABRIZIO MAIMERI/ALESSANDRO NIGRO/VITTORIO SANTORO, *Contratti bancari, 1. Le operazioni bancarie in conto corrente*, Giuffrè Ed., Milão, 1991 260-262, com informações jurisprudenciais.

800.º, n.º 1, do CC. A posição tradicional vai precisamente nesse sentido[280]. Assinalam-se, todavia, outras construções que, sem demérito da anterior, fornecem, a nosso ver, uma mais correcta interpretação do preceito: (*i*) o artigo 264.º, n.º 3, do CC, não é aplicável ao mandato, por força do princípio de que, no submandato, o mandatário é, por natureza, responsável face ao mandante pela execução do seu encargo, ainda que, para isso, se tenha socorrido dalguém[281]; (*ii*) o artigo 264.º, n.º 3, é de aplicar em conjunto com o artigo 800.º, n.º 1, do CC[282]; (*iii*) a regra do artigo 264.º, n.º 3, é discutível, por contrariar a regra do artigo 800.º, e, assentando a sua *ratio* na gratuitidade do mandato, deve ser teleologicamente restringido às hipóteses em que a relação base é gratuita[283]; (*iv*) por último, advoga-se, o artigo 799.º, n.º 1, atenua a rigidez deste regime, cabendo ao mandatário o ónus de demonstrar não ter havido culpa *in eligendo* ou *in instruendo*, e, por outro lado, nos casos de mandato profissional, impõe-se ao mandatário um dever especial de vigilância, que pode justificar um alargamento da sua responsabilidade[284].

Por nossa parte, julgamos também que o artigo 264.º, n.º 3, do CC, deve ser objeto de *redução teleológica* ao mandato gratuito (de matriz românica). Assim interpretado o artigo 264.º, n.º 3, e caindo a actuação do banqueiro intermediário no âmbito do artigo 800.º, n.º 1, do CC, torna-se, em rigor, desnecessário recorrer a outras construções. Este mesmo entendimento resulta hoje expressamente dos artigos 86.º, n.º 1, e 89.º, n.º 1, da LSP, que, desta forma, fornecem mais um subsídio para a correcta delimitação do âmbito de aplicação do artigo 264.º, n.º 3, do CC[285].

---

[280] PIRES DE LIMA/ANTUNES VARELA, *CCAnot*, II⁴, *sub* art. 264.º, 1-4, 245-246, e CALVÃO DA SILVA, *Responsabilidade bancária...*, 14.
[281] Assim, COSTA GOMES, *Contrato de mandato*, 61 ss, seguido por GENTIL ANASTÁCIO, *A transferência...*, 225-228.
[282] É esta, parece, a posição de ROMANO MARTÍNEZ, *O subcontrato*, 137, 139-141 e 153-154.
[283] Neste sentido, MENEZES CORDEIRO, *Tratado de Direito Civil*, V, Almedina, Coimbra, 2011, 93-94.
[284] MENEZES LEITÃO, *Direito...*, III⁹, 399 ss.
[285] Interessante notar, neste âmbito, a regra especial da presunção de culpa para o mandato de fonte judicial conferido ao *administrador da insolvência* e a sujeição a um breve prazo de prescrição (artigo 59.º, n.ᵒˢ 3 e 4, do CIRE); no tocante aos *agentes de execução*, a norma é já coincidente com a do artigo 800.º, n.º 1, do CC (cf. o artigo 720.º, n.º 5, do CPC).

Capítulo III – **Conclusão**

Chegados a este ponto, importa formular as seguintes conclusões:

C1. O giro bancário vem hoje regulado no Decreto-Lei n.º 317/2009, de 30 de Outubro, como contrato de prestação de serviços de pagamento, que, sob um falso regime comum, regula transferências de créditos, de débitos e pagamentos com cartões bancários.

C2. O giro bancário comporta uma pluralidade de relações: a relação de valuta ou de atribuição entre ordenante e beneficiário, a de provisão entre ordenante e o seu banqueiro, a de execução entre o banqueiro do ordenante e o banqueiro do beneficiário, a relação do beneficiário com o seu banqueiro e eventuais relações com banqueiros intermediários.

C3. A relação subjacente (de valuta) no contrato de prestação de serviços e, *in specie*, nas ordens de giro especificamente dirigidas ao banqueiro pode assumir qualquer natureza (gratuita ou onerosa, obrigacional ou real *quoad effectum*, consensual ou *real quoad constitutionem, etc.*) ou pode mesmo nem preexistir à transferência.

C4. O pagamento através de moeda escritural tem eficácia liberatória supletiva nos pagamentos ao Estado, nos pagamentos de prémios de seguro, nos pagamentos de vultuosas quantias ou entre locais distantes, e quanto a créditos de qualquer montante e a dívidas de montante superior a 1.000 € de que sejam titulares as sociedades que estejam, nos termos da lei fiscal, obrigadas a ter, pelo menos, uma conta bancária, bem como no tocante aos pagamentos feitos ao Estado. O pagamento com cartões bancários designadamente em postos de venda foge a esta conclusão uma vez que implica considerações autónomas.

C5. O pagamento através de transferência bancária é verdadeiro cumprimento e não dação em cumprimento.

C6. Quando as partes não tenham expressamente previsto o local do cumprimento, a sede do banqueiro do beneficiário é tida como equiparada ao domicílio do beneficiário, para efeitos do disposto no artigo 774.º do Código Civil.

C7. O contrato de serviços de pagamento é tipicamente formado por cláusulas contratuais gerais, podendo ser um contrato de consumo; é, ainda, necessariamente oneroso, comutativo, sinalagmático, comercial e bancário; não é um contrato exclusivamente de pagamento, nem tem necessariamente de traduzir um contrato-quadro; é, também, um contrato formal. As ordens de giro ou pagamento bem como os contratos de serviços de pagamento para operações isoladas abstraem das relações que lhes subjazem.

C8. A ordem de giro traduz um negócio jurídico unilateral, quer estejamos perante um contrato-quadro, quer perante operações isoladas, e não estão sujeitas a requisitos de forma.

C9. No âmbito dos serviços de pagamento, vale a regra da inderrogabilidade das ordens de pagamento assim que recebidas pelo banqueiro do ordenante, excepto no âmbito das ordens dadas em papel, telefone, telecópia e presenciais.

C.10. O novo regime jurídico dos serviços de pagamento prevê uma responsabilidade objectiva do banqueiro (*money back guarantee*) por incumprimento da obrigação de transferência dos fundos, sem sujeição a limites indemnizatórios.

C11. O contrato de serviços de pagamento extingue-se pelos modos comuns de extinção dos contratos, apresentando especificidades ao nível da denúncia quer por parte do cliente, quer por parte do banqueiro.

C12. O contrato de serviços de pagamento traduz um contrato de comissão. Em termos estruturais, a operação de giro bancário não pode no seu todo ser compreendida pelas figuras jurídicas do Direito civil e comercial, afirmando-se como instituto *a se*.

C.13. O banqueiro *soluens* não se sub-roga nos direitos do beneficiário contra o seu cliente. Nas transferências internas, o banqueiro do ordenante libera-se quando inscreve o crédito na conta do beneficiário; nas transferências externas, libera-se quando credita as quantias na conta do banqueiro do beneficiário.

C14. A relação entre o beneficiário e o seu banqueiro é substancialmente idêntica à do ordenante com o seu banqueiro.

C15. A natureza jurídica da relação entre o banqueiro do ordenante e eventuais banqueiros intermediários é de submandato, sendo aquele objectivamente responsáveis por actos destes.

Depósito escrow – um contributo para o seu estudo

DR. MANUEL JOSÉ RESENDE CARDOSO SEQUEIRA[*]

SUMÁRIO: *Introdução. Parte I – Apresentação do depósito escrow: 1. Apresentação: a confiança como pressuposto essencial; 2. A celebração do contrato. Caracterização do depósito escrow: 2.1. Forma e estrutura: "coligação de contratos com ligação funcional unilateral"; 2.2. A entrega da coisa. Formação do contrato. O objecto do contrato (âmbito objectivo); 2.3. As partes. Contrato tendencialmente trilateral (âmbito subjectivo). Beneficiário da restituição alternativamente determinado; 2.4. O depósito escrow como um contrato intuitus personae: a confiança como pressuposto essencial; 3. Negócio indirecto. Depósito com funções de garantia. Parte II – Obrigações emergentes do contrato. Incumprimento das obrigações decorrentes do depósito escrow: 1. Obrigações emergentes do contrato de depósito escrow: 1.1. Obrigações do depositante e do terceiro eventual beneficiário: 1.1.1. Obrigação de entregar a coisa; 1.1.2. Obrigação de pagamento dos fees que sejam devidos pelas partes; 1.1.3. Obrigação de compensar o depositário pelas despesas que possam advir da guarda da coisa e restituição da coisa; 1.2. Obrigações do depositário escrow: 1.2.1. Obrigação de custódia; 1.2.2. Obrigação de restituição; 1.2.3. Obrigação de seguir as instruções irrevogáveis. Actuação por conta das partes. Análise da posição jurídica do escrow holder: i. Actuação por conta das partes; reflexos das doutrinas do mandato e da agency; ii. Sujeitos com poder de dar instruções. A imparcialidade e independência no cumprimento das instruções por parte do escrow holder; iii. Verificação do evento desencadeador e os seus efeitos. Falta de autonomia do depositário escrow; 1.3. Negócio fiduciário. O problema da transmissão da propriedade; 2. Incumprimento do contrato: 2.1. Incumprimento do depositante. Falta de*

---

[*] Advogado Estagiário em PLMJ – A. M. Pereira, Sáragga Leal, Oliveira Martins, Júdice e Associados – Sociedade de Advogados, RL. Mestrando na Faculdade de Direito da Universidade de Lisboa. Licenciado pela Faculdade de Direito da Universidade Nova de Lisboa.
Agradecemos ao Senhor Professor Doutor Manuel Januário da Costa Gomes o convite que nos dirigiu para a publicação do presente estudo bem como os comentários que sobre ele nos endereçou.

depósito da coisa; 2.2. Incumprimento das obrigações do depositário: 2.2.1. Impossibilidade do cumprimento dos deveres de guarda e de restituição; 2.2.2 Incumprimento das instruções. Atraso no cumprimento do dever de restituição; 2.3. Falta de pagamento da contrapartida e das eventuais despesas com a guarda e restituição. Conclusões.

Introdução[*]

Assumindo cada vez mais importância no comércio moderno[1], o depósito *escrow* é um contrato cujo estudo tem conhecido alguns desenvolvimentos a nível internacional. Em Portugal, não obstante a frequência da sua utilização na *praxis*, acessória de várias operações comerciais, poucas são as obras que abordam este contrato com profundidade. Destaca-se o estudo de João Tiago Morais Antunes[2], sem dúvida o que mais se dedica à análise deste negócio trilateral com funções de garantia, do qual se notarão bastantes referências ao longo do nosso.

A relevância prática deste contrato dispensa, pois, apresentações. A pertinência jurídica é, na nossa opinião, inquestionável, dado o conjunto alargado de institutos jurídicos que influenciam o desenrolar do contrato. Muito havia por onde escolher, no que toca ao seu desenvolvimento. Decidimo-nos ficar pelo aprofundamento das obrigações jurídicas emergentes do contrato e pelo estudo do seu incumprimento, dado as limitações impostas pela brevidade de um estudo que se pretende claro, simples e profundo. A nossa opção foi tomando lugar ao longo da caracterização que desenvolvemos do depósito *escrow*, notando como as peculiares características acabavam, por vezes, por se

---

[*] Abreviaturas utilizadas: AAVV – Autores vários; ac. – acórdão; BMJ – Boletim do Ministério da Justiça; CC – Código Civil; CIRE – Código de Insolvência e Recuperação de Empresas; CJ – Colectânea de Jurisprudência; CJ/STJ – Colectânea de Jurisprudência/Acórdãos do Supremo Tribunal de Justiça; CMVM – Comissão do Mercado de Valores Mobiliários; CCom – Código Comercial; IVM – Instituto dos Valores Mobiliários; OPA – Oferta Pública de Aquisição; ROA – Revista da Ordem dos Advogados; STJ – Supremo Tribunal de Justiça; TCA – Tribunal Central Administrativo; TRC – Tribunal da Relação de Coimbra; TRE – Tribunal da Relação de Évora; TRG – Tribunal da Relação de Guimarães; TRL – Tribunal da Relação de Lisboa; TRP – Tribunal da Relação do Porto.

[1] Também assim, JOSÉ ENGRÁCIA ANTUNES, "Contratos Bancários", in JOSÉ LEBRE FREITAS/RUI PINTO DUARTE/ASSUNÇÃO CRISTAS/VÍTOR PEREIRA DAS NEVES/MARTA TAVARES DE ALMEIDA, *Estudos em Homenagem ao Professor Doutor Carlos Ferreira de Almeida*, vol. II, Coimbra, Almedina, 2011, 154 [72-155] = *Direito dos Contratos Comerciais*, Coimbra, Almedina, 2011 (reimpressão de 2009), 565.

[2] JOÃO TIAGO MORAIS ANTUNES, *Do contrato de depósito escrow*, Coimbra, Almedina, 2005.

reflectir no dever de guarda do depositário e no dever de restituição[3], tendo dado especial atenção às instruções a que se encontra submetido o depositário *escrow*.

Assim apresentado o tema que nos ocupará nas páginas seguintes, e atendendo a que "a problemática de determinado negócio só pode compreender-se a partir do conhecimento dos fins por ele prosseguidos e dos efeitos que esse tipo de negócio produz em relação às partes e a terceiros"[4], procuraremos contribuir para a investigação do depósito *escrow* através de um estudo dividido em duas partes. Antes de mais, na *parte I*, iremos atender especialmente ao contrato de depósito típico, quer civil, quer mercantil, fazendo a caracterização do depósito *escrow*, por forma a delimitar o nosso objecto de estudo.

De seguida, na *parte II*, aprofundaremos cada uma das obrigações emergentes do contrato de depósito *escrow*, abordando a origem de cada uma das características deste contrato, por forma a compreender qual a finalidade e conformação jurídica de cada obrigação. De seguida, aborda-se o tema do incumprimento das obrigações de acordo com as opções que fomos fazendo acerca do seu conteúdo, limites e vencimento. Esperamos, no final, estar aptos a formular conclusões.

Não obstante a polissemia do vocábulo *escrow*[5], iremos essencialmente reportar-nos àquele sentido que toma o *escrow* como um contrato[6], o nosso objecto de estudo.

---

[3] Enunciaremos "dever" e "obrigação" de guarda e restituição de forma indistinta, apesar de nos referirmos a uma obrigação em ambos os casos.

[4] MARIA HELENA BRITO, *O contrato de concessão comercial: descrição, e regime jurídico de um contrato socialmente típico*, Coimbra, Almedina, 1990, 166.

[5] Segundo o *Black's Law Dictionary*, 4ª pocket edition, West, 2011, o vocábulo *escrow* poderá ter quatro significados distintos: i) um bem entregue pelo depositário a uma terceira parte para esta, por determinado tempo, ou até à ocorrência de um evento, o entregar ao destinatário; ii) uma conta mantida em *trust* ou garantia; iii) o depositário de certo documento, bem, ou depósito; e iv) o acordo sob o qual um documento ou um bem é entregue a uma terceira pessoa até a ocorrência de um evento. Sobre a proposição "*escrow* agreement", o *Black's Law Dictionary* esclarece que se trata das instruções dadas a uma terceira parte, depositária de um *escrow* [aqui tomado no sentido referido em *i*), como se entende].

[6] Não queremos, ao iniciar este estudo, arriscar uma definição de depósito *escrow*, pois para tal consideramos ser essencial a análise prévia das características do contrato. Porém, com o propósito de fazer uma mera apresentação, importamos a definição de quem já aprofundou o tema: depósito *escrow* é "convenção pela qual as partes de um contrato bilateral ou sinalagmático acordam em confiar a um terceiro, designadamente um Banco, a guarda de bens móveis (tais como dinheiro, valores mobiliários, títulos de crédito e/ou documentos), ficando este irrevogavelmente instruído sobre o destino a dar aos referidos bens, que – em função do modo como vier a evoluir a relação jurídica emergente daquele contrato – poderá passar pela restituição ao depositante

Mesmo relativamente ao nosso objecto de estudo, certamente não esgotámos tudo o que pode ser dito, mas deixamos, cremos, um contributo para a densificação das questões que decidimos tratar.

Parte I – Apresentação do depósito *escrow*

1. *Apresentação: a confiança como pressuposto essencial*

I. O contrato de depósito *escrow* nasce da necessidade de as partes recorrerem a um terceiro, no âmbito de uma relação jurídica subjacente. A razão de recorrerem ao depositário funda-se no facto de confiarem mais neste do que na contraparte daquela relação. Por esse motivo, as partes decidem celebrar com este um contrato de depósito, onde ambas (ou apenas uma) depositam um bem com vista à garantia[7] do cumprimento de obrigações decorrentes das relações jurídicas fundamentais.

O depositário *escrow* recebe as coisas entregues e tem obrigação de guardar, (eventualmente) administrar e dar a tais bens o destino que as partes acordarem. Trata-se de uma parte "neutral e independente que representa (sem qualquer interesse próprio) ambas as partes"[8], na qual estas depositam a sua confiança[9]. Já se disse que "(...) em toda a actividade bancária – está presente uma dimensão de segurança, quanto mais não seja resultante da supervisão assegurada pelos poderes públicos; mas é com certeza a ideia de confiança (fidúcia) que psicologicamente explica a decisão de encetar negócios com certo banco e, portanto, melhor traduz a relação estabelecida entre banco e cliente («relação de agência», na terminologia anglo-saxónica)"[10]. Esta ideia de confiança está naturalmente subjacente ao depósito *escrow*, que pode ser celebrado com a

---

ou, eventualmente, pela sua entrega ao beneficiário do depósito". João Tiago Morais Antunes, *Do contrato de depósito escrow...* cit., 173.

[7] L. Miguel Pestana de Vasconcelos, *Direito das Garantias*, 2.ª ed., Coimbra, Almedina, 2013, 558 e ss., denomina os contratos bilaterais estabelecidos entre o depositante e o depositário, nos quais são depositados fundos (leia-se, dinheiro) para assegurar o cumprimento de uma obrigação do primeiro perante um credor (terceiro em relação ao depósito) de "depósitos em garantia", excluindo desta categoria os casos em que se dá a transmissão para o depositário da propriedade da coisa (p. 561).

[8] João Tiago Morais Antunes, *Do contrato de depósito escrow...* cit., 168, nota 567.

[9] João Tiago Morais Antunes, *Do contrato de depósito escrow...* cit., 20, nota que o depósito civil típico se traduz num negócio de fidúcia e não um negócio fiduciário, pois apenas se trata se um negócio em que as características pessoais de uma ou ambas as partes são essenciais para a celebração do contrato.

[10] José Simões Patrício, *Direito Bancário Privado*, Lisboa, Quid Iuris, 2004, 241.

assunção pelo banco da posição de depositário, o que acontecerá com grande frequência em Portugal.

II. Ao abrigo da autonomia privada, podem as partes celebrar os contratos que bem entenderem, com o conteúdo que lhes aprouver, conquanto, na definição das suas relações, não violem nenhuma disposição legal imperativa. O princípio permite a celebração de contratos típicos ou atípicos, distinção tradicional que assenta no critério da previsão legal da disciplina contratual[11]. O contrato de depósito *escrow* é, segundo esta classificação, um contrato atípico.

Porém, dado a tendência dos juristas para reconduzir a um tipo todos os contratos, por vezes procede-se à escolha de uma das obrigações que resultam para as partes, "que se considera como principal e determinante do tipo, encarando-se todas as outras como instrumentais ou preparatórias daquela primeira ou como prestações acessórias"[12] para aquela recondução. O depósito *escrow* é um contrato que, a par de outros, integra um dever de guarda como obrigação principal[13], não obstante a sua *instrumentalização funcional* para a finalidade de garantia das obrigações[14]. Apesar da sua não contemplação na lei, atendendo à difusão social e relevo na prática negocial e, ainda, à função económico-social que desempenha, pode já hoje dizer-se que o depósito *escrow* se traduz num contrato socialmente típico[15]-[16].

---

[11] Existindo contratos que correspondem ao tipo legal, existem outros que nem se aproximam das características de qualquer contrato típico. MARIA HELENA BRITO, *O contrato de concessão comercial*... cit., 156. O depósito *escrow*, por outro lado, encontra-se numa zona intermédia daqueles contratos que incluem elementos de vários tipos legais.
[12] MARIA HELENA BRITO, *O contrato de concessão comercial*... cit., 157, destacando que outras formas existem de reconduzir um contrato a um tipo legal, como a recondução a um contrato misto através da teoria da absorção.
[13] FREDERICK MILLER, *Know your escrow rights: the Lawyer's Edition*, disponível em http://www.nylawfund.org/kyer.pdf, afirma que "*the most important duty is to safeguard the escrow property*", sustentando que, mesmo que o objecto depositado seja dinheiro, "*it must be deposited in a special account that's separate from the escrow agent's personal and business accounts*". Por isso, afirma mais tarde que "[t]*he escrow agent is simply a custodian of escrow property*".
[14] JOÃO TIAGO MORAIS ANTUNES, *Do contrato de depósito escrow*... cit., 275, nota 955.
[15] Neste senido, PEDRO PAIS DE VASCONCELOS, *Contratos atípicos – dissertação de doutoramento*, Coimbra, Almedina, 1995, 210, esclarecendo que este deve corresponder "aproximadamente ao tipo social" e ser "suficientemente completo para dar às partes a disciplina básica do contrato". Afirmando que as características deste contrato chocam com o conceito de depósito do Código Civil espanhol, JAVIER PRENAFETA RODRÍGUEZ, *Sobre o contrato de escrow: Natureza jurídica y algunos problemas en torno a este contrato atípico*, 2005.
[16] Sobre os elementos que deve ter o contrato, consulte-se ALDO MARCO LUCIANI, "Escrow", in FRANCESCO GALGANO (coord.), *Contratto e impresa: dialoghi con la giurisprudenza civile e comerciale*, Padova, ano XXI, n.º 2, 2005, 809 [801-824].

Apresentando algumas similaridades com o contrato de depósito civil típico, submeter-se-á à sua regulação naquilo que for compatível com a natureza deste contrato.

III. O contrato de depósito encontra uma noção legal no artigo 1185.º do Código Civil (doravante, "CC") e constitui um dos contratos especialmente regulados naquele diploma. Integra a modalidade dos contratos de prestação de serviços, ou seja, uma *locatio operis*[17], e a sua gratuitidade foi outrora um elemento essencial, fundamental para o distinguir da *locatio-conductio*[18]. É essa a razão subjacente à presunção estabelecida no artigo 1186.º do CC, por remissão para o disposto quanto ao mandato, que determina a presunção da sua gratuitidade. Ao contrário do depósito civil típico, que desde o Direito romano assume uma presunção de gratuitidade, o depósito mercantil presume-se oneroso[19], nos termos do artigo 404.º do Código Comercial (de ora em diante, "CCom"). Tendo por objeto uma coisa móvel ou imóvel[20], esta será entregue por uma parte a outra para que a guarde e a restitua quando assim for exigido.

O contrato de depósito foi consagrado na lei sob várias modalidades. A distinção entre as diversas modalidades passa pelas diferenças no que toca ao objeto, efeitos, finalidade prosseguida pelas partes, ou estrutura. Nota Manuel Januário da Costa Gomes que «[a] figura do depósito *escrow* concita, no direito português, a "comparência" dos regimes plasmados nos artigos 1193.º (terceiro interessado no depósito) e 1202.º e seguintes, relativos ao depósito de coisa controvertida»[21]. A estes nos iremos referir, sem deixar, antes de mais, de apresentar as características do depósito civil típico, complementando-as depois

---

[17] João Tiago Morais Antunes, *Do contrato de depósito escrow...* cit., 23.
[18] António Santos Justo, "Algumas considerações sobre o depósito: Direito Romano", *Estudos em Homenagem ao Professor Doutor Jorge Figueiredo Dias*, vol. IV, Coimbra, Coimbra Editora, 2009, 386 [385-419].
[19] Desta forma, será, em princípio, sinalagmático. Paula Ponces Camanho, *Do contrato de depósito bancário*, Almedina, Coimbra, 2005, 178. De destacar que no caso de a retribuição do depositário não ter sido estipulada pelas partes, determina o § único do artigo 404.º do CCom que tal será regulado pelos usos da praça em que o depósito houver sido constituído, e, na falta destes, por arbitramento. O arbitramento será necessário, não só quando faltarem usos, mas também quando esses forem variados e contraditórios. Neste sentido, Abílio Neto, *Código Comercial, código das sociedades, legislação anotada*, 15.ª ed., Lisboa, Ediforum, 2002, 260.
[20] No âmbito do anterior Código de Seabra, só poderia ter por objeto coisas móveis, nos termos do artigo 1431.º. Luís Cunha Gonçalves, *Tratado de Direito Civil – em comentário ao Código Civil Português*, vol. VIII, Coimbra, Coimbra Editora, 1934, 17 e ss.
[21] Manuel Januário da Costa Gomes, *Contratos Comerciais*, Almedina, Coimbra, 2012, 181.

com referências ao depósito mercantil, que também se revelará fundamental para o enquadramento do depósito *escrow*.

Como afirma Brandão Proença[22], a aplicação do conjunto das normas relativas ao depósito "depende da efectiva *detenção* da coisa", sendo possível a sua aplicação aos casos em que essa detenção da coisa for integrada numa a prestação de serviços, «numa espécie *mista* ou *coligada*, como *dever autónomo e central* (ou, pelo menos, *parificado* a outros elementos) e como *dever acessório relevante* (condicionante da restituição e "compatível"[23] – no tocante ao regime – com os elementos contratuais principais». Apesar das semelhanças que justificarão muitas vezes o regime comum com o depósito regular típico, algumas das características especiais do contrato de depósito *escrow* chocam com a regulação do CC[24], cumprindo determinar o regime jurídico deste modelo contratual.

IV. A confiança que é dada ao depositário *escrow* emerge ainda da circunstância de, no cumprimento das suas obrigações de guarda e restituição, este se encontrar adstrito às instruções do depositante e/ou do terceiro eventual beneficiário, e ainda do facto de poder vir, no âmbito contratual, a actuar por conta de qualquer um daqueles. Neste sentido, o contrato de depósito *escrow* tem vindo a ser classificado como um negócio fiduciário e, neste âmbito, por forma a conformar a relação contratual estabelecida entre as partes, dever-se-á ter em conta as normas jurídicas estabelecidas para o contrato de mandato (quer do mandato mercantil, quer do mandato civil)[25].

---

[22] José Carlos Brandão Proença, "Do dever de guarda do depositário e de outros detentores precários: âmbito e função, critério de apreciação da culpa e impossibilidade de restituição", *in Direito e Justiça*, Vol. VIII, Tomo 2, 1994, 62 [47-102] (destacados no original).
[23] Isto implica, segundo Brandão Proença, "Do dever de guarda..." cit., 62, a «preclusão de qualquer "choque" entre a *especificidade* e a *razão de ser* do regime prescrito para o depósito (...) e a "força" que o elemento dominante imprime no contrato e ao cumprimento da obrigação correspondente».
[24] Confirmando esta situação relativamente ao ordenamento jurídico espanhol, Javier Prenafeta Rodriguez, *Sobre el contrato de escrow. Naturaleza jurídica y algunos problemas en torno a este contrato atípico*, 2005. Javier Prenafeta Rodriguez, tendo em atenção a utilização deste tipo contratual sob a forma de *soft code escrow agreement*, destaca a obrigação que poderá integrar o contrato de actualização periódica do "código fonte". Sobre o *soft code escrow agreement*, vide Aldo Marco Luciani, "Escrow" cit., 822-823.
[25] Neste sentido, André Figueiredo, *O Negócio Fiduciário Perante Terceiros – Com aplicação Especial na Gestão de Valores Mobiliários*, Coimbra, Almedina, 2012, 80, nota 205, que, acompanhando Vítor Pereira das Neves, entende que a aproximação do negócio fiduciário a outros tipos contratuais regulados na lei (em especial o mandato sem representação) permite "destilar um conjunto de dados normativo que contribuem para a juridicidade da relação (interna) entre fiduciante e fiduciário e que, designadamente, se afiguram relevantes no escrutínio da atuação do

2. A celebração do contrato. Caracterização do depósito escrow

2.1. Forma e estrutura: "coligação de contratos com ligação funcional unilateral"

I. Tal como acontece com o depósito civil típico, a lei não exige qualquer forma para a constituição do contrato de depósito *escrow*. Não se trata, por isso, de um contrato formal[26], vigorando o princípio da liberdade da forma, de acordo com o artigo 219.º do CC.

II. A modalidade do depósito *escrow* depende do conteúdo da regulação e do conjunto de efeitos e funções previstos pelas partes (através do "conjunto *objectivo*, ou complexo de *declarações e efeitos negociais* predispostos pelas partes"[27]), podendo no entanto, desde já, destacar-se que este poderá assumir a

---

fiduciário nestes *espaços livres de regulação contratual*" (realçados no original). ANDRÉ FIGUEIREDO defende, inclusivamente, na p. 83, que deverá deixar de existir a "teimosa dissociação entre mandato sem representação e negócio fiduciário, considerando que o primeiro deve passar a ser visto como uma "manifestação paradigmática" do segundo.

[26] Também neste sentido, ALDO MARCO LUCIANI, "Escrow... cit., 808. Tal leva-nos a concordar com o facto de, no ac. do TRL de 16-04-2013, com o processo n.º 1121/11.0TVLSB.L1-7, relator LUIS ESPÍRITO SANTO, disponível em http://www.dgsi.pt, face à existência de um clausulado contratual que não se encontrava assinado por todas as partes (incluindo o banco depositário), ainda assim, o tribunal ter dado como provado a existência de um depósito *escrow* com fundamento em prova documental e, ainda, testemunhal – esta última que, tratando-se de um negócio formal, seria inadmissível nos termos do artigo 393.º do CC. Analisaremos este acórdão com mais pormenor *infra*. No âmbito do Código de Seabra, o contrato de depósito cujo objecto fosse superior a 50 escudos exigia a forma escrita por documento particular autenticado e, quando superior a 100 escudos, exigia forma de escritura pública, nos termos do disposto no artigo 1434.º. No entanto, notamos que no âmbito do Código de Seabra, a forma era apenas *ad probationem*.

A não formalidade do contrato de depósito *escrow* já tem sido destacada em decisões jurisprudenciais norte-americanas, como no caso *Emil Kunick Bernard Neil Kunick Eugenia v. Kye Trout Jr.*, decidido pelo *Supreme Court of the North Dakota*, a 23.09.1953, disponível em http://ny.findacase.com.

[27] Com esta afirmação não pretendemos adoptar a *teoria subjectiva* no apuramento do critério da unidade ou pluralidade do negócio, que defende que este critério é fundado na vontade declarada pelas partes, maioritariamente rejeitada pela doutrina actual. Pretendemos sim, e adoptando a *teoria objectivista*, que se baseia em *critérios materiais* para aquele apuramento, defender, como faz FRANCISCO MANUEL DE BRITO PEREIRA COELHO, *Contratos Complexos e Complexos Contratuais*, tese de doutoramento em Direito (Ciências Jurídico-Civilísticas) apresentada à Faculdade de Direito da Universidade de Coimbra, 2008, 97, que essa análise deve ter em conta a "unidade prestacional", a unidade entre os efeitos negociais, ou a "unidade funcional ou da causa". Para aprofundar o estudo acerca das *orientações subjectivas e objectivas*, nas diversas concepções, *vide* FRANCISCO MANUEL DE BRITO PEREIRA COELHO, *Contratos Complexos...* cit., 88 e ss.

natureza de um contrato misto ou de uma união de contratos. Recorde-se que contratos mistos são aqueles em que num único contrato se reúnem características de dois ou mais contratos tipificados[28]. Ensina Pedro Pais de Vasconcelos[29] que "[a] distinção entre os contratos mistos e a união de contratos pressupõe a existência de um critério de unidade ou pluralidade de contratos", independentemente desse critério ser subjectivamente determinável, pela vontade das partes ou, por outro lado, objectivamente determinável pela função ou causa dos contratos em análise.

Desta feita, pode o depósito *escrow* assumir a natureza de uma *união de contratos*, por distintos negócios se encontrarem ligados por factores de diversa natureza, mantendo no entanto a sua individualidade – a chamada *coligação*[30]. Tal acontece porque as partes celebram um contrato acessório à celebração de outro, ou por existir um laço de dependência por elas pretendido[31] que leva a classificá-los como um conjunto económico e funcional[32]. O contrato de depósito *escrow* é, na maioria das vezes, celebrado com uma *ligação funcional a um outro contrato*[33], no qual assenta a relação jurídica fundamental entre duas partes. Essa ligação funcional reside no facto de o destino dos bens depositados *in escrow* depender dos desenvolvimentos daquela relação subjacente.

Ainda assim, tomando como perspectiva, não o referido conjunto económico e funcional, mas somente o contrato de depósito *escrow*, questiona-se se

---

[28] Mário Júlio de Almeida Costa, *Direito das Obrigações*, 11ª ed. revista e actualizada, Coimbra, Almedina, 2008, 240 e 241.
[29] Pedro Pais de Vasconcelos, *Contratos atípicos...* cit., 217 e Francisco Manuel de Brito Pereira Coelho, *Contratos Complexos...* cit., 88.
[30] Sobre as formas de coligação de contratos, Francisco Manuel de Brito Pereira Coelho, *Contratos Complexos...* cit., 184 e ss., e em especial, quanto à coligação funcional, 193.
[31] Este laço pode traduzir-se no facto de um dos contratos consistir numa *condição, contraprestação* ou *motivo* do outro. João Matos Antunes Varela, *Das Obrigações em Geral*, vol. I, 10ª ed., Coimbra, Almedina, 2000, 283, que denomina estes casos de verdadeira *coligação* de contratos. António Menezes Cordeiro, *Tratado de Direito Civil Português*, vol. II (Direito das Obrigações), tomo II, Coimbra, Almedina, 2010, 274, denomina-a de união interna de contratos.
[32] Desta forma, se um dos contratos for revogado, por exemplo, entende-se que o mesmo acontecerá com o outro. Trata-se da modalidade de união com dependência recíproca ou unilateral de Vaz Serra, *União de contratos e contratos mistos*, in BMJ, n.º 91, 1959, 30. Também assim se pronunciou o STJ, em ac. de 04.07.1996 disponível em CJ/STJ, ano IV, tomo III, 1996, 102-105. Porém, como é natural, cada um dos contratos, acaba por se reger pela sua própria regulação.
[33] José Engrácia Antunes, "Contratos Bancários... cit., 154 = *Direito dos Contratos Comerciais*, reimpressão de 2009, Coimbra, Almedina, 2011, 565, classifica-o *"instrumento jurídico coadjuvante do mais variado tipo de operações"*, demonstrando o seu carácter acessório, por se destinar ao desenvolvimento e garantia do contrato com o qual estabeleceu a dependência funcional.

não estaremos perante um *contrato misto*[34], neste caso, na modalidade de um *contrato combinado*[35] – na designação adoptada por Antunes Varela[36], Vaz Serra[37] e por Menezes Cordeiro[38] –, porque "*a prestação global de uma das partes se compõe de duas ou mais prestações, integradoras de contratos (típicos) diferentes*, enquanto a outra se vincula a uma prestação unitária[39].

A especialidade do contrato em estudo reside na prestação do depositário, que se encontra conformada por um conjunto de obrigações, das quais logo se destaca a de guardar a coisa depositada e restituí-la segundo as instruções dadas, podendo esta obrigação – na verificação de um evento estipulado – tornar-se numa actuação por conta do depositante, ao realizar o acto assumido (elemento característico da prestação do mandato).

Assumindo o depósito *escrow* a natureza de *contrato misto*[40], traduzir-se-á num *negócio indirecto* ou *contrato misto em sentido estrito*, porquanto o contrato que serve de instrumento à função que as partes procuram alcançar através da sua celebração conserva a sua estrutura, desempenhando a função própria de

---

[34] Como destaca o TRP, tirado a 17.01.2012 e disponível em CJ n.º 236, ano XXXVII, tomo I, 2012, 176, "os elementos correspondentes aos vários tipos contratuais agremiam-se em ordem à realização de função social unitária", num acórdão em que era discutida a natureza mista de um contrato com características do contrato de mandato (obrigação principal de vender quadros por conta de outrem) e do contrato de depósito (obrigação acessória de guarda). Para um caso semelhante, desta vez para venda de um automóvel, *vide* o ac. do TRL de 15.04.1997, disponível em CJ, ano XXII, tomo II, 1997, 103-105.

[35] A diferença entre o contrato misto *combinado* ou *gémeo* em relação às *uniões de contratos* reside no facto de não existirem, naqueles, "... dois contratos unidos entre si, mas dois contratos que se combinam ou misturam a ponto de não poderem distinguir-se nas obrigações de um dos contraentes (o que deve a contraprestação)". VAZ SERRA, *União de contratos*... cit., 41. Numa distinção entre figuras ainda mais tangentes, PEDRO PAIS DE VASCONCELOS, *Contratos atípicos*... cit., 220, "nos casos de união interna existe uma autonomia formal entre os contratos, autonomia formal que falta nos contratos mistos, sem que exista uma autonomia substancial".

[36] JOÃO MATOS ANTUNES VARELA, *Das Obrigações em Geral*... cit., vol. I, 286.

[37] VAZ SERRA, *União de contratos*... cit., 41, reconhecendo que não se trata da expressão mais rigorosa.

[38] ANTÓNIO MENEZES CORDEIRO, *Tratado de Direito Civil Português*... cit., vol. II, tomo II, 212 e ss.. De notar que ANTÓNIO MENEZES CORDEIRO estabelece como modalidades diversas de contratos mistos, o contrato combinado e o contrato indirecto (integrando neste último o negócio fiduciário).

[39] JOÃO MATOS ANTUNES VARELA, *Das Obrigações em Geral*... cit., vol. I, 286 (realçados no original).

[40] Destacando a falta de consenso na doutrina em torno do conceito de contrato misto, RUI PINTO DUARTE, *Tipicidade e atipicidade dos contratos*, Coimbra, Almedina, 2000, 44 e ss.. Para as várias modalidades de contrato misto concebidas pela doutrina, *vide* FRANCISCO MANUEL DE BRITO PEREIRA COELHO, *Contratos Complexos*... cit., 287-335.

outro contrato[41]. Neste caso, não correspondendo a nenhum dos tipos de que é misto, o depósito *escrow* tem apenas aspectos que lhes são reconhecíveis[42].

Aquando da caracterização dos efeitos resultantes da celebração do contrato, teremos em atenção com maior pormenor todos os elementos característicos dos vários contratos.

2.2. *A entrega da coisa. Formação do contrato. O objecto do contrato (âmbito objectivo)*

I. Apesar de não estarmos perante um contrato com eficácia real, o contrato de depósito civil típico regular encontra-se disciplinado como um contrato real *quoad constitutionem*[43]. Para que o contrato se encontre perfeito é necessária a entrega (*traditio*) da coisa. A prática tem, no entanto, demonstrado que o contrato de depósito é celebrado sem a necessidade de *traditio*, convertendo-se esta numa obrigação do contrato[44]. As partes celebram muitas vezes contratos de depósito diferindo a entrega da coisa[45], sem prejuízo da constituição da relação jurídica entre as partes[46]. Note-se que, sem prejuízo de outros efeitos jurídicos derivados do contrato, apenas com a entrega da coisa a obrigação de guarda se constituirá[47].

---

[41] Neste sentido, pode pois perfeitamente afirmar-se que no caso do depósito *escrow*, «a unidade de função e de interesse negocial introduzida pelas partes, que funda a regra *"simul stabunt, simul cadente"*, aponta mais na direcção de uma unidade contratual com pluralidade de tipos do que na de uma pluralidade de contratos unidos funcionalmente». Pedro Pais de Vasconcelos, *Contratos atípicos...* cit., 219. Esta afirmação é perfeitamente identificável com o contrato de depósito *escrow*.

[42] Rui Pinto Duarte, *Tipicidade...* cit., 49.

[43] Refere António Santos Justo, "Algumas considerações... cit., 386, que a sua "consagração como contrato real no direito justianeu ter-se-á devido à descaracterização clássica de *datio* e ao significado amplo e incolor que foi atribuído à *traditio*". Sobre os contratos reais quanto à constituição, *vide* António Menezes Cordeiro, *Tratado de Direito Civil Português*, tomo I, vol. I, 3ª ed. (3ª reimpressão), Coimbra, Almedina, 2011, 313 e ss.

[44] Assim, embora no âmbito do Direito espanhol, Rodrigo Uria/Aurelio Menéndez/Luis Javier Cortés, "El contrato de deposito", in AAVV, *Curso de Derecho Mercantil*, vol. II, Madrid, Civitas, 2001, 298 [297-307]. António Menezes Cordeiro, *Manual de Direito Bancário*, 4ª ed., Coimbra, Coimbra editora, 2010, 586.

[45] Luis da Cunha Gonçalves, *Comentário ao Código Comercial Português*, vol. II, Lisboa, Empresa Editora José Bastos, 1916, 471, "o contrato não é *real*, porque a entrega da cousa ao depositário não é necessaria para a sua perfeição ou existencia legal pois constitue apenas a sua execução".

[46] Tal leva inclusivamente a que existam contratos em que o dever de guarda não é contínuo, ou seja, existe com maior ou menor intensidade, consoante o depositário se encontre ou não na detenção da coisa.

[47] Manuel Januário da Costa Gomes, *Contratos Comerciais...* cit., 165.

Em situação semelhante se coloca o contrato de depósito *escrow*, onde a entrega da coisa não é necessária para a validade do contrato, apesar de ser um contrato que normalmente é caracterizado como real (*quoad constitutionem*)[48]-[49]. Encontrando-se a sua celebração funcionalmente ligada a uma relação jurídica fundamental, as partes irão celebrar o contrato de depósito *escrow* com diferimento da entrega da coisa. Muito comum é a previsão, no âmbito de relação contratual, de uma cláusula onde as partes (ou uma delas) se obrigam à celebração deste contrato. Porém, quando a entrega seja imediata, como notam José Maria Álvarez Arjona e Ángel Carrasco Perera[50], é difícil determinar a que título é que o depositante entrega o bem ao depositário.

II. O depósito civil típico pode assumir diversas modalidades, consoante a natureza da coisa que ao depositário é entregue. A lei distingue, desde logo, entre depósito regular e irregular. No contrato de depósito civil típico regular, o "depositário terá que restituir as mesmas coisas entregues, as quais não são fungíveis"[51]. Podem ser depositadas coisas móveis[52] e, inclusivamente, coisas

---

[48] Neste sentido existem decisões jurisprudenciais norte-americanas, como o Caso *Blaise Muscara v. Denise M. Lamberti*, julgado pelo *Supreme Court of New York*, a 14.09.1988, disponível em http://ny.findacase.com. Em Portugal, veja-se o ac. do TRP, de 31.05.1975, *BMJ*, n.º 218.º, 315. Agora, existem já decisões jurisprudenciais considerando a desnecessidade da entrega da coisa para a perfeição do contrato, como no ac. do STJ, de 04-07-2013, processo n.º 232/09.6TVPRT. L1.S1, relator Gabriel Catarino, disponível em http://www.dgsi.pt. Porém, nos dias de hoje, continuam a ser tomadas decisões onde a *traditio* da coisa é considerada essencial à formação do contrato. *Vide*, ac. do TRL, de 12.03.2013, processo n.º 1571/11.1TBBRR.L1-7, relatora Dina Monteiro, disponível em http://www.dgsi.pt.

[49] João Tiago Morais Antunes, *Do contrato de depósito escrow...* cit., 173. Afirma Luís Menezes Leitão, *Direito das Obrigações – Contratos em especial*, vol. III, 7ª ed., Coimbra, Almedina, 2010, 485, que sendo o depósito típico tradicionalmente incluído nesta categoria de contratos, exige-se a "*traditio*, ou melhor, a *acceptio* da coisa a guardar, para se poder considerar constituído o vínculo".

[50] José Maria Álvarez Arjona/Ángel Carrasco Perera, *Régimen jurídico de las adquisiciones de empresas*, Ararazadi Editorial, 2001, 234.

[51] Luís Menezes Leitão, *Direito das Obrigações...* cit., vol. III, 495. No depósito típico regular, a coisa depositada assume uma "individualidade própria e afasta as *res* fungíveis e consumíveis, a menos que as partes as considerem como não fungíveis e não consumíveis". António Santos Justo, "Algumas considerações... cit., 388, destacando que este elemento era essencial para a distinção entre o *depositum* e outros contratos, como *mutuum* e do *mandatum*.

[52] António Santos Justo, "Algumas considerações sobre o depósito: Direito Romano", *Estudos em Homenagem ao Professor Doutor Jorge Figueiredo Dias*, vol. IV, Coimbra, Coimbra Editora, 2009, 387, chamando a atenção para que desde a época clássica que o contrato de depósito só podia ter por objecto coisas móveis. Também assim o era em Portugal até ao novo Código Civil. Sobre as marcas romanas no contrato de depósito regulado no Código de Seabra, *vide* António Santos

imóveis[53]. Se o depósito recair sobre coisa encerrada num invólucro ou em recipiente, denomina-se de depósito cerrado[54], determinando o n.º 1 do artigo 1191.º que o depositário fica ainda constituído na obrigação de não o devassar. Em caso de incumprimento desta obrigação, o n.º 2 do citado preceito institui uma presunção de culpa do depositário na violação do invólucro ou do recipiente[55].

Já o depósito irregular é o que tem por objecto uma coisa fungível. Aqui não existe um dever de guarda de intensidade muito forte – podendo inclusivamente questionar-se a sua existência[56] –, mas apenas a restituição do equivalente, do mesmo género e qualidade (*tantundem eiusdem generis et qualitatis*)[57]. Aplicam-se a esta modalidade do depósito as regras do mútuo em tudo o que com a natureza do depósito for conforme[58], nos termos do artigo 1206.º do

JUSTO," O depósito no direito romano: algumas marcas romanas no direito português ", Revista Brasileira de Direito Comparado, n.º 33, 2.º semestre, 2007, 95 e ss..
[53] Sobre o assunto, *vide* INOCÊNCIO GALVÃO TELLES, "Contratos Civis", *in* BMJ, n.º 83, 1959, 176 e ss. [114-282]. JOÃO TIAGO MORAIS ANTUNES, *Do contrato de depósito escrow...* cit., 26, afirma que ao permitir o depósito de bens imóveis, contra o que era previsto pela doutrina até então, o legislador pareceu admitir o que o depósito integrasse actos de administração. É que até aqui, o depósito de imóveis não era permitido pois exigia actos de administração incompatíveis com a causa – no sentido de finalidade social – desse contrato. Diferente foi a opção do legislador espanhol que, no artigo 1761.º do Código Civil, determinou que apenas podem ser objecto do depósito coisas móveis.
[54] Esta modalidade de depósito encontrava-se prevista no artigo 1438.º do Código Seabra.
[55] Não ilidindo o depositário a presunção, o n.º 2 do artigo 1191.º do CC estabelece ainda uma outra presunção: a de se considerar verdadeira a descrição feita pelo depositante. Estas regras são semelhantes às previstas no artigo 1439.º e 1440.º do Código Seabra.
[56] No sentido de que não existe qualquer obrigação de custódia, MANUEL JANUÁRIO DA COSTA GOMES, *Contratos Comerciais...* cit., 168-169, vindo a "concluir que o depósito de dinheiro... não é genuíno depósito" e, também, FERNANDO CONCEIÇÃO NUNES, "Depósito e Conta", *in Estudos em homenagem ao Prof. Doutor Inocêncio Galvão Telles*, vol. II (Direito Bancário), Coimbra, Almedina, 2002, 68 [65-88].
[57] HUGO RAMOS ALVES, *Do Penhor*, Coimbra, Almedina, 2010, 245-243.
[58] ANTÓNIO MENEZES CORDEIRO, *Manual de Direito Bancário...* cit., 572, considera que por estas razões o depósito irregular já assume um tipo próprio. Como nota ANTÓNIO MENEZES CORDEIRO, o "depósito, mesmo irregular, é celebrado no interesse do depositante que, assim, quer beneficiar da conservação daquele preciso valor, mantendo, sobre ele, uma permanente disponibilidade; o mútuo visa o interesse do mutuário, que pretende gastar a coisa e, eventualmente, o do mutuante, mas através da recepção de juros". De notar que ao convocar as regras do mútuo, dever-se-á ter em conta que este visa satisfazer o interesse primordial do mutuário, aquando da entrega da coisa, enquanto no depósito irregular e no depósito bancário, o interesse primordial a satisfazer é o do depositante. Assim, NUNO AURELIANO, *O Risco nos Contratos de Alienação – contributo para o estudo do direito privado português*, Coimbra, Almedina, 2009, 401.

CC[59]. Assim, pode o depositário dispor das importâncias depositadas, nos termos dos artigos 1144.º e ss. do CC, na medida em que o depósito irregular constitui um contrato real *quoad effectum*, operando a transferência da propriedade sobre a coisa depositada do depositante para o depositário. No entanto, com a transferência da propriedade, transmite-se também o risco do seu perecimento ou deterioração, nos termos do artigo 796.º, n.º 1 do CC, salvo no caso de os factos se deverem a uma causa imputável ao depositante[60].

Em Portugal, podem existir certificados de depósito[61] relativamente ao depósito de valores mobiliários, sendo títulos representativos de direitos[62] sobre valores mobiliários, normalmente, tendo por objecto acções emitidas no estrangeiro[63].

III. Estabelece o artigo 403.º do CCom o requisito para que o depósito assuma natureza mercantil[64]: é necessário que os géneros ou as mercadorias depositados sejam "destinados a qualquer acto de comércio"[65] – trata-se de uma

---

[59] Também assim, o ac. STJ de 09.02.1995 disponível em CJ/STJ, ano III, tomo I, 1995, 75-77.
[60] Neste sentido, abstraindo-se do caso concreto, o ac. TRC de 21.05.1996, disponível em CJ, ano XXI, tomo III, 1996, 16-20. Dadas as suas circunstâncias concretas e a especificidade do contrato de depósito nocturno (num caso em que a coisa desaparecera após a entrega no cofre), o TRC, embora reconhecendo que o depósito de coisas fungíveis leva a que o objecto do depósito passe a integrar a massa patrimonial do depositário – constituindo a obrigação de restituição em género e quantidade e, desta forma, não fazendo sentido falar no "risco da sua perda" – decidiu, no caso *sub judice*, que seria de aplicar o artigo 796.º, n.º 1 do CC. Também no ac. do STJ de 21.05.1996, disponível em CJ, ano XXI, tomo III, 1996, (MIGUEL MONTENEGRO) 82 e 83, desta vez, no âmbito de um depósito bancário, foi decidido aplicar o referido artigo 796.º, n.º 1 do CC, com base no facto de a coisa depositada – no caso, valores em numerário, que foram movimentados através de cheques mobilizadores do depósito com assinatura do sacador falsificada – passar a integrar a propriedade do depositário (artigo 1144.º do CC).
[61] FREDERICK MILLER, Know your escrow rights: the Lawyer's Edition, disponível em http://www.nylawfund.org/kyer.pdf, referindo que "*an escrow agent should provide the parties with a receipt for the escrow property*".
[62] A medida dos direitos representados é muito variável, como nota PAULO CÂMARA, *Manual de Direito dos Valores Mobiliários*, 2ª ed., Coimbra, Almedina, 2011, 172, podendo representar o direito a um conjunto de valores mobiliários ou apenas a uma fracção.
[63] Sobre estes, PAULO CÂMARA, *Manual de Direito dos Valores Mobiliários*... cit., 172 e ss..
[64] Acerca do depósito mercantil, *vide* PEDRO PAIS DE VASCONCELOS, *Direito Comercial*, vol. I, Coimbra, Almedina, 2012, 244 e ss.,
[65] Os actos de comércio têm sido tratados por toda a doutrina comercialística. *Vide*, LUIS DA CUNHA GONÇALVES, *Comentário ao Código Comercial Português*, vol. I, Lisboa, Empresa Editora José Bastos, 1914, 2-25, FERNANDO OLAVO, *Direito Comercial*, vol. I, 2ª ed., Lisboa, 1970, 61 e ss., A. FERRER CORREIA, *Lições de Direito Comercial*, vol. 1, Universidade de Coimbra, 1973 (com a colaboração de MANUEL HENRQUE MESQUITA e ANTÓNIO A. CAEIRO), 55-120, LUÍS BRITO COR-

conexão objectiva, não importando a qualidade das partes, mas apenas da coisa depositada[66]. O depósito mercantil, que foi inspirado[67] no depósito do Código de Seabra[68], encontra no CCom um título (o título XIII) que lhe é inteiramente dedicado. Desta forma, o depósito *escrow*, tendo por objecto uma coisa destinada a um acto de comércio, tal como definido no artigo 2.º do CCom, assumirá natureza de depósito mercantil, e, por essa via, ser-lhe-ão aplicadas em primeira linha as regras deste e, apenas na sua falta, as regras do depósito civil.

Podem constituir objecto do depósito *escrow* todo o género de coisas corpóreas móveis, como dinheiro[69], acções, títulos de crédito ou documentos.

2.3. *As partes. Contrato tendencialmente trilateral (âmbito subjectivo). Beneficiário da restituição alternativamente determinado*

I. Num contrato de depósito *escrow* existem geralmente três partes[70] – trata-se de uma diferença relativamente a um de depósito civil típico. Porém, existem casos em que o depósito é feito de forma bilateral. Aldo Marco Luciani

---

REIA, *Direito Comercial*, vol. 1, Lisboa, AAFDL, 1987, 11 e ss., MANUEL J. A. PUPO CORREIA, *Direito Comercial*, 3.ª ed. revista e aumentada, Universidade Lusíada, 1994, 44-94, e, recentemente, J. M. COUTINHO DE ABREU, *Curso de Direito Comercial*, vol. I, 8.ª ed., Coimbra, Almedina, 2011, 43 e ss..
[66] Assim, também PEDRO PAIS DE VASCONCELOS, *Direito Comercial*, vol. I, Coimbra, Almedina, 2012, 244. Porém, como nota LUIS DA CUNHA GONÇALVES, *Comentário ao Código Comercial...* cit., 471, se "ambas as partes ou pelo menos o depositante (e não o *depositário*) fôrem comerciantes, e não se provar qual o acto a que as cousas depositadas se destinavam, aquela profissão servirá para presumir que o contrato é mercantil, por força do art. 2.º".
[67] ANTÓNIO MENEZES CORDEIRO, *Manual de Direito Bancário...* cit., 567. O depósito mercantil traduz-se num contrato de depósito regular especial, como nota MANUEL JANUÁRIO DA COSTA GOMES, *Contratos Comerciais...* cit., 167, na medida em que o depositário tem o dever de guarda da coisa depositada, tendo esse dever de guarda sido vincado, em termos de noção geral do depósito, pelo disposto no artigo 1431.º do Código de Seabra.
[68] Quanto a este, ANTÓNIO SANTOS JUSTO, "Algumas considerações... cit., 416, destaca três aspectos: "a possibilidade de usar a coisa se o depositante autorizar descaracteriza o depósito; a concessão do direito de retenção implica um regresso ao direito romano pré-justinianeu; e a responsabilidade do depositário por culpa *in concreto* que constitui uma *vexata quaestio* da romanística (...)". Iremos verificar infra quais destas características se mantêm na regulação actual.
[69] "*El «escrow» tiene la gran ventaja frente al aval que el dinero es productivo para aquella de las partes que resulte acreedor definitivo, y que la comisón del banco se detrae de estos intereses*". JOSÉ MARIA ÁLVAREZ ARJONA/ÁNGEL CARRASCO PERERA, *Régimen jurídico...* cit., 233.
[70] JAVIER PRENAFETA RODRIGUEZ, Sobre el contrato de escrow... cit. (texto não paginado).

parece ser contra a bilateralidade do contrato[71], não obstante ser contrariado por alguns casos da prática.

Tal como no depósito, existe o depositante. Este entrega a coisa, que pode constituir uma formalidade na celebração do contrato ou, por outro lado, quando não tiver tido lugar naquele momento, irá constituir uma verdadeira obrigação do depositante. Poderá haver outras obrigações para o depositante, derivadas do contrato, tudo dependendo do seu conteúdo e da sua execução. É frequente a existência da obrigação de pagar a retribuição ao depositário *escrow* ou a de compensação das despesas efectuadas no desenvolvimento do contrato.

II. Recebendo os bens, o *escrow holder* tem por obrigações, à semelhança dos outros depositários, guardar e restituir a coisa entregue pelo depositante. O depositário será, na maioria das vezes, um banco[72], mas também poderá ser, por exemplo, o advogado[73] de uma das partes do contrato subjacente[74]. Necessário é que tenha aceitado ser depositário[75]. A especificidade traduz-se na forma como a guarda e a restituição devem ser realizadas, dada a existência de instruções. Sendo um contrato de prestação de serviços *intuitus personae*, o contrato de depósito *escrow* tem uma utilização no mercado diversa daquela para que é utilizado o depósito. O depósito *escrow*, como vimos, assume a natureza de um contrato que é integrado, unido, ou aposto a outro contrato, com vista a facilitar

---

[71] ALDO MARCO LUCIANI, "Escrow... cit., 810, afirmando que "è altresi essenziale che il deposito sia effettuato con l'acordo di tutte le parti [depositante, depositário e beneficiário], altrimenti l'escrow non si perfezionerá".

[72] Estabelece o artigo 407.º do CCom que, quando o depositário for um banco ou uma sociedade, o contrato de depósito rege-se subsidiariamente pelos respectivos estatutos, tal como aconteceu no ac. STJ de 10.11.2011, processo n.º 6152/03.0TVLSB.S1, relator GREGÓRIO SILVA JESUS, disponível em http://www.dgsi.pt ou no ac.TRL de 10.02.2010, processo n.º 334/10.6TVLSB--C.L1-2, relator HENRIQUES ANTUNES, disponível em http://www.dgsi.pt.

[73] Contestando este aspecto, *de iure condendu*, ROGER BERNHARDT, "Attorneys as Escrow Agents" in Golden Gate University School of Law Digital Commons: The Legal Scholarship Repository, Golden Gate University School of Law, 2006, publications paper no. 252, ao comentar um caso concreto, notando que "*some courts impose on her, as escrow agent, a duty to report fraudulent conduct by one party to another, which role is hardly compatible with her duties as an attorney representing one party in the same situation*".

[74] Neste sentido, ALDO MARCO LUCIANI, "Escrow... cit., 813, notando que originariamente não podia ser depositário qualquer representante das partes.

[75] Como foi decidido no caso *Lasley v. Bank of Northeast Ark*, pelo *Court of Appeals of Arkansas*, a 03.02.1986, disponível em http://ny.findacase.com, tendo aquele tribunal julgado que não basta depositar os fundos no banco, mas sendo necessário invocar a finalidade do depósito – a da garantia do cumprimento das obrigações de uma relação subjacente – e que o banco aceite ser *escrowee*, no contrato em questão.

o desenvolvimento da relação subjacente estabelecida entre as partes. Por essa razão, é convidada uma terceira parte, imparcial e independente, que os auxilia no desenvolvimento das suas relações, celebrando com eles um contrato.

III. O terceiro eventual beneficiário não terá, em princípio, obrigações, podendo, no entanto, estar adstrito ao pagamento da retribuição do *holder* e à compensação das despesas efectuadas no cumprimento dos deveres de guarda e restituição.

Importante destacar é o facto de a qualidade de credor do beneficiário ser incerta[76], podendo vir a ser ocupada, não só pelo terceiro eventual beneficiário, mas também, em alternativa, pelo próprio depositante. Esta qualidade encontra-se dependente da verificação de um evento – que normalmente constituirá uma condição, *i.e.* facto incerto e futuro (por exemplo, o cumprimento da contraparte) ou um termo, *i.e.* facto certo e futuro (por exemplo, uma data) –, que é essencial ao tipo contratual em estudo.

2.4. O depósito escrow *como um contrato* intuitus personae: *a confiança como pressuposto essencial*

A confiança que as partes depositam no depositário *escrow* tem como efeito a expectativa de que, desde logo, este guarde a coisa com diligência; depois, acompanhando o desenvolvimento da relação jurídica subjacente, que a restitua de acordo com as instruções que aquelas lhe deram em comum acordo.

Esta confiança nas características pessoais do depositário constitui fundamento para qualificar o depósito (e também o depósito *escrow*) como negócio *intuitus personae*[77]. Apesar de tudo, esta confiança tem vindo a sofrer alterações, mesmo no âmbito do contrato de depósito civil típico: por vezes, as partes já não atentam tanto nas características subjectivas da confiança (como acontecia no direito romano) para passarem a confiar mais nas características objectivas, *v.g.* do profissionalismo do depositário, no caso dos Bancos.

Por outro lado, é também fundamento para a proibição, fora convenção em contrário, de sub-depósito prevista no artigo 1189.º do CC, não obstante a permissão do artigo 1198.º para a utilização de auxiliares. Nem um nem outro serão frequentes no contrato de depósito *escrow*.

---

[76] João Tiago Morais Antunes, *Do contrato de depósito escrow...* cit., 171 nota 576.
[77] Fazendo esta classificação relativamente ao depósito típico civil, Luís Menezes Leitão, *Direito das Obrigações...* cit., vol. III, 487.

É também essa qualidade de negócio fiduciário que impede que o depositário *escrow* recolha os juros dos depósitos efectuados, se os houver. Explica Frederick Miller[78] que "[i]*t would be a conflict of interest for an escrow agent, as a fiduciary, to require that bank interest be treated as compensation for services rendered*".

3. Negócio indirecto. Depósito com funções de garantia

I. A causa[79], concebida subjectivamente, traduz-se no motivo[80] comum àqueles que celebraram um negócio jurídico. Por ser comum às partes, serão em princípio motivos típicos (que coincidem com a função social típica do contrato celebrado, porém vista subjectivamente pelo sujeito), mas poderão existir motivos atípicos. Ainda assim, a causa pode ser concebida como *função económico-social típica de um contrato*[81] (ou seja, concepção objectiva), que varia dentro de cada categoria de contratos, mas não dentro de cada tipo. Como destaca Inocêncio Galvão Telles[82], "a *autonomização da causa objectiva*, como *síntese dos valores específicos*, tem o *valor prático apreciável*, pela comodidade que apresenta, e além disso, permite pôr em relevo a *unidade de função do negócio* jurídico, (...) sobretudo se constitui *um contrato misto* (...). A *unidade de função* comunica-se ao negócio jurídico e torna-o *unitário*".

A causa do contrato de depósito civil típico é a obrigação de custódia. O dever de guarda[83] tem por fim a protecção da integridade físico-económica

---

[78] FREDERICK MILLER, *Know your escrow rights: the Lawyer's Edition* disponível em http://www.nylawfund.org/kyer.pdf.
[79] A causa tem sido estudada por diversa doutrina. Veja-se INOCÊNCIO GALVÃO TELLES, *Manual dos Contratos em Geral*, 4.ª ed., Coimbra, Coimbra Editora, 2002, 287-310 (em especial 287-294) e, numa perspectiva mais recente, PEDRO PAIS DE VASCONCELOS, *Teoria Geral do Direito Civil*, 4ª ed., Coimbra, Almedina, 2007, 303-318, JOSÉ DE OLIVEIRA ASCENSÃO, *Direito Civil Teoria Geral*, vol. III, Coimbra, Coimbra Editora, 2002, 152-172.
[80] Segundo INOCÊNCIO GALVÃO TELLES, *Manual dos Contratos...* cit., 292 (realçados no original), motivos são "[t]odas as circunstâncias cuja representação intelectual determina o sujeito a querer o acto".
[81] JOSÉ DE OLIVEIRA ASCENSÃO, *Direito Civil Teoria Geral*, vol. III, Coimbra, Coimbra Editora, 2002, 159.
[82] INOCÊNCIO GALVÃO TELLES, *Manual dos Contratos...* cit., 291 (realçados no original).
[83] Este dever, como se sabe, pode: (i) integrar o conjunto de obrigações inerentes a certos estatutos jurídicos; (ii) surgir da transferência provisória da detenção de determinado bem; (iii) estar implicado no cumprimento de certos bens; ou (iv) integrar o conteúdo de alguns complexos contratuais. O dever de custódia pode assumir a natureza de obrigação principal, instrumental ou acessória e deverá ser executado de forma diligente por quem se obrigou no contrato. No primeiro caso, o dever assumirá uma função essencial (fundamental). Assumindo a natureza

do direito sobre a coisa bem como a prevenção de danos (pessoais e materiais) em terceiros ou nos próprios contraentes[84]. Assim, assume a natureza de uma obrigação de meios[85].

II. Já tendo sido destacado que a dissociação entre a causa objectiva e a causa subjectiva constitui uma mera questão de perspectiva[86], compreende-se que quer o *motivo*, quer o *fim* da celebração deste negócio são, afinal, a garantia do cumprimento de uma obrigação[87] que será, na maioria dos casos, a que

---

instrumental, o dever deverá ser secundário do dever principal, tendo por fonte o contrato, ou a lei reguladora deste. Constituirá uma pretensão autónoma, susceptível de execução específica. Quando o dever integra um complexo obrigacional, sendo lateral de outros deveres principais e instrumentais, *e.g.* dever de restituição ou transporte, torna-se exigível por assumir a forma de um dever de conduta esperado entre partes negociais que contratam com lealdade e de boa fé. Aqui, apesar de constituir um dever acessório, o dever de guarda goza de uma particularidade: o seu incumprimento irá, normalmente, prejudicar o cumprimento da prestação final, mesmo que seja objecto de uma prestação autónoma, podendo, inclusivamente, converter-se na obrigação principal.
Já se questionou se a existência deste dever num complexo contratual poderá alterar-lhe a natureza (contratos atípicos, mistos ou típicos com elementos típicos secundários) – questão frequentemente colocada quando o prestador de serviços assume, implícita ou expressamente, a guarda da coisa. Assim, José Carlos Brandão Proença, "Do dever de guarda... cit., 54 e ss., dando como exemplos os contratos de "recolha automóvel", de "aparcamento", de "aluguer de cofre", de "exposição em feiras ou galerias de arte", "de albergaria" e de "hospedagem", de "venda à consignação, de "armazenagem", de "transporte de mercadorias ou pessoas e bagagens".
[84] José Carlos Brandão Proença, "Do dever de guarda... cit., 50.
[85] Pedro Múrias/Maria de Lurdes Pereira, "Obrigações de meios, obrigações de resultado e custos da prestação", *in Estudos em Memória do Prof. Doutor Paulo Cunha*, Almedina, Coimbra, 2012, 1000 [999-1018], explicando que na obrigação de resultado, o devedor se obriga a causar o resultado, enquanto na de meios, a tentá-lo adequadamente. Desta forma, propõem Pedro Múrias e Maria de Lurdes Pereira, nas pp. 1004 e ss., que em matéria de custos, seja aplicado o mesmo regime a estas que àquelas, pois "numa perspectiva *ex ante*, os actos devidos são *rigorosamente idênticos* numa obrigação de meios e numa obrigação de resultado que visem o mesmo" (realçados no original), explicando que enquanto na obrigação de meios esses actos serão sempre cumprimento da obrigação, na outra só terão essa natureza quando o resultado definidor da prestação (cuja determinação depende da interpretação da fonte da obrigação) for atingido.
[86] Pedro Pais de Vasconcelos, *Teoria Geral*... cit., 4.ª ed., *Coimbra*, Almedina, 2007, 310.
[87] Esta finalidade da celebração do depósito *escrow* demarca-o daquela figura cujo fim do depósito é a extinção de uma obrigação: a figura da consignação em depósito, prevista no artigo 841.º e ss. do CC. Tratando-se de um depósito judicial, como nota João Matos Antunes Varela, *Das Obrigações em Geral*, vol. II, 7.ª ed. (4.ª reimpressão da edição 1997), Coimbra, Almedina, 2009, 186, é facultativo, sendo utilizado em casos em que o devedor de uma obrigação, sem culpa, não pode efectuar a prestação (ou fazê-lo em segurança, por qualquer motivo relativo à pessoa do credor), ou naqueles em que o credor se encontra em mora. Depositando a coisa devida, a obrigação extingue-se pelo acordo do credor na consignação ou pela declaração de validade dada

resulta do contrato com o qual o depósito *escrow* se encontre funcionalmente ligado. Assumindo características de um negócio indirecto[88] – uma das formas do Direito se adaptar à "inércia jurídica"[89], já que constitui "um contrato de tipo modificado que se caracteriza por a modificação do tipo incidir sobre o seu fim"[90] –, o depósito *escrow* é uma das figuras em cujo delineamento não presidiu a consideração da função de garantia[91], mas que para tal é utilizada[92]. Esta função negocial resulta imediatamente do complexo de efeitos negociais que as partes prevêem na celebração do contrato na sua fisionomia em conjunto.

Como explica Tullio Ascarelli[93], ao celebrarem um negócio indirecto, "*le parti mirano tutte, consensualmente, anche a raggiungere un fine ulteriore, independentemente dai motivi peculiar a ciascuna; la realizzazione del fine típico del negozio è voluta, ma constituice un pressuposto per fine ulteriore*". Tal é justamente o que acontece quando as partes celebram o contrato de depósito *escrow*, na medida em que,

---

por uma decisão judicial, nos termos do artigo 846.º do CC e o consignatário fica constituído na obrigação de entregar a coisa consignada ao credor.

[88] Não nos alongaremos nesta caracterização, porquanto, como nota PEDRO PAIS DE VASCONCELOS, *Contratos atípicos...* cit., 249 e 250, apesar da grande querela doutrinária acerca do âmbito desta classificação, "o carácter indirecto, como tal e por si, não acarreta para os contratos indirectos especialidades de regime" – esta classificação surgiu com o objectivo de permitir a utilização dos tipos contratuais com fins diversos dos típicos, sem que essa aplicação fosse qualificada de fraude à lei ou de simulação relativa. Quando o pacto de adaptação for convencionado em separado, segue o regime da união interna de contratos com dependência unilateral. Já os contratos indirectos arquitectados pela adjunção de pactos de adaptação com o conteúdo típico de outros tipos são considerados como contratos mistos, em que existirá uma prestação acessória de outro tipo – e assim é determinada a sua disciplina.

[89] Expressão de TULLIO ASCARELLI, "Il negozio indiretto", *in Studi in tema di contratti*, Milano, Dott. A. Giuffrè editore, 1952, 3 [4-77]. Aliás, o carácter não estático do sistema dos tipos já foi apontado pela doutrina portuguesa, levando não só ao surgimento de novos tipos legais, como à evolução de cada tipo, quando considerado isoladamente, como nota MANUEL JANUÁRIO DA COSTA GOMES, "Contrato de mandato comercial – questões de tipologia e regime", *in* OLIVEIRA ASCENSÃO (coord.), *As operações comerciais*, Coimbra, Almedina, 1988, 472 [467-564].

[90] PEDRO PAIS DE VASCONCELOS, *Contratos atípicos...* cit., 244.

[91] MANUEL JANUÁRIO DA COSTA GOMES, *Assunção fidejussória de dívida*, Coimbra, Lisboa, 2000, 86 e 99 e ss..

[92] Por essa razão, poder-se-á dizer, tal como o STJ afirmou, no ac. tirado a 21.09.1993, disponível em CJ/STJ, ano I, tomo III, 1993, 9-13, a propósito do mandato, que o depósito *escrow* não é um contrato-fim, mas sim um contrato-meio, tendente à realização de outro ou outros actos.

[93] TULLIO ASCARELLI, "Il negozio indireto... cit., 18 e 19, destacando que o fim ulterior constitui juridicamente apenas o motivo, quando se quer distinguir da causa, mas os motivos que se ligam com a vontade de ambas as partes, e não já as intenções individuais de cada uma.

ao invés de apenas terem como fim a guarda do objecto – na realidade, não deixam de o ter, mas esta assume uma menor relevância –, passam a ter como fim a garantia do cumprimento de uma obrigação que não é típica do contrato de depósito[94].

As partes pretendem, ao celebrar o contrato tipo de referência (contrato de depósito), prosseguir o *fim indirecto* – "[n]o caso em que o fim indirecto corresponda a um tipo diferente do tipo de referência, a vontade contratual resulta clara no sentido da recusa da disciplina típica do tipo a que o fim indirecto corresponde e da sua substituição pelo tipo de referência"[95]. O *fim indirecto* – servindo de base negocial ao negócio, poderá ser relevante, por exemplo, para efeitos de apreciação do erro (sobre a base do negócio, regulado no artigo 252.º, n.º 2 do CC) e, por outro lado, no âmbito da alteração de circunstâncias (prevista no artigo 437.º e ss. do CC)[96]. Ou seja, aplicando ao depósito *escrow*, pretendendo as partes atingir o *fim* de garantia das obrigações, aceitam a realização do *fim* do depósito (dever de guarda), porquanto este constitui justamente um pressuposto para a obtenção daquela finalidade. A este aspecto teremos de atender quando mais tarde analisarmos o regime jurídico do contrato de depósito *escrow*.

III. Não obstante o que até agora foi dito, a aplicação das normas do depósito ao depósito *escrow* não perde sentido, já que a custódia continua a constituir a obrigação principal do contrato, dependendo da detenção efectiva da coisa. Por outro lado, essa prestação de serviços (instrumental ou acessória) do depositário *escrow* continua a ser compatível[97] com os principais elementos contratuais acordados.

---

[94] Recorde-se que o depósito *escrow* pode não designar logo o beneficiário do depósito e, por isso, assume grande importância a guarda do objecto depositado, podendo, inclusivamente, ser restituído ao depositante.
[95] PEDRO PAIS DE VASCONCELOS, *Contratos atípicos*... cit., 245.
[96] Para um exemplo concreto, *vide* PEDRO PAIS DE VASCONCELOS, *Contratos atípicos*... cit., 253 e 254 – cessão de quotas e venda de estabelecimento comercial (fim indirecto), quando não existirem determinadas licenças ou alvarás que o comprador pressupunha existir.
[97] Compatibilidade significa preclusão de qualquer "choque" entre a especificidade e a *ratio* do objecto do depósito e a importância que o elemento dominante assume no contrato e no cumprimento da obrigação.

Porém, por prosseguir fins de garantia, não significa que o contrato de depósito *escrow* seja uma verdadeira garantia, no sentido técnico-jurídico. Qualificar um instituto de garantia "supõe necessariamente que haja um aumento da possibilidade ou da probabilidade da satisfação do crédito, seja através do *alargamento* da massa de bens responsáveis, seja através de uma certa *reserva* de determinado bem, para servir de base (de novo) à satisfação do crédito, o que, manifestamente, só acontece após a *penhora*"[98].

Manuel Januário da Costa Gomes[99] explica que, apesar do quadro das garantias ser fortemente permeável às circunstâncias económicas, "o credor pode recorrer, *grosso modo,* a *soluções internas* ou *soluções externas* ao vínculo obrigacional", sendo que as internas são soluções estabelecidas pelas partes, ao abrigo do princípio da liberdade negocial, para eventos que na perspectiva do credor, embora aceites pelo devedor, coloquem em causa a satisfação do crédito. A *tutela interna* pode ainda ser realizada com recursos a meios que não integram "tutela-base do crédito", mesmo quando não previstos na lei[100], como acontece, por exemplo, com a constituição de uma garantia real ou com a alienação fiduciária em garantia. Porém, «a maioria dos arranjos "internos" constitui apenas um meio de pressão (*Druckmittel*) sobre o devedor para que ele realize a prestação devida», destacando[101], ao acompanhar certa doutrina alemã, que este meio de pressão "serve para reagir contra a falta de disposição à prestação por um devedor capaz de cumprir (*leistungsfähig*) – configurando-se assim como uma providência coercitiva ao cumprimento – mas não constitui obviamente solução para os casos em que o devedor quer cumprir mas não tem com o quê". Já a *tutela externa* é aquela em que o credor exige uma solução ao devedor que lhe possibilite satisfazer o seu crédito com recurso a meios que não o património que constitui a garantia geral, criando uma *garantia*[102].

---

[98] Manuel Januário da Costa Gomes, *Assunção fidejussória...* cit., 18 e 19 (realçados no original). A garantia tem um mecanismo que corresponde a duas obrigações distintas com objectos idênticos, no entanto, assentes em diversos fundamentos negociais, em que o cumprimento de uma qualquer dessas obrigações leva à extinção da outra (necessariamente).

[99] Neste sentido, Manuel Januário da Costa Gomes, *Assunção fidejussória...* cit., 38 (realce no original).

[100] Manuel Januário da Costa Gomes, *Assunção fidejussória...* cit., 40.

[101] Manuel Januário da Costa Gomes, *Assunção fidejussória...* cit., 43 (realce no original).

[102] Manuel Januário da Costa Gomes, *Assunção fidejussória...* cit., 44.

IV. As garantias são tradicionalmente divididas entre garantia geral[103]-[104] e garantias especiais. Como nota Menezes Leitão[105], existem certos casos especiais de garantia, que não se reconduzem nem a garantias reais nem a pessoais. As garantias nem sempre "se circunscrevem àquelas de que resulta um efeito real ou obrigacional de realização apenas eventual, estendendo-se o seu campo também a negócios jurídicos, cláusulas e institutos legais que se destinam a aumentar as probabilidades de satisfação de créditos, prevenindo o incumprimento ou facilitando a cobrança de uma dívida pecuniária ou o cumprimento de uma qualquer obrigação"[106]. Entre elas, encontramos a separação de patrimónios, a prestação de caução[107] e a cessão de bens aos credores.

---

[103] MANUEL JANUÁRIO DA COSTA GOMES, *Assunção fidejussória...* cit., 19, demonstrando a "estrutural inconsistência bem como a sua sobreposição real ao conceito de *responsabilidade patrimonial*", acaba por concluir que "a chamada *garantia geral é o facto de haver responsabilidade patrimonial*". "Podemos definir a garantia geral das obrigações como o conjunto de normas destinado a proporcionar ao credor, a cobertura das obrigações, à custa do património do devedor", afirma ANTÓNIO MENEZES CORDEIRO, *Tratado...* cit., vol. II, tomo IV, 503. Já JOÃO MATOS ANTUNES VARELA, *Das Obrigações em Geral...* cit., vol. II, 421 (realçados no original), explica que "a *garantia geral* acompanha a obrigação desde o nascimento desta, tal como as *garantias especiais* reforçam, desde a sua constituição, a consistência económico-jurídica do vínculo obrigacional".
[104] ANTÓNIO MENEZES CORDEIRO, *Tratado...* cit., vol. II, tomo IV, 533. ANTÓNIO MENEZES CORDEIRO explica que a garantia geral pode ser reforçada por garantias especiais que o credor e o devedor determinam ficar afectadas ao cumprimento de determinada obrigação, através i) da promoção da afectação de novos bens à obrigação (além da prestação já implicada); ou ii) através do facto de a sua coercividade levar o devedor ou terceiro a cumprir a obrigação. O que se quer dizer é que as garantias especiais podem traduzir-se num reforço quantitativo do crédito do credor (tipicamente, garantias pessoais, mas também garantias reais, quando prestadas por terceiro), ou de um reforço qualitativo desse crédito (as garantias reais). Ou seja, o credor pode "obter o pagamento preferencial do seu crédito pelo produto da venda de bens determinados ou de rendimento desses bens, ainda que eles venham a ser transmitidos a terceiro". LUÍS MENEZES LEITÃO, *Direito das Obrigações – Transmissão e extinção das garantias, não cumprimento e garantias de crédito*, vol. II, 8ª ed., Coimbra, Almedina, 330.
[105] LUÍS MENEZES LEITÃO, *Direito das Obrigações...* cit., 330.
[106] CARLOS FERREIRA DE ALMEIDA, *Contratos III*, Coimbra, Almedina, 2012, 214 (realçados do original).
[107] A caução é, à semelhança do depósito *escrow*, um depósito com funções de garantia, previsto 623.º e ss. CC. Trata-se de uma garantia geral das obrigações, identificando-se, no entanto, com garantias especiais, uma vez que pode assumir a natureza de penhor ou fiança, já que pode ser prestada por qualquer garantia real ou pessoal. L. MIGUEL PESTANA DE VASCONCELOS, *Direito das Garantias*, Coimbra, Almedina, 2012, 74 e 75, propõe uma interpretação extensiva do artigo 675.º, por forma a integrar-se novas formas de garantia que hoje conhecemos na dogmática jurídica, dando como exemplo, a alienação em garantia.
Consistindo numa garantia quantitativa, acaba por traduzir-se num acrescento patrimonial. Nota LUÍS MENEZES LEITÃO, *Garantias das Obrigações*, 3ª ed., Coimbra, Almedina, 2012, 103, que

V. Objectivamente, o depósito *escrow* não constitui um aumento da possibilidade ou da probabilidade da satisfação do crédito. Por um lado, não constitui nenhum *alargamento* da massa de bens responsáveis, porque não existe nenhum novo património adicionado ao património do devedor no contrato que institui a relação fundamental subjacente. Por outro, também não existe a *reserva* em sentido técnico-jurídico de determinado bem, para servir de base (de novo) à satisfação do crédito resultante daquele contrato, o que só acontece após a *penhora*. Por essa razão, não pode ser considerada uma verdadeira garantia das obrigações.

A função de garantia do depósito *escrow* pode, no entanto, ser desempenhada de duas formas, dependendo do conteúdo do negócio e da utilização que lhe é dada (ou seja, da relação fundamental subjacente que foi celebrada entre as partes). Assim, se as partes celebram um contrato *swap*[108], obrigando-

---

a caução resultante de negócio jurídico ou imposta pelo tribunal obedece a requisitos menos exigentes do que a caução imposta por lei, nos termos do artigo 624.º, n.º 1, do CC. A caução pode nem ser um depósito. António Menezes Cordeiro, *Tratado...* cit., vol. II, tomo IV, 537, classifica-a de "figura híbrida porque resulta de uma qualquer garantia considerada idónea, que pode, inclusive, nem ter natureza civil mas antes, por exemplo, comercial". Também parece ir nesse sentido Mário Júlio de Almeida Costa, *Direito das Obrigações...* cit., 884, notando que o seu sentido técnico se demonstra mais específico, sendo imposta ou autorizada para assegurar o cumprimento de obrigações eventuais ou de amplitude indeterminada. A caução não é cumprimento – serve para garantir uma obrigação eventual. Em caso de incumprimento de determinada obrigação, serve para garantia de cobertura do dano. O incumprimento do depósito contratualmente estabelecido tem a sanção estabelecida no 625.º do CC, que determina que o credor tem o direito a requerer o registo de hipoteca sobre os bens do devedor, ou outra cautela idónea, apesar de esta garantia ser limitada por um princípio de suficiência. São casos em que pode não haver restituição ou, então, poderá ficar ao critério do depositário a restituição da coisa depositada.

[108] O contrato de *swap* é um contrato de uso generalizado em todo o mercado desde o início dos anos 80, sendo reconhecido pelo Código dos Valores Mobiliários no artigo 2.º, n.º 1, alínea *e*). Tratando-se de um contrato que poderá ter por função, entre outas, a cobertura de risco, não permite o artigo 1245.º do CC o contrato de *swap* com funções meramente especulativas, constituindo, segundo José Lebre de Freitas, "Contrato de swap meramente especulativo – regimes de validade e de alteração de circunstâncias", *in ROA*, ano 72, vol. IV, 2012, 952 e 953 [943-970] disponível em www.oa.pt, um contrato inválido (na modalidade de nulidade), por ilicitude da sua causa. Para exemplos de casos em que um contrato de *swap* foi considerado inválido com base no referido preceito do CC, cf. ac. do TRL, de 21-03-2013, processo n.º 2587/10.0 TVLSB. L1-6, relatora Ana de Azeredo Coelho, disponíveis em http://www.dgsi.pt e ainda ac. TRL, de 21.03.2013, com o processo n.º 2587/10.0 TVLSB.L1-6, disponível em *Revista de Legislação e Jurisprudência*, ano 142.º, n.º 3979, 2013, 238-269, com anotação de João Calvão da Silva, "Swap de taxa de juro: a sua legalidade e autonomia e inaplicabilidade da excepção de jogo e aposta". Quanto ao seu objecto, os contratos de *swap*, podem ser distinguidos entre duas modalidades fundamentais: os *swaps* de divisas e de juros. Acerca do contrato *swap de taxa de juro*, vide o ac. do

-se (cada uma) ao pagamento futuro e recíproco de uma prestação pecuniária, cujo valor é calculado por referência a fluxos financeiros relacionados com o activo subjacente definido[109], podem elas decidir que o depósito das prestações seja canalizado para uma conta *escrow* junto, por exemplo, de um banco. Podem as partes também decidir que será o banco o titular formal da conta[110] ou, por outro lado, serem elas, singular ou conjuntamente, as titulares[111]. Essencial é instruírem o banco acerca da restituição das quantias depositadas, o que normalmente é feito no sentido do cumprimento simultâneo. Ao celebrar o contrato de depósito *escrow*, as partes garantem que o cumprimento das obrigações sinalagmáticas[112], de execução diferida, será efectuado de forma recíproca e contemporânea, junto do banco que, desta forma, acompanhará o desenvolvimento da relação subjacente.

Por outro lado, pode ainda o contrato de depósito ser celebrado noutras circunstâncias, em que as partes não se encontram adstritas ao cumprimento de obrigações reciprocamente sinalagmáticas. Pense-se na venda de empresas

---

TRL, de 17-02-2011, processo n.º 2408/10.4TVLSB-B.L1-8, relator Luís CORREIA DE MENDONÇA, disponíveis em http://www.dgsi.pt, que aliás, que se tenha conhecimento, foi primeira decisão de um tribunal superior, em Portugal, acerca do contrato de *swap* de taxa de juro. Neste sentido, HELDER M. MOURATO, *Swap de Taxa de Juro: A Primeira Jurisprudência*", in *Cadernos do Mercado dos Valores Mobiliários*, n.º 44, 2013, 7 [1-16], disponível em www.cmvm.pt. *Vide* ainda o ac. do TRL de 25-09-2012, processo n.º 2408/10.4TVLSB.L1-7, relator Luís ESPÍRITO SANTO e o ac. do STJ, de 10-10-2013, processo n.º 1387/11.5TBBCL.G1.S1, relatora GRANJA DA FONSECA (todos disponíveis em http://www.dgsi.pt). O contrato de *swap* passou a ser alvo de atenção redobrada pela doutrina a partir do momento em que se instalou a crise financeira, com repercussões em Portugal. E quanto a este aspecto, no ac. do TRL de 25-09-2012 é feita uma interessante análise à realização dos contratos de *swap* e o seu desenvolvimento ao longo da crise. No referido ac. do STJ, de 10-10-2013, o tribunal faz uma análise de um *swap* de taxas de juro, tendo inclusivamente transcrito cláusulas do contrato, desta forma, constituindo um exemplo prático de relevo, e acabando por concluir que a sua resolução não terá efeitos retroactivos, à semelhança das obrigações de execução continuada ou periódica.

[109] José ENGRÁCIA ANTUNES, *Instrumentos Financeiros*, Coimbra, Almedina, 2009, 167.

[110] Neste caso, se houver insolvência por parte de uma delas, a contraparte encontra-se protegida, porquanto a quantia se encontra no património do banco.

[111] Já nesta situação, se uma das partes entrar em insolvência e os credores penhorarem o crédito da conta, há que perguntar se os pagamentos se consideram juridicamente efectuados desde que a conta é creditada com os dois montantes, ou se desde que o banco (agindo como mandatário de ambas as partes), disponibiliza os fundos. JOÃO TIAGO MORAIS ANTUNES, *Do contrato de depósito escrow...* cit., 215.

[112] Ou seja, as obrigações das partes encontram-se unidas por um nexo de reciprocidade. JOSÉ ENGRÁCIA ANTUNES, *Instrumentos Financeiros...* cit., 170.

por *share deals*[113]-[114]. Ao celebrar um contrato de compra e venda de uma participação de controlo[115] de uma sociedade que integra no seu património social uma empresa, podem as partes decidir celebrar um depósito *escrow*, nos termos do qual, por exemplo, a parte que compra se obriga a depositar junto do depositário uma parte do preço da operação. O preço devido pelo comprador fica depositado *"in escrow"*, só sendo entregue ao devedor quando se verifique a qualidade da informação[116] prestada ou o cumprimento de uma obrigação acessória. A especialidade da celebração deste depósito reside no

---

[113] Sobre o assunto, muito discutido na doutrina, *vide* JOSÉ ENGRÁCIA ANTUNES, "A empresa como objecto de negócios – «Asset Deals» *versus* «Share Deals»", *in ROA*, vol. 2 e 3, n.º 68, 2008, 715-793; do mesmo autor, "A transmissão da empresa e o seu regime jurídico", Revista da Faculdade de Direito – UFPR, Curitiba, n.º 48, 2008, 39-85; ANTÓNIO PINTO MONTEIRO/PAULO MOTA PINTO, "Compra e venda de empresa: A venda de participações sociais como venda da empresa ("share deal"), *in* MANUEL DA COSTA ANDRADE/MARIA JOÃO ANTUNES/SUSANA AIRES DE SOUSA (Coord.), *Estudos em Homenagem ao Professor Doutor Jorge Figueiredo Dias*, vol. IV, Coimbra, Coimbra Editora, 2009, 685-728.

[114] Referindo a celebração de contratos de *escrow*, para depósito do preço ou dos títulos representativos das participações sociais adquiridas como um dos "passos" frequentes no *iter* do processo negocial da aquisição de uma empresa, PAULO CÂMARA/MIGUEL BRITO BASTOS, "Direito da aquisição de empresas, uma introdução", *in* PAULO CÂMARA (Coord.), *Aquisição de empresas*, Coimbra, Coimbra Editora, 2011, 23 e 24 [13-64].

[115] Recorde-se que através da venda da participação de controlo, é transmitida ao adquirente, não a titularidade jurídica da empresa (porquanto ele não adquire o direito de propriedade), mas a titularidade económica da empresa (já que ele adquire o controlo sobre os órgãos sociais). Como já tem sido evidenciado, a *influência dominante* é a capacidade ou potencialidade de impor a determinação da vontade juridicamente relevante de uma sociedade e, por essa razão, esta, porque se encontra dominada, não formula a sua vontade de forma autónoma. A vontade juridicamente relevante de uma pessoa colectiva é determinada, igualmente, pelos órgãos sociais. Na sociedade aberta não é excepção e, por essa razão, a influência dominante juridicamente relevante é, igualmente, a que é exercida com carácter orgânico (JOSÉ ENGRÁCIA ANTUNES, *Os Grupos de Sociedades*, 2ª ed., Coimbra, Almedina, 2005, 469): a sociedade será dominada por quem "dominar o exercício dos direitos de voto, conducentes à formação da vontade juridicamente relevante dessa sociedade", nomeadamente, por tal lhe permitir determinar os membros dos órgãos sociais (assim, PAULA COSTA E SILVA, "Sociedade aberta, domínio e influência dominante", *in* IVM, *Direito dos Valores Mobiliários*, vol. VIII, Coimbra, Coimbra Editora, 2008, 550 [541-571] e em "Domínio de sociedade aberta e respectivos efeitos", *in* IVM, *Direito dos Valores Mobiliários*, vol. V, Coimbra, Coimbra Editora, 2004, 334 [325-342], sendo que "*o direito de voto se domina através da legitimidade para o respectivo exercício de modo discricionário*" (PAULA COSTA E SILVA, "Sociedade aberta... cit., 552, realçado no original).

[116] JOÃO TIAGO MORAIS ANTUNES, *Do contrato de depósito escrow...* cit., 192, que dá como exemplos, situação económico-financeira da empresa, património da sociedade, número de trabalhadores da empresa, dívidas a terceiros (em especial, à Segurança Social e às Administração Tributária), litígios judiciais ou extrajudiciais.

facto de o depositário estar instruído quanto à restituição da coisa depositada. As partes reconhecem ao comprador o direito de exigir a restituição de parte do preço fixado na venda, como indemnização de certos factos verificados na fase da negociação do contrato de compra e venda da sociedade. No entanto, se até uma determinada data, definida no contrato de depósito, esses factos não se verificarem, terá o vendedor o direito à restituição da coisa depositada, *i.e.* à restituição da totalidade do preço da venda.

Como se verifica em ambos os exemplos enumerados, é difícil determinar qual a parte garantida pela celebração do depósito *escrow*[117], já que o direito à restituição da coisa se encontra dependente da verificação (ou da não verificação) do evento definido pelas partes. Pode surgir como um meio de garantia do devedor, como no último caso referido, "traduzida numa espécie de «desapossamento» dos fundos que são devidos ao vendedor e que são afectos ao pagamento da indemnização devida ao comprador"[118]. Porém, o mais comum é que a celebração tenha como objectivo a garantia do vendedor. Por exemplo, uma utilização muito frequente no mercado anglo-americano é aquela em que a relação jurídica subjacente se traduz na compra e venda de imóveis em que o vendedor deposita a escritura de venda junto de um depositário, instruindo--o irrevogavelmente[119] a só o entregar ao comprador aquando da recepção da totalidade do preço acordado.

VI. O depósito *escrow*, assumindo funções de garantia[120], actua ao nível das realidades destinadas a evitar o incumprimento, sem constituir nenhuma sanção jurídica para o incumpridor[121]. O devedor tem a segurança de que, no caso de incumprimento do seu credor, este não irá receber a contraprestação. A função

---

[117] Notando esta indefinição, JOSÉ MARIA ÁLVAREZ ARJONA/ÁNGEL CARRASCO PERERA, *Régimen jurídico...* cit., 233.
[118] JOÃO TIAGO MORAIS ANTUNES, *Do contrato de depósito escrow...* cit., 194.
[119] Este é um caso em que se verificam exemplos de negócios bilaterais. Essencial é a irrevogabilidade das instruções.
[120] A função de garantia do depósito *escrow* foi destacada no ac. STJ de 10.11.2011, processo n.º 6152/03.0TVLSB.S1, relator GREGÓRIO SILVA JESUS, disponível em http://www.dgsi.pt, num caso em que na compra e venda de acções, as acções vendidas foram depositadas junto de um banco, fiduciário, para garantir o cumprimento do pagamento do preço. Porém, no âmbito deste caso concreto, o valor das acções baixou de tal forma que face ao incumprimento, o seu carácter "garantístico" de nada serviu ao vendedor.
[121] ANTÓNIO MENEZES CORDEIRO, *Tratado de Direito Civil Português*, vol. II (Direito das Obrigações), tomo IV, Coimbra, Almedina, 2010, 503, "[a] ideia de garantia põe-se no campo sancionatório, isto é, no das realidades destinadas a evitar violações de normas jurídicas. Pelo contrário, a responsabilidade patrimonial coloca-se a nível da coercibilidade".

de garantia é desempenhada pelo facto de o beneficiário confiar mais no depositário do que no devedor inicial e não tanto na perda de disponibilidade por parte do beneficiário. Não podendo nenhuma das partes, por si só, instruir de forma diversa o *escrow holder*, no que toca ao destino dos bens depositados em garantia, estas evitam a diminuição do risco da sua garantia, por acto imputável ao outro contratante. No entanto, o próprio depositário pode sonegar os bens.

Parte II – **Obrigações emergentes do contrato. Incumprimento das obrigações decorrentes do depósito** *escrow*

1. *Obrigações emergentes do contrato de depósito* **escrow**

Do contrato de depósito *escrow* resulta um conjunto de obrigações para cada uma das partes, consoante o conteúdo que lhe for impresso por estas. Analisaremos cada uma das obrigações que podem ser constituídas, atendendo a algumas questões concretas relativas a algumas das utilizações[122] possíveis do contrato de depósito *escrow*, que atrás destacámos. A elas faremos referência, quando assim se justificar.

1.1. *Obrigações do depositante e do terceiro eventual beneficiário*

1.1.1. Obrigação de entregar a coisa

Tendo-se já discutido a natureza real do contrato de depósito *escrow*, e retirado a conclusão de que este pode encontrar-se perfeito sem a entrega da coisa, ter-se-á de concluir no sentido de que esta constitui uma verdadeira obrigação autónoma resultante do contrato de depósito *escrow*. Tal não quer dizer que o seu conteúdo não possa coincidir com aquele que compõe a obrigação resultante do contrato que estabelece a relação subjacente, *maxime* nos casos em que se estabelece que o depósito terá como objecto a coisa a prestar no âmbito do

---

[122] Destacando a utilização do depósito *escrow* nos contratos de *countertrade*, que têm por objecto o fornecimento de bens ou serviços em troca de uma prestação alternativa que não o pagamento de um preço (ou seja, uma prestação de bem ou serviço), GIOVANNI BAUSILIO, *Contratti atipici. Disciplina civilistica e trattamento fiscale*, 2ª ed., CEDAM, Milano, 2006, 58 e ss., em especial 59. Qualquer uma das prestações poderá ser submetida a um depósito junto de um *escrowee*. A modalidade de *countertrade* mais frequente é a *barte*, que consiste, explicando de modo simples, numa troca directa de bens e serviços.

cumprimento daquele contrato. Porém, note-se, enquanto na obrigação resultante da relação fundamental, o direito à entrega da coisa pertence ao terceiro eventual beneficiário, na obrigação estabelecida no âmbito do contrato de depósito *escrow*, o direito à entrega da coisa está constituído na esfera do depositário, que pela sua guarda recebe uma remuneração.

1.1.2. Obrigação de pagamento dos *fees* que sejam devidos pelas partes

O depósito, a par do mandato, presume-se oneroso quando, comercial. Porém, o artigo 232.º do CCom estabelece um verdadeiro direito à retribuição, não se traduzindo em mais do que uma clara opção do legislador pela onerosidade do mandato[123], concluindo-se, no âmbito do depósito em estudo, que existirá uma obrigação de pagamento dos *fees*, quando o contrário não tenha sido convencionado.

1.1.3. Obrigação de compensar o depositário pelas despesas que possam advir da guarda da coisa e restituição da coisa

Diversamente do que ocorre no âmbito do mandato, onde, nos termos do artigo 1167.º, alínea d) do CC, o mandante responde objectivamente pelos danos sofridos pelo mandatário em consequência do mandato, no depósito civil típico, existe a obrigação de o depositante indemnizar o depositário pelos prejuízos sofridos em consequência do depósito, "salvo se o depositante houver procedido sem culpa", nos termos da alínea c) do artigo 1199.º.

Esta distinção parece derivar do facto de o mandatário actuar por conta do mandante e, dessa forma, não dever ser ele a suportar os riscos dessa actuação. No depósito *escrow*, a obrigação de compensar existe nos mesmos termos que no depósito civil típico. O depositário deve assumir os riscos próprios do seu negócio, não respondendo objectivamente o depositante nem o terceiro eventual beneficiário. No entanto, recorde-se que os danos causados ao depositário podem ter por base a culpa do depositante, que é presumida pela lei.

No entanto, quando estiver a actuar por conta destes, *v.g.* quando se verifica o evento que leva a que a coisa seja guardada e restituída ao beneficiário determinado ou na administração da coisa depositada, quando tal seja estabelecido no contrato, já terá sentido aplicar-se-lhe as regras do mandato e, como

---

[123] Manuel Januário da Costa Gomes, "Contrato de mandato comercial... cit., 502.

tal, virem as outras partes, na falta de convenção em contrário, vir a responder objectivamente pelos prejuízos que possam advir dessa situação.

1.2. *Obrigações do depositário* escrow

1.2.1. Obrigação de custódia

I. A obrigação de custódia só nasce na esfera do *escrow holder* quando este recebe a coisa depositada. Desde logo, coloca-se a questão de saber se o depositário é obrigado a receber a coisa. Atendendo a que o contrato de depósito *escrow* pode ser celebrado sem entrega imediata da coisa, verifica-se que, uma vez obrigando-se o depositário a guardá-la, a obrigação de guarda e o seu cumprimento pressupõem a sua recepção. Nenhuma das formas típicas de depósito contém uma regra expressa quanto à questão da recepção da coisa pelo depositário, pois, como vimos, o movimento que tem aceitado a constituição do contrato de depósito consensual é relativamente recente[124].

---

[124] Havendo esta obrigação, sobre a qual a lei não se pronuncia, cumpre questionar se se trata de uma lacuna. Seguindo de perto João Batista Machado, *Introdução ao Direito e ao Discurso Legitimador*, Coimbra, Almedina, 16.ª reimpressão, 2007, 195-199, como se sabe, a lacuna é "uma incompletude contrária ao plano do direito vigente, determinada segundo critérios eliciáveis da ordem jurídica global". As lacunas podem ser "lacunas de lei" ou "emanentes", que consistem em situações em que a incompletude releva no plano das normas ("lacunas ao nível das normas") e da *ratio legis* ("lacunas teleológicas"). João Batista Machado explica que as lacunas teleológicas poderão ser "patentes" ou "latentes", consoante (i) a lei – apesar de ser expectável, atendendo à sua teleologia imanente e coerência – não contém uma regra que seja aplicável a um certo caso ou grupo de casos, ou (ii) da lei – apesar de conter uma regra aplicável a certo grupo de casos –, pelo seu próprio sentido e finalidade, se retira que essa regulação abrange um grupo de casos cuja particularidade não deveria ter sido abrangida. Estas lacunas são integradas com recurso às próprias normas e teleologia imanente.
Por outro lado, as lacunas podem ainda ser "lacunas de Direito", também chamadas de "transcendentes", onde no processo de integração já não é possível recorrer aos "critérios deduzíveis de uma teleologia imanente à lei", mas apenas aos "princípios ordenadores ou decisões fundamentantes", nos quais assenta a ordem jurídica e que lhe conferem unidade e coerência, e nos quais esta se legítima por referência expressa ou implícita. Naturalmente que o processo de integração respeitante às lacunas de Direito só deverá ser utlizado quando o processo de integração das lacunas de lei não for suficiente para a integração da lacuna em causa.
Porém, como explica Karl Larenz, *Metodologia da Ciência do Direito*, 3ª ed., tradução de José Lamego, Lisboa, Fundação Calouste Gulbenkian, 1997, 530 e 531, "[a] fronteira entre uma lacuna de lei e uma falha da lei na perspectiva da política legislativa só pode traçar-se na medida em que se pergunta se a lei é incompleta comparada com a própria intenção reguladora ou se somente a decisão nela tomada não resiste a uma crítica de política legislativa". Tendo o legislador regulado

Desta forma, constituindo a obrigação de guarda a obrigação principal do contrato de depósito, mas também do depósito *escrow*, a obrigação de receber a coisa assume a natureza de uma obrigação acessória daquela, porquanto se destina a "preparar o cumprimento", mas também a "assegurar a perfeita execução da prestação"[125]. Assim, a obrigação de o depositário *escrow* receber a coisa será uma obrigação que é criada pelo programa contratual acordado pelas partes, cujo incumprimento pode originar responsabilidade civil contratual, nos termos gerais, uma vez verificados os respectivos pressupostos. Note-se, no entanto, que a existência desta obrigação, tanto para o depositário civil típico, como para o depositário *escrow*, não prejudica o respectivo regime da restituição da coisa pelo depositário em cada um dos contratos, como veremos adiante.

O conteúdo do dever de custódia não depende da natureza principal, instrumental ou acessória que este assuma, consistindo sempre numa prestação de

---

com pormenor as obrigações do depositário ao longo do regime previsto no CC (com especial enfâse para os artigos 1187.° e ss.), é de se considerar que a obrigação de recepção da coisa teria sido regulada pelo legislador se, aquando do momento legislativo, tivesse previsto a existência de contratos de depósito consensuais. Deste modo, poderemos determinar se estaremos perante uma lacuna e, em caso afirmativo, utilizar os métodos disponíveis, *v.g.* a integração da lei, por forma suprir a incompletude deixada pelo legislador.
Parece-nos que no momento legislativo, o legislador estabeleceu o contrato de depósito civil típico, a par de outros (e.g. mútuo, comodato) como um contrato *real quoad constitutionem*, elevando esta modalidade de contratos a uma verdadeira categoria, extraída da teleologia da lei, em cujo regime de formação exige a entrega da coisa como um requisito essencial. Sem prejuízo, por motivos de política legislativa, ao contrário do que se passou nos direitos reais, onde o legislador estabeleceu o princípio da tipicidade (artigo 1306.° do CC), nos contratos, o legislador prescreveu o princípio da liberdade contratual (artigo 405.° do CC), estabelecendo a liberdade celebrar contratos com o conteúdo e cláusulas que lhes aprouver (dentro dos limites legais) e, ainda, "celebrar contratos diferentes dos previstos neste código" (tendo por referência o CC.)
O Direito não pode no entanto, deixar de acompanhar o desenvolvimento da realidade, em especial no que toca ao comércio. A ordem jurídica legitima-se «pela referência (expressa ou implícita) a valores jurídicos fundamentais que lhe conferem unidade e coerência de um "sistema intrínseco" do qual são elucidáveis critérios orientadores que tornam possível a adaptação do ordenamento a novos problemas e situações», como aquela em análise. João Batista Machado, *Introdução ao Direito*... cit., 197. Deste modo, por estarmos perante um contrato de depósito diferente do contrato civil típico, a atipicidade deste contrato e o estabelecimento, aquando da sua celebração, de uma obrigação – a de recepção da coisa – que não se encontra regulada no tipo previsto nos artigos 1185.° e ss. do CC, só poderá ser encarada, do nosso ponto de vista, como uma obrigação que deve ser tratada ao nível das regras gerais, e não como uma lacuna daquele regime que foi previsto pelo legislador.
[125] João Matos Antunes Varela, *Das Obrigações em Geral*... cit., vol. I, 122.

facere[126] de conteúdo variável[127], consoante o conteúdo do concreto contrato, podendo inclusivamente ser definido pelas partes[128]. Porém, considerando a obrigação de guarda como a essencial e principal do depositário[129] – assumindo por isso a natureza de obrigação de meios[130], quando observada autonomamente –, a restituição terá de ser naturalmente perspectivada como um

---

[126] Não se trata por isso de uma mera obrigação passiva. RODRIGO URIA/AURÉLIO MENÉNDEZ/LUIS JAVIER CORTÉS, "El contrato de deposito... cit., 299.

[127] JOÃO TIAGO MORAIS ANTUNES, *Do contrato de depósito escrow...* cit., 23, afirma por isso que "[o] conteúdo da obrigação de guarda não é, pois, rígido, nem susceptível de predefinição. Ao invés, é flexível, elástico, maleável, variando em função das circunstâncias do caso, nomeadamente, da natureza do objecto depositado", mas visa "proteger a integridade físico-económica do direito, sobre a coisa, e, portanto, o interesse de um dos sujeitos – o depositante". A obrigação de custódia é uma obrigação complexa, na medida em que integra, não só a obrigação de custódia *stricto sensu*, como também, as actividades que lhe são instrumentais. HUGO RAMOS ALVES, *Do Penhor...* cit., 243. Certo parece ser que a obrigação da alínea b) do artigo 1187.º integra o conteúdo do dever de guarda, não sendo uma obrigação autónoma desta, como notam FERNANDO ANDRADE PIRES DE LIMA/JOÃO DE MATOS ANTUNES VARELA, *Código Civil anotado*, vol. II, 4ª ed., Coimbra, Coimbra Editora, 1997, 838, em anotação ao artigo 1187.º do CC.

[128] Neste caso, não podendo o depositário alterar as condições de guarda unilateralmente. Nos termos do disposto no artigo 1190.º, o depositário pode alterar o modo de custódia, quando tiver fundamento para pressupor que o depositante aprovaria os novos termos da guarda, se conhecesse as circunstâncias que fundaram a alteração, participando-lhe a mudança logo que possível. Dado o carácter *intuitus personae* do contrato de depósito, consideramos que se trata de uma verdadeira obrigação e não mera faculdade que cabe ao depositário, estando no entanto sujeita aos limites da oneração excessiva, que se afastam dos riscos típicos do contrato, já integradas no artigo 437.º do CC.

[129] Já foi negada a natureza principal do dever de guarda no depósito, tendo tal doutrina a concepção que perspectiva o dever de guarda como um dever instrumental do dever de restituição. Esta tem como consequência a consideração da prestação fundamental do contrato de depósito como uma obrigação de resultado (restituição da coisa), excluindo qualquer juízo de valor sobre a conduta do depositário. No ac. STJ de 04.10.1994, disponível em CJ/STJ, ano II, tomo III, 1994, 83 [81-83], o STJ, tendo justamente como base o dever de guarda como obrigação principal do contrato de depósito, acaba por considerar que a entrega de quantias destinadas a ser aplicadas em investimentos, conferindo direito a lucros, e enquanto não aplicadas, concediam juros, como uma situação que "mais se aproxima da de uma relação de confiança para realização de actos, ou de obrigação da prática de actos jurídicos", típica de um mandato ou de um contrato atípico a ele redutível.

[130] A distinção entre obrigação de meios e de resultado não é, como nota MENEZES CORDEIRO, *Tratado de Direito Civil Português*, vol. II (Direito das obrigações), tomo I, Coimbra, Almedina, 2009, 445, irrelevante. Terá consequências no plano do "Direito da impossibilidade" e no "Direito do incumprimento". Esta distinção foi criada também com o objectivo de compreender a diligência devida ao devedor. Na obrigação de resultado, essa diligência seria ilimitada por ter sido assegurada a sua obtenção, enquanto na obrigação de meios, a diligência teria limites.

corolário lógico daquele, um efeito da sua actividade diligente, formando uma prestação indivisível[131].

II. Das várias utilizações possíveis do depósito *escrow*, retira-se que a proibição do uso[132] constitui uma situação comum, sendo, a par do que resulta da regulação estabelecida para o depósito civil típico, já presente no Código de Seabra[133], uma marca romana no regime do depósito[134].

Por o depositante poder permitir ao depositário o uso da coisa, não se pode afirmar que a proibição do uso da coisa seja um elemento característico do depósito. No entanto, a prática demonstra que a proibição de uso constitui um elemento essencial do tipo social depósito *escrow*[135].

---

[131] Curiosamente, a indivisibilidade da prestação tem como consequência fundamental que o complexo obrigacional que integra o dever principal de guarda, quando aliado ao dever de restituição, assuma uma natureza de obrigação de resultado. Desta forma, a obrigação de restituição surge como um resultado exterior – por outras palavras, um efeito, embora não necessário – do cumprimento da obrigação de guarda. Assim, o dever de guarda é o escopo essencial do depósito, estando a restituição dependente da conduta diligente do depositário.

[132] Também é esta a solução espanhola, como nota FLORENCIO OZCÁRIZ MARCO, *El contrato de depósito: estudio de la obligación de guarda*, Barcelona, Bosch, 1997, 230. Mesmo assim, caso o uso da coisa seja permitido pelo depositante, poder-se-á questionar se não estaremos então perante um comodato. Para além de a coisa ser depositada no interesse do depositante e do terceiro beneficiário eventual, no depósito *escrow*, o depositário é responsável por qualquer deterioração da coisa depositada e não apenas pela que não resulte do uso normal desta, como acontece com o comodatário, nos termos do artigo 1043.º, por força do artigo 1137.º, n.º 3.

[133] No artigo 1437.º que previa a proibição de uso, excepto com a expressa permissão do depositante.

[134] ANTÓNIO SANTOS JUSTO, "Algumas considerações... cit., 414.

[135] Este aspecto evita colocar-nos perante o problema que surge da leitura do artigo 406.º do CCom, relativo ao depósito mercantil, onde a permissão de uso da coisa irá desvirtuar o contrato celebrado. Neste tipo contratual mercantil, jamais o depositário poderá usar da coisa depositada, parecendo que o CCom considera o não uso como um elemento essencial ao depósito comercial. Contra, LUIS DA CUNHA GONÇALVES, *Comentário ao Código Comercial...* cit., 473. No artigo 406.º do CCom, prevê-se que quando o depositante for expressamente autorizado ao uso da coisa, deixar-se-ão de aplicar as regras relativas ao depósito passando a relação jurídica ser regulada pelas normas aplicáveis ou pelas previstas no contrato que, em substituição do depósito, se houver celebrado. A primeira questão a colocar é a de saber se o contrato de depósito é convertido em outro mediante a permissão de uso ou se é necessário celebrar um novo contrato para aquela conversão ter lugar. Sobre o assunto, LUIS DA CUNHA GONÇALVES, *Comentário ao Código Comercial...* cit., 473, onde conclui que, salva a hipótese de novação, "a simples *permissão de uso* não altera o contrato de depósito" (realçado no original).

III. Independentemente de o dever de guarda ser principal – como no contrato de depósito civil típico e no depósito *escrow* –, secundário ou acessório, parece que o critério a aplicar é sempre o do artigo 487.º, n.º 2 do CC, por força do regime geral do artigo 799.º[136] do CC – critério "abstracto" ou do *bonus pater familias*[137]. No entanto, a lei não criou um modelo abstracto tipificado, determinando que, ao utilizar o mesmo critério, o nível da culpa poderá

---

[136] Luís Menezes Leitão, *Direito das Obrigações...* cit., vol. III, 492, José Carlos Brandão Proença, "Do dever de guarda... cit., 49 e ss., Fernando Andrade Pires de Lima/João de Matos Antunes Varela, *Código Civil anotado...* cit., 838, em anotação ao artigo 1187.º do CC. Outra é a solução em ordenamentos jurídicos estrangeiros onde expressamente se consagrou a solução, *v.g.* o italiano, que decidiu determinar o critério abstracto no *artículo* 1768.º do *Codice Civile*, não sendo por isso necessário recorrer às regras gerais. Ainda no que toca ao depósito gratuito, por se destacar o seu carácter *intuitus personae* e por se considerar a confiança um elemento essencial, optou-se noutras ordens jurídicas pela adopção de solução diversa da portuguesa. Em Itália, prescreve-se que a responsabilidade deve ser apreciada com "menos rigor" (expressão de difícil interpretação, expressa no n.º 2 do citado *artículo* 1768.º do *Codice Civile*) – relembre-se que o depósito gratuito constituirá na maioria das vezes um dever acessório –, sendo que ao depósito oneroso se aplica o critério do *bonus pater familias*.

[137] Neste sentido, decidiu o TRL no ac. de 29.01.2004, processo n.º 9093/2003-6, relatora Fátima Galante, disponível em http://www.dgsi.pt. Ao agir nestas condições, deve o depositário actuar com "*scrupolous honesty, skill and ordinary dilligence*". Também é este o critério de apreciação da diligência no ordenamento espanhol, como nota Florencio Ozcáriz Marco, *El contrato...* cit., 290 e ss., destacando (p. 293) que no caso de depositário profissional, a retribuição deverá ser, muitas vezes, proporcional à responsabilidade e ao nível de exigência para o cumprimento das obrigações assumidas.

Na Alemanha, segundo José Carlos Brandão Proença, "Do dever de guarda... cit., 53 e ss. consagra-se o critério da apreciação da culpa em "concreto", irresponsabilizando o depositário que tenha actuado com culpa leve ou levíssima (§ 277 do BGB), porquanto o depositário, ao obrigar-se a guardar a coisa, não pode ser obrigado a garantir a "integridade da atribuição patrimonial" sem limite. Defensor do "retorno aos clássicos" para determinação deste aspecto do regime do depósito português, António Menezes Cordeiro, *Manual de Direito Bancário...* cit, 569, nota que, ao determinar quem guardará a coisa a depositar, o depositante "atenta nas *qualidades concretas* do depositário. Este, pela obrigação de custódia, assume um dever de resultado: não de meios! Caso o resultado não seja alcançado, presume-se a culpa. O depositário, para a ilidir, terá de provar, entre outras coisas, que pôs, no cumprimento, a diligência que, *em concreto*, lhe era exigível" (realçado no original).

Também no âmbito do Código de Seabra, era prescrito que a diligência do depositário deveria ser aquela "de que é capaz, para bom desempenho do depósito", nos termos do n.º 1 do artigo 1435.º, apontando para um critério da apreciação da culpa em concreto. Assim, Luís Cunha Gonçalves, *Dos contratos em especial*, edições ática, 1953, 194 e *Tratado de Direito Civil – em comentário ao Código Civil Português*, vol. VIII, Coimbra, Coimbra Editora, 1934, 25.

variar e, por isso, deverá ser apurado em "função das circunstâncias do caso", como dispõe o n.º 2 do artigo 487.º do CC[138].

Nestas "circunstâncias do caso", ter-se-ão em conta vários factores. Desde logo, estarmos perante um depósito comercial, que se presume oneroso[139]. Desta forma, a diligência que se exige a um depositário *escrow*, é, naturalmente, diferente daquela que se exige a um depositário não remunerado.

Por outro lado, dever-se-á saber se a actividade de depositário *escrow* integra a actividade profissional do sujeito que assume a qualidade de depositário. Pense-se no caso de um banco. Em princípio ele será um *escrow holder* profissional, uma vez que faz parte da sua actividade profissional receber depósitos. Deste modo, tratando-se de um depositário com natureza profissional, será exigível uma maior diligência ao *escrowee* no cumprimento da sua função[140]. Como nota Florencio-Ozcáriz Marco[141], tal pode ter como consequência, por exemplo, a obrigação de segurar a coisa depositada.

Uma outra circunstância a atender é relativa às instruções concretas que foram dadas pelas partes. Estas poderão ter dado maior ou menor autonomia ao *escrow holder*: permitindo o uso da coisa ou sendo necessário ao objecto do depósito a prática de actos de administração da coisa por parte do deposita-

---

[138] E assim, é necessário verificar, em cada contrato, as circunstâncias em torno das quais o dever de guarda se desenrola, nomeadamente no que concerne à gratuitidade ou onerosidade do contrato (importante para compreender qual das partes tem interesse no contrato), à natureza do dever de guarda no contrato (principal, instrumental ou acessório) e ao facto de o depositário se tratar ou não de um profissional. Cumpre alertar que se o interesse que presidiu à entrega da coisa não é apenas do depositante (*accipiens*), mas também do depositário (*tradens*), podemos estar perante um contrato de comodato. José Carlos Brandão Proença, "Do dever de guarda...cit., 50 e ss.
[139] Recorde-se que, tratando-se do depósito civil típico, se presume a gratuitidade do contrato, segundo o artigo 1186.º do CC, remetendo para o artigo 1158.º do CC. Tomando em conta este aspecto, dever-se-á atender também às circunstâncias subjectivas (ou apenas às objectivas) que rodearam o depósito, utilizando o critério "abstracto" do artigo 487.º, n.º 2 do CC, no apuramento do nível de diligência exigível em cada caso?
As circunstâncias subjectivas, relativas à culpa, desresponsabilizam o depositário (no contrato gratuito) que actue com culpa leve. Se assim não fosse, o depositário (no contrato gratuito) seria injustificadamente prejudicado face ao gestor de negócios. Desta forma, parece ser sugerida a utilização (a par do critério objectivo) do critério subjectivo para determinar o montante da indemnização. Esta é a proposta de José Carlos Brandão Proença, "Do dever de guarda...cit., 62 e 63, com recurso ao artigo 494.º do CC, por aplicação directa ou por analogia, consoante os casos, considerando que a limitação da indemnização a um limite inferior ao do dano não vai contra as expectativas do depositante, que escolheu o contraente. Já se o contrato for oneroso não se poderá atender, para cálculo do montante da indemnização, aos critérios subjectivos propostos para diminuir a culpa.
[140] Luís Menezes Leitão, Direito das Obrigações... cit., vol. III, 492.
[141] Florencio Ozcáriz Marco, *El contrato*... cit., 220.

rio, com vista à satisfação dos interesses do eventual beneficiário – *e.g.* valores mobiliários[142] –, tal poderá ser essencial para verificar a diligência exigida ao depositário.

IV. Apurado o critério para avaliar a diligência a adoptar pelo depositário, questiona-se se existirá um *limite* àquela. A resposta a este problema depende de saber se, tal como o depósito civil típico oneroso, o dever de guarda do depósito *escrow* se sustenta «enquanto se mantiver a possibilidade material ou jurídica de a coisa ser guardada e restituída, não cessa[ndo] a obrigação do "guardador", até porque, se estiverem em causa razões de saúde, poderá recorrer, em princípio, a auxiliares»[143]. Em princípio, a mera *difficultas praestandi* não é extintiva da obrigação, porquanto a lei exige que a prestação seja verdadeiramente impossível, não "bastando que a prestação se tenha tornado *extraordinariamente onerosa* ou *excessivamente difícil* para o devedor"[144].

1.2.2. Obrigação de restituição

I. A obrigação de restituição, apontada por alguns autores como a *causa negotti* do contrato de depósito[145], encontra-se expressamente prescrita na alí-

---

[142] De notar que o artigo 405.º do CCom estabelece que no depósito de papéis de crédito – sinónimo de títulos de crédito mercantil, como nota Abílio Neto, *Código Comercial...* cit., 260 – com vencimento de juros, o depositário é obrigado à cobrança e todas as demais diligências necessárias à conservação do seu valor e efeitos legais. Este é, segundo Carlos Ferreira de Almeida, *Contratos II*, 169, um contrato misto de depósito e mandato na medida em que o depositário se obriga a exercer os direitos inerentes aos valores mobiliários (o qual deve ser previsto no contrato, nos termos do artigo 343.º do Código dos Valores Mobiliários) e ainda à cobrança. No âmbito do depósito mercantil de acções, em ac. de 10.12.1992, disponível em CJ, ano XVII, tomo V, 1992, 145 [144-148], o TRL pronuncia-se pelo dever de o depositário elucidar o depositante da necessidade de devolver certas acções ou avisá-lo de inconvenientes em realizar certas aquisições, por dificuldade de venda em bolsa, acrescentando outras obrigações que competem ao depositário: gestão da carteira de acções, e, ainda (muito relevante para efeitos do nosso estudo), "acatar e cumprir as instruções dadas pelo depositante e avisá-lo para a dificuldade, ou mesmo, para a inexequibilidade de qualquer ordem porventura dada e para a consequências previsíveis de certa ordem em relação às cotações".

[143] José Carlos Brandão Proença, "Do dever de guarda... cit., 76 e 77. Não podendo o depositário recorrer a auxiliares, constituirá justa causa para um agravamento intolerável, o qual permitirá restituir a coisa nos termos do artigo 1201.º do CC.

[144] João Matos Antunes Varela, *Das Obrigações em Geral...* cit., vol. II, 72 (realçados no original).

[145] José Carlos Brandão Proença, "Do dever de guarda... cit., 69 e ss., o que teria como consequência não se poder formular qualquer juízo de valor sobre a conduta diligente do depositário,

nea c) do artigo 1187.º, sendo depois conformada pelos artigos 1192.º a 1196.º do CC. Tal como a obrigação de custódia, esta tem um conteúdo variável, conforme a modalidade de depósito em causa e o seu objecto[146], porém, ao contrário daquela, assume a natureza de uma obrigação de resultado.

No depósito civil típico, uma questão que ressalta é a de saber a quem deve ser realizada a restituição. Tratando-se de uma obrigação que deriva do contrato, e não da propriedade sobre a coisa depositada, a falta desta não pode servir de fundamento para a recusa daquela[147], determina o n.º 1 do artigo 1192.º[148]. Por essa razão, será forçoso concluir que a restituição deverá ser feita ao depositante ou a seu representante, nos termos do artigo 769.º do CC, podendo ainda ser realizada a terceiro, desde que nos termos do disposto no artigo 770.º do CC[149]. Por outro lado, determina o n.º 2 do artigo 1192.º do CC que a exoneração da obrigação de restituição, quando tenha o depositário sido demandado por terceiro em acção de reivindicação, que não foi ainda julgada definitivamente, só tem lugar através da consignação em depósito do bem recebido.

---

por se tratar de uma obrigação de resultado. Tal concepção hoje não se coloca em Portugal, sendo a custódia a causa do contrato de depósito. Na simples, mas clara, formulação de CARLOS LACERDA BARATA, "Contrato de depósito bancário", in Estudos em homenagem ao Prof. Doutor Inocêncio Galvão Telles, vol. II (Direito Bancário), Coimbra, Almedina, 2002, 35 [7-52], "no depósito não se deve guardar porque se deve restituir, mas antes dever-se-á restituir porque se assumiu a obrigação de guardar".

SONIA MARTÍN SANTISTEBAN, "La responsabilidad en el contrato de depósito: su génesis histórica", in Anuario de derecho civil, Madrid, Tomo LVII, Fascículo I, 2004, 164, afirma que [o] Código Civil espanhol "sigue dedicando la mayor parte de su contenido a regular con detalle la obligación de restituir a cargo del depositario, regulación que sigue inspirándose en la tradición romanística en que era la única obligación exigible por el depositante".

[146] A restituição de coisas fungíveis (depósito irregular), muitas vezes, consumíveis, constitui a obrigação de restituir coisas do mesmo género e qualidade. O depósito de coisas infungíveis, constitui a obrigação de restituir as mesmas coisas que foram depositadas, enquanto o depósito de coisas cerradas, impõe a obrigação ao depositário de devolver invólucro ou o recipiente sem a sua violação.

[147] Esta regra é uma reminiscência das normas da época de justiniano, onde se considerava ter legitimidade para depositar qualquer mero detentor, devedor a coisa ser restituída, na falta de disposição das partes, ao depositante ou a seus herdeiros. ANTÓNIO SANTOS JUSTO, "O depósito no direito romano... cit., 65 e 70.

[148] Assim também foi decidido no ac. TRL de 01.04.2009, processo n.º 3019/06.4TVLSB.L1-6, relator GRANJA DA FONSECA, disponível em http://www.dgsi.pt.

[149] Haverá casos em que, dado o depósito ser realizado no interesse de terceiro, é necessário o consentimento deste para a restituição ao depositante, de acordo com o artigo 1193.º do CC. Tal contecerá, nomeadamente, nos casos em que o depósito é celebrado entre o depositante e o depositário, de forma unilateral.

No entanto, o depósito *escrow* apresenta-se como um "contrato tendencialmente restitutório"[150], porquanto a restituição ao depositante não é absoluta: está dependente das instruções dadas pelas partes ao depositário. Também no depósito *escrow* a obrigação de restituição da coisa integra a restituição dos frutos que tenham tido lugar por produção espontânea, porquanto, tal como no depósito civil típico, o depositário não tem a obrigação de frutificar a coisa[151], com excepção de tal ter sido contratualmente previsto. Salvo convenção em contrário, a restituição terá lugar onde foi contratualmente foi convencionada a guarda da coisa.

II. No contrato de depósito civil típico, a restituição deverá ter lugar no prazo convencionado, tendo-se este por estabelecido, impreterivelmente[152], a favor do depositante[153]. Por essa razão, pode o depositante exigir a coisa a todo o tempo. Porém, tratando-se de um depósito oneroso, terá de pagar ao depositário a totalidade da retribuição convencionada pela guarda na totalidade do prazo, salvo justa causa, determina o artigo 1194.º. Já o depositário, só com justa causa poderá restituir a coisa depositada antes do termo do prazo. Não tendo sido estabelecido nenhum prazo, a restituição do depositário pode ocorrer a todo o tempo, de acordo com o artigo 1201.º do CC.

Porém, estas regras relativas ao prazo não se coadunam com a natureza do contrato de depósito *escrow*, a par da função de garantia que já verificámos que as partes pretendem que este desempenhe, aquando da sua celebração. Desde logo, pelo facto de estarmos perante um contrato trilateral, em que o beneficiário é alternativamente determinado, não podendo afirmar-se com certeza, até verificação do evento desencadeador, quem é o titular do direito à restituição da coisa. Deste modo, o prazo deverá ter-se estabelecido a favor deste beneficiário. Veremos mais tarde quais as consequências que esta situação terá no termo da relação constituída ao abrigo do contrato.

---

[150] Expressão de João Tiago Morais Antunes, *Do contrato de depósito escrow...* cit., 28.

[151] Com excepções nos casos de depósito judicial e no de depósito de coisa controvertida, uma vez que o depositário tem obrigação de administração da coisa, de acordo com o artigo 1204.º do CC.

[152] A doutrina portuguesa tem defendido que a norma do 1194.º é imperativa, não sendo possível fixar um prazo a favor do depositário. Assim, Fernando Andrade Pires de Lima/João de Matos Antunes Varela, *Código Civil anotado...* cit., 849, em anotação ao artigo 1194.º do CC.

[153] É o carácter fiduciário, a par da sua instituição no exclusivo ou predominante interesse do credor, que justifica este desvio ao regime do artigo 779.º do CC, notam Fernando Andrade Pires de Lima/João de Matos Antunes Varela, *Código Civil anotado...* cit, 848, em anotação ao artigo 1194.º do CC.

III. No depósito civil típico, o prazo estabelece-se a favor do depositante. Desta forma, ele pode a todo o tempo exigir a restituição da coisa. Já nos depósitos com funções de garantia, como o depósito de coisa controvertida, o depósito no interesse de terceiro e no depósito *escrow*, a situação é diversa, devendo-se apurar como é o regime da restituição naqueles para conseguir apurar o deste.

No depósito de coisa controvertida, um depósito que, como vimos, assume funções de garantia em situações de controvérsia (artigo 1202.º do CC), o depositante não pode exigir essa restituição até ao momento em que se apurar a quem pertence a coisa. A resolução da controvérsia é o evento que determina o reforço da intensidade da obrigação de restituição para o depositário (atingindo a sua força máxima), que, sem a sua verificação, não poderá entregar a coisa ao depositante, salvo consentimento do terceiro eventual beneficiário.

Também no depósito realizado no interesse de terceiro, nos termos do artigo 1193.º do CC[154] e do artigo 1773.º do *Codice Civile*[155], uma vez celebrado o contrato, por meio do qual o beneficiário comunica a sua adesão ao depositário, a coisa não poderá ser restituída ao depositante sem o consentimento do terceiro eventual beneficiário[156]. Daqui se depreende que o que distingue o depósito no interesse de terceiro é o poder que o terceiro tem de impedir a restituição, não bastando que este tenha um mero interesse em que a coisa permaneça depositada junto do depositário. No entanto, também não bastará este poder – que terá de ser expressamente atribuído aquando da celebração do contrato – para estamos perante o depósito do artigo 1193.º, sendo

---

[154] Nota HUGO RAMOS ALVES, *Do Penhor...* cit., 249, que o interessado pode ter interesse no destino das coisas em situações como: (i) o dono do negócio quando um negócio diga respeito a um depósito efectuado pelo seu mandatário ou pelo seu gestor de negócios, (ii) com terceiro num contrato de depósito efectuado em seu favor, (iii) o co-devedor solidário do depositante em que se efectua um depósito em favor do credor, com vista à extinção da dívida. Nota HUGO RAMOS ALVES, no entanto, que o caso (ii) não configura um contrato de depósito no interesse de terceiro.

[155] Sobre o depósito no interesse de terceiro, *vide* FERNANDO ANDRADE PIRES DE LIMA/JOÃO DE MATOS ANTUNES VARELA, *Código Civil anotado...* cit., 848, JOÃO TIAGO MORAIS ANTUNES, *Do contrato de depósito escrow...* cit., 58 e ss.. Sobre o modo como pode o depósito no interesse de terceiro funcionar como uma garantia, GIUSEPPE GRISI, *Il deposito in funzione di garanzia*, Milano, Giuffrè Editore, 1999, 305 e ss..

[156] Estranha esta solução LUÍS MENEZES LEITÃO, *Direito das Obrigações...* cit., vol. III, 508, "na medida em que não se vê como um terceiro estranho ao contrato poderia paralisar a obrigação de restituição a favor do depositário". Nota o Autor que não assume, no entanto, a natureza de depósito a favor de terceiro pois este assumiria a posição de depositário. Desta forma, admite que se tem sustentado que a situação configurada no artigo 1193.º configura um depósito a favor de terceiro subordinado a uma condição suspensiva, considerando que apenas nesse caso se justifica esta faculdade de impedir a restituição por parte desse terceiro.

necessário que ele tenha um direito subjectivo que lhe confira um *verdadeiro interesse jurídico* na celebração do contrato[157].

IV. A necessidade de assegurar a função de garantia que o depósito *escrow* pretende atingir leva a que sejam estas também as soluções a aplicar quanto à restituição, não obstante a sua configuração diversa: até à verificação do evento que determina o reforço da intensidade da obrigação de restituição para o depositário (atingindo a sua força máxima), não poderá entregar a coisa ao depositante, salvo consentimento do terceiro eventual beneficiário. São excepcionais as situações seguintes: i) a de o depositário e o terceiro eventual beneficiário aceitarem por comum acordo a restituição a um deles antes do prazo, ou ii) de, em conjunto, exigir a restituição da coisa para, por exemplo, a entregarem a um outro depositário.

1.2.3. Obrigação de seguir as instruções irrevogáveis. Actuação por conta das partes. Análise da posição jurídica do *escrow holder*

I. No âmbito do depósito *escrow*, as instruções são comandos ou ordens relativas ao modo de realizar a guarda e a restituição da coisa depositada, cujo conteúdo pode vir a conformar a obrigação de guarda do depositário (por exemplo, quando lhe são atribuídos poderes de administração da coisa ou a obrigação de restituição (exemplificando, quando é determinado o evento que desencadeia a obrigação de restituição da coisa)[158].

O poder de dar instruções ao depositário, que fica adstrito a segui-las, evoca no contrato de depósito *escrow* algumas características do contrato de mandato, as quais não podemos deixar de recordar. O contrato de mandato, constituindo um contrato típico, encontra-se regulado nos artigos 1157.º e ss. do CC, sendo definido legalmente como aquele "pelo qual uma das partes se obriga a praticar um ou mais actos jurídicos por conta da outra". Quando esses actos jurídicos a praticar pela parte obrigada assumirem a natureza de acto de comércio e forem em nome do mandante, estaremos perante um mandato mercantil, nos termos

---

[157] HUGO RAMOS ALVES, *Do Penhor*... cit., 250 e 251, notando que o direito subjectivo pode nem ter génese no próprio contrato de depósito, mas antes podendo ser explicado pela relação entre o interesse e o terceiro.
[158] As instruções estabelecem assim, a *esfera de poder* do *escrowee*. Expressão de ANDRÉ FIGUEIREDO, *O Negócio Fiduciário*... cit., 172, utilizada no âmbito do negócio fiduciário. Esta *esfera de poder* é pois delimitada, no caso do depósito *escrow*, pela prossecução de um interesse de sujeito alternativamente determinado, nos termos do contrato.

do disposto no artigo 230.º do CCom[159]. Também o contrato de mandato mercantil é, subsidiariamente, regulado pelas regras do CC. O artigo 1167.º do CC, definindo as obrigações do mandatário, determina na alínea a) que o mandatário é obrigado "a praticar os actos compreendidos no mandato, *segundo as instruções do mandante*".

No depósito *escrow*, por seu lado, o depositário obriga-se a guardar a coisa e a restituí-la *segundo as instruções do mandante*, as quais constituem um elemento essencial do contrato de depósito *escrow*, consistindo na determinação do destino dos bens depositados e do modo como devem ser guardados. Estas instruções são irrevogáveis unilateralmente (pelo depositante ou pelo terceiro eventual beneficiário), porque integram o conteúdo contratual e, desta forma, só com fundamento em novo consenso das partes poderão, à partida, ser alteradas (sem prejuízo da renúncia ao direito de revogação pelas partes).

---

[159] MANUEL JANUÁRIO DA COSTA GOMES, "Contrato de mandato comercial... cit., 480 e ss., destaca as duas fases da concepção do mandato civil. Numa primeira, descurando o conteúdo da actividade desenvolvida pelo mandatário, na qual apenas se tinha em atenção a *natureza representativa* da actividade por ele desenvolvida, este tinha de actuar em nome do mandante. Como se entende, é esta concepção a subjacente à regulação prevista no Código de Seabra e teve uma influência significativa sobre as normas do nosso Código Comercial. Numa segunda fase, optou-se por afirmar que o mandato é circunscrito à prática de *actos jurídicos*, desconsiderando o elemento da representação como sendo elemento essencial do mandato. É, pois, nesta fase, que se dá a separação entre mandato e procuração, por força da influência da doutrina alemã, importada por FERNANDO DE SANDY PESSOA JORGE em *Mandato sem representação* Coimbra, Almedina, 2001 (reimpressão), 97 e ss.. Foi também nesta segunda fase que foram desenvolvidos os trabalhos preparatórios do Código Civil de 1966. Tal influenciou, como demonstra MANUEL JANUÁRIO DA COSTA GOMES, "Contrato de mandato comercial... cit., 488 e ss., naturalmente, a interpretação do mandato mercantil, tal como se encontrava regulado no artigo 231.º do CCom: não só a comissão passou a ser vista como um subtipo do mandato comercial, ao lado do mandato comercial com representação – deixando de constituir um tipo autónomo – como, por outro lado, este passou a ser concebido como "o contrato pelo qual o mandatário pratica por *mandado doutrem actos jurídicos de comércio*" (realçado no original). Não faz sentido, neste âmbito, fazer a distinção entre os actos objectivamente comerciais e os subjectivamente comerciais. Contra, LUIS DA CUNHA GONÇALVES, *Comentário ao Código...* cit., 3, para quem apenas estão integrados no âmbito do mandato comercial os primeiros. Neste caso, até parece ser melhor, acompanhando JOSÉ ENGRÁCIA ANTUNES, *Direito dos Contratos Comerciais*, Coimbra, Almedina, 2011 (reimpressão de 2009), 376, fazer uma interpretação legalista e "considerar como mercantil todo o depósito relativo ao *exercício de actividades empresariais*".
Certo é que o acto jurídico constitui o objecto fundamental da prestação do mandatário – e por isso se dá a chamada "interposição de pessoa" – por contraposição com a prestação do prestador de serviços, onde são os actos materiais que constituem o elemento principal daquela. FERNANDO DE SANDY PESSOA JORGE, *Mandato sem representação...* cit., 226 (realçado no original).

II. Saber se o depositário, no cumprimento das instruções, actua por conta ou em nome do mandante[160], depende da operação realizada em concreto e dos poderes que lhe tenham sido atribuídos. Esta distinção é de extrema importância, não só para determinar se os efeitos da actuação do depositário se vão repercutir directa ou indirectamente na esfera dos mandantes, mas também pelas diferenças a nível de regime.

Questão diversa é a de saber se podem o depositante e o terceiro eventual beneficiário, por comum acordo, impor ao depositário novas instruções ou alterar as anteriores, contra a sua vontade, no âmbito do desenvolvimento e execução da relação contratual.

Desde que conjuntamente, as instruções podem ser dadas no momento da constituição do mandato ou num momento posterior (durante a sua execução)[161], pois, "a conformação do objecto das obrigações do mandatário não se afere apenas pelo conteúdo (original) do contrato de mandato que, por força da lei [artigo 1161.º, n.º 1, alínea a), 2ª parte, e artigo 238.º do Código Comercial], se estende de modo a abranger também as instruções complementares comunicadas pelo mandante ao mandatário"[162]. Ao instruir o depositário *escrow*, as partes concretizam ou actualizam a actuação gestora que pretendem do *escrow holder*, tal como do mandatário[163], em ordem a melhor defender os seus interesses. Porém, tendo lugar depois da celebração do contrato, importante é que, sendo as instruções dadas pelas duas partes – o depositante e o terceiro eventual beneficiário –, sejam também por eles modificadas, em comum acordo.

A modificação das instruções, tal como a revogação (unilateral, da perspectiva da relação mandantes-mandatários) das instruções, quer em sede de mandato, quer em sede do depósito *escrow*, apesar de livres (artigo 1170.º do CC)

---

[160] Por outro lado, a natureza da actuação interessa ainda, porquanto no caso de a actuação ser em nome próprio, o comissário será submetido às regras do instituto *star del credere* (artigo 269.º do CCom e 1183.º do CC), característico do mandato sem representação, que advém para o comissário a responsabilidade pelo cumprimento do terceiro contraente. Por isso, o comissário tem direito a exigir um acrescento na sua remuneração: a *comissão del credere* (n.º 2 do artigo 269.º do CCom). Chamando a atenção para este aspecto, MANUEL JANUÁRIO DA COSTA GOMES, "Contrato de mandato comercial... cit., 502 e 503.

[161] OLINDA MARIA DOS SANTOS FRANÇA, *Execução do mandato*, relatório apresentado no seminário de Direito Civil, orientado pelo PROFESSOR DOUTOR ANTÓNIO MENEZES CORDEIRO, Lisboa, FDUL, 1994, 15.

[162] CARLOS FERREIRA DE ALMEIDA, *Contratos II*, 3ª ed., Coimbra, Almedina, 2013, 171, notando que se trata de um caso, a par do contrato de trabalho, em que a ordem é fonte de obrigações.

[163] Fazendo esta afirmação relativamente às instruções do mandato, MANUEL JANUÁRIO DA COSTA GOMES, *Em tema de revogação... cit.*, 97.

e sem necessidade de invocar um motivo legítimo (uma "justa causa"), porque o mandato é estabelecido no interesse e com base na confiança dos mandantes[164], pode, em alguns casos[165], como nota Manuel Januário da Costa Gomes[166], constituir os mandantes na obrigação de indemnizar o mandatário (no caso, o depositário *escrow*), nos termos do artigo 1172.º do CC[167].

III. A restituição ao depositante da coisa depositada ou a sua entrega ao beneficiário deverá ser conforme o que for determinado pelo depositante e pelo terceiro eventual beneficiário, sendo portanto, dependente da verificação de determinados factos. Como se destaca, as instruções (a par do que acontece no âmbito da obrigação de guarda) conformam a obrigação de restituição, não bastando devolver a coisa: é necessário restituí-la *de acordo com as instruções* dadas pelas partes.

Por essa razão, as instruções assumem um protagonismo natural neste contrato. Estas serão dadas pelo depositante e pelo terceiro eventual beneficiário (em comum acordo) ao depositário, que deverá segui-las. No conteúdo das instruções, integra-se, já se adivinha, a determinação do evento ao qual a restituição se encontra subordinada. Na verificação ou não verificação do evento desencadeador estipulado, será determinado quem é afinal o beneficiário do direito à restituição da coisa.

Porém, a obrigação a garantir pode ser uma obrigação eventual. Assim, pense-se no caso em que existe o depósito *escrow,* na modalidade correntemente designada por *soft code escrow agreement*[168], cujo objecto é uma um

---

[164] Para aprofundar o fundamento da livre revogabilidade do mandato pelos mandandes, *vide* MANUEL JANUÁRIO DA COSTA GOMES, *Em tema de revogação...* cit., 83-105 e ADELAIDE MENEZES LEITÃO, "«Revogação unilateral» do mandato, pós-eficácia e responsabilidade pela confiança", *in Estudos em Homenagem ao Prof. Doutor Galvão Telles*, vol. I, 314 e 315 [305-346].

[165] Aqueles em que justa causa não seja invocada e se reúnam os pressupostos da responsabilidade civil.

[166] MANUEL JANUÁRIO DA COSTA GOMES, *Em tema de revogação...* cit., 219.

[167] Sobre esta matéria, *vide* ADELAIDE MENEZES LEITÃO, "«Revogação unilateral» do mandato... cit., 330 e ss.

[168] Trata-se de uma utilização muito frequente do contrato de depósito *escrow*. Existindo um contrato de licenciamento de uso de um *software*, o adquirente da licença passa a poder utilizar o *software* informático – é-lhe transmitido o código necessário à utilização prática do programa, o núcleo formal do programa e que constitui a primeira expressão independente do processo de criação, o chamado *object code* ou *source code*. No entanto, como têm demonstrado a prática comercial, muitas vezes, estes programas são criados por *start-up*'s que iniciam actividade e, num curto período de tempo, ou são integradas num grupo de sociedades, ou acabam por entrar em dificuldades económicas, entrando em estado de insolvência. JONATHAN L. MEZRICH, "Source Code Escrow: An Exercise in Futility?", *in 5 Intellectual Property,* L. Rev. 117, 2001, 117 [117-131].

"código fonte" de um *software*[169]. Neste caso, na celebração do contrato, o adquirente do *software* terá todo o interesse em estabelecer como integrantes do evento desencadeador o maior número de factos que diminuam a probabilidade de satisfação do seu crédito, enquanto o vendedor deverá tentar que a entrega da coisa depositada (o "código fonte" do *software* criado pelo vendedor) fique dependente apenas de casos extremos, como o da dissolução da sociedade prestadora ou em caso de insolvência[170].

O licenciado, prevendo esta possibilidade, ou temendo ainda a utilização indevida desse código pelo licenciante, celebra, em simultâneo com o contrato de licença de uso do *software*, um contrato de depósito *escrow* com o licenciante, nos termos do qual este deposita o "código fonte" do *software* – source code – licenciado junto de um *escrowee*, que fica instruído no sentido de, quando se verificar algum dos eventos desencadeadores, pelas partes determinados, restituir a coisa depositada ao licenciado, uma vez que, sem aquele código, o licenciado não pode promover qualquer actualização ao *software*, nem corrigir qualquer eventual erro que se verifique no programa e, como tal, sem ele, a licença acabará por perder o valor. Muitas vezes, prevê-se no contrato de depósito, a necessidade de o depositante/licenciante ir substituindo a coisa depositada, por forma a manter-se o "código fonte" actualizado. Por vezes, esta "actualização" da coisa depositada não é realizada, perdendo o contrato de depósito *escrow* valor para as partes – pois degrada-se a sua função garantística –, *maxime* para o licenciado. O "código fonte" será depositado em formato digital num suporte informático, e deverá ser acompanhado de todos os manuais e outas ferramentas necessárias à utilização deste por terceiros, como nota KEITH MOBLEY, *Keys to a reliable escrow agreement*, 2000, disponível em www.gigalaw.com/articles/mobley-2000-12-p1.html, destacando a essencialidade de o licenciado procurar saber se a efectiva *funcionalidade* é assegurada pelo licenciante/depositante. No entanto, isto não é um problema do serviço prestado pelo depositário *escrow*, mas tão-só objecto depositado pelo depositante, encontrando-se no seio das relações subjacentes. Acerca do problema da insolvência e os seus efeitos no contrato de depósito de *escrow*, quando este tenha por objecto o *source code*, embora numa perspectiva norte americana, vide PAPPOUS, PERIKLIS A., "The software escrow: the court favorit and bankruptcy law", in *Santa Clara Computer & High Tech*, 1985, 309-326.

[169] Afirma JONATHAN L. MEZRICH, "Source Code Escrow... cit., 118, que o "*source code is generally regarded as the "crown jewel" of a software's assets*", sendo razões de confidencialidade e competitividade que levam a empresa que o desenvolveu a não querer partilhá-lo com terceiros, confiando-o, no entanto, ao depositário *escrow*. Por essa razão, os deveres de confidencialidade encontram-se, nesta modalidade, muito acentuados, como nota JONATHAN L. MEZRICH, "Source Code Escrow... cit., 127, já que do seu cumprimento depende o valor da coisa depositada.

[170] Nos sistemas anglo-americanos, existem empresas especializadas no exercício de funções de *escrow holder*, sendo possível falar numa "*software escrow industry*", expressão de JONATHAN L. MEZRICH, "Source Code Escrow... cit., 119, embora vindo a reconhecer que "*[t]he protection a company acquires when depositing source code with escrow agents is surprisingly scant, and the standards escrow agents are held to are significantly lower and have fewer remedies in the event of breach than the standards to which other escrow agents (e.g., bank or firm law) are held*" e, por isso, questionando as vantagens da sua existência.

Não é só a definição do evento que é integrada no conteúdo das instruções. Estas podem compreender as directivas para a administração de patrimónios, quando tal seja necessário para a conservação do valor do bem depositado. Tal acontecerá, por exemplo, no caso em que as partes acordam num contrato de compra e venda sobre valores mobiliários, e.g. acções, que o vendedor irá depositar *in escrow* o objecto daquele contrato, subordinando ao pagamento integral do preço pelo comprador a restituição pelo depositário das acções: ou seja, a sua entrega ao comprador só terá lugar quando este depositar o preço[171]. Pode, no entanto, ser estipulada a obrigação do depositário recolher os dividendos inerentes àqueles valores mobiliários, ou, por outro lado, a sua venda, em caso da queda abrupta do seu valor, ou da sua cotação.

IV. Já se verificou que as instruções podem ser dadas, tanto no momento de formação do contrato, como no momento de execução daquele. É agora tempo de se questionar se poderá o contrato de depósito *escrow* ficar completo sem as instruções.

A resposta deve, no nosso entender, ser negativa. As instruções[172], contemplando o evento desencadeador que determinará quem é o beneficiário, constituem os elementos verdadeiramente característicos do depósito *escrow* e sem elas, o contrato celebrado entre as partes será um depósito típico, ou atípico, conforme o caso. Desta forma, aquelas instruções deverão ser dadas aquando da celebração do contrato e a prática comercial tem demonstrado que elas assumem normalmente a forma escrita, sendo integradas no clausulado do contrato de depósito *escrow* celebrado, sem prejuízo de posterior alteração.

V. A existência de um verdadeiro mandato no contrato de depósito *escrow*[173] encontra-se dependente do conteúdo do contrato celebrado e da concreta

---

[171] Tal foi o que aconteceu no ac. STJ de 10.11.2011, processo n.º 6152/03.0TVLSB.S1, relator GREGÓRIO SILVA JESUS, disponível em http://www.dgsi.pt. No caso, as partes acordaram, simultaneamente à celebração do contrato de compra e venda de acções, em depositar essas acções num banco, para garantia do cumprimento da obrigação de pagamento do respectivo preço. O banco obrigou-se a guardá-las e a dar às acções o destino acordado entre as partes daquele contrato: na entrega do preço pelas acções compradas, o terceiro eventual beneficiário teria direito a recebê-las.

[172] No sentido de que o efeito verdadeiramente característico do mandato é a obrigação assumida pelo mandatário de realizar o acto objecto do mandato, FERNANDO DE SANDY PESSOA JORGE, *Mandato sem representação...* cit., 405 e 406.

[173] Consideramos ser importante, neste momento, recordar a distinção entre o mandato e o depósito, uma vez que é incluindo as características típicas do mandato no contrato objecto do nosso estudo, poderíamos estar a desvirtuar a alterar o tipo contratual e, desta forma, deixar de se lhe

evolução que a sua execução venha a ter, esta dependente ainda da evolução da relação fundamental subjacente que fundou a necessidade de celebrar o depósito. Haverá casos em que, às obrigações de guarda e restituição, se cumularão obrigações de praticar actos jurídicos (e materiais) por conta do depositário, assumindo o depósito *escrow* a natureza de contrato misto, já atrás estudada. Tal acontecerá em dois casos típicos: (i) quando o depósito *escrow* prevê uma obrigação de o depositário administrar a coisa[174], e (ii) quando a entrega da coisa depositada é feita a pessoa diversa do depositante.

Relativamente ao primeiro caso, quando no contrato se prevê a administração das coisas depositadas, Joan MacLeod Heminway e Timothy M. McLe-

---

aplicar o regime jurídico do depósito mercantil. No contrato que estamos a estudar, não obstante a *causa negotti* constituir a garantia de uma obrigação, a obrigação principal a que o depositário se obriga é a de guardar a coisa. Ele guarda-a e, por o fazer, deve restituí-la com a particularidade de, ao fazê-lo, seguir determinadas instruções. A obrigação principal do contrato de mandato é, como vimos, a da prática de um acto jurídico (comercial, se o mandato for mercantil), por conta de outrem (e em nome de outrem também, se o mandato for mercantil). A prática do acto jurídico pode implicar como obrigação acessória, a necessidade de o mandatário proceder à guarda e restituição de um bem, nomeadamente recebido por terceiros.

[174] Não se pronunciando o contrato sobre a administração da coisa depositada, quando esta constituir valores mobiliários (nomeadamente, acções), coloca-se a questão de saber se no âmbito da obrigação de custódia se integra a obrigação de administração das acções depositadas. Fazendo um paralelo com uma situação semelhante, no silêncio das partes, o credor pignoratício não pode exercer os direitos inerentes às acções empenhadas, pois estes são exercidos pelo titular das acções empenhadas, nos termos do artigo 81.º, n.º 4 do Código dos Valores Mobiliários. Nota TIAGO SOARES DA FONSECA, *Penhor de acções*, 2.ª ed. revista e aumentada, Coimbra, Almedina, 2007, 83, que nestes casos, o titular dos valores mobiliários deverá exercer os direitos com respeito pelas regras da boa fé (artigo 762.º, n.º 2 do CC), por forma a assegurar a função de garantia dos valores mobiliários empenhados. Nota ainda TIAGO SOARES DA FONSECA, *idem*, que o exercício dos direitos sociais necessita da colaboração do credor pignoratício (pense-se no caso de acções tituladas ao portador não depositadas), podendo este ser responsabilizado pela falta de colaboração. O penhor de acções constitui uma garantia estabelecida a favor do credor pignoratício e, dessa forma, na ausência de convenção em contrário, permanecendo o exercício dos direitos sociais ao titular das acções, apenas a ele cabe a escolha de colaborar com o titular no exercício dos direitos inerentes àquelas. E quanto ao depósito *escrow*? No depósito *escrow*, como já verificámos, a função de garantia é estabelecida através do depósito no interesse do depositante, mas também de um terceiro. Assim, esta colaboração não pode ter lugar sem o consentimento do terceiro eventual beneficiário da coisa depositada. Pensamos que podem suceder várias situações: (i) o terceiro eventual beneficiário autoriza a colaboração e o *holder*, não colaborando, poderá ser responsabilizado; (ii) o terceiro eventual beneficiário não autoriza a colaboração e poderá ser consequentemente responsabilizado; ou (iii) o depositante e o terceiro eventual beneficiário acordam na emissão de instruções supervenientes no sentido de o *escrowee* ficar encarregado da administração das acções, suprindo a falta de convenção no contrato.

more[175] chamam a atenção para o facto de que *"if the property the seller deposits into escrow is not cash or a cash equivalent, the drafter must provide for the control and care of the escrowed property during the time that the escrow is in effect including the right to vote and/or sell securities, the valuation if securities for deposit and distribution purposes and the acquisition and maintenance of insurance for tangible assets"*. Neste caso, o depositário irá praticar todos os actos jurídicos (e materiais) necessários à administração da coisa que foi depositada, por conta do depositário e celebrando negócios jurídicos sobre a coisa depositada[176]. Um exemplo típico desta situação é o do parqueamento de acções, essencial em casos de exercício do direito de exoneração de um sócio, aquando da quebra de um negócio, enquanto não se encontra alguém interessado na compra da sua participação social. O sócio deposita as acções junto de um banco, instruindo-o no sentido de vender as participações sociais, recebendo de imediato a contrapartida. Até encontrar um comprador, o banco irá participar na gestão da empresa, exercendo todos os direitos e deveres inerentes às acções depositadas pelo sócio[177].

---

[175] JOAN MACLEOD HEMINWAY e TIMOTHY M. MCLEMORE, "Acquisition Escrows in Tennessee: An Annotated Model Tennessee Acquisition Escrow Agreement", *in Tennessee Journal of Business Law*, vol. 7, 2006, 280 [273-293], nota 22.
[176] JOÃO TIAGO MORAIS ANTUNES, *Do contrato de depósito escrow...* cit., 276.
[177] No entanto, este caso, apontado por JOÃO TIAGO MORAIS ANTUNES, *Do contrato de depósito escrow...* cit., 217 e 218, suscita-nos dúvidas relativamente a estarmos perante um verdadeiro contrato de depósito *escrow*. Antes de mais, não existem três partes na celebração do contrato, o que, porém, como vimos, não invalida a celebração válida daqueles negócios. A nossa dúvida é, no entanto, relativa à obrigação principal. Parece-nos, nesta situação que a obrigação principal não é a custódia das acções, mas antes a sua venda a um terceiro, ou seja, a prática de um acto jurídico por conta do sócio que deposita junto do banco as acções. Tanto assim é, que é estranho o depositante receber imediatamente o valor da contrapartida pela cedência das acções. Desta forma, parece-nos que estamos nestes um mandato de venda, onde o mandante (o sócio que deposita as acções junto do banco) entrega a outrem (ao banco), seu mandante, as acções para que, por sua conta, as venda. Uma vez que o depositante recebeu imediatamente a contrapartida, pode inclusivamente questionar-se se, uma vez entregue a coisa, não existiu uma transmissão de propriedade para o banco, passando o risco a correr por sua conta – será necessário averiguar no caso em concreto.
Atente-se agora no caso de dois sujeitos que celebram um contrato de promessa de compra e venda de acções, tendo sido pago a totalidade do preço das acções no momento da celebração do contrato de promessa. As acções são transferidas pelo promitente-vendedor para terceiro da confiança de ambas as partes, comprometendo-se este a, durante a pendência do evento desencadeador, participar na gestão da empresa, exercendo todos os direitos e deveres inerentes às acções, por um lado, e por outro, a transferir a propriedade das acções para o promitente-comprador, no momento acordado. JOÃO TIAGO MORAIS ANTUNES, *Do contrato de depósito escrow...* cit., 284, considera que aqui estamos perante um negócio fiduciário, verificando-se "uma clara desproporção entre o meio escolhido e o fim visado pelas partes, a qual resulta do facto de ser atribuído ao

Também quando a entrega da coisa depositada é feita a pessoa diversa do depositante, o que sabemos encontrar-se dependente da verificação do evento desencadeador, a prestação do depositário *escrow* integra uma componente característica do mandato[178]. Trata-se de situações em que a obrigação da relação subjacente se torna exigível e o objecto do depósito *escrow* constitui, também ele, o objecto daquela obrigação – ou seja, a coisa depositada junto do depositário é a devida pelo devedor – e "[p]or via do mandato, o mandatário [neste caso, o depositário *escrow*] pode, portanto, ficar adstrito à prática de *actos jurídicos não negociais* como seja a efectivação dum pagamento ou a interpelação de um devedor para cumprir"[179]. Neste caso, verificado o evento desencadeador definido pelas partes do contrato de depósito *escrow*, fica o depositário com a obrigação de a restituir ao terceiro beneficiário, que assume a qualidade de credor na relação subjacente, efectuando – pelo menos – por conta do devedor, o cumprimento da obrigação subjacente, pois "[n]o *mandato para pagamento* (...), a função de garantia (imprópria) verifica-se no mandato conferido pelo devedor a terceiro (geralmente um banco) para pagar ao credor. Assim sucede no *depósito bancário escrow* (...), se o "depositante" (devedor) encarregar o banco de pagar ao seu credor uma determinada quantia em dinheiro ou quantidade de valores mobiliários em data certa ou se e quando um facto eventual se verificar. Não se trata de garantia em sentido próprio, oponível a outros credores, porque não consta do elenco das garantias reais enunciadas no artigo 604.º [do CC]"[180].

i. *Actuação por conta das partes; reflexos das doutrinas do mandato e da* agency

I. O depositante, assumindo a qualidade de mandante, encarrega[181] (no caso do depósito *escrow*, na maioria dos casos, em conjunto com o terceiro eventual

---

escrow holder a possibilidade de gerir, em nome próprio, os bens depositados, podendo aquele ser tentado a gerir esses bens de modo contrário às instruções definidas no contrato do depósito fiduciário".

[178] Neste sentido, CARLOS FERREIRA DE ALMEIDA, *Contratos II...* cit., 170.
[179] MANUEL JANUÁRIO DA COSTA GOMES, "Contrato de mandato comercial... cit., 495 (realçados no original), explicando que a "obrigação que tem o mandatário de praticar actos jurídicos não significa que o mesmo esteja inibido de praticar *actos materiais*: ela pode tornar-se necessária para a efectivização do acto jurídico, situando-se, portanto, em relação a este, num plano de *acessoriedade* ou dependência" (realçados no original). Certo é que, sendo actos jurídicos, sejam actos de comércio.
[180] CARLOS FERREIRA DE ALMEIDA, *Contratos III...* cit., 216 e 217 (realçados no original).
[181] Este pressuposto da autorização no âmbito do depósito *escrow* afasta-nos da querela doutrinal acerca da natureza essencial (ou não) deste pressuposto para a representação. Sobre esta, *vide* JOSÉ

beneficiário) o depositário *escrow* de desenvolver uma determinada actuação ??? a coisa ??? e restituí-la ??? beneficiário na ??? do evento), que poderá implicar a projecção dos efeitos dos actos jurídicos praticados pelo depositário na esfera do depositante/mandante (ou na do terceiro eventual beneficiário/mandante). Trata-se de uma *cooperação jurídica*, uma substituição imprópria, como refere Manuel Januário da Costa Gomes[182].

O *escrow holder* não actua como *agent*, nem do depositante, nem do terceiro eventual beneficiário do depósito, no decurso do tempo em que os bens se encontram depositados em garantia, o que tem levado a jurisprudência norte-americana a classificar o *depósito escrow* como uma *agency* atípica, sendo o *holder* uma espécie *suis generis* de *agent*. São (i) o carácter consensual, (ii) o carácter fiduciário, e (iii) o carácter de poder-responsabilidade da relação que se estabelece entre o *agent* e o *principal*, os três aspectos essenciais a que se tem atendido para a caracterização da figura da *agency*[183]. Diz-se ter lugar uma relação de *agency* entre duas pessoas "quando uma delas, chamada *agent*, pode afectar directamente, perante terceiros, a posição jurídica de outra, chamada *principal*, através de actos que o principal autorizou o *agent* a praticar e que, uma vez realizados, são em alguns aspectos, tratados como do *principal*"[184]. Desta definição ressaltam dois pressupostos necessários à existência da relação[185]: a actuação por conta do principal e o poder de afectar a posição jurídica do principal.

Cumpre verificar em que casos existem uma verdadeira relação de *agency* nas relações constituídas pelo depósito *escrow*. A actuação por conta é aquela em que, apesar dos efeitos se projectarem na esfera jurídica da pessoa interposta, eles destinam-se a ser transmitidos ao verdadeiro interessado, sendo tal obrigação da pessoa que por conta dele actuou[186]. Por a relação estabelecida entre o *principal*

DE OLIVEIRA ASCENSÃO, *Direito Civil Teoria Geral*, vol. II, Coimbra, Coimbra Editora, 1999, 220 e 222.

[182] MANUEL JANUÁRIO DA COSTA GOMES, *Contrato de mandato*, Lisboa, AAFDL, 2007, 13 e ainda no *Em tema de revogação do mandato civil*, Almedina, Coimbra, 1989, 88 e 89. Na substituição própria, que não se confunde com a representação, nem com a interposição real, o substituto actua para outrem, mas no próprio interesse.

[183] Neste sentido, MARIA HELENA BRITO, *A representação nos contratos internacionais*, Coimbra, Almedina, 1999, 231.

[184] MARIA HELENA BRITO, *A representação...* cit., 230 (realçado no original).

[185] MARIA HELENA BRITO, *A representação...* cit., 234 e 235.

[186] FERNANDO DE SANDY LOPES PESSOA JORGE, *Mandato sem representação...* cit., 192. PEDRO PAIS DE VASCONCELOS, *Teoria Geral...* cit. 322, ANTÓNIO PINTO MONTEIRO, *Contrato de Agência – Anotação*, 6.ª ed., Coimbra, Almedina, 2007, 51. MANUEL JANUÁRIO DA COSTA GOMES, *Em tema de revogação...* cit., 91 e ss., inclusivamente, colocando a questão de saber se actuar por conta de outrem não significará também actuar no interesse dessa pessoa, concluindo, na p. 95, que pese embora a "des-

e o *agent* ser fiduciária, este, tendo o poder de afectar a posição jurídica daquele, deve actuar no interesse do *principal*. Naqueles casos, paradigmáticos, em que existe a obrigação de praticar actos jurídicos por parte do depositário *escrow*, estamos perante uma actuação por conta de outrem.

II. O poder de afectar a esfera jurídica de um terceiro, no contrato de depósito *escrow*, parece ser um dos casos em que o poder do *agent* se funda na autorização, concedida expressamente (*express authority*)[187], pelo *principal*[188]. O poder do *agent* de actuar no contrato de depósito *in escrow* assenta no facto de ter subjacente a autorização (*authority*) pelas partes no contrato. Como ensina Maria Helena Brito[189], "a *authority* constitui o caso paradigmático que justifica um resultado jurídico. O *power* determina o efeito independentemente da justificação concreta".

Deste modo, tendo a coisa sido depositada, se não se verificar o evento desencadeador, o depositário *escrow* assume a posição de *agent* do depositante, actuando exclusivamente no interesse deste[190]. Verificada o evento desencadeador[191], seria tentador afirmar precisamente o inverso da situação anterior: que o *holder* assume a posição de *agent* do terceiro eventual beneficiário e que actua exclusivamente no interesse deste. Porém, nem sempre é assim. Em certos casos, é necessário atender à natureza de um contrato misto ou de uma verdadeira união de contratos que o depósito *escrow* pode assumir, formando a coligação funcional unilateral já referida. Note-se, desde logo, os casos em que o cumprimento no âmbito da relação subjacente está dependente da entrega da coisa pelo *escrow holder*.

---

necessidade conceitual da autonomização", no caso do mandato, o agir no interesse de outrem vem acentuar o dever de o mandatário "agir diligentemente, como um bom pai de família com atenção à especificidade gestória".

[187] Mas não apenas expressamente, uma vez que poderá existir a *"implied actual authority"*. JILL POOLE, *Contract Law*, 7.ª ed., Oxford, Oxford University Press, 2004, 521.

[188] Embora, como explica MARIA HELENA BRITO, *A representação...* cit., 234 e 252, a *authority* não serve de base para exclusivamente explicar a *agency*. A eficácia da *agency* pode "assentar no direito objectivo, como resultado da aplicação de uma regra jurídica criada entre o *principal* e *agent*" (p. 252), através da relevância que o direito atribui a essa relação jurídica ou através da ratificação do principal da actuação do *agent*.

[189] MARIA HELENA BRITO, *A representação...* cit., 234 e 237.

[190] JOÃO TIAGO MORAIS ANTUNES, *Do contrato de depósito escrow...* cit., 185.

[191] A obrigação de obedecer às instruções na pendência do evento desencadeador é um exemplo dado por JILL POOLE, *Contract Law*, 7.ª ed., Oxford, Oxford University Press, 2004, 535, das relações que se podem estabelecer entre o *principal* e o *agent*.

III. Imaginemos que, no âmbito de uma compra e venda de um imóvel, o comprador e o vendedor combinaram que o montante correspondente ao preço ficaria depositado *in escrow* junto de um banco, e que só quando o comprador informasse o *holder* de que recebera a chave do imóvel, este entregaria ao vendedor o dinheiro correspondente ao preço. Uma vez informado pelo depositante/comprador de que este recebera as chaves, o *holder* deverá entregar a coisa depositada ao terceiro beneficiário/vendedor (neste caso, já não eventual, uma vez que o evento já se verificou). Será que esta entrega é realizada no interesse exclusivo do terceiro beneficiário? Parece-nos que não: repare-se que nestes casos o objecto do contrato de depósito *escrow* é exactamente o mesmo que o da obrigação do comprador/depositante no âmbito da compra e venda (a quantia depositada). Apesar de no âmbito das relações estabelecidas no contrato de depósito *escrow*, o *holder* actuar no interesse exclusivo do terceiro beneficiário, no âmbito das relações subjacentes (compra e venda), o depositário actua, também, no âmbito do depositante/comprador, uma vez que, afinal, só quando o *holder* entregar a coisa depositada *de acordo com as instruções dadas* ao terceiro beneficiário/vendedor, se poderá afirmar que o depositante/comprador cumpriu a sua obrigação de entregar o preço (efeito jurídico pretendido na sua esfera jurídica). Desta forma, nestes casos, ele actua no interesse tanto do depositante/comprador, como do terceiro beneficiário/vendedor.

Como vimos, a *agency* determina que quando o *agent* realiza um acto jurídico[192] por conta do principal, que o autorizou a praticar, os efeitos desse acto repercutem-se directamente na esfera do principal. E resulta do exemplo anterior que, ao entregar o bem depositado ao terceiro beneficiário, que é já o titular do direito à restituição (pois já se verificou o evento desencadeador), o depositário está a extinguir a obrigação do depositante, a qual derivou daquele contrato com que o depósito *escrow* desenvolve a ligação funcional, formando a coligação funcional unilateral já referida.

---

[192] Apesar de, afirma MARIA HELENA BRITO, *A representação...* cit., 249, nota 521, e como resulta do seu estudo, "a pedra de toque do instituto da representação reside no tratamento a dar às relações entre a contraparte que celebra um contrato com o representante". Recorde-se que ainda não tomámos posição sobre o facto de o depositário *escrow* actuar em nome próprio e por conta do depositante ou em nome deste. Lá chegaremos.

ii. *Sujeitos com poder de dar instruções. A imparcialidade e independência no cumprimento das instruções por parte do* escrow holder

I. Já apurado o conteúdo das instruções, quem tem afinal poder de as determinar? Será apenas o depositante, ou, por outro lado, será o depositante em conjunto com o depositário, traduzindo-se num mandato colectivo, nos termos do artigo 1173.º do CC? No mandato, o facto de as instruções serem dadas por duas pessoas, não o torna um negócio plurilateral, mas traduz-se na composição subjectivamente complexa de uma das partes[193]. Porém, em sede do depósito *escrow*, dado o carácter trilateral do contrato, parece que essa será também a composição das partes, uma vez que duas delas se unem para, em conjunto, instruírem a terceira a actuar por conta delas, não alterará a natureza trilateral daquele. Nota Manuel Januário da Costa Gomes[194] que "pode haver mandato plurisubjectivo[195] da parte mandante se corresponder à gestão por todos eles programada em termos de a consecução da mesma satisfazer, a final, o interesse de apenas um deles". O que interessa é que o mandato seja conferido para a satisfação de um interesse unitário dos mandantes, representado pela declaração negocial única dos mandantes singulares[196]. No que toca ao depósito *escrow*, verificamos que não obstante as instruções serem dadas pelo depositário e pelo terceiro beneficiário eventual, o interesse unitário no depósito advém de o beneficiário do depósito ser alternativamente indeterminado, embora venha a ser, certamente, uma daquelas duas partes. Desta forma, não obstante o interesse unitário inicial, as partes sabem – e aqui, inclui-se o depositário – que, após verificação do evento desencadeador, o depositário poderá passar a actuar por conta e no interesse de uma delas.

II. A questão da necessidade da existência de um documento só não se coloca – pelo menos, no que toca a instruções iniciais –, uma vez que, como já referimos, em princípio, as instruções estarão integradas no contrato de depósito *escrow*, cuja prática tem demonstrado ser um contrato socialmente formal, não obstante tal exigência não ser legalmente imposta. No caso de

---

[193] Manuel Januário da Costa Gomes, *Em tema de revogação*... cit., 195.
[194] Manuel Januário da Costa Gomes, *Contrato de mandato*... cit., 59.
[195] Nos casos raros em que o contrato for bilateral, estaremos perante um mandato apenas atribuído pelo depositante ao depositário *escrow*. Tal mandato é conferido, no entanto, também no interesse de terceiro – o terceiro eventual beneficiário do depósito – encontrando-se enquadrado no artigo 1170, n.º 2 do CC, como nota João Tiago Morais Antunes, *Do contrato de depósito escrow*... cit., 278.
[196] Manuel Januário da Costa Gomes, *Contrato de mandato*... cit., 59.

ser celebrado um contrato de depósito *escrow* meramente consensual, consideramos que não será necessária a unidade do acto instrutivo, conquanto "seja seguro que as manifestações de todos os mandantes se unam num só negócio (...)"[197].

III. Já se fez alusão à imparcialidade e independência do depositário *escrow*, aquando da classificação de contrato como um contrato *intuitus personae*. Deve desde já fazer-se uma distinção entre a matéria que agora trataremos e a da autonomia, que tomaremos em atenção mais tarde. A imparcialidade e independência relevam ao nível do interesse na actuação. A imparcialidade (factor objectivo) deve ser entendida, como a isenção do depositário relativamente aos interesses que levaram as partes à celebração do depósito *escrow*. Já a independência (factor subjectivo) deve ser tomada como a isenção no âmbito da relação estabelecida entre o depositário e cada uma das outras partes que, ocupando pólos contrapostos, terá interesse na restituição da coisa depositada (o depositante e o terceiro eventual beneficiário).

A autonomia, por outro lado, releva ao nível da margem de liberdade de determinar o conteúdo da actuação no desenvolvimento da execução do contrato. No entanto, estas características têm afloramentos na obrigação do *escrowee* seguir as instruções dos seus "mandantes".

IV. O depositário *escrow* deve ser independente: ele não deve actuar com interesse próprio. Tal como acontece no depósito civil típico, a entrega da coisa para guarda é sempre feita no interesse do depositante e, no caso do depósito *escrow*, será no interesse de uma das partes – aquela que é garantida –, embora a outra tenha também interesse no depósito, na medida em que ela é uma beneficiária eventual da coisa a restituir. Desta forma, o contrato nunca se tem por celebrado no interesse do depositário, nem mesmo nos casos em que ele é remunerado, que, como a prática tem demonstrado, será o caso paradigmático.

Diz-se também que até à verificação do evento desencadeador que determina o beneficiário da prestação no contrato de depósito, o *escrow holder* actua de forma imparcial. Tal deve-se a ele dever actuar no interesse de ambas as partes, até verificação do evento, sem privilegiar nenhuma delas.

Cumpre averiguar se existe um interesse juridicamente relevante que permita concluir pelo desenvolvimento da actividade do depositário *escrow* no

---

[197] Manuel Januário da Costa Gomes, *Em tema de revogação...* cit., 196.

interesse, quer do depositante, quer do beneficiário[198]. A resposta a tal indagação deve tomar em conta que a "existência de um interesse de uma pessoa diversa do mandante tem de basear-se num critério estrutural, recorrendo à indagação de um *direito subjectivo* que permita afirmar a existência de um verdadeiro *interesse jurídico*"[199]. No caso do depósito *escrow*, os mandantes, que são as partes da relação subjacente, baseiam o seu interesse no concurso[200] pela titularidade (embora alternativa, privativa da do outro sujeito) de um direito à restituição da coisa depositada.

E por este interesse ser manifestado de forma unitária no contrato de depósito *escrow* – através das instruções dadas no sentido da guarda da coisa até determinação do titular do direito à restituição –, quando o depositante e o beneficiário estabelecem com o *holder* a relação de mandato, as instruções por estes conferidas são irrevogáveis unilateralmente. Sendo as instruções no

---

[198] Isabel Maria Batista Garcia, *A aplicação do regime do mandato a outros contratos de prestação de serviços*, relatório apresentado no curso de Mestrado Ciências Jurídicas Empresariais, 1994, 35, explicando que no contrato de prestação de serviços, contra o caso do mandato, existe sempre um interesse do prestador. No mandato, para existir interesse do mandatário, não basta que seja relativo ao direito de remuneração mas é necessário que seja relativo à própria actividade.

[199] Manuel Januário da Costa Gomes, *Contrato de mandato...* cit., 19, explica que "[t]ambém a procura de um interesse de terceiro cumulável ao do mandante passa pela identificação de uma outra relação normalmente de tipo contratual, que tem o terceiro como sujeito, relação essa que pode constituir a explicação ou a justificação para a própria operação de mandato".

[200] Pode inclusivamente afirmar-se que são titulares de uma expectativa jurídica. Também assim, relativamente ao depósito em garantia, L. Miguel Pestana de Vasconcelos, *Direito das Garantias...* cit. (2.ª ed.), 560. No entanto, dado a susceptibilidade da titularidade do direito à restituição ser alternativamente atribuída, temos que reconhecer que a esta expectativa tem uma intensidade muito pequena. No entender de L. Miguel Pestana de Vasconcelos, *Direito das Garantias...* cit.. (2.ª ed.), 564, a circunstância de o terceiro ter uma mera expectativa jurídica (e não um verdadeiro direito subjectivo), aquando do depósito em garantia, não obsta à sua qualificação como contrato a favor de terceiro. No entanto, considerando essencial ao contrato da favor de terceiro, que os contraentes "ajam com a intenção de *atribuir*, através dele, um *direito* (de crédito ou real) a *terceiro* (*beneficiário*)", Fernando Andrade Pires de Lima/João de Matos Antunes Varela, *Código Civil anotado*, vol. I, 4.ª ed. (com colaboração de M. Henrique Mesquita), Coimbra Editora, Coimbra, 1987, 424. Ainda assim, L. Miguel Pestana de Vasconcelos, *Direito das Garantias...* cit.. (2.ª ed.), 564, considera que, desde que a atribuição do direito decorra unicamente por força do contrato, ainda que em momento posterior, não obsta à sua qualificação como contrato a favor de terceiro. Porém, esta atribuição pode nunca vir a ter lugar, no depósito *escrow*.

A circunstância de no depósito *escrow* estarmos, normalmente, na presença de um contrato trilateral – em que o terceiro eventual beneficiário é parte e não mero aderente, nos termos do artigo 448.º do CC –, assim como (sendo objecção também ela considerada no caso do depósito em garantia apresentado pelo Autor) o facto de o promissário (o depositante) ser também ele, um eventual beneficiário da prestação, leva-nos a considerar que, na maioria dos casos, esta qualificação quanto ao depósito *escrow* não será de adoptar.

contrato de depósito *escrow* uma manifestação característica de um mandato colectivo – porque dadas no interesse de ambas as partes, de forma unitária –, será totalmente ineficaz, enquanto declaração revogatória, a declaração de apenas uma das partes[201].

iii. *Verificação do evento desencadeador e os seus efeitos. Falta de autonomia do depositário* escrow

I. O evento desencadeador – que, normalmente, constituirá uma condição[202], *i.e.* facto incerto e futuro (por exemplo, o cumprimento da contraparte) ou um termo, *i.e.* facto certo e futuro (por exemplo, uma data) – é definido pelas partes aquando da celebração do contrato de depósito *escrow* – aliás, constitui parte integrante das instruções – e, assim, também constitui um elemento essencial[203] àquele, uma vez que é a verificação do evento que desencadeia os novos efeitos pretendidos pelos mandantes no depósito *escrow*.

Desde logo, sua a verificação irá determinar quem é o beneficiário da prestação[204]. Esta é, aliás, uma característica típica do depósito a favor de sujeito alternativamente determinado, também este, um depósito com funções de garantia. Durante toda a execução do contrato até ao momento da verificação do evento desencadeador, o beneficiário da prestação é alternativamente determinado, podendo vir a constituir-se titular do direito à restituição da coisa o depositante ou o terceiro eventual beneficiário.

---

[201] MANUEL JANUÁRIO DA COSTA GOMES, *Em tema de revogação...* cit., 195.
[202] Para aprofundar o estudo acerca da condição e dos contratos condicionais, *vide* INOCÊNCIO GALVÃO TELLES, *Manual dos Contratos...* cit., 258-273, CARLOS ALBERTO DA MOTA PINTO, *Teoria Geral do Direito Civil*, 4.ª ed. por ANTÓNIO PINTO MONTEIRO/PAULO MOTA PINTO, Coimbra, Almedina, 2007, 561-576, ANTÓNIO MENEZES CORDEIRO, *Tratado de Direito...* cit., tomo I, vol. I, 713-725. A condição é regulada nos artigos 270.º e ss. do CC. Tipicamente, são dois os acontecimentos a que as partes submetem a produção dos efeitos, *v.g.* determinação do beneficiário da prestação.
Desta forma, as partes têm ampla liberdade para a determinação da condição, aquando da celebração do contrato, conquanto que esta, sendo física e legalmente possível, não seja contrária à lei, ordem pública ou ofensiva dos bens costumes, nos termos do disposto no artigo 271.º do CC, sob pena de nulidade do contrato de depósito.
[203] Neste sentido apontou a decisão do *Supreme Court of the North Dakota*, no caso *Emil Kunick Bernard Neil Kunick Eugenia v. Kye Trout Jr.*, a par do facto de o depósito ter sido feito a um terceiro face à relação jurídica fundamental, não fazendo uma referência expressa às instruções. No entanto, como sabemos, o evento desencadeador é, também ele, integrante das instruções que são dadas pelas partes ao *escrow holder*.
[204] ALDO MARCO LUCIANI, "Escrow... cit., 809.

Por outro lado, sendo determinado o beneficiário na verificação do evento, é constituída na sua esfera jurídica um verdadeiro direito à restituição da coisa que foi depositada. Desta forma, a obrigação de guarda, tendo como reflexo tendencialmente necessário a restituição da coisa, mantêm aqui a sua plenitude, embora a obrigação de restituição assuma um papel protagonista nesta fase de execução contratual. Só quando se verifica o evento desencadeador é que o *escrow holder* passa a actuar como agente de uma das partes.

II. O evento desencadeador é, como se referiu, um facto ao qual as partes subordinam a produção dos efeitos jurídicos de um negócio jurídico. Uma vez que o contrato de depósito *escrow* é ligado a outro negócio, tendo por função a garantia das obrigações deste emergentes, as partes subordinam a restituição da coisa ao cumprimento das obrigações nesse contrato subjacente. A titularidade das coisas pode alterar-se mediante a verificação do evento desencadeador [205] – em virtude dos efeitos produzidos pelo contrato funcionalmente ligado ao depósito *escrow* –, porém, recorde-se, não é esse o fundamento da restituição da coisa ao abrigo do contrato em análise. A titularidade do crédito à restituição depende apenas da verificação ou não do evento previsto no contrato para o efeito, podendo o comprador, a título de exemplo, no caso em que o depósito do preço seja utilizado para garantir o cumprimento das obrigações – por exemplo as *representations & warranties*[206] – na aquisição de uma empresa, exigir a restituição de parte ou mesmo da totalidade do preço depositado junto do depositário, se essas contingências se verificarem apenas parcialmente ou não se verificarem. Fá-lo como se exigisse uma indeminização, por exemplo, pela prestação de falsas informações.

---

[205] As coisas mantêm-se na titularidade do depositante até à verificação do evento desencadeador. Não parece que as partes não possam convencionar que os efeitos na relação subjacente retroajam à data da entrega no depositário. Também assim, ALDO MARCO LUCIANI, "Escrow... cit., 818.
[206] As *representations* são utilizadas nos mais variadas formas contratuais, constituindo, no âmbito da alienação de uma empresa, declarações de facto, as mais das vezes realizadas pelo vendedor de uma empresa, que visa descrever factos presentes ou passados com vista a que o comprador deles tenha conhecimento aquando da aquisição da empresa. Já as *warranties* constituem declarações de facto que asseguram à contraparte determinada situação de facto ou qualidade do objecto do negócio. As *representations* distinguem-se das *waranties* por não serem constitutivas de vinculações jurídicas, sendo que, em caso de desconformidade, não poderão gerar responsabilidade civil. PAULO CÂMARA/MIGUEL BRITO BASTOS, "Direito da aquisição de empresas... cit., 38 e 39. O vendedor deposita assim um montante junto do depositário *escrow* e, em caso de as *representations & warranties* vierem a demonstrar-se desconformes com a realidade, o comprador poderá "compensar" esse desfasamento através da entrega pelo *holder* do montante depositado.

Estamos agora em posição de dizer que o depositário se encontra na *dependência* das instruções conferidas pelo depositente e terceiro eventualmente beneficiário. Não é da *dependência* no sentido de "antónimo de autonomia e sinónimo de subordinação que aqui se fala. Tratamos de subordinação em sentido técnico, no sentido de quem trata interesses alheios e que por via disso está sempre *dependente de obter o resultado querido ou pretendido pelo dono*"[207]. Mesmo no direito inglês, onde "o poder de direcção do *principal* em relação ao *agent* não é considerado elemento da noção de *agency*", "[r]econhece-se, em geral, neste direito, que o *principal* tem o poder de dirigir instruções ao *agent,* mas não do *controlo of physical conduct* relativamente ao *agent*"[208].

No entanto, contrariamente ao mandato, onde "o mandatário tem, pela natureza do contrato que celebrou, uma margem de autonomia na «modelação da esfera do principal»"[209], o depositário *escrow* não goza, em princípio, de qualquer margem de autonomia – ele está totalmente vinculado quanto às instruções lhe foram dadas pelo depositário e pelo beneficiário. E, por essa razão, como já vimos, pode inclusivamente haver a reorientação da actividade a desempenhar, ou seja, pode ter lugar a novas instruções específicas, que venham aprofundar o desenvolvimento da actividade já realizada ou modificativas, que vêm alterar parcialmente a prestação – por exemplo, uma alteração do evento a que a restituição está subordinada. Adiante retomaremos este aspecto.

III. O depositário *escrow* carece de autonomia, na medida em que, em virtude das instruções irrevogáveis[210] dadas unilateralmente pelo depositante e pelo beneficiário, se encontra sujeito ao seu *controlo*, embora nos termos definidos. Desta forma, o depositário não responde pelas decisões (no âmbito da execução do contrato) que tome ao abrigo das instruções que lhe foram dadas, em matéria de entrega de bens[211]. São, aliás, frequentes as cláusulas contratuais reforçando que o depositário não responde pela decisão de restituição da coisa

---

[207] Isabel Maria Batista Garcia, *A aplicação do regime do mandato a outros contratos de prestação de serviços*, relatório apresentado no curso de Mestrado Ciências Jurídicas Empresariais, 1994, 19 (realçados nossos).
[208] Maria Helena Brito, *A representação...* cit., Coimbra, Almedina, 1999, 230.
[209] Manuel Januário da Costa Gomes, *Contrato de mandato...* cit., 70.
[210] Para um exemplo do conteúdo mais variado que estas instruções podem prever, veja-se Aldo Marco Luciani, "Escrow... cit., 814 e 815.
[211] O depositário deverá acatar e cumprir as instruções dadas pelo depositante e pelo terceiro eventual beneficiário nos termos referidos. No entanto, deverá também avisá-los para a dificuldade, ou mesmo, para a inexequibilidade de qualquer instrução. No mesmo sentido, embora relativamente a instruções emitidas no âmbito do depósito mercantil de acções, o TRL, em ac. de 10.12.1992, disponível em CJ, ano XVII, tomo V, 1992, 145 [144-148].

ao abrigo das instruções, uma vez que não é ele – mas as partes – que determinam a sua verificação.

Carecendo da autonomia no cumprimento das obrigações, também na verificação do evento, o depositário *não tem autonomia*, sendo definido de modo claro, no contrato e nas instruções dadas, a quem e de que modo será a coisa depositada restituída.

O agente *escrow* assume os deveres constantes do contrato *escrow*, não lhe sendo imputáveis responsabilidades a qualquer outro título, que não as que decorram do incumprimento das instruções. São comuns as cláusulas no sentido de ao depositário *escrow* não poderem ser apontadas responsabilidades no âmbito de outros contratos, *maxime* do contrato que constitui a relação subjacente e que, com o depósito *escrow*, se encontra numa relação de dependência unilateral. Mas poder-lhe-á ser imputada responsabilidade derivada do inadimplemento da obrigação de guarda e da obrigação de restituição para com o beneficiário, quando este assume finalmente a qualidade de credor da obrigação de restituição da coisa, *i.e.* quando se verifica o evento.

IV. Ao abrigo da autonomia privada, podem porém as partes conferir alguma autonomia ao depositário *escrow*.

Em situações mais raras – dado que os depositários raramente estarão disponíveis para assumir esse risco –, poderá ser atribuído à entidade fiduciária poderes para, tal como um árbitro e, *de forma independente e imparcial*, apreciar a verificação do evento desencadeador do contrato de depósito *escrow*. Tal pode traduzir-se na apreciação do desenvolvimento do contrato subjacente[212], analisando o cumprimento obrigações (no caso em que o cumprimento das obrigações constitui a condição estabelecida), para, posteriormente, cumprir a sua obrigação de restituição, no momento do vencimento[213].

---

[212] PEDRO ROMANO MARTINEZ/PEDRO FUZETA DA PONTE, *Garantias de cumprimento*, 5.ª ed., Coimbra, Almedina, 2007, 66, justificam a raridade destas situações com a compreensível dificuldade de acompanhamento efectivo do desenvolvimento do contrato base. Por outro lado, atente-se que estes casos irão constituir uma situação de exposição por parte do *escrowee*, já que qualquer uma das outras partes poderá não concordar com a sua apreciação relativamente à decisão da verificação – ou não – do evento desencadeador, podendo inclusivamente gerar situações de responsabilidade contratual.

[213] PEDRO ROMANO MARTINEZ/PEDRO FUZETA DA PONTE, *Garantias de cumprimento...* cit., 66, alertam para o facto de, verificado o não cumprimento por uma das partes, poder o depositário recorrer a mecanismos comuns como a excepção do não cumprimento. Retomaremos o tema mais tarde.

Pense-se no caso de a atribuição de uma *put option* ou *call option*, com liquidação física[214], sobre participações sociais de uma sociedade[215]. A entrega ao banco *escrowee* dos fundos (no caso de se tratar de uma *put option*) ou dos valores mobiliários (no caso de se tratar de uma *call option*) garante o efectivo exercício destes contratos de derivados, ficando a sua restituição – ou seja, a efectivação dos pagamentos devidos, aquando da verificação do cumprimento das obrigações recíprocas das partes – subordinada à condição de entrega pela outra parte da contraprestação. Será relativamente simples para o depositário determinar o cumprimento das obrigações e, como tal, a verificação da condição do depósito *escrow*.

Mais complexos serão os casos dos depósitos *escrow* celebrados para garantir o cumprimento das obrigações acessórias na venda de uma empresa. A verificação da violação dos deveres de lealdade, de informação ou de confidencialidade – que poderá constituir a condição para o desencadeamento dos efeitos do contrato de depósito *escrow* – é por vezes muito difícil de apurar. Quando houver dúvidas, o depositário poderá recorrer ao depósito de coisa controver-

---

[214] Quer a *put option*, quer a *call option* constituem instrumentos financeiros derivados. Estes podem variar consoante o modo de liquidação. Podem ser derivados de liquidação física quando foi convencionada a entrega pelo vendedor do activo subjacente pelo seu valor nominal, ou, derivados de liquidação financeira quando foi acordada a entrega do valor correspondente à diferença entre o valor do activo no momento da celebração do contrato (*strike price*) e no momento em que o derivado atinge a maturidade e se vence (*spot price*). Se esta for positiva, deverá o vendedor entregar ao comprador. Se for negativa, será o comprador a entregar ao vendedor. HELDER M. MOURATO, *Contrato de Swap de Taxa de Juro*, Lisboa, Almedina, 2014, p. 24.

[215] Recorde-se que as *put options* e as *call options* constituem contratos de derivados financeiros, correspondentes a "opções". As opções são contratos a prazo, "definidos por referência a um determinado objecto [tipicamente, um valor mobiliário], mas estabelecendo os direitos e obrigações das partes de acordo com o conteúdo do direito de opção". Constituindo um direito potestativo na esfera do titular da opção, o seu conteúdo varia consoante seja um direito potestativo à compra (*call option*) ou à venda (*put option*) do activo subjacente, pelo preço (preço de exercício) e nas quantidades para o efeito, ou de exigir a liquidação meramente financeira do contrato. AMADEU JOSÉ FERREIRA, "Operações de futuros e opções", in AAVV, *Direito dos Valores Mobiliários*, Lisboa, Lex, 1997, 161 [121-188]. As opções seguem um regime um pouco diferente daquele que é determinado pelas regras civilísticas, uma vez que não se encontram sujeitas às limitações na realização de negócios de disposição (veja-se o artigo 274.º do CC), por não ser compatível com as regras típicas do mercado dos valores mobiliários – "as opções não dependem da titularidade do activo subjacente no momento em que são celebradas". PAULO CÂMARA, *Manual de Direito dos Valores Mobiliários*... cit., 192 e ss. Questão diversa é a de saber se, no âmbito do contrato de depósito *escrow*, esta limitação disposta no artigo 274.º do CC deverá vigorar, nomeadamente na perspectiva do depositante e do eventual terceiro beneficiário. Abordaremos este assunto adiante.

tida[216], por forma a extinguir a obrigação de restituição que do contrato poderá ter emergido.

VI. Pode, a par das obrigações de guarda e restituição, ser convencionada a administração dos bens depositados, especialmente, quando o objecto do depósito consistir em coisas fungíveis. Desta forma, emergirá na esfera do depositário o dever de prestar contas, nos termos da alínea d) do artigo 1161.º do CC, que advém para qualquer mandatário que seja encarregado da administração de patrimónios de outrem. Não obstante a guarda manter o protagonismo entre as obrigações do depositário, a obrigação de administração, seja ou não conformada pelas instruções do depositante e do terceiro eventual beneficiário, "pode, inclusivamente, ser bastante intensa se estivermos perante títulos fungíveis (por ex., acções negociáveis em bolsa), ficando o depositário *escrow* encarregue de administrar esses valores mobiliários como uma carteira de títulos, vendendo--os de modo a aproveitar e beneficiar da flutuação da cotação das acções em bolsa"[217].

1.3. Negócio fiduciário. O problema da transmissão da propriedade

I. Como se referiu, o contrato de depósito *escrow* tem vindo a ser classificado como um negócio fiduciário[218]. Neste, o fiduciário é investido numa

---

[216] O depósito de coisa controvertida, regulado nos artigos 1202.º e ss. do CC, e designado no ordenamento jurídico italiano por *sequestro convenzionale*, constitui também ele, um contrato misto que configura elementos de depósito e de mandato, não obstante, também aqui, a guarda da coisa ser a obrigação principal. No caso de lhe atribuírem poderes de administração, nos termos do artigo 1204.º do CC pode, o depositário, incidentalmente, celebrar negócios jurídicos por conta do depositante. Distingue-se do depósito *escrow*, desde logo, nos requisitos. Note-se que, por um lado, é necessária a existência de uma controvérsia que, como notam FERNANDO ANDRADE PIRES DE LIMA/JOÃO DE MATOS ANTUNES VARELA, *Código Civil anotado...* cit., 857, em anotação ao artigo 1202.º do CC, não significa a essencialidade de uma acção judicial. Por outro lado, a controvérsia deverá versar sobre um direito relativo à coisa que é objecto do depósito. Este depósito, a par do depósito mercantil, presume-se oneroso nos termos do artigo 1203.º do CC. Porém, ao contrário do contrato de depósito *escrow*, não é necessário a existência de quaisquer instruções para a celebração do contrato.
[217] JOÃO TIAGO MORAIS ANTUNES, *Do contrato de depósito escrow...* cit., 218.
[218] Segundo ANDRÉ FIGUEIREDO, *O Negócio Fiduciário...* cit., 85 e 86, o negócio fiduciário é "o contrato do qual resulta, direta ou indiretamente, uma atribuição plena e exclusiva (ainda que temporária) de um bem ao fiduciário – maxime, de um direito de propriedade sobre uma coisa –, gravada porém por um vínculo funcional de natureza obrigacional que instrumentaliza a situação jurídica em que fica investido o fiduciário à prossecução de um interesse alheio – pertencente

situação jurídica que é tradicionalmente considerada como excessiva[219] à necessária para a prossecução do fim[220] que as partes procuram atingir quando celebram o contrato fiduciário – "[o] meio é excessivo porque permite que o fiduciário exceda o convencionado, violando embora o pacto fiduciário, e venda a terceiro a coisa fiduciada, ou se aproprie dela, ou, mesmo involuntariamente, seja executado por um terceiro perdendo a coisa"[221]. A fidúcia pode ser realizada no interesse do fiduciante, do fiduciário ou de terceiro[222].

Em regra, as partes convencionam um negócio fiduciário, embora não num sentido técnico, já que o depositário não adquire a propriedade da coisa depositada (mesmo que fungível), tornando-a convencionalmente infungível. Esta mantém-se no património do depositante, não obstante ser o depositário a detê-la.

Pode, no entanto, o depositante determinar a transferência dos bens depositados para a titularidade do depositário *escrow* (efeito real do contrato), limitado nos termos do contrato de depósito *escrow* (*pactum fiduciae*, criando um efeito obrigacional)[223], ou a própria natureza do bem depositado levar a tal consequência jurídica[224]. Sendo o caso, a figura assume claras semelhanças com o *trust* do direito anglo-saxónico e assim, será de questionar se estaremos aqui

---

ao fiduciante –, e que impõe, nos termos estipulados, a (re)transmissão daquele acervo patrimonial respetivos frutos para a esfera do fiduciante" (realçados no original). Porém, como explica o Autor, na p. 84, considerando a perspectiva tipológica do negócio fiduciário, não é pressuposto do tipo a existência de um acto transmissivo da coisa para a esfera do fiduciário – o que como acontece no depósito *escrow* (a generalidade das situações). O negócio fiduciário não envolve necessariamente a transmissão da propriedade de uma coisa para o fiduciário, mas apenas que se dê uma transmissão plena de um bem, "seja ele qual for (direito de propriedade, direito real menor, ou direito de crédito)". Idem, 84, nota 218.

[219] Contra a concepção tradicional que considera este excesso ou desproporção da situação em que é investido o fiduciário para a prossecução do fim do contrato, ANDRÉ FIGUEIREDO, *O Negócio Fiduciário...* cit., 81 e 82.

[220] PEDRO PAIS DE VASCONCELOS, *Contratos atípicos – dissertação de doutoramento*, Coimbra, Almedina, 1995, 279, diferencia a causa como fundamento da juridicidade, próprio da doutrina alemã, e da causa como função económico-social típica da fidúcia – própria da causa italiana – "que se traduz principalmente na especial confiança (...) do fiduciante no leal comportamento do fiduciário, e à qual é reconhecido o papel de fundar juridicamente tanto o contrato fiduciário como a atribuição patrimonial que lhe está associada". Porém, como reconhece o Autor na p. 280, "[o] que está em causa na divergência entre a função típica do tipo de referência e a função concreta do contrato fiduciário é a qualificação".

[221] PEDRO PAIS DE VASCONCELOS, *Contratos atípicos...* cit., 260.

[222] Neste sentido, PEDRO PAIS DE VASCONCELOS, *Contratos atípicos...* cit., 258.

[223] ANDRÉ FIGUEIREDO, *O Negócio Fiduciário...* cit., 77.

[224] No sentido de que quando são depositados títulos fungíveis (falando em dinheiro), estes se transferem para o banco, a título de depósito irregular, "*por mucho que en los contratos se quiera*

também perante influências desta figura. Na verdade, "[o]s três intervenientes principais [*settlor*, *trustee* e *beneficiary*] efectuam a separação patrimonial de um conjunto de bens – o património administrado – não apenas para o efeito da sua gestão separada, mas também para que esses bens garantam um grupo distinto de credores"[225]. Na perspectiva dos países de *common law*, prevê-se que a constituição do *trust* – o património separado – tem como consequências a sua oponibilidade aos credores, tanto pelo depositário *escrow*, como pelo depositante[226]. Esta transferência não apresenta natureza contratual, dependendo a transmissão da propriedade apenas de acto unilateral do depositante[227], sendo "[e]ssencial é que na transferência do título dos bens seja feita menção à relação fiduciária existente entre as partes, bem como os limites e à natureza da propriedade detida pelo *escrow holder*"[228].

II. Os mecanismos jurídicos tradicionais do ordenamento jurídico português não permitem satisfazer os interesses das partes, subjacentes à celebração do *trust*[229]. Pedro Romano Martinez e Pedro Fuzeta da Ponte[230] qualificam o depósito *escrow* como um acordo fiduciário, alertando para que o negócio fiduciário em garantia pode "na base da constituição de uma garantia indirecta

---

expresar que estos fondos siguen perteneciendo al comprador que los entrega", expressam-se JOSÉ MARIA ÁLVAREZ ARJONA/ÁNGEL CARRASCO PERERA, *Régimen jurídico...* cit., 234.

[225] MARIA JOÃO ROMÃO CARREIRO VAZ TOMÉ, "Sobre o contrato de mandato sem representação e o trust", ROA, 67, Vol. III, disponível em www.oa.pt, p. 3 da versão *online* (realçados no original).

[226] Como explica ANDRÉ FIGUEIREDO, *O Negócio Fiduciário...* cit., 150 e 151, "só responderão pelas dívidas de um sujeito – em concreto, do *trustee* – aqueles bens de que ele seja, para além de *legal owner*, também *beneficial owner*", faltando, no caso do *trust*, o *beneficial interest* ao *owner*. Noutra formulação, nota MARIA JOÃO ROMÃO CARREIRO VAZ TOMÉ, "Sobre o contrato... cit., 3 da versão *online*, que "[o]s bens administrados *pertencem ao trust e não às partes que compõe a sua estrutura subjectiva* e, especialmente, ao trustee – apesar da sua titularidade jurídica (formal). O trust, por seu turno, numa perspectiva material ou substancial, pertence aos beneficiários, e não ao trustee ou ao settlor" (realçado nosso). Segundo a Autora, os bens constituídos em *trust* constituem um "*fundo separado distinto do património pessoal do trustee*", pelo que não obstante o *trustee* ser o seu titular, as suas obrigações pessoais não se repercutem nos bens em *trust*.

[227] JOÃO TIAGO MORAIS ANTUNES *Do contrato de depósito escrow...* cit., 185, nota 635.

[228] JOÃO TIAGO MORAIS ANTUNES, *Do contrato de depósito escrow...* cit., 187. Cf. pp. 188 e 189, acerca das consequências da reconducção do instituto do depósito *escrow* ao *trust*. Desde logo passa a ser oponível a terceiros, concretamente aos credores pessoais do depositante e do depositário *escrow*. Por outro lado, o *escrow holder* passa a ser responsável pela guarda, restituição e administração dos bens depositados perante o depositante e perante o terceiro eventual beneficiário, na qualidade de *trustee*. A administração é feita de acordo com a vontade do *trustee*.

[229] MARIA JOÃO ROMÃO CARREIRO VAZ TOMÉ, "Sobre o contrato... cit., 20 da versão *online*.

[230] PEDRO ROMANO MARTINEZ/PEDRO FUZETA DA PONTE, *Garantias de cumprimento...* cit., 64-65.

(...) ou de um negócio obrigacional[231], (...) não confere maior garantia do que aquela que advém do património do devedor". Assim, a fidúcia pode ter por duas finalidades: (i) a garantia – *fiducia cum credore*; ou (ii) a administração – *fiducia cum amico*[232]. Os negócios fiduciários "reconduzem-se a uma transmissão de bens ou direitos, realmente querida pelas partes para valer em face de terceiros e até entre elas, mas obrigando-se o adquirente a só exercitar o seu direito em vista de certa finalidade"[233]. Note-se ainda que "a atribuição patrimonial pode consistir, não na investidura do fiduciário numa situação jurídica real, mas na titularidade de um direito de crédito ou de outra natureza"[234].

III. Para se tratar de um negócio fiduciário em sentido técnico, é necessário que no depósito *escrow* seja expressamente convencionada a transmissão de propriedade, ou que esta derive da natureza daquele depósito, *maxime* quando esta assumir a configuração de depósito irregular. Recorde-se, no entanto, que se trata de situações excepcionais. Esta recondução tem como efeito que, em caso de incumprimento ou insolvência pelo *escrowee*, o terceiro eventual beneficiário e o depositante se encontrem potencialmente desprotegidos, pois o depositário é titular de pleno direito e em nome próprio, face ao direito português.

Adiante também teremos oportunidade para tomar posição acerca dos meios de tutela do terceiro eventual beneficiário e o depositante em caso de incumprimento (e em caso de insolvência) do depositário *escrow*.

2. Incumprimento do contrato

2.1. Incumprimento do depositante. Falta de depósito da coisa

I. Não sendo o contrato de depósito *escrow* qualificável como um contrato real *quoad constitutionem* em todos os casos[235], questão que se pode colocar é

---

[231] Luís Menezes Leitão, *Garantias das obrigações...* cit., 319, prefere designar estes casos de garantias especiais atípicas, referindo-se ao *efeito-resultado* do instituto, cuja função primordial, não sendo a atribuição de uma garantia, permite ao credor subtrair-se ao regime do concurso com os outros credores.
[232] Hugo Ramos Alves, *Do Penhor*, Coimbra, Almedina, 2010, 307.
[233] Manuel de Andrade, *Teoria Geral da Relação Jurídica – Facto Jurídico, em especial Negócio Jurídico*, vol. II, 9.ª reimpressão, Almedina, Coimbra, 2003, 175. Destacando que o negócio fiduciário constitui um exemplo de negócio indirecto, Tullio Ascarelli, "Il negozio indireto... cit., 8 e 9.
[234] Pedro Pais de Vasconcelos, *Contratos atípicos...* cit., 259.
[235] No ac. do STJ de 10-11-2011, com o processo n.º 6152/03.0TVLSB.S1, relator Gregório Silva Jesus, disponível em http://www.dgsi.pt, o tribunal qualificou o contrato de depósito *escrow* como contrato real *quoad constitutionem*, aquando da sua definição.

a de saber, nos casos em que não tiver sido entregue a coisa na celebração do contrato, se poderá o depositário *escrow* exigir ao depositante a entrega da coisa. Pensamos que não. Tal como o depósito civil típico, o depósito *escrow* não é celebrado no interesse exclusivo do depositário e, desta forma, ele nunca poderá exigir a entrega da coisa. Ademais, recorde-se que a *causa negotti* do depósito *escrow* consiste na "garantia" de obrigações, que é pretendida pelas outras partes, e não pelo depositário. Pode acontecer que na relação subjacente o depositante e o terceiro eventual beneficiário acordem a entrega da coisa directamente do primeiro ao segundo, em virtude da verificação do evento esperado, previamente à entrega da coisa ao *accipiens*[236].

Repare-se que a celebração do contrato de depósito *escrow* apenas confere ao depositário o dever de guarda e restituição *segundo as instruções do depositário e do terceiro eventual beneficiário* e, no caso de não ser expressamente excluído pelas partes, o direito a uma contrapartida. A entrega da coisa tem lugar, as demais vezes, com a celebração do contrato e, sem ela, não poderá existir obrigações (e não direitos) de custódia nem de restituição. No entanto, tendo sido celebrado o contrato de depósito *escrow* e nele estipulada uma retribuição, tem o depositário direito à totalidade dos *fees* que foram estabelecidos. É que o contrato constitui o depositante e o depositário no dever de pagar a contrapartida pelo cumprimento da obrigação, quando assim for estipulado – recorde-se no entanto que existe uma presunção do depósito ser oneroso.

Questão diversa é a de saber se o terceiro eventual beneficiário terá direito a exigir a entrega da coisa ao depositário *escrow*. Tratando-se de questão mais complexa, tendemos aqui a dar uma resposta no sentido positivo. Uma vez que o contrato foi celebrado também no interesse do terceiro eventual beneficiário, tendo o depositante assumido a obrigação de entregar a coisa, consideramos que, não obstante o terceiro eventual beneficiário ter, na pendência do evento que determinará – ou não – a sua titularidade do direito à restituição da coisa, uma mera expectativa a receber o bem, a função "garantística" do depósito *escrow* leva a que ele tenha um verdadeiro direito à entrega do bem ao depositário. A falta de entrega não invalida o consenso a que as três partes chegaram, no sentido de depositar a coisa junto do *holder*, com vista à garantia de uma obrigação e, assim, sem a entrega da coisa, a função de garantia do depósito

---

[236] Devido ao carácter acessório do depósito *escrow*, esta situação levará à extinção da causa inerente à sua celebração e à sua consequente cessação, porque dependente da relação jurídica subjacente, em virtude da ligação funcional unilateral com esta estabelecida. Por outro lado, caso o negócio subjacente seja anulado ou declarado nulo, também cessará o depósito *escrow*. Destacando este carácter acessório do depósito em garantia, L. MIGUEL PESTANA DE VASCONCELOS, *Direito das Garantias...* cit.. (2.ª ed.), 560.

escrow não é cumprida. Consideramos pois que o terceiro eventual beneficiário tem um *verdadeiro direito subjectivo* à entrega da coisa ao depositário pelo depositante, ao abrigo do contrato de depósito *escrow*, quando a *traditio* não tenha lugar na formação do contrato.

Claro que esta obrigação de depósito da coisa se encontra ligada ao desenvolvimento da relação subjacente, estabelecida através do negócio com o qual o depósito se encontra coligado. Pode acontecer que o cumprimento no contrato subjacente tenha tido lugar independentemente do depósito da coisa junto do depositário, deixando nestes casos de existir a *causa* inerente à celebração do depósito *escrow*. Nestes casos, o crédito do terceiro eventual beneficiário, ao abrigo da relação subjacente, é satisfeito e a obrigação de depositar a coisa extingue-se, porque deixa de existir interesse do seu credor, sem prejuízo dos *fees* devidos ao depositário.

A entrega da coisa ao depositário não pode constituir cumprimento para efeitos da relação jurídica subjacente à celebração do depósito *escrow*. Pense-se nos casos em que a coisa entregue ao depositário *escrow*, não for o objecto da prestação devida no contrato subjacente, mas apenas um bem que servirá para o credor/eventual beneficiário satisfazer o seu interesse – por exemplo, mediante a dação em cumprimento, prevista nos artigos 837.° e ss. do CC.

II. Cumpre questionar se o depósito da coisa pelo depositante junto do depositário *escrow* tem efeitos liberatórios para o contrato que constituiu a relação jurídica subjacente, por outro lado, quando a essa coisa é a mesma que deverá prestada no âmbito da relação subjacente. Explicando: desta forma, quer o depositário, quer o devedor, ficam adstritos a prestações diversas (e com *timings* de exigibilidade diferentes) de entregar a mesma coisa. A resposta deverá, na nossa opinião, ser no sentido de que o depósito do bem pelo depositante junto do *holder* não terá efeitos liberatórios, pois as partes, ao celebrarem um depósito *escrow*, não pretendem proceder a uma novação[237], nem subjectiva (constante dos artigos 862.° do CC, mediante substituição do devedor original pelo depositário), nem objectiva (constante dos artigos 861.° do CC, através de o devedor/depositante contrair perante o credor/terceiro eventual beneficiário uma nova obrigação, garantida pela obrigação de guarda e restituição), sendo

---

[237] A novação trata-se de uma causa extintiva da obrigação, diferente do cumprimento e muito próxima da dação em cumprimento, na medida em que na primeira a primeira a extinção da obrigação dá-se por efeito da criação de uma nova obrigação em seu lugar, enquanto na segunda, a extinção tem lugar, ainda que sem contracção de uma nova obrigação, mediante uma prestação diferente da que é devida. João Matos Antunes Varela, *Das Obrigações em Geral...* cit., vol. II, 230-232.

que, para a existência de uma novação, sempre seria necessária uma vontade expressamente manifestada, nos termos do disposto no artigo 859.º do CC.

Esta manifestação expressa é também exigida pelo 595.º, n.º 2 do CC[238], não se tratando, desta forma, de uma assunção de dívida liberatória, porquanto "à simples circunstância do beneficiário ratificar ou participar no contrato celebrado entre o depositante e o depositário não pode ser atribuído o significado da exoneração do depositante". João Tiago Morais Antunes[239] defende assim que haverá então uma "assunção cumulativa de dívida" (condicional[240]) e que o depósito *escrow constitui um regime de solidariedade passiva imperfeita entre o antigo devedor (depositante) e o novo devedor (depositário)* [241]. Trata-se de uma solidariedade imperfeita, porque os intervenientes assumem posições qualitativamente diversas: o depositante continua a ser o devedor principal e o depositário passará a ser o garante, no caso de verificação do evento determinado. Através da celebração do depósito e, simultaneamente, da emissão de instruções (ainda que em conjunto com o eventual beneficiário), o depositário encarrega o depositante de, *por sua conta e, se for devida de acordo com as instruções recebidas*, entregar a coisa depositada ao terceiro eventual beneficiado. Pela celebração do depósito *escrow*, encontram-se adstritos, quer o depositante, quer o depositário, à satisfação do mesmo interesse, mas a sua obrigação provêm de fonte diversa.

III. Estaremos perante uma obrigação subjectivamente complexa? Mais uma vez a resposta é negativa[242], porquanto não existe a mesma *causa*[243] nas obrigações. Enquanto a causa da obrigação do depositante reside no contrato

---

[238] João Tiago Morais Antunes, *Do contrato de depósito escrow...* cit., 86.

[239] João Tiago Morais Antunes, *Do contrato de depósito escrow...* cit., 87.

[240] Javier Prenafeta Rodriguez, *Sobre el contrato de escrow...* cit., defendendo que a natureza jurídica do contrato de depósito *escrow* é a de uma compra e venda sujeita a condição suspensiva, embora reportando-se à modalidade de *softcode escrow agreement*, uma vez que no entender do Autor, quando verificadas as circunstâncias previstas no contrato, o depositário adquire *"la titularidad con plenos derechos sino limitada, ya que, logicamente, no se le debe permitir el desarrollo y comerciazación del programa en cuestión"*.

[241] Note-se que tratando-se de um contrato trilateral, resulta que não poderá ser adoptada, no que respeita a modalidade, a concepção bipartida entre assunção *interna* e *externa*, na medida em que participam o antigo devedor (que se mantém), o novo, e o credor. Acerca desta distinção, Luís Meneses Leitão, *Direito das Obrigações – Transmissão e extinção das garantias, não cumprimento e garantias de crédito*, vol. II, 8.ª ed., Coimbra, Almedina, 2011, 53.

[242] Também assim, João Tiago Morais Antunes, *Do contrato de depósito escrow...* cit., 88.

[243] Aqui utilizamos causa no sentido técnico-jurídico de *causa/fonte da obrigação*, ou seja, "o seu fundamento jurídico, no sentido da sua origem ou da sua fonte". Pedro Pais de Vasconcelos, *Teoria Geral...* cit., 312.

subjacente, a causa da obrigação do *escrow holder* funda-se no contrato de depósito *escrow*. Além disso, enquanto o depositante tem a obrigação de entregar a coisa, o depositário tem a obrigação de guardar e restituir *de acordo com as instruções recebidas*.

Ademais, o cumprimento desta obrigação pelo *escrowee* tem como corolário lógico anterior o cumprimento de uma outra obrigação do devedor/depositário, agora no âmbito do contrato de depósito *escrow*, e não no âmbito do contrato subjacente – *i.e.*, sem o devedor/depositário entregar a coisa devida no contrato subjacente ao depositário, este não poderá cumprir as suas obrigações. O *holder* tem, pois, uma obrigação própria e não assume uma obrigação de outrem no âmbito de outro contrato, ainda que funcionalmente ligado ao da fonte da sua obrigação (excluímos, portanto, a hipótese de estarmos perante uma assunção fidejussória de dívida[244]).

No entanto, a celebração do depósito com a correspondente entrega da coisa é, para o credor da prestação, um primeiro passo do devedor para a satisfação do seu crédito, através do cumprimento de uma obrigação diversa, colateral, cuja exigibilidade é anterior à da obrigação principal, em virtude do contrato de depósito *escrow* – ressaltando, desta forma, a função garantística deste contrato.

2.2. Incumprimento das obrigações do depositário

2.2.1. Impossibilidade do cumprimento dos deveres de guarda e de restituição

I. A impossibilidade do cumprimento, reportando-se ao não cumprimento definitivo, é apresentada no CC, quando não for imputável ao credor, como uma causa extintiva da obrigação (nos termos do artigo 790.º) ou, quando lhe for imputável, como fonte de responsabilidade civil do devedor (de acordo com artigo 801.º).

Não deixa de ser curioso que a ligação existente entre as obrigações de guarda e de restituição leve a que o incumprimento dos deveres decorrentes do depósito *escrow* pelo depositário tenha sempre de ser apreciado atendendo ao conjunto daquelas. Uma vez que se trata de uma obrigação de resultado, a apreciação do cumprimento da obrigação de restituição deve ser o primeiro passo a tomar na análise do incumprimento pelo depósito, através do apuramento da entrega da coisa.

---

[244] Acerca desta, *vide*, Manuel Januário da Costa Gomes, *Assunção fidejussória...* cit.

No caso de o bem depositado não ter sido entregue, estaremos, desde logo, perante o incumprimento da obrigação de restituição. É então necessário verificar se esta não foi simplesmente entregue – podendo tal situação dever-se, simultaneamente, ao incumprimento das instruções recebidas – ou se, cumulativamente, houve um incumprimento da obrigação de guarda, sobre o qual nos pronunciaremos *infra*.

Mesmo que cumprida a obrigação de restituição e entregue a coisa, é necessário ainda averiguar do cumprimento da obrigação de guarda, porquanto pode a coisa encontrar-se danificada. Mas, por outro lado, uma vez perante o incumprimento da obrigação de restituição, não se pode responsabilizar sem mais o depositário – não se vendo razões para não as aplicar ao depósito *escrow* as regras relativas à matéria constantes do CC, estabelecidas para o depósito civil típico. O artigo 1188.º, n.º 1, do CC impõe a necessidade de verificar se o incumprimento lhe é imputável, e assim verificar se, o incumprimento do dever de guarda – porque logicamente precedente – foi a causa do incumprimento do dever de restituição: tal deve-se à restituição depender da conduta diligente do depositário, também apreciada no cumprimento da obrigação de custódia.

II. Assim, nos casos em que a restituição não for possível – "um obstáculo se opõe a que o devedor a realize: este, mesmo que quisesse, não poderia em absoluto cumprir"[245] –, por causa não imputável ao depositário, é necessário confirmar se (i) estamos perante uma perda ou deterioração da coisa ou se, por outro lado, (ii) nos encontramos numa situação de privação da detenção[246], em virtude de uma subtracção (facto) de terceiro[247].

No primeiro caso, estaremos no âmbito do artigo 790.º, n.º 1 do CC, cabendo ao depositário demonstrar inimputabilidade da causa ou a natureza fortuita do evento preclusivo do resultado devido (impossibilidade objectiva), ou seja, que *aquele* facto danoso não poderia ter sido evitado por um *depositário*

---

[245] FERNANDO DE SANDY LOPES PESSOA JORGE, *Ensaio sobre os pressupostos da responsabilidade civil*, reimpressão, Coimbra, Almedina, 1999, 112.
[246] Neste caso, atendendo à natureza do facto (privação da detenção) pareceria estarmos perante uma impossibilidade temporária, tal como regulada no 792.º do CC, mas o legislador ficcionou uma impossibilidade definitiva. CARLOS BRANDÃO PROENÇA, "Do dever de guarda... cit., 86.
[247] Diferente foi a formulação do *artículo* 1780.º do *Codice Civile*, mais dúbia. Veja-se, desde logo, a epígrafe.

normal[248]-[249], seguindo o critério já referido do 487.º, n.º 2 do CC, por força do 799.º daquele diploma, e não se exigindo, como outrora, a "prova específica e *autónoma* da causa"[250].

III. Pergunta-se qual a diligência que deve o depositário *escrow* usar no cumprimento das instruções dadas pelas partes. Nota Ferreira de Almeida[251], a propósito do mandato que "sempre que o mandatário actuar no âmbito da sua actividade profissional, como geralmente sucede no âmbito dos contratos onerosos, é claramente insatisfatória a fórmula do *bonus pater familias* (...), que terá de ser reforçada com os deveres estatutários de cada profissão e com as legítimas expectativas do mandante acerca da eficiência, da fidelidade e da lealdade do mandatário". Em coerência com o que foi dito acerca da diligência para o cumprimento da obrigação de guarda, somos forçados a discordar esta afirmação. O critério de apreciação abstracta apresenta, tal como como configurado, um nível da culpa variável e, por isso, deverá ser apurado em *"função das circunstâncias do caso"*, como dispõe o n.º 2 do artigo 487.º do CC, nas quais será de atender a qualidade profissional do depositário. Cumpre no entanto notar que na existência de acto negligente do depositário que facilite ou provoque o facto danoso, a sua responsabilidade deverá ser total.

No segundo caso referido, aquele em que se dá a mera privação da detenção, encontrando-nos no âmbito do artigo 1188.º, n.º 1, do CC. Aqui, desde logo, terá o devedor de provar que a privação da detenção foi causada por facto que não lhe é imputável[252]. Após esta primeira prova, o *accipiens* terá ainda – para ser exonerado das suas obrigações de guarda e restituição – de afastar a

---

[248] É defensável que a constituição de um seguro, não havendo instruções do depositante nesse sentido (o que a tornaria obrigatória), constitua um dever lateral de cuidado e segurança, principalmente quando o objecto do depósito constitua bem valioso.
[249] Pode para tal invocar (i) um *factum principis*, (ii) a ocorrência de um evento com as características de força maior ou caso fortuito, (iii) um acto de terceiro, (iv) um acto do depositante, ou até (v) um acto próprio, desde que cometido sem imputabilidade ou justificável a outro título. CARLOS BRANDÃO PROENÇA, "Do dever de guarda... cit., 79.
[250] CARLOS BRANDÃO PROENÇA, "Do dever de guarda... cit., 78 (realçado no original), explicando que não se exige portanto demonstrar que o evento integra o conceito de "caso fortuito" ou de "força maior".
[251] CARLOS FERREIRA DE ALMEIDA, *Contratos II...* cit., 171.
[252] No sentido de que bastará apenas esta prova, considerando o furto como causa não imputável, para efeitos da exoneração do depositário, ac. STJ de 17.03.1983, processo n.º 070441, relator MÁRIO DE BRITO, cujo sumário se encontra disponível em http://www.dgsi.pt

presunção de culpa que sobre ele recai por força do disposto no artigo 799.º do CC[253].

IV. Exonerado das obrigações referidas[254], o depositário vê constituído na sua esfera um dever acessório[255] de comunicar imediatamente[256] ao *tradens* (e no caso do depósito *escrow*, também ao terceiro eventual beneficiário), nos termos do artigo 1188.º, n.º 1, do CC, a privação da coisa, para que este possa adoptar as medidas que julgue mais adequadas a recuperar o bem e defender o seu direito real.

Tem-se questionado quais consequências a impor ao depositário pelo incumprimento deste dever[257] – posterior à exoneração dos deveres de guardar e restituir. A dúvida tem residido em saber se o conteúdo da indemnização

---

[253] CARLOS BRANDÃO PROENÇA, "Do dever de guarda... cit., 88. No bom sentido da interpretação, *vide* ac. TRL de 01.04.2009, processo n.º 3019/06.4TVLSB.L1-6, relator GRANJA DA FONSECA, disponível em http://www.dgsi.pt. Também no ac. do STJ de 18.04.2006, processo n.º 06A724, relator NUNO CAMEIRA, disponível em http://www.dgsi.pt, caso em que o furto ocorreu a um depositário que assumia funções enquanto profissional, o tribunal decidiu que não bastava a prova do furto para exonerar o depositário profissional da sua responsabilidade. Contudo, no caso de o furto ter sido consumado *apesar da diligência colocada pelo depositário profissional na guarda*, estariam reunidas as condições para a sua exoneração.

[254] O que só não acontecerá em casos excepcionais, como aqueles que se encontravam previstos no artigo 1436.º do Código de Seabra, em que o depositário, tendo assumido esse risco, se compromete a pagar uma indemnização e, ainda, naquele em que ele se encontra em mora quanto à obrigação de restituição no momento se dá a privação da detenção, o que conduz à inversão do risco, nos termos do artigo 807.º do CC, com excepção dos casos de relevância negativa da causa virtual. LUÍS MENEZES LEITÃO, *Direito das Obrigações...* cit., vol. III, 493. Já assim na época de Justiniano, ANTÓNIO SANTOS JUSTO, "O depósito no direito romano... cit., 77.

[255] Decorrendo este dever da boa fé (pois a extinção do contrato não liberta os contraentes do cumprimento de certos deveres de lealdade e cooperação) e do artigo 1188.º, n.º 1, 1ª parte (fonte legal), parece que atendendo à *ratio* deste último preceito é indiferente a natureza principal, secundária ou acessória do dever de guarda. Assim, este será aplicável a todos os contratos em que exista um dever de guarda por força da aplicação da boa fé quando a impossibilidade definitiva da restituição se deva ao perecimento da coisa por facto fortuito e por aplicação analógica do artigo 1188.º, quando essa impossibilidade definitiva (ficcionada) se deva à privação da detenção por facto não imputável. CARLOS BRANDÃO PROENÇA, "Do dever de guarda... cit., 92 e ss., embora exista quem defenda que a fonte da obrigação é, não o contrato, mas a lei.

[256] Distinguindo também a obrigação de restituição e o dever acessório de comunicação, considerando que cada uma terá uma sanção própria, FERNANDO ANDRADE PIRES DE LIMA/JOÃO DE MATOS ANTUNES VARELA, *Código Civil anotado...* cit., 840, em anotação ao artigo 1188.º do CC.

[257] O Código de Seabra estabelecia, no artigo 1452.º, que o incumprimento ou o cumprimento tardio do dever de comunicação poderia constituir um dever de indeminização, uma vez que esta comunicação é fulcral para o depositante poder adoptar medidas defensivas do seu direito real ou com vista à recuperação da coisa.

deverá corresponder (i) aos danos resultantes da perda da coisa (concepção abstracta) ou se (ii) aos danos que sejam consequência adequada do concreto incumprimento (concepção concreta). O caminho traçado até ao surgimento deste problema denotou logo a posição que adoptamos, já que, logicamente, só a teoria concreta considera ser o artigo 1188.º estruturado em duas partes, não condicionando a exoneração das obrigações de restituição e guarda (trata-se de um efeito legal) do depositário ao cumprimento do dever de denúncia do facto que levou à perda da detenção[258].

Cumprido o dever acessório de comunicação e exonerado o depositário das suas obrigações nos termos do artigo 790.º, n.º 1 do CC, terá o depositário e/ou o terceiro eventual beneficiário o direito a exigir a comissão paga ao abrigo do contrato (sem descurar o pagamento das eventuais despesas que o *escrowee* teve com a guarda da coisa), sem prejuízo de o depositário poder exigir uma retribuição proporcional ao tempo decorrido, nos termos do artigo 1202.º, n.º 2 do CC[259] – afastando-se a regra geral do artigo 795.º do CC.

É com base nestes pressupostos que concordamos com João Tiago Morais Antunes[260], quando afirma que "no depósito, a restituição da coisa surge, assim, como *fim mediato prescindível*, contrariamente à custódia que desponta como o *fim imediato essencial*, visado pelas partes com o depósito".

Deste modo, no âmbito do depósito *escrow*, o risco de perecimento ou deterioração, bem como a prática de actos de disposição não consentidos é suportado pela parte que no momento da ocorrência do facto tivesse legitimidade para exigir a entrega dos bens (leia-se que tenha o direito à restituição)[261], a qual, em princípio, será acompanhada do direito de propriedade sobre a coisa. Pode inclusivamente acontecer que estes tenham lugar antes da verificação do evento desencadeador imposto pelas instruções, não sendo ainda possível determinar qual das partes teria o direito à restituição da coisa. Parece que neste caso, o risco deve correr por conta do proprietário da coisa, nos termos gerais do direito.

---

[258] A teoria abstracta tem sido criticada por confundir indemnização (que depende do cálculo efectivo dos danos) com o problema do risco, fazendo-o recair sobre o depositário, pois o depositante teria o direito à coisa, mesmo que a viesse a recuperar, quer em situações em que, mesmo com conhecimento atempado da situação, nada pudesse fazer para evitar a perda da coisa. CARLOS BRANDÃO PROENÇA, "Do dever de guarda... cit., 91.
[259] Nos mesmos termos, quanto ao depósito civil típico, JOSÉ CARLOS BRANDÃO PROENÇA, "Do dever de guarda... cit., 87 e NUNO AURELIANO, *O Risco nos Contratos de Alienação*... cit., 443.
[260] JOÃO TIAGO MORAIS ANTUNES, *Do contrato de depósito escrow*... cit., 38.
[261] ALDO MARCO LUCIANI, "Escrow... cit., 816.

V. Já no caso de o incumprimento ser imputável ao depositário *escrow* – por exemplo, pelo uso não autorizado da coisa[262] –, haverá que apurar os pressupostos de responsabilidade civil por forma a constituir o depositário *escrow* no dever de indemnizar o titular do direito à restituição, nos termos do disposto nos artigos 798.º e ss., do CC. Uma nota para distinguir que, dado o carácter fiduciário do depósito *escrow* e a sua natureza *intuitus personae*, deve ser o próprio depositário a guardar a coisa depositada[263], não podendo celebrar subcontratos de depósito *escrow*[264] (sem limitar, no entanto, a utilização de auxiliares) e, se o fizer, também aí estará a incumprir o dever de guarda a que se obrigou, para além das instruções dadas pelo terceiro eventual beneficiário e pelo depositante.

A análise do incumprimento dos deveres do depositário *escrow* deve ser investigada em *estreita consonância com a natureza de negócio fiduciário* – por vezes em sentido técnico, mas, na maioria das situações, nem tanto – por forma a tutelar a posição creditícia em que ficam investidos o depositante/fiduciante e o terceiro eventual beneficiário, particularmente, perante os credores gerais do depositário, terceiros adquirentes de um direito incompatível com o seu[265]. É pois necessário atentar aos casos em que o *escrowee* (i) aliena os bens depositados a terceiros, (ii) se recusa a restituí-los ou, ainda, aos casos em que (iii) é executado ou entra em situação de insolvência, para apurar o *"risco fiduciário"*[266]. Registe-se, desde logo, que em caso de incumprimento definitivo, mora ou

---

[262] Nas ordenações filipinas, a sanção para a violação dos deveres de guarda e de não uso era grave: prisão do depositário até à restituição da coisa ou até pagar o dano causado pelo uso da coisa contra a vontade do dono. ANTÓNIO SANTOS JUSTO, "Algumas considerações... cit., 414.

[263] Podem ser concebidas situações de alguma complexidade com terceiros ao contrato de depósito *escrow*. Considere-se o exemplo de as partes convencionarem depositar junto de um advogado uma soma muito avultada de dinheiro. Naturalmente este irá depositar a soma junto de um banco, não perdendo, no entanto a sua posição de *escrowee* no âmbito do contrato, sendo ele (e não o banco) obrigado para efeitos do contrato.

[264] Demonstrando que tal é naturalmente impossível, por ser necessário o acordo das três partes e as instruções terem de ser dadas tanto pelo depositário como pelo depositante directamente, *vide* ROGER BERNHARDT, "The Suborned Subescrow", *in Golden Gate University School of Law Digital Commons: The Legal Scholarship Repository, Golden Gate University School of Law*, publications paper no. 393, 2006, disponível em http://digitalcommons.law.ggu.edu/pubs/393.

[265] Trata-se da chamada *dimensão externa* da relação fiduciária, que se traduz no potencial conflito entre as posições do fiduciante e de terceiros, estranhos ao acordo fiduciário. A dimensão externa contrapõe-se à dimensão interna da relação fiduciária, que se caracteriza por ser aquela em que se estabelece, no âmbito do arranjo fiduciário, entre o fiduciante e o fiduciário. ANDRÉ FIGUEIREDO, *O Negócio Fiduciário...* cit., 74.

[266] Expressão de ANDRÉ FIGUEIREDO, *O Negócio Fiduciário...* cit., 77 e 78, chamando a atenção para que a expressão corrente na doutrina tradicional é a de "risco de infidelidade". Nota o Autor, e bem no nosso entender, que o *risco fiduciário* não deve ser considerado como um elemento

cumprimento defeituoso, não poderá deixar de se recorrer à responsabilidade civil contratual, conquanto que se tenham em conta, na apreciação dos requisitos de responsabilidade, as especificidades que fomos explicitando ao longo do presente estudo[267].

VI. Em caso de venda do bem depositado pelo depositário *escrow*, de duas, uma: ou (i) a coisa depositada estava na sua propriedade e a transmissão é válida e eficaz, havendo depois que apurar as consequências ao nível do contrato de depósito *escrow*, nomeadamente ao nível de responsabilidade; ou (ii) a coisa depositada não constituía, como as demais das vezes, seu património e a transmissão poderá não ser válida, aplicando-se as regras de venda de coisa alheia de bens, previstas nos artigos 892.º e ss. do CC ou as constantes do artigo 467.º do CCom[268]. Note-se que, contrariamente às regras do CC, o artigo 467.º do CCom estabelece que em comércio são permitidas as vendas de coisa alheia, obrigando-se o vendedor a adquirir o título legítimo da propriedade da coisa vendida para o entregar ao comprador, "sob pena de responder por danos e perdas". Porém, com nota Pedro Romano Martinez[269], a solução do CCom é semelhante à do CC, embora numa perspectiva diversa. Naquele, a venda de bem alheio será válida, mas não produzirá efeitos se não for convalidada. Neste, a venda alheia é nula, podendo no entanto ser convalidada.

Nos casos em que o *escrow holder* assumiu a posição de fiduciário em sentido técnico[270] – tendo a coisa depositada integrado o seu património[271] (efeito real do contrato), limitado nos termos do contrato de depósito *escrow* (*pactum fiduciae*) –

---

definidor do negócio fiduciário, pois o risco inerente ao incumprimento das obrigações da generalidade dos tipos contratuais.

[267] Recorde-se que tratando-se a coisa depositada de dinheiro, "[n]ão é liberatória a falta de meios económicos. O dinheiro nunca desaparece, pelo que as prestações pecuniárias são sempre possíveis. Ao devedor insolvente aplicam-se as regras da responsabilidade patrimonial: não as da impossibilidade". António Menezes Cordeiro, *Tratado de Direito Civil Português*, vol. II (Direito das obrigações), tomo IV, Coimbra, Almedina, 2010, 183.
[268] Sobre a venda de bens alheios, *vide* Luís Menezes Leitão, *Direito das Obrigações...* cit., vol. III, 96 e ss..
[269] Pedro Romano Martinez, *Direito das Obrigações (Parte Especial – Contratos*, 2.ª ed. (3.ª reimpressão da edição de Maio/2001), Coimbra, Almedina, 120.
[270] Hugo Ramos Alves, *Do Penhor...* cit., 311, explicando que o fiduciante fica exposto a quatro riscos: "(i) a recusa de transmissão, (ii) a transferência a terceiro, (iii) a penhora e (iv) a declaração de insolvência do fiduciário".
[271] Saber se existem verdadeiras obrigações de guardar e de restituir no depósito irregular (o que tem por objecto uma coisa fungível) assume especial relevância no momento de definir os riscos a que se encontra exposto o depositante, no âmbito do depósito bancário e do depósito *escrow* irregular. Recorde-se posições no sentido de que não existe qualquer obrigação de custódia, a

face à recusa do depositário em retransmitir os bens depositados, o depositante e o terceiro eventual beneficiário dispõem de vários meios civis e comerciais de protecção dos seus direitos[272]. Ainda, encontrando-se reunidos os pressupostos de formais e substanciais para que se possa aplicar o disposto no artigo 830.º

---

de Manuel Januário da Costa Gomes, *Contratos Comerciais...* cit., 168-169, e de Fernando Conceição Nunes, "Depósito e Conta... cit., 68.
Para um exemplo da referida exposição a outros riscos, veja-se o ac. do TRL de 16.04.2013, com o processo n.º 1121/11.0TVLSB.L1-7, relator Luís Espírito Santo, disponível em http://www.dgsi.pt. O complexo caso em análise (onde utilizaremos denominações fictícias) teve lugar no âmbito da aquisição de acções detidas pela Sociedade E (vendedora) na Sociedade O pela Sociedade C. Foi convencionado que a Sociedade C (compradora) iria depositar parte do preço junto do Banco B (depositário *escrow*), para garantir a Sociedade E em caso de "incumprimento ou de existência de contingências que pudessem surgir até ao fim do segundo mês subsequente ao quinto aniversário da transmissão das acções". Acontece que a *escrow account*, na qual o montante foi depositado, tinha dois titulares: a Sociedade E e a Sociedade M, detentora da maioria do capital social da sociedade E. Assim, no acórdão aprecia-se um incidente de oposição mediante embargos de terceiro intentado pela sociedade E, uma vez que, em virtude de uma execução movida contra a Sociedade M pela Sociedade F, metade do montante depositado na conta *escrow* foi penhorado, com fundamento na presunção (estabelecida no artigo 512.º do CC) de que a participação nos créditos era tida em partes iguais pela Sociedade E e pela Sociedade M, tendo no entanto a Sociedade E sido bem-sucedida na elisão da presunção e fazendo valer o seu direito incompatível com a diligência da penhora.
Este acórdão levanta várias questões jurídicas interessantes. Desde logo, o de saber como podem existir dois, na gíria comercial, "titulares de uma conta", mas apenas um deles ser titular da totalidade dos créditos nela registados e dele beneficiando sozinho, como determinou o TRL ao levantar a penhora sobre a *escrow account*. Para o assunto, que não será explorado nesta sede, *vide*, Fernando Conceição Nunes, "Depósito e Conta... cit., 77 e ss..
Considere-se, no entanto, que a Sociedade E não tinha logrado a elisão da presunção estabelecida no artigo 516.º do CC. Tratando-se de um depósito de bens fungíveis (dinheiro), será que estaríamos perante um caso de impossibilidade por facto (penhora) não imputável ao depositário *escrow* (e, portanto, verificados os outros pressupostos, tal como enunciados, o iria excluir da obrigação de indemnizar)? Tenha-se em conta que, na realidade, tratando-se de uma prestação infungível, o que constitui um depósito irregular, costuma a doutrina afirmar que a coisa depositada integra o património do depositário, passando este a assumir o risco que possa advir de factos que dificultem ou, impossibilitem, a prestação da obrigação. Além do mais, a natureza fungível do objecto, conciliada com a assunção do risco pelo depositário, sempre levaria a considerar que este pode, na realidade, cumprir a obrigação de restituir o mesmo género e qualidade (*tantundem eiusdem generis et qualitatis*) – não sendo de aplicar a impossibilidade da prestação, para efeitos do artigo 790.º do CC. Tendo presente estes riscos de exposição do depositante, cumprirá mais tarde analisar os seus riscos em caso de depósito irregular, no caso de o *escrowee* entrar em situação de insolvência.
[272] Sobre o tema, *vide* João Tiago Morais Antunes, *Do contrato de depósito escrow...* cit., 285-288, que enuncia, para além dos referidos no nosso estudo, os mecanismos de protecção ao abrigo do contrato a favor de terceiro, naqueles casos em que o depósito *escrow* seja celebrado de forma bilateral.

do CC, que a doutrina tem reconhecido como relativo à execução de toda a obrigação de contratar, é possível o recurso à execução específica — na medida em que através do depósito *escrow* constituirá uma verdadeira obrigação de contratar, por ser necessário um novo negócio jurídico translativo, mesmo que unilateral, para que o depositário retransmita a propriedade ao depositante[273]. Por outro lado, o instituto do abuso de direito, previsto nos artigos 443.º e ss. do CC também poderá ser aplicável, quando a actuação do *holder* seja "*manifestamente contrária à boa fé e aos bons costumes*", aplicando-se o regime previsto para os actos de alienação (cuja invalidade é oponível a terceiros de má fé[274]). Instituto de último recurso, já o sabemos, será o do enriquecimento sem causa, quando aplicável.

VII. Sendo o depositário sujeito a um processo de execução, ou entrando em insolvência, tem a doutrina tradicional considerado que os mecanismos jurídicos tradicionais do ordenamento jurídico português não permitem satisfazer os interesses das partes, subjacentes à celebração do negócio fiduciário, quando assim não esteja expressamente previsto na lei. Desta forma, sendo a propriedade transferida para o depositário/fiduciário, esta não integrará um património autónomo do depositário e, uma vez que este será titular de pleno direito dos bens depositados, estes responderam pelas suas dívidas pessoais, tal como qualquer outro bem que integre o seu património (nos termos previstos nos artigos 601.º e 817.º do CC, que constituem a *garantia geral*[275]), mesmo em processo de insolvência (artigo 46.º do Código de Insolvência e Recuperação de Empresas, doravante "CIRE")[276].

VIII. Para analisar os casos em que o depósito *escrow* assume a natureza de *negócio fiduciário em sentido técnico*, deve atender-se, desde logo, ao facto de a pre-

---

[273] Demonstrando a neutralidade literal dos artigos 601.º e 817.º do CC, quanto ao critério delimitador da esfera da garantia do devedor, porque não impõe necessariamente que se recorra a um "único significado normativo possível e (...) não impõe uma remissão para um tipo determinado de situação jurídica subjectiva", ANDRÉ FIGUEIREDO, *O Negócio Fiduciário*... cit., 205 e 206, vindo a considerar a interpretação com recurso exclusivo ao elemento literal a asserção "segundo a qual da expressão *todos os bens do devedor* resulta necessária uma referência à titularidade jurídica enquanto critério delimitador do âmbito da responsabilidade patrimonial" (realçados no original), transversal à doutrina dominante.

[274] Para este efeito, terceiro de má fé é aquele que, tendo conhecimento do contrato de depósito *escrow*, decidiu adquirir os bens que tinham sido depositados junto do *holder* em fidúcia.

[275] Notando ANDRÉ FIGUEIREDO, *O Negócio Fiduciário*... cit., 205 e nota 625.

[276] Neste sentido, PEDRO PAIS DE VASCONCELOS, *Contratos atípicos*... cit., 289 e 290 e JOÃO TIAGO MORAIS ANTUNES, *Do contrato de depósito escrow*... cit., 288.

tensão do beneficiário determinado (aquele que tem o direito à restituição da coisa após a verificação do evento) assumir *natureza obrigacional*[277]. Não obstante, existem situações em que a lei, convocando as palavras de André Figueiredo[278], "reconhece a oponibilidade externa de vínculos de afetação funcional impressos sobre o acervo patrimonial", denotando ainda o que assume especial lugar o regime do mandato de representação, por ser um "exemplo incontornável de *tutela externa* de pretensões de natureza puramente obrigacional".

O artigo 1184.º do CC determina o isolamento dos bens adquiridos pelo mandatário no âmbito da execução do mandato (*i.e.* uma autonomização dos bens do mandato no património do mandatário[279]), relativamente ao risco de agressão pelos credores gerais do mandatário, prescrevendo que não respondem pelas obrigações do mandatário, "desde que o mandato conste de documento anterior à data da penhora desses bens e que não tenha sido feito o registo da aquisição, quando esteja sujeita a registo"[280].

O fundamento deste preceito é o da dissociação entre a titularidade jurídica e o interesse prosseguido, que "abala a *plenitude* da titularidade reconhecida ao mandatário e, reflexamente, justifica a proteção da posição em que se encontra investido o mandante"[281], e atendendo a esta natureza fiduciária, a extensão da aplicação deverá abarcar, não só o mandato para adquirir, como também o mandato para alienar[282] (hipótese não vedada pelo elemento literal).

---

[277] Tal constatação impede, devido ao princípio da tipicidade das situações jurídicas reais, a recondução do depositário à categoria de *credor privilegiado*, nos termos do artigo 47.º do CIRE, por não serem reconhecidas, no ordenamento jurídico nacional, a "qualificação real, *quase-real*, ou híbrida" da posição do fiduciante. André Figueiredo, *O Negócio Fiduciário*... cit., 175 e nota 625.

[278] André Figueiredo, *O Negócio Fiduciário*... cit., 210. A par destes, destacando o Autor a existência de outras situações semelhantes no âmbito do Direito Civil e Comercial e, ainda, no âmbito do Direito da Insolvência, casos em que sendo a dissociação entre titularidade mais esbatida, prevalecem os critérios materiais e económicos.

[279] Manuel Januário da Costa Gomes, *Em tema de revogação*... cit., 131.

[280] Deve notar-se, como o faz André Figueiredo, *O Negócio Fiduciário*... cit., 223, que o artigo 1184.º "não opera uma qualquer subtracção de bens que devessem integrar a esfera de garantia patrimonial do mandatário, porque – excepto quanto a um eventual acréscimo da remuneração acordada – a execução do mandato terá por princípio um resultado económico neutro para o mandatário".

[281] André Figueiredo, *O Negócio Fiduciário*... cit., 224, como explica o Autor, na 221 e 222, "[a]o considerar a tutela do mandante, a lei tem por isso em consideração, quer a *origem*, quer o *destino* dos bens do mandato e do seu resultado económico", uma vez que estes foram adquiridos por causa do mandato, destinando-se ao mandante o que confere a esta propriedade uma "natureza transitória" e destacam o seu carácter "substancialmente alheio".

[282] Apesar do conjunto de várias disposições do CCom se retirar que, no que concerne aos efeitos reais, o acto de aquisição ou alienação do mandatário *nomine proprio* tem eficácia directa na

Cumpre então verificar se o carácter *fiduciário* do depósito *escrow* e a *natureza fiduciária, transitória e causal da situação proprietária* estabelecida na esfera do depositário, podem justificar a aplicação destas disposições às relações nele estabelecidas, conformando a sua eficácia interna e externa. Seguindo de perto André Figueiredo[283], tomando em consideração a natureza fiduciária do depósito *escrow*, fazemos notar que a *ratio* do regime de responsabilidade por dívidas do mandato sem representação é justamente a sua aplicação estas situações, "independentemente da proveniência dos bens que dela são objecto ou da conformação funcional do contrato que está na sua génese", com especial aplicação aos contratos fiduciários de gestão, justamente o caso do depósito *escrow*. Por isso, "o efeito de separação patrimonial estabelecido naquele preceito não pode ser limitado aos casos em que a *prestação característica* da relação fiduciária gestória se identifica com a aquisição pelo fiduciário de um bem por conta do mandante (...)", mas à "generalidade dos bens que passem a integrar a esfera do fiduciário no quadro da relação fiduciária de gestão, incluindo os bens que aquele adquira para posterior transmissão para o fiduciante, o produto da venda de bens fiduciários que deva ser entregue ao fiduciante, bem como os resultados económicos da administração do bem em benefício do fiduciário"[284]-[285].

---

esfera jurídica do mandante, constituindo, em relação ao mandato para adquirir, uma autêntica especialidade do mandato comercial não representativo relativamente ao civil, como demonstra MANUEL JANUÁRIO DA COSTA GOMES, "Contrato de mandato comercial... cit., 525 e 526, verificamos que esta regra não poderá ser aplicada ao depósito *escrow*, por não se conformar com a sua natureza.

[283] ANDRÉ FIGUEIREDO, *O Negócio Fiduciário*... cit., 308 e 309.

[284] Contra esta solução, JOÃO TIAGO MORAIS ANTUNES, *Do contrato de depósito escrow*... cit., 267, nota 1010, pronuncia-se expressamente contra a aplicação desta regra no âmbito do depósito *escrow*, por ser insusceptível de aplicação analógica nos termos do artigo 11.º do CC. Desconsiderando esta situação, relativamente ao depósito em garantia, L. MIGUEL PESTANA DE VASCONCELOS, *Direito das Garantias*... cit., 2.ª ed., 567, considera que existe "uma aproximação do mandatário no mandato sem representação", já que a titularidade do depositário é «simplesmente "instrumental", "temporária" e "funcionalizada"» defendendo, sem desconsiderar as dificuldades de aplicação ao comércio (e moeda) bancário, a aplicação por analogia do artigo 1184.º do CC. Também defende a aplicação analógica do referido preceito, ensaiando uma noção geral de titularidade em nome próprio mas no interesse de outrem, MARIA JOÃO ROMÃO CARREIRO VAZ TOMÉ, "Sobre o contrato... cit., 10 e ss. da versão *online*.

[285] Questão que se coloca é a de saber se seria susceptível a invocação da tese da dupla transferência do mandato para adquirir por conta de outrem, no âmbito do *depósito escrow*. É nossa opinião que os bens passam pela titularidade do depositário *escrow*, entenda-se. Porém, dada a natureza *fiduciária, transitória e causal da situação proprietária* do *holder*, a resposta deverá ser negativa no que toca à consequência lógica do regime da dupla transferência, que estabelece que o património

Por outro lado, recorde-se o que foi dito acerca da natureza jurídica das instruções emitidas pelo depositante, mesmo que em conjunto com o terceiro eventual beneficiário, e que não pode nesta sede ser descurado. É a singularidade do contrato de depósito *escrow* que determina que estes possam emitir verdadeiros mandatos, ainda que unilaterais, no âmbito da relação trilateral estabelecida no âmbito do contrato, constituindo verdadeiras obrigações na esfera do *escrowee*. A aplicação da norma do artigo 1184.º do CC ao depositário sempre se justificaria nos casos em que nas relações estabelecidas neste programa contratual fossem classificadas como verdadeiros contratos de mandato, na coligação contratual estabelecida.

IX. Deste tema complexo e controverso difere o da impossibilidade subjectiva. Cumpre então compreender se, desde logo, a prestação de guarda se trata de uma prestação infungível (ainda que o seu objecto não o seja), quer por convenção das partes, quer pela natureza da obrigação. E, se assim for, compreender-se-á que, não podendo[286] por isso o devedor ser substituído por terceiros, a impossibilidade subjectiva seja causa extintiva do vínculo[287].

2.2.2. Incumprimento das instruções. Atraso no cumprimento do dever de restituição

Como vimos, as instruções são dadas conjuntamente e não podem ser revogadas senão desse modo[288]. O depositário tem o dever de as seguir, não tendo qualquer autonomia na sua actuação que não seja prevista nas instruções dadas pelas outras partes no contrato. O incumprimento[289] destas pode assumir as mais variadas formas, dependendo do conteúdo das instruções dadas no contrato concreto.

---

do mandatário adquirido no âmbito do mandato (*escrowee*), responde pelas suas dívidas pessoais. ANDRÉ FIGUEIREDO, *O Negócio Fiduciário*... cit., 217.
[286] FERNANDO DE SANDY LOPES PESSOA JORGE, *Ensaio sobre os pressupostos*... cit., 108, responde negativamente à questão de saber se, ocorrendo impossibilidade subjectiva, o devedor se encontra constituído na obrigação de se fazer substituir por terceiro. Analisando o artigo 791.º do CC, conclui no sentido de "a impossibilidade subjectiva só não ser exoneratória quando, *nos termos da própria obrigação*, o devedor estiver vinculado a fazer-se substituir por terceiro".
[287] JOÃO MATOS ANTUNES VARELA, *Das Obrigações em Geral*... cit., vol. II, 72.
[288] Também assim, ALDO MARCO LUCIANI, "Escrow... cit., 804.
[289] Para um exemplo jurisprudencial em que foi discutido o incumprimento das instruções, veja-se o caso *Chicago Title & Trust Co. v. Walsh*, decidido pelo *Illinois Appelate Court*, a 20.11.1975, disponível em http://il.findacase.com.

No entanto, uma referência é ainda necessária, relativa àqueles casos em que o depositário, uma vez verificado o evento desencadeador, não restitui a coisa. Aqui, uma vez que já existe beneficiário determinado, terá este o direito de interpelar o depositário à entrega da coisa e, caso este não cumpra atempadamente a sua obrigação, pode, verificados os demais pressupostos da responsabilidade civil contratual e atendendo às regras específicas do depósito explicitadas, vir a ser constituído na obrigação de o indemnizar.

2.3. Falta de pagamento da contrapartida e das eventuais despesas com a guarda e restituição

I. Pode acontecer que nenhuma das partes que com o depositário celebra o contrato de depósito *escrow* cumpra a obrigação de pagamento de despesas com a guarda e restituição, nem sequer lhe pague a contrapartida que lhe é devida pela execução das obrigações ao abrigo daquele contrato.

Atente-se ainda ao disposto no artigo 1188.º, n.º 2 do CC. Estabelece o preceito que ao depositário serão atribuídos os meios possessórios[290] para, em caso de perturbação no exercício dos seus direitos ou em caso de privação da coisa guardada, *poder*[291] usá-los contra terceiro[292] e, inclusivamente, contra o depositante. Menezes Cordeiro[293] considera que esta norma deve ser interpretada restritivamente, para que, só quando em representação do depositante, ou quando houver autorização do uso da coisa[294]-[295], o depositário pudesse utilizar

---

[290] Trata-se da acção de prevenção da posse (artigo 1276.º), da acção de prevenção da posse (artigo 1277.º), da acção directa e defesa judicial (artigo 1278.º), da acção de manutenção e restituição da posse (artigo 1279.º) e esbulho violento (artigo 1285.º), como notam FERNANDO ANDRADE PIRES DE LIMA/JOÃO DE MATOS ANTUNES VARELA, *Código Civil anotado*... cit., 840, em anotação ao artigo 1188.º do CC. A este respeito, deve ser evocada a doutrina de Direitos Reais. *Vide*, RUI PINTO DUARTE, *Curso de Direitos Reais*, 2ª ed. revista e aumentada, Principia, Lisboa, 2007, 289 e ss., LUÍS MENEZES LEITÃO, *Direitos Reais*, Coimbra, Almedina, 2009, 159 e ss., e MANUEL RODRIGUES, *A Posse – Estudo do Direito Civil Português*, Coimbra, Almedina, 198, 324-271.
[291] Destacando que se trata de um meio facultativo CARLOS BRANDÃO PROENÇA, "Do dever de guarda... cit., 85.
[292] Mesmo que este reivindique a coisa, nos termos do artigo 1192.º, n.º 2 do CC.
[293] ANTÓNIO MENEZES CORDEIRO, *Direitos Reais*, Lex editora, 1993, 705 e 706.
[294] No entender de ANTÓNIO MENEZES CORDEIRO, *Direitos Reais*, Lex editora, 1993, 705 e 706, em tais casos estaríamos perante uma locação ou um comodato encapotados.
[295] Por maioria de razão, no nosso entender, os meios possessórios deverão ser atribuídos ao depositário, ainda nos casos em que ao depositário são atribuídos poderes de administração da coisa. Este nosso entendimento vai ao encontro da afirmação de MANUEL RODRIGUES, *A Posse*... cit., 334, que peremptoriamente nos explica, no que concerne especialmente à acção de conser-

os meios possessórios. Fora destes casos, no entender de Menezes Cordeiro depositário seria um mero detentor, na acepção do artigo 1253.º, c) do CC[296]. Parece ser outra a boa interpretação da norma. Antes de mais, repare-se que nos outros contratos de prestação de serviços, é para a defesa de um direito real de gozo que os meios da posse são conferidos pela lei[297]. Porém, aqui, a justificação parece ser outra: estamos de acordo com Luís Menezes Leitão[298], que considera que para além das situações enunciadas por António Menezes Cordeiro, o depositário veria ainda serem-lhe atribuídas tais faculdades nos casos em que gozar de direito de retenção. Esta seria pois a forma de compreender que, podendo ser a coisa restituída a qualquer momento, nos termos dos artigos 1185.º e 1194.º, o depositário teria pois fundamento para utilizar os meios possessórios contra o próprio depositante.

Porém, para além destas situações enunciadas pela doutrina, existe ainda outra situação que nos parece conferir legitimidade activa[299] ao depositário civil típico para usar destes meios depositários contra o próprio depositante: a situação já referida do depósito no interesse de terceiro, na medida em que, exigindo o depositante a coisa ao depositário, sem ter este obtido do terceiro interessado o consentimento, estaria deste modo a incumprir a sua obrigação de guarda, uma vez que, nestes casos, enquanto o consentimento do terceiro interessado não tiver sido prestado, não se poderá considerar que a obrigação de restituição se constitui.

II. Assim, previamente a tomarmos posição acerca da legitimidade do depositário civil típico (e consequentemente, do depositário *escrow*) para usar

---

vação da posse, embora do ponto de vista do anterior Código de Processo Civil: "[h]á, pelo que respeita ao exercício do direito de accionar, um princípio que se enuncia assim: – pode propor acções conservatórias todo aquele que tem poderes de administração", afirmando, na p. 335, que "todas as acções possessórias são acções *conservatórias*" (realçados no original).

[296] A jurisprudência tem considerado (embora maioritariamente em casos de atribuição do direito de retenção ao locatário) que o legislador teve mesmo o propósito atribuir o direito de retenção ao mero detentor, quando este goze de direito pessoal de gozo, enunciando o depositário como um desses casos. *Vide*, a título de exemplo, o ac. do TRL, de 26.11.2009, processo n.º 197/08.1TBSRQ.L1-2, relator Jorge Leal, disponível em http://www.dgsi.pt.

[297] Tal acontece, *e.g.* com o locatário, com o comodatário e com o locatário (nos termos dos artigos 1037.º, n.º 2, 1125.º, n.º 2 e 1133.º, n.º 2 do CC). Luís Menezes Leitão, *Direitos Reais*, Coimbra, Almedina, 2009, 160.

[298] Luís Menezes Leitão, *Direito das Obrigações...* cit., vol. III, 491.

[299] Acerca da legitimidade activa para as acções possessórias, *vide* Luís Menezes Leitão, *Direitos Reais...* cit., 160 e 161 e Manuel Rodrigues, *A Posse...* cit., 327-339.

das acções possessórias, cumpre verificar em que situações este deverá gozar do direito de retenção.

O direito de retenção depende da reunião de quatro pressupostos de acordo com a norma geral do artigo 754.º do CC: (i) desde logo, a detenção lícita de um bem; (ii) o dever de o entregar; (iii) a existência de um crédito sobre o credor da entrega, ainda que não seja o seu proprietário; e (iv) uma conexão entre o crédito do retentor e o do seu credor[300]. Ademais, ao depositário civil típico é atribuído, o direito de retenção (um direito real de garantia), sobre as coisas que lhe tenham sido depositadas, por força de uma disposição legal que prevê os "casos especiais" do gozo do direito de retenção: no artigo 755.º, n.º 1, e), do CC, ele goza do direito de retenção pelos créditos resultantes do contrato[301]. O direito de retenção é "uma garantia muito forte", como nota Luís Menezes Leitão[302], na medida em que "assume (...) essencialmente uma função compulsória, visando compelir o devedor a realizar a prestação em dívida, em ordem a recuperar o objecto perdido". A propósito, recorde-se, por exemplo, que as despesas da restituição ficam a cargo do depositante, nos termos do artigo 1196.º do CC, sem prejuízo de outra ser a previsão das partes[303]. Determina o artigo 757.º que quando o direito de retenção recaia sobre coisa móvel, o estatuto do retentor é o do credor pignoratício[304], com excepção do que se dispõe quanto à substituição ou reforço da garantia.

---

[300] Rui Pinto Duarte, *Curso de Direitos Reais...* cit., 253.
[301] Também o artigo 1780.º do Código Civil espanhol determina que "[e]*l depositario puede retener en prenda la cosa depositada hasta el completo pago de lo que se le deba por razón del depósito*". Porém, Rodrigo Uria/Aurelio Menéndez/Luis Javier Cortés, "El contrato de deposito... cit., 301, destacam que a doutrina tem considerado que este artigo apenas confere ao depositário uma faculdade pessoal e não um direito real. Desta forma, só poderá ser exercida contra o depositante e não contra um terceiro, como acontece no ordenamento jurídico português.
[302] Luís Menezes Leitão, *Direitos Reais...* cit., 504.
[303] António Santos Justo, "O depósito no direito romano... cit., 50, destacando que, na época clássica (entre o ano 130 a.C. e o ano 230), o contrato de depósito era um contrato bilateral imperfeito, uma vez que as obrigações do depositante não surgem *ab initio*. Recorde-se no entanto, que nesta época, a gratuitidade era um elemento essencial do depósito, distinguindo-o da *locatio-conductio*. No contrato de depósito oneroso, já podemos considerar estar perante um contrato bilateral perfeito.
[304] O qual se encontra regulado nos artigos 670.º e ss. do CC. Para o caso, interessa destacar que a alínea a) do artigo 670.º atribui ao credor pignoratício, o direito de usar, em relação à coisa empenhada, das acções possessórias, mesmo que contra o próprio dono. Desta feita, a lei concede também ao retentor, os instrumentos jurídicos necessários à defesa da sua detenção. Porém, refira-se, o retentor está também sujeito aos deveres do credor pignoratício, cumprindo destacar, desta forma, que ele se encontra interdito de usar a coisa sem o consentimento do autor (com excepção do uso indispensável à sua conservação), de acordo com o disposto nos artigos 671.º e ss.

Verificámos que é o direito de retenção que funda a atribuição pelo legislador dos meios possessórios ao depositário. Desta forma, cumpre questionar se a natureza da detenção do depositário *escrow*, lhe permite, à semelhança do depositário civil, ter direito de retenção, no âmbito das relações jurídicas que estabelece com o depositante e com o terceiro eventual beneficiário.

Atribuir o direito de retenção ao depositário *escrow*, é, desta forma, conceder-lhe uma forma de legitimamente incumprir as suas obrigações, o que teria a consequência de ser completamente contrária à lógica contratual e ao fim de garantia que o contrato visa prosseguir[305]. Apesar de ser um contrato atípico que integra elementos do depósito civil típico e, de alguma forma, características de um mandato[306], as partes celebram-no porque confiam mais no cumprimento do depositário do que no da outra parte. É contra todos os propósitos da celebração do contrato que, no cumprimento pontual das partes das obrigações subjacentes, verificado o evento desencadeador, o depositário *escrow* incumprisse. Apesar de não ser expectável, integra o risco socialmente típico do contrato, que as partes assumiram. Seria, no mínimo, singular, o caso em que ambos os contraentes cumprissem pontualmente junto do depositário e este invocasse um direito de retenção para não cumprir de forma legítima as obrigações, prejudicando as partes na sua relação subjacente.

III. No depósito *escrow* a questão da aplicabilidade do artigo 1188.°, n.° 2 tem de ser entendida atendendo às características *suis generis* do contrato em análise. É que, sendo celebrado este no interesse tanto do depositante, como do terceiro eventual beneficiário, se esta regra não lhe fosse aplicável até ao momento do nascimento da obrigação de restituição, a função de garantia do depósito *escrow* ficaria prejudicada pela impossibilidade do uso destas faculdades contra o próprio depositante. Esta situação é curiosa pois, sem necessidade de nos pronunciarmos sobre esta questão relativamente ao depositário típico – cujo estudo é meramente instrumental ao tema em análise –, termos em mente que, pelo menos quanto ao *escrow holder*, estas faculdades *são-lhe sempre atribuídas, até ao momento da verificação do evento que o constitui na obrigação de restituição,*

---

[305] Javier Prenafeta Rodríguez, *Sobre o contrato de escrow: Natureza jurídica e algunos problemas en torno a este contrato atípico*, 2005, destaca o facto de o depósito *escrow* ser realizado principalmente no interesse de terceiro, poder não ser restitutivo e por não se compaginar com o direito de retenção atribuído ao depositário civil, acabando por concluir, chamando a atenção para a difícil adaptação do contrato, "*figura propia del derecho anglosajón*", ao direito espanhol.

[306] Recorde-se que é também atribuído direito de retenção ao mandatário, nos termos do artigo 755.°, n.° 1, *c)* do CC, pelo crédito resultante da sua actividade, sobre as coisas que lhe tenham sido entregues para a execução do mandato.

mesmo contra o próprio depositante, ainda que não tenha, em caso algum, qualquer direito de retenção sobre o bem depositado.

Conclusões

Sendo o depósito *escrow* um contrato trilateral celebrado em benefício de um sujeito alternativamente determinado e por se tratar de um contrato atípico, o seu regime jurídico deve ser construído com atenção às suas características próprias, embora com recurso aos contratos que com ele assumem similaridades.

Este contrato apresenta uma função de garantia composta por prestações características de vários contratos, consoante o conteúdo estabelecido pelas partes, não obstante ser a guarda a obrigação principal dele resultante (com o efeito tendencialmente restitutório inerente). Tal justificou a grande amplitude que se deu na aplicação dos regimes do depósito mercantil e do depósito civil típico e de outros depósitos com função de garantia, como o depósito no interesse de terceiro.

Porém, por o depositário ser uma parte independente e imparcial que, sem autonomia – ou com pouca – cumpre as suas obrigações em conformidade com as instruções recebidas, as obrigações de guarda e de restituição a que está sujeito sofrem adaptações a esses novos elementos. Desta forma, vimo-nos na necessidade de convocar as regras do mandato civil típico e do mandato mercantil, tendo ainda recorrido à doutrina da *agency* e do *trust* no âmbito dos sistemas de *common law*.

O diferente conteúdo das obrigações, resultado da adaptação às diversas utilizações em que o depósito *escrow* pode servir no desempenho de garantia de uma obrigação, a par da diversidade de objectos que são susceptíveis de ser depositados, moldam, também elas, o regime do incumprimento das obrigações, criando algumas especificidades, para as quais fomos alertando.

A sua *causa negotti* levou-nos a concluir pela sua natureza fiduciária, a par das características especiais que compõe esta figura jurídica, levam-na a demarcar-se de algumas das soluções que a lei prescreve para o depósito civil típico, para o depósito mercantil e para as outras formas de depósito também com funções de garantia (nomeadamente, no que toca à atribuição do direito de retenção), e a recorrer, de novo, às regras do mandato, em particular do mandato de representação.

As soluções que adoptámos no âmbito do presente estudo, apesar de por vezes controversas, atendendo aos cânones da doutrina tradicional, foram propostas tendo sempre em mente que o depósito *escrow*, por se tratar de um negócio acessório, não pode ser desligado da relação subjacente no qual é convencionado nem pode ser pensado descurando a causa que lhe dá origem e o justifica: garantia de obrigações.

Depósito bancário*

DR.ª MARIA JOÃO RODRIGUES

SUMÁRIO: *1. Nota introdutória. Delimitação do tema. 2. Operações Bancárias. Depósito como operação bancária (passiva). 3. Depósito bancário, contrato de abertura de conta bancária e conta-corrente: 3.1. Contrato de abertura de conta; 3.2. Contrato de conta-corrente; 3.3. Depositante vs. titular da conta. 4. Depósito bancário em sentido amplo: 4.1. Contrato de depósito em cofre forte; 4.2. Contrato de depósito de títulos. 5. Depósito de disponibilidades monetárias/Depósito em sentido estrito: 5.1. Resenha histórica; 5.2. Modalidades de depósitos: 5.2.1. Depósitos à ordem; 5.2.2. Depósitos com pré-aviso; 5.2.3. Depósitos a prazo e depósitos a prazo não mobilizáveis antecipadamente; 5.2.4. Depósitos bancários em regime especial; 5.3. Depósitos simples e produtos financeiros complexos. 6. Depósito bancário e compensação: 6.1. Compensação nos depósitos à ordem; 6.2. Compensação em conta-corrente; 6.3. Compensação nos depósitos a prazo; 6.4. Compensação em contas diferentes do mesmo titular abertas no mesmo banco; 6.5. Compensação nos depósitos bancários coletivos. 7. Natureza jurídica do depósito bancário. Orientações doutrinárias: 7.1. Tese do depósito irregular; 7.2. Tese do mútuo; 7.3. Tese do contrato misto; 7.4. Tese de figura* sui generis; *7.5. Teses mistas/pluralistas (mútuo ou depósito irregular); 7.6. Posição adotada. 8. Depósito bancário vs. gestão de carteiras. 9. Garantia de Depósitos: 9.1 Fundo de Garantia de Depósitos; 9.2. Entidades Participantes; 9.3. Financiamento do Fundo de Garantia de Depósitos; 9.4. Forma de acionamento da garantia de depósitos. 10. Conclusões.*

1. Nota introdutória. Delimitação do tema**

No âmbito do instituto do «depósito bancário» podem-se distinguir matérias como o contrato de depósito (propriamente dito), a conta e as operações

---

* O presente estudo foi preparado no âmbito do Mestrado Científico, em Setembro de 2011.
** A primeira citação de cada obra é completa e as citações seguintes contêm apenas os elementos que, no contexto, se afiguram úteis à correta identificação da obra em causa. Referem-se, de seguida, as principais abreviaturas utilizadas: CC = Código Civil; CCom = Código Comercial; CMVM = Comissão do Mercado de Valores Mobiliários; CSC = Código das Sociedades

bancárias. Apesar de estreitamente ligadas entre si, tratam-se de matérias dotadas de autonomia, cuja análise e apreciação adequadas não se compadecem com a natureza do presente trabalho.

Assim, tendo presente a abrangência do tema «depósito bancário» e a natureza deste estudo, cumpre-nos, desde logo, delimitar o seu objeto. Por considerarmos que se trata da matéria que assume maior relevância, tanto de um ponto de vista prático, como de um ponto de vista científico, daremos especial enfoque à análise do contrato de depósito de disponibilidades monetárias[1], sem, todavia, descurarmos os temas relacionados com a conta, as operações bancárias e as demais modalidades do contrato de depósito bancário, os quais serão objeto de uma análise mais superficial.

Pela mesma ordem de razão, neste trabalho não serão analisadas algumas vicissitudes relacionadas com o contrato de depósito bancário como, por exemplo, o desconto, a emissão de cheques e as transferências bancárias.

De um outro prisma, cumpre-nos, ainda, referir que no presente estudo daremos prevalência à análise das relações estabelecidas entre os bancos e os respetivos clientes, de uma perspetiva de Direito Privado, em geral, e de Direito Bancário, em particular. Naturalmente que a presente delimitação não obstará à menção e análise sumária de eventuais normas de outros ramos de Direito que se afigurem de especial interesse no âmbito de cada um dos pontos concretos em análise.

Por último, não poderíamos deixar de referir que, apesar de alguns Autores considerarem que as matérias relacionadas com o contrato de depósito bancário perderam, de alguma forma, a sua atualidade e pertinência, partilhamos de um entendimento diametralmente oposto, tendo em conta a atual conjuntura económica. De facto, a crise financeira que eclodiu nos finais de 2007 despoletou um sentimento generalizado de "fuga" ao risco na "aplicação" de poupanças. Ora, apresentando os contratos de depósito bancário, um baixo

---

Comerciais; CVM = Código dos Valores Mobiliários; RB = Revista da Banca; RGIC = Regime Geral das Instituições de Crédito e das Sociedades Financeiras; vs.= *versus*.

[1] O depósito de disponibilidades monetárias trata-se da modalidade que tem suscitado maior controvérsia na doutrina e jurisprudência. Como ANTUNES VARELA bem salienta "*os depósitos (bancários) são, realmente, a principal operação passiva de que os bancos se utilizam para realizarem as suas operações de crédito*", in Depósito Bancário, RB, n.º 21, janeiro/março 1992, 46. De igual modo, CARLOS LACERDA BARATA refere que "*O depósito bancário (de dinheiro) constitui, aliás, a operação bancária passiva típica*", in Estudos em Homenagem ao Professor Doutor Inocência Galvão Telles, Vol. II, Direito Bancário, Almedina, 2002, 9.

nível de risco, parece-nos que os mesmos assumirão uma importância (social e económica) cada vez maior[2].

Neste contexto, parece-nos que a confiança nos depósitos bancários tem vindo a ser reforçada pelas regras prudenciais cada vez mais rigorosas a que as instituições de crédito se encontram sujeitas, em particular, pelo aumento do *ratio* mínimo de base (*rácio Tier 1*). Tendo em conta que o rácio de solvabilidade *Tier 1* se afere entre, por um lado, o capital realizado, reservas e resultados transitados e, por outro, os ativos da instituição de crédito, o aumento de requisitos daquele *ratio* implica um reforço da sua robustez financeira o que, naturalmente, aumenta a confiança do público na capacidade de restituição dos fundos depositados, por parte da instituição de crédito em causa[3].

---

[2] Como CARNEIRO DA FRADA recentemente (bem) salientou "*diante da atual crise financeira, estes últimos* [contratos de depósito] *implicam um risco para o sujeito que os primeiros* [contratos de gestão de carteiras] *não apresentam*", in *Crise Financeira Mundial e a Alteração das Circunstâncias: Contratos de Depósito vs. Contratos de Gestão de Carteiras*, ROA, ano 69, III/IV, julho/setembro 2009, Lisboa, 636.

[3] Neste contexto, terá especial interesse a análise da *(i)* Instrução do Banco de Portugal n.º 12/2011, de 15 de julho de 2011, tal como alterada pela Instrução do Banco de Portugal n.º 3/2012, de 15 de fevereiro de 2012 que determina que, para efeitos das alíneas *a)* e *j)* do n.º 1 do artigo 3.º do Aviso n.º 6/2010, de 31 de dezembro, devem ser tidas em consideração as orientações publicadas pela EBA (Autoridade Bancária Europeia), em 14.06.2010 e 10.12.2009 relativas aos elementos para o cálculo dos fundos próprios de base, as quais se encontram disponíveis em http://www.eba.europa.eu/documents/Publications/StandardsGuidelines/2010/Guidelines_article57a/Guidelines_article57a.aspx; *(ii)* Instrução do Banco de Portugal n.º 13/2011, de 15 de julho de 2011 que, por sua vez, determina, para efeitos das alíneas *d)* e *e)* do nº 2 do artigo 2.º e da alínea *e)* do n.º 1 do mesmo artigo 2.º e do nº 3 do artigo 5.º do Aviso n.º 7/2010, de 31 de dezembro, devem ser tidas em consideração as orientações publicadas pelo EBA (Autoridade Bancária Europeia), em 28.07.2010 e 11.12.2009, disponíveis em http://www.eba.europa.eu/documents/Publications/StandardsGuidelines/2009/Largeexposures_all/Guidelineson-Large--exposures_connected-clients-an.aspx; e *(iii)* Instrução do Banco de Portugal n.º 18/2011, de 16 de agosto de 2011 que determina que, relativamente à avaliação e gestão da exposição ao risco operacional, as instituições devem ter em consideração as orientações emitidas pelo CEBS (Comité das Autoridades Europeias de Supervisão Bancária) – EBA, em 12.10.2010, sob o título "*Guidelines on operational risk management in market related activities*", quais se encontram disponíveis em http://www.eba.europa.eu/documents/Publications/Standards-Guidelines/2010/Management-of-op-risk/CEBS-2010-216-(Guidelines-on-the-management-of-op-.aspx e *(iv)* Lei n.º 4/2012, de 11 de janeiro que procede à terceira alteração à Lei n.º 63-A/2008, de 24 de novembro, que estabeleceu medidas de reforço da solidez financeira das instituições de crédito no âmbito da iniciativa para o reforço da estabilidade financeira e da disponibilização de liquidez nos mercados financeiros. A referida lei estendeu o prazo de aplicabilidade do recurso ao investimento público às operações de capitalização de instituições de crédito a realizar até 30 de junho de 2014.

Note-se, igualmente, que no âmbito do Comité de Basileia[4], do *"Memorando de Políticas Económicas e Financeiras – FMI"*[5] e do *"Memorando de entendimento sobre as Condicionalidades de Política Económica"*[6] se preveem exigências prudenciais adicionais. Nesse contexto, o Aviso do Banco de Portugal n.º 3/2011, de 17 de maio de 2011, tal como alterado pelos Avisos do Banco de Portugal n.ºs 4/2012, de 20 de janeiro e n° 8/2011, de 25 de outubro, respetivamente, veio estabelecer que *"Os grupos financeiros sujeitos à supervisão em base consolidada do Banco de Portugal que incluam alguma das instituições de crédito referidas nas alíneas a) a c) do artigo 3.º do Regime Geral das Instituições de Crédito e Sociedades Financeiras (RGICSF), aprovado pelo Decreto-Lei n° 298/92, de 31 de dezembro, devem reforçar os seus rácios core tier 1, em base consolidada, para um valor não inferior a 9%, até 31 de dezembro de 2011, e a 10%, até 31 de dezembro de 2012."*

Sendo o Direito uma ciência social que se deve adequar à realidade a que se aplica e que visa "disciplinar", parece-nos que o objeto central do nosso estudo – depósito bancário de disponibilidades monetárias – assume uma importância e pertinência crescentes na atual conjuntura económica.

---

[4] Para informações detalhadas sobre a *Basel Committee on Banking Supervision* vide o documento oficial revisto em junho de 2011, disponível em http://www.bis.org/publ/bcbs189.pdf. Do mencionado documento resulta que o Acordo Basileia III visa alcançar os seguintes três objetivos primordiais: *(i)* reforçar o capital das instituições financeiras para suporte dos riscos assumidos por essas entidades, *(ii)* aumentar os níveis de liquidez e *(iii)* diminuir os níveis de alavancagem financeira. Em janeiro de 2012, o Banco de Portugal divulgou o resultado de um inquérito dirigido a cinco grupos bancários portugueses sobre o estado do mercado de crédito em Portugal e, entre outros fatores, o impacto do Acordo Basileia III nesse mercado. Algumas das instituições referiram que no último semestre de 2011 se tinha verificado uma redução considerável dos ativos ponderados pelo risco, um aumento da captação de fundos próprios e uma política mais restritiva na concessão de crédito.

[5] Na versão portuguesa do referido memorando poderá ler-se o seguinte: *"Para reforçar a resiliência do sector bancário, estamos a pedir aos bancos que reforcem ainda mais o seu buffer de capital, ao mesmo tempo que aumentamos o mecanismo de apoio à solvabilidade bancária"* e *"Dar instruções a todos os grupos bancários, sob supervisão do Banco de Portugal, para atingirem um rácio de capital core Tier 1 de 9% até ao fim de 2011 e de 10% até ao fim de 2012 e para o manterem no futuro. Os bancos terão de apresentar, até ao fim de junho de 2011, planos que descrevam como tencionam atingir os novos requisitos de capital."*, 10, 11 e 20. Documento disponível em http://www.min-financas.pt/informacao-economica/informacao-economica-diversa/memorando-de-politicas-economicas-e-financeiras-fmi.

[6] Na versão portuguesa do documento pode ler-se o seguinte: *"O BdP dará instruções a todos os grupos bancários, sob sua supervisão, para atingirem um rácio de capital core Tier 1 de 9% até ao fim de 2011 e de 10% até ao fim de 2012, e para o manterem no futuro"*, 7 e 8.
Documento disponível em http://www.min-financas.pt/informacao-economica/informacao-economica-diversa/memorando-de-entendimento-sobre-as-condicionalidades-de-politica-economica.

Feita esta breve delimitação e apresentação do objeto do nosso estudo, cumpre-nos, ainda, fazer uma breve abordagem sobre o enquadramento legal do contrato bancário. A esse propósito, notamos, desde já, que à semelhança do que acontece com a generalidade dos contratos bancários, o contrato de depósito bancário não se encontra regulado de forma unitária no nosso ordenamento jurídico.

De facto, o regime do contrato de depósito bancário resulta de um conjunto disperso de fontes, nomeadamente, *(i)* das normas legais relativas ao depósito (comum – artigo 1185.º do CC e mercantil – artigo 407.º do CCom); *(ii)* do Decreto-Lei n.º 430/91, de 2 de novembro, tal como alterado[7], o qual, nos seus escassos seis artigos, regula os depósitos de disponibilidades monetárias; e *(iii)* do RGIC no qual também se encontram regulados alguns aspetos do depósito bancário, destacando-se os artigos 2.º e 155.º ss., relativos à atividade das instituições de crédito e ao Fundo de Garantia de Depósitos, respetivamente.

Com efeito, perante a inexistência de um regime jurídico do tipo contratual que ora nos ocupa – contrato de depósito bancário – a doutrina e a jurisprudência, há muito que se têm ocupado do seu enquadramento legal. Tendo em conta que do artigo 3.º do CCom resulta, de forma cristalina, que sempre que uma questão não puder ser resolvida nos termos da lei comercial, se deverá recorrer às regras de direito civil *"na sua qualidade de direito privado comum"* e que o artigo 363.º do CCom, a propósito das operações de banco, estabelece que as mesmas se deverão regular pelas *"disposições especiais respetivas aos contratos que representarem, ou em que afinal se resolverem"*, consideramos que será adequado recorrer aos quadros de Direito Civil para colmatar a ausência de regulamentação específica dos contratos de depósito bancário.

Sem prejuízo do que se referiu anteriormente, deverá ter-se presente que alguns problemas e questões que se colocam no âmbito dos contratos de depósito bancário deverão ser analisados e enquadrados à luz de outros ramos do direito, nomeadamente, do Direito Público, em particular, do Direito Constitucional e Direito Administrativo (desde logo, em virtude da relevância da atividade bancária e da função de interesse público desempenhada pelas instituições bancárias).

Por fim, salientamos que o presente estudo foi elaborado não só de uma perspetiva teórica e dogmática, mas, também de um prisma prático-negocial, desde logo por que a apreensão jurídica de "figuras sociais" é um dado incontornável no universo jurídico, refletindo o seu lado útil.

---

[7] Os artigos 3.º e 4.º do Decreto-Lei n.º 430/91, de 2 de novembro foram alterados pelo Decreto-Lei n.º 88/2008, de 29 de maio, relativo às taxas de juro.

2. Operações bancárias. Depósito como operação bancária (passiva)

Nos termos do disposto nos artigos 2.º e 362.º ss. do CCom., as operações bancárias constituem operações comerciais. Note-se, no entanto, que as operações bancárias apresentam algumas particularidades que as distinguem das demais operações comerciais, uma vez que estão em causa operações realizadas com entidades bancárias e que tais operações se enquadram na atividade bancária. No n.º 1 do artigo 4.º do RGIC encontram-se enumeradas as operações consideradas bancárias, de entre as quais se destaca a *"Receção de depósitos ou outros fundos reembolsáveis"* e as *"operações de pagamento"* [cf. alíneas a) e c) do n.º 1 do artigo 4.º do RGIC, respetivamente].

No artigo 363.º do CCom. alude-se às operações bancárias como sendo as operações de banco. Ora, deste preceito legal parece resultar que na determinação do tipo de operação em apreço, se atribui especial preponderância ao critério subjetivo, ou seja, constituirão operações bancárias as que se estabelecem com bancos.

Naturalmente, nem todos os contratos celebrados pelos bancos se poderão considerar operações bancárias. Pense-se, por exemplo, nos contratos de trabalho celebrados entre o banco e os respetivos trabalhadores ou no contrato de prestação de serviços de segurança. Com efeito, o critério subjetivo previsto no artigo 363.º do CCom. deverá ser complementado por um critério objetivo que, em linhas gerais, compreende a atividade de intermediação creditícia.

Acresce que, de acordo com os critérios comummente aceites, as operações bancárias poderão ser ativas, passivas ou neutras. Nas operações bancárias ativas, o banco assume a posição de credor e nas operações passivas, o banco assume a posição de devedor. Já no que respeita às operações neutras, o banco não é credor nem devedor, não existindo qualquer concessão de "crédito" pelo banco ao cliente e vice-versa (o que acontece, por exemplo, nas operações de pagamento ou transferências bancárias).

Assim, tendo em conta os mencionados critérios, poder-se-á concluir que o contrato de depósito bancário constitui uma operação bancária passiva, dado que o banco assume a posição de devedor perante o cliente, que dispõe de um direito de crédito à restituição dos fundos depositados. Tal como é salientado pela doutrina, o depósito bancário constitui uma das principais operações bancárias passivas, através da qual as instituições de crédito obtêm uma parte significativa dos meios financeiros necessários para conceder crédito e para as demais operações bancárias.

Para além das operações bancárias ativas e passivas, Autores como Carlos Lacerda Barata[8] distinguem, ainda, as operações bancárias características ou fundamentais e as operações bancárias acessórias ou subsidiárias. No primeiro caso, o banco realiza a sua função tradicional de intermediação de crédito e no caso das operações acessórias ou subsidiárias, o banco realiza apenas operações laterais à atividade bancária típica. Com base nesse critério, poder-se-á referir que o depósito bancário constitui, igualmente, uma operação bancária característica ou fundamental, uma vez que ao captar depósitos junto dos seus clientes, o banco está a desenvolver a sua função característica. Nas palavras daquele Autor "*o depósito bancário, é, assim, um fator essencial, no quadro da chamada disponibilidade monetária da banca*"[9].

A propósito da qualificação do tipo de operação em que o depósito bancário se insere, cumpre-nos, ainda, referir que no Decreto-Lei n.º 317/2009, de 30 de outubro – relativo aos sistemas de pagamento –, o depósito bancário de disponibilidades monetárias figura como uma operação de pagamento. Na al. e) do artigo 2.º daquele diploma legal, as operações de pagamento encontram-se definidas como "*o ato, praticado pelo ordenante ou pelo beneficiário de depositar, transferir ou levantar fundos, independentemente de quaisquer obrigações subjacentes entre o ordenante e o beneficiário*". Acresce, ainda, que na al. c) do artigo 3.º do Decreto-Lei n.º 317/2009, de 30 de outubro, se estabelece que constituem sistemas de pagamentos, as atividades de execução de operações, incluindo a transferência de fundos depositados numa conta de pagamento aberta junto do prestador de serviços.

Assim sendo, poder-se-á concluir que para efeitos do regime relativo aos sistemas de pagamentos previsto no Decreto-Lei n.º 317/2009, de 30 de outubro, o depósito bancário é tido como uma operação de pagamento. Não poderá, no entanto, deixar de se salientar que nos termos do disposto no RGIC as operações de pagamento são consideradas operações bancárias e, como tal, o depósito bancário consubstanciará, em qualquer caso, uma operação bancária.

3. Depósito bancário, contrato de abertura de conta bancária e conta--corrente

Por se tratarem de figuras fortemente interligadas, o regime aplicável ao contrato de depósito bancário deve ser analisado conjuntamente com o regime

---

[8] *Do Contrato de Depósito Bancário*, ob. cit., 8 -9.
[9] *Vide* CARLOS LACERDA BARATA, *Do Contrato de Depósito Bancário*, ob. cit., 10.

aplicável à conta bancária. De facto, como veremos, existe uma forte relação entre tais figuras, sem prejuízo de as mesmas configuram realidades distintas e autónomas que não se poderão confundir[10].

Assim, para um adequado enquadramento do objeto central do nosso estudo – contrato de depósito bancário –, parece-nos fundamental distinguir os traços essenciais do contrato de depósito bancário, do contrato de abertura de conta bancária e do contrato de conta-corrente, o que faremos de seguida.

3.1. *Contrato de abertura de conta*

Na maior parte dos casos, a relação entre o cliente e o banco inicia-se com a celebração de um contrato de abertura de conta, no qual se estabelecem, *inter alia*, as obrigações das partes, no âmbito de uma relação tendencialmente duradoura que passará a existir e ao abrigo do qual se poderão vir a estabelecer e celebrar inúmeros atos e contratos bancários[11].

Uma das relações contratuais que se pode estabelecer entre o banco e o cliente, no âmbito do contrato de abertura de conta, é precisamente o depósito

---

[10] A este respeito, atente-se no teor do recente Acórdão do STJ de 31-03-2011, Processo n.º 281/07.9TBSVV.C1.S1, em que se poderá ler o seguinte: "*O contrato de depósito e a conta são realidades jurídicas diferentes, mantendo cada uma delas a sua individualidade*", bem como do Acórdão do STJ de 07.10.2010, Processo n.º 283/05.0TBCHV.S1 em que decidiu o seguinte: "*O contrato de abertura de conta é um negócio jurídico que marca o início de uma relação bancária complexa entre o banqueiro e o cliente e traça o quadro básico do relacionamento entre tais entidades. Podendo considerar-se como um contrato a se: próprio, com características irredutíveis e uma função autónoma. 2. O contrato de depósito e a conta, esta em si mesma considerada, com natureza jurídica, são realidades diferentes, que mantêm a sua individualidade*". Os mencionados Acórdão encontram-se disponíveis em www.dgsi.pt

[11] Neste âmbito, atente-se no Aviso do Banco de Portugal n.º 11/2005, de 21 de julho, tal como alterado pelo Aviso n.º 2/2007, de 08 de fevereiro, do qual resulta que "*a abertura de conta de depósito bancário constitui uma operação bancária central pela qual se inicia, com frequência, uma relação de negócio duradoura entre o cliente e a instituição de crédito, a qual requer um conhecimento, tanto quanto possível, completo, seguro e permanentemente atualizado dos elementos identificadores do cliente, dos seus eventuais representantes e de quem movimenta a conta*". Com as regras previstas no referido Aviso do Banco de Portugal pretendeu assegurar-se a "*transparência*" e o "*estabelecimento de relações justas e de confiança*" entre o banco e cliente. Assim, ao contrário do que ocorria antes da entrada em vigor do mencionado Aviso 11/2005 – em que os bancos permitiam a abertura de contas de forma tácita na sequência da realização de um depósito de dinheiro, ou através do preenchimento de uma simples ficha de assinaturas, na qual se incluíam essencialmente os dados pessoais dos clientes –, atualmente, os clientes devem ter conhecimento das condições gerais e particulares que regerão a sua relação com o banco, devendo aceitar expressamente as referidas condições.

bancário, entre outras, como a convenção de cheque, a emissão de cartões, gestão de carteiras e a concessão de crédito por descobertos em conta.

Tal como Menezes Cordeiro bem refere "*A abertura de conta tem características difíceis de reduzir. Ela surge como contrato normativo, uma vez que regula toda uma atividade jurídica ulterior, ainda que facultativa. Tem, pois, traços do que acima chamámos contratação mitigada. Embora o banqueiro não fique obrigado a celebrar contratos ulteriores, ele compromete-se a ficar disponível para examinar quaisquer propostas que lhe venham a ser formuladas, respondendo em termos de razoabilidade, às questões que lhe sejam postas*"[12].

Poderá, assim, afirmar-se que o contrato de abertura de conta bancária consubstanciará uma espécie de contrato-quadro, ao abrigo do qual o cliente e o banco poderão estabelecer inúmeras relações contratuais posteriores. Na maior parte dos casos, o cliente adere às cláusulas contratuais gerais do banco que regulam a abertura de conta, normalmente designadas por condições gerais de abertura de conta.

A confusão entre o contrato de abertura de conta e o contrato de depósito deve-se, em grande medida, ao seguinte:

(i) Tradicionalmente, os clientes dirigiam-se aos bancos tendo em vista a realização de depósitos de dinheiro. Por essa razão, a conta bancária começou por ser configurada como uma mera expressão contabilística do depósito bancário de disponibilidades monetárias; e

(ii) Na generalidade dos casos, as designadas condições gerais de abertura de conta preveem e regulam não só a abertura de conta bancária, como também outros contratos relacionados com a mesma. Nesses casos, apesar de existir apenas um documento, o mesmo encerra a celebração de vários contratos, nomeadamente, o contrato de abertura de conta, contrato de depósito e conta-corrente bancária[13].

Na verdade, um cliente pode abrir uma conta bancária sem fazer qualquer depósito, ficando o saldo da conta a zero ou será provido com recurso a crédito. Como Catarina Anastácio bem salienta "*A sua autonomia [depósito em relação à conta] estrutural e funcional admite contudo a existência de contas sem qualquer "depósito", funcionando com base em concessões de crédito ou cobranças feitas a terceiros. E viabiliza a existência de depósitos que não são "levados a conta", emitindo em vez*

---

[12] *Manual de Direito Bancário*, 4.ª ed., Almedina, 2010, 510.
[13] *Vide* no mesmo sentido, ANA SOFIA A. SILVA MALTEZ, *As Contas Bancárias Colectivas*, Dissertação de Mestrado, 2008, 17.

disso o banco um título negociável – é o caso dos certificados de depósito e dos "bons de caisse."[14].

Em face do exposto, poder-se-á concluir que a conta bancária e o respetivo contrato de abertura de conta não se poderão confundir com outros contratos celebrados entre o banco e o cliente, nomeadamente, com o contrato de depósito bancário[15].

3.2. *Contrato de conta-corrente*

O contrato de abertura de conta bancária, o contrato de conta-corrente bancária e o depósito (à ordem) também não se poderão confundir, na medida em que este tem um conteúdo próprio e autónomo daquele. Neste particular, perfilhamos o entendimento de Menezes Cordeiro que considera que o contrato de abertura de conta se distingue do contrato de conta-corrente bancário, apesar de este se encontrar necessariamente integrado no contrato de abertura de conta. O referido Autor refere expressamente que considera que a "*conta-corrente bancária é uma espécie de conta corrente comum que se integra, com outros elementos, num contrato de abertura de conta.*"[16]

No contrato de conta-corrente incluem-se essencialmente, os serviços de caixa prestados pelo banco ao cliente, de entre os quais se destacam os serviços de pagamentos ou de transferências e cobranças e receção de fundos, apurando continuamente o saldo da conta bancária. A conta corrente bancária constitui

---

[14] CATARINA MARTINS GENTIL ANASTÁCIO, A transferência Bancária, Almedina, 2004, 124. A Autora cita GAVALDA/STOUFFLET, Droit Bancaire, 112 e FRANÇOISE DEKEUWER –DÉFOSSEZ – *Droit Bancaire*, 29.

A propósito da relação entre o depósito bancário e a conta atente-se, ainda, nas palavras de ENGRÁCIA ANTUNES que refere que "*o depósito bancário é hoje fundamentalmente uma convenção acessória do contrato de conta bancária: como é crescentemente salientado pela doutrina mais recente, este contrato foi perdendo a sua tradicional primazia, passando assim de negócio principal a mera convenção anexa ou associada ao negócio de abertura de conta*", in Contratos Bancários, Estudos em homenagem ao Professor Doutor Carlos Ferreira de Almeida, Vol. II, Almedina, 2011, 94 e 95. Em sentido idêntico, CONCEIÇÃO NUNES salienta que "*todo o depósito implica a abertura de uma conta junto da instituição de crédito recetora*" e "*a celebração de todo e qualquer contrato de receção de depósitos envolve necessariamente a abertura de uma conta com o consequente estabelecimento de uma relação contabilística (conta)*", in Depósito e Conta, Estudos em Homenagem ao Professor Doutor Inocêncio Galvão Telles, Almedina, Coimbra, 2002, 73 e 79. Veja-se igualmente, SIMÕES PATRÍCIO, *A Operação Bancária de Depósito*, Elcla, Porto, 1994, 35 ss.

[15] Propugnando um entendimento semelhante, *vide* ANTÓNIO PEDRO FERREIRA, in *Direito Bancário*, Quid Iuris, 2005, 579 e JOAQUIN GARRIGUES, Contratos Bancários, 2.ª ed., Madrid, 1975.

[16] Ob. cit., 521.

uma modalidade da conta-corrente comum prevista no artigo 344.º do CCom, cuja especialidade se prende com o facto de se tratar de um contrato celebrado entre o cliente e o banco, ao abrigo e no âmbito do contrato de abertura de conta.

Com efeito, ao abrigo do contrato de conta-corrente bancária que, como vimos, se insere no contrato de abertura de conta bancária, o banco deverá apurar, de forma exata e contínua, o saldo da conta bancária. Neste âmbito, atente-se nas palavras de Ferreira de Almeida, que parece defender que se deve fazer uma distinção entre *"por um lado, a conta corrente (que a prática designa por depósito à ordem), onde se registam os movimentos gerados por um contrato-quadro entre o banco e o seu cliente; por outro lado, cada um dos atos que justificam tais movimentos, entre os quais se incluem, geralmente, um contrato de "depósito" à ordem e, frequentemente, outros contratos, tais como contratos de "depósito" a prazo ou com pré-aviso, contratos de prestação de serviço de caixa, contratos de gestão de valores mobiliários"*[17].

Ora, as operações que poderão desencadear e justificar os movimentos registados na conta-corrente são, entre outras, o depósito (à ordem, a prazo ou com pré-aviso), os contratos de gestão de carteiras, os contratos de concessão de crédito ao cliente, cobrança de cheques e transferências[18].

Com efeito, o saldo credor de uma conta bancária representa o direito de crédito do respetivo titular perante o banco o que, como vimos, poderá resultar não apenas de um depósito de dinheiro, mas também de outros atos ou operações que poderão originar lançamentos a crédito na conta bancária. Como tal, o saldo credor inscrito na conta representa a posição jurídica do titular da mesma perante o banco, independentemente da operação que originou esse saldo (que poderá ser um depósito de dinheiro).

Parece-nos, pois, inequívoco que a conta-corrente não só não se poderá confundir com o contrato de abertura de conta bancária, como também não se poderá confundir com o contrato de depósito bancário[19], embora esteja fortemente ligado a qualquer um deles.

---

[17] *Contratos II. Conteúdo. Contratos de Troca*, Almedina, 2007, 159.
[18] Neste contexto, atente-se nas palavras de Calvão da Silva que refere que *"Sendo rara a conta sem depósito de fundos efetuado pelo cliente, existem depósitos que não originam a abertura de conta corrente"*, in *Direito Bancário*, ob. cit., 346.
[19] Sobre a distinção entre contrato de depósito bancário e conta-corrente bancária, veja-se Giacommo Molle/Luigi Desiderio, *Manuale di diritto bancario e dell'intermediazione finanziaria*, 7.ª ed., 205 ss. Com especial interesse neste âmbito, *vide*, igualmente, Simões Patrício, *A operação bancária de depósito*, Porto, 1994, Conceição Nunes, *Depósito e Conta*, Estudos em Homenagem ao Professor Doutor Inocêncio Galvão Telles, II, Direito Bancário, Coimbra, 2002, 68 ss. e António Pedro Azevedo Ferreira, *A Relação Negocial Bancária. Conceito e Estrutura*, Lisboa, 2005.

Em face do exposto, é inequívoco que existe uma relação estreita entre a conta bancária, a conta-corrente e o depósito de disponibilidades monetárias. Não obstante, como vimos, nem a conta bancária, nem a conta-corrente se poderão confundir com o ato pelo qual o cliente entrega ao banco determinada quantia, ficando este obrigado a restituir tais fundos, nos termos acordados, ou seja, com o contrato de depósito bancário.

3.3. **Depositante** vs. *titular da conta*

Neste ponto, analisaremos as situações em que o depositante coincide com o titular da conta em que se pretende efetuar o depósito de fundos e aquelas em que a pessoa ou entidade que pretende efetuar o depósito não é titular da conta em causa.

Nos casos em que o titular da conta coincide com o depositante, consideramos que as várias entregas de fundos feitas durante o período de vigência do contrato de depósito, não originam a celebração de novos contratos, consubstanciando meros atos de execução do contrato de depósito inicialmente celebrado entre o cliente e o banco[20].

Em sentido idêntico, Paula Camanho considera que "*Ao efetuarem novo depósito, no sentido de entrega de quantias (numa conta já existente) as partes mais não fazem do que, tacitamente, aderirem ao clausulado do contrato de depósito inicialmente celebrado, uma vez que depositam as quantias na mesma conta (no mesmo contrato de depósito bancário)*"[21]. Neste contexto, atente-se igualmente nas palavras de Conceição Nunes que refere que "*A receção e restituição de depósitos processam-se ao abrigo de contratos de diversa natureza que têm em comum o facto de implicarem a abertura e movimentação de uma conta (relação de conta) e de enquadrarem unitariamente as diversas e sucessivas operações,* **de modo que estas não são consideradas negócios jurídicos autónomos, mas sim meros atos de execução de um contrato global, como partes integrantes da mesma relação substantiva (relação de depósito)**."[22] (negrito nosso).

Já nos casos em que o depositante não é titular da conta em que se pretende que os fundos sejam depositados, deverá equacionar-se qual a relação que

---

[20] *Vide* no mesmo sentido ANA SOFIA SILVA MALTEZ, ob. cit., 29 ss.
[21] Ob. cit., 96, nota 238. Com especial interesse, destaca-se, ainda, a citação de PAULA CAMANHO na referida nota 238, em que a Autora refere que FERRARA JUNIOR também sustenta que "*não existem várias operações distintas de depósito, tantas quantas as entregas (versamenti), mas sim uma operação única*", 97.
[22] Ob. cit., 76.

se estabelece entre, por um lado, o titular da conta e o banco e, por outro, o depositante (que não é titular da conta) e o banco[23].

Ora, nos casos em que o depositante não é titular da conta, parece-nos que já não se poderá considerar que estão em causa atos de execução do contrato de depósito celebrado entre o banco e o titular da conta, uma vez que o depositante não é parte no contrato de depósito e, como tal, não poderá praticar atos de execução no âmbito do mesmo – o princípio da relatividade dos contratos consagrado no n.º 2 do artigo 406.º do CC[24] assim o impõe.

Assim, consideramos que se deverá verificar se no contrato de depósito bancário ou no contrato de abertura de conta, no âmbito do qual o contrato de depósito foi celebrado, se previu a possibilidade de o banco receber fundos na conta em causa, independentemente da pessoa que pretenda efetuar a entrega dos mesmos (que poderá ser o titular da conta, ou não) em moeda escritural ou em dinheiro.

Se das condições contratuais acordadas entre o banco e o cliente resultar expressamente que apenas poderão ser inscritos na conta em causa, fundos que sejam entregues pelo titular da conta ou pelas entidades/pessoas expressamente identificadas para o efeito, o banco não poderá proceder ao depósito dos fundos entregues por qualquer terceiro. Notamos, no entanto, que da prática bancária parece resultar precisamente o inverso, ou seja, em regra, permite-se expressa ou tacitamente, a entrega de fundos pelo titular da conta ou por quaisquer terceiros.

Caso as condições contratuais acordadas entre o banco e o cliente permitam (expressa ou tacitamente) a receção de fundos entregues pelo titular da conta ou por qualquer terceiro, o banco estará obrigado a receber tais fundos, nos termos e condições acordados.

Salientamos que a mencionada obrigação de receção de fundos por parte do banco tem sido tratada de forma diversa pela doutrina. Assim, Menezes Cordeiro considera que a receção de fundos na forma escritural, nomeadamente de fundos recebidos por transferência bancária, pagamento por conta bancária ou por cobrança bancária, se enquadra no contrato de giro bancário[25]. Já Calvão da

---

[23] Esta matéria foi objeto de análise por José Gabriel Pinto Coelho, *Operações de Banca*, RLJ 81.º, 1948, 274, Jaime Seixas, *Depósitos à ordem, Depósitos com pré-aviso, Depósitos a prazo e Poupança-Crédito*, 2.ª ed., Almedina, 1983, 14 ss.
[24] O n.º 2 do artigo 406.º do CC determina que as estipulações num contrato só produzem o efeito previsto nas esferas jurídicas de cada uma das partes, e não na de terceiros, salvo quando um efeito positivo seja especificamente estipulado para um terceiro.
[25] Menezes Cordeiro refere que o giro bancário faculta ou pode facultar transferências bancárias simples, transferências internacionais, pagamentos por conta bancárias, cobranças por conta bancária e outras operações de transferência de fundos, in ob. cit., 526 ss.

Silva considera que a receção de fundos por parte do banco se deve enquadrar no comummente designado serviço de caixa, a que corresponde o conjunto de serviços através dos quais o banco recebe fundos e efetua pagamentos por conta e no interesse do cliente[26].

Passemos, agora, à análise da relação que se estabelece entre o depositante que não é titular da conta e o banco.

Nesse âmbito, notamos, desde logo, que consideramos que a entrega de fundos ao banco pelo depositante, para que aquele os deposite numa conta da titularidade de outra pessoa/entidade, implica a celebração de um contrato de depósito entre o "terceiro" e o banco.

Em bom rigor, trata-se de uma relação em que uma das partes entrega ao banco determinadas quantias para que, posteriormente, este as restitua (a outra pessoa), o que configura um contrato de depósito, que tem a particularidade de a obrigação de restituição dos montantes depositados não ser cumprida perante o próprio depositante, mas perante um terceiro, ou seja, o titular da conta em que os fundos foram depositados.

Por essa razão, o contrato de depósito bancário celebrado ente o banco e depositante (não titular da conta em que os fundos são depositados) parece-nos apresentar traços característicos de um contrato a favor de terceiro, nos termos previstos nos artigos 443.º e ss. do CC.

Em sentido próximo, note-se que num estudo dedicado ao contrato a favor de terceiro, Vaz Serra[27] indica o *"depósito com a cláusula de restituição a terceiro"* como uma situação exemplificativa dessa categoria de contratos, o que evidencia que o referido Autor perfilhava de um entendimento semelhante ao que consta do parágrafo anterior.

4. Depósito bancário em sentido amplo

Em sentido amplo, o depósito bancário poder-se-á definir como o contrato pelo qual o depositante/cliente entrega ao depositário/banco *(i)* determinado montante pecuniário – no caso de depósito de disponibilidades monetárias – ou *(ii)* bens móveis – no caso de depósito de valores em cofre forte, depósito

---

[26] *Direito Bancário*, Almedina, 2001, 342 ss.
[27] *Contratos a favor de terceiros – Contratos de Prestação por terceiro*, BMJ, n.º 51, 1955, 77. Atente-se no seguinte exemplo apresentado por Vaz Serra: "*Se A fizer um depósito num banco, na conta aberta em nome de B (...) e tal depósito não for feito em representação de B. é de crer, geralmente, que ele é efetuado a favor de B de modo a adquirir a este o crédito contra o banco, apesar de não ter intervindo no contrato*", in p. 86.

de títulos ou depósitos cerrados –, para que este os guarde e restitua no prazo e condições acordados. Clarifique-se que no caso de depósito de dinheiro, o banco poderá dispor livremente das quantias depositadas, ficando obrigado a restituir outro tanto da mesma espécie e qualidade nos termos acordados.

Assim, o depósito bancário em sentido amplo abrange as seguintes modalidades de depósito: *(i)* depósito em cofre forte, *(ii)* depósito de títulos, e *(iii)* depósito de quantias pecuniárias (disponibilidades monetárias). Não pretendendo ser demasiado exaustivos na análise do depósito em cofre forte e do depósito de títulos que, como anteriormente se referiu, não se incluem no objeto central do nosso estudo, dedicaremos as próximas palavras a um breve apontamento sobre tais modalidades de depósito, por considerarmos que tal se afigura necessário a uma análise e enquadramento adequados deste trabalho.

4.1. *Contrato de depósito em cofre forte*

Em traços genéricos, poder-se-á definir o contrato de depósito em cofre forte, como sendo o contrato mediante o qual o banco se obriga a guardar os bens que o seu cliente coloca num cofre sito nas suas instalações. Como contrapartida pelo uso do cofre, o cliente paga ao banco determinada quantia, a qual normalmente se fixará de acordo com a dimensão do cofre e a duração do contrato. Normalmente, para além da obrigação de pagamento de uma contrapartida, sobre o cliente impendem, outras obrigações acessórias, em que se incluem, *inter alia,* a obrigação de não depositar no cofre bens perigosos ou ilícitos e a obrigação de comunicar imediatamente a perda das chaves do cofre ao banco.

Ao contrário do que acontece nos depósitos de disponibilidades monetárias, nos depósitos em cofre forte, o banco não adquire a propriedade dos bens depositados. Aliás, na generalidade dos casos, o banco nem sequer tem conhecimento dos bens depositados.

A doutrina tem-se debruçado sobre a qualificação e a natureza jurídica dos contratos de depósito em cofre forte, sendo que as teses predominantes se têm dividido entre os que qualificam tais contratos como contrato de locação, contrato de depósito, contrato misto ou contrato *sui generis*[28].

---

[28] PAULA CAMANHO apresenta as várias teses relativas ao contrato de depósito em cofre forte, in *Do Contrato de Depósito Bancário,* Almedina, Coimbra, 1998, 76 ss. CARLOS LACERDA BARATA apresenta igualmente as várias posições relativas à qualificação do contrato de depósito em cofre forte, in *Contratos de Depósito Bancário,* ob. cit., 10 ss.

Nos contratos de depósito em cofre forte, podem-se identificar alguns elementos típicos de vários contratos, nomeadamente, do contrato de locação (cedência do gozo do cofre), de depósito (obrigação de custódia, vigilância e guarda) e de prestação de serviços (iluminação e limpeza).

Parece, pois, que se reúnem num contrato traços característicos de vários elementos contratuais, pelo que se poderá qualificar o contrato de depósito em cofre forte como um contrato misto[29]. Não poderá, no entanto, deixar de se referir que o elemento relativo à guarda e custódia é preponderante e assume especial relevância face aos demais traços característicos anteriormente referidos.

Assim, somos de opinião que o contrato de depósito em cofre forte se trata de um contrato misto complementar.

4.2. Contrato de depósito de títulos

O contrato de depósito de títulos corresponde ao contrato mediante o qual o cliente entrega determinados valores mobiliários ao banco para que este os guarde. O depósito de títulos de ações (ao portador ou nominativas)[30] constitui o exemplo típico destes contratos.

Neste contratos deverá fazer-se uma subdivisão entre *(i)* os meros contratos de depósito de títulos, em que o banco não assume qualquer obrigação de administração ou dever similar, e *(ii)* os contratos em que o banco além de proceder ao depósito e guarda dos títulos, presta serviços complementares de administração como, por exemplo, através da cobrança de juros ou dividendos[31]. Neste último caso, estamos perante situações típicas de um contrato de mandato que se reconduz aos denominados "depósitos de títulos em administração".

A natureza jurídica destes contratos é consensual, não suscitando grandes divergências na doutrina e jurisprudência. Assim, os contratos de depósito de valores têm sido qualificados como verdadeiros depósitos regulares, nos casos de depósitos de simples custódia, dado que nesses contratos, o banco assume a obrigação de guardar uma coisa e de a devolver, nos termos acordados.

---

[29] Este entendimento – qualificação do contrato de depósito em cofre forte como um contrato misto – é perfilhado por ANTUNES VARELA, in *Contratos Mistos*, Boletim da Faculdade de Direito da Universidade de Coimbra, XLIV, 1968, 150 e por JANUÁRIO DA COSTA GOMES, in *Constituição da Relação de Arrendamento Urbano, Almedina*, Coimbra, 1980, 136 a 138.

[30] Cf. artigo 4.º, n.º 1, h) do RGIC e artigo 343.º do CVM.

[31] *Vide* CARLOS LACERDA BARATA, ob. cit., 11 e PAULA CAMANHO, ob. cit., 86 ss.

Nos contratos de depósito de títulos em que, para além da custódia, o banco assume a obrigação de administração, assumindo, dessa forma, a obrigação de praticar atos por conta do cliente, nos termos do disposto no artigo 1157.º do Código Civil, estão em causa contratos mistos (contrato de depósito irregular e contrato de mandato).

Por fim, notamos, que esta figura dos depósitos de títulos tem um papel cada vez mais reduzido, em virtude da crescente desmaterialização dos títulos de crédito a que se tem vindo a assistir[32].

5. Depósito de disponibilidades monetárias/Depósito em sentido estrito

5.1. Resenha histórica

Importa começar por uma brevíssima resenha histórica, cujo escopo é, tão-somente, o de permitir um adequado enquadramento do surgimento e evolução do objeto central deste trabalho – depósito bancário – e, bem assim, permitir uma reflexão sobre a sucessão de épocas de crise e de fenómenos de falência de bancos, ao longo do tempo.

Tanto quanto nos foi possível apurar, o depósito bancário surgiu na Babilónia, no século VI a.C[33]. Por questões de segurança, os depósitos de numerário começaram por ser feitos junto de templos. O clima de insegurança que se vivia durante as guerras e invasões fez com que as pessoas procurassem os locais mais seguros para guardar as suas poupanças. Tendo em conta a inviolabilidade dos templos e santuários, os mesmos começaram a receber depósitos.

O depósito em sentido estrito, ou seja, o depósito de disponibilidades monetárias tem a sua origem na Babilónia no século VI a.C.[34] Os primeiros depósitos surgiram essencialmente por questões de segurança. Com efeito, a função primordial dos depositários/bancos junto dos quais se depositavam os fundos era, apenas, a sua manutenção em condições de segurança e a sua proteção de eventuais furtos.

---

[32] FERREIRA DE ALMEIDA aborda esta questão da desmaterialização, in *Desmaterialização dos títulos de crédito: valores mobiliários escriturais*, RB n.º 26, 1993.
[33] Cf. PAULA CAMANHO, ob. cit., 98 ss. e MAURICE CHAPOUTOT, *Les Depôts de Fonds en Banque*, Sirey, Paris, 1928, 8.
[34] Cf. PAULA PONCES CAMANHO, ob. cit., 98, ISIDORO LA LUMIA, *I Depositi Bancari nel sistema delle operazzionne di banca e degli atti di commercio*, RDCDGO X, P.I., 1912, 29, CHAPOUTOT, ob. cit., 8 e 9.

Cumpre-nos referir que, desde os seus primórdios, os bancos ao receberem os fundos dos depositantes, tinham a possibilidade de os utilizar (devendo restituir o equivalente aos valores depositados e não as moedas que haviam sido depositadas). Note-se, ainda, que foi na Antiguidade que os bancos começaram a pagar juros aos clientes[35].

Uma vez que nessa época, os depósitos eram efetuados essencialmente por razões de segurança, os bancos sofriam uma forte concorrência dos templos, que também recebiam depósitos de dinheiro, dada a sua inviolabilidade. Tanto quanto nos foi possível apurar, os templos exerciam uma verdadeira atividade bancária, uma vez que para além de captarem depósitos junto do público, utilizavam as somas entregues para efeitos de depósito, para conceder empréstimos a particulares e, além disso, muitas vezes cobravam uma "taxa" pela guarda das quantias depositados. Como tal, os templos obtinham lucros com a "atividade de depósito bancário" por uma dupla via: concessão de empréstimos e cobrança de taxas.

Esta atividade relativa ao depósito de quantias pecuniárias junto de templos e santuários também se desenvolveu na Grécia, igualmente, em virtude da sua inviolabilidade[36]. Tal como acontecia na Babilónia, os fundos depositados nos templos e santuários gregos também eram, muitas vezes, utilizados para a concessão de empréstimos[37].

Por se tratar de uma atividade que começou a ser vista como altamente lucrativa, a atividade "bancária" desenvolvida pelos templos e santuários, na Grécia e na Babilónia – captação de depósitos bancários e concessão de crédito – começou a ser progressivamente exercida por banqueiros profissionais.

Já no Egito e em Roma, os templos e santuários não recebiam depósitos, no entanto, concediam empréstimos, apenas com os seus fundos próprios. Tanto no Egito, como em Roma, a atividade bancária só poderia ser exercida por banqueiros e, numa primeira fase, os bancos não podiam usar as quantias depositadas, devendo restituí-las *in individuo*. Numa fase posterior, os bancos passaram a poder utilizar o dinheiro depositado, tendo a obrigação de restituir o *tantundem*, mediante solicitação do cliente/depositante. Tratavam-se, portanto, de depósitos à vista[38].

---

[35] A este respeito, atente-se nas palavras de LA LUMIA, ob. cit., e CHAPOUTOT, ob. cit., 8. Veja-se ainda, PAULA CAMANHO, ob. cit., 98 e 99.
[36] Cf. CHAPOUTOT ob. cit., 10.
[37] Cf. PAOLO GRECO, *Le Operazioni di Banca*, rist., CEDAM, Padova, 1931., 65.
[38] *Vide* MAIRATA LAVIÑA e GUZMÁN COSP., *Operaciones Bancarias e su tratamiento legal*, Barcelona, 1990, 335.

Por volta do século V a.C., surgiram as primeiras divergências e discussões acerca da natureza jurídica do depósito bancário. Nessa época, as discussões centravam-se essencialmente à volta do contrato de depósito e do contrato de mútuo.

Com o desenvolvimento do comércio e da indústria proporcionado por tempos de maior tranquilidade e de menor insegurança, os depositantes começaram a ponderar a possibilidade de retirar frutos dos fundos de que dispunham. Foi nessa época que começaram a fazer depósitos junto dos banqueiros que lhes ofereciam um juro. Nessa época, os depositantes mantinham a total disponibilidade sobre as quantias depositadas – depósitos à vista.

Com as invasões bárbaras, a atividade bancária ficou praticamente estagnada. Durante algum tempo, as operações bancárias reduziram-se a operações de câmbio. Mais tarde, com o desenvolvimento da economia proporcionado pelas Cruzadas, a atividade bancária também ressurgiu.

As expedições militares exigiam um enorme dispêndio de dinheiro, pelo que os nobres se viam obrigados a contrair empréstimos, numa primeira fase, junto dos judeus (praticamente os únicos profissionais da atividade bancária nessa época) e, posteriormente, junto dos *campsores* e dos *bancherii* que eram concorrentes dos judeus.

Como os bancos podiam utilizar os montantes depositados e os depósitos eram reembolsáveis à vista (por imperativo legal), nos séculos XIII e XIV, alguns bancos italianos acabaram por falir em virtude de levantamentos repentinos de depósitos.

A atividade bancária continuou a desenvolver-se na época dos Descobrimentos, uma vez que à semelhança do que aconteceu nas expedições militares, era necessário ter liquidez para financiar as expedições. Precisamente por se tratar de empréstimos para financiar operações de alto risco, muitos bancos acabaram por falir e não restituir aos seus clientes os montantes depositados.

Os séculos XVI e XVII foram marcados pela primeira grande crise da atividade bancária, a qual evidenciou os riscos e debilidades dessa atividade. Tal crise despoletou a intervenção estatal na atividade desenvolvida pelos bancos. Foram, assim, constituídos os primeiros bancos centrais que, numa fase inicial, se limitaram a receber depósitos, não pagando quaisquer juros aos depositantes, pelo contrário, muitas vezes, cobravam uma taxa pelo serviço de custódia prestado.

Para muitos, a atividade bancária moderna surgiu em Inglaterra. Durante a guerra civil inglesa, começaram a generalizar-se os depósitos junto de ourives, os quais, além de receberem depósitos, concediam empréstimos (usando os fundos que lhes haviam sido entregues como depósitos) não só a particulares como ao próprio governo.

Mais uma vez, a concessão de empréstimos para financiar atividades arriscadas acarretou a falência da banca privada inglesa. Perante o fracasso da banca privada, tentou instituir-se a banca pública, tendo sido criado o Banco de Inglaterra, que recebia depósitos (à vista), pagava um juro pelos mesmos e concedia empréstimos com os fundos depositados, mas, desta vez, apenas para financiar as suas próprias atividades.

No século XIX começaram a proliferar instituições de crédito, nos moldes atualmente conhecidos.

Posto isto, impõe-se concluir que há muito que os depósitos bancários assumem um papel primordial no panorama financeiro, uma vez que, ao longo dos tempos, os fundos disponibilizados pelos depósitos têm permitido a concessão de empréstimos pelos bancos, assim se viabilizando a realização de investimentos e o inerente impulsionamento da economia.

5.2. *Modalidades de depósitos*

Em sentido estrito, o depósito bancário abrange a entrega pelo cliente/depositante de determinada quantia pecuniária ao depositário/banco[39].

Os elementos essenciais de um depósito bancário de disponibilidades monetárias são os seguintes: *(i)* entrega pelo depositante de determinada quantia em dinheiro ao banco depositário e *(ii)* restituição da quantia depositada, normalmente, acrescida de juros, nos termos e condições acordados entre o cliente e o banco. Com a entrega das quantias em dinheiro referida em *(i) supra*, o banco passa a ser o proprietário das quantias depositadas e, como tal, assumirá o risco inerente às disponibilidades monetárias depositadas[40].

---

[39] O Aviso do Banco de Portugal n.º 6/2009, de 20 de agosto de 2009, determina que não pode ser designado como "depósito" qualquer produto que não corresponda: (i) a uma das modalidades de depósito previstas no Decreto-Lei n.º 430/91, de 2 de novembro ou (ii) à comercialização combinada de dois ou mais depósitos identificados naquele diploma. O referido Aviso foi republicado pela Declaração de Retificação nº 2088/2009, de 21-8, no DR, 2 Série, Parte E, n.º 165, de 26 de agosto de 2009.

[40] A este propósito e a título exemplificativo, atente-se no Acórdão de 2 de março de 1999 do STJ, Processo 99A016, em que se poderá ler o seguinte:"*I – O contrato de depósito bancário comporta a transferência, para o banco, da propriedade sobre o que é depositado. II – Por isso o risco da coisa passa a correr por conta do banco, salvo se for devido a causa imputável ao depositante.*", bem como no recente Acórdão do Tribunal da Relação do Porto de 31.03.2011, Processo n.º 1292/08.2TBMCN. P1, em que se decidiu que "*No depósito bancário, a propriedade da quantia pecuniária entregue pelo depositante transfere-se para o banco, que dele pode dispor, obrigando-se a restituí-la, mediante solicitação e*

Os contratos de depósito tratam-se, portanto, de contratos reais *quod constitutionem* e *quod effectum*.

No Decreto-Lei n.º 430/91, de 2 de novembro, classificam-se os depósitos bancários de acordo com o respetivo regime de exigibilidade: *(i)* depósito à ordem (disponíveis a todo o tempo), *(ii)* com pré-aviso (a disponibilidade das quantias depositadas depende da comunicação prévia ao banco para o efeito), *(iii)* a prazo (as quantias são exigíveis apenas após o decurso do prazo acordado, podendo ser admitida (ou não) convenção de mobilização antecipada) e *(iv)* em regime especial (categoria em que se poderão enquadrar os depósitos que não se subsumem em nenhum das modalidades referidas em *(i)* a *(iii)* anteriormente mencionadas e que se encontram previstos em legislação específica, como é o caso dos depósitos de "contas-condomínio", "contas-ordenado" ou de outros tipos de depósito acordados.

Acresce que os contratos de depósito bancário poderão, ainda, distinguir-se de acordo com o tipo de remuneração eventualmente acordada ente o cliente e o banco (normalmente os depósitos bancários são onerosos). Tal como *infra* se explicitará com maior pormenor, a remuneração acordada poderá ser simples ou complexa, neste último caso, nas situações de depósitos indexados ou duais.

Note-se que a taxa de remuneração de um depósito nunca pode ser negativa, mesmo em caso de mobilização antecipada dos fundos depositados (se admissível). Como tal, a restituição do montante entregue pelo cliente ao banco deverá estar sempre salvaguardada e garantida, não se encontrando o depositante exposto a quaisquer riscos de perdas ou flutuações de mercado. O cliente que deposita determinado montante junto de um banco não está sujeito a perdas de capital em resultado de riscos e/ou flutuações de mercado[41]. Sobre a matéria relacionada com o risco de crédito, remetemos para o Capítulo 9 *infra*, sobre o Fundo de Garantia de Depósitos.

Para facilidade de referência e de enquadramento das diversas modalidades de depósito anteriormente mencionadas, seguir-se-á uma breve análise de cada uma delas:

---

de acordo com as condições estabelecidas.". Os mencionados acórdãos encontram-se disponíveis em www.dgsi.pt.

[41] Cf. Aviso do Banco de Portugal n.º 6/2009, de 20 de agosto que estabelece as regras relativas às características a que devem obedecer os depósitos bancários, desde os mais simples aos que revestem a forma de produtos complexos, atualizando igualmente as normas relativas à data-valor e data de disponibilização de operações decorrentes dos contratos de depósito. Este Aviso foi republicado pela Declaração de Retificação nº 2088/2009, de 21-8, in DR, 2 Série, Parte E, n.º 165, de 26-8-2009.

5.2.1. Depósitos à ordem

A modalidade de depósito à ordem encontra-se prevista no artigo 1.º, n.º 1, al. a) e n.º 2 do Decreto-Lei n.º 430/91, de 2 de novembro. Como o próprio nome indica, os depósitos à ordem são exigíveis pelo cliente, a todo o tempo. Nestes depósitos, o cliente dispõe de permanente disponibilidade sobre os fundos depositados, que poderão ser movimentados a qualquer momento.

Os depósitos à ordem também são designados por depósitos à vista, uma vez que o cliente pode, a todo o momento e sem qualquer pré-aviso, solicitar ao banco a restituição das quantias monetárias depositadas, encontrando-se o banco obrigado à restituição. Como tal, a obrigação de restituição por parte do banco consubstancia uma obrigação pura (cf. artigo 777.º, n.º 1 do CC), dado que a mesma é exigível a todo o tempo pelo cliente.

Recorde-se que nas obrigações puras, o devedor (neste caso, o banco) só entra em mora depois de ser interpelado para cumprir a obrigação (cf. n.º 1 do artigo 804.º do CC), *in casu*, após o pedido de restituição dos fundos depositados.

Como contrapartida da liquidez permanente que proporcionam, normalmente os depósitos à ordem não vencem juros ou, quando vencem juros, a taxa de juro acordada é bastante reduzida.

No âmbito dos depósitos à ordem, não poderíamos deixar de dedicar breves palavras aos designados serviços mínimos bancários, cujo regime se encontra previsto no Decreto-Lei n.º 27-C/2000, de 10 de março[42]. Em traços genéricos, neste diploma legal previu-se um sistema de acesso aos serviços mínimos bancários, mediante o qual as instituições de crédito aderentes, através da celebração de contrato de depósito com as pessoas singulares que o solicitem, disponibilizam o acesso à titularidade e utilização de uma conta bancária de depósito à ordem, bem como a possibilidade da sua movimentação a débito e a crédito.

5.2.2. Depósitos com pré-aviso

No artigo 1.º, n.º 1, al. b) e n.º 3 do Decreto-Lei n.º 430/91, encontra-se prevista a modalidade de depósito com pré-aviso.

De acordo com a referida norma legal, nos depósitos com pré-aviso, as quantias depositadas poderão apenas ser movimentados depois de o titular da

---

[42] Tal como alterado pela Lei n.º 19/2011 de 20 de maio e pelo Decreto-Lei n.º 225/2012, de 17 de outubro.

conta comunicar ao banco a sua pretensão de proceder ao levantamento dos fundos depositados, no prazo e demais condições previamente acordados.

Com efeito, a obrigação do banco vence-se após a comunicação prévia do cliente, da sua intenção de proceder ao levantamento das quantias depositadas.

5.2.3. *Depósitos a prazo e depósitos a prazo não mobilizáveis antecipadamente*

A modalidade de depósito a prazo encontra-se prevista no artigo 1.º, n.º 1, al. *c)* e no n.º 4 do Decreto-Lei n.º 430/91. Neste tipo de depósitos, a mobilização dos fundos pelo depositário só será admitida no final do prazo por que foram constituídos, podendo, todavia, os bancos permitir a mobilização antecipada dos fundos. Nas situações de mobilização antecipada, funcionam as regras relativas ao benefício do prazo estipuladas nos artigos 1147.º, 1206.º e 1194.º do CC relativos ao contrato de mútuo e ao contrato de depósito.

Neste âmbito, perfilhamos da opinião de Carlos Lacerda Barata que considera que nos casos de levantamento antecipado das quantias depositadas no âmbito de um contrato de depósito prazo, a cláusula do contrato que fixa o prazo não é alterada, tratando-se apenas de uma manifestação do regime do benefício do prazo, nos termos do disposto nos artigos 1147.º, 1206.º e 1194.º do CC[43]. Como tal, nessas situações não está em causa o princípio da intangilidade do conteúdo do contrato por via unilateral[44].

Com efeito, nos depósitos a prazo o vencimento da obrigação de restituição verifica-se apenas após o decurso do prazo acordado.

Normalmente, nos casos de mobilização antecipada de depósitos a prazo, não haverá lugar ao pagamento dos juros acordados ou haverá uma redução da taxa de juro acordada, o que consubstancia a penalização pelo incumprimento do prazo de depósito acordado.

Já no caso dos depósitos a prazo não mobilizáveis antecipadamente, consagrados no artigo 1.º, n.º 1, al. *d)* e no n.º 5 do Decreto-Lei n.º 430/91, a movimentação antecipada das quantias depositadas (ou seja, antes de decorrido o prazo do depósito acordado), não é admissível. A obrigação de restituição pelo banco vence-se apenas com o decurso do prazo acordado (ao contrário do que

---

[43] Cf. *Contrato de Depósito Bancário*, ob. cit., 17-18. No mesmo sentido, veja-se Antunes Varela, *Depósito Bancário – depósito a prazo em regime de solidariedade – levantamento*, in RB, n.º 21, 1992, 69. Em sentido diverso, vide Lobo Xavier/Maria Angela Soares, *Depósito Bancário a prazo: levantamento antecipado por um contitular*, RDE, XIV, 1988, 302ss.

[44] Sobre este princípio, vide Almeida Costa, *Direito das Obrigações*, 8.ª ed., Almedina, 2001, 275 ss.

consta do n.º 5 do artigo 1.º do Decreto-Lei n.º 430/91, de 2 de novembro, não está em causa a "exigibilidade" do depósito, mas antes o seu vencimento).

Assim, em clara restrição ao princípio da autonomia privada, mesmo que o banco e o cliente acordassem o levantamento antecipado dos fundos depositados, a pretensão de reembolso não pode ser atendida. Deste modo, nos contratos de depósito a prazo não mobilizáveis antecipadamente, a renúncia ao benefício do prazo a que se aludiu anteriormente é totalmente inoperante, em virtude de imperativo legal.

Do preâmbulo do Decreto-Lei n.º 430/91, de 2 de novembro parece resultar que com a consagração dos depósitos a prazo não mobilizáveis antecipadamente, se visou proteger apenas os interesses das instituições de crédito. Não obstante, somos de opinião que com a consagração daquela modalidade de depósito se pretendeu, sobretudo, proteger o interesse público, evitando-se o levantamento em massa de depósitos pelos depositantes, em particular, em momentos de crise financeira e de dificuldades financeiras da instituição de crédito em causa.

Neste âmbito, não poderemos deixar de referir que o objetivo que se pretendeu alcançar com os depósitos bancários não mobilizáveis antecipadamente nos parece digno de aplauso. Não obstante, tanto quanto nos foi possível aferir, o número de depósitos dessa categoria efetivamente realizados, estará muito aquém do que se terá perspetivado.

Como nota transversal às duas modalidades de depósito a prazo, notamos que na data da sua constituição, os bancos deverão proceder à emissão de um título nominativo, representativo do depósito, tal como previsto no artigo 3.º do Decreto-Lei n.º 430/91, de 2 de novembro. Esse título não pode ser transmitido por ato entre vivos, salvo a favor da instituição emitente em situações de mobilização antecipada, nos casos em que esta é admitida (cf. n.º 2 do artigo do artigo 3.º do Decreto-Lei n.º 430/91, de 2 de novembro).

5.2.4. Depósitos bancários em regime especial

O artigo 2.º, n.º 1 do Decreto-Lei n.º 430/91, de 2 de novembro determina que são considerados depósitos em regime especial, os depósitos não enquadráveis nas alíneas *a)* a *d)* do n.º 1 do artigo 1.º a que se aludiu anteriormente[45] e os depósitos previstos em normas legais ou regulamentares. Tratam-se de depósitos dirigidos a determinadas finalidades específicas e que se encontram regulados, total ou parcialmente, em legislação especial.

---

[45] Cf. 5.2.1. a 5.2.3.

O n.º 2 do artigo *supra* mencionado determina que a criação de depósitos em regime especial é livre, devendo as suas características ser comunicadas ao Banco de Portugal, com uma antecedência mínima de 30 dias. Durante esse prazo, o referido Regulador poderá formular as recomendações que entender necessárias no âmbito de tais depósitos em regime especial.

De entre os depósitos criados sob regimes especiais, destacamos os seguintes:

– Depósitos em contas poupança-habitação. Trata-se de um depósito a prazo que visa o aforro de fundos para a aquisição e/ou à beneficiação de habitação própria e que é suscetível de proporcionar o acesso a crédito para esses fins (cf. previsto no Decreto-Lei n.º 27/2001, de 3 de fevereiro).

– Depósitos em contas poupança-condomínio. Trata-se de um depósito a prazo constituído por condomínios de prédios em regime de propriedade horizontal – previamente aprovado em deliberação da assembleia de condóminos –, que visa a constituição de um fundo de reserva para realização de obras nas partes comuns dos prédios (cf. Decreto-Lei n.º 269/94, de 25 de outubro).

– Depósitos em contas poupança-reformado. Estão em causa depósitos a prazo que beneficiam de um regime especial de isenção de imposto sobre os juros vencidos no âmbito do depósito (de pensões), apenas na parcela que não ultrapasse o valor definido anualmente no Orçamento de Estado (Decreto-Lei n.º 138/86, de 14 de junho, alterado pelo Decreto-Lei n.º 158/87, de 2 de Abril, pela Lei 39-B/94, de 27 de dezembro e pala Lei 10-B/96, de 23 de março).

– Outros depósitos, de acordo com as modalidades livremente acordadas entre as partes, nomeadamente de acordo com determinada finalidade ou cliente em causa – contas poupança-jovem, contas poupança-estudante, contas poupança-emigrante, às quais normalmente se encontram associadas algumas vantagens como, por exemplo, isenção ou redução de pagamento de despesas de manutenção de conta, movimentação através de cartões e concessão de crédito.

5.3. *Depósitos simples e produtos financeiros complexos*

De acordo com o tipo de remuneração e a sua maior ou menor complexidade, poder-se-ão distinguir os depósitos simples e os produtos financeiros complexos constituídos sob a forma de depósito. Estes últimos subdividem-se em "depósitos indexados" e em "depósitos duais", os quais se encontram regulados no Aviso do Banco de Portugal n.º 5/2009, de 11 de agosto.

Os depósitos simples constituem depósitos a uma taxa fixa ou variável indexada de forma simples a indexantes de mercado monetário. Independentemente da sua modalidade de movimentação (ou seja, independentemente de se tratar de depósitos a prazo ou à ordem), a generalidade dos depósitos bancários são simples, uma vez que ou são remunerados a uma taxa fixa – a taxa de juro aplicável ao depósito é acordada *ab initio* e mantém-se inalterada até ao termo do período do depósito acordado – ou a uma taxa variável – o valor da remuneração do depósito depende da evolução de indexante de mercado monetário acordado entre o banco e o cliente, normalmente da Euribor.

Por se tratarem de produtos de (aparente) fácil apreensão e compreensão por parte dos investidores, os depósitos com taxa variável, indexados de forma simples a índices de mercado monetário foram excluídos do âmbito de aplicação do Aviso do Banco de Portugal n.º 5/2009, de 11 de agosto.

Os depósitos indexados distinguem-se dos depósitos simples pelo facto de a sua rendibilidade se encontrar dependente da evolução de outros instrumentos ou variáveis económicas ou financeiras relevantes, como por exemplo, o preço de uma ou mais ações ou o valor de um ou vários índices bolsistas.

Estando em causa um produto financeiro complexo, em momento prévio à contratação de qualquer depósito indexado, a instituição de crédito deverá entregar ao cliente um prospeto informativo, do qual conste a informação sobre as características essenciais do produto, o qual deverá ser elaborado de acordo com o modelo aprovado pelo Aviso do Banco de Portugal n.º 5/2009, de 11 de agosto[46]. Com aquela medida pretendeu-se suprimir os riscos normalmente associados a tais produtos financeiros.

Tal resulta expressamente do artigo 1.º do Aviso do Banco de Portugal n.º 5/2009, de 11 de agosto, em que se definem os depósitos indexados como "*os depósitos bancários cujas características diferem de um depósito tradicional por a sua* **rendibilidade estar associada, total ou parcialmente, à evolução de outros instrumentos ou variáveis financeiras ou económicas relevantes**, designadamente, ações ou

---

[46] O Aviso do Banco de Portugal n.º 5/2009, de 11 de agosto – republicado pela Declaração de Retificação n.º 2087/2009, de 21 de agosto, in DR, 2 Série, Parte E, n.º 165, de 26-8-2009 – prevê os deveres de informação a observar pelas instituições de crédito na comercialização de produtos financeiros complexos, entendendo-se como tais, os depósitos indexados e os depósitos duais. Constituem anexos àquele Aviso os modelos de prospeto informativo, os quais devem ser disponibilizados ao cliente em momento anterior ao da celebração de contratos relativos aos referidos produtos financeiros. Republicado pela Declaração de Retificação nº 2087/2009, de 21-8, in DR, 2 Série, Parte E, nº 165, de 26-8-2009.

um cabaz de ações, um índice ou um cabaz de índices accionistas, um índice ou um cabaz de índices de mercadorias. Estão excluídos do âmbito de aplicação deste Aviso os depósitos a taxa variável, indexados de forma simples a indexantes de mercado monetário, que se encontram abrangidos pelo disposto no Aviso n° 4/2009".

No que respeita aos depósitos duais, note-se que os mesmos correspondem à comercialização conjunta de dois ou mais depósitos bancários, que podem ser simples ou indexados. À semelhança dos depósitos indexados, também os depósitos duais são produtos financeiros complexos, pelo que a sua comercialização está sujeita à entrega prévia, ao cliente, do respetivo prospeto informativo, nos termos previstos no Aviso do Banco de Portugal n.º 5/2009. No referido Aviso, os depósitos duais são definidos como *"os produtos financeiros resultantes da comercialização combinada de dois ou mais depósitos bancários."*.

De facto, perante os inúmeros instrumentos de captação de aforro que conjugam características de um produto clássico (bancário, segurador ou de mercado de valores mobiliários) com os de outros instrumentos financeiros – dando origem a um novo produto – os investidores nem sempre têm uma perceção adequada e correta do nível de risco associado a determinado produto que acabam por vir a subscrever.

De forma a minimizar e eliminar o referido risco, o Banco de Portugal tem vindo a estabelecer um conjunto de regras relativas aos deveres de informação específicos a prestar pelas instituições de crédito previamente à comercialização de produtos complexos. Após a entrada em vigor do Aviso do Banco de Portugal n.º 10/2008, de 9 de dezembro, cujo objetivo essencial foi a previsão de deveres de informação e transparência na publicidade de produtos e serviços financeiros, visou-se reforçar a necessidade de assegurar a transparência e completude da informação a prestar aos investidores relativamente a determinados produtos financeiros complexos[47].

Com esse propósito, o Aviso do Banco de Portugal n.º 5/2009, de 11 de agosto veio estabelecer um conjunto de deveres de informação na comercialização de depósitos indexados e de depósitos duais, os quais na aceção do n.º 1 do artigo 2.º do Decreto-Lei n.º 211-A/2008, de 3 de novembro, constituem produtos financeiros complexos. Aquele preceito legal determina que *"Os*

---

[47] Neste âmbito, notamos que a CMVM colocou recentemente a consulta pública um projeto de regulamento sobre os produtos financeiros complexos. Do mencionado projeto de regulamento resulta que a CMVM pretende que os produtos financeiros complexos se tornem mais apreensíveis e claros para os "investidores". A pretensão da CMVM parece-nos ser de aplaudir, no entanto, há alguns aspetos daquele projeto de regulamento que, em nossa opinião, deveriam ser revistos, uma vez que a prestação de demasiada informação poderá tornar o produto menos compreensível, em contradição com o objetivo que parece que se pretenderia alcançar.

instrumentos financeiros que, embora assumindo a forma jurídica de um instrumento financeiro já existente, têm características que não são diretamente identificáveis com as desse instrumento, em virtude de terem associados outros instrumentos de cuja evolução depende, total ou parcialmente, a sua rendibilidade, têm que ser identificados na informação prestada aos aforradores e investidores e nas mensagens publicitárias como produtos financeiros complexos".

Em suma, os depósitos indexados correspondem aos depósitos bancários cuja rentabilidade se encontra associada, total ou parcialmente, à evolução de outros instrumentos ou variáveis financeiras ou económicas relevantes. Já os depósitos duais são os produtos financeiros resultantes da comercialização combinada de dois ou mais depósitos bancários.

Como vimos, ao nível de informação, a entidade bancária encontra-se vinculada, não só a prestar informações detalhadas antes da celebração do contrato, como durante a vigência do mesmo, devendo ser facultadas informações detalhadas ao cliente, através do envio de extrato. A importância dada à informação a disponibilizar pelas instituições de crédito é evidenciada pela inversão da regra geral do ónus da prova, uma vez que sob as instituições de crédito impende o ónus de provar que os deveres de informação a que se encontram legalmente adstritas foram cumpridos.

Note-se, ainda, que o Aviso do Banco de Portugal n.º 6/2009, de 11 de agosto que veio estabelecer algumas regras em matéria de remuneração e garantia de capital dos depósitos bancários se aplica não só às mesmas categorias de depósitos a que se refere o Aviso 5/2009, como também aos depósitos bancários *(i)* à ordem, *(ii)* com pré-aviso, *(iii)* a prazo, *(iv)* a prazo não mobilizáveis antecipadamente e *(v)* constituídos em regime especial, nos termos permitidos pelo Decreto-Lei n.º 430/91, de 2 de novembro.

Por último, notamos que no Aviso n.º 6/2009 se proíbe a utilização da designação depósitos para qualquer produto que não corresponda a uma das categorias previstas no Decreto-Lei n.º 430/91, de 2 de novembro ou à combinação de duas (ou mais) categorias desses depósitos, com o que se pretendeu consolidar o princípio da segurança a que o depósito bancário deverá estar sempre associado[48].

---

[48] Em 12 de março de 2009, o Banco de Portugal e a Comissão do Mercado de Valores Mobiliários ("CMVM") publicaram um Entendimento Conjunto quanto à delimitação de competências respeitante a produtos financeiros complexos (disponível em www.bportugal.pt e www.cmvm.pt). Em traços genéricos, naquele Entendimento Conjunto, previu-se que ao Banco de Portugal compete a supervisão dos depósitos (indexados ou duais) e à CMVM caberá a supervisão das aplicações em instrumentos financeiros que compreendam (i) a exposição direta a um instrumento financeiro, através da comercialização, subscrição ou aquisição de um ou mais

Em face do exposto, poderá concluir-se que o legislador português tem vindo a conferir uma importância crescente aos deveres de informação e transparência no âmbito das transações bancárias, dando especial atenção à regulação de "produtos" com maior complexidade.

6. Depósito bancário e compensação

O tema da compensação é transversal a toda a atividade bancária. No âmbito do objeto central do presente estudo – depósito bancário –, não poderíamos deixar de dedicar algumas palavras a esse tema, há muito discutido e analisado pela doutrina e jurisprudência [49].

Naturalmente, a nossa análise irá circunscrever-se aos casos de compensação entre o banco e o cliente, no âmbito de depósitos bancários. Nesse contexto, a questão que se coloca prende-se essencialmente com o seguinte: pode um banco compensar os créditos que tenha sobre o titular de uma conta bancária com os créditos que o mesmo tenha perante o banco, decorrentes de um depósito?

Tendo presentes as diversas modalidades de depósitos bancários, a resposta à questão colocada no parágrafo anterior não será linear e requer um enquadramento e análise prévios, em particular, de acordo com o tipo de depósito em causa – depósitos à ordem, a prazo, singulares, coletivos, que por sua vez, podem ser conjuntos ou solidários, entre outros [50].

---

instrumentos financeiros, simples ou complexos, (ii) a exposição indireta aos riscos e benefícios destes instrumentos, através da entrega de fundos reembolsáveis a uma instituição de crédito, cuja rendibilidade seja indexada a índices de cotações ou a quaisquer instrumentos financeiros, sem garantia integral de capital e (iii) a exposição direta ou indireta a um ou mais instrumentos financeiros através da comercialização conjunta de mais do que um produto financeiro, mesmo que um deles seja um depósito. As aplicações referidas em (i), (ii) e (iii) não podem utilizar a denominação "depósito".

[49] Como PAULA CAMANHO bem salienta, a questão da compensação no âmbito dos depósitos bancários já havia sido colocada em Roma, ob. cit., 213. Igualmente nesse âmbito, MENEZES CORDEIRO acrescenta que "*já no direito romano clássico, o argentarius estava sujeito à compensação*", in *Depósito Bancário e Compensação*, Estudos em Homenagem ao Prof. Doutor Inocêncio Galvão Telles, Vol. II, Direito Bancário, 89.

[50] Como PAULA CAMANHO refere, a generalidade da doutrina estrangeira tende a considerar que se poderá dar uma resposta única à questão da compensação no âmbito de depósitos bancários, independentemente da modalidade de depósito que estiver em causa – *vide* ob. cit., 220. Atendendo às vicissitudes de cada modalidade de depósito bancário, tal entendimento não nos parece correto.

Num outro prisma, deverá, ainda, verificar-se qual a origem dos créditos do banco sobre o cliente. De entre inúmeras situações que poderão estar em causa, distinguimos as seguintes: empréstimo contraído junto do banco e desconto de cheque e de taxas devidas por determinado serviço prestado pelo banco.

Para uma melhor compreensão e análise das situações que poderão estar em causa, deverá, igualmente, verificar-se se *(i)* o cliente e o banco celebraram uma convenção de compensação – compensação convencional – e/ou *(ii)* se a compensação comum se poderá verificar, independentemente de convenção de compensação, caso os requisitos legais se encontrem verificados, o que ocorrerá se o cliente e o banco forem reciprocamente credor e devedor – compensação legal.

Nos casos de depósitos bancários, a compensação deve ser analisada à luz das regras gerais do Código Civil e do(s) contrato(s) celebrado(s) com o banco em causa. A compensação constitui uma das formas de extinção das obrigações e encontra-se prevista nos artigos 847.º do CC que, em traços genéricos, estabelece que nos casos em que duas pessoas são reciprocamente credoras e devedoras, qualquer uma delas pode extinguir (total ou parcialmente[51]) a sua obrigação, compensando a sua obrigação com a do seu credor, desde que determinados requisitos se encontrem verificados.

Antecipando um pouco o que *infra* se analisará em maior detalhe, notamos, desde já, que a resposta à questão relativa à admissibilidade da compensação (no âmbito de um depósito bancário) não será a mesma nos casos em que um depósito tenha sido feito por apenas um titular ou por vários titulares em conjunto. Acresce que a resposta também poderá variar caso se esteja perante um depósito a prazo ou perante um depósito à ordem.

A compensação legal pode resultar de ato unilateral, desde que se encontrem verificados os requisitos previstos no artigo 847.º do CC, ou seja: *(i)* reciprocidade dos créditos de duas pessoas, *(ii)* o crédito deverá ser exigível judicialmente e não proceder contra ele exceção, perentória ou dilatória, de direito material e *(iii)* as duas obrigações em causa deverão ter por objeto coisas fungíveis da mesma espécie e qualidade.

Acresce que a compensação se torna efetiva mediante declaração de uma das partes à outra, ou seja, não opera automaticamente. Nos termos do artigo 854.º do CC, os efeitos da declaração de compensação retroagem ao momento em que os créditos se tornaram compensáveis. Como tal, se se vencerem juros,

---

[51] Nos termos do n.º 2 do artigo 847.º do CC se as duas dívidas não forem de igual montante, pode dar-se a compensação na parte correspondente.

a sua contagem suspende-se a partir daquele momento e não apenas a partir do envio da declaração de compensação.

Por seu turno, a compensação convencional ou voluntária verifica-se nos casos em que tal possibilidade é previamente acordada pelas partes, independentemente da verificação dos requisitos legais previstos no artigo 847.º do CC[52].

Na generalidade dos casos, os contratos de abertura de conta e os demais contratos celebrados entre o cliente e o banco, nomeadamente, para efeitos de concessão de crédito, preveem expressamente a compensação convencional.

Normalmente, os casos de compensação convencional são os que suscitam menos dúvidas e controvérsia[53], uma vez que o banco e o cliente, ao abrigo do princípio da liberdade contratual, acordaram expressamente a possibilidade de realização de operações de compensação, independentemente da verificação dos requisitos legalmente exigidos.

Certo é que a Lei das Cláusulas Contratuais Gerais[54] estabelece na alínea *h)* do artigo 18.º, que são absolutamente proibidas as cláusulas que *"Excluam a faculdade de compensação, quando admitida na lei"*. No entanto, tal norma não nos parece que impeça a facilitação da compensação (nos casos em que não se verifiquem os requisitos legais).

De facto, a compensação poderá evitar não só a realização de várias operações bancárias e inerentes custos, como também inúmeras solicitações por parte dos clientes e, ainda, algumas situações de mora por parte dos mesmos. Com efeito, se a compensação (convencional) for devidamente realizada, em particular no que respeita à informação e transparência do processo, a mesma parece-nos claramente vantajosa tanto para o banco como para o cliente.

Feito este breve enquadramento, passaremos, agora, a analisar a compensação nos vários tipos de contratos de depósito bancário.

---

[52] *Vide* ANTUNES VARELA, ob. cit., 188 e 216 a 219.
[53] Assim se decidiu no Acórdão do STJ de 23.09.2004, Processo 04B2402: *"A jurisprudência do STJ não é uniforme quanto à possibilidade de o Banco compensar os seus créditos quanto ao titular de uma conta-corrente, com o saldo desta conta, mas a compensação é sempre admissível quando, expressa ou tacitamente resulte da vontade das partes."* Igualmente com interesse, atente-se no Acórdão do STJ de 29.06.2005, Processo 05A1805, em que se julgou que *"Um banco não tem o direito de dispor, unilateralmente e em seu benefício, de quantias nele depositadas, através do mecanismo extintivo da compensação, a menos que tal tenha sido convencionado com o seu cliente, titular da respetiva conta"*. Acórdãos disponíveis em www.dgsi.pt.
[54] Aprovada pelo Decreto-Lei n.º 446/85, de 25 de outubro, tal como alterado.

6.1. Compensação nos depósitos à ordem

Nos casos de compensação de créditos decorrentes de depósitos à ordem, os requisitos legalmente previstos para a compensação podem verificar-se, ou seja, *(i)* reciprocidade de créditos entre o banco e o cliente, *(ii)* validade, exigibilidade e exequibilidade do crédito, *(iii)* fungibilidade do objeto das obrigações e *(iv)* existência e validade do crédito principal.

6.2. Compensação em conta-corrente

Quanto à compensação em conta-corrente, notamos que a mesma consubstancia um elemento essencial dos contratos de abertura de conta. O n.º 3 do artigo 346.º do CCom. estabelece que um dos efeitos do contrato de conta corrente é precisamente a *"compensação recíproca entre os contraentes até à concorrência dos respetivos crédito e débito ao termo do encerramento da conta corrente"*.

Acresce que a compensação em conta-corrente apresenta um regime próprio, isto porque o banco está numa posição privilegiada face aos demais credores do cliente, uma vez que pode proceder, de imediato, a uma compensação, não dependendo do cumprimento "voluntário" por parte do seu cliente.

Em traços genéricos, todos os valores que se encontrem em conta corrente estão sujeitos compensação. Por essa razão, as relações externas – entre o cliente e terceiros – são absolutamente alheias ao banco. Assim, se determinado montante depositado não for da propriedade do cliente, mas de um terceiro, tal facto é inoponível ao banco.

6.3. Compensação nos depósitos a prazo

Analisaremos, de seguida, a possibilidade de compensação do crédito de um cliente decorrente da existência de um depósito a prazo com um crédito que o banco detenha sobre o cliente, independentemente da sua origem.

Como anteriormente se referiu, no depósito a prazo as partes estabelecem que o seu reembolso só será exigível após o decurso de determinado período de tempo (prazo), findo o qual se vencem juros à taxa acordada. Com efeito, o reembolso do depósito a prazo só será exigível a partir do termo do período acordado.

Recorde-se que um dos requisitos da compensação (legal) é precisamente o da exigibilidade do crédito da parte que pretende fazer operar a compensação, neste caso, o banco. Já quanto ao crédito principal, *in casu*, o débito do depósito a prazo, a lei exige tão-somente a sua existência e validade e já não a sua exigibilidade.

Como tal, não vislumbramos qualquer impedimento à concretização da compensação pelo banco, nos casos em que o mesmo pretenda compensar o crédito de um cliente decorrente de um depósito a prazo, com um qualquer crédito que o banco tenha sobre o mesmo. Parece-nos, no entanto, que o banco apenas o poderá fazer se pagar ao cliente a totalidade dos juros que seriam devidos na data de vencimento do depósito a prazo.

No mesmo sentido, Antunes Varela sustenta que *"se a sua dívida ainda não estiver vencida, mas renunciando ao benefício do prazo, o compensante quiser extingui-la por compensação com o seu crédito já exigível, nenhuma razão impedirá que o faça"*[55].

De igual modo, Menezes Cordeiro defende que desde que o banco pague os juros por inteiro, o banco pode reembolsar o crédito antes de decorrido o prazo do depósito (por via do disposto no artigo 1147.º do CC *ex vi* artigo 1206.º do mesmo diploma legal)[56].

Note-se, no entanto, que Autores como Paula Camanho perfilham de uma opinião diferente. Em traços genéricos, a Autora parece discordar do entendimento apresentado nos parágrafos precedentes, por considerar que o prazo estabelecido nos depósitos a prazo não é previsto apenas em benefício do cliente, sendo-o também em benefício do próprio banco[57].

6.4. *Compensação em contas diferentes do mesmo titular abertas no mesmo banco*

Nos casos em que o impulso para a realização da compensação parte do cliente (e não do banco) e tratando-se de contas em que o mesmo tem permanente disponibilidade sobre os respetivos saldos, não vemos qualquer inconveniente em que a compensação opere, desde que os requisitos previstos no artigo 848.º do CC se encontrem verificados[58].

---

[55] Ob. cit., 198.
[56] *Vide* ob. cit., Estudo em Homenagem ao Professor Doutor Inocêncio Galvão Telles, 96. Neste sentido, veja-se o Acórdão do STJ de 23.11.2006, Processo 06B3281, em que se decidiu que *"É ilegítima a compensação de descoberto em conta verificado em conta de depósito à ordem mediante a transferência de fundos subsistentes em conta de depósito a prazo do mesmo cliente de instituição bancária quando operada sem o simultâneo pagamento dos juros correspondentes a esse depósito, a efetuar por inteiro."*
[57] Ob. cit., 225.
[58] Tal entendimento é igualmente perfilhado por MENEZES CORDEIRO, in Estudos em Homenagem ao Professor Inocêncio Galvão Telles, Vol. II, 93.

Caso seja o banco a pretender compensar saldos de várias contas da titularidade do mesmo cliente, deverão distinguir-se as duas seguintes situações: *(i)* os contratos de abertura de conta preveem expressamente a possibilidade de compensação entre as várias contas do mesmo titular e *(ii)* os contratos de abertura de conta não preveem tal possibilidade de compensação entre diferentes contas.

No primeiro cenário, não vemos qualquer inconveniente em que o banco proceda à realização de compensação entre diferentes contas do mesmo titular. Trata-se, portanto, de uma compensação convencional que, como referimos anteriormente não suscita grandes dúvidas.

Já nos casos em que banco pretende compensar saldos de diferentes contas do mesmo titular, sem que as partes tenham convencionado expressamente tal possibilidade, tendemos a considerar que o banco se encontra impedido de proceder à compensação. A admitir-se tal possibilidade estaria a aceitar-se a concretização da compensação, sem que os requisitos legalmente previstos se encontrassem verificados (cf. artigo 847.º do CC), o que não deverá ser aceitável.

6.5. *Compensação nos depósitos bancários coletivos*

No caso de contas conjuntas[59], contas solidárias[60] e contas mistas[61], a questão da compensação pode suscitar alguns problemas, uma vez que o banco poderá ser credor ou devedor de apenas um dos titulares da conta coletiva. Também nestes casos se deverá verificar, desde logo, o regime que resulta dos contratos de abertura de conta, em que esta matéria da compensação poderá estar expressamente regulada e que, salvo se contrárias a normas legais imperativas, deverão ser seguidas.

A jurisprudência tem-se dividido nas decisões relativas à compensação de débitos de clientes que sejam titulares de contas coletivas[62]. De igual modo, a doutrina também não tem sido unânime quanto a esta matéria.

---

[59] Em que os movimentos da conta requerem a intervenção conjunta dos respetivos titulares.
[60] Em que qualquer um dos titulares pode movimentar livremente a conta.
[61] Em que as contas podem ser movimentadas necessariamente por determinado(s) titular(es), em conjunto com um ou mais titulares da conta, indiferenciadamente.
[62] No Acórdão do STJ de 07.05.2009, Processo 3116/06TVLSB.S1, pode ler-se o seguinte: "*A compensação convencional bancária, de que possam resultar créditos do banqueiro sobre o seu cliente, é compatível com a possibilidade de o banco cobrar as importâncias que lhe sejam devidas, em quaisquer contas de que o mutuário ou os garantes sejam titulares, únicos ou no regime de solidariedade, fazendo seu o depósito bancário empenhado.*".Veja-se ainda o Acórdão do Tribunal da Relação de Lisboa de 16-06-2011,

Ater-nos-emos, de seguida, no caso de depósitos conjuntos, no âmbito dos quais as contas só poderão ser movimentadas mediante a intervenção conjunta dos respetivos titulares. Se assim é, poder-se-á concluir que o banco não pode compensar um crédito que tenha sobre apenas um dos titulares do depósito com o crédito que todos os demais titulares da conta têm sobre o banco (em conjunto).

Em bom rigor, se para a movimentação da conta é necessária a intervenção conjunta dos respetivos titulares, o banco não pode, de forma unilateral, extinguir o débito que tem perante todos os titulares do depósito, através da compensação desse débito com um crédito que detém apenas sobre um (ou alguns) dos titulares da conta. Nesse caso, o requisito legal da reciprocidade dos créditos não se encontra verificado e, como tal, poder-se-á concluir que a compensação não poderia operar.

Se assim não fosse, estaríamos a admitir que o banco poderia alterar unilateralmente o regime da conjunção acordado pelas partes, uma vez que por ato voluntário e unilateral, deixaria de ser necessária a intervenção de todos os titulares da conta para a movimentação do depósito.

De facto, no caso das contas conjuntas, a conta só poderá ser movimentada com a intervenção de todos os titulares. Como tal, não fará sentido sustentar que o banco pode, sem mais, compensar o débito de apenas um dos co-titulares. Não obstante, notamos que não nos parece que se possa defender que nos casos de contas conjuntas, o banco não pode *tout court* "atacar" tais contas, seja pela via da compensação, seja pela via da execução da conta, ou outras vias. Ao invés, nessas situações, poderá recorrer-se à presunção da igualdade das participações de cada um dos titulares do depósito, nos termos do disposto nos artigos 534.º, 1403.º, n.º 2 e 1404.º todos do CC[63].

Ora, o artigo 534.º do CC determina que se outra proporção não resultar da lei ou de negócio jurídico, são iguais as partes que têm na obrigação divi-

---

Processo 3231/08.1TJLSB.L1-2 e o Acórdão do Tribunal da Relação de Coimbra de 24.10.2000 Processo 2100/2000. Acórdãos disponíveis *in* www.dgsi.pt.

[63] A este respeito, atente-se no teor do recente Acórdão do STJ de 22.02.2011, Processo n.º 1561/07. 9TBLRA.C.1.S.1. em que se poderá ler o seguinte: *"O regime da compropriedade é aplicável à comunhão de outros direitos, "ex vi" do artigo 1404.º do Código Civil (sem prejuízo do especialmente disposto para cada tipo de comunhão) sendo de o considerar para todas as situações de contitularidade de contas bancárias, razão porque também lhes é extensível a presunção de participação quantitativa igual ao que se refere o n.º 2 do artigo 1403.".* Veja-se, ainda o Acórdão do Tribunal da Relação de Lisboa de 24.06.2010, Processo 224/2002.L1-8, em que se decidiu o seguinte: *"Provando-se a origem dos valores depositados em conta solidária e, bem assim, a sua propriedade, afastada fica qualquer dúvida sobre a (com)participação de cada interveniente na respetiva quota que neste caso não existe".* Acórdãos disponíveis em www.dgsi.pt.

sível os vários credores ou devedores. Acresce que no n.º 2 do artigo 1403.º do CC se estabelece que as quotas dos comproprietários sobre a coisa comum são qualitativamente iguais, embora possam ser quantitativamente diferentes. Todavia, na falta de indicação em contrário, as quotas presumem-se quantitativamente iguais[64].

Com efeito, parece-nos que o banco poderá operar a compensação apenas e só na parte do co-titular devedor. Se assim for, o requisito da reciprocidade já se encontra verificado pelo que não vislumbramos qualquer motivo que impeça que a compensação opere nesses moldes.

Paula Camanho tem um entendimento diferente e radical, considerando que no caso de depósitos conjuntos *"a possibilidade de compensação é vedada ao banco, uma vez que não se verifica o requisito da reciprocidade de créditos"*[65]. Discordamos desta posição, desde logo por que a mesma poderia originar situações "fraudulentas", pois quem não quisesse ver o seu património (leia-se, disponibilidades monetárias) "atacado" pelos seus credores efetuaria apenas depósitos em contas conjuntas, em claro prejuízo dos seus credores.

Por sua vez, nos depósitos solidários, qualquer um dos titulares da conta pode, por si só, movimentar total ou parcialmente a conta. Neste âmbito, a questão que se pode colocar é a seguinte: se o banco tiver um crédito sobre um dos titulares da conta e pretender compensá-lo com o saldo de um depósito (em regime de solidariedade) de que o seu devedor seja titular, pode fazê-lo?[66]

Antunes Varela defende que a compensação apenas poderá ocorrer na medida do direito adstrito ao débito[67]. Esta posição parece-nos fazer todo o

---

[64] No mesmo sentido, atente-se no Acórdão do STJ de 31.03.2011, Processo n.º 281/07.9TBSVV.C1.S1, em que se julgou da seguinte forma: *"Tratando-se de uma conta coletiva, solidária, nada constando em contrário, presume-se que as proporções das respetivas quotas são iguais"*. Veja-se, ainda, o Acórdão do Tribunal da Relação do Porto de 31.03.2011, Processo n.º 1292/08.2TBMCN.P1, em que se decidiu de modo idêntico. Acórdãos disponíveis em www.dgsi.pt.
[65] Ob. cit., 236-237.
[66] No Acórdão do STJ de 09.06.2009, Processo 09A0662, decidiu-se que *"Perante uma conta solidária, pode o banqueiro compensar o crédito que tenha sobre algum dos seus contitulares, até à totalidade do saldo. O único aspeto restritivo poderia advir das condições de movimentação acordadas. Assim, se estas não facultarem débitos em conta por despesas e créditos do banqueiro em geral, o banqueiro terá de ter o cuidado de proceder a uma declaração avulsa de compensação, compensando com o saldo disponível"* e no Acórdão do STJ de 05.06.2008, Processo 08A1361 decidiu-se que *"Não será possível a um banco por iniciativa própria e perante um depósito solidário efetuar a compensação legal. Nas contas coletivas solidárias, com base numa autorização nesse sentido de apenas um dos titulares da conta, não pode o banco retirar da conta bancária o dinheiro necessário para pagar um crédito seu sobre um dos titulares, a não ser que o autorizante seja o proprietário do numerário.* Acórdãos disponíveis em www.dgsi.pt
[67] *Das Obrigações em geral*, Vol. I, 9.ª ed., 823.

sentido, no entanto, na prática nem sempre será fácil ou até mesmo possível ao banco verificar quem é o efetivo titular de determinadas quantias depositadas junto do mesmo.

Por seu turno, Alberto Luís[68] tende a defender que nos casos de contas solidárias, a compensação não deverá ser admitida, salvo nas situações em que as partes tenham expressamente previsto tal possibilidade. Paula Camanho[69] parece adotar uma posição idêntica, ao fazer depender a compensação da iniciativa do reembolso pelos depositantes, considerando que o n.º 1 do artigo 528.º do CC não é aplicável aos casos de depósitos bancários em contas solidárias.

Contrariamente, Menezes Cordeiro defende que, no pressuposto de que o banco se pode exonerar perante um dos clientes, o mesmo pode escolher livremente o cliente (titular de depósito bancário em conta solidária) a quem pretende satisfazer a prestação, tal como resulta do artigo 528.º do CC. Neste particular, perfilhamos a opinião de Menezes Cordeiro, uma vez que também não vislumbramos qualquer razão para que nos casos de depósitos bancários em contas solidárias, se afaste o regime geral da solidariedade das obrigações.

De facto, do regime geral da solidariedade das obrigações parece-nos resultar, de forma cristalina, a possibilidade de o banco poder compensar os créditos que tenha sobre algum dos clientes que seja titular de uma conta solidária até à totalidade do saldo disponível. Tal é a conclusão que se impõe em face do regime da solidariedade de movimentação das contas.

7. Natureza jurídica do depósito bancário. Orientações doutrinárias

Importância do tema

Há muito que o tema da natureza jurídica do contrato de depósito bancário é debatido e analisado pela doutrina – constitui uma *vexata quaestio*, tal como acontece noutros ordenamentos jurídicos. Na verdade, trata-se de uma matéria que assume especial relevo, tanto de um ponto de vista académico e científico, como de um ponto de vista prático.

Assim, e a título meramente exemplificativo, pense-se numa situação em que se pretenda proceder a uma compensação de créditos, em que a qualificação do depósito bancário como um contrato de mútuo ou como um contrato de depósito irregular poderá acarretar resultados (significativamente) diferentes.

---

[68] Cf. *Direito Bancário*, 1985, 167 e 168.
[69] Cf. *Do Contrato de Depósito Bancário* cit., 247.

Posto isto, abordaremos, de seguida, as várias orientações que têm vindo a ser adotadas pela doutrina e jurisprudência, a respeito da natureza jurídica do depósito bancário e que se poderão sintetizar nas seguintes: depósito irregular, mútuo, contrato misto, contrato *sui generis* e teses mistas ou pluralistas (qualificam o depósito bancário de acordo com as respetivas modalidades).

No que respeita à jurisprudência, notamos que os tribunais se têm dividido, sobretudo, entre a teoria do depósito irregular e a teoria do mútuo. Existem, ainda, algumas decisões que tendem a considerar que o depósito bancário é um contrato *sui generis*. Da análise que nos foi possível levar a cabo, verificámos que predomina a tese do depósito irregular.

Para facilidade de referência, aquando da análise de cada uma das teses que têm sido sustentadas sobre esta matéria, faremos referência a algumas decisões dos Tribunais superiores que se afigurem relevantes.

7.1. *Tese do depósito irregular*

A doutrina maioritária tem defendido que o depósito bancário se trata de um verdadeiro contrato de depósito irregular[70]. No artigo 1205.º do CC define-se depósito irregular como o contrato que tem por objeto o depósito de coisas fungíveis.

Como vimos, nos casos de depósito de disponibilidades monetárias, o banco adquire a propriedade das quantias depositados pelos clientes, que passam a ser os seus "meros"credores. Sendo o banco o proprietário das quantias depositadas, o risco inerente à sua perda passa para a esfera deste. Autores como Cunha Gonçalves, Galvão Telles, Antunes Varela, Calvão da Silva e Carneiro da Frada encaram o depósito bancário como um depósito irregular[71].

---

[70] Veja-se o recente Acórdão do STJ de 22.02.2011, Processo n.º 1561/07. 9TBLRA.C.1.S.1. em que se poderá ler o seguinte:"*O depósito bancário tem a natureza de depósito irregular, podendo integrar uma relação plural do lado do depositante.*". Julgou-se no mesmo sentido no Acórdão do STJ de 19.07.79, Processo 067959, Acórdão do STJ de 16.02.94, Processo 086016, Acórdão do STJ 27.05.2003, Acórdão do STJ de 20.10.2004, Acórdão do Tribunal da Relação do Porto de 07.02.2002 e Acórdão de 03.05.2005. Disponíveis em www.dgsi.pt

[71] *Vide* a esse propósito, Cunha Gonçalves, *Comentário ao Código Comercial Português*, Vol. II, 382 e 383 e 470, Galvão Telles, *Contratos Civis*, BMJ, 83, 1959, 178, Antunes Varela, ob. cit., 46 ss; Pires de Lima e Antunes Varela, *Código Civil Anotado*, Vol. II, 4.ª ed., 862; Calvão da Silva, *Direito Bancário*, ob. cit., 349 e Carneiro da Frada, *Crise Financeira Mundial e Alteração das Circunstâncias vs. Contratos de Gestão de Carteiras*, in ROA, ano 69, III/IV, julho/setembro 2009, Lisboa, 648-651.

O principal argumento aventado pelos defensores da "tese do depósito irregular" prende-se com o facto de os depósitos bancários se caracterizarem, essencialmente, pela sua função de custódia, dado que o interesse principal do cliente passa pela guarda e segurança do seu dinheiro.

Tratando-se de um depósito de bens fungíveis, o depósito é qualificado como depósito irregular, uma vez que o depositário deverá restituir não o *idem corpus* mas apenas o *tantundem*. Em bom rigor, o banco adquire a propriedade do dinheiro depositado, devendo restituir uma quantidade igual à recebida, nos termos do disposto no artigo 1144.º *ex vi* artigo 1206.º do CC. Os defensores desta tese adiantam, ainda, que a possibilidade de o banco poder usar as quantias depositadas, em nada afeta a qualificação do contrato como um depósito irregular, uma vez que se tratam de bens fungíveis e, como tal, a restituição da mesma espécie não prejudica os interesses dos clientes, cuja principal preocupação é a guarda dos montantes depositados que lhe serão devolvidos.

O banco não é obrigado a ter nos seus cofres quantias equivalentes à totalidade dos depósitos que tiver captado junto dos seus clientes, mas apenas as quantias que, por imperativo legal, está obrigado a manter nos seus cofres. O remanescente, ou seja, as quantias de que o banco possa dispor, devem ser usadas pelo banco com a maior prudência e em respeito aos princípios de racionalidade económica, que lhe permitam ter liquidez para reembolsar os seus clientes.

Como tal, a obrigação de custódia deve ser interpretada como o dever de emprego das quantias depositadas de forma adequada e prudente, de modo a permitir o reembolso aos clientes que pretendam levantar as quantias depositadas.

Têm sido tecidas várias críticas a esta teoria[72], sobretudo pelos que consideram que o depósito bancário é um verdadeiro mútuo. A principal crítica tecida à "teoria do depósito irregular" centra-se no facto de o banco também ter interesse no depósito, uma vez que as quantias depositadas permitem/facilitam a concessão de empréstimos e a realização de outras operações ativas. Por

---

[72] Notamos que no presente estudo nos limitamos a apresentar as críticas que têm sido apresentadas à "teoria do depósito irregular" que se coadunam com a legislação portuguesa. De facto, como bem sublinha PAULA CAMANHO, alguns autores têm apontado outras fragilidades à "tese do depósito irregular" (para além das identificadas neste estudo), as quais não têm qualquer cabimento face ao nosso ordenamento jurídico. Por essa razão, optámos por não mencionar tais críticas/fragilidades neste trabalho, por entendermos que as mesmas não só apresentam um diminuto interesse científico, como poderiam suscitar dúvidas que em nada beneficiariam a presente análise, in ob. cit., 153 a 156.

essa razão, os "críticos" desta tese referem que o depósito bancário se afasta da figura do depósito, aproximando-se do mútuo.

Outra crítica que tem sido adiantada, prende-se com o facto de o cliente além de ter interesse na guarda das quantias depositadas, ter especial interesse em receber os juros que lhe são pagos pelo banco, cuja taxa se encontra normalmente associada ao prazo e ao montante das quantias depositadas. Assim, o cliente não só não paga qualquer quantia pela custódia/guarda das quantias depositadas como, pelo contrário, recebe uma remuneração (juros) pelo depósito.

Ferreira de Almeida considera que os "depósitos" em dinheiro, ou seja, em moeda escritural, numa conta bancária não poderão ser considerados contratos de depósito, uma vez que estão em causa bens fungíveis incorpóreos e, como tal, nesses contratos não pode existir uma obrigação de guarda[73].

Além disso, o cliente também tem interesse no serviço de caixa que é prestado pelo banco.

Como nota final relativa a esta "tese do depósito irregular", notamos que no Direito Romano o depósito de coisas fungíveis era qualificado como *depositum irregulare* ou bancário, o qual era considerado pela doutrina clássica como mútuo e por Justiniano como verdadeiro depósito[74].

7.2. Tese do mútuo

Em sentido diverso, outros Autores têm sustentado que o depósito bancário é um verdadeiro contrato de mútuo. De entre os defensores de tal tese, destacamos os seguintes: Pinto Coelho, Cavaleiro Ferreira, Ferreira de Carvalho e Paula Camanho[75].

Ferreira de Almeida considera que os contratos de depósito à ordem têm a natureza de contrato de mútuo gratuito ou oneroso ou de contrato misto de mútuo e de prestação de serviços e o depósito a prazo e com pré-aviso tem a natureza de contrato de mútuo oneroso[76].

Ora, o contrato de mútuo encontra-se definido no artigo 1142.º do CC como o *"contrato pelo qual uma das partes empresta à outra dinheiro ou outra coisa fungível, ficando a segunda obrigada a restituir outro tanto do mesmo género e qualidade"*.

---

[73] Cf. Contratos II. Conteúdo. Contratos de Troca, ob. cit., 159.
[74] Cf. Santos Justo, *As acções do Pretor (actiones praetoriae)*, Coimbra, 1994, 27 e 28.
[75] *Vide* Pinto Coelho, Operações de banco, ob. cit., 22, Cavaleiro Ferreira, *Depósito Bancário (Parecer)*, SI XIX, 1970, 265, Ferreira de Carvalho, *Prontuário do Bancário*, 5.ª ed., 1992, 397, Paula Camanho, *Do Contrato de Depósito Bancário*, ob. cit., 145 ss.
[76] *Contratos II. Conteúdo. Contrato de Troca,* ob. cit., 160.

Tal como no mútuo, o depósito bancário tem por objeto coisas fungíveis e o banco que recebe os montantes depositados não é obrigado a restituir *in individuo* o que recebeu, mas apenas o *tantundem*. Com efeito, tendo apenas a obrigação de restituir ao cliente o mesmo género e quantidade do que recebeu, o banco deverá ter nos seus cofres os montantes que considere suficientes para o reembolso das quantias depositadas e, bem assim, os montantes que nos termos legalmente previstos deverá manter em caixa.

Para os defensores desta posição, o depósito bancário trata-se de um contrato pelo qual o banco capta junto dos seus clientes os fundos com que irá conceder empréstimos. Assim, a principal finalidade económica do depósito bancário não é a guarda do dinheiro (apesar de também ser uma componente a ter em conta), mas antes a possibilidade de o banco dispor das quantias depositadas.

Deste modo, o depósito bancário mais não será do que um empréstimo concedido pelos clientes ao banco, no qual tanto o banco como o cliente têm interesse – o banco tem interesse em captar poupanças que lhe permitam dispor de fundos para conceder empréstimos e outras operações de crédito e o cliente visa fazer um investimento, uma vez que irá receber juros.

Com efeito, tal como no mútuo, o cliente transfere para o banco a propriedade dos fundos depositados o que, em caso de não reembolso pelo banco, afasta a possibilidade de o mesmo incorrer na prática do crime de abuso de confiança, previsto e punido pelo artigo 205.º do Código Penal.

Os defensores desta tese acrescentam, ainda, que à semelhança do que acontece no contrato de mútuo, no depósito bancário o cliente normalmente recebe juros pelas quantias depositadas.

Esta teoria também tem sido amplamente criticada. Uma das principais críticas que lhe tem sido tecida prende-se com o facto de, ao contrário do que acontece no contrato de mútuo, o prazo para a entrega do bem mutuado não ser essencial, uma vez que no caso de um depósito à ordem o cliente pode, a todo o momento, levantar parte ou a totalidade das quantias depositadas[77].

Uma outra diferença entre o depósito bancário e o mútuo reside no facto de naquele contrato o banco prestar uma série de serviços bancários ao cliente, o que não acontece no caso do contrato mútuo.

Outra crítica apontada a esta teoria prende-se com o facto de a mesma descurar um dos principais interesses do depósito bancário: o da guarda e custódia dos fundos depositados.

---

[77] Como vimos, no caso dos depósitos à ordem, o banco deve entregar as quantias depositadas à primeira solicitação do cliente.

Além disso, poder-se-á, ainda, apontar uma outra diferença entre o mútuo e o depósito bancário que se prende com os mecanismos de proteção dos depositantes/clientes dos bancos, nomeadamente, *(i)* a obrigatoriedade de restituição das quantias gerar um conjunto de deveres prudenciais por parte dos bancos que visam salvaguardar o interesse dos depositantes[78], *(ii)* a garantia legal conferida aos depósitos bancários, em particular, através do Fundo de Garantia de Depósitos[79] também demonstra que se visa proteger os depositantes, e *(iii)* os *ratios* de solvabilidade impostos aos bancos que visam proteger os clientes dos bancos de determinadas contingências próprias da atividade de crédito dos bancos.

Tais mecanismos – alguns privativos dos depósitos – deslocam a distribuição do risco do contrato de depósito comum em favor do depositante, o que, em nossa opinião, afasta os depósitos bancários do regime do contrato de mútuo. Em bom rigor, no mútuo o risco do negócio não se encontra particularmente regulado na lei, não sendo o mutuante especialmente protegido do mutuário, o qual, em regra, beneficiará apenas do regime geral de proteção qualquer credor. De facto, esta diferença e com ela a devida ponderação das características do depósito bancário, pode ser crucial num cenário de crise financeira como o que estamos a atravessar atualmente.

Como bem parece notar Menezes Cordeiro, se os depósitos bancários fossem contratos de mútuo, por que razão os bancos s contrairiam outro tipo de empréstimos[80]?

7.3. *Tese do contrato misto*

Há quem sustente que o depósito bancário é um contrato misto, uma vez que o mesmo apresenta características próprias dos contratos de depósito – interesse na segurança e custódia dos montantes depositados – e de mútuo – perceção de juros de um lado, e financiamento para concessão de crédito, por outro lado.

---

[78] A medida corretiva prevista na alínea *f)* do artigo 141.º do RGIC evidencia de forma clara a preocupação em salvaguardar o interesse dos depositantes, uma vez que a mesma prevê que caso uma instituição de crédito não cumpra ou esteja em risco de não cumprir as normas legais e regulamentares que disciplinam a sua atividade, o Banco de Portugal pode determinar restrições à receção de depósitos, em função das respetivas modalidades e da remuneração.

[79] Sobre esta matéria vide 9. *infra*.

[80] MENEZES CORDEIRO bem refere que "*Os bancos também podem contrair empréstimos: não o fazem, porém, sob a forma de depósitos a prazo*", Manual de Direito Bancário, ob. cit., 578.

Somos de opinião que o depósito bancário não deverá ser qualificado como contrato misto, dado que no mesmo não se podem distinguir várias prestações típicas com a mesma relevância. Assim, parece-nos que tal posição deverá ser rejeitada, uma vez que tanto no contrato de depósito, como no contrato de mútuo, os interesses do banco e do cliente são divergentes.

7.4. *Tese de figura* sui generis

Dado que o enquadramento do contrato de depósito bancário num dos tipos contratuais suscita várias dúvidas, alguns Autores defendem que o mesmo constitui negócio *a se* e que não se reconduz a qualquer tipo contratual típico, tratando-se de um contrato *sui generis*[81].

Autores como Humberto Pelágio, Carvalho dos Santos, Lobo Xavier e Maria Angela Soares, Fiorentino e Menezes Cordeiro tratam o depósito bancário como uma figura autónoma, dotada de características próprias, que não se identificam, na íntegra, com qualquer contrato típico[82].

Fiorentino defende que o depósito bancário é um contrato *sui generis*, devido à qualidade de profissional do depositante.

Por seu turno, Menezes Cordeiro entende que o contrato de depósito se trata de um *"claro tipo contratual social, perfeitamente determinado por cláusulas contratuais gerais e pelos usos e que não corresponde, precisamente, a nenhuma figura preexistente. (...) Mantemos, tudo visto, o depósito bancário como figura unitária, típica, autónoma e próxima, historicamente, do depósito irregular."*[83].

---

[81] Nesse sentido, atente-se no Acórdão do Tribunal da Relação de Coimbra de 11.07.2000, Processo 666/2000, em que se julgou o seguinte: "*O contrato de depósito bancário é um contrato bilateral inominado, com características de depósito e de mandato*". Veja-se ainda o Acórdão do Tribunal da Relação de Lisboa de 22.01.2002, Processo 00119857, em que se refere que "*Tradicionalmente tem-se considerado o depósito bancário como um depósito irregular, por via do qual se opera na esfera patrimonial do depositário um aumento do ativo, acompanhado da simultânea constituição da obrigação de restituir. II – A doutrina mais recente, tende a considerar que o depósito bancário é um contrato atípico, de natureza complexa, com inicio na abertura de conta, a qual passa a enquadrar sucessivas operações a débito e a crédito e outras prestações inseridas no chamado "serviço de caixa"*. Acórdãos disponíveis em www.dgsi.pt.

[82] *Vide* Humberto Pelágio, *Depósitos Bancários Solidários*, Lisboa, 1947, 6-7, Carvalho dos Santos, *Considerações sobre o Depósito Bancário de Dinheiro*, BOA, n.º 3, 1987, 7 ss., Lobo Xavier e Maria Angela Soares, *Depósito Bancário a Prazo: levantamento antecipado por um contitular*, cit., 296 ss., Fiorentino, *Dei Contratti Bancari*, ob. cit., 41 e Menezes Cordeiro, *Manual de Direito Bancário*, ob. cit., 576-578.

[83] Menezes Cordeiro, *Manual de Direito Bancário*, ob. cit., 578.

7.5. *Teses mistas/pluralistas (mútuo ou depósito irregular)*

Numa outra perspetiva, há quem entenda que para uma correta qualificação do depósito bancário, se deverá fazer uma subdivisão das suas várias modalidades. Para os defensores desta tese, não é possível encontrar uma natureza jurídica unitária para o depósito bancário em geral.

Para alguns Autores, os depósitos à ordem ou com um curto pré-aviso, reconduzem-se à categoria de depósitos irregulares, uma vez que os depositantes visam essencialmente que o banco guarde as quantias depositadas. Como as taxas de juro aplicadas a esse tipo de depósito são normalmente muito baixas, os defensores desta tese consideram que o principal interesse dos clientes não reside nos juros, mas na custódia. Perfilham deste entendimento Autores como Isidoro La Lumia, Greco e Sena[84].

Por seu turno, os depósitos a prazo e com um longo pré-aviso, tratar-se-iam de contratos de mútuo, uma vez que com esses contratos, o depositante visa essencialmente receber juros – trata-se de uma espécie de investimento, que também se encontra sujeito a determinado prazo, como acontece nos contratos de mútuo. Tal posição é adotada por Cannaris e Ferrara Junior[85].

Autores como Garrigues consideram que os depósitos à ordem são verdadeiros depósitos irregulares e os depósitos a prazo consubstanciam um contrato *sui generis*.

Destacamos, ainda, a orientação de Lacerda Barata que sustenta que os depósitos à ordem e com pré-aviso são depósitos irregulares, sendo os depósitos a prazo verdadeiros contratos de mútuo[86].

As referidas "teses mistas" têm sido criticadas essencialmente por se entender que a natureza jurídica do depósito bancário não deve depender da sua disponibilidade no tempo, desde logo, por que na maior parte dos casos, os bancos

---

[84] *Vide* Isidoro La Lumia, *I Depositi Bancari*, ob. cit., 109 ss, Grecco, *Le Operazioni di Banca*, rist., CEDAM, Padova, 1931, 154 ss. e Sena, *Contratti di credito, contratti di custodia, contratti di disponibilitá*, in RTDPC X, 1956, 514. Atente-se, ainda, no Acórdão do STJ de 09.06.2009, Processo 09A0662, que andou da seguinte forma "*O depósito bancário é configurado como um contrato atípico, que reúne elementos comuns da conta corrente mercantil (art. 347.º do C. Comercial) e de contrato de mandato. (art. 1157.º do CC.), e cujo objeto se desdobra em atividades próximas do mútuo oneroso (1142.º e ss.) e do depósito (art. 1185.º).*", in www.dgsi.pt

[85] *Vide* Cannaris, *Bankvertragsrecht*, 2 Auflage, Walterde Gruyter, Berlim, 1981, 603 e Ferrara Junior, *Le banche e le operazione di banca*, Firenze, 1940, 330.

[86] Homenagem ao Professor Doutor Inocêncio Galvão Telles, ob. cit., 29 e *Ensaio sobre a Natureza Jurídica do Contrato de Depósito Bancário*, ob. cit., 269 ss.

permitem o reembolso de depósitos (a prazo) antes do seu termo, aplicando (apenas) uma penalização nos juros.

Também entendemos que esta teoria não procede, precisamente pela razão referida no parágrafo anterior, ou seja, a natureza jurídica do depósito bancário não pode depender do critério de disponibilidade dos fundos depositados.

7.6. *Posição adotada*

Em nossa opinião, o contrato de depósito bancário trata-se de uma figura socialmente típica e dotada de características próprias, a que se deve aplicar, na medida do possível, o regime do contrato de depósito irregular. Por remissão do artigo 1206.º do CC, ao contrato de depósito irregular aplicam-se as *(i)* regras do mútuo[87], na medida em que tais regras sejam compatíveis com a função específica do depósito e *(ii)* as normas relativas ao contrato depósito que não colidam com o efeito real da transferência do dinheiro depositado como acontece, designadamente, com o artigo 1189.º do CC.

Como tal, parece-nos indubitável que o contrato de depósito bancário acaba por ter um regime muito específico, dado que não se enquadra integralmente em qualquer tipo contratual.

Assim sendo, acompanhamos o entendimento de Menezes Cordeiro, que bem salienta e sintetiza que o depósito bancário *"constitui uma figura unitária, típica, autónoma e próxima, historicamente, do depósito irregular"*[88].

8. Depósito bancário *vs.* gestão de carteiras

Analisadas as principais características dos contratos de depósito bancário, cumpre-nos, agora, distingui-los dos contratos de gestão de carteiras.

Assim, começamos por referir que tal como nos contratos de depósito bancário, os contratos de gestão de carteiras surgem associados aos contratos de abertura de conta. No entanto, ao contrário do que ocorre nos contratos de

---

[87] Nos termos do disposto nos artigos 1185.º e ss. do CC, o contrato de depósito é um contrato real quanto à constituição e obrigacional *quod effectum*, uma vez que uma das suas obrigações essenciais é a obrigação de custódia da coisa depositada [cf. artigo 1187.º, al. *a)* do CC] para a sua posterior restituição [cf. artigo 1187.º, al. *c)* do CC].

[88] *Manual de Direito Bancário*, ob. cit., 578.

depósito, nos contratos de gestão de carteiras, os clientes aderem a uma estratégia de investimento em determinados produtos financeiros.

Com efeito, nos contratos de gestão de carteiras, o cliente entrega ao banco determinados fundos para que este, ao abrigo de um mandato[89] que lhe é conferido, gira tais montantes, designadamente, investindo e desinvestindo numa carteira de ativos, em nome e/ou por conta do cliente. Como tal, o banco "converte" as quantias monetárias num conjunto de ativos que o mesmo deverá administrar, nos termos e condições acordadas.

Neste âmbito, Carneiro da Frada refere que nos contratos de gestão de carteiras *"No lugar do interesse de conservação típico do depósito intervém um interesse de investimento."*[90]. Como tal, no contrato de depósito bancário, o interesse preponderante é a guarda dos fundos e no contrato de gestão de carteiras é o investimento.

Note-se que o CVM configura a gestão de carteiras por contra de outrem como uma atividade de intermediação financeira e de serviço de investimento em instrumentos financeiros, tal como previsto nos artigos 289.º, n.º 1, al. *a*) e 290, n.º 1, al. *c*) do CVM, a qual se encontra sujeita a autorização e registo junto da CMVM.

Em termos formais, o contrato de gestão de carteira deverá, nos termos do artigo 335.º do CVM, ser celebrado por escrito, devendo dele constar: *(i)* a composição inicial da carteira; *(ii)* o tipo de instrumentos financeiros que dela podem fazer parte; *(iii)* os atos que o gestor pode ou deve praticar em nome do cliente; *(iv)* o grau de discricionariedade concedida ao gestor; *(v)* os atos de gestão que podem ser praticados através de terceiro; (vi) a periodicidade da informação relativa à situação da carteira; *(vii)* o elenco dos atos que devem ser especialmente comunicados ao cliente; e *(viii)* os critérios aplicados à determinação das comissões devidas ao intermediário.

Como tal, também os requisitos formais a que os contratos de gestão de carteiras estão sujeitos, os afastam dos contratos de depósito bancário.

Acresce que, nos termos do artigo 335.º do CVM, pelo contrato de gestão de carteiras, o intermediário financeiro obriga-se, *inter alia*, a realizar atos tendentes à valorização da carteira e a exercer os direitos inerentes aos instrumentos que integram a carteira. Assim, e ao contrário do que sucede com o

---

[89] Sobre esta matéria *vide* PAIS VASCONCELOS, *Mandato Bancário,* Estudos em Homenagem ao Professor Inocêncio Galvão Telles, II, Coimbra 2002, 131-155, PAULO CÂMARA, *Manual de Direito dos Valores Mobiliários,* Coimbra, 2009, 448 ss. e CARNEIRO DA FRADA, ob. cit., 652 ss.
[90] Cf. ob. cit., 655.

contrato de depósito bancário, o contrato de gestão de carteira assume-se como um contrato típico e nominado.

Feito este breve enquadramento sobre os contratos de gestão de carteiras, passaremos a analisar, em maior detalhe, os principais traços que os distinguem e afastam dos contratos de depósito bancário.

Assim, notamos que apesar de os contratos de depósito bancário e de gestão de carteiras se iniciarem, normalmente, da mesma forma, ou seja, com a entrega de quantias pecuniárias ao banco, os mesmos não se poderão confundir, desde logo, por que nos contratos de gestão de carteiras, o banco presta um serviço ao cliente tendente à "frutificação" da carteira de ativos, já no contrato de depósito, um dos principais interesses do cliente é a guarda/custódia das quantias depositadas (enquanto figura próxima do contrato de depósito irregular, tal como vimos anteriormente).

Nos contratos de gestão de carteiras, ao contrário do que acontece nos contratos de depósito bancário, a obrigação de restituição por parte do banco pode ser alterada, modificada e excluída em moldes que não se coadunam com as regras legais aplicáveis ao depósito bancário (por exemplo, por solicitação do cliente, o banco pode proceder à restituição das quantias inicialmente entregues, através da transferência de uma carteira de ativos/títulos para outro banco e não propriamente através da restituição de quantias monetárias).

Por outro lado, o interesse na remuneração também é distinto nos dois tipos de contratos em apreço: a relevância atribuída à remuneração nos contratos de gestão de carteiras é, em nossa opinião, significativamente superior à atribuída nos contratos de depósito, em que o cliente além de ter um particular interesse no fator remuneratório, tem igualmente um interesse na guarda dos fundos depositados (sobretudo nos casos de depósitos à ordem).

A entrega de fundos ao banco no âmbito de um contrato de gestão é meramente instrumental da atividade de "frutificação" a que o banco se encontra adstrito, o que não acontece nos depósitos bancários. Assim sendo, a entrega de quantias monetárias ao banco no caso da gestão de carteira não configurará (nem poderia configurar) um depósito bancário[91].

Acresce ainda que, muitas vezes, nos contratos de gestão de carteiras, o risco pela desvalorização dos ativos que compõem a carteira de títulos corre por conta do cliente, o que não acontece no caso do depósito em que com a transmissão da propriedade das quantias entregues, se transfere o risco associado à perda/desvalorização das quantias depositadas. Como tal, ao contrário do

---

[91] Recorde-se que como se referiu anteriormente, a abertura de uma conta não implica necessariamente a realização de um depósito.

que acontece no contrato de depósito, o contrato de gestão de carteiras é um negócio de risco[92].

Note-se, no entanto, que o facto de o banco assumir a obrigação de devolver, pelo menos, as quantias entregues pelo cliente[93], não altera o que se referiu anteriormente, ou seja, essa garantia de capital conferida pelo banco, não significa que o contrato de gestão de carteiras passe a ser tido como um contrato de depósito.

Como Carneiro da Frada bem salienta *"se há, por parte do banco, uma promessa ou vinculação de pagamento do dinheiro ou de uma taxa remuneratória desse dinheiro e ele dado em administração (suscetível de ser atuada independentemente das vicissitudes por que possa passar a gestão da carteira de valores e do preço que elas possam ter no tempo da maturidade), essa obrigação não exclui, por si só, a presença do tipo contratual da gestão de carteiras"*[94].

Nesses casos, o banco assume o risco que seria assumido pelo cliente com quem celebrou um contrato de gestão de carteiras, ou seja, o banco assume o risco de depreciação da carteira de valores mobiliários ou o risco de não valorização que seria expectável.

Em bom rigor, trata-se de uma questão de assunção contratual de um risco e não de uma conversão do contrato de gestão de carteiras noutro tipo contratual, nomeadamente, num contrato de depósito.

Posto isto, poderá concluir-se que o contrato de gestão de carteiras, em que o banco assume uma obrigação de meios quanto à sua valorização, não se confunde com o contrato de depósito bancário que, como vimos, é um contrato real *quod constitutionem* e *quod effectum*, na medida em que o cliente transmite o seu direito real sobre os bens entregues, o qual é substituído por um direito de crédito à restituição de bens do mesmo género e quantidade.

De uma outra perspetiva, notamos que se um contrato de gestão de carteiras celebrado entre um cliente e uma instituição de crédito for declarado inválido, independentemente do concreto vício jurídico em causa[95], tal invalidade impõe a reversão da operação (em virtude da eficácia retroativa) e não a reconfiguração do contrato como um contrato de depósito.

---

[92] Naturalmente que se poderá sempre referir que a instituição de crédito em que as quantias se encontram depositadas pode não estar em condições de proceder à restituição de tais quantias, o que ocorrerá, por exemplo, em caso de insolvência. Nessas circunstâncias, estaremos perante situações "patológicas" e excecionais que não se enquadram no objeto do presente estudo.

[93] Nos termos permitidos pelo artigo 336.º, n.º 2 do CVM.

[94] Ob. cit., 664.

[95] Nomeadamente, por anulabilidade, erro ou nulidade por violação de preceitos imperativos ou falta de forma.

Com efeito, nos termos do artigo 289.º, n.º 1 do CC, a anulação/nulidade do contrato de gestão de carteira têm "*efeito retroativo, devendo ser restituído tudo o que tiver sido prestado ou, se a restituição em espécie não for possível, o valor correspondente*". Como tal, em caso de invalidade do contrato de gestão de carteiras, o cliente terá um direito à restituição das quantias entregues ao banco, bem como à eventual indemnização pelos danos causados nos termos gerais.

Apesar de extravasar o âmbito da nossa análise, não poderemos deixar de referir que, em caso de incumprimento das normas legais relativas aos contratos de gestão de carteiras, a instituição de crédito em causa poderá incorrer em responsabilidade contra-ordenacional, criminal e civil[96].

9. Garantia de depósitos

Na conjuntura atual, em que a avaliação do desempenho, segurança e estabilidade dos bancos é uma constante, o tema relacionado com a garantia de depósitos assume particular relevo[97].

Assim, e por que a ciência jurídica não deve viver dissociada da realidade, não poderíamos deixar de dedicar neste trabalho algumas palavras a essa matéria[98].

---

[96] A nível da responsabilidade civil há que ter em consideração, em primeira linha, o artigo 304.º – A do CVM, nos termos do qual "*os intermediários financeiros são obrigados a indemnizar os danos causados a qualquer pessoa em consequência da violação dos deveres respeitantes à organização e ao exercício da sua atividade, que lhes sejam impostos por lei ou por regulamento emanado de autoridade pública*", e "*a culpa do intermediário financeiro presume-se quando o dano seja causado no âmbito de relações contratuais ou pré-contratuais e, em qualquer caso, quando seja originado pela violação de deveres de informação*" e, ao nível de responsabilidade contra-ordenacional, deverá, *inter alia*, atender-se ao disposto nos artigos 389.º e 397.º do CVM.

[97] A esse propósito, salientamos que no Preâmbulo do recente Decreto-Lei n.º 31-A/2012, de 10 de fevereiro que procedeu à 25.ª alteração do RGIC, se refere expressamente que "*a maior proteção dos depositantes ocupa também um lugar de destaque nos Memorandos celebrados no âmbito do Programa de Assistência Financeira a Portugal entre o Estado Português, a União Europeia, o Fundo Monetário Internacional e Banco Central Europeu*".

[98] Com especial interesse neste âmbito, fazemos notar que o relatório "*Core Principles for Effective Deposit Insurance Systems*" apresenta os princípios fundamentais para o estabelecimento ou reforma dos sistemas de garantia de depósito a nível nacional, versando sobre temas como cobertura do fundo de garantia, financiamento, reembolso imediato, os quais apresentam especial interesse neste âmbito. O mencionado relatório foi aprovado na sequência da sua submissão a consulta pública em março de 2009 e encontra-se disponível em http://www.bis.org/publ/bcbs151.pdf.

A garantia de depósitos foi regulada pela Diretiva n.º 94/19/CE[99], do Parlamento e do Conselho, de 30 de maio de 1994 que veio estabelecer que cada *"Cada Estado-membro tomará todas as medidas para que sejam instituídos e oficialmente reconhecidos, no seu território, um ou mais sistemas de garantia de depósitos. Salvo nas circunstâncias previstas no segundo parágrafo e no n.º 4, nenhuma instituição de crédito autorizada nesse Estado-membro ao abrigo dos disposto no artigo 3.º da Diretiva 77/780/CEE poderá aceitar depósitos se não for membro de um dos sistemas".*

A referida Diretiva n.º 94/19/CE foi transposta para a ordem jurídica interna pelo Decreto-Lei n.º 246/95, de 14 de setembro, que introduziu alterações ao RGIC.

9.1. *Fundo de Garantia de Depósitos*

O Fundo de Garantia de Depósitos foi criado pelo RGIC, regendo-se pelo disposto nos artigos 154.º e ss. desse diploma[100]. Apresentaremos, de seguida, os aspetos mais relevantes do mencionado fundo.

No que respeita sua à natureza jurídica, notamos que nos termos do artigo 154.º do RGIC, o Fundo de Garantia de Depósitos é uma pessoa coletiva de direito público, dotada de autonomia administrativa e financeira, funcionando junto do Banco de Portugal.

O Fundo de Garantia de Depósitos visa garantir o reembolso de depósitos[101] constituídos junto das instituições de crédito que nele participem, até ao valor global dos saldos em dinheiro de cada depositante, em conformidade com o limite estabelecido na lei, e desde que os depósitos da respetiva instituição de crédito se tornem indisponíveis.

---

[99] Diretiva aprovada na sequência da Recomendação 87/63/CEE relativa ao estabelecimento de sistemas de garantia de depósitos na Comunidade, em nome da proteção direta do aforrador.
[100] Sobre esta matéria, veja-se, em particular, CALVÃO DA SILVA, *Direito Bancário*, ob. cit, 325 a 326; MENEZES CORDEIRO, *Manual de Direito Bancário*, ob. cit., 214 ss.; JOÃO NABAIS, *A criação de um Fundo de Garantia de Depósitos*, in Revista da Banca, 1989, SOARES DA VEIGA, *Direito Bancário*, Coimbra, 93 ss.
[101] O n.º 4 do artigo 155.º do RGIC estabelece que os depósitos abrangidos pela garantia correspondem aos saldos credores que, nas condições legais e contratuais aplicáveis, devam ser restituídos pela instituição de crédito e consistam em disponibilidades monetárias existentes numa conta ou que resultem de situações transitórias decorrentes de operações bancárias normais. A referida norma legal prevê uma definição de depósito, para efeitos de garantia, similar à definição de depósito prevista no artigo 1.º da Diretiva 94/19/CE do Parlamento e do Conselho, de 30 de maio de 1994, que veio regular a garantia de depósitos.

Note-se que o Fundo de Garantia de Depósitos poderá, igualmente, intervir de forma preventiva, colaborando em planos de recuperação e resolução de instituições de crédito, podendo participar em operações que considere adequadas para eliminar situações de desequilíbrio financeiro em que se encontrem instituições de crédito participantes.

Com as alterações introduzidas ao RGIC pelo Decreto-Lei n.º 31-A/2012, de 10 de fevereiro, aquele diploma passou a prever nos artigos 153.º-B e ss. a criação de um Fundo de Resolução, pessoa coletiva de direito público, dotada de autonomia administrativa e financeira.

O mencionado Fundo de Resolução visa prestar apoio financeiro à aplicação de medidas de resolução[102] adotadas pelo Banco de Portugal e desempenhar as demais funções que lhe sejam conferidas nos termos da lei. Nos termos do n.º 2 do artigo 155.º do RGIC, o Fundo de Garantia de Depósitos poderá intervir no âmbito da execução de medidas de resolução nos seguintes casos:

(i) No âmbito da alienação total ou parcial de atividade, o Banco de Portugal tenha convidado o Fundo de Garantia de Depósitos[103] para cooperar no processo de alienação de depósitos garantidos, tal como previsto no n.º 7 do artigo 145.º-F do RGIC;

(ii) O Banco de Portugal tenha convidado o Fundo de Garantia de Depósitos[104] para cooperar no processo de transferência de depósitos garantidos para o banco de transição, tal como previsto no n.º 7 do artigo 145.º-H do RGIC.

Acrescente-se que nos casos *supra* indicados, a intervenção do Fundo de Garantia de Depósitos terá como limite máximo o montante necessário para

---

[102] O anterior regime de saneamento previsto no RGIC foi substituído por um novo regime legal que se caracteriza pela existência de três níveis de intervenção distintos: (i) intervenção corretiva, (ii) administração provisória e (iii) resolução. Os pressupostos para o recurso a cada um desses níveis depende da gravidade do risco de incumprimento por parte de uma instituição de crédito. A fase de resolução ocorrerá nos casos em que uma instituição de crédito não cumpra ou esteja em risco de não cumprir os requisitos para a manutenção da autorização para o exercício da sua atividade, caso em que o Banco de Portugal pode, em último recurso, aplicar as seguintes medidas de resolução: (i) alienação parcial ou total da atividade a outra instituição autorizada a desenvolver a atividade em causa e (ii) transferência parcial ou total da atividade a um ou mais bancos de transição.

[103] No caso de medidas aplicáveis no âmbito do Sistema Integrado do Crédito Agrícola Mútuo, será convidado o Fundo de Garantia do Crédito Agrícola Mútuo.

[104] No caso de medidas aplicáveis no âmbito do Sistema Integrado do Crédito Agrícola Mútuo, será convidado o Fundo de Garantia do Crédito Agrícola Mútuo.

cobrir a diferença entre os depósitos garantidos que sejam alienados a outra instituição ou transferidos para um banco de transição, não podendo exceder o valor dos depósitos que seriam suscetíveis de reembolso pelo Fundo de Garantia de Depósitos caso se verifique uma situação de indisponibilidade de depósitos.

O Fundo de Garantia de Depósitos é gerido por uma comissão diretiva composta por um membro do Conselho de Administração do Banco de Portugal (que será o presidente), por um vogal nomeado pelo Ministro das Finanças e outro pela associação que representa as instituições de crédito participantes que, no seu conjunto, detenham o maior volume de depósitos garantidos.

No que se refere ao limite da garantia, fazemos notar que, para fazer face à crise financeira e para acomodação com a Diretiva n.º 2009/14, de 11 de março, o artigo 166.º do RGIC veio estabelecer, de forma permanente, que o Fundo de Garantia de Depósitos garante o reembolso, por instituição de crédito, do valor global dos saldos em dinheiro de cada titular de depósitos até ao montante máximo de € 100.000,00 (cem mil euros)[105].

Com efeito, verificadas as condições legalmente previstas, o Fundo de Garantia de Depósitos e o Fundo de Garantia do Crédito Agrícola Mútuo garantem o reembolso do valor de depósitos até um limite máximo de € 100.000,00 (cem mil euros) por cada depositante e por cada instituição de crédito, sejam os depositantes residentes ou não em Portugal.

Neste âmbito, cumpre-nos referir que existem depósitos não abrangidos pela garantia de depósitos. De entre tais depósitos que se encontram enumerados no artigo 165.º do RGIC (artigo 2.º da Diretiva), destacam-se os seguintes: *(i)* depósitos decorrentes de operações em relação às quais tenha sido proferida uma condenação penal, transitada em julgado, pela prática de atos de branqueamento de capitais, *(ii)* depósitos efetuados junto de entidades não autorizadas para o efeito, *(iii)* depósitos em jurisdição *offshore*, *(iv)* depósitos de que sejam titulares os membros dos órgãos de administração ou fiscalização da instituição de crédito, acionistas que nela detenham participação, direta ou indireta, não inferior a 2% do respetivo capital social, revisores oficiais de contas ao serviço da instituição, auditores externos que lhe prestem serviços de auditoria ou pessoas com estatuto semelhante noutras empresas que se encontrem em relação de domínio ou de grupo com a instituição, *(v)* depósitos de que sejam titulares empresas que se encontrem em relação de domínio ou de grupo com a instituição de crédito e *(vi)* depósitos resultantes de resgate antecipado de operações

---

[105] Após a redação dada pelo Decreto-Lei n.º 119/2011, de 26 de dezembro, com produção de efeitos a partir de 1 de janeiro de 2012.

de investimento às quais se encontrem associadas garantias contratuais de rendibilidade ou de reembolso de fundos a ele afetos, nos casos em que o resgate antecipado tenha sido efetuado de forma abusiva.

O Fundo de Garantia de Depósitos é "responsável" pelo reembolso dos depósitos bancários efetuados junto de instituições de crédito constituídos em Portugal ou noutros estados-membros da União Europeia junto de instituições de crédito com sede em Portugal e junto de sucursais autorizadas, com exceção dos depósitos junto da Caixa Central de Crédito Agrícola Mútuo e das Caixas de Crédito Agrícola Mútuo (incluídas no Sistema Integrado do Crédito Agrícola Mútuo), cuja garantia é assegurada pelo Fundo de Garantia do Crédito Agrícola Mútuo[106].

Assim, no caso das instituições com sede noutros Estados-Membros da União Europeia[107], a garantia dos depósitos depende do regime de garantia do país da respetiva sede, não podendo ser inferior a € 100.000,00 (cem mil euros). Se o nível ou o âmbito desta garantia forem inferiores aos proporcionados pelo Fundo de Garantia de Depósitos, poderá existir uma garantia complementar, caso a sucursal tenha aderido voluntariamente ao Fundo de Garantia de Depósitos.

Para as instituições com sede em países não membros da União Europeia, os depósitos bancários são garantidos pelo Fundo de Garantia de Depósitos de Portugal, salvo nos casos em que existe uma cobertura por um sistema de garantia do país de origem em termos que o Banco de Portugal considere equivalentes e sem prejuízo de acordos bilaterais existentes sobre a matéria.

Não se encontram abrangidos pela cobertura do Fundo de Garantia de Depósitos os depósitos constituídos em instituições de crédito com sede em países não pertencentes à União Europeia ou em sucursais situadas nesses países, independentemente do local onde estes depósitos forem publicitados ou oferecidos ao público.

---

[106] O Fundo de Garantia do Crédito Agrícola Mútuo rege-se pelo Decreto-Lei n.º 345/98, de 9 de novembro (alterado pelos Decretos-Leis n.º 126/2008, de 21 de julho, n.º 211-A/2008, de 3 de novembro, n.º 162/2009, de 20 de julho e n.º 31-A/2012, de 10 de fevereiro). Este fundo "especial" e autónomo existe, uma vez que não impondo a Diretiva 94/19/CE um modelo único de sistema de garantia, se optou por manter o fundo que já existia. Foram apenas introduzidas algumas alterações ao diploma legal que regia o referido fundo tendo em vista uma perfeita acomodação à Diretiva.

[107] O Aviso do Banco de Portugal n.º 10/95 regulamenta o pedido de adesão das instituições de crédito com sede noutros estados membros que possuam sucursal em Portugal, ao Fundo de Garantia de Depósitos.

As instituições de crédito que captem depósitos em Portugal devem prestar ao público, de forma facilmente compreensível, todas as informações pertinentes relativas aos sistemas de garantia de que beneficiam os depósitos que recebem, nomeadamente, a identificação e disposições aplicáveis, bem como os respetivos montantes, âmbito de cobertura e prazo máximo de reembolso. Caso os depósitos se encontrem excluídos da garantia, as instituições devem informar os respetivos depositantes desse facto.

Para cada depositante de uma dada instituição de crédito, no cálculo do montante dos seus depósitos são consideradas as contas de depósito que possui nessa instituição, incluindo os juros devidos à data em que se verificou a indisponibilidade de pagamento por parte dessa mesma instituição.

Fazemos ainda notar que o RGIC passou a prever no artigo 166.º-A que os créditos por depósitos abrangidos pela garantia do Fundo de Garantia de Depósitos gozam de privilégios creditórios. O referido preceito legal veio estabelecer que tais créditos gozam de um privilégio geral sobre os bens móveis da instituição depositária e de um privilégio especial sobre os imóveis próprios da mesma instituição de crédito, com exceção dos privilégios por despesas de justiça, créditos laborais dos trabalhadores das instituições de crédito em causa e créditos fiscais do Estado, autarquias locais e organismos de segurança social.

De notar, ainda, que o mencionado regime de privilégios creditórios é aplicável aos créditos detidos pelo Fundo de Garantia de Depósitos e pelo Fundo de Resolução decorrentes do apoio financeiro prestado para a aplicação de medidas de resolução, ou seja, de medidas de alienação total ou parcial da atividade de uma instituição de crédito ou de transferência de ativos, passivos, elementos extrapatrimoniais ou ativos sob gestão para um banco de transição criado para o efeito.

9.2. *Entidades participantes*

A adesão ao Fundo de Garantia de Depósitos é obrigatória para as instituições de crédito com sede em Portugal, autorizadas a receber depósitos, instituições de crédito com sede em países extra comunitários, relativamente aos depósitos captados pelas suas sucursais em Portugal, salvo se esses depósitos estiverem cobertos por um sistema de garantia do país de origem em termos que o Banco de Portugal considere equivalentes aos do Fundo de Garantia de Depósitos.

9.3. Financiamento do Fundo de Garantia de Depósitos

O Fundo de Garantia de Depósitos dispõe dos fundos mencionados no artigo 159.º do RGIC e que são os seguintes: *(i)* contribuições iniciais das instituições de crédito participantes, *(ii)* contribuições periódicas das instituições de crédito participantes, *(iii)* rendimentos da aplicação de recursos, *(iv)* liberalidades e o *(v)* produto das coimas aplicadas às instituições de crédito.

Nos casos em que os recursos do Fundo de Garantia de Depósitos *supra* referidos se mostrem insuficientes para o cumprimento das suas obrigações, podem ser utilizadas contribuições especiais das instituições de crédito, importâncias provenientes de empréstimos, empréstimos do Banco de Portugal[108] e empréstimos ou garantias do Estado, sob proposta da comissão diretiva do Fundo de Garantia de Depósitos.

As contribuições iniciais devem ser entregues no prazo de 30 dias a contar do registo do início da atividade da instituição em causa e no valor que for fixado por Aviso do Banco de Portugal sob proposta do Fundo (cf. artigo 160.º do RGIC).

O valor das contribuições periódicas que deverão ser entregues anualmente, calcula-se de acordo com os saldos mensais de depósitos captados no ano anterior (não se considerando os depósitos excluídos nos termos do artigo 165.º do RGIC). Até ao limite de 75% da contribuição anual, as instituições de crédito participantes poderão ser dispensadas de efetuar o respetivo pagamento, desde que assumam o compromisso, irrevogável e caucionado por penhor de valores mobiliários, de pagamento ao Fundo, em qualquer momento em que este o solicite, da totalidade ou de parte do montante da contribuição que não tiver sido pago em numerário, podendo a referida quantia ser substituída por caução idónea (cf. artigo 161.º do RGIC)[109].

Note-se que o Aviso n.º 6/2012, de 3 de fevereiro, veio estabelecer que o valor médio dos saldos mensais dos depósitos do ano é aferido pela média dos saldos dos depósitos registados no final de cada mês, acrescidos dos respetivos

---

[108] Os empréstimos do Banco de Portugal apenas poderão ser concedidos caso se verifiquem as seguintes condições cumulativas: *(i)* situações em que esteja em causa a estabilidade do sistema financeiro, *(ii)* empréstimos realizados nas condições definidas na Lei Orgânica do Banco de Portugal, *(iii)* empréstimos visem exclusivamente a satisfação de necessidades imediatas e urgentes de financiamento e *(iv)* empréstimos sejam objeto de reembolso a curto prazo.

[109] O Aviso do Banco de Portugal n.º 11/94, de 21 de dezembro (alterado pelo Avisos n.ºs 9/95, 3/96, 4/96, 11/2003, 5/2004, 6/2004, 7/2005, 8/2008, 4/2010 e 6/2012), estabelece o valor da contribuição anual a entregar ao Fundo de Garantia de Depósitos pelas instituições participantes.

juros vencidos, sendo os depósitos em moeda estrangeira convertidos em euros, às taxas de câmbio oficiais do último dia do mês.

As contribuições especiais são fixadas por Portaria do Ministério das Finanças, sempre que os recursos do Fundo de Garantia de Depósitos se mostrem insuficientes para o cumprimento das suas obrigações (cf. artigo 162.º do RGIC).

Os recursos disponíveis serão aplicados em operações financeiras, mediante plano de aplicações acordado com o Banco de Portugal, sem prejuízo dos recursos que poderão ser aplicados no âmbito da aplicação de medidas de resolução, tal como previsto nos artigos 163.º e 167.º-A do RGIC.

9.4. *Forma de acionamento da garantia de depósitos*

O sistema de garantia de depósitos é acionado quando a instituição fica indisponível para proceder ao reembolso dos depósitos dos seus clientes. Esta situação ocorre quando:

(i) A instituição de crédito apresenta uma grande deterioração das suas condições financeiras e o Banco de Portugal confirma que a instituição deixou de ter possibilidade de proceder ao reembolso dos depósitos dos seus clientes. Considera-se que o Banco de Portugal tem conhecimento de tal impossibilidade de reembolso dos depósitos quando existe informação pública de cessação de pagamentos pela instituição em causa; ou

(ii) o Banco de Portugal revoga a autorização da instituição de crédito, se tal acontecer antes de verificada a situação anterior; ou

(iii) em relação aos depósitos em sucursais de bancos com sede em outros Estados-Membros da União Europeia, for recebida declaração da entidade de supervisão do país em que a instituição de crédito tem a sua sede, comprovando a indisponibilidade dos depósitos dessa instituição.

O reembolso dos montantes garantidos deve ocorrer nos prazos legalmente previstos (nos termos do artigo 167.º do RGIC), ou seja, uma parte no valor de até € 10.000,00, no prazo máximo de sete dias e o remanescente, no prazo máximo de vinte dias úteis. O referido prazo é contado a partir da data em que o reembolso dos depósitos pelas instituições em causa se tornou impossível, por qualquer umas das razões anteriormente referidas. Saliente-se que o Fundo de Garantia de Depósitos pode, em circunstâncias excecionais, e relativamente a casos pontuais, solicitar ao Banco de Portugal uma prorrogação do referido prazo, por um período não superior a 10 dias úteis.

10. Conclusões

Tendo presente o que se referiu ao longo destas páginas, poder-se-á concluir o seguinte:

A crise financeira que se iniciou nos finais de 2007, originou um sentimento generalizado de "fuga" ao risco na "aplicação" de poupanças. Apresentando os contratos de depósito bancário um baixo nível de risco (por não dependerem diretamente de flutuações e alterações dos mercados), os mesmos assumem uma importância (social e económica) cada vez maior. Nesta sede, deverão ter-se presentes as regras prudenciais cada vez mais rigorosas a que as instituições de crédito se encontram sujeitas, em particular, pelo aumento do *ratio* mínimo de base (*rácio Tier 1*). Tendo em conta que o rácio de solvabilidade *Tier 1* se afere entre, por um lado, o capital realizado, reservas e resultados transitados e, por outro, os ativos da instituição de crédito, o aumento de requisitos daquele *ratio* implica um reforço da sua robustez financeira, o que reforçará/ estabilizará a confiança do público na capacidade de restituição dos fundos depositados, por parte das mesmas.

O contrato depósito bancário constitui uma das principais operações bancárias passivas, através da qual as instituições de crédito obtêm uma parte significativa dos meios financeiros necessários para conceder crédito e para as demais operações bancárias ativas. Tendo em conta esta possibilidade de as instituições de crédito poderem empregar/usar, nas suas operações ativas, os fundos entregues pelos seus clientes, as regras prudenciais relativas ao rácio de solvabilidade (que visam assegurar que os bancos têm capacidade para restituir todas as quantias que lhes foram entregues pelos seus clientes), assumem particular relevância. Como se referiu, em face da crise financeira, tais regras têm sido amplamente reforçadas.

Através dos contratos de depósito bancário, o banco adquire a propriedade dos fundos depositados, ficando obrigado a restituir não o *idem corpus* mas apenas o *tantundem*, bem como, na maioria dos casos, ao pagamento dos juros acordados com o cliente.

Em nossa opinião, o contrato de depósito bancário trata-se de uma figura socialmente típica e dotada de características próprias que não permitem que o mesmo se identifique, na íntegra, com qualquer contrato típico. Na medida do possível, aos contratos de depósito bancário deverá aplicar-se o regime do contrato de depósito irregular. Por remissão do artigo 1206.º do CC, ao contrato de depósito irregular aplicam-se as *(i)* regras do mútuo, na medida em que tais regras sejam compatíveis com a função específica do depósito e *(ii)* as normas relativas ao contrato depósito que não colidam com o efeito real da transferência do dinheiro depositado como acontece, designadamente, com o artigo 1189.º do CC.

De uma outra perspetiva, deverá ter-se presente que o contrato de depósito bancário não se poderá confundir com o contrato de abertura de conta, nem com a conta-corrente. Tratam-se de figuras próximas e interligadas entre si, sendo, no entanto, dotadas de autonomia. O contrato de abertura de conta bancária pode consubstanciar uma espécie de contrato-quadro, ao abrigo do qual o cliente e o banco poderão estabelecer inúmeras relações contratuais posteriores, nomeadamente, contratos de depósito, contratos de gestão de carteiras, convenções de cheque, entre outras. Por outro lado, o saldo credor inscrito na conta representa a posição jurídica do titular da mesma perante o banco, independentemente da operação que originou esse saldo (que poderá ser um depósito de dinheiro).

No que respeita à relação estabelecida entre o titular da conta e o depositante (que poderá ser um terceiro), deverão ter-se presentes as seguintes situações: *(i)* o depositário coincide com o titular da conta – nesses casos, as sucessivas entregas de fundos ao banco não implicam a celebração de novos contratos de depósito, mas apenas a prática de atos de execução do contrato de depósito inicialmente celebrado; e *(ii)* a entrega de fundos ao banco pelo depositante, para que aquele os deposite numa conta da titularidade de outra pessoa/entidade, implica a celebração de um contrato de depósito entre o "terceiro" e o banco (tais contratos apresentam traços característicos de um contrato a favor de terceiro, nos termos previstos nos artigos 443.º e ss. do CC).

Em matéria de compensação (transversal a toda a atividade bancária), notamos que a resposta à questão relativa à sua admissibilidade no âmbito de um depósito bancário, não será a mesma nos casos em que um depósito tenha sido feito por apenas um titular ou por vários titulares em conjunto. Acresce que a resposta também poderá variar caso se esteja perante um depósito a prazo ou perante um depósito à ordem.

Nos casos de compensação de créditos decorrentes de depósitos à ordem, nada obsta a que o banco declare a compensação, nas situações em que tenha um crédito que advenha de um empréstimo contraído junto do banco ou de uma prestação de serviços que não tenha sido paga pelo cliente. Relativamente aos depósitos a prazo, não vislumbramos qualquer impedimento à sua declaração de compensação por parte do banco, desde que o mesmo pague ao cliente a totalidade dos juros que seriam devidos na data de vencimento do depósito a prazo.

Acresce que nas situações em que banco pretende compensar saldos de diferentes contas do mesmo titular, sem que as partes tenham convencionado expressamente tal possibilidade, tendemos a considerar que o banco se encontra impedido de proceder à compensação. A admitir-se tal possibilidade estaria a aceitar-se a concretização da compensação, sem que os requisitos legalmente previstos se encontrassem verificados.

Nos casos de depósitos conjuntos em que a sua movimentação depende da intervenção conjunta dos respetivos titulares, parece-nos que o banco poderá operar a compensação apenas e só na parte do co-titular devedor.

Para aferir a possibilidade de compensação nos casos de depósitos solidários, deverá atender-se ao regime geral da solidariedade das obrigações, do qual nos parece resultar a possibilidade de o banco pode compensar os créditos que tenha sobre algum dos clientes que seja titular de uma conta solidária até à totalidade do saldo disponível.

No âmbito deste estudo e, em particular, face à atual conjuntura económica, parece-nos relevante ter presentes as diferenças entre os contratos de depósito e os contratos de gestão de carteiras, em particular, em matéria de risco. Os contratos de depósito bancário e os contratos de gestão de carteiras surgem, muitas vezes, associados a contratos de abertura de conta, no entanto, ao contrário do que ocorre nos contratos de depósito, nos contratos de gestão de carteiras, os clientes aderem a uma estratégia de investimento em determinados produtos financeiros.

Nos casos em que o banco assume o risco que seria assumido pelo cliente com quem celebrou um contrato de gestão de carteiras, ou seja, o banco assume o risco de depreciação da carteira de valores mobiliários ou o risco de não valorização que seria expectável, o que está em causa é uma assunção contratual de um risco e não a conversão do contrato de gestão de carteiras noutro tipo contratual, nomeadamente, num contrato de depósito.

De uma outra perspetiva, notamos que em caso de invalidade do contrato de gestão de carteiras, o cliente terá um direito à restituição das quantias entregues ao banco, bem como à eventual indemnização pelos danos causados, nos termos gerais. Com efeito, tal invalidade impõe a reversão da operação (em virtude da eficácia retroativa) e não a reconfiguração do contrato de gestão de carteiras como um contrato de depósito.

Por último, em relação a esta matéria dos contratos de depósito bancário e dos contratos de gestão de carteiras, fazemos notar que, em regra, os depósitos bancários oferecem aos depositantes uma garantia acrescida face aos contratos de gestão de carteiras. Só não será assim no seguinte cenário: *(i)* insolvência do banco que o impeça de proceder à restituição das quantias depositadas, *(ii)* o reembolso de tais quantias não se encontre protegido pela garantia do Fundo de Garantia de Depósitos e *(iii)* a carteira de ativos do cliente lhe possa entregue (nomeadamente através da sua transferência para uma conta aberta junto de outro banco) e a mesma não tenha sofrido uma desvalorização total ou parcial.

Por fim, notamos que tendo presente a atual conjuntura económica, em que a avaliação do desempenho, segurança e estabilidade dos bancos é uma constante, o tema relacionado com a garantia de depósitos assume particular relevo. Em traços genéricos, o Fundo de Garantia de Depósitos visa garantir o reembolso de depósitos constituídos junto das instituições de crédito que nele participem, até ao valor global dos saldos em dinheiro de cada depositante, em conformidade com o limite estabelecido na lei, e desde que os depósitos da respetiva instituição de crédito se tornem indisponíveis.

Por fim, notamos que o Fundo de Garantia de Depósitos poderá, igualmente, intervir de forma preventiva, colaborando em planos de recuperação e resolução instituições de crédito, podendo participar em operações que considere adequadas para eliminar situações de desequilíbrio financeiro em que se encontrem instituições de crédito participantes.

Da locação financeira em geral. Da resolução do contrato de locação financeira em especial

DR. RICARDO ALEXANDRE DE CARVALHO

SUMÁRIO: *1. Introdução e delimitação do tema. 2. Origem, evolução histórica e normativa. 3. Generalidades: 3.1. A operação económica de locação financeira; 3.2. Vantagens e desvantagens; 3.3. O contrato de locação financeira; 3.4. Classificação. 4. Modalidades do contrato: 4.1. O leasing mobiliário e o leasing imobiliário; 4.2. A locação financeira restitutiva. 5. Formação do contrato: 5.1. Contratos pré-elaborados: o uso de cláusulas contratuais gerais; 5.2. Os bens objeto do contrato; 5.3. A forma do contrato; 5.4. Publicidade. 6. O locador financeiro: 6.1. Direitos do locador; 6.2. Obrigações do locador. 7. O locatário financeiro: 7.1. Direitos do locatário; 7.2. Obrigações do locatário. 8. O fornecedor do bem. 9. A propriedade como garantia. 10. O prazo e o período de vigência do contrato: 10.1. Prazo; 10.2. Período de vigência. 11. Vicissitudes contratuais: 11.1. Transmissão do direito de propriedade sobre o bem; 11.2. Transmissão da posição de locatário financeiro. 12. Cessação do contrato: 12.1. Caducidade; 12.2. Revogação; 12.3. Resolução: 12.3.1. Resolução pelo locador financeiro; 12.3.2. Resolução pelo locatário financeiro. 13. Distinção entre locação financeira e figuras afins: 13.1. Locação simples; 13.2. Compra e venda a prestações com reserva de propriedade; 13.3. Locação-venda; 13.4. Mútuo de escopo; 13.5. Aluguer de longa duração; 13.6. Leasing operacional ou renting. 14. Natureza jurídica da locação financeira. 15. Conclusões. Índice de jurisprudência.*

1. Introdução e delimitação do tema*

Este trabalho tem como tema a locação financeira[1]. A celebração de contratos de locação financeira é uma prática comum no mercado do crédito em Portugal. Devido ao grande e crescente fluxo de contratos celebrados e

---

* Na primeira citação, as obras são identificadas pelo nome do autor, seguido do título integral da obra, volume, edição, editora, local de publicação e ano, seguidas da palavra "*cit.*" e com a respetiva indicação da página ou páginas a consultar. Nas citações seguintes, as obras apenas são

à complexidade de direitos e obrigações que se formam entre as partes, estes contratos de leasing são, inúmeras vezes, objeto de ações em tribunal motivadas pelo incumprimento do locatário financeiro. A possibilidade de resolução do contrato, por parte do locador financeiro, é uma questão continuamente debatida pela doutrina e pela jurisprudência portuguesa. Reconhecendo o peso que a locação financeira tem na economia portuguesa, e a existência de muitas questões controvertidas sobre esta modalidade contratual, como a já referida resolução do contrato por parte do locador financeiro em situações de incumprimento do locatário financeiro, consideramos ser justificável a escolha deste tema para objeto do presente trabalho.

Propomo-nos fazer um estudo geral sobre esta categoria de contratos, analisando questões como a origem e evolução histórica, as modalidades existentes, a formação do contrato, os direitos e obrigações do locador e locatário financeiro, a posição jurídica do fornecedor do bem, as vicissitudes contratuais, distinção de figuras afins e a natureza jurídica. Em especial, iremos abordar a temática do incumprimento do contrato e a possibilidade de resolução do mesmo, por parte do locador, em caso de incumprimento do locatário no pagamento das rendas. Apresentaremos, no final, breves conclusões sobre as matérias objeto da análise.

---

referenciadas pelo nome do autor, as primeiras palavras do título, seguidas da palavra *"cit."* e com a respetiva indicação da página ou páginas a consultar.

Principais abreviaturas utilizadas: Ac. = Acórdão; BdP = Banco de Portugal; BMJ = Boletim do Ministério da Justiça; CC = Código Civil; CCG = Cláusulas Contratuais Gerais; CJ = Colectânea de Jurisprudência; CPC = Código de Processo Civil; CRP = Constituição da República Portuguesa; LCCG = Lei das Cláusulas Contratuais Gerais; NRAU = Novo Regime de Arrendamento Urbano; RAU = Regime de Arrendamento Urbano; RCb = Tribunal da Relação de Coimbra; REv = Tribunal da Relação de Évora; RGICSF = Regime Geral das Instituições de Crédito e Sociedades Financeiras; RGm = Tribunal da Relação de Guimarães; RLx = Tribunal da Relação de Lisboa; ROA = Revista da Ordem dos Advogados; RPt = Tribunal da Relação do Porto; STJ = Supremo Tribunal de Justiça; UE = União Europeia.

[1] Em Portugal é também muito usada a terminologia anglo-saxónica de *leasing* para designar a locação financeira. Embora seja questionável se podemos considerar exatamente o *leasing* como sendo sempre locação financeira, utilizaremos pontualmente, ao longo deste trabalho, a expressão *leasing* para designarmos locação financeira.

Partilhando o entendimento de que podemos designar a locação financeira como *leasing*, está, por exemplo, Calvão da Silva. Cf. JOÃO CALVÃO DA SILVA, *Locação financeira e garantia bancária*, in: *Estudos de Direito comercial: pareceres*, Almedina, Lisboa, 2000, cit., 11-15.

Em sentido contrário, Gravato Morais entende que *"quanto ao «nomen iuris», temos até aqui deliberadamente feito referência à expressão «locação financeira» em vez de utilizarmos (apenas) o termo 'leasing'. Explicitemos as razões do uso daquela designação. Com efeito, a palavra leasing, empregue nos países anglo-saxónicos (como uma das formas de locação), descreve uma realidade com contornos específicos.*

2. Origem, evolução histórica e normativa

I. A origem do esquema creditício presente na atual atividade de locação financeira tem origem, tal como aponta Menezes Cordeiro, na *"velha locação"*, tendo por isso os seus antecedentes na *"antiguidade"*[2].

Na sua vertente moderna, a maioria dos autores defende que a locação financeira teve origem nos Estados Unidos da América, tendo começado a ser praticada no início do século XIX[3].

Este foi o pontapé de partida para a posterior massificação dos contratos de leasing, que, com o avançar do tempo, implementaram-se em força no mercado financeiro por serem uma forma ágil e vantajosa de financiamento. Rapidamente surgiram inúmeras sociedades financeiras, cujo principal objetivo era conceder financiamentos através de contratos de locação financeira.

O «lessee», ao contrário do que sucede no nosso ordenamento jurídico com o locatário financeiro, não dispõe da faculdade de aquisição da coisa locada. Sublinha-se que a figura que, nesses países, mais se aproxima da nossa, é a designada por «hire-purchase»: o bem é selecionado pelo locatário; o seu gozo é concedido pelo locador temporariamente e de modo remunerado; uma vez pagas todas as prestações o locatário adquire a propriedade da coisa. Só que tem aí fundamentalmente uma matriz consumerista forte. Daí a sua previsibilidade no Consumer Credit Act de 1974. Por outro lado, o termo em causa pode ainda suscitar alguma confusão se for usado isoladamente, porquanto o leasing pode assumir duas modalidades: operacional ou financeiro".Vd. FERNANDO GRAVATO DE MORAIS, *Manual da locação financeira*, 2.ª edição, Almedina, Coimbra, 2011. Outras designações de locação financeira são, *arrendamiento financiero* em Espanha, *crédit-bail* em França, *locazione finanziaria* em Itália e *leasing-vertrag* na Alemanha.

[2] *Vd.* ANTÓNIO MENEZES CORDEIRO, *Manual de Direito Bancário*, 4.ª edição, Almedina, Coimbra, 2010, cit., 671.

[3] Menezes Cordeiro apresenta como primeira grande experiência na locação financeira, a protagonizada pela companhia norte americana de telecomunicações *Bell Telephone Company*, que como forma de implementar os seus produtos no mercado, optou por não os vender, mas sim, alugá-los.Vd. ANTÓNIO MENEZES CORDEIRO, *Manual de Direito Bancário*, cit., 671-672.
Luís Menezes Leitão considera que "*o leasing inicia-se nos EUA nos anos 70 do séc. XIX, com a celebração pelas grandes indústrias como a Bell Telephone Company e a United Shoe Machinery Corporation de contratos de venda, com prévia locação, das suas máquinas industriais, já que os clientes não dispunham de capital próprio que lhes permitisse financiar a compra imediata*". Cf. LUÍS MENEZES LEITÃO, *Garantias das Obrigações*, 2.ª edição, Almedina, Coimbra, 2008, cit., 277.
Diogo Leite Campos defende que a primeira experiência do *leasing* nos Estados Unidos foi protagonizada pela cadeia de supermercados californianos *Safeway Stores Inc.* que em 1936 "*venderam um supermercado a um grupo de investidores privados que lho cederam imediatamente em lease-back a longo prazo*". Cf. DIOGO LEITE CAMPOS, *Nota sobre a admissibilidade da locação financeira restitutiva (lease-back) no direito português*, ROA, ano 42, III, set/dez, Lisboa, 1982, cit., 776.

Na Europa, o *leasing* só surgiu depois da Segunda Grande Guerra. Foi nos anos sessenta que esta figura contratual começou a proliferar, tendo para isso muito contribuído a ideia de que a propriedade é a melhor forma de garantia[4].

II. Em Portugal, a atividade de locação financeira demorou a instalar-se e a desenvolver-se devido à nacionalização da banca depois do 25 de abril, o que dificultou o surgimento de novas formas de financiamento como o leasing. Só no início dos anos 80 é que a locação financeira se começou a popularizar no nosso país[5].

A atividade de locação financeira só começou a ser regulada pelo legislador português no final da década de setenta, através de dois Decretos-lei de 1979. Ambos os Decretos-lei regulavam esta atividade de forma muito restritiva, permitindo o seu uso apenas como forma de financiamento do sector produtivo.

O Decreto-Lei n.º 135/79, de 18 de maio, regulava as sociedades de locação financeira definindo-as como sendo "*instituições parabancárias*", que tinham como objeto social exclusivo o exercício da atividade de locação financeira (artigo 1.º, n.º 1), constituídas sob a forma de sociedade anónima de responsabilidade limitada (artigo 2.º), que deviam possuir um capital social mínimo de 200.000 contos ou 400.000 contos, consoante se dedicassem ao leasing mobiliário ou imobiliário, respetivamente (artigo 3.º) e que a sua constituição ficava dependente de autorização do Ministério das Finanças e do Plano, a conceder por portaria (artigo 4.º).

O Decreto-Lei n.º 171/79, de 6 de junho, estatuía o regime jurídico dos contratos de locação financeira, circunscrevendo a locação financeira às atividades produtivas e às profissões liberais. O leasing mobiliário apenas podia ter como objeto bens de equipamento (artigo 2.º) e o leasing imobiliário apenas podia ter como objeto bens imóveis afetados ou a afetar à exploração industrial, comercial, agrícola ou a sectores de serviços de reconhecido interesse económico e social (artigo 3.º, n.º 1). Este diploma estabelecia também limites à autonomia privada (artigo 4.º), impunha que apenas as sociedades de locação financeira poderiam revestir a qualidade de locador financeiro (artigo 6.º, n.º1), regulava a forma dos contratos (artigo 8.º), a publicidade (artigo 9.º), a renda e o preço de aquisição (artigo 10.º), a duração, o prazo supletivo e a vigência (artigos 11.º a 12.º), entre muitos outros aspetos dos contratos de locação financeira.

No seguimento destes dois diplomas legais, o legislador sentindo a necessidade de liberalizar *cum grano salis* o regime do *leasing* foi alterando, paulatina-

---

[4] Vd. ANTÓNIO MENEZES CORDEIRO, *Manual de Direito Bancário*, cit., 672.
[5] Cf. JOSÉ SIMÕES PATRÍCIO, *Direito Bancário Privado*, Quid Iuris, Lisboa, 2004, cit. 320.

mente, tanto o regime das sociedades de locação financeira como o regime dos contratos de locação financeira.

Assim, o Decreto-Lei n.º 311/82, de 4 de agosto, para incentivar a atividade de locação financeira veio conceder alguns benefícios de natureza fiscal, como, por exemplo, a *"isenção de imposto de transações"* (artigo 4.º), ou a *"isenção de contribuição predial e redução de sisa"* (artigo 5.º), entre outros. Os benefícios atribuídos por este diploma viriam a ser, mais tarde, eliminados.

Em 1986 foi alterado, pela primeira vez, o regime das sociedades de locação financeira. A alteração foi produzida pelo Decreto-Lei n.º 103/86, de 19 de maio, que revogou, na sua totalidade, o Decreto-Lei n.º 135/79.

O Decreto-Lei n.º 168/89, de 24 de maio, veio, no seu artigo único, revogar o disposto no n.º 2, do artigo 4.º do Decreto-Lei n.º 171/79, que obrigava a que os modelos de contrato tipo de locação financeira mobiliária ou imobiliária fossem submetidos a aprovação prévia do BdP.

O Decreto-Lei n.º 18/90, de 11 de janeiro, também constituído apenas por um artigo único, revogou o disposto no n.º 2 do artigo 6.º do Decreto-Lei n.º 171/79, que obrigava a que fosse o Ministério das Finanças, depois de ouvido o BdP, a autorizar uma sociedade estrangeira a ser locador financeiro em contratos de *leasing* celebrados em Portugal.

Continuando a tendência de liberalização do *leasing*, o Decreto-Lei n.º 10/91, de 9 de janeiro, veio alargar *"a locação financeira ao domínio da habitação [...] colocando à disposição do público um instrumento flexível e capaz de proporcionar os meios necessários para a compra de habitação própria"*.

Em 1995 o legislador revoga, desta vez na sua totalidade, o anterior regime da locação financeira presente no Decreto-Lei n.º 171/79, publicando o Decreto-Lei n.º 149/95, de 24 de junho. De acordo com a tendência de liberalização já manifestada, o legislador estabelece no Decreto-Lei de 1995, um novo regime jurídico para os contratos de locação financeira bastante mais liberal do que o anterior. Este regime jurídico mantém-se em vigor até agora, tendo, contudo, já sido alterado por três vezes. A primeira alteração foi feita pelo Decreto-Lei n.º 265/97, de 2 de outubro, que, para além de introduzir algumas modificações ao Decreto-Lei n.º 149/95, também revogou expressamente o Decreto-Lei n.º 10/91, que era, à data, considerado como sendo direito especial perante o regime geral estabelecido no Decreto-Lei n.º 149/95 – o legislador estabeleceu assim *"um regime jurídico uniforme para o contrato de locação financeira, independentemente do respetivo objeto"*[6]. A segunda alteração foi executada pelo Decreto-Lei n.º 285/2001, de 3 de novembro, que incidiu, em

---

[6] Cf. preâmbulo do Decreto-Lei n.º 265/97, de 2 de outubro.

sede de regime jurídico dos contratos de leasing, sobre os prazos destes contratos, numa tentativa de acautelar a proteção dos consumidores através de uma maior transparência das condições contratuais. A última alteração foi feita pelo Decreto-Lei n.º 30/2008, de 25 de fevereiro, que introduziu no Decreto-Lei n.º 149/95 alterações quanto à forma dos contratos, quanto ao cancelamento do registo de locação financeira e quanto às providências cautelares. Estas alterações consubstanciaram uma tentativa de retirar da tutela judicial os processos de leasing que pudessem ser decididos por outro meio de resolução de litígios, de modo a permitir um maior descongestionamento dos Tribunais.

Igualmente em 1995, o legislador revogou também todo o regime jurídico das sociedades de locação financeira previsto no Decreto-Lei n.º 103/86, substituindo-o pelo Decreto-Lei n.º 72/95, de 15 de abril. Ao invés do que ocorreu com o Decreto-Lei n.º 149/95, este Decreto-Lei n.º 72/95 só foi alterado uma vez – pelo Decreto-Lei n.º 285/2001, que como verificámos *supra* também alterou o Decreto-Lei n.º 149/95. As alterações produzidas visaram permitir, de acordo com o que já se encontrava na altura estabelecido em muitos outros países da União Europeia, que as sociedades de locação financeira possam "*realizar operações de locação simples (também denominada «locação operacional») de bens móveis, fora dos casos em que os bens lhes hajam sido restituídos no termo do contrato de locação financeira*"[7].

A tendência de liberalização executada paulatinamente pelo legislador, acompanhou e resultou do próprio desenvolvimento e crescente popularização da locação financeira em Portugal, tal como, aliás, tinha já ocorrido no resto da Europa e nos Estados Unidos da América.

A utilização dos contratos de locação financeira em Portugal tem subido desde a década de setenta até agora, e espera-se que continue a subir. É uma forma de financiamento a médio e longo prazo bastante atrativa. Tem permitido a modernização de muitas pequenas e médias empresas em Portugal, e, assim, o aumento da sua competitividade. Tem também permitido a muitos consumidores particulares ter acesso a bens de consumo que, de outra forma, não conseguiriam ter[8].

---

[7] Vd. preâmbulo do Decreto-Lei n.º 285/2001, de 3 de novembro.
[8] V.g. o leasing automóvel tem tido bastante sucesso entre os consumidores particulares.

3. Generalidades

3.1. *A operação económica de locação financeira*

A operação económica de locação financeira engloba, pelo menos, a celebração de dois contratos. Um primeiro contrato, celebrado entre o fornecedor do bem e o (futuro) locador financeiro, que, normalmente, é um contrato de compra e venda ou um contrato de empreitada. E engloba também um segundo contrato – o contrato de locação financeira celebrado entre o locador financeiro e o locatário financeiro, que tem como objeto a concessão do gozo do bem que foi objeto do primeiro contrato celebrado. Temos assim dois contratos, em dois momentos distintos, e a intervenção de três sujeitos[9].

A operação económica de locação financeira, em sentido amplo, abrange assim dois contratos: um contrato de compra e venda ou de empreitada, e o contrato de locação financeira propriamente dito. Regra geral, a celebração destes dois contratos desenrola-se da seguinte forma: em primeiro lugar, o futuro locatário financeiro identifica um bem de que precisa e decide fazer o investimento necessário para poder adquirir o gozo desse bem[10]. Ele vai definir com exatidão qual a configuração do bem que pretende, e, nesse sentido, vai escolher livremente o bem. Posteriormente à escolha, o futuro locatário financeiro contacta um ou mais possíveis fornecedores para esse bem, iniciando negociações de modo a definir todas as características que o bem tem que possuir de maneira a satisfazer as suas necessidades. Nessas negociações vão ser definidas todas as características do bem, o seu preço de aquisição, datas de entrega, os prazos e modalidades de garantia, as condições de prestação de assistência, etc. Toda a responsabilidade da negociação com o fornecedor é assim, em regra, do locatário.

Terminadas as negociações e escolhido o fornecedor, o futuro locatário financeiro dirige-se a uma sociedade de locação financeira, a um banco ou a uma instituição financeira de crédito, manifestando a sua vontade de conseguir um financiamento para obter o gozo do bem. O futuro locatário deverá indicar

---

[9] Tal como defende António Menezes Cordeiro "*a locação financeira postula uma intervenção de três sujeitos: o fornecedor, o locador e o locatário. Infere-se, daí, que ela surge em união com – pelo menos – um contrato de compra e venda*". Cf. ANTÓNIO MENEZES CORDEIRO, Manual de Direito Bancário, cit., 674.

[10] Tal como João Calvão da Silva refere, não se trata aqui de o locatário financeiro adquirir a titularidade do direito de propriedade, mas sim e apenas o gozo do bem: "*a locação financeira é uma técnica de financiamento que permite ao interessado obter e utilizar uma coisa sem ter de pagar imediatamente o preço*". Cf. JOÃO CALVÃO DA SILVA, Locação financeira e garantia bancária, in: Estudos de Direito Comercial: pareceres, Almedina, Coimbra, 1996, cit., 14.

qual o bem em que está interessado e todas as suas características, bem como apresentar toda a documentação necessária à concessão do financiamento.

O futuro locador irá analisar a situação financeira do locatário, decidindo posteriormente se aceita ou rejeita. Caso aceite, vai emitir uma proposta contratual, com base num contrato de adesão pré-elaborado. O contrato de locação financeira revestirá a forma de cláusulas contratuais gerais pré-elaboradas, e, como tal, estará sujeito ao escrutínio da LCCG (Decreto-Lei n.º 446/85, de 25 de outubro).

Celebrado o contrato, o locador financeiro irá adquirir o bem, podendo fazer esta aquisição pessoalmente, ou representado pelo locatário[11].

Muitas vezes, na prática corrente da locação financeira, o locatário representa o locador no contrato que este celebra com o fornecedor do bem. Igualmente em muitos dos casos, o bem é entregue, pelo fornecedor, diretamente ao locatário. Desta forma, o locador não chega a ter um contacto mínimo com o fornecedor do bem, sendo o locatário que realiza todas as negociações e operações materiais necessárias à efetivação dos contratos[12]. O próprio legislador esteve ciente desta situação, e, nesse sentido, previu no artigo 13.º do Decreto-Lei n.º 149/95 as relações entre o locatário financeiro e o fornecedor do bem. De acordo com o estabelecido neste artigo, o *"locatário pode exercer contra o vendedor ou o empreiteiro, quando disso seja o caso, todos os direitos relativos ao bem locado ou resultantes do contrato de compra e venda ou de empreitada"*. Caso esta disposição legal não existisse, apenas o locador poderia exercer todos os direitos relativos ao bem locado, resultantes do contrato de compra e venda (ou do contrato de empreitada) contra o fornecedor do bem, pois é o locador que tem o direito de propriedade e a posse sobre o bem locado[13].

---

[11] De acordo com o decidido no acórdão do STJ de 20 de outubro de 1998, existe um contrato de mandato entre o locador e o locatário, para a aquisição do bem, objeto do contrato de locação financeira. Este Tribunal considera que, mesmo que este contrato de mandato não seja celebrado de forma expressa, deverá considerar-se que é celebrado de forma tácita. O STJ determina que embora o mandato não seja um elemento próprio do contrato de locação financeira, é algo que lhe é justaposto.

[12] Cf. Isabel Meneres Campos, *Breve apontamento acerca do contrato de locação financeira de bens móveis não sujeitos a registo: oponibilidade a terceiros do direito da locadora*, in: Ars Iudicandi: estudos em homenagem ao Professor Doutor António Castanheira Neves, Vol. II, Coimbra, 2010, cit., 112: "O locador não tem interesse no objeto, no seu uso direto, nem sequer nos resultados económicos da sua utilização".

[13] Ao locatário financeiro apenas é concedida a detenção material sobre o bem, como verificaremos *infra*, mais detalhadamente.

3.2. Vantagens e desvantagens

A atividade de locação financeira apresenta vantagens e desvantagens que variam consoante a parte contratual em causa.

Para o locador, as principais vantagens são: ficar com o direito de propriedade e a posse do bem, enquanto o locatário apenas fica com a detenção material, e auferir da renda, contrapartida pela cedência do gozo do bem. Mas o locador também tem algumas desvantagens: em caso de incumprimento do locatário, a restituição singela do bem pode não ser suficiente para aquele ser ressarcido do incumprimento deste, pois, dificilmente conseguirá voltar a colocar o bem usado no mercado ao melhor preço, ou, sendo necessariamente um banco, uma sociedade de locação financeira, ou uma instituição financeira de crédito, dificilmente ou mesmo nunca irá fazer um uso próprio e lucrativo do bem.

Da parte do locatário financeiro, este tem vantagens em recorrer ao *leasing*, nomeadamente, beneficiar do gozo e da utilidade económica de um bem, por um período equivalente à sua vida económica, sem ter de o comprar, ter acesso a uma forma de investimento a que pode recorrer depois de esgotada a sua capacidade de endividamento[14], auferir de vantagens fiscais[15], fazer um acompanhamento do progresso tecnológico[16], entre outras. Mas o locatário, tal como o locador, também tem algumas desvantagens, *v.g.*, o custo do *leasing* é normalmente mais alto do que o custo de outras formas de financiamento, pois, o locador vai tentar garantir através de um valor mais elevado das rendas, os custos que teria com um hipotético incumprimento por parte do locatário. O locador poderá também obrigar o locatário a estabelecer garantias pessoais ou reais, ou ainda, fixar cláusulas penais a ativar em caso de incumprimento. A validade destas garantias e cláusulas penais estão sempre sujeitas ao escrutínio judicial.

---

[14] A locação financeira como não aparece formalmente como um débito, permite que o locatário financeiro não veja aumentar o seu endividamento, ao invés do que se passaria, por exemplo, com um mútuo tradicional. Cf. MENEZES CORDEIRO, *Manual de Direito Bancário*, cit., 673.

[15] Em traços muito gerais, as empresas podem inserir as rendas pagas a título de retribuição nos contratos de *leasing* que tenham celebrado, nas suas despesas, reduzindo dessa forma o montante tributável dos seus lucros, e, pagando com isso, menos imposto sobre o rendimento da empresa.

[16] O *leasing* dissocia a vida económica de um bem da sua vida física, pois, dissocia o uso do referido bem da sua propriedade. O locatário enquanto profissional, pode estar, graças ao *leasing*, sempre atualizado tecnologicamente usando os equipamentos apenas pelo seu período de vida económica. Findo este período, basta locar financeiramente outro bem, tecnologicamente mais desenvolvido que o anterior. Cf. DIOGO LEITE DE CAMPOS, *A Locação Financeira na Óptica do utente*, ROA, Ano 62 – III (dez., 2002), Lisboa, 2002, cit., 333-335.

Por último, também o fornecedor do bem tem a vantagem de ver, de uma forma particularmente eficaz, serem escoados os bens que produziu. Efetivamente, os financiamentos concedidos aos locatários financeiros pelos locadores financeiros, vão permitir que aqueles adquiram, desde logo, o gozo dos vários bens transacionados, e, desta forma, os fornecedores dos bens vão ver os produtos que produziram serem mais rapidamente escoados. Desta forma, a locação financeira é uma forma particularmente eficaz de potenciar e financiar o crescimento económico do país.

3.3. *O contrato de locação financeira*

A locação financeira nasceu da prática negocial corrente impondo-se na economia moderna como "tipo social". Mais tarde, e mercê da crescente popularização deste tipo social, o legislador preocupou-se em reconhecê-lo e defini-lo como tipo legal. O Decreto-Lei n.º 171/79, no seu artigo 1.º apresentava uma noção de contrato de locação financeira: "*locação financeira é o contrato pelo qual uma das partes se obriga, contra retribuição, a conceder à outra o gozo temporário de uma coisa, adquirida ou construída por indicação desta e que a mesma pode comprar, total ou parcialmente, num prazo convencionado, mediante o pagamento de um preço determinado ou determinável, nos termos do próprio contrato*".

Atualmente, o Decreto-Lei n.º 149/95, que revogou o diploma de 1979, também apresenta, no seu artigo 1.º, uma noção para o contrato de locação financeira. Define-o nos seguintes termos: "*locação financeira é o contrato pelo qual uma das partes se obriga, mediante retribuição, a ceder à outra o gozo temporário de uma coisa, móvel ou imóvel, adquirida ou construída por indicação desta, e que o locatário poderá comprar, decorrido o período acordado, por um preço nele determinado ou determinável mediante simples aplicação dos critérios nele fixados*".

Os contratos de locação financeira são assim caracterizados por alguns traços fundamentais:

1) a existência de um contrato celebrado entre o locador financeiro e o locatário financeiro;
2) a obrigação do locador financeiro adquirir ao fornecedor do bem, a coisa móvel ou imóvel, indicada pelo locatário financeiro (mediante celebração de um contrato, normalmente de compra e venda ou empreitada);
3) a obrigação do locador conceder, temporariamente, o gozo do bem ao locatário;

4) a obrigação do locatário pagar ao locador a retribuição, que é, ao mesmo tempo, uma contrapartida pelo gozo do bem e uma amortização do financiamento prestado;
5) o direito do locatário poder comprar o bem, no final do contrato, pelo valor residual.

Com base no tipo legal, podemos considerar que o contrato de locação financeira é aquele que é celebrado por um banco, uma sociedade de locação financeira ou uma instituição financeira de crédito, na qualidade de locador financeiro, no qual se confere a um profissional, a uma empresa ou a um consumidor final, na qualidade de locatário financeiro, o gozo de um bem, que pode ser móvel ou imóvel, e que é adquirido pelo locador financeiro de acordo com as instruções do locatário financeiro, por tempo determinado, contra o pagamento de uma retribuição, estando garantido ao locatário financeiro que este pode optar pela compra do bem, no final do contrato, por um valor residual, que é fixado aquando a celebração do contrato de locação financeira[17].

3.4. *Classificação*

Classificando o contrato de locação financeira verificamos que ele é um contrato nominado e típico. É um contrato nominado porque a lei lhe atribui um *nomen iuris* e um contrato típico porque a lei prevê o seu regime jurídico no Decreto-Lei n.º 149/95.

---

[17] Menezes Cordeiro define o contrato de locação financeira como sendo o *"contrato pelo qual uma entidade – o locador financeiro – concede a outra – o locatário financeiro – o gozo temporário de uma coisa corpórea, adquirida, para o efeito, pelo próprio locador, a um terceiro, por indicação do locatário [...] o banqueiro adquire o bem em causa e dá-o, ao interessado, em locação; este irá pagar uma retribuição que traduza a amortização do bem e os juros; no final, o locatário poderá adquirir o bem pelo valor residual ou celebrar novo contrato; poderá, ainda, nada fazer"*. Cf. MENEZES CORDEIRO, *Manual de Direito Bancário*, cit., 671. Por seu turno, José Engrácia Antunes apresenta a seguinte definição para o contrato de locação financeira: *"é o contrato pelo qual uma das partes (locador) se obriga, mediante remuneração, a ceder à outra (locatário) o gozo temporário de uma coisa, móvel ou imóvel, adquirida para o efeito pelo primeiro a um terceiro (fornecedor), ficando o último investido no direito de a adquirir em prazo e por preço determinados"*. Cf. JOSÉ ENGRÁCIA ANTUNES, *Direito dos Contratos Comerciais*, Almedina, Coimbra, 2009, cit., 516-517. Diogo Leite de Campos enumera, da seguinte forma, as características da locação financeira: *"existe a obrigação de ceder o gozo da coisa, o locador é e continua a ser proprietário da coisa, a outra parte tem o direito de exigir a cedência do gozo da coisa, o gozo é temporário, o gozo é retribuído, o objeto do contrato é adquirido ou construído por indicação do locatário, o locatário pode adquirir a coisa decorrido o prazo acordado, o preço deve ser determinado no contrato ou determinável mediante simples aplicação dos critérios nele fixados"*. Vd. DIOGO LEITE DE CAMPOS, *Locação financeira: leasing e locação*, Revista da Ordem dos Advogados, Ano 62 – III (dez, 2002), Lisboa, 2002, cit., 761.

O contrato de locação financeira é também um contrato oneroso, sinalagmático e temporário[18]. Oneroso porque implica sacrifícios patrimoniais para ambas as partes: o locador tem de proporcionar o gozo do bem ao locatário [cf. artigos 1.º, 9.º, n.º 1, al. *b*) e 10.º, n.º 2, al. *a*) do Decreto-Lei n.º 149/95] e o locatário tem de pagar a retribuição, que assume a forma de renda [cf. artigos 1.º e 10.º, n.º 1, al. *a*) do Decreto-Lei n.º 149/95]. Sinalagmático porque origina obrigações recíprocas – tanto o locador como o locatário ficam na situação de credores e de devedores[19]. E temporário porque a lei lhe impõe limites temporais (cf. artigo 6.º do Decreto-Lei n.º 149/95).

4. Modalidades do contrato

4.1. O leasing *mobiliário* e o leasing *imobiliário*

Existem diversas modalidades de contratos de locação financeira[20]. No ordenamento jurídico português, as duas principais modalidades de *leasing* identificadas na legislação nacional são o *leasing* mobiliário e o *leasing* imobiliário[21].

Apesar das diferenças que ainda existem no quadro legal português, esta distinção já foi mais marcante do que é hoje em dia. No âmbito de vigência do Decreto-Lei n.º 171/79 que regulava o contrato de locação financeira, e do Decreto-Lei n.º 135/79 que regulava as sociedades de leasing financeiro, a distinção entre locação financeira mobiliária e imobiliária era mais vincada. O artigo 2.º do Decreto-Lei n.º 171/79 restringia a locação financeira de coisas móveis aos bens de equipamento. O artigo 3.º do mesmo diploma restringia a locação financeira de coisas imóveis aos bens a afetar ou já afetados ao investi-

---

[18] Quanto às características do contrato de locação financeira, Menezes Cordeiro defende o seguinte: "*tomando-a na sua globalidade, a locação financeira é um contrato oneroso, sinalagmático, bivinculante, temporário mas originando relações duradouras e de feição financeira*". Vd. MENEZES CORDEIRO, *Manual de Direito Bancário*, cit., 674.

[19] Cf. Luís MENEZES LEITÃO, *Direito das Obrigações*, Vol. I, 5.ª edição, Almedina, Coimbra, 2006, cit., 202-205.

[20] Menezes Cordeiro identifica as seguintes modalidade de leasing: "*net-leasing e gros-leasing, consoante os custos das reparações, dos seguros e outros corram pelo locatário ou pelo locador; short-leasing e long-leasing, conforme dure menos de 10 anos ou 10 ou mais anos; first ou secondhand-leasing, quando se reporte a bens novos ou usados; sale-lease-back-leasing, quando o interessado venda o bem ao financiador o qual lho devolve em locação financeira; terme-leasing e revolving-leasing, respetivamente para os contratos de duração pré-definida ou de duração indeterminada, à vontade do locatário; kommunal-leasing, para os contratos contraídos por autarquias, para equipamentos públicos*". Vd. MENEZES CORDEIRO, *Manual de Direito Bancário*, cit., 675.

[21] Cf. MENEZES CORDEIRO, *Manual de Direito Bancário*, 675.

mento produtivo na indústria, na agricultura, no comércio ou em outros sectores de serviços de manifesto interesse económico ou social. Por outro lado, o artigo 1.º, n.º 3 e o artigo 3.º do Decreto-Lei n.º 135/79 estatuía que cada uma das sociedades de *leasing* financeiro existentes só se podia dedicar, ou ao *leasing* de bens móveis, ou ao *leasing* de bens imóveis. Uma sociedade de *leasing* tinha assim de optar, no momento da sua constituição, se queria ter como objeto a locação financeira de bens móveis ou a locação financeira de bens imóveis.

A partir de 1986 também o artigo 1.º, n.º 1 do Decreto-Lei n.º 103/86, que revogou o Decreto-Lei n.º 135/79, previa que as referidas sociedades de *leasing* não pudessem "*incluir no seu objeto, simultaneamente, a prática de operações de locação financeira mobiliária e imobiliária*".

Com a entrada em vigor do Decreto-Lei n.º 149/95 e do Decreto-Lei n.º 72/95, e a consequente revogação dos diplomas anteriores, a diferença marcante de regime entre as duas modalidades de leasing tendeu a diluir-se. O Decreto-Lei n.º 72/95 que regula atualmente as sociedades de locação financeira, eliminou a segmentação entre as sociedades de locação financeira mobiliária e imobiliária, e o Decreto-Lei n.º 149/95 que regula atualmente os contratos de locação financeira, amenizou, em muito, as diferenças entre a locação financeira mobiliária e imobiliária.

Atualmente, a principal diferença de regime entre o leasing mobiliário e o leasing imobiliário situa-se na forma exigida aos contratos (cf. o artigo 3.º, n.º 1 e n.º 2 do Decreto-Lei n.º 149/95, alterado pelo Decreto-Lei n.º 30/2008).

Isto é o que sucede numa dimensão puramente jurídica, contudo, em sentido jurídico-económico existem grandes diferenças entre a locação financeira mobiliária e imobiliária, pois, os bens móveis, regra geral, desvalorizam-se muito mais rapidamente que os bens imóveis, que muitas vezes até se podem valorizar com o decurso do tempo. Atendendo aos fundamentos económicos do *leasing*, que são a desvalorização do bem, a sua amortização e o seu valor residual, a fórmula económica necessária para gerar o legítimo lucro do locador é muito diferente tratando-se de bens móveis ou bens imóveis. Assim, o período de vigência do contrato de bens móveis deverá ser muito mais curto do que o período de vigência do contrato de bens imóveis. Dessa forma, visa-se garantir uma amortização significativa em ambos os contratos, sob pena do valor residual, no final do contrato de locação financeira de bens imóveis, ser de tal forma elevada que seria incomportável para o locatário pagar, o que iria retirar a este, na prática, a liberdade de exercer o seu direito de opção de compra.

O legislador previu e contemplou esta questão no artigo 6.º do Decreto-Lei n.º 149/95, estatuindo que o "*prazo de locação financeira de coisas móveis não deve ultrapassar o que corresponde ao período presumível de utilização económica da coisa*" (n.º 1), enquanto para a locação financeira de bens imóveis previu que "*o contrato de locação financeira não pode ter duração superior a 30 anos, considerando-se reduzido a este limite quando superior*" (n.º 2).

4.2. *A locação financeira restitutiva*

A locação financeira restitutiva ou *sale and lease-back leasing* resulta do facto de ser o próprio locatário a vender ao locador, o bem, que imediatamente depois é objeto do contrato de locação financeira. Assim, no *sale and lease-back leasing* não existe um terceiro, fornecedor do bem – este fornecedor é o próprio locatário do contrato de locação financeira, que vai vender ao locador, o bem, objeto do contrato de *leasing* que vai ser celebrado concomitantemente.

Na locação financeira restitutiva, há também assim, e sempre, dois contratos: o primeiro contrato é uma compra e venda de um bem, em que o vendedor é o futuro locatário, e o comprador é o futuro locador, e um segundo contrato, este sim, de locação financeira, celebrado em momento imediatamente a seguir ao momento em que o contrato de compra e venda foi celebrado. Neste segundo contrato (de locação financeira) o seu objeto é sempre o objeto do contrato de compra e venda celebrado a montante – o bem vendido pelo locatário e comprado pelo locador.

No contrato de locação financeira restitutiva, parece assim existir a obrigatoriedade da prévia celebração do contrato de compra e venda do bem, que vai ser objeto do contrato de locação financeira restitutiva. O mesmo já não se passa no contrato de locação financeira (não restitutiva), pois aqui, o contrato a montante tanto pode ser uma compra e venda, como uma empreitada, como, até mesmo, um contrato atípico. Deste modo, pode-se constatar que uma das principais diferenças entre a locação financeira e a locação financeira restitutiva prende-se com o número de partes. Enquanto que na locação financeira existem sempre três partes envolvidas: o fornecedor do bem, o locador e o locatário, na locação financeira restitutiva existem apenas duas partes envolvidas: o locador e o locatário[22].

O fundamento principal da locação financeira restitutiva é o interesse do locatário em se capitalizar através da venda do bem ao locador, recebendo o

---

[22] Calvão da Silva defende que no "*chamado lease-back, em que a coisa é adquirida pelo locador – a sociedade de locação financeira – ao locatário: este, proprietário da coisa, vende-a à sociedade de locação financeira que, por sua vez, a concede em leasing ao primeiro. Nesta modalidade há, pois, apenas dois sujeitos, mas um deles com dupla veste em dois contratos distintos – a veste de vendedor na compra e venda celebrada com a sociedade de leasing e a veste de locatário no contrato de locação financeira propriamente dito*". Cf. CALVÃO DA SILVA, *Locação financeira e garantia bancária*, cit., 12.

preço, ao mesmo tempo que assegura a continuação da utilização do gozo e das utilidades económicas do bem. O locatário sai assim a ganhar em duas vertentes: por um lado, capitaliza-se, e por outro, mantém o gozo do bem na sua esfera jurídica[23].

Discute-se na doutrina portuguesa a licitude e admissibilidade da locação financeira restitutiva, principalmente, saber se a sua prática não viola a proibição do pacto comissório.

Diogo Leite de Campos[24], Duarte Pestana de Vasconcelos[25], João Calvão da Silva[26] e Ana Morais Antunes[27] defendem a validade desta modalidade de

---

Rui Pinto Duarte considera que falta à locação financeira restitutiva o *"carácter tripartido"* existente na locação financeira. Vd. RUI PINTO DUARTE, *A locação financeira: estudo jurídico do leasing financeiro*, Danúbio, Lisboa, 1983, cit., 54.

Duarte Pestana Vasconcelos refere que o *"sale and lease-back, apenas diverge da operação típica de leasing por haver confusão nas pessoas do vendedor e do locatário"*. Cf. DUARTE PESTANA DE VASCONCELOS, *A locação financeira*, ROA, ano 45, abril, Lisboa, 1985, cit., 279.

Ana Morais Antunes também considera elemento distintivo essencial a *"ausência do triângulo fornecedor/locador/locatário"*. Vd. ANA MORAIS ANTUNES, *O contrato de locação financeira restitutiva: do dialogo difícil com a proibição legal do pacto comissório*, Universidade Católica Portuguesa, Lisboa, 2009, cit., 20.

[23] *"A locação financeira restitutiva traduz-se na venda de um bem pelo proprietário a uma sociedade de leasing, a qual assume a obrigação de concedê-lo em locação financeira ao próprio vendedor. E assim, através desta técnica de financiamento, o vendedor passa a dispor de capitais frescos necessários à sua atividade, resultantes da desmobilização de parte do património que, apesar de deixar de pertencer-lhe em propriedade, continua a utilizar na empresa, como acontece na locação financeira trilateral pura"*, in: CALVÃO DA SILVA, *Locação financeira e garantia bancária*, cit., 12-13.

[24] Defende este autor que o *sale and lease-back leasing* é válido porque está compreendido no tipo legal de locação financeira prevista nos artigos 1.º e 3.º do Decreto-Lei n.º 171/79 e no artigo 1, n.º 2 do Decreto-Lei n.º 135/79 (atualmente ambos revogados). Para justificar a admissibilidade da figura, enuncia ainda um argumento de cariz económico: *"haverá o argumento de ordem económica de que não há motivos para a excluir – muito pelo contrário, atendendo a que se trata de um «instrumento útil de relançamento da economia nacional»"*. Cf. DIOGO LEITE DE CAMPOS, *Nota sobre a admissibilidade da locação financeira restitutiva (lease-back) no direito português*, cit., 775 e ss.

[25] Cf. DUARTE PESTANA DE VASCONCELOS, *A locação financeira*, cit., 279 e ss: este autor, defendendo a validade da locação financeira restitutiva faz seu um argumento de Diogo Leite Campos, dizendo que *"bastaria a lei não excluir o lease-back para nós o podermos considerar permitido com base no princípio da liberdade contratual – se não houvesse, como não há motivos para o afastar"*.

[26] Adianta este autor que *"embora não se verifique a trilateralidade típica da locação financeira – e, como tal, não seja leasing financeiro sensu proprio –, a licitude da «sale and lease back» deve ser admitida em face do direito português. Designadamente, a figura jurídica em causa não se nos afigura nula com base na proibição do pacto comissório (artigos 694.º, 665.º e 678.º do CC)"*. Cf. CALVÃO DA SILVA, *Locação financeira e garantia bancária*, cit., 12-13.

[27] Ana Morais Antunes defende, na generalidade dos casos, a validade da figura, exceto nas situações em que as partes tentam única e exclusivamente, ao utilizá-la, constituir *"uma garantia atípica*

contrato de locação financeira. Em sentido contrário, defendendo a não admissibilidade da figura parece estar Rui Pinto Duarte[28].

A jurisprudência portuguesa já aflorou esta polémica em dois arestos, classificando a locação financeira restitutiva como uma modalidade contratual de locação financeira[29].

Quanto a nós, inclinamo-nos também para a solução que atribui validade à locação financeira restitutiva. Efetivamente, parece que tanto os diplomas legais de 1979, nas noções que estabeleciam para a atividade de locação financeira, como os atuais regimes legais em vigor, não proíbem a celebração de contratos de locação financeira restitutiva. Atualmente, do tipo legal de contrato de locação financeira previsto no artigo 1.º do Decreto-Lei n.º 149/95 não se pode retirar nenhuma proibição do *lease-back*. Com a revogação dos diplomas de 1979, bem podia o legislador ter-se pronunciado sobre a questão, caso pretende-se proibir o *lease-back* – mas não foi isso que fez. Também a *ratio* do Decreto-Lei n.º 149/95, expressa no seu preâmbulo, a saber, garantir e promover a capacidade de concorrência das empresas portuguesas face a empresas estrangeiras, nos parece compatível com a validade da locação financeira restitutiva, uma vez que esta prática contratual irá trazer grandes vantagens, *v.g.*, a capitalização do locatário ao vender o bem ao locador, ao mesmo tempo que

---

de uma obrigação, contornando a proibição do pacto comissório", nestes casos, o negócio deverá ser nulo, por ser um negócio em fraude à lei. Cf. ANA MORAIS ANTUNES, *O contrato de locação financeira restitutiva*, cit., 119 e ss.

[28] Considera este autor que a locação financeira restitutiva não era enquadrável no regime da locação financeira. Defende a aplicação das normas da venda a retro à locação financeira restitutiva afirmando que *"não pensamos que o lease-back consubstancie uma venda a retro mas antes que integra um pacto de retro venda ao qual as normas sobre a venda a retro se deverão entender aplicáveis na medida em que há identidade de razão"*. Cf. RUI PINTO DUARTE, *A locação financeira: estudo jurídico do leasing financeiro*, cit., 54 e ss.

[29] Cf. o acórdão da RLx de 18 de março de 1999, cujo relator foi Loureiro da Fonseca, sumariado com o seguinte teor: *"I – Quer o locador, quer o locatário podem fornecer os bens locados. II – A locação financeira não é só a modalidade em que o utente obtém, em locação financeira, um bem móvel ou imóvel adquirido pela sociedade de locação financeira a um terceiro, ou mandado construir por ela mesma. III – O bem, móvel ou imóvel, pode ser adquirido pela sociedade de locação financeira ao utente. IV – Esta modalidade, denominada "sale and leaseback", nos países anglo-saxónicos ("locação financeira restitutiva") tem grande importância prática."*.

Vd., também, o acórdão do STJ de 28 de outubro de 1999, cujo relator foi Dionísio Correia, e o seu sumário, na parte relevante para o tema, é o seguinte: *"II – Na locação financeira, na modalidade de lease back ou de locação financeira restitutiva (sale and lease back), o bem móvel ou imóvel é adquirido pela sociedade de locação, em vez de ser o utente (locatário) do bem a obter daquela, um bem móvel ou imóvel que ela adquiriu ou mandou construir a terceiro. III – Na locação em lease back o devedor transfere para o credor a propriedade de um bem a título de garantia do crédito obtido."*.

permite que o referido locatário continue a dispor do gozo e das utilidades económicas do bem. Contudo, temos também de valorar positivamente o argumento apresentado por Ana Morais Antunes ao referir que quando o *lease-back* tenha sido celebrado única e exclusivamente para evitar a proibição do pacto comissório, deverá esse negócio ser nulo por evidente fraude à lei. Em todos os outros casos, consideramos que a locação financeira restitutiva deverá ser válida.

5. Formação do contrato

5.1. *Contratos pré-elaborados: o uso de cláusulas contratuais gerais*

Os contratos de locação financeira são, por norma, contratos de adesão, pré-elaborados pelo locador financeiro recorrendo a CCG[30]. Sendo obrigatoriamente o locador financeiro uma instituição de crédito, pressupõe-se que tenha um maior poder económico que o locatário financeiro, que, muitas vezes, é um particular/consumidor final ou uma pequena ou média empresa. Neste sentido, é fácil o locador ter o poder de impor as cláusulas contratuais que mais favoráveis lhe sejam. Para além disso, os contratos de locação financeira inserem-se no conceito de contratação de massa, e, por isso, são contratos pré-elaborados com recurso a CCG, sem que exista uma prévia negociação entre as partes. Existe assim um desequilíbrio contratual entre o locador e o locatário. Enquanto o locador tem liberdade contratual de celebração e estipulação, o locatário apenas tem liberdade de celebração. Ou seja, o locatário apenas pode escolher se quer ou não contratar, pois, se escolher contratar, terá de aceitar as CCG já pré-elaboradas pelo locador, e as quais não poderá negociar. Sabendo que, muitas vezes, o locatário é quase que obrigado a contratar, pois, só dessa forma conseguirá atingir os seus fins de financiamento, a sujeição à vontade de estipulação do locador poderá impor ao locatário sérias desvantagens contratuais[31]. Para contrabalançar este estado de coisas, os contratos de adesão pré-elaborados pelo locador estão sujeitos ao escrutínio da LCCG, cuja aplicação vai tentar trazer algum equilíbrio ao exercício da liberdade contratual entre o locador e o locatário.

---

[30] Cf. MENEZES CORDEIRO, *Manual de Direito Bancário*, cit., 679: "*os contratos de locação financeira são concluídos na base de cláusulas contratuais gerais, bastante circunstanciadas, aprontadas pelas sociedades locadoras*".

[31] Vd. LUÍS MENEZES LEITÃO, *Direito das Obrigações*, Vol. I, cit., 33: "*nas cláusulas contratuais gerais é manifesta a impossibilidade fáctica de uma das partes exercer a sua liberdade de estipulação, que fica assim apenas na mão da outra parte. Essa situação é possível de conduzir a efeitos perversos*", por exemplo, "*o surgimento de cláusulas iníquas ou abusivas*".

A aplicação da LCCG impõe uma série de deveres ao locador, entre eles, deveres de comunicação (artigo 5.º da LCCG) e deveres de informação (artigo 6.º)[32]. A aplicação da LCCG vai também estabelecer um regime de nulidade próprio para as cláusulas que o diploma determina como sendo proibidas, e que o locador eventualmente possa introduzir no contrato de *leasing*. As cláusulas proibidas são consideradas nulas (artigo 12.º), mas pode o contraente que as subscreva ou aceite (neste caso, o locatário) optar pela manutenção dos contratos (artigo 13.º), depois de, claro está, ser afastada a cláusula contratual geral considerada nula.

Os contratos de locação financeira devem ser assim considerados como sendo contratos de adesão, pré-elaborados pelo locador recorrendo a CCG, e submetidos, sempre, ao escrutínio da LCCG.

Estando no âmbito da autonomia e contratação privada, os contratos de locação financeira devem submeter-se à fiscalização judicial dos tribunais portugueses. Contudo, esta questão, no período inicial de vigência dos diplomas de 1979 não foi pacífica. Assim, no âmbito de vigência do Decreto-Lei n.º 171/79, o seu artigo 4.º impunha limites à autonomia das partes no âmbito da celebração de contratos de locação financeira. O n.º 1 deste artigo estatuía que o BdP podia estabelecer, por aviso, normas sobre a determinação dos montantes das rendas e dos valores residuais atribuídos aos bens locados, bem como definir as condições e critérios da sua eventual revisão, a periodicidade convencionada para o pagamento das rendas e os prazos por que eram efetuados os contratos. O n.º 2 obrigava a que os modelos de contratos tipo de locação financeira fossem submetidos a aprovação prévia do Banco de Portugal.

Apesar desta obrigatoriedade de fiscalização prévia por parte do BdP, a jurisprudência da época também considerou ser necessária a fiscalização judicial dos contratos-tipo de *leasing*. Os Tribunais portugueses entenderam que, apesar de poder existir uma aprovação prévia do BdP relativamente a um determinado contrato de locação financeira que contivesse CCG, em caso de litígio, deveriam ser os Tribunais a fiscalizar esse mesmo contrato modelo e, se fosse o caso, considerar nulas algumas, ou mesmo todas as cláusulas que dele constassem[33].

---

[32] Estes deveres de comunicação e informação obrigam o contraente que utilize CCG, ou seja, o locador financeiro, a comunicar e informar com detalhe o locatário de todas as cláusulas constantes do contrato. Estes deveres visam evitar que o contrato seja celebrado pelo locatário, sem que este se aperceba de todas e quaisquer cláusulas dele constante – visam evitar assim a introdução de cláusulas no contrato sem que o locatário disso se aperceba.

[33] Foi este o entendimento sufragado pelo acórdão do STJ de 5 de julho de 1994, cujo relator foi Machado Soares, que declarou nula uma cláusula contratual geral de um contrato de locação

De salientar que o próprio legislador revogou, em 1989, o artigo 4.º, n.º 2 do Decreto-Lei n.º 171/79 através do artigo único do Decreto-Lei n.º 168/89, de 24 de maio, retirando a obrigatoriedade de submeter à aprovação prévia do BdP os modelos de contrato-tipo de locação financeira, deixando em definitivo essa fiscalização a cargo dos tribunais. Esta foi, parece-nos, a melhor solução.

5.2. Os bens objeto do contrato

Nos termos da legislação de 1979, o artigo 2.º do Decreto-Lei n.º 171/79 restringia a locação financeira de coisas móveis aos bens de equipamento. O artigo 3.º do mesmo diploma restringia a locação financeira de coisas imóveis aos bens a afetar ou já afetados ao investimento produtivo. Este diploma tinha assim um carácter bastante restritivo quanto aos objetos possíveis dos contratos de locação financeira, cerceando bastante a autonomia privada, princípio estrutural do nosso direito privado.

Com a entrada em vigor do Decreto-Lei n.º 149/95 o quadro legal mudou. Pelo seu artigo 2.º, n.º 1 *"a locação financeira tem como objeto quaisquer bens suscetíveis de serem dados em locação"*. Este Decreto-Lei remete assim para o regime geral do CC, mais concretamente para os seus artigos 1022.º e 1023.º, que definem que qualquer *"coisa"* móvel ou imóvel pode ser dada em locação, designando como *"aluguer"* a locação de coisas móveis, e como *"arrendamento"* a locação de coisas imóveis. Nestes termos, desde a entrada em vigor do Decreto-Lei n.º 149/95 quaisquer coisas móveis ou imóveis podem ser objeto de um contrato de locação financeira[34].

5.3. A forma do contrato

No âmbito do Decreto-Lei n.º 171/79, a forma necessária para os contratos de locação financeira era definida pelo seu artigo 8.º. Pelo n.º 1 deste

---

financeira que estabelecia *"para o caso de incumprimento por falta de pagamento de rendas pelo locatário, o pagamento das rendas vencidas e vincendas e do valor residual dos equipamentos locados"*. Este acórdão considerou não ser suficiente a aprovação prévia do contrato modelo em causa pelo Banco de Portugal, para que o referido contrato deixasse de estar sujeito à LCCG. Neste sentido, o STJ declarou nula a cláusula objeto do litígio por a considerar proibida.

[34] José Engrácia Antunes elenca alguns bens móveis que podem ser objeto de contratos de locação financeira: aviões, navios, automóveis e equipamentos diversos. Este autor defende também que alguns bens incorpóreos podem ser objeto de contratos de locação financeira, a saber, empresas, marcas, ações, sistemas informáticos, etc. Cf. José Engrácia Antunes, *Direito dos Contratos Comerciais*, cit., 518.

artigo, os contratos de locação financeira que tivessem como objeto coisas móveis deveriam ser celebrados por escrito particular, enquanto os contratos de locação financeira que tivessem como objeto coisas imóveis deveriam ser celebrados por escritura pública. O n.º 2 do mesmo preceito legal estatuía que se o bem móvel fosse sujeito a registo, então o escrito particular tinha de ser sujeito ao reconhecimento presencial das assinaturas das partes outorgantes, caso o bem móvel não fosse sujeito a registo, bastaria o reconhecimento, por semelhança, das assinaturas dos outorgantes.

Com a entrada em vigor do Decreto-Lei n.º 149/95 a forma exigida para os contratos de locação financeira foi reduzida e simplificada.

Assim, aos contratos de locação financeira que tivessem como objeto bens móveis apenas era exigida a forma de escrito particular. Aos contratos que tivessem como objeto bens imóveis passou apenas a ser exigida a forma de escrito particular, com o reconhecimento presencial das assinaturas das partes outorgantes.

Depois da última alteração ao Decreto-Lei n.º 149/95, operada pelo Decreto-Lei n.º 30/2008, o quadro legal em matéria de forma é o seguinte:

1) para os contratos de locação financeira que tenham como objeto bens móveis não sujeitos a registo, a forma exigida é a de documento particular nos termos do artigo 3.º, n.º 1 do Decreto-Lei n.º 149/95;
2) para os contratos de locação financeira que tenham como objeto bens móveis sujeitos a registo, a forma exigida é à mesma a de documento particular, mas passam a ser exigidas as seguintes formalidades: *"a indicação feita pelo respetivo signatário, do número, data e entidade emitente do bilhete de identidade ou documento equivalente emitido pela autoridade competente de um dos países da União Europeia ou do passaporte"*, tudo nos termos do artigo 3.º, n.º 4 do Decreto-Lei n.º 149/95;
3) por último, para os contratos de locação financeira que tenham como objeto bens imóveis, a forma exigida é a de documento particular com reconhecimento presencial das assinaturas das partes outorgantes, tudo nos termos do artigo 3.º, n.º 2 do Decreto-Lei n.º 149/95.

É percetível que o legislador, ao longo dos tempos, veio permitir uma desformalização e simplificação, em matéria de forma, na celebração de contratos de locação financeira tentando promover a celeridade e agilidade do mercado do sector, tornando mais fácil e menos onerosa a celebração destes contratos.

5.4. Publicidade

Em matéria de publicidade, no âmbito do Decreto-Lei n.º 171/79, quando o contrato de locação financeira tivesse como objeto bens móveis sujeitos a registo, ou bens imóveis, o artigo 9.º, n.º 1 do referido Decreto-Lei obrigava ao registo do contrato "*na competente conservatória*". O n.º 2 aplicava-se a todos os contratos cujo objeto fosse coisas móveis, e obrigava à colocação de "*placa ou aviso visível*" que indicasse que o direito de propriedade daquele bem pertencia à sociedade de locação.

Com a entrada em vigor do Decreto-Lei n.º 149/95, manteve-se a obrigatoriedade de registo dos contratos de locação financeira cujo objeto fosse bens móveis sujeitos a registo ou bens imóveis (artigo 3.º, n.º 2 do Decreto-Lei 149/95). Contudo, no âmbito desta disposição legal, deixou de ser exigido a colocação de "*placa ou aviso visível*" que indicasse que o direito de propriedade daquele bem pertencia à sociedade de locação.

No quadro legal em vigor, ou seja, o Decreto-Lei n.º 149/95 alterado pelos Decretos-Lei n.º 265/97, n.º 285/2001 e n.º 30/2008, continua a exigir-se o registo do contrato de locação financeira cujo objeto seja bens móveis sujeitos a registo ou bens imóveis.

Em conclusão, constatamos que quanto à publicidade se passou o mesmo que se passou quanto à forma – o legislador tentou agilizar e simplificar as disposições legais referentes à publicidade, de maneira a promover e a facilitar a celebração dos contratos de *leasing* em Portugal.

6. O locador financeiro

O locador financeiro é parte no contrato a montante e parte no contrato de locação financeira *stricto sensu*. No contrato que celebra com o fornecedor do bem ele vai comprar ou receber o bem, adquirindo dessa forma o direito de propriedade e a posse sobre o referido bem. No contrato de locação financeira que celebra com o locatário, ele concede a este o gozo do bem mediante o pagamento de uma renda.

No âmbito da legislação de 1979, apenas as sociedades de locação financeira podiam ser parte num contrato de locação financeira na qualidade de locador (cf. artigo 6.º, n.º 1 do Decreto-Lei n.º 171/79).

Com a entrada em vigor do Decreto-Lei n.º 149/95 e do Decreto-Lei n.º 72/95 foi também permitido aos bancos celebrarem contratos de *leasing* enquanto locadores financeiros (cf. artigo 4.º do Decreto-Lei n.º 72/95).

Em 2002, o legislador revogou o artigo 4.º do Decreto-Lei n.º 72/95 por força do Decreto-Lei n.º 186/2002, de 21 de agosto (cf. artigo 4.º). Desta forma, o legislador veio permitir que para além das sociedades de locação financeira e dos bancos, também as instituições financeiras de crédito possam celebrar contratos de locação financeira na qualidade de locadores financeiros. As instituições financeiras de crédito são uma modalidade de instituição de crédito criadas pelo Decreto-Lei n.º 186/2002. Este diploma classifica-as, no seu preâmbulo, como *"espécie de instituição de crédito que, nomeadamente possa desenvolver todas as atividades hoje permitidas às sociedades de locação financeira"*.

Neste sentido, os bancos, as sociedades de locação financeira e as instituições financeiras de crédito são as entidades que têm, atualmente, legitimidade para serem locadores financeiros em contratos de *leasing*.

6.1. Direitos do locador

O locador, enquanto parte contratual no contrato de locação financeira detém na sua esfera jurídica uma série de direitos.

Pode afirmar-se que o principal direito do locador é o direito a receber a retribuição pela cedência do gozo da coisa (artigo 1.º do Decreto-Lei 149/95). Essa retribuição é, na verdade, uma renda, que inclui não apenas a remuneração do locador pela cedência do gozo do bem, mas também a amortização do mesmo, tendo em vista a possibilidade do locatário adquirir o bem, no final do contrato, por um mero valor residual contratualmente pré-estabelecido[35].

Decompondo os vários fatores que compõem a renda encontramos:

1) a amortização do capital investido, ou seja, o custo do bem – que tem em vista a possibilidade do locatário financeiro adquirir o bem, no final do contrato, por um mero valor residual;
2) o lucro ou remuneração do locador financeiro pelo financiamento que presta ao locatário financeiro;
3) os custos de gestão do locador financeiro;
4) o custo do risco por parte do locador financeiro, nomeadamente, a possibilidade de incumprimento do pagamento das rendas por parte do locatário financeiro[36].

---

[35] Cf. JOSÉ ENGRÁCIA ANTUNES, *Direito dos Contratos Comerciais*, cit., 518 e JOSÉ SIMÕES PATRÍCIO, *Direito Bancário Privado*, cit., 321.
[36] Não se trata aqui do risco de perecimento do bem, porque este risco, salvo estipulação em contrário, corre por conta do locatário (cf. artigo 15.º do Decreto-Lei n.º 149/95), mas sim, do risco

A renda a auferir pelo locador financeiro é assim uma realidade económica complexa, enformada pelos *supra* referidos fatores, e que tem implicações jurídicas, pois consubstancia o principal ou mais relevante direito do locador – é a razão principal pela qual este adquire o bem ao fornecedor, para depois ceder o gozo ao locatário, tudo no âmbito de uma operação de financiamento.

Uma questão referente à renda que já se colocou no foro judicial é saber qual o seu prazo de prescrição. Deveremos aplicar o prazo especial de prescrição de 5 anos, previsto no artigo 310.º, al. *b*) do CC, ou deveremos aplicar o prazo ordinário de prescrição de 20 anos, previsto no artigo 309.º do mesmo diploma?

Sobre esta questão já se pronunciou o STJ em acórdão de 11 de dezembro de 2003, cujo relator foi Oliveira Barros, decidindo pela aplicação do prazo ordinário de 20 anos. As razões apontadas foram no sentido que a renda devida pelo locador, nos contratos de locação financeira, tem natureza diferente da renda devida pelo locador comum, nos contratos de locação simples. Assim, a renda nos contratos de locação financeira não representa apenas uma contrapartida pelo uso e fruição do bem, consubstancia também uma amortização do valor do mesmo bem, tendo em vista a possível aquisição do bem, pelo locatário, findo o contrato, pagando este apenas um mero valor residual. Nesta medida, este Tribunal considerou que as rendas nos contratos de locação financeira consubstanciam uma prestação unitária, embora fracionada quanto ao seu cumprimento, enquanto as rendas nos contratos de locação simples, são obrigações periódicas. Pelas razões expostas, o acórdão em questão concluiu pela não aplicação do prazo especial de prescrição de 5 anos, mas sim pela aplicação do prazo geral de 20 anos[37].

Os direitos do locador não se esgotam, no entanto, com a renda. O Decreto-Lei n.º 149/95 prevê uma série de outros direitos na esfera jurídica do locador, a saber:

---

de um possível e hipotético incumprimento no pagamento das rendas por parte do locatário.

[37] Acórdão do STJ de 11 de dezembro de 2003 (processo n.º 03B3516). Sumário: "*I – Diversamente do que acontece no contrato de locação financeira, as rendas não representam apenas a contrapartida da utilização do bem locado, revelando, pelo contrário, na sua composição, o valor correspondente à amortização do capital investido, isto é, do custo do bem, os custos de gestão e os riscos próprios da locação financeira. II – Enquanto, assim sendo, as rendas do contrato de locação constituem obrigações periódicas, reiteradas ou com trato sucessivo, as rendas da locação financeira integram, por sua vez, obrigação de prestação, em si mesma, unitária, na medida em que o seu objeto se encontra pré-fixado, e tão só dividida ou fracionada quanto ao seu cumprimento. III – As rendas da locação financeira não podem, por conseguinte, equiparar-se às rendas locatícias comuns para o efeito da aplicação do artigo 310.º, al. b) do CC, valendo, antes, no que se lhes refere, o disposto no artigo 309.º, isto é, o prazo ordinário da prescrição*".

1) o locador tem o direito de *"defender a integridade do bem, nos termos gerais de direito"* [cf. artigo 9.º, n.º 2, al. *a*)];
2) o direito a examinar o bem, mas tem de o fazer sem prejudicar o gozo e a atividade normal do locatário [artigo 9.º, n.º 2, al. *b*)];
3) poder *"fazer suas, sem compensações, as peças ou outros elementos acessórios incorporados no bem pelo locatário"* [cf. artigo 9.º, n.º 2, al. *c*)];
4) o locador também pode fazer uso dos direitos gerais previstos no regime geral da locação, no CC, desde que estes direitos não se mostrem incompatíveis com o regime do Decreto-Lei n.º 149/95 (cf. artigo 9.º, n.º 2);
5) o artigo 11.º, n.º 3 prevê que o locador financeiro tem o direito de se opor à transmissão da posição contratual do locatário, provando não oferecer o cessionário garantias bastantes à execução do contrato;
6) o n.º 4 do mesmo artigo prevê o direito do locador transmitir a sua posição contratual sem necessidade da autorização do locatário;
7) o locador está autorizado a, querendo, poder exigir contratualmente garantias ou indemnizações ao locatário (cf. artigo 19.º do Decreto-Lei n.º 149/95);
8) por último, o locador tem o direito a recorrer à providência cautelar de entrega judicial do bem, nos termos e para os efeitos previstos no artigo 21.º.

São assim autonomizados, pelo legislador, uma série de direitos do locador, presentes neste Decreto-Lei n.º 149/95. Alguns destes direitos vão ser desenvolvidos mais pormenorizadamente ao longo deste trabalho, como, por exemplo, o direito do locador se opor à transmissão da posição contratual do locatário, o direito do locador poder transmitir livremente a propriedade sobre o bem, ou ainda, o direito do locador poder exigir garantias ou estabelecer contratualmente indemnizações a seu favor.

6.2. *Obrigações do locador*

Sendo os contratos de locação financeira contratos sinalagmáticos, originam obrigações de parte a parte, ficando o locador e o locatário na posição de credores e devedores, simultaneamente. Neste sentido, na esfera jurídica do locador também se constituem algumas obrigações, nomeadamente, a obrigação de conceder o gozo do bem ao locatário.

As obrigações do locador financeiro encontram-se previstas no artigo 9.º, n.º 1 do Decreto-Lei n.º 149/95. Este n.º 1 está dividido em três alíneas, que estabelecem três obrigações específicas do locador:

1) adquirir ou mandar construir o bem que vai ser o objeto do contrato de locação financeira *stricto sensu* [cf. al. *a*)];
2) conceder ao locatário o gozo do bem para os fins a que esse bem se destina;
3) vender o bem, ao locatário, no fim do contrato, caso este assim o pretenda.

As obrigações previstas neste artigo 9.º, n.º 1 são as obrigações mais importantes do locador financeiro, e permitem estabelecer alguns dos mais importantes traços caracterizadores dos contratos de locação financeira. Assim, a primeira obrigação do locador – adquirir ou mandar construir o bem, vai obrigar à celebração de um contrato a montante, o que permite alguns autores classificar a locação financeira como uma união de contratos[38]. Por outro lado, a obrigação do locador conceder ao locatário o gozo do bem vai aproximar, em muito, os contratos de locação financeira aos contratos de locação simples. Por último, a obrigação do locador vender o bem, findo o contrato, ao locatário, por um valor residual, se este assim o quiser, é uma característica identificadora de que estamos em presença de uma locação financeira, distinguindo-a da locação simples, onde o locatário nunca tem esta opção de compra no final do contrato.

Referidas estas três obrigações, cumpre dizer que, são ainda aplicáveis ao locador os deveres gerais previstos no regime geral da locação no CC, que não se mostrem incompatíveis com o estabelecido no Decreto-Lei n.º 149/95 (artigo 9.º, n.º 2).

Da obrigação do locador conceder ao locatário o gozo (lícito) do bem locado, resulta o seguinte: em princípio, é ao locador que cabe a obrigação de adquirir e fornecer ao locatário os documentos necessários, para que este mesmo locatário possa obter o gozo lícito da coisa. Contudo, podem as partes convencionar no contrato de locação financeira, que o ónus de obtenção desses documentos pode ficar a cargo do locatário[39].

---

[38] Vd. MENEZES CORDEIRO, *Manual de Direito Bancário*, cit., 674: "*a locação financeira ocorre, assim, como um núcleo apto a suportar os fenómenos da união de contratos e dos contratos mistos*".

[39] Sobre esta questão já se pronunciou a jurisprudência portuguesa. No acórdão do STJ datado de 27 de janeiro de 1998, cujo relator foi Cardona Ferreira, decidiu-se que "*a obtenção dos documentos indispensáveis nada tem de interesse e ordem pública que impeça os contratantes de atribuírem a outrem, que não à locadora, as pertinentes diligências*". Neste acórdão, apesar de se reconhecer que, em princípio, a obrigação de obtenção dos documentos da coisa cabe ao locador, nada impede as partes de, no contrato, estabelecerem que essa obrigação impende sobre o locatário. No acórdão do STJ de 13 de maio de 2003, cujo relator foi Faria Antunes, relativo a um contrato de locação financeira que tinha como objeto um trator, o coletivo de juízes decidiu da seguinte forma: "*a obrigação de obtenção dos documentos e legalização do trator, de modo a que este possa circular licitamente na via*

O locador financeiro tem também a obrigação de entrega da coisa ao locatário financeiro, ou, pelo menos, de assegurar essa entrega[40]. Cabe igualmente ao locador fazer prova que a entrega ocorreu. Estas obrigações derivam da obrigação do locador conceder ao locatário o gozo do bem para os fins a que ele se destina, pois, como se compreenderá facilmente, só depois da entrega do bem poderá o locatário dele começar a gozar.

Caso o locador incumpra a obrigação de entrega da coisa, tem o locatário o direito potestativo de resolver o contrato[41], ou o direito de deixar de pagar as rendas, alegando exceção de não cumprimento[42].

7. O locatário financeiro

O locatário financeiro não é parte contratual no contrato a montante, celebrado entre o fornecedor do bem e o locador financeiro, mas é parte no contrato de locação financeira *stricto sensu*, que celebra com o referido locador financeiro. É o locatário que vai ter o direito a auferir do gozo do bem, mediante o pagamento de uma renda previamente acordada.

No período de vigência do Decreto-Lei n.º 171/79, apenas os sujeitos que exercessem atividade profissional em que houvesse lugar à utilização de bens móveis que merecessem a qualificação de bens de equipamento, ou os sujeitos que estivessem interessados em fruir de bens imóveis afetados ou a afetar ao investimento produtivo na indústria, na agricultura, no comércio ou em outros sectores de serviços de manifesto interesse económico ou social, podiam ser locatários em contratos de locação financeira (cf. artigos 2.º e 3.º do Decreto-Lei n.º 171/79). Assim sendo, apenas profissionais, empresas ou o

---

pública, pertence ao locador, porque, no contrato em apreço no acórdão, as partes não atribuíram ao locatário essa obrigação". Neste acórdão, decidido ainda com fundamento na legislação de 1979, os juízes consideraram que apesar de as partes poderem, no contrato, atribuir ao locatário a obrigação de obter os documentos, não foi isso que se passou. No contrato em causa, não existia nenhuma cláusula que atribuísse ao locatário esse dever. Nesse sentido, e no silêncio das partes, era sobre o locador que impendia a obrigação de obtenção dos documentos necessários para que o veículo pudesse, licitamente, circular na via pública.

[40] Cf. ac. STJ de 12 de julho de 2005 cujo relator foi Neves Ribeiro: "*o locador deve assegurar a entrega da coisa cuja posse exerce através do locatário*".

[41] Sobre esta questão pronunciou-se o STJ em acórdão de 22 de novembro de 1994, cujo relator foi Pais de Sousa, determinando que no "*contrato de locação financeira, o locatário tem o direito de resolver o contrato no caso de não se verificar a entrega do equipamento. O locador, para conceder ao locatário o gozo da coisa, tem a obrigação de lhe assegurar a entrega, cumprindo-lhe fazer prova desse facto*".

[42] Relativamente à possibilidade do locatário invocar a exceção de não cumprimento já se pro-

Estado poderiam celebrar contratos de locação financeira na posição jurídica de locatários.

Com a entrada em vigor do Decreto-Lei n.º 149/95, o legislador retirou as restrições que havia imposto nos decretos-lei de 1979, e alargou o âmbito de aplicação dos contratos de locação financeira a todos os bens que possam ser dados em locação (cf. artigo 2.º, n.º1 do Decreto-Lei n.º 149/95).

Tornou-se assim possível a aplicação da locação financeira aos bens de consumo[43].

Desta forma, qualquer consumidor que queira fruir do gozo de um bem que possa ser dado em locação pode celebrar um contrato de locação financeira que tenha por objeto esse mesmo bem. A locação financeira deixou de ter assim por objeto, apenas bens que fossem destinados a fins empresariais. Foram abertas as portas da locação financeira ao consumo particular – logo, aos sujeitos particulares/consumidores finais.

Em conclusão, no quadro legal em vigor, qualquer consumidor final, profissional, empresa, ou o Estado, pode celebrar um contrato de locação financeira enquanto locatário.

7.1. Direitos do locatário

I. Os direitos do locatário financeiro existentes na sua esfera jurídica são os seguintes:

---

nunciou o STJ, em aresto datado de 30 de novembro de 1995, cujo relator foi Metello de Nápoles, decidindo que *"num contrato de locação financeira, o locador só ficará impedido de pedir ao locatário as rendas em dívida, no caso de este contrapor a falta de entrega das máquinas, quando este incumprimento lhe possa ser imputado, a título de dolo ou culpa grave. Aquele pedido não violará, assim, o disposto na alínea c) do artigo 18.º das Cláusulas Contratuais Gerais aprovadas pelo Decreto-Lei n.º 446/85, de 25 de outubro"*.

[43] O Decreto-Lei n.º 133/2009, de 2 de junho, que regula atualmente o crédito ao consumo aplica-se aos contratos de locação financeira de bens móveis celebrados por consumidores finais [cf. artigos 2.º, n.º 1, al. d) *a contrario sensu* e 4.º, n.º 1, al. c)]. O Decreto-Lei n.º 359/91, de 21 de setembro, revogado pelo Decreto-Lei n.º 133/2009, também já se aplicava aos contratos de *leasing* mobiliário celebrados por consumidores finais, por força dos seus artigos 3.º, n.º 1, al. a), *in fine* e 2.º, n.º 1, al. a). A aplicação da lei que regula os contratos de crédito aos consumidores vem estatuir alguns direitos para o locatário financeiro quando este for um consumidor final, v.g., a obrigatoriedade do locador *"prestar ao consumidor as informações necessárias para comparar diferentes ofertas, a fim de este tomar uma decisão esclarecida e informada"* (cf. artigo 6.º do Decreto-Lei n.º 133/2009), ou o *"dever do locador avaliar a solvabilidade do consumidor"* (artigo 10.º do mesmo decreto-lei), ou o *"direito de livre revogação"* por parte do consumidor final (artigo 17.º ainda do mesmo diploma legal).

1) o direito de "*usar e fruir do bem locado*" nos termos do artigo 10.º, n.º 2, al. *a*) do Decreto-Lei n.º 149/95;
2) a possibilidade do locatário "*defender a integridade do bem e o seu gozo, nos termos do seu direito*" [cf. artigo 10.º, n.º 2, al. *b*)];
3) a possibilidade de dispor das ações possessórias, das quais pode fazer uso, mesmo contra o locador [vd. artigo 10.º, n.º 2, al. *c*)], isto por que o locatário é apenas o mero detentor material do bem[44];
4) a faculdade de poder onerar o seu direito, de forma total ou parcial, mediante autorização do locador [cf. artigo 10.º, n.º 2, al. *d*)];
5) poder "*exercer, na locação de fração autónoma, os direitos próprios do locador, com exceção dos que, pela sua natureza, somente por aquele possam ser exercidos*" [cf. artigo 10.º, n.º 2, al. *e*)];
6) o direito de adquirir o bem pelo valor residual [vd. artigo 10.º, n.º 2, al. *f*)][45];

---

[44] O locatário financeiro apenas tem a detenção material do bem nos termos do artigo 1253.º, al. *c*) do CC. É contudo considerado um possuidor precário, porque a lei [artigo 10.º, n.º 2, al. *c*) do Decreto-Lei n.º 149/95] põe ao seu dispor as ações possessórias, que pode usar contra terceiro ou contra o próprio possuidor e titular do direito de propriedade – o locador. Designa-se de possuidor precário o sujeito que apenas detém na sua esfera jurídica algum ou alguns dos direitos conferidos ao possuidor pleno. A título meramente exemplificativo, o arrendatário também é apontado por alguns autores como sendo um possuidor precário.
Sobre esta questão, Menezes Cordeiro defende que "*o locador é o possuidor da coisa em termos de propriedade, exercendo a sua posse através do locatário: pode usar de embargos, para defender a sua posse*". Cf. MENEZES CORDEIRO, *Manual de Direito Bancário*, cit., 680.
Igualmente neste sentido, Isabel Menéres Campos refere que "*o locatário é um possuidor precário, possuidor em nome da locadora (artigo 1253, al. c) do CC)*". Cf. ISABEL MENÉRES CAMPOS, *Breve apontamento acerca do contrato de locação financeira de bens móveis não sujeitos a registo*, cit., 119.
"*O locador financeiro mantém a titularidade da posse efetiva dos bens objeto do contrato embora a exerça através do locatário*". Cf. acórdão da RCb datado de 15 de outubro de 1996, cujo relator foi Nuno Cameira.
"*O locatário é mero detentor ou possuidor precário do bem locado e, como tal, não pode beneficiar da presunção de posse a que se refere o artigo 1252.º, n.º 2 do CC, nem da presunção de titularidade do direito real, estabelecida para o possuidor no artigo 1268.º do mesmo Código, enquanto no inverter o título da posse*". Vd. acórdão da RPt, datado de 15 de abril de 2010 e cujo relator foi Filipe Caroço.
[45] "*O utente do bem poderá optar, no termo do contrato, ou pela cessação deste, entregando o bem utilizado ao locador-financiador, ou pela aquisição do mesmo bem, pagando neste caso o «valor residual», ou seja, o valor do bem ainda não coberto pela soma das rendas entretanto pagas. Este valor será em princípio inferior ao do bem nessa data, o que justamente incentivará o locatário a exercer aquele direito potestativo.*", in: JOSÉ SIMÕES PATRÍCIO, *Direito Bancário Privado*, cit., 321.
A RLx em ac. datado de 10 de outubro de 1995, cujo relator foi Lopes Bento, considera este direito do locatário como sendo um direito potestativo para a futura aquisição da propriedade do bem, objeto do contrato de locação financeira.

7) o direito de transmitir a sua posição contratual, caso o locador o autorize (artigo 11.º, n.ºs 1, 2 e 3).
8) por último, os direitos gerais do locatário previstos no contrato de locação simples também são aplicáveis ao locatário financeiro, desde que não se mostrem incompatíveis com o Decreto-Lei n.º 149/95 (artigo 10.º, n.º 2 do mesmo diploma).

II. Elencadas as várias situações jurídicas ativas presentes na esfera jurídica do locatário financeiro, cumpre analisar mais detalhadamente aquele que acreditamos ser um dos seus mais importantes direitos – o direito de poder adquirir o bem, no final do contrato, pelo valor residual fixado. A este direito corresponde, do lado do locador, a obrigação de *"vender o bem ao locatário, caso este queira, findo o contrato"* [artigo 9.º, n.º 1, al. c) do Decreto-Lei n.º 149/95][46].

No final do período de vigência do contrato, o locatário tem o direito a escolher o que pretende fazer: em primeiro lugar, pode adquirir o bem pagando o valor residual, em segundo lugar, pode nada fazer, e, nesse caso, o locatário deve restituir o bem ao locador, ou ainda, em terceiro lugar, pode negociar e acordar com o locador a prorrogação do contrato, mantendo a detenção material sobre o bem.

O direito de escolha trata-se de um verdadeiro direito de opção conferido, pelo legislador, ao locatário. O locatário pode assim adquirir o bem, no final do contrato, por um valor residual determinado ou determinável [artigos 1.º, 7.º e 10.º, n.º 1, al. k) e n.º 2, al. f) do Decreto-Lei n.º 149/95]. Para que este direito de opção ocorra, ele depende do preenchimento de dois requisitos: o pagamento, por parte do locatário, de todas as rendas e encargos contratualmente e legalmente estabelecidos, e ainda, o decurso do prazo do contrato. É necessário também que o locatário manifeste a sua vontade de exercer o seu direito de opção, visando a aceitação do negócio. Neste sentido, o locatário deve fazer uma comunicação por escrito, ao locador, respeitando um eventual prazo de pré-aviso contratualmente estabelecido. Cumpridos os requisitos, celebrar-se-á o contrato de compra e venda, translativo do direito de propriedade sobre o bem, nos termos dos artigos 408.º, n.º 1 e 879.º, al. a) do CC. Como o bem já está na detenção material do locatário, o locador não tem a obrigação de

---

[46] Menezes Cordeiro defende que *"no termo da relação, o locatário dispõe, segundo o tipo de leasing, duma opção de compra: é nula a cláusula que obrigue o locatário a comprar a coisa"*. Cf. MENEZES CORDEIRO, *Manual de Direito Bancário*, cit., 280.
José Engrácia Antunes considera este direito do locatário como sendo um dos *"elementos definidores essenciais"* do contrato de locação financeira. Vd. JOSÉ ENGRÁCIA ANTUNES, *Direito dos Contratos Comerciais*, cit., 518.

entrega do bem [prevista no artigo 879.º, al. *b*) do CC]. O locatário tem a obrigação de pagamento do preço [artigo 879.º, al. *c*) do CC], mas este preço apenas corresponde ao valor residual determinado ou determinável contratualmente, e não à totalidade do valor pago pelo locador ao fornecedor do bem. Regra geral, é fixado contratualmente que este pagamento do valor residual deve ocorrer no dia seguinte ao da cessação do contrato.

Tal como defende Gravato Morais, este direito de opção é um direito de crédito que se encontra na esfera jurídica do locatário financeiro[47].

Estamos perante o direito de poder adquirir o bem, e não a obrigatoriedade de adquirir. Está portanto assim na disponibilidade do locatário decidir, pessoal e livremente, se vai fazer uso do seu direito de opção de compra[48].

O direito à opção de compra parece ser um elemento essencial do contrato de locação financeira[49].

Gravato Morais defende que o direito de opção corresponde a uma obrigação alternativa, nas quais existe um verdadeiro direito de escolha. Tal como refere este Autor, "*o que caracteriza as obrigações alternativas é a circunstância de não existir uma única prestação devida. Ora, no caso em discussão, o locatário financeiro tem a faculdade de adquirir a coisa, mas também dispõe da faculdade de não a adquirir, sendo que aqui o contrato caduca, estando ele vinculado à restituição da coisa. Esta alternatividade está, aliás, subjacente a vários preceitos legais: o locador está obrigado a «**vender o bem** ao locatário, **caso este queira**, findo o contrato*» (artigo 9.º, n.º 1, al. *c*) do *Decreto-Lei n.º 149/95;* o locatário está obrigado a «*restituir o bem locado, findo o contrato... **quando não opte pela aquisição***» (artigo 10.º, n.º 1, al. *k*) do *Decreto-Lei*

---

[47] "*O locatário é o titular de um direito de crédito, que se traduz no poder jurídico de exigir do locador a conclusão do contrato de compra e venda, nos termos especificamente acordados*". A este direito do locatário corresponde um "*dever ex lege (artigo 9.º, n.º 1, al. c) do Decreto-Lei n.º 149/95), podendo mesmo aludir-se a uma obrigação legal do locador de contratar com o locatário, sujeita a execução específica, nos termos do artigo 830.º do CC, sem prejuízo do direito do utente à reparação do prejuízo causado em caso de incumprimento*". Cf. FERNANDO DE GRAVATO MORAIS, *Manual da locação financeira*, cit., 304.

[48] Neste sentido, o acórdão do STJ datado de 7 de março de 1991, e cujo relator foi Castro Mendes, decide que "*é absolutamente proibida (artigos 18.º e 19.º da LCCG) e nula a opção clausulada que conceda à parte economicamente mais forte a vantagem de receber todas as quantias devidas e obrigue a parte faltosa a adquirir a coisa locada, pois é contra a natureza do contrato e contra o seu elemento mais importante (o direito a não adquirir)*".

[49] José Simões Patrício defende que "*este direito de aquisição é elemento essencial do contrato que tratamos. Sem ele, estar-se-á perante a locação comum, ou simples (porventura um aluguer de longa duração). Também não será contrato de locação financeira, como já se decidiu na jurisprudência francesa, aquele em que é o locatário a prometer unilateralmente comprar o bem alugado ou arrendado mas subordinando-se ao consentimento do locador, reservando-se portanto este último a faculdade de não vender*". Cf. JOSÉ SIMÕES PATRÍCIO, *Direito Bancário Privado*, cit., 321.

n.º 149/95) – sublinhado nosso. Usualmente, os contratos preveem ainda uma terceira via: a faculdade da sua «renovação», com o correspondente ajuste, entre outras, das condições de pagamento"[50].

Não exercendo o seu direito de opção, então deverá o locatário restituir o bem ao locador, nos termos do artigo 10.º, n.º 1, al. *k*) do Decreto-Lei n.º 149/95 – consubstanciando esta restituição uma importante obrigação do locatário. Caso o locatário não a cumpra, poderá o locador lesado requerer providência cautelar de entrega judicial, nos termos do artigo 21.º do mesmo diploma legal, visando a referida restituição do bem.

Por último, e também no caso do locatário não pretender fazer uso do seu direito de opção, poderão as partes decidir pela prorrogação do contrato. Em muitos contratos de locação financeira existem cláusulas que prevêm esta possibilidade, conferindo ao locatário a faculdade de propor ao locador a renovação do contrato. Neste sentido, o locador vai emitir uma nova proposta contratual que modifica o contrato, tanto no valor das rendas, que agora já não vão traduzir o valor da amortização do bem, porque este já estará amortizado, em princípio, na sua totalidade, mas também estabelecendo um novo prazo contratual. As rendas serão assim, depois da prorrogação contratual, bastante mais reduzidas, embora se possa considerar que, nos contratos de locação financeira de coisas imóveis, esta redução poderá não ser significativa, pois, o bem poderá ainda não estar totalmente amortizado, e, nestes casos, a nova renda terá também uma componente de financiamento e amortização, não havendo por isso uma redução significativa do seu valor[51].

7.2. Obrigações do locatário

Tal como o locador, também o locatário num contrato de locação financeira tem diversas obrigações estabelecidas no Decreto-Lei n.º 149/95, a saber:

1) a principal obrigação do locatário é pagar as rendas [cf. artigo 10.º, n.º 1, al. *a*)] – o incumprimento desta obrigação poderá ser fundamento para o locador resolver o contrato, como, aliás, analisaremos *infra*;
2) o locatário tem o dever de fazer o pagamento das despesas *"correntes necessárias à fruição das partes comuns de edifício e aos serviços de interesse*

---

[50] Vd. FERNANDO DE GRAVATO MORAIS, *Manual da locação financeira*, cit., 300-301.
[51] Cf. FERNANDO DE GRAVATO MORAIS, *Manual da locação financeira*, cit., 307-308.

comum", isto se o objeto do contrato de locação financeira for uma fração autónoma [artigo 10.º, n.º 1, al. *b*)]⁵²;

3) o locatário é obrigado a "*facultar ao locador o exame do bem locado*" [cf. artigo 10.º, n.º 1, al. *c*)];

4) o locatário não pode "*aplicar o bem a fim diverso daquele a que ele se destina*", nem pode "*movê-lo para local diferente do contratualmente previsto*", exceto se o locador, para cada um dos casos, der a sua autorização [vd. artigo 10.º, n.º 1, al. *d*)];

5) o locatário é obrigado a assegurar a conservação do bem e a não fazer dele uma utilização imprudente [artigo 10.º, n.º 1, al. *e*)];

6) o locatário tem o dever de fazer "*as reparações, urgentes ou necessárias, bem como quaisquer obras ordenadas pela autoridade pública*" [cf. artigo 10.º, n.º 1, al. *f*)];

7) o artigo 10.º, n.º 1, al. *g*) impõe ao locatário o dever de este não ceder o gozo do bem, nem a título gratuito, nem a título oneroso, a qualquer terceiro, por comodato ou sublocação, excepto se a lei o permitir ou o locador o autorizar – neste último caso, o locatário depois de cedido o gozo do bem, deve comunica-lo ao locador num período não inferior a quinze dias [cf. artigo 10.º, n.º 1, al. *h*)];

8) o locatário tem também uma obrigação de comunicação para com o locador, caso conheça algum vício que afete o bem, caso algum perigo ameace o bem, ou caso terceiros arroguem algum direito sobre o bem, e desde que esse facto seja ignorado pelo locador [artigo 10.º, n.º 1, al. *i*)];

---

[52] Em caso de locação financeira de bens imóveis em prédios em propriedade horizontal, todas as despesas a realizar com o condomínio são da responsabilidade do locatário financeiro. Estas despesas incluem o pagamento da quota mensal de condomínio, estabelecida pelos vários condóminos, em assembleia de condomínio, mas também todas as outras despesas, por exemplo, obras ou reparações que seja necessário fazer em zonas comuns do condomínio. O acórdão do STJ de 6 de novembro de 2008, cujo relator foi Santos Bernardino, decidiu esta questão do seguinte modo: "a *situação do locador e locatário financeiros, quando o objeto da locação financeira é uma fração autónoma de um prédio em regime de propriedade horizontal, assume características particulares, decorrentes da própria fisionomia do contrato entre eles celebrado: o locatário não é, juridicamente, o proprietário do bem locado, mas é o "proprietário" económico desse bem, de que, por via de regra, se tornará verdadeiro dono no termo do contrato. Estando uma fração autónoma dada em locação financeira, é do locatário financeiro que o condomínio deve exigir o pagamento dos «encargos condominiais» respetivos: o estatuto do locatário financeiro é, em tudo, idêntico ao de qualquer condómino, sendo sobre ele, e não sobre o locador, que impende a responsabilidade por esse pagamento*". Esta decisão do STJ foi importante porque pôs fim a uma questão, que, até à data, tinha levado a decisões jurisprudenciais contraditórias.

9) cabe igualmente ao locatário a obrigação de fazer o seguro do bem locado, e de pagar os seus custos [cf. artigo 10.°, n.° 1, al. *j*)] – estamos perante o dever de celebrar o contrato de seguro obrigatório de responsabilidade civil pelo bem locado, isto porque o risco de deterioração ou perecimento da coisa está do lado do locatário[53] – o locatário é *"responsável pelas consequências advenientes do funcionamento da coisa"*[54];
10) caso o locatário opte por não adquirir o bem no final do contrato, é obrigado a restituí-lo ao locador, em bom estado de conservação de acordo com o uso normal do mesmo [cf. artigo 10.°, n.° 1, al. *k*)];
11) por último, o n.° 2 do artigo 10.° determina que os deveres gerais previstos no regime do contrato de locação, estatuídos no CC, também são aplicados ao locatário financeiro desde que não se mostrem incompatíveis com o Decreto-Lei n.° 149/95.

8. O fornecedor do bem

O fornecedor do bem, embora não seja parte no contrato a jusante – o contrato de locação financeira *stricto sensu*, é parte no contrato a montante, que celebra com o locador financeiro[55].

O objeto do contrato celebrado entre o fornecedor do bem e o locador vai ser igualmente o objeto do contrato de locação financeira *stricto sensu* celebrado entre o locador e locatário. Como tal, à posição jurídica do fornecedor do bem tem de ser dada a devida relevância em sede de locação financeira.

---

[53] No período de vigência do Decreto-Lei n.° 171/79, a responsabilidade de fazer o seguro do bem locado pertencia ao locatário financeiro, de acordo como disposto no artigo 24.°, al. *e*) deste diploma. O STJ, em acórdão de 9 de dezembro de 1992, cujo relator foi Sá Nogueira, apontou igualmente como obrigação do locatário financeiro a celebração do respetivo contrato de seguro do bem dado em locação financeira. Igualmente no regime legal em vigor, é também ao locatário que incumbe a obrigação de contratar um seguro para o bem locado, incluindo o pagamento de todas as despesas com o mesmo [cf. artigo 10.°, n.° 1, al. *j*) do Decreto-Lei n.° 149/95].

[54] Cf. MENEZES CORDEIRO, *Manual de Direito Bancário*, cit., 679: "*o locatário é responsável pelas consequências advenientes do funcionamento da coisa, designadamente pelo seguro obrigatório de responsabilidade civil*".

[55] Calvão da Silva fala numa relação económica trilateral ou triangular: "*a operação de leasing não se resolve numa pura e simples relação bilateral entre o locador e locatário pela concessão do gozo temporário da coisa contra o pagamento de renda acordada. Na complexidade da operação de locação financeira está envolvida uma terceira parte, o fornecedor ou construtor da coisa, com quem o locador contratou por indicação do locatário*". Cf. CALVÃO DA SILVA, *Locação financeira e garantia bancária*, cit., 12-13.

O contrato de locação financeira *stricto sensu* que irá ser celebrado no futuro será desencadeado, na prática, por um contacto entre o futuro locatário financeiro e o fornecedor do bem. Neste contacto, o futuro locatário vai escolher o bem que pretende, negociando as condições da sua aquisição diretamente com o fornecedor do bem. O futuro locatário vai agir no âmbito da sua autonomia privada, e, por isso, por sua conta e risco. Caso o contrato não seja concluído, o futuro locador não pode vir a ser responsabilizado (cf. artigo 22.º do Decreto-Lei n.º 149/95), a menos que se verifique uma situação de *culpa in contrahendo* prevista no artigo 227.º do CC.

O fornecedor do bem é estranho às relações entre o locador e locatário, e não responde solidariamente por alguma situação de litígio criada entre estes dois sujeitos do contrato de locação financeira *stricto sensu*[56]. Contudo, é o fornecedor do bem e não o locador que responde, perante o locatário, por defeitos do bem (cf. artigos 12.º e 13.º do Decreto-Lei n.º 149/95).

9. A propriedade como garantia

Atualmente, na sociedade económica ocidental tem-se vulgarizado e ganho preponderância uma forma de garantia de créditos com base no direito de propriedade constituído sobre um bem. Devido às dificuldades existentes na utilização das garantias pessoais e das garantias reais, o uso da propriedade como garantia tem vindo a crescer na *praxis* comercial e jurídica ocidental[57].

---

[56] Este foi o entendimento sufragado pela RLx em acórdão datado de 15 de outubro de 1985, cujo relator foi Sá Nogueira.

[57] As garantias pessoais, por exemplo, a fiança, são garantias que à partida poderão não ser suficientemente seguras, tudo dependendo da solvabilidade do património do devedor. As garantias reais possessórias implicam uma paralisação económica do bem, e as garantias reais sem desapossamento não são seguras em caso de insolvência do devedor. Por outro lado, a utilização da propriedade como garantia permite ao credor subtrair o bem do concurso de credores, e, neste sentido, é uma garantia que à partida parece muito mais fidedigna. "*No âmbito da utilização da propriedade como garantia de um crédito encontramos essencialmente três figuras: a reserva de propriedade, a alienação fiduciária em garantia e a locação* financeira". Cf. Luís MENEZES LEITÃO, *Garantias das Obrigações*, cit., 253.
"*Tendo em conta a autonomia privada, há outras figuras negociais, para além das garantias pessoais e reais que, indiretamente, podem conferir a uma das partes determinada garantia de cumprimento do seu crédito*". Vd. PEDRO ROMANO MARTINEZ e PEDRO FUZETA DA PONTE, *Garantias de Cumprimento*, Almedina, Coimbra, 2006, cit., 235. Estas garantias que os Autores designam como garantias indiretas são, por exemplo, a reserva de propriedade ou a alienação fiduciária em garantia, que são formas de propriedade como garantia.

Tem-se questionado na doutrina portuguesa se, da locação financeira resulta a constituição de uma garantia a favor do locador. Caso assim seja, importa aferir quais as implicações daí resultantes em termos de regime jurídico.

Luís Menezes Leitão considera que a locação financeira tem natureza de garantia, e, em consequência, defende que se está perante uma situação em que a propriedade é usada com o fim de garantia. Como tal, sustenta a aplicação a estes contratos dos princípios relativos às garantias[58].

Rui Pinto Duarte, recentemente, também parece vir admitir que o direito de propriedade do locador financeiro corresponde a uma situação de propriedade em garantia[59].

Pedro Romano Martinez e Pedro Fuzeta da Ponte entendem, igualmente, que a locação financeira pode constituir uma garantia de cumprimento[60].

Paralelamente, alguma doutrina defende a existência de um carácter fiduciário no *leasing*, reconhecendo-lhe semelhanças relativamente à alienação fiduciária em garantia[61]. Sendo certo que podem existir semelhanças, consideramos que a locação financeira não pode ser reconduzida a uma alienação fiduciária em garantia. A alienação em garantia consiste no facto de "*o devedor ou um terceiro proceder à alienação de um bem para o credor, para garantia do cumprimento de uma obrigação, vinculando-se o credor a apenas utilizar esse bem para obter a realização do seu crédito, devendo o mesmo ser restituído ao alienante em caso de cumprimento da obrigação*

---

[58] "O leasing tem a natureza de uma verdadeira garantia, apenas se afastando das garantias tradicionais pelo facto de que a propriedade não é atribuída ao locador com esse fim exclusivo, nem a garantia resulta de uma convenção acessória de determinada obrigação [...] na doutrina, surgem por isso posições a sustentar a aplicação ao leasing dos princípios relativos às garantias, com o argumento de que essa aplicação deve depender exclusivamente da função do negócio e não da sua estrutura. São três os aspetos que permitem caracterizar o leasing como garantia. Em primeiro lugar, o leasing é uma operação de financiamento, que se reconduz a um empréstimo de dinheiro. Em segundo lugar, o credor adquire a propriedade do bem, que conserva tanto em face do devedor, como em face de terceiros. Em terceiro lugar, trata-se de uma garantia não possessória, uma vez que o devedor se mantém na posse do bem durante o financiamento". Vd. Luís Menezes Leitão, *Garantias das Obrigações*, cit., 278.
[59] Rui Pinto Duarte apud Catarina Monteiro Pires, *Alienação em Garantia*, Almedina, Coimbra, 2010, cit., 184.
[60] Defendem estes autores que "*a locação financeira pode constituir uma garantia de cumprimento de capital mutuado. A garantia para o financiador, de modo similar ao que ocorre na cláusula de reserva de propriedade, está na manutenção do direito de propriedade em relação ao bem usado pelo financiado [...] a terceira modalidade de locação financeira (lease back) representa uma alternativa à hipoteca, pois prossegue a mesma finalidade deste negócio jurídico, sem a desvantagem da venda judicial em caso de incumprimento*". Cf. Pedro Romano Martinez e Pedro Fuzeta da Ponte, *Garantias de Cumprimento*, cit., 250.
[61] Como é o caso de Luís Pestana de Vasconcelos. Cf. do autor, *A Cessão de Créditos em Garantia e a Insolvência*, Coimbra Editora, Coimbra, 2007, cit., 291 e ss.

a que serve de garantia"[62]. Ora, não é isto que se passa na locação financeira. Nestes contratos, nem o locador se vincula a apenas utilizar o bem para, exclusivamente, garantir o crédito que tem, nem o bem tem de ser entregue ao locatário, de forma automática, com o cumprimento integral das prestações deste.

Catarina Monteiro Pires em estudo sobre a alienação fiduciária em garantia defende, em primeiro lugar, que a locação financeira simples ou restitutiva não se confunde com aquela, mercê de uma distinção teleológica e de uma distinção estrutural. Em segundo lugar, esta Autora reconhecendo que a finalidade primária da locação financeira é proporcionar o gozo de um bem e não a constituição de uma garantia, e reconhecendo que não existe uma ligação funcional entre a constituição do direito de propriedade sobre o bem (como garantia) e a situação obrigacional entre o locador e o locatário, parece afastar a possibilidade de se reconduzir o direito de propriedade do locador a uma verdadeira garantia, *v.g.*, o penhor ou a hipoteca. Defende que o direito de garantia do locador financeiro consubstancia uma situação jurídica singular[63].

Gravato Morais tende a considerar que a manutenção do direito de propriedade do objeto na esfera jurídica do locador tem uma natureza mista[64].

Relativamente a esta questão também o STJ já se pronunciou, em acórdão datado de 28 de outubro de 1999, cujo relator foi Dionísio Correia, estabelecendo que na locação financeira restitutiva "*o devedor transfere para o credor a propriedade de um bem a título de garantia do crédito obtido*".

---

[62] Vd. Luís MENEZES LEITÃO, *Garantias das Obrigações*, cit., 267-268.

[63] "*Na locação financeira, tal como na reserva de propriedade, o locador conserva a propriedade do bem, enquanto garantia da satisfação dos seus créditos correspondentes ao pagamento das rendas durante a vigência do contrato. Não se trata, porém, de um direito equiparável ao penhor ou à hipoteca, mas de uma situação jurídica singular, no contexto das garantias do crédito [...] a locação financeira, simples ou restitutiva, não se confunde com o negócio de alienação em garantia [...] o cumprimento integral das prestações pelo locatário não é correlativo da obrigação do locador financeiro quanto à restituição do bem [...] tal como se verifica na reserva de propriedade, na locação não há ligação funcional entre uma situação de garantia e uma situação obrigacional prévia e exterior. A garantia integra-se na própria obrigação garantida. Será, portanto, diferente a técnica de ligação da garantia ao crédito*". Cf. CATARINA MONTEIRO PIRES, *Alienação em Garantia*, cit., 186-187.

[64] "*A propriedade do locador tem uma natureza mista: por um lado, garante o risco económico de incumprimento do locatário; por outro, assegura a sua instrumentalidade no tocante à realização do financiamento. Tais funções não são incompatíveis entre si. Pelo contrário, complementam-se. Parece claro que a primeira finalidade assinalada está presente no quadro negocial da locação financeira: o interesse do locador consiste no pagamento da quantia por si antecipada, desconsiderando uma eventual restituição da coisa no termo do contrato (ou mesmo na sua vigência). A propriedade do bem visa assegurar, portanto, o capital adiantado. Por outro lado, também não pode deixar de se reconhecer o papel de intermediário financeiro do locador, que assume apenas e tão só os riscos que a este competem (ou seja, os de incumprimento e de insolvência do devedor), mas que, em simultâneo, concede ao locatário a mera disponibilidade da coisa que lhe pertence*". Cf. FERNANDO DE GRAVATO MORAIS, *Manual da locação financeira*, cit., 170.

Quanto a nós, parece-nos que a manutenção do direito de propriedade na esfera do locador financeiro tem uma componente de garantia do financiamento prestado, consubstanciando assim uma forma de utilização da propriedade como garantia. Contudo, tendemos a considera-la como sendo uma garantia indireta ou reflexa, pois, a função principal da propriedade do bem, estabelecida e mantida na esfera jurídica do locador, não é apenas garantir o crédito, mas sim, e principalmente, possibilitar o financiamento ao locatário, dando a este a possibilidade de, no final do contrato, adquirir o bem pelo seu valor residual. Até porque o locador sabe que a manutenção da titularidade do direito de propriedade na sua esfera jurídica, na grande maioria dos casos, não é garantia suficiente, devido ao fator de obsolescência do bem, ou devido ao uso que entretanto sofreu. Por esta razão, o locador pode pedir ao locatário, nos contratos de locação financeira, a constituição de outras garantias, ou pode estabelecer cláusulas penais a ativar em caso de incumprimento do dever de pagamento das rendas. A propriedade do bem na esfera jurídica do locador é assim, uma forma de garantia meramente indireta ou reflexa. No *leasing*, nem o locador se vincula a utilizar o seu direito de propriedade unicamente como garantia da obrigação, nem a propriedade do bem deve ser transferida obrigatoriamente ou automaticamente para o locatário, findo o contrato. Concluímos assim que na locação financeira a propriedade do bem tem várias funções, sendo a função de garantia apenas uma delas. Trata-se de uma função de garantia indireta ou reflexa, paralela com a sua função mais importante – garantir o financiamento ao locatário.

10. O prazo e o período de vigência do contrato

10.1. *Prazo*

Durante o período de vigência do Decreto-Lei n.º 171/79, a locação financeira de coisas móveis não podia ter um prazo inferior a dois anos, e a locação de coisas imóveis não podia ter um prazo inferior a dez anos (artigo 11.º, n.º 1 deste diploma). O n.º 2 do mesmo artigo obrigava a que o prazo de locação financeira de coisas móveis devia corresponder, aproximadamente, ao período presumível de utilização económica da coisa. Por último, o n.º 3 estabelecia um limite máximo de 30 anos, para qualquer contrato de locação financeira. Se um prazo superior fosse estabelecido, este deveria ser reduzido ao limite máximo de 30 anos.

O artigo 12.º do Decreto-Lei n.º 171/79 só se aplicava se as partes, no contrato, não estabelecessem um prazo. Estatuía este artigo como prazo supletivo os prazos previstos no n.º 1, do artigo 11.º do mesmo diploma, ou seja, dois anos para os contratos de locação financeira de bens móveis, e dez anos para os contratos de locação financeira de bens imóveis.

Depois da entrada em vigor do Decreto-Lei n.º 149/95, mas antes das alterações introduzidas pelo Decreto-Lei n.º 285/2001, era o artigo 6.º que regulava a matéria referente aos prazos. O n.º 1 reduziu os limites mínimos previstos no artigo 11.º, n.º 1 do Decreto-Lei n.º 171/79. Assim, os contratos de locação financeira de bens móveis passaram a ter o prazo mínimo de dezoito meses, e os contratos de locação financeira de bens imóveis o prazo mínimo de sete anos. O limite máximo manteve-se igual – se um contrato de locação financeira tiver um prazo superior a trinta anos, este prazo deve ser reduzido para o limite máximo dos trinta anos (artigo 6.º, n.º 3 do mesmo diploma). O disposto no n.º 2, do artigo 6.º do Decreto-Lei n.º 149/95 manteve o estatuído no n.º 2, do artigo 11.º do Decreto-Lei n.º 171/79, ou seja, que o prazo de locação financeira de coisas móveis não deveria ultrapassar o que corresponder ao período presumível de utilização económica da coisa.

A norma supletiva do artigo 12.º do Decreto-Lei n.º 171/79 foi substituída pelo n.º 4 do artigo 6.º do Decreto-Lei n.º 149/95. Se as partes não estipulassem o prazo do contrato, então seriam aplicados supletivamente os prazos previstos no n.º 1 do artigo 6.º do Decreto-Lei n.º 149/95.

Com a entrada em vigor do Decreto-Lei n.º 285/2001 o legislador pretendeu dar uma maior autonomia às partes na definição do prazo dos contratos de locação financeira. Assim, foram retirados os limites mínimos previstos no artigo 6.º, n.º 1 do Decreto-Lei n.º 149/95 (que foi eliminado com a alteração levada a cabo pelo Decreto-Lei n.º 285/2001).

Depois da entrada em vigor deste diploma de 2001, a matéria do prazo nos contratos de locação financeira ficou regulada da seguinte maneira:

1) o n.º 1 do artigo 6.º do Decreto-Lei n.º 149/95 estatui que o "*prazo de locação financeira de coisas móveis não deve ultrapassar o que corresponde ao período presumível de utilização económica da coisa*";
2) o limite máximo para os contratos de *leasing* é trinta anos – quer estes contratos tenham por objeto coisas móveis ou imóveis, não pode o seu prazo ultrapassar, em qualquer caso, os trinta anos. Se as partes estipularem um prazo superior, este será reduzido ao limite de trinta anos (artigo 6.º, n.º 2);
3) O n.º 3 do mesmo artigo é uma norma supletiva que já marcava presença nos anteriores regimes. Assim, no silêncio das partes, "*o contrato de locação financeira considera-se celebrado pelo prazo de dezoito meses ou de sete anos, consoante se trata de bens móveis ou de bens imóveis*".

10.2. Período de vigência

A matéria referente ao período de vigência do contrato de locação financeira encontra-se regulada no artigo 8.º do Decreto-Lei n.º 149/95. Determina este artigo o momento a partir do qual o contrato de locação financeira começa a produzir efeitos – o momento da sua celebração (n.º 1 do artigo 8.º). A definição deste momento é muito importante, pois é neste momento que se dá a transferência do risco.

O risco da perda ou deterioração do bem durante o período de vigência do contrato corre por conta do locatário, salvo disposição contratual em contrário (artigo 15.º do Decreto-Lei n.º 149/95).

O momento a partir do qual se inicia o período de vigência do contrato de locação financeira também é importante para efeitos de responsabilidade em matéria de vícios (artigo 12.º) e de despesas com o bem locado (artigo 14.º).

Para diminuir o efeito "pesado" destas disposições legais, o locatário pode usar a faculdade prevista no n.º 2 do artigo 8.º do Decreto-Lei n.º 149/95, que lhe permite dilatar no tempo o início de vigência do contrato, condicionando esse início de vigência à efetiva aquisição ou construção do bem locado, tradição a favor do locatário, ou qualquer outro facto. Para que uma cláusula com um conteúdo semelhante a este seja válida, o locador também tem de dar o seu acordo, logo, nesse sentido, esta cláusula tem de estar prevista no contrato.

11. Vicissitudes contratuais

11.1. Transmissão do direito de propriedade sobre o bem

O locador financeiro pode transmitir livremente a sua posição contratual sem precisar da autorização do locatário financeiro[65].

Se o direito de propriedade sobre o bem locado for transmitido durante o período de vigência do contrato, o novo proprietário passa a ser o locador financeiro, sucedendo nos direitos e obrigações do antigo locador, de acordo

---

[65] A *ratio* deste entendimento resulta do facto de o locador ter apenas, nos contratos de locação financeira, uma função de financiamento. Efetivamente, nesta modalidade de contratos, a principal atribuição do locador é conceder um financiamento ao locatário ressalvando, claro, a sua própria remuneração.

com o artigo 11.º, n.º 4 do Decreto-Lei n.º 149/95[66]. O novo proprietário, como vai suceder nos direitos e obrigações do antigo locador, tem também de ser uma sociedade de locação financeira, um banco ou uma instituição financeira de crédito, que são as pessoas jurídicas legalmente autorizadas e legitimadas a deter a posição de locador financeiro.

11.2. Transmissão da posição de locatário financeiro

Para analisarmos a transmissão, entre vivos, da posição do locatário financeiro temos de atender à seguinte distinção: se o objeto do contrato de locação financeira é um bem de equipamento ou não.

Tratando-se de um bem de equipamento, o artigo 11.º, n.º 1 do Decreto-Lei n.º 149/95 permite a transmissão da posição do locatário financeiro, nas condições do artigo 1112.º do CC[67]. A consequência principal da aplicação deste artigo é não ser necessária a autorização do locador para que o locatário transmita a sua posição contratual, desde que o faça nas condições previstas no referido artigo.

Não se tratando de bens de equipamento, estabelece o n.º 2 do artigo 11.º do Decreto-Lei n.º 149/95 que a transmissão da posição do locatário financeiro pode ocorrer nos mesmos termos que ocorre para a locação. Deveremos assim aplicar o artigo 1059.º, n.º 2 do CC referente à locação, que remete para o regime da cessão da posição contratual (artigos 424.º e ss. do mesmo diploma legal). A aplicação do artigo 424.º obriga a que seja necessário o consentimento do locador financeiro para que a transmissão da posição contratual do locatário financeiro seja eficaz.

---

[66] Este entendimento é sufragado pelo acórdão do RLx datado de 27 de junho de 2002, cujo relator é Sousa Grandão: "*sabe-se também que, transmitida por venda a coisa locada, transmite-se ipso iure a posição jurídica do locador – artigo 1057.º do mesmo Código (CC) – sendo que essa posição jurídica é também passível de ser transmitida por força de um contrato de locação financeira – artigo 1.º do Decreto-Lei n.º 149/95, alterado pelo Decreto-Lei n.º 265/97.*

[67] O artigo 11.º, n.º 1 do Decreto-Lei n.º 149/95 permite expressamente a "*transmissão entre vivos, da posição do locatário, nas condições previstas pelo artigo 115.º do Decreto-Lei n.º 321-B/90, de 15 de outubro*". Este artigo 115.º está atualmente revogado por força do artigo 60.º da Lei n.º 6/2006, de 27 de fevereiro. Em seu lugar, foi reposto o artigo 1112.º do CC por força do artigo 3.º do NRAU. Devemos assim considerar a aplicação do artigo 1112.º do CC em vez do agora revogado artigo 115.º do Decreto-Lei n.º 321-B/90, referido expressamente pelo artigo 11.º, n.º 1 do Decreto-Lei n.º 149/95.

Nos termos do n.º 3 do artigo 11.º do Decreto-Lei n.º 149/95, pode ainda o locador opor-se à transmissão da posição jurídica do locatário se provar que o cessionário não oferece garantias bastantes à execução do contrato.

Sobre a transmissão da posição jurídica do locatário financeiro já se pronunciou o STJ, em aresto de 21 de maio de 2009, cujo relator foi Alberto Sobrinho. O caso em apreço neste acórdão referia-se a dois bens imóveis dados em locação financeira. O tribunal, na sua decisão, vai sufragar o disposto na lei, concretizando um pouco o que deve ou não ser considerado como bens de equipamento. Assim sendo, *"nem todos os bens que integram um estabelecimento comercial são de equipamento [...] entendemos que se poderão classificar como de equipamento todos os bens necessários ao exercício de atividades produtivas da empresa quando esses bens se apresentem imprescindíveis à atividade desenvolvida na organização mercantil"*. Tratando-se de dois bens imóveis, onde exerciam atividade mercantil duas oficinas de automóveis, o STJ considerou que os referidos imóveis não eram mais do que *"um elemento aglutinador dos bens produtivos, mas que não constituíam um bem de equipamento"*. Os dois imóveis apenas permitiam que os bens de equipamento das oficinas de automóveis se agrupassem em vista da organização produtiva da empresa. Neste sentido, a conclusão do STJ foi a de que embora os dois imóveis fizessem parte do estabelecimento comercial, e tivessem de fazer parte do trespasse do mesmo estabelecimento comercial, para efeitos do contrato de locação financeira não podiam ser considerados como bens de equipamento. Não sendo bens de equipamento, era necessário o consentimento do locador financeiro para que a cessão da posição contratual do locatário financeiro fosse eficaz e produzisse efeitos quanto àquele. Como o locador não deu o seu consentimento à cessão, esta não foi eficaz e não produziu efeitos, continuando a ser o primeiro locatário financeiro a estar obrigado pelo contrato de locação financeira.

12. Cessação do contrato

O contrato de locação financeira pode cessar de produzir efeitos por três formas: caducidade, revogação e resolução. Vamos, neste capítulo, analisar as três, debruçando-nos mais detalhadamente sobre a resolução.

Por outro lado, o contrato de locação financeira não pode cessar por denúncia. A denúncia do contrato de locação financeira não é possível, pois esta modalidade de contratos é sempre celebrada por um prazo certo. A denúncia é uma forma de extinção das obrigações que só se aplica a contratos de duração indeterminada, como, por exemplo, o contrato de arrendamento urbano para habitação, celebrado em determinadas modalidades.

12.1. Caducidade

O contrato de locação financeira é celebrado por um prazo certo, no final do qual deixa de produzir efeitos por caducidade.

Não se aplicam os artigos 1054.º e seguintes do CC, por o sentido destas normas legais serem contrárias ao próprio sentido do contrato de locação financeira – a renovação automática poderia ser muito lesiva para qualquer das partes, pois, por exemplo, a renda já estaria certamente muito desatualizada, ou o bem muito desvalorizado ou mesmo obsoleto para a atividade económica pretendida. Para além disso, parece-nos que a aplicação do regime do CC seria totalmente deslocada, pois alguns dispositivos normativos do Decreto-Lei n.º 149/95 são contrários ao disposto nos artigos 1054.º e seguintes do CC – por exemplo, os artigos 7.º e 10.º, n.º 1, al. k).

Pode afirmar-se que na maioria dos casos os contratos de locação financeira cessam efeitos por caducidade. O locador financeiro cumpre as suas obrigações e exerce os seus direitos, e o locatário financeiro também cumpre o disposto contratualmente – a totalidade das rendas são pagas. Nesse sentido, o contrato cessa efeitos por caducidade.

Cessando o contrato de produzir efeitos por caducidade, duas situações podem ocorrer:

1) o locatário financeiro exerce a sua opção de compra do bem locado, pelo valor residual [cf. artigos 7.º, 9.º, n.º 1, al. c), 10.º, n.º 2, al. f) do Decreto-Lei n.º 149/95] e o direito de propriedade do bem transmite-se, da esfera jurídica do locador, para a esfera jurídica do locatário, ficando este a ser o seu proprietário e possuidor;

2) o locatário financeiro não exerce o seu direito de opção de compra, e assim, o locador pode dispor do bem. O locador manteve durante todo o período de vigência do contrato a propriedade e a posse do bem. O locatário é obrigado a restituir a detenção material do bem [cf. artigo 10.º, n.º 1, al. k) do Decreto-Lei n.º 149/95].

No segundo caso, sendo o locador o legítimo proprietário e possuidor do bem, pode-lhe dar o destino que entender. Pode, por exemplo, celebrar um novo contrato de locação financeira com esse bem como objeto, com o anterior locatário ou com um novo locatário, pode vender o bem a um terceiro interessado, ou ainda dispor do bem em todos os termos de direito permitidos. O locador tem assim disponibilidade para dar o destino que entender ao bem – tal é o entendimento que se deve retirar da interpretação do artigo 7.º do Decreto-Lei n.º 149/95.

12.2. Revogação

Ao abrigo do princípio da liberdade contratual e autonomia das partes, estas podem, a todo o momento, acordar na revogação do contrato de locação financeira nos termos da lei civil[68].

Um dos exemplos mais paradigmáticos de revogação de contratos, por acordo das partes, é a possibilidade de revogação dos contratos de arrendamento urbano prevista no artigo 1082.º do CC.

Depois de operada a revogação de um contrato de locação financeira aplicaremos o disposto no artigo 7.º do Decreto-Lei n.º 149/95, com as consequências e efeitos jurídicos já apresentados no capítulo anterior, referente à caducidade.

12.3. Resolução

O regime da resolução do contrato de locação financeira encontra-se previsto nos artigos 17.º e 18.º do Decreto-Lei n.º 149/95.

O artigo 17.º é composto por dois números. O n.º 1 estatui do seguinte modo: "*o contrato de locação financeira pode ser resolvido por qualquer das partes, nos termos gerais, com fundamento no incumprimento das obrigações da outra parte, não sendo aplicáveis as normas especiais, constantes da lei civil, relativas à locação*". O n.º 2 prevê que "*para o cancelamento do registo de locação financeira com fundamento na resolução do contrato por incumprimento é documento bastante a prova da comunicação da resolução à outra parte nos termos gerais*".

O artigo 18.º do Decreto-Lei n.º 149/95 nas suas duas alíneas, prevê dois casos específicos de resolução legal do contrato por parte do locador financeiro. São eles, em primeiro lugar, o caso de "*dissolução ou liquidação da sociedade locatária*", e, em segundo lugar, o caso de "*verificação de qualquer dos fundamentos de declaração de falência do locatário*".

O regime estatuído nestes dois artigos para a locação financeira é especial, face ao regime geral da resolução previsto nos artigos 432.º e ss. do CC.

---

[68] Sobre a possibilidade de revogação de contratos Luís Menezes Leitão defende que "*a revogação consiste na extinção do negócio jurídico por virtude de uma manifestação da autonomia privada em sentido oposto àquela que o constituiu. Consequentemente, se estiver em causa um contrato, a revogação – que nesse caso é também denominada de distrate – é necessariamente bilateral, assentando no mútuo consenso dos contraentes em relação à extinção do contrato que tinham celebrado (cf. artigo 406.º, n.º 1 do CC*". Cf. Luís Menezes Leitão, *Manual de Direito das Obrigações*, Vol. II, cit., 101-102.

Até 2001, o regime especial da resolução dos contratos de *leasing* contava ainda com mais um artigo – o artigo 16.º do Decreto-Lei n.º 149/95 que previa a resolução do contrato, pelo locador, em caso de mora do locatário superior a 60 dias no pagamento das rendas. Este artigo previa, igualmente, a preclusão deste direito de resolução atribuído ao locador caso o locatário fizesse o pagamento do montante em dívida, acrescido de 50%, no prazo de 8 dias contados a partir da data em que fosse notificado da resolução. Contudo, este artigo já não está em vigor por ter sido revogado pelo artigo 5.º do Decreto-Lei n.º 285/2001.

Da interpretação do n.º 1 do artigo 17.º podemos retirar algumas conclusões sobre o regime de resolução dos contratos de locação financeira. Em primeiro lugar, o contrato de locação financeira pode ser resolvido, por qualquer das partes. Em segundo lugar, o fundamento será o incumprimento da outra parte[69]. Em terceiro lugar, a resolução será feita nos termos gerais (artigos 432.º e ss. do CC). E, por último, não são aplicáveis à resolução dos contratos de locação financeira as normas referentes à resolução dos contratos de locação simples (artigos 1047.º e ss. e artigos 1083.º e ss. do CC).

Neste sentido, havendo fundamento para a resolução (baseado no incumprimento de uma das partes) pode a parte cumpridora resolver o contrato nos termos do regime geral da resolução, e não nos termos do regime da resolução do contrato de locação simples. O legislador afasta assim as regras especiais da locação simples mandando aplicar o regime geral da resolução[70].

O regime geral da resolução encontra-se previsto nos artigos 432.º e ss. do CC. Este regime atribui o direito potestativo a uma das partes de extinguir a relação contratual por declaração de vontade unilateral, baseando-se num acontecimento que ocorreu em data posterior à celebração do contrato[71]. A reso-

---

[69] O incumprimento tem de ser definitivo, nos termos dos artigos 801.º e 808.º do CC, não bastando a simples mora.

[70] "*O contrato de locação financeira pode ser resolvido por qualquer das partes, nos termos gerais, com fundamento no incumprimento das obrigações que assistam à outra parte, não sendo aplicáveis as normas especiais constantes da lei civil, e relativas à locação*". DIOGO LEITE DE CAMPOS, *A Locação Financeira: estudo preparatório de uma reforma legislativa*, Lex, Lisboa, 1994, cit., 99.

[71] "*De facto, a resolução confere a uma das partes, no exercício de um direito potestativo, o poder de fazer cessar o contrato e funda-se, frequentemente, no incumprimento culposo, pelo que assenta nos pressupostos da responsabilidade civil [...] a resolução do contrato é um meio de extinção do vínculo contratual por declaração unilateral e encontra-se condicionada por um motivo previsto na lei ou depende de convenção das partes (artigo 432.º, n.º 1 do CC) [...] relativamente à resolução legal, cabe aludir a três situações: resolução por incumprimento; resolução por quebra do equilíbrio contratual e outros casos de resolução, nomeadamente em que, independentemente da qualificação, se aplica o regime deste meio de extinção do vínculo [...] a resolução convencional funda-se na liberdade contratual, podendo apresentar múltiplas facetas e depender de diferentes*

lução pode fundar-se na lei (fundamento legal)[72] ou em disposição contratual convencionada (fundamento convencional) nos termos do artigo 432.º, n.º 1 do CC[73], e, regra geral, tem efeito retroativo para ambas as partes. Neste sentido, a parte que resolve o contrato é obrigada a restituir o que houver recebido do outro contraente, sob pena de não poder exercer o seu direito à resolução (n.º 2 do mesmo artigo)[74].

No caso da locação financeira, o artigo 17.º, n.º 1 do Decreto-Lei n.º 149/95 atribui um fundamento legal para a resolução dos contratos de *leasing*.

---

requisitos; seguindo os termos acordados pelas partes". Vd. Pedro Romano Martinez, *Da Cessação do Contrato*, cit., 67.

Sobre a resolução nos termos gerais escreve Luís Menezes Leitão da seguinte forma: "*consiste na extinção da relação contratual por declaração unilateral de um dos contraentes, baseada num fundamento ocorrido posteriormente à celebração do contrato [...] ao contrário da revogação, a resolução processa-se sempre através de um negócio jurídico unilateral [...] ocorre por decisão unilateral de uma das partes, não sujeita ao acordo da outra [...] só pode ocorrer se se verificar um fundamento legal ou convencional que autorize o seu exercício [...] o fundamento legal mais comum para a resolução do contrato é o incumprimento da outra parte (cf. artigo 801.º, n.º 2 do CC) [...] quanto aos fundamentos contratuais é livre a sua estipulação, através das denominadas cláusulas resolutivas expressas, pelas quais se indicam circunstâncias cuja verificação eventual permite o recurso à resolução do contrato [...] a cláusula resolutiva expressa não se confunde com a condição resolutiva, a que fazem referência os artigos 270 e ss. do CC, uma vez que a condição resolutiva é de verificação automática, implicando, quando verificada, a imediata ineficácia do contrato. Já a cláusula resolutiva expressa limita-se a constituir um fundamento para o exercício do direito de resolução, continuando o seu titular a poder decidir se o exerce ou não. Constitui um exemplo de cláusula resolutiva a cláusula de resolução do contrato se a coisa não agradar ao comprador (pactum displicientiae), referida no artigo 924.º do CC*". Vd. Luís Menezes Leitão, *Direito das Obrigações*, Vol. II, cit., 102 e ss.

[72] No caso da locação financeira, a resolução pode não ser pactuada pois o Decreto-Lei n.º 149/95 prevê-a expressamente, no seu artigo 17.º. Cf. Menezes Cordeiro, *Manual de Direito Bancário*, cit., 683.

[73] Oliveira Ascensão defende que a resolução tem de se fundar em justa causa. Embora nos artigos 432 e ss. do CC não seja possível encontrar nenhuma exigência para que a resolução se tenha de fundar em justa causa, este douto Professor defende este entendimento. Assim, "*a justa causa pode ser um comportamento da outra parte, ao qual se reage, ou um facto de outra origem. A justa causa pode até configurar-se como uma sanção*". Cf. Oliveira Ascensão, *Direito Civil, Teoria Geral*, Vol. III, cit., 337-338.

Antunes Varela e Pires de Lima entendem que a resolução pode ser legal, por exemplo, no caso de incumprimento da contraparte, impossibilidade de cumprimento ou alteração das circunstâncias (artigos 801.º, n.º 2, 802.º, 808.º e 437.º e ss. do CC) e convencional sob a forma de cláusula resolutiva expressa. A convenção pode atribuir apenas a uma das partes o direito de resolver, ou a ambas. Cf. Antunes Varela e Pires de Lima, *Código Civil Anotado*, Vol. I, 4.ª edição, Coimbra Editora, Coimbra, 1987.

[74] Caso assim não fosse, haveria enriquecimento sem causa da parte que exerce o direito de resolução. Vd. Luís Menezes Leitão, *Direito das Obrigações*, Vol. II, cit., 103.

Assim sendo, o direito de resolução resulta do incumprimento das obrigações contratuais por uma das partes, e é atribuído à contraparte, não incumpridora.

Pelo exposto, verificamos que a resolução nos contratos de *leasing* pode operar por força do disposto nos artigos 17.°, n.° 1 do Decreto-Lei n.° 149/95 e 432.°, n.° 1 do CC, se houver, claro está, a manifestação de vontade da parte cumpridora nesse sentido.

Operando a resolução, esta, regra geral, tem efeitos retroativos (artigo 434.°, n.° 1 do CC) sendo equiparada à nulidade ou anulabilidade do negócio jurídico (artigo 433.° do CC). Esta equiparação obriga-nos a aplicar o disposto no artigo 289.° do CC, que nos diz que tanto a *"declaração de nulidade como a anulação do negócio têm efeito retroativo, devendo ser restituído tudo o que tiver sido prestado ou, se a restituição em espécie não for possível, o valor correspondente"*. Com a aplicação deste regime, as partes contratuais operando a resolução, terão de restituir o que já lhes tenha sido prestado ficando na situação em que estariam se o contrato nunca tivesse sido celebrado. Os efeitos retroativos da resolução são, porém, afastados em três situações: quando contrarie a vontade das partes (artigo 434.°, n.° 1 do CC)[75], quando contrarie a finalidade da resolução (artigo 434.°, n.° 1 *in fine* e n.° 2)[76], ou quando prejudique os direitos adquiridos por terceiros (artigo 435.°). Na resolução dos contratos de locação financeira, esta não vai ter efeitos retroativos. Se os houvesse, o locador teria de devolver ao locatário as rendas já pagas, e o locatário teria de devolver ao locador o gozo do bem de que já havia beneficiado, o que não seria minimamente aceitável ou exequível.

Ainda sobre o regime geral da resolução importa dizer que esta pode fazer-se extrajudicialmente, *"mediante declaração à outra parte"*, nos termos do artigo 436.°, n.° 1 do CC, que se torna irrevogável logo que seja recebida ou conhecida pelo devedor (cf. artigos 224.°, n.° 1 e 230.°, n.° 1 do CC)[77].

---

[75] Podem as partes convencionar no contrato que a resolução não implique a restituição das prestações que já tenham sido percebidas, desde que essa estipulação contratual não seja contrária à lei.

[76] Esta disposição legal aplica-se aos contratos com prestação duradoura (continuada, *v.g.*, contrato de fornecimento de eletricidade, ou periódica, *v.g.*, contrato de arrendamento para habitação). Nestes contratos, não faria sentido restituir as prestações já recebidas, pois, cada prestação paga é uma contrapartida direta da contraprestação recebida, ou seja, o arrendatário paga a renda mensal recebendo como contraprestação o gozo do imóvel pelo período de um mês para o qual pagou a renda.

[77] Este entendimento foi também sufragado no ac. do STJ datado de 12 de fevereiro de 2009, cujo relator foi Garcia Calejo: *"uma declaração resolutiva pode fazer-se mediante declaração à outra parte, como resulta do artigo 436.° do CC"*.

12.3.1. Resolução pelo locador financeiro

Como verificámos no capítulo anterior, qualquer das partes pode resolver o contrato de locação financeira com base no incumprimento da contraparte. Assim sendo, o locador pode resolver o contrato se o locatário incumprir com alguma das suas obrigações essenciais. A obrigação de pagar a renda é a mais importante obrigação do locatário financeiro e encontra-se prevista no artigo 10.º, n.º 1, al. *a*) do Decreto-Lei n.º 149/95. O incumprimento desta obrigação é fundamento de resolução do contrato por parte do locador[78]. Em termos estatísticos, a maior parte dos casos de resolução dos contratos de locação financeira por parte do locador, resultam, precisamente, do incumprimento desta obrigação.

No caso do locatário financeiro deixar de pagar a renda devida e contratualmente estabelecida[79] de que forma é ressarcido o locador?

Sabemos que o locador é o proprietário do bem. Como vimos *supra*, o direito de propriedade estabeleceu-se e manteve-se, desde o início do contrato, na esfera jurídica do locador como forma de garantia indireta ou reflexa. Deste modo, o locador tem sempre o direito à restituição do bem a efetuar pelo locatário, podendo inclusivamente fazer uso da providência cautelar especificada prevista no artigo 21.º do Decreto-Lei n.º 149/95.

O grande problema do locador é que havendo incumprimento do locatário no pagamento das rendas, a devolução do bem, que entretanto foi usado e que por isso foi-lhe diminuído o seu valor, não é normalmente suficiente para o ressarcir pelo seu investimento. O locador vai ter grandes dificuldades

---

[78] Para que a resolução possa operar "*exige-se que o incumprimento seja definitivo [...] e que haja adequação entre a gravidade do incumprimento e a pretensão de extinção do vínculo [...] a modificação da mora, passando a incumprimento definitivo, pode verificar-se por via do decurso do prazo admonitório (artigo 808.º, n.º 1 do CC), da declaração do devedor de que não cumprirá ou da extinção da obrigação, nomeadamente por impossibilidade superveniente de cumprimento*". Cf. PEDRO ROMANO MARTINEZ, *Da Cessação do Contrato*, cit., 133.

[79] Tal como refere Gravato Morais "*se, na data do vencimento da prestação, o locatário não paga a renda ao locador, dá-se a sua constituição em mora (artigo 805.º, n.º 2, al. a) CC). Deve referir-se que, por via de regra, o locador financeiro, num primeiro momento, tem algum interesse em tolerar o atraso no tocante ao pagamento das prestações da renda. Fá-lo porque percebe os juros moratórios relativos ao valor em dívida ainda não reembolsado [...] estipula-se, por exemplo, que são devidos juros «calculados à taxa legal de juros de mora para créditos comerciais, acrescida da sobretaxa moratória legal, sem prejuízo do direito do locador à resolução do contrato»*". Cf. FERNANDO DE GRAVATO MORAIS, *Manual da locação financeira*, cit., 111.

em colocar de novo o bem no mercado devido ao uso que entretanto o bem sofreu ou devido à especificidade do mesmo[80].

Perante este cenário, os locadores financeiros começaram a prever, nas CCG que elaboram, pesadas cláusulas penais a ativar em caso de incumprimento dos locatários financeiros, nomeadamente, no caso de incumprimento da obrigação de pagamento das rendas[81]. Estas cláusulas penais podem, muitas vezes, ser abusivas. Neste sentido, a doutrina e a jurisprudência têm vindo a limitar o seu alcance.

Nestas situações de incumprimento do locatário, a doutrina e a jurisprudência portuguesa têm vindo a entender que o locador financeiro pode fazer uma de duas coisas[82]:

---

[80] Menezes Cordeiro defende que um dos maiores problemas da locação financeira *"tem a ver com o destino dos bens, no caso de incumprimento. Em princípio, o locador financeiro dispõe do domínio: a garantia máxima. Trata-se, porém, de uma entidade bancária, que poderá não dar ao bem, de equipamento ou outro, que adquiriu para ceder ao locatário, qualquer destino produtivo ou, sequer, útil. Salvo, naturalmente, o colocá-lo no mercado: mas com todas as contingências inerentes ao facto de estar em jogo um bem usado, muitas vezes mal conservado e – porventura – demasiado especializado para colocações imediatas"*. Cf. MENEZES CORDEIRO, *Manual de Direito Bancário*, cit., 674.

[81] Menezes Cordeiro considera que os locadores financeiros, perante o panorama de possível incumprimento dos locatários financeiros vão querer *"assegurar-se, multiplicando as garantias. Estas encarecem o produto, onerando o locatário com encargos não produtivos. Haverá, pois, que procurar um equilíbrio, assente numa repartição razoável e equitativa de riscos"*. Cf. MENEZES CORDEIRO, *Manual de Direito Bancário*, cit., 674.
Em sentido algo dissonante, Diogo Leite de Campos considera que no caso de incumprimento no pagamento das rendas, a indemnização ao locador deverá incluir *"as rendas vincendas e em mora; juros de mora das rendas vencidas; encargos suportados pelo locador com a recuperação do bem; rendas vincendas. às rendas vincendas é de abater, normalmente, o valor do equipamento no momento da sua restituição, ou, em alternativa, uma parte do valor obtido com a venda do bem; este valor será abatido às rendas vincendas previamente pagas pelo locatário"*. Vd. DIOGO LEITE DE CAMPOS, *A Locação Financeira*, cit., 80.
Rui Pinto Duarte já se pronunciou a favor das cláusulas penais que atribuam ao locador o direito de receber a totalidade das rendas vincendas, em caso de incumprimento do locatário. Contudo, este autor parece enquadrar esta opção não na resolução do contrato, mas sim, na ação de cumprimento. Cf. RUI PINTO DUARTE, *Escritos sobre Leasing e Factoring*, Principia, Cascais, 2001, cit., 185-186 e 213-215.

[82] Gravato Morais refere que *"por via de regra, os contratos de locação financeira, em paralelo com a resolução contratual, preveem, mesmo para o caso de falta de pagamento de uma só prestação de renda, a possibilidade de o locador exigir, para além das rendas vencidas e não pagas, o cumprimento antecipado das restantes prestações (vincendas) [...] o locatário mantém a possibilidade de usar o bem até ao termo do contrato, não tendo que o restituir de imediato [...] desta sorte, por força de tal estipulação, o locatário, que dispõe, nos termos inicialmente previstos, do direito de pagar as rendas no momento do seu vencimento, perde agora – por força do incumprimento temporário – a faculdade de as entregar na data acordada, já que tem que realizar o pagamento de todas elas, quando for especificamente exigido pelo locador. Está em causa a*

– exigir do locatário financeiro a realização imediata de todas as prestações, ou;
– resolver o contrato.

No primeiro caso, o locador vai exigir ao locatário o cumprimento de todas as prestações vencidas e vincendas, acrescidas dos juros moratórios que se verifiquem desde o início da mora, até ao pagamento efetivo[83]. Questiona-se na doutrina a exigibilidade dos juros remuneratórios[84].

Ao exigir a realização de todas as prestações, o locador financeiro vai ver assim assegurado o seu interesse contratual positivo, ficando na situação em que estaria, se o contrato tivesse sido pontualmente cumprido pelo locatário[85].

---

*perda (para o locatário) do benefício do prazo".*Vd. FERNANDO DE GRAVATO MORAIS, *Manual da locação financeira*, cit., 111.

Isabel Meneres Campos entende que *"em caso de mora, assiste ao credor o direito de resolver o contrato convertendo a mora em incumprimento definitivo, nos termos do artigo 808.º, podendo o credor optar entre exigir a indemnização total pelo não cumprimento ou resolver o contrato, exigindo ao mesmo tempo o ressarcimento dos prejuízos já sofridos – estas duas consequências, previstas no artigo 801.º, n.º 2, são alternativas, sendo ambas consequência do sinalagma funcional".* Cf. ISABEL MENERES CAMPOS, *Breve apontamento acerca do contrato de locação financeira*, cit., 114-115.

[83] Com base em cláusula contratual que preveja o vencimento antecipado das rendas, o locador vai exigir, apenas, as rendas vincendas e não o valor residual. Desta forma, o locador não obriga o locatário inadimplente a comprar o bem, porque, precisamente, o locador não exige o valor residual. O que vai suceder é, em virtude da mora, o locatário perder o benefício do prazo no pagamento das rendas.
Mesmo que não existisse cláusula contratual que previsse o vencimento antecipado das rendas, o locador poderia exigir a realização de todas as prestações em caso de incumprimento do locatário no pagamento de apenas uma prestação – esta é a conclusão que se deve retirar da aplicação do artigo 781.º do CC, que consubstancia o regime geral nesta matéria. Cf. FERNANDO DE GRAVATO MORAIS, *Manual da locação financeira*, cit., 113-114.

[84] Gravato Morais defendendo que a exigência dos juros remuneratórios iria criar um benefício excessivo para o locador, para além de enquanto prestações periódicas não se poderem vencer antes do período a que respeitam e de variarem ao longo do tempo *"à medida e na medida em que o capital é amortizado"*, pronuncia-se contra a exigibilidade dos juros remuneratórios. Cf. FERNANDO DE GRAVATO MORAIS, *Manual da locação financeira*, cit., 115-118.

[85] Neste sentido o Ac. da RLx datado de 20 de setembro de 1994, cujo relator foi Araújo Cordeiro: *"I – Também no leasing, o incumprimento do locatário pode fundamentar ação do locador tendente à prossecução do seu interesse positivo, de execução integral do contrato. II – É válida a cláusula que confira ao locador o direito de, em caso de incumprimento, exigir o valor das rendas futuras"*.

Se, contudo, fizer uso da segunda opção, o locador financeiro vai pedir a resolução do contrato[86]. Neste caso, ele vai ter direito à restituição do bem[87], do qual é proprietário[88], e ao pagamento das rendas vencidas e não pagas e correspondentes juros à taxa legal. Mas, como se viu *supra*, esta restituição e pagamento das rendas vencidas e não pagas não o vai ressarcir com justiça do investimento que já fez. Para precaver esta situação, os locadores financeiros começaram a introduzir, nos contratos de locação financeira, cláusulas penais[89] que lhes atribuíam o direito de receber, para além da restituição do bem e das rendas vencidas e não pagas, a totalidade das rendas vincendas e a totalidade do valor residual[90]. Tudo somado, o locador recebia assim o bem de volta, as rendas vencidas e não pagas, e ainda a totalidade das rendas vincendas e a totalidade do valor residual (para além dos juros de mora à taxa legal). O locador, optando

---

[86] A resolução do contrato pode ser pedida pelo locador, bastando para isso que o locatário tenha incumprido uma única prestação – este é o entendimento que se deve retirar da revogação do artigo 16.° do Decreto-Lei n.° 149/95, que impedia a extinção do contrato durante 60 dias, e que no seu n.° 2 precludia o direito do locador caso o locatário pagasse o "*montante em dívida acrescido de 50%, no prazo de 8 dias contados da data em que for notificado pelo locador da resolução do contrato*". A revogação deste artigo veio assim fazer diminuir a proteção dos interesses do locatário. De notar que a resolução só pode operar caso a mora do locatário seja convertida em incumprimento definitivo. Esta situação opera por força de uma interpelação admonitória.
"*Para que se possa falar de uma interpelação admonitória que envolva a conversão da mora em incumprimento definitivo (artigo 808.°, n.° 1 CC), impõe-se o preenchimento de três pressupostos: a existência de uma intimação para o cumprimento; a consagração de um prazo perentório, suplementar, razoável e exato para cumprir; a declaração (cominatória) de que findo o prazo fixado sem que ocorra a execução do contrato se considera este definitivamente incumprido*". Cf. FERNANDO DE GRAVATO MORAIS, *Manual da locação financeira*, cit., 120.
[87] Cf. ac. do STJ de 23 de setembro de 2008, cujo relator foi Santos Bernardino: "*verificado o incumprimento do contrato de locação financeira, por parte da empresa-B, não pode questionar-se o direito da autora (locadora financeira), fundado na lei e no clausulado contratual, a resolver o aludido contrato. Assim, a restituição do veículo objeto do contrato de locação financeira, pela empresa-B ou por outro detentor à locadora, é uma consequência natural e legal da resolução do contrato*".
[88] Cf. DIOGO LEITE DE CAMPOS, *A Locação Financeira*, cit., 74.
[89] Gravato Morais defende que, quanto à qualificação, estas cláusulas penais são do tipo compulsório pois "*na verdade, não têm por função liquidar a indemnização, já que não faz apenas com que o credor (o locador) fique sem danos, nem acresce àquela. Antes a substitui, sendo que o valor que subjaz à cláusula é superior ao dos danos previsíveis*". Cf. FERNANDO DE GRAVATO MORAIS, *Manual da locação financeira*, cit., 257.
[90] Este valor seria recebido pelo locador a título de indemnização pelos prejuízos sofridos resultantes do incumprimento do locatário. O artigo 801.°, n.° 2 prevê, para os contratos bilaterais, a possibilidade do contraente não faltoso receber esta indemnização, que acrescerá à resolução.

pela ação de resolução, seria assim ressarcido pelo interesse contratual positivo, recebendo ainda o bem volta. Ganhava duas vezes[91].

A maioria da doutrina e da jurisprudência portuguesa não aceitou esta solução, considerando estas cláusulas penais excessivas e injustas, determinando a sua nulidade[92], ou reduzindo-as[93].

Mas o problema de fundo continuava a existir. Por um lado, era injusto para o locador, em caso de incumprimento do locatário no pagamento das rendas, ter de suportar os danos causados por este comportamento inadimplente, sendo apenas ressarcido pela restituição de um bem usado e pelo pagamento das rendas vencidas e não pagas. Com esta solução, os custos que o locador teve ao financiar o locatário não iriam ser ressarcidos. Na maioria das vezes poderia até ser compensador para o locatário incumprir o contrato, pois não seria responsabilizado de forma plena e eficaz. Ir-se-ia promover o incumprimento. Mas, por outro lado, conferir ao locador a possibilidade de receber o bem de volta, as rendas vencidas e não pagas, e a totalidade das rendas vincendas e do valor residual, também parece excessivo e extremamente lesivo para o locatário.

Com o decurso do tempo foi-se sedimentando o entendimento jurisprudencial que o locador, caso opte por intentar ação de resolução, tem direito

---

[91] "*Em muitos contratos-tipo dispõe-se que o locador, para além da restituição do bem, tem o direito de exigir a prestação das rendas vincendas, para além das vencidas. Estas disposições têm sido objeto de críticas no sentido de que permitiriam um enriquecimento do locador à custa do locatário; nomeadamente, dando em locação ou vendendo um bem cujo preço já teria recebido. Não se poderia admitir que o locador receba mais do que o cumprimento do contrato lhe proporcionaria; ou seja, não terá direito a mais do que as rendas ou a restituição do bem*". Cf. DIOGO DE LEITE CAMPOS, *A Locação Financeira*, cit., 84.
Tal como refere Isabel Menéres Campos "*ou a locadora destrói o contrato, desencadeando as consequências da resolução ou exige o seu cumprimento coercivo. O que não pode é, em simultâneo, exercer o direito de resolução e exigir o cumprimento coercivo do contrato*". Cf. ISABEL MENÉRES CAMPOS, *Breve apontamento acerca do contrato de locação financeira*, cit. 117.
[92] Cf. Acórdãos da RLx datados de 27 de fevereiro de 1992 e de 3 de fevereiro de 1994, e cujos relatores foram Saraiva Coelho e Tomé de Carvalho, respetivamente, e, ainda, o Ac. do STJ de 5 de julho de 1994, cujo relator foi Machado Soares.
[93] Na maioria das decisões jurisprudenciais, os juízes optaram por decretar a nulidade das cláusulas penais desproporcionadas e manifestamente excessivas, contudo, também se conhecem decisões em que os tribunais optaram por as reduzir, *v.g.*, o Ac. do STJ de 9 de fevereiro de 1999, cujo relator foi Lopes Pinto: "*em abstrato, a atribuição de uma indemnização de 50% do capital em dívida é excessiva, se comparada com a prática corrente em casos similares [...] também, em concreto, se a deve qualificar identicamente [...] a sanção da nulidade para o «excesso» é aqui afastada pela relação de especialidade na medida em que os artigos 16.º e 17.º, enquanto gerais, concorrem com o artigo 19.º, al. c), todos do Decreto-Lei n.º 446/85 [...] a solução passa antes, no pressuposto de ser manifestamente excessiva, pela sua redução a um montante equitativo (artigo 812.º e ss. do CC), pela sua redução a um montante razoável [...] termos em que se acorda em conceder parcialmente a revista e, reduzindo-se a cláusula penal*".

à devolução do bem, ao pagamento das rendas vencidas e não pagas, e a uma indemnização pelo interesse contratual negativo – que inclui: 20% das rendas vincendas e do valor residual[94], para além, claro está, dos juros moratórios à taxa legal cobrados desde o início da mora até ao efetivo cumprimento. Este é o entendimento que está consagrado e sedimentado na nossa atual doutrina e jurisprudência[95].

Os tribunais negam assim, nestes casos, a indemnização pelo interesse contratual positivo pois consideram que seria excessivo o locador receber o bem mais a totalidade das rendas vincendas[96]. Uma cláusula de um contrato de locação financeira que atribua este direito ao locador é nula – este é o entendimento da maioria da doutrina e da jurisprudência portuguesa, que não aceitam que o locador financeiro ganhe mais com o incumprimento do contrato, do que ganharia se o contrato fosse cumprido integralmente. Se o locador recebesse o bem de volta, e ao mesmo tempo o seu valor na totalidade (rendas efetivamente cobradas, rendas vencidas e não pagas e rendas vincendas) haveria uma duplicação, o locador teria lucros a dobrar, ora isto não pode suceder. Contudo, é também certo que a mera restituição do bem não é suficientemente ressarcitória para o locador. O locador suporta múltiplos investimentos que devem ser compensados – uma das principais finalidades do leasing é, precisamente, o

---

[94] O fundamento para esta percentagem prende-se com os elevados encargos financeiros que são suportados pelo locador financeiro, para além dos prejuízos quase certos que esse mesmo locador tem de suportar em consequência do desgaste ou desatualização do bem. Vd. FERNANDO DE GRAVATO MORAIS, *Manual da locação financeira*, cit., 259.
O montante correspondente aos 20% das rendas vincendas é devido ao locador, a título de indemnização pelo prejuízo que teve ao celebrar o contrato, ou seja, ao prejuízo que não teria de suportar caso não tivesse celebrado o contrato – é a indemnização pelo interesse contratual negativo. Cf. ANTUNES VARELA, *apud* ISABEL MENERES CAMPOS, *Breve apontamento acerca do contrato de locação financeira*, cit., 114-115.

[95] Cf. JOSÉ ENGRÁCIA ANTUNES, *Direito dos Contratos Comerciais*, cit., 520: "*a «praxis» contratual consagra frequentemente, com o beneplácito da jurisprudência portuguesa maioritária, e para além do dever de restituição do bem locado, a obrigação de pagamento das rendas vencidas até à efetiva restituição e ainda de 20% do valor das rendas vincendas*".
Cf. Ac. da RLx datado de 2 de novembro de 1995, cujo relator foi Martins Ramires, e Acórdãos da RPt datados de 11 de novembro de 1997, de 2 de abril de 1998 e de 17 de março de 1998, cujos relatores foram, Afonso Correia, Alves Velho e Mário Cruz, respetivamente.

[96] Sobre esta questão, Menezes Cordeiro defende que "*quando, em vez da resolução, o locador opte por uma ação de cumprimento, ele verá contemplado o seu interesse positivo, isto é, o interesse que tem no acatamento do contrato. Mas quando recorra à resolução, nenhuma norma limita a indemnização ao chamado interesse negativo, isto é, ao interesse que teria na não celebração dum contrato que seria incumprido e que é, em regra, substancialmente menor*". Cf. MENEZES CORDEIRO, *Manual de Direito Bancário*, cit., 682.

financiamento do locatário, e isso tem custos. A atividade do locador é puramente financeira. Mesmo que o bem lhe seja devolvido, ele não vai auferir das vantagens práticas de voltar a ter gozo do bem. Na grande maioria das vezes também não conseguirá voltar a colocar o bem no mercado. Assim sendo, teve de se encontrar um ponto de equilíbrio. E o ponto de equilíbrio encontrado foi o locador receber o bem de volta, as rendas vencidas e não pagas e 20% das rendas vincendas e do valor residual.

Esta solução parece-nos, em abstrato, válida. Reconhecemos, contudo, que em diversos casos particulares pode, mesmo assim, ser uma solução injusta. Cumpre à jurisprudência, caso a caso, decidir do mérito de cada pretensão, não aplicando cegamente esta solução.

12.3.2. Resolução pelo locatário financeiro

Tal como o locador, também o locatário tem o direito de resolver o contrato de locação financeira em caso de incumprimento do primeiro. Neste sentido, se o locador incumprir alguma das suas obrigações essenciais, pode o locatário deitar mão à ação de resolução do contrato. É a conclusão que retiramos da interpretação do artigo 17.º, n.º 1 do Decreto-Lei n.º 149/95.

Em virtude de os contratos de locação financeira serem pré-elaborados pelos locadores financeiros, regra geral, não preveem cláusulas resolutivas a ativar pelos locatários, em virtude da ocorrência de determinadas situações de incumprimento por parte dos primeiros. Por conseguinte, o locatário apenas poderá atuar através do mecanismo jurídico da resolução legal, uma vez que a resolução convencional lhe está negada pela razão descrita *supra*. Assim sendo, com base nos artigos 432.º e ss. do CC *ex vi* artigo 17.º, n.º 1 do Decreto-Lei n.º 149/95, o locatário, registando-se um incumprimento contratual grave por parte do locador, pode resolver o contrato nos termos gerais.

Por exemplo, no caso do contrato celebrado entre o locador financeiro e o fornecedor do bem ser inválido, considera-se que o locador incumpre duas das suas obrigações, "*adquirir e mandar construir o bem a locar*" [artigo 9.º, n.º 1, al. a) do Decreto-Lei n.º 149/95] e "*conceder o gozo do bem para os fins a que se destina*" [artigo 9.º, n.º 1, al. b) do mesmo diploma legal]. São duas das três mais importantes obrigações do locador, e o seu incumprimento é fundamento para a resolução do contrato por parte do locatário financeiro.

Também a omissão de entrega ou a desconformidade do bem com o contrato podem atribuir a possibilidade, ao locatário, de resolver o contrato a montante (o contrato de compra e venda ou de empreitada celebrado entre o fornecedor do bem e o locador) e, em consequência, o contrato a jusante (o contrato de locação financeira), caso se verifiquem os respetivos pressupostos[97].

13. Distinção entre locação financeira e figuras afins

13.1. *Locação simples*

Como verificamos *supra*, a locação financeira é um contrato nominado, típico, oneroso, sinalagmático e temporário. Mas estas características, tão comuns em tantas outras modalidades de contratos existentes, por si só, não bastam para qualificarmos o contrato de locação financeira. Para qualificarmos este contrato, temos de encontrar um conjunto de características essenciais que permitam individualizá-lo em relação a outros existentes e com os quais se possa confundir.

Começaremos por dizer que o contrato de locação financeira não se confunde com o contrato de locação simples. São contratos que consubstanciam realidades jurídicas diferentes. Entre ambos existem bastantes diferenças. Desde logo, cada contrato é regulado em diplomas legais distintos, o contrato de locação simples está regulado nos artigos 1022.º e ss. do CC, enquanto o regime jurídico do contrato de locação financeira está previsto no Decreto-Lei n.º 149/95. Ambos os contratos são nominados e típicos, mas têm regimes jurídicos diferentes.

No contrato de locação simples existe apenas uma pura cedência do gozo do bem, enquanto no contrato de locação financeira existe, para além da cedência do gozo do bem, um quadro de financiamento prestado pelo locador financeiro ao locatário financeiro, para que este possa, no fim do contrato, adquirir o bem pagando um mero valor residual. No contrato de locação simples, o locatário nunca tem a possibilidade de adquirir o bem no final do contrato. Neste sentido, a estrutura da renda na locação simples é diferente da estrutura da renda na locação financeira, pois, naquela, não é contabilizada a amortização do bem, enquanto nesta, é, tendo em vista a referida possibilidade de aquisição do direito de propriedade do bem por parte do locatário financeiro.

Sendo certo que em ambos os contratos a propriedade do bem está na esfera jurídica do locador, nos contratos de locação financeira essa propriedade

---

[97] Cf. Fernando de Gravato Morais, *Manual da locação financeira*, cit., 262.

tem também uma função de garantia do crédito do locador, e não uma função de fruição da coisa[98].

No contrato locação simples, o locador fica obrigado a "*assegurar*" ao locatário o gozo da coisa para os fins a que ela se destina [artigo 1031.º, al. b) do CC). No contrato de locação financeira, o mesmo não se passa – o locador financeiro apenas está obrigado a "*ceder*" ao locatário financeiro o gozo da coisa para os fins a que ela se destina [cf. o artigo 9.º, n.º1, al. b) do Decreto-Lei 149/95]. A natureza e estrutura da atribuição do gozo ao locatário é diferente, consoante se esteja no âmbito de um contrato de locação simples ou no âmbito de um contrato de locação financeira. Os deveres do locador resultantes dessa atribuição são mais fortes e abrangentes nos contratos de locação simples[99].

No contrato de locação simples, o locador responde pelos vícios da coisa ou pela sua inadequação aos fins do contrato, tal como disposto no artigo 1032.º do CC. No contrato de locação financeira passa-se o inverso – cf. artigo 12.º do Decreto-Lei 149/95, o que se compreende e admite, pois, regra geral, o locador financeiro não intervém nem na escolha do bem nem na escolha do próprio fornecedor do bem.

No contrato de locação simples, todos os encargos da coisa locada ficam a cargo do locador, salvo disposição contratual em contrário (artigo 1030.º do CC). No contrato de locação financeira todas as despesas que possam existir, nomeadamente, de transporte (quer de entrega do bem ao locatário, quer de devolução do bem ao locador), despesas de instalação, montagem, manutenção, reparação, e ainda as despesas com seguros de qualquer espécie, são da responsabilidade do locatário financeiro (cf. artigo 14.º do Decreto-Lei n.º 149/95).

O risco de perda ou deterioração do bem, nos contratos de locação simples corre por conta do locador, que é o proprietário do bem (proprietário jurídico e proprietário económico). Nos contratos de locação financeira, o risco de perda ou deterioração do bem corre por conta do locatário, porque, apesar do locador financeiro ser o proprietário jurídico do bem, é o locatário financeiro que é o proprietário económico – é quem detém as utilidades económicas do bem. Esta é a regra geral, contudo, podem as partes no contrato estipular que o risco corra por conta do locador (artigo 15.º do Decreto-Lei n.º 149/95).

---

[98] Cf. Diogo Leite de Campos, *Nota sobre a admissibilidade da locação financeira restitutiva (lease-back) no direito português*, cit., 781-782.
[99] Tal como refere Gravato Morais "*a concessão do gozo da coisa (que não envolve, segundo cremos, a responsabilidade pela sua entrega) tem um âmbito diverso do correspondente dever de proporcionar o seu gozo*". Cf. Fernando de Gravato Morais, *Manual da locação financeira*, cit., 320.

Nos contratos de locação financeira, quaisquer peças ou outros elementos acessórios que o locatário financeiro tenha incorporado na coisa locada pertencem ao locador financeiro, que tem o direito de os haver como seus, sem ter de dar nenhuma compensação ao locatário [cf. o artigo 9.º, n.º 2, al. c) do Decreto-Lei n.º 149/95]. O mesmo já não se passa nos contratos de locação simples, nos quais, o locatário tem direito a uma compensação por benfeitorias feitas dependendo da classificação destas (cf. artigos 1036.º e 1046.º do CC).

Todas as diferenças apontadas entre os contratos de locação financeira e os contratos de locação simples, permitem-nos concluir que a locação financeira é uma modalidade contratual autónoma perante a locação simples[100].

13.2. *Compra e venda a prestações com reserva de propriedade*

Alguns autores defendem que a locação financeira se confunde com a compra e venda a prestações. Efetivamente, são contratos que têm algumas semelhanças, mas, no nosso entendimento, não devem ser confundidos. Assim, na locação financeira, o locador conserva, durante todo o período de vigência do contrato, o direito de propriedade plena sobre o bem[101]. Este direito de propriedade só se transmite para o locatário, no final do contrato, se este exercer, livremente, o seu direito de compra[102]. Na compra e venda a prestações, a propriedade sobre o bem transmite-se para o adquirente por mero efeito do contrato, podendo, contudo, as partes estabelecer uma cláusula de reserva de propriedade como garantia, a favor do alienante ou de um terceiro financiador[103]. Caso seja estabelecida a referida cláusula de reserva de propriedade a

---

[100] Diogo Leite de Campos defende que a locação financeira é um *plus* perante a locação simples, pois aquela tem todas as características desta, mas também tem mais algumas, a saber, o objeto do contrato ser adquirido ou construído por indicação do locatário, o locatário poder adquirir o objeto no final do contrato, e o preço desse objeto ter de estar determinado no contrato ou pelo menos ser determinável mediante a aplicação de critérios nele estabelecidos. Cf. Diogo Leite de Campos, *Locação financeira: leasing e locação*, cit., 761.

[101] Embora seja de considerar que o locador tem a propriedade jurídica plena sobre o bem, a propriedade económica pertence ao locatário, que é quem detém as utilidades económicas do bem.

[102] Sobre esta questão escreve Isabel Menéres Campos: "*a locação financeira distingue-se também da compra e venda a prestações, na medida em que o locador conserva sempre a propriedade plena da coisa e a compra pelo locatário no final do contrato é apenas opcional*". Cf. Isabel Menéres Campos, *Breve apontamento acerca do contrato de locação financeira de bens móveis não sujeitos a registo*, cit., 112.

[103] No direito português, relativamente à transmissão da propriedade das coisas nos contratos de compra e venda, vigora o sistema do título e do modo, pelo qual, o direito de propriedade transmite-se por mero efeito do contrato [artigo 879.º, al. a) do CC]. Sendo celebrado um con-

favor do alienante ou de terceiro financiador, entende a maioria da doutrina portuguesa que o direito de propriedade se transmite, de forma direta e automática, quando a condição suspensiva ocorrer – ou seja, quando o adquirente pagar a última prestação[104]. Neste sentido, existe uma grande diferença entre os dois contratos, relativamente ao modo como o direito de propriedade sobre o bem se transmite. Enquanto na locação financeira, o direito de propriedade transmite-se com a manifestação de uma vontade negocial por parte do locatário, na compra e venda a prestações, o direito de propriedade transmite-se de forma direta e automática com a ocorrência do acontecimento, futuro e incerto, que consubstancia a condição suspensiva[105].

De salientar ainda que nos contratos de locação financeira a transmissão da propriedade é apenas opcional, pois, no final do contrato, o locatário é livre de exercer ou não o seu direito de compra[106].

A dúvida sobre a recondução dos contratos de locação financeira à figura da compra e venda a prestações com reserva de propriedade, levou a doutrina e jurisprudência portuguesa a questionar a aplicação, aos contratos de locação financeira, do regime legal da venda a prestações (artigos 934.º e ss. do CC),

---

trato de compra e venda a prestações, com reserva de propriedade (artigo 409.º do CC) a maioria da doutrina portuguesa entende que a transmissão do direito de propriedade sobre a coisa fica dependente da ocorrência de uma condição suspensiva (artigos 270.º e ss. do CC). Nestes casos, o risco de perecimento ou deterioração da coisa corre por conta do adquirente, por força da integração analógica da lacuna oculta presente no artigo 796, n.º 3 do CC.

[104] Cf. FERNANDO DE GRAVATO MORAIS, *Manual da locação financeira*, cit., 70: "*a transmissão da propriedade – que até pode não ocorrer em sede de locação financeira – opera de modo automático na venda a prestações com o pagamento da última parcela do preço, sendo que no leasing financeiro, caso se verifique, depende do cumprimento integral das prestações de renda, do exercício do direito de escolha e da posterior celebração do contrato de compra e venda*".

[105] O verdadeiro objetivo dos contratos de compra e venda a prestações, com reserva de propriedade, é fazer operar o efeito translativo do direito de propriedade sobre o bem, de forma automática, do alienante para o adquirente, estando esta transmissão apenas diferida no tempo, sujeita a condição suspensiva, que não é mais do que o pagamento da última prestação. A reserva de propriedade não deve ser tida como mais do que uma garantia que é estabelecida a favor do alienante ou de um terceiro financiador.

[106] Cf. DIOGO LEITE DE CAMPOS, *Nota sobre a admissibilidade da locação financeira restitutiva (lease-back) no direito português*, cit., 781: "*o traço distintivo marcante entre os dois institutos estará na circunstância de, na locação financeira, a transferência da propriedade não ser automática, com o fim do contrato e o pagamento da última prestação, verificando-se só por força do exercício de um «direito de opção» – aceitação da promessa unilateral da venda por parte do locador – e através do pagamento de um preço*".

"*A locação financeira não é um puro contrato translativo da propriedade, embora possa, decorrido o período nele acordado, conduzir a esse efeito. Durante o prazo do contrato, o locador mantém o direito de propriedade sobre o bem locado*".Vd. ac. do STJ de 16 de setembro de 2008, cujo relator foi Santos Bernardino.

regras estas inseridas no regime jurídico da compra e venda (artigos 874.º e ss. do CC).

A operação de locação financeira é, essencialmente, uma operação de financiamento que tem por base um esquema de locação. Certo é que, no final do contrato, o locatário tem sempre o direito de comprar o bem pagando o valor residual. Este elemento essencial da locação financeira poderia ser tido como um argumento a favor da aplicação das regras da venda a prestações. Mas também é verdade, como se viu *supra*, que o locatário pode optar por, no final do contrato, não comprar o bem. Neste caso, não haveria nem uma compra e venda no final do contrato de locação financeira nem a consequente transmissão do direito de propriedade. A realização desta ocorrência afasta definitivamente, no nosso entendimento, a possibilidade de aplicação do regime da venda a prestações aos contratos de *leasing*. Efetivamente, não é a possibilidade de compra do bem objeto do contrato de locação financeira, no final deste, pelo locatário financeiro, que pode servir de argumento a favor da aplicação do regime da venda a prestações aos contratos de locação financeira.

Também o facto de o negócio jurídico a montante poder ser uma compra e venda não nos parece ser um fator relevante para determinar a aplicação do regime da compra e venda a prestações à locação financeira. Apesar de o negócio jurídico a montante, seja ele uma compra e venda, uma empreitada, ou qualquer outro, fazer parte da operação económica de locação financeira em sentido amplo, é, na nossa opinião, um negócio jurídico autónomo à locação financeira *stricto sensu*. Ambos os contratos devem reger-se pelas suas regras próprias. Assim, se o negócio jurídico a montante for uma compra e venda, deverá reger-se pelas regras da compra e venda, se, contudo, for uma empreitada deverá então reger-se pelas regras da empreitada (artigos 1207.º e ss. do CC). A locação financeira *stricto sensu*, que é o negócio jurídico a jusante, deverá reger-se sempre pelas suas regras próprias – ou seja, o regime jurídico da locação financeira.

O argumento que, por aplicação do artigo 939.º do CC, as regras da compra e venda a prestações deveriam reger os contratos de locação financeira também não deve colher. Este artigo diz-nos que: "*as normas da compra e venda são aplicáveis aos outros contratos onerosos pelos quais se alienam bens ou se estabeleçam encargos sobre eles, na medida em que sejam conformes com a sua natureza e não estejam em contradição com as disposições legais respetivas*". Apesar da locação financeira ser um contrato oneroso, que estabelece um encargo sobre o bem, a sua natureza não é conforme com a aplicação das normas referentes à compra e venda, porque, nem sempre do contrato de locação financeira resulta o exercício do direito de compra por parte do locatário, que tem a disponibilidade de o exercer, ou não – e mesmo que o exerça, o exercício dessa opção de compra não transforma o contrato de locação financeira num contrato de compra e venda, originará sim, um contrato autónomo de compra e venda, a celebrar depois do locatário financeiro manifestar a sua vontade de exercer o seu direito de opção de compra.

A jurisprudência portuguesa também já se pronunciou sobre esta divergência, tendo vindo a decidir pela não aplicação das regras da compra e venda a prestações aos contratos de locação financeira. Este é o entendimento sufragado nos acórdãos do RLx datados de 29 de junho de 1989[107] e de 25 de janeiro de 1990[108], cujos relatores foram, respetivamente, Rosa Raposo e Mora do Vale.

A divergência doutrinária e jurisprudencial parece estar, atualmente, definitivamente resolvida – o regime jurídico da compra e venda a prestações não se aplica aos contratos de locação financeira.

Depois de analisadas todas estas questões, não podemos negar, contudo, que efetivamente as figuras jurídicas são próximas. Por isso, há autores que, apesar de reconhecerem autonomia dogmática à locação financeira, afirmam que esta é uma modalidade de contrato que se situa, no plano jurídico, entre a locação simples e a compra e venda[109].

Por último, resta-nos referir mais algumas diferenças entre estas duas modalidades contratuais. Na compra e venda a prestações, com ou sem reserva de propriedade, o risco de desconformidade da coisa para com os fins a que se destina é da responsabilidade do alienante, enquanto na locação financeira, este risco corre por conta do locatário. A finalidade dos contratos também é bastante diferente: na compra e venda a prestações o principal objetivo é a transmissão do direito de propriedade sobre o bem, da esfera jurídica do alienante para a esfera jurídica do adquirente, enquanto na locação financeira a principal finalidade é o locador ceder o gozo do bem ao locatário, fazendo este uso das suas utilidades económicas sem que tenha o risco de obsolescência do referido bem.

---

[107] Cujo sumário é: "I – A locação financeira visa a concessão de crédito, não sendo o seu fim equivalente ao da compra e venda. II – Por isso se lhe não aplica o regime constante dos artigos 934.º e 936.º do Cód. Civil".

[108] Sumariado da seguinte forma, na parte referente a esta questão: "I – O contrato de locação financeira – por sua própria natureza – não envolve a transmissão da propriedade do bem encomendado ao locador, para o locatário, ainda que, em regra, se preveja a aquisição desse bem pelo mesmo, no fim do contrato e nas condições neste previstas".

[109] O contrato de compra e venda é o contrato tipo de transmissão da propriedade, enquanto o contrato de locação é o contrato tipo de cedência do uso. "Entre a cedência do uso da coisa por um curto período, e a sua cedência definitiva, existe um largo espaço que pode ser preenchido por diversas variantes contratuais, mais ou menos próximas da locação e da compra e venda" – é o caso da locação financeira. Cf. DIOGO LEITE CAMPOS, A locação financeira: estudo preparatório de uma reforma legislativa, cit., 23-25.

13.3. Locação-venda

Uma modalidade contratual que também se confunde com a locação financeira é a locação-venda. A principal diferença entre estas duas modalidades de contratos, que têm a concessão do gozo de um bem como uma das características principais, resulta de, na locação-venda, a aquisição do bem no final do contrato é automática, enquanto na locação financeira, o locatário tem a liberdade de, igualmente no final do contrato, adquirir ou não a propriedade sobre o bem[110]. Outra diferença que podemos apontar, é que enquanto na locação-venda, regra geral, não existe valor residual a pagar, ou, a existir, é diminuto, na locação financeira existe sempre um valor residual a pagar. Neste sentido, as rendas na locação-venda traduzem, por norma, a amortização total do bem, ao contrário do que, regra geral, se passa na locação financeira.

Neste sentido, e pelos argumentos apresentados, consideramos que a locação-venda e a locação financeira são realidades jurídicas diferentes e que não podem ser confundidas.

13.4. *Mútuo de escopo*

Outra modalidade de contratos que se podem confundir com os contratos de locação financeira são os contratos de mútuo de escopo. Nesta modalidade contratual, o mutuante empresta dinheiro ao mutuário, para que este adquira um determinado bem. O crédito habitação é um dos exemplos mais paradigmáticos de um mútuo de escopo.

Apesar de haver algumas semelhanças entre estas duas modalidades contratuais, elas são realidades jurídicas diferentes.

No mútuo de escopo, o mutuante empresta a quantia certa, em dinheiro, para o mutuário pagar a aquisição da coisa ao fornecedor. A propriedade do bem transmite-se, assim, do fornecedor do bem para o mutuário, e este fica

---

[110] Diogo Leite de Campos defende que "*a principal distinção entre a locação-compra e o contrato de locação financeira é a de que, no contrato de locação financeira, não existe uma aquisição automática ou sequer um contrato de promessa de compra e venda, entre o locador e o locatário. Enquanto que na locação-compra existe essa aquisição automática ou, pelo menos, um contrato promessa de compra e venda*". Cf. DIOGO LEITE DE CAMPOS, *Locação financeira: leasing e locação*, cit., 773.
"*Na locação-venda um dos contraentes proporciona o gozo temporário de uma coisa a outrem, mediante retribuição, sendo que no seu termo, com o pagamento da última prestação, o utilizador adquire, de modo imediato e automático, a sua propriedade*". Vd. FERNANDO DE GRAVATO MORAIS, *Manual da locação financeira*, cit., 67.

a pagar o valor do empréstimo ao mutuante. Ora, não é isto que se passa na locação financeira – o locador paga diretamente o bem ao fornecedor, ficando com a propriedade e a posse do bem, e apenas concede ao locatário o gozo e as utilidades económicas do referido bem. O locatário só poderá adquirir a propriedade do bem, no final do contrato, e se assim o entender[111].

A retribuição do mutuante é também, na sua estrutura, diferente da retribuição do locador financeiro. O valor a ser pago pelo mutuário inclui o valor do bem, mais o valor do risco e da remuneração a auferir pelo mutuante, mas não inclui o valor da amortização do bem, para que este seja adquirido, no final do contrato, por um valor residual, isto porque, o mutuário já tem a propriedade do bem por o ter adquirido diretamente ao fornecedor. Sabemos que não é isto que se passa na locação financeira. Nestes contratos, a retribuição ou renda a ser paga pelo locatário ao locador inclui, no seu total, um valor para a amortização do bem tendo em vista, precisamente, a possibilidade do locatário o adquirir, no final do contrato, por um mero valor residual.

Por outro lado, também a recondução pura e simples dos contratos de locação financeira a contratos de mútuo seria redutora. Os contratos de locação financeira têm autonomia normativa, e são responsáveis por uma grande fatia do financiamento concedido a consumidores e profissionais em Portugal. Mas não podemos permitir que o fim financeiro dos contratos de locação financeira se sobreponha aos vários instrumentos jurídicos estabelecidos para os regular de forma autónoma. Não podemos estabelecer uma perfeita igualdade entre duas realidades jurídicas diferentes, apenas porque têm um fim idêntico – o financiamento.

13.5. *Aluguer de longa duração*

Podemos definir o contrato de aluguer de longa duração como o contrato de locação simples no qual o locador vai proporcionar ao locatário, o gozo temporário de um bem contra o pagamento de uma renda, sem que este tenha, no final do contrato, a opção de compra do bem. Contudo, podem estes contratos de aluguer de longa duração serem celebrados contendo uma promessa

---

[111] Isabel Menéres Campos também distingue os contratos de mútuo de escopo dos contratos de locação financeira, afirmando que nestes, e ao invés do que se passa naqueles, "*em vez de o crédito ser concedido pela instituição financeira diretamente ao mutuário para pagamento ao vendedor, tem antes lugar a aquisição do bem pelo locador, à sua custa, sendo reembolsado através do pagamento de rendas e, no fim do contrato, aliena a coisa ao locatário, se for essa a sua opção*". Cf. ISABEL MENÉRES CAMPOS, *Breve apontamento acerca do contrato de locação financeira de bens móveis não sujeitos a registo*, cit., 112.

de venda, uma promessa de compra e venda ou ainda, uma proposta irrevogável de venda[112].

No caso de no contrato de aluguer de longa duração não estar incluída a *supra* referida promessa de venda, então estamos perante um verdadeiro contrato de locação simples, e o locatário, no final do contrato, deve restituir o bem ao locador, podendo operar-se, nesse momento, a renovação do contrato com um outro bem como objeto. Neste sentido, estes contratos de aluguer de longa duração não têm a função de financiamento sendo apenas simples contratos de locação. Este ponto é crucial para diferenciar os contratos de aluguer de longa duração sem promessa de venda, dos contratos de locação financeira, que, como vimos *supra*, têm uma função de financiamento não sendo por isso contratos de locação simples. Nos contratos de aluguer de longa duração sem promessa de venda, o locador limita-se a proporcionar o gozo do bem ao locatário, sem ter como função o financiamento para adquirir o bem.

Diferente é o que se passa nos contratos de aluguer de longa duração com promessa de venda (promessa de venda, promessa de compra e venda ou proposta irrevogável de venda). Nestes contratos existe uma função de financiamento, e as rendas percebidas pelo locador incluem, não apenas o preço do bem suportado pelo locador, mas também a sua remuneração, e, ainda, o preço de amortização do referido bem. Desta forma, no final do contrato de alguer de longa duração o bem já se encontra, regra geral, totalmente amortizado e pago pelo locatário, e a transferência de propriedade resulta do cumprimento da promessa de venda, da promessa de compra e venda ou da proposta irrevogável de venda. Neste sentido, o locatário no final do contrato de aluguer de longa duração já não tem qualquer valor a pagar, sendo por isso do seu interesse celebrar o contrato de compra e venda em cumprimento da promessa de venda. Se se tratar de uma promessa unilateral de venda, ou de uma proposta irrevogável de venda, o locatário apenas tem de emitir a sua aceitação para que o contrato de compra e venda se celebre, e com ele se verifique a transferência de propriedade. Se se tratar de uma promessa de compra e venda, portanto, uma promessa bilateral, as partes (o locador e o locatário) devem, em cumprimento

---

[112] Tal como refere Gravato Morais, nos contratos de aluguer de longa duração *"um dos contraentes concede ao outro o gozo temporário e retribuído de determinada cois, in casu, um bem móvel. Contudo, o contrato pode conter uma promessa (unilateral ou bilateral) de venda ou pode ainda integrar uma proposta irrevogável de venda inserida na própria locação"*. Cf. FERNANDO DE GRAVATO MORAIS, *Manual da locação financeira*, cit., 71.

dessa promessa, celebrar o contrato de compra e venda translativo do direito de propriedade sobre o bem[113].

Estes contratos de aluguer de longa duração com promessa de venda também se distinguem e não podem ser confundidos com os contratos de locação financeira. Efetivamente, nos primeiros, os contraentes vinculam-se a, no final do contrato, celebrar um contrato de compra e venda sobre o bem, enquanto nos segundos, o locatário tem um direito potestativo que se traduz na opção de compra do bem objeto do contrato de locação financeira. Está assim na disponibilidade do locatário financeiro exercer, ou não, o seu direito de opção de compra. Ora, não é isto que se passa nos contratos de aluguer de longa duração com promessa de venda, nos quais o locatário não tem a *"tripla possibilidade de escolha (faculdade de compra, faculdade de não aquisição, prorrogação de contrato)"*[114].

Um outro traço distintivo entre estas duas modalidades contratuais resulta de os contratos de aluguer de longa duração serem contratos atípicos (socialmente típicos mas legalmente atípicos) enquanto os contratos de locação financeira são contratos legalmente típicos (previstos no Decreto-Lei n.º 149/95). Poderá, contudo, ser aplicado aos contratos de aluguer de longa duração algumas das regras legais previstas para a locação financeira, nomeadamente, as atinentes à resolução[115].

Por último, podemos referir que também o prazo e o objeto destas duas modalidades contratuais diferem. Assim, o prazo dos contratos de aluguer de longa duração, é, regra geral, mais curto que o prazo dos contratos de locação financeira. Quanto ao objeto, enquanto os contratos de locação financeira podem ter bens móveis e imóveis como objeto do contrato, os contratos de aluguer de longa duração só podem ter como objeto bens móveis.

---

[113] Tal como defende Gravato Morais, nos contratos de aluguer de longa duração com promessa de venda, "*a transferência de propriedade ocorre com a posterior celebração do contrato de compra e venda (na promessa unilateral, depende da vontade do locatário, enquanto que, sendo a promessa bilateral, ambos os contraentes se encontram vinculados à celebração). Nesta hipótese, tal efeito dá-se com a simples aceitação do locatário da proposta de venda, considerando-se deste modo concluído o contrato de compra e venda. O locador, durante o período de vigência do negócio, percebe não só o valor suportado com a compra, mas ainda o lucro financeiro. Portanto, no seu termo, o objeto encontra-se integralmente pago, pelo que naturalmente o locatário tem todo o interesse na sua aquisição. Depois de manifestar essa vontade ao locador, concluir-se-á o contrato de compra e venda – só aqui se transferindo, com a celebração deste, a propriedade do bem – por um preço pré-determinado, em regra equivalente ao valor da coisa à data da realização do contrato de aluguer de longa duração*". Vd. FERNANDO DE GRAVATO MORAIS, Manual da locação financeira, cit., 71-72.
[114] Cf. FERNANDO DE GRAVATO MORAIS, Manual da locação financeira, cit., 73.
[115] Cf. Ac. da RGm datado de 25 de novembro de 2011 e cujo relator foi Teresa Pardal.

Em consequência de todos estes traços distintivos entre estas duas modalidades contratuais, parece-nos claro que efetivamente estes dois contratos não se confundem, consubstanciando realidades jurídicas diferentes.

13.6. *Locação operacional e* renting

I. O contrato de locação operacional é um contrato de locação simples que está associado à prestação de serviços específicos[116]. Tal como o aluguer de longa duração, não é um contrato de financiamento.

O locador, para além de proporcionar o gozo, deve também, por exemplo, fazer a manutenção da coisa locada, assegurando e garantindo diretamente o seu funcionamento e a sua assistência técnica. Estamos assim perante um contrato misto: locação e prestação de serviços. Por exemplo, os contratos de locação operacional de máquinas de construção civil, que incluem o aluguer e a manutenção das mesmas.

Um importante traço distintivo entre os contratos de locação operacional e os contratos de locação financeira resulta de, nos primeiros, o locatário não ter opção de compra do bem no final do contrato, por um valor residual.

Também a estrutura da renda é diferente, pois, a locação operacional inclui, para além da contrapartida pela cedência do gozo do bem, uma contrapartida para a manutenção do mesmo[117], enquanto na locação financeira, a renda inclui, para além da contrapartida pela utilização do gozo do bem, um financiamento feito pelo locador financeiro ao locatário financeiro, para que este possa, querendo, adquirir a propriedade do bem no final do contrato por um mero valor residual.

---

[116] Gravato Morais defende que a "*locação operacional configura um negócio através do qual o produtor ou o distribuidor de uma coisa, em regra standardizada ou de elevada incorporação tecnológica, proporciona a outrem o seu gozo temporário, mediante remuneração, prestando também, em princípio e de modo acessório, determinados serviços, v.g., de manutenção do bem [...] deve realçar-se a específica natureza da coisa locada. Com efeito, trata-se, na maior parte dos casos, de bens móveis de natureza duradoura, com a particularidade de terem tendencialmente uma longa obsolescência técnica. Isto significa que a vida técnico-económica da coisa não se esgota no período de vigência do contrato*". Vd. FERNANDO DE GRAVATO MORAIS, *Manual da locação financeira*, cit., 62.
Diogo Leite Campos considera o *leasing* operacional ou como sendo um contrato de locação simples. Cf. DIOGO LEITE CAMPOS, *A locação financeira: estudo preparatório de uma reforma legislativa*, cit., 89, e *Locação financeira: leasing e locação*, cit., 774.
[117] "*O valor a pagar periodicamente pelo utilizador encontra-se relacionado, por um lado, com o gozo do bem e, por outro, com a prestação dos mencionados serviços. Não cobre, em princípio, o preço de aquisição pago pelo locador*". Cf. FERNANDO DE GRAVATO MORAIS, *Manual da locação financeira*, cit., 63.

Concluindo, a locação operacional não é um contrato de financiamento para adquirir o bem, mas sim, um simples contrato de locação com uma componente de prestação de serviços, que se traduz na manutenção do bem locado, por isso se distinguindo da locação financeira, esta sim, um contrato com uma forte componente de financiamento.

II. Os contratos de *renting* são muito similares aos contratos de locação operacional, e, tal como estes, bastante diferentes dos contratos de locação financeira.

O locador, no *renting*, dispõe de um leque variado de bens sobre os quais mantém o direito de propriedade, e que estão prontos a ser dados em locação mediante uma remuneração.

A duração dos contratos de *renting* é, por norma, bastante mais reduzida do que a duração dos contratos de locação operacional, servindo para suprir necessidades pontuais e esporádicas do utilizador[118]. A duração dos contratos de *renting* não tem assim como referência o período de obsolescência do bem.

No final do contrato, o utilizador deixando de ter interesse no uso do bem, e cumpridos os seus objetivos, deve restituir o bem ao locador, que manteve durante o curto período de vigência do contrato a obrigação de suportar os custos da conservação e reparação do bem.

Tal como na locação operacional, o utilizador não tem o direito de opção de compra do bem no final do contrato. Os contratos de *renting* não são contratos de financiamento, mas sim, contratos que concedem o gozo de um bem e eventuais serviços acessórios. Como tal, são contratos que não se confundem, nem se devem confundir, com os contratos de locação financeira.

14. Natureza jurídica da locação financeira

A determinação da natureza jurídica do contrato de locação financeira foi, desde o início, um tema controvertido que provocou na doutrina portuguesa e estrangeira uma marcada divergência. Vários são os autores que já se manifestaram sobre esta questão defendendo várias possíveis teorias.

---

[118] Gravato Morais considera que o *"utilizador apenas pretende o uso da coisa de modo transitório e circunstancial. As suas necessidades são, portanto, pontuais, esporádicas e visam tarefas definidas e certas. Por exemplo, pretende usar por um curto período de tempo um camião para proceder ao transporte de vigas de aço para determinado local"*. Cf. FERNANDO DE GRAVATO MORAIS, *Manual da locação financeira*, cit., 65.

Fazendo uma relação destas teorias, enumeramos aqui aquelas que acreditamos serem as principais:

- a locação financeira como uma locação simples;
- a locação financeira como uma compra e venda a prestações com reserva de propriedade;
- a locação financeira como um contrato misto;
- a locação financeira como um contrato de crédito.

A primeira teoria sobre a natureza jurídica da locação financeira enquadra-a como sendo uma modalidade de locação simples. Esta teoria foi defendida por autores como Jean-Pierre Gaultier em França, Andrea Tabet em Itália, ou Werner Flume na Alemanha[119].

A teoria que identifica a locação financeira como sendo uma compra e venda a prestações com reserva de propriedade, é defendida por Giuseppe Mirabelli em Itália e Peter Raisch na Alemanha[120].

Em Portugal, Calvão da Silva a partir da análise do regime legal estabelecido pelos diplomas legais de 1979, caracteriza o contrato de locação financeira como um contrato *sui generis* porque tem uma "*bifunção ou uma dupla causa [...] a função de financiamento e a função de concessão do gozo da coisa coexistem na locação financeira [...] pelas duas causas próprias de contratos típicos nele coenvolvidos, o leasing é um contrato misto erguido pela lei portuguesa a contrato típico ou nominado*"[121].

Diogo de Leite Campos classifica a natureza jurídica da locação financeira como sendo um contrato nominado misto, com elementos da compra e venda e da locação[122]. Igualmente defendendo uma teoria semelhante estão Pedro Romano Martinez e Pedro Fuzeta da Ponte[123].

---

[119] Apud Rui Pinto Duarte, *Escritos sobre leasing e factoring*, cit., 72-74.
[120] Apud Rui Pinto Duarte, *Escritos sobre leasing e factoring*, cit., 74-75.
[121] Cf. Calvão da Silva, *Locação financeira e garantia bancária*, cit., 29.
[122] Diogo Leite de Campos considera que "*numa análise mais estrutural, diremos que o contrato de locação financeira contém elementos dos tipos compra e venda e locação sendo, pois, um contrato nominado e misto [...] a locação financeira é mais do que um nome: é uma realidade contratual diversa da locação, da compra e venda, etc., pois apresenta um conjunto de características essenciais que não se enquadra em nenhum (único) tipo existente [...] tanto o contrato de compra do bem como o contrato de locação, constituem dois contratos distintos. Mas inseridos num contexto «interno» que não permite a consideração de qualquer deles isoladamente; antes exige a sua análise em termos de contratos coligados [...] a locação financeira reveste a forma que tem através da (co)ligação entre um contrato de compra e venda e um contrato de locação; coligação obtida através de um vínculo final*". Vd. Diogo Leite de Campos, *A Locação Financeira*, cit., 127 e ss.
[123] "*A locação financeira, muitas vezes designada por leasing, constitui um misto dos contratos de locação e de compra e venda e encontra-se disciplinada no Decreto-Lei n.º 149/95, de 24 de junho*". Cf. Pedro Romano Martinez e Pedro Fuzeta da Ponte, *Garantias de Cumprimento*, cit., 249.

Menezes Cordeiro defende que apesar da locação financeira ser um "*núcleo apto a suportar os fenómenos da união de contratos e dos contratos mistos [...] é essencialmente um negócio de crédito, ainda que vertido nos moldes da velha locação*"[124].

José Simões Patrício também se pronunciando sobre a natureza jurídica do *leasing*, vê a locação financeira como uma "*verdadeira e própria operação de crédito, que não de simples financiamento [...] contrato creditício autónomo desde logo da locação simples*". Este autor parece enquadrar a locação financeira como um contrato de crédito[125].

Relevando igualmente a função de financiamento, Luís Menezes Leitão defende uma natureza jurídica creditícia intrínseca à locação financeira[126].

Por último, Gravato Morais aproxima a locação financeira a um contrato de crédito com características específicas. Apresenta algumas razões para esta qualificação: o locador é, por regra, uma sociedade de locação financeira ou uma instituição de crédito; apesar do locador não entregar ao locatário, diretamente, uma soma de dinheiro, aquele concede a este um crédito, em dois momentos, o primeiro quando o locador entrega ao fornecedor do bem o preço resultante da compra e venda (ou empreitada), o segundo quando concede ao locatário o gozo do bem. Este Autor defende também que existem algumas semelhanças entre a locação financeira e a venda financiada por terceiro ou com a compra e venda utilizando cartão de crédito, pois, nestes casos, a venda também é financiada pelo terceiro ou pelo banco emitente do cartão, diretamente ao fornecedor do bem, embora, nem o terceiro nem o emitente do cartão de crédito fiquem com a propriedade do bem. Gravato Morais conclui dizendo que a função creditícia da locação financeira "*opera através da disponibilidade de um bem*"[127].

Quanto a nós, tendemos a considerar que a locação financeira tem uma natureza jurídica que se pode reconduzir, no essencial, a um contrato de crédito, embora com contornos muito peculiares.

Efetivamente, reconduzir a locação financeira a uma locação simples seria redutor. A locação financeira é um *plus* perante a locação simples. Desde logo, *conceder o gozo do bem para os fins a que se destina* [artigo 9.º, n.º 1, al. *b*) do Decreto-Lei n.º 149/95] é diferente de *assegurar o gozo do bem para os fins a que ele se destina* [artigo 1031.º, al. *b*) do CC]. Também as rendas, na locação financeira, têm uma estrutura diferente, não se cingindo à concessão do mero

---

[124] Cf. MENEZES CORDEIRO, *Manual de Direito Bancário*, cit., 679.
[125] Vd. JOSÉ SIMÕES PATRÍCIO, *Direito Bancário Privado*, cit., 323.
[126] Este Autor entende que "*o leasing constitui uma forma desnaturada de locação, já que representa antes uma operação de financiamento, próxima do mútuo, o que justifica que o regime do contrato se afaste muito do da locação*".Vd. LUÍS MENEZES LEITÃO, *Garantias das Obrigações*, cit., 278.
[127] Cf. FERNANDO DE GRAVATO MORAIS, *Manual da locação financeira*, cit., 328-332.

gozo sobre o bem, como acontece na locação simples. O locatário financeiro tem o direito de opção de compra, que também é algo que não existe na locação simples. Não podemos assim aceitar a recondução da locação financeira à locação simples.

Igualmente também não podemos aceitar a recondução da locação financeira à compra e venda a prestações com reserva de propriedade. Existem diferenças nos dois tipos contratuais, por exemplo, em matéria de risco de perda ou deterioração da coisa, bem como em matéria referente à transmissão do direito de propriedade sobre o bem – na locação financeira, o direito de propriedade não se transmite de forma direta e automática com o pagamento da última renda (como sucede na compra e venda a prestações com reserva de propriedade), mas sim mediante o exercício do direito de opção por parte do locatário.

Mais pacífica é, para nós, a opção de qualificar a locação financeira como um contrato misto, que se traduziria numa união de dois contratos, um contrato a montante de compra e venda (ou empreitada) e um contrato a jusante de locação finaceira *stricto sensu*, com a possibilidade de haver ainda a celebração de um terceiro contrato – de compra e venda, caso o locatário exercesse o seu direito de opção. Contudo, e salve o devido respeito, tendemos a rejeitar esta teoria pois consideramos que não tem em linha de conta a principal função da locação financeira, que é a concessão de um financiamento, pelo locador, ao locatário. O negócio a montante e a locação financeira em sentido estrito apenas são celebrados para que a concessão do financiamento seja feita.

Neste sentido, tendemos, tal como Gravato Morais a considerar a locação financeira como um contrato de crédito com características específicas, sem desprezar a união de contratos que existe entre, pelo menos, o contrato a montante (de compra e venda ou empreitada) e o contrato de locação financeira *stricto sensu*.

As características específicas da locação financeira enquanto negócio de crédito são: a concessão do crédito ser feita em dois momentos; o facto de a função creditícia operar através da disponibilidade de um bem, em vez de pela entrega de dinheiro; e o direito de propriedade e a posse do bem ficarem na esfera jurídica do locador.

Por último, e tal como refere Gravato Morais, o direito de opção conferido ao locatário não altera esta posição tomada sobre a natureza jurídica da locação financeira, pois, "*o crédito pode assumir uma dupla faceta: ou se limita apenas ao financiamento do gozo da coisa, caso esta não seja adquirida; ou contempla não só o gozo mas ainda a aquisição*"[128].

---

[128] Cf. FERNANDO DE GRAVATO MORAIS, *Manual da locação financeira*, cit., 332.

15. Conclusões

Ao longo deste trabalho procurámos analisar o regime da locação financeira em Portugal de uma forma global, tentando obter uma visão panorâmica desta modalidade contratual que tanta importância tem no mercado do financiamento no nosso país. Neste sentido, analisámos um conjunto de problemas que foram surgindo, ao longo dos tempos, desde o surgimento da atividade de locação financeira em Portugal, até à atualidade.

A locação financeira faz surgir uma relação trilateral, entre o fornecedor do bem, o locador e o locatário. Contudo, na locação financeira restitutiva essa relação trilateral não existe, pois não existe um terceiro, fornecedor do bem – é o locatário que aliena o bem ao locador. Tendo sido questionada na doutrina a validade do *sale and lease-back leasing*, concluímos pela sua conformidade com a lei. Atualmente, a locação financeira restitutiva é uma prática corrente no direito bancário português.

A manutenção da propriedade do bem na esfera jurídica do locador financeiro, pode consubstanciar uma modalidade de garantia, embora de uma forma meramente indireta ou reflexa. O locador mantém a propriedade do bem na sua esfera jurídica, inserido num esquema de financiamento, e não para, exclusivamente, garantir o crédito que detém sobre o locatário. A locação financeira não pode ser assim confundida com a alienação fiduciária em garantia.

Os contratos de *leasing*, se pontualmente cumpridos, cessam por caducidade. Contudo, em muitas situações verificam-se, cada vez com mais frequência, incumprimentos contratuais. Analisámos, em particular, a situação de incumprimento no pagamento das rendas por parte do locatário financeiro. Nestas situações de incumprimento, o locador pode exigir o cumprimento do contrato, ou resolver, nos termos gerais, o mesmo. Se optar pela ação de cumprimento, o locador terá direito a uma indemnização pelo interesse contratual positivo, que incluirá o valor das rendas vencidas e não pagas e a totalidade das rendas vincendas. Se, por outro lado, optar pela resolução do contrato, o locador terá direito a receber o bem de volta, as rendas vencidas e não pagas e 20% das rendas vincendas e do valor residual. Este tem sido o entendimento maioritário da doutrina e da jurisprudência portuguesa. Quanto a nós, sufragámos igualmente este entendimento, embora reconheçamos que, em alguns casos residuais, possa ser uma solução que não garanta, na totalidade, o investimento feito pelo locador.

Distinguimos a locação financeira de figuras jurídicas próximas e com as quais não a devemos confundir. É o caso, por exemplo, da locação simples, da compra e venda a prestações com reserva de propriedade e da locação-venda, que são modalidades contratuais diferentes da locação financeira.

Por último, concluímos que a natureza jurídica da locação financeira não se pode reconduzir nem à locação, nem à compra e venda a prestações com reserva de propriedade, nem mesmo a um contrato misto. A natureza jurídica da locação financeira enquadra-se num esquema de financiamento com características específicas.

Índice de jurisprudência

Supremo Tribunal de Justiça

STJ 7 de março de 1991 (CASTRO MENDES), proc. 079878/ITIJ = BMJ 405 (1991), 465-470

STJ 9 de dezembro de 1992 (SÁ NOGUEIRA), BMJ 422 (1993), 97-120 (113)

STJ 5 de julho de 1994 (MACHADO SOARES), proc. 085274/ITIJ = CJ/Supremo II (1994) 2, 170-174

STJ 20 de setembro de 1994 (ARAÚJO CORDEIRO), proc. 0082031/ITIJ

STJ 22 de novembro de 1994 (PAIS DE SOUSA), proc. 085822/ITIJ = CJ/Supremo II (1994) 3, 155-157

STJ 30 de novembro de 1995 (METELLO DE NÁPOLES), proc. 087281/ITIJ = CJ/Supremo III (1994) 3, 132-134 (134/2)

STJ 27 de janeiro de 1998 (CARDONA FERREIRA), proc. 97A993/ITIJ

STJ 20 de outubro de 1998 (FERREIRA RAMOS), proc. 98A754/ITIJ = CJ/Supremo VI (1998) 3, 73-77 (76-77)

STJ 9 de fevereiro de 1999 (LOPES PINTO), proc. 99A001/ITIJ

STJ 28 de outubro de 1999 (DIONÍSIO CORREIA), proc. 99B635/ITIJ

STJ 13 de maio de 2003 (FARIA ANTUNES), proc. 03A1259/ITIJ = CJ/Supremo XI (2003) 2, 49-52 (52/I)

STJ 11 de dezembro de 2003 (MANUEL J. OLIVEIRA BARROS), proc. 03B3516/ITIJ

STJ 12 de julho de 2005 (NEVES RIBEIRO), proc. 05B1886/ITIJ

STJ 16 de setembro de 2008 (SANTOS BERNARDINO), proc. 08B1697/ITIJ

STJ 23 de setembro de 2008 (SANTOS BERNARDINO), proc. 08B1718/ITIJ

STJ 6 de novembro de 2008 (SANTOS BERNARDINO), proc. 08B2623/ITIJ

STJ 12 de fevereiro de 2009 (GARCIA CALEJO), proc. 08A3940/ITIJ

STJ 21 de maio de 2009 (ALBERTO SOBRINHO), proc. 363/07.7TVPRT/ITIJ

Tribunal da Relação de Coimbra

RCb 15 de outubro de 1996 (NUNO CAMEIRA), CJ XXI (1996) 4, 39-40

Tribunal da Relação de Guimarães
RGm 25 de janeiro de 2011 (Teresa Pardal), proc. 4877/09.6TBGMR/ITIJ

Tribunal da Relação de Lisboa
RLx 15 de outubro de 1985 (Sá Nogueira), CJ X (1985) 4, 135-138
RLx 29 de junho de 1989 (Rosa Raposo), CJ XIV (1989) 4, 111-112
RLx 25 de janeiro de 1990 (Mora do Vale), CJ XV (1990) 1, 149-150
RLx 27 de fevereiro de 1992 (Saraiva Coelho), proc. 0051612/ITIJ = CJ XVI (1992) 1, 172-173
RLx 3 de fevereiro de 1994 (Tomé de Carvalho), proc. 0063976/ITIJ = CJ XIX (1994) 1, 118-120
RLx 10 de outubro de 1995 (Lopes Bento), proc. 0093271/ITIJ = CJ XX (1995) 5, 95-98
RLx 2 de novembro de 1995 (Martins Ramires), proc. 0003796/ITIJ
RLx 18 de março de 1999 (Loureiro da Fonseca), proc. 0007752/ITIJ
RLx 27 de junho de 2002 (Sousa Grandão), CJ XXVII (2002) 3, 113-116 (115/I)

Tribunal da Relação do Porto
RPt 11 de novembro de 1997 (Afonso Correia), proc. 9720408/ITIJ = BMJ 471 (1997), 459
RPt 2 de abril de 1998 (Alves Velho), proc. 9830273/ITIJ
RPt 17 de março de 1998 (Mário Cruz), proc. 9820214
RPt 15 de abril de 2010 (Filipe Caroço), proc. 180/10.7TBPRD/ITIJ